비교정부와 정치

제10판

Rod Hague · Martin Harrop ·
John McCormick 지음

김계동 · 김 욱 · 민병오 · 윤진표 · 이유진 옮김

명인문화사

비교정부와 정치, 제10판

제1쇄 펴낸 날 2017년 8월 30일
제7쇄 펴낸 날 2022년 3월 2일

지은이 Rod Hague, Martin Harrop, John McCormick
옮긴이 김계동, 김 욱, 민병오, 윤진표, 이유진
펴낸이 박선영
주 간 김계동
디자인 전수연
교 정 정주영

펴낸곳 명인문화사
등 록 제2005-77호(2005.11.10)
주 소 서울시 송파구 백제고분로 36가길 15 미주빌딩 202호
이메일 myunginbooks@hanmail.net
전 화 02)416-3059
팩 스 02)417-3095
ISBN 979-11-6193-002-2
가 격 29,000원

ⓒ 명인문화사

이 도서의 국립중앙도서관 출판예정도서목록(CIP)은 서지정보유통지원시스템 홈페이지(http://seoji.nl.go.kr)와 국가자료공동목록시스템(http://www.nl.go.kr/kolisnet)에서 이용하실 수 있습니다. (CIP제어번호 : CIP2017020655)

Comparative Government and Politics, 10th edition
Rod Hague, Martin Harrop and John McCormick

Copyright @ 2016 Palgrave Macmillan

"First published in English by Palgrave Macmillan, a division of Macmillan Publishers Limited under the title Comparative Government and Politics, 10th edition by Rod Hague, Martin Harrop and John McCormick. This edition has been translated and published under licence from Palgrave Macmillan. The authors have asserted their right to be identified as the author of this Work."

Copyright @ 2017 Myung In Publishers

국내외 저작권법에 의거하여 복사제본과 PPT제작 등 **무단 전재**와 **무단 복제**를 금지합니다.

역자서문

모든 학문의 발전은 비교와 비판으로부터 시작된다. 이러한 의미에서 『비교정부와 정치(Comparative Government and Politics)』는 정치학과 행정학의 교육과 연구의 기초적 개론서가 되기에 전혀 손색이 없다. 이 책의 번역진은 다년간 대학에서 비교정치론을 가르치면서 학생들이 편하게 읽을 수 있고 통찰력 있게 공부할 수 있는 비교정부와 비교정치에 관한 교과서를 제공하겠다는 사명감을 가지고 이 책을 번역 출판하게 되었다.

이 책의 번역진은 10년 전인 2007년에 제6판을 번역한 후, 2011년에 제8판을 번역했고, 이번에 제10판을 번역하여 내 놓게 되었다. 언제나처럼 이 책의 번역도 수월하지 않았고, 특히 원저자 한 명이 추가되어 많은 개정이 있었기 때문에 새로운 내용도 많았다. 이전판 번역 당시와 마찬가지로 번역진은 용어의 통일과 내용의 연결을 위해서 크로스 리딩을 실시했다.

이 책의 제목인 『비교정부와 정치』에서 나타나듯이 이 책은 정치학과의 '비교정치론' 뿐만 아니라 행정학과의 '비교정부론'에서도 교재로 쓸 수 있는 내용을 담고 있다. 또한 정치학이나 행정학을 전공하지 않지만, 이 분야에 대하여 관심을 가지고 있는 학생들이 교양서로 읽어도 체계적으로 이해할 수 있는 책이다. 이 책은 각국의 정치와 정부를 비교할 뿐만 아니라, 그 비교를 통해서 정치제도와 정치과정, 그리고 정부구조 및 정책에 대한 바람직한 방향을 제시하고 있다.

제대로 된 번역서를 내기 위해서는 번역진뿐만 아니라 출판사의 입장에서도 일반 서적의 두 배 이상 힘든 작업을 필요로 한다. 그럼에도 불구하고 이 책의 출판을 기꺼이 받아들이고 오랜 번역기간 기다려 준 명인문화사의 박선영 사장에게 감사드린다. 내용의 다양성으로 인해 디자인 요소가 많고 공동번역이기 때문에 관리와 작업이 순조롭게 이루어지기 어려운 점이 있었는데도 인내를 가지고 꼼꼼히 오차 없이 작업을 해 준 전수연 편집 디자이너에게도 감사한 마음을 전한다.

번역진과 출판사는 이 책이 한국 정치학계와 행정학계의 발전에 조금이라도 기여할 수 있기를 바라며, 독자들의 끊임없는 격려와 채찍질을 기대한다.

2017년 8월 14일
번역진 대표 김계동

간략목차

1장	핵심개념	1
2장	국가	24
3장	민주주의 통치	46
4장	권위주의 통치	69
5장	이론적 접근법	90
6장	정부와 정치 비교	113
7장	헌법과 법원	135
8장	입법부	159
9장	행정부	183
10장	관료제	206
11장	하위국가정부	228
12장	정치문화	251
13장	정치참여	272
14장	정치커뮤니케이션	294
15장	정당	319
16장	선거	343
17장	유권자	366
18장	이익집단	390
19장	공공정책	413

세부목차

저자서문	x
역자서문	xiii

1장 핵심개념 — 1
- 핵심개념: 개요 — 2
- 정부와 거버넌스 — 3
- 정치 — 5
- 권력 — 9
- 국가, 권위 그리고 정통성 — 12
- 이데올로기 — 13
- 비교정치 — 15
- 정치체제 분류하기 — 17
- 토론주제 / 핵심 개념 / 추가 읽을 거리 — 22

2장 국가 — 24
- 국가: 개요 — 25
- 국가란 무엇인가? — 26
- 국가체제의 부상 — 29
- 국가의 팽창 — 30
- 국가의 다양성 — 33
- 민족과 민족주의 — 36
- 국가에 대한 도전 — 39
- 토론주제 / 핵심 개념 / 추가 읽을 거리 — 44

3장 민주주의 통치 — 46
- 민주주의 통치: 개요 — 47
- 직접민주주의 — 49
- 대의민주주의 — 51
- 자유민주주의 — 54
- 민주주의와 근대화 — 57
- 민주주의의 물결 — 60
- 민주화 — 63
- 토론주제 / 핵심 개념 / 추가 읽을 거리 — 67

4장 권위주의 통치 — 69
- 권위주의 통치: 개요 — 70
- 혼합체제 정권 — 71
- 권위주의 정권 — 73
- 권위주의 정권의 형태 — 76
- 부패의 정치적 영향 — 86
- 토론주제 / 핵심 개념 / 추가 읽을 거리 — 88

5장 이론적 접근법 — 90
- 이론적 접근법: 개요 — 91
- 비교정치학의 변화 양상 — 92
- 제도주의 접근법 — 95
- 행태주의 접근법 — 101
- 구조주의 접근법 — 102
- 합리적 선택 접근법 — 104
- 해석주의 접근법 — 107
- 토론주제 / 핵심 개념 / 추가 읽을 거리 — 112

6장 정부와 정치 비교 — 113
- 정부와 정치 비교: 개요 — 114
- 비교연구방법 — 114
- 사례연구방법 — 115

질적 방법	119
양적 방법	121
비교에 대한 도전	124
역사적 방법	129
토론주제 / 핵심 개념 / 추가 읽을 거리	133

7장 헌법과 법원 135
헌법과 법원: 개요	136
헌법의 특성	137
헌법의 지속성	139
법원의 역할	142
사법적극주의	145
사법부의 독립과 충원	148
법체계	151
권위주의 국가의 법	153
토론주제 / 핵심 개념 / 추가 읽을 거리	157

8장 입법부 159
입법부: 개요	160
기능	161
구조	167
의원	175
권위주의 국가의 입법부	178
토론주제 / 핵심 개념 / 추가 읽을 거리	182

9장 행정부 183
행정부: 개요	185
대통령제 행정부	186
의회제 행정부	190
준대통령제 행정부	197
권위주의 국가에서의 행정부	200
토론주제 / 핵심 개념 / 추가 읽을 거리	204

10장 관료제 206
관료제: 개요	207
진화	207
조직	211
충원	216
신공공관리	219
전자정부	222
권위주의 국가의 관료제	223
토론주제 / 핵심 개념 / 추가 읽을 거리	227

11장 하위국가정부 228
하위국가정부: 개요	229
다층 거버넌스	230
단일체제	231
연방체제	234
단일체제와 연방체제의 비교	239
지방정부	241
권위주의 국가에서의 하위국가정부	246
토론주제 / 핵심 개념 / 추가 읽을 거리	249

12장 정치문화 251
정치문화: 개요	252
시민문화	253
정치적 신뢰와 사회자본	255
엘리트 정치문화	258
탈물질주의	259
헌팅턴의 문명의 충돌	264
권위주의 국가의 정치문화	267
토론주제 / 핵심 개념 / 추가 읽을 거리	270

13장 정치참여 272
정치참여: 개요	273
누가 왜 참여하는가?	274
여론	279
여성과 정치참여	284
권위주의 국가에서의 참여	289
토론주제 / 핵심 개념 / 추가 읽을 거리	293

14장 정치커뮤니케이션 294
- 정치커뮤니케이션: 개요 295
- 미디어의 발달 296
- 미디어의 영향 300
- 정치커뮤니케이션의 최근 동향 304
- 언론매체 비교 309
- 권위주의 국가의 미디어 313
- 토론주제 / 핵심 개념 / 추가 읽을 거리 317

15장 정당 319
- 정당: 개요 320
- 기원과 역할 321
- 정당체제 322
- 정당의 조직 328
- 당원 333
- 정당의 자금 334
- 권위주의 국가의 정당 336
- 토론주제 / 핵심 개념 / 추가 읽을 거리 342

16장 선거 343
- 선거: 개요 344
- 의회선거 345
- 대통령선거 352
- 선거운동 355
- 국민투표, 발의, 소환 358
- 권위주의 국가에서의 선거 361
- 토론주제 / 핵심 개념 / 추가 읽을 거리 364

17장 유권자 366
- 유권자: 개요 367
- 정당일체감 368
- 유권자는 어떻게 선택하는가 371
- 투표참여 381
- 권위주의 국가의 유권자 384
- 토론주제 / 핵심 개념 / 추가 읽을 거리 388

18장 이익집단 390
- 이익집단: 개요 391
- 이익집단의 유형 391
- 이익집단의 역학관계 395
- 영향력의 통로 398
- 영향력의 요소 402
- 사회운동 405
- 권위주의 국가의 이익집단 408
- 토론주제 / 핵심 개념 / 추가 읽을 거리 411

19장 공공정책 413
- 공공정책: 개요 414
- 정책과정의 모델들 415
- 정책의 순환 419
- 정책의 확산과 수렴 428
- 권위주의 국가에서의 공공정책 431
- 토론주제 / 핵심 개념 / 추가 읽을 거리 434

참고문헌 436
찾아보기 453
역자소개 457

도해목차

국가개요

나이지리아	6
유럽연합(EU)	40
인도	58
중국	82
남아프리카공화국	146
영국	174
브라질	184
일본	218
프랑스	244
독일	260
러시아	286
베네수엘라	306
멕시코	338
미국	350
이란	380
이집트	404
스웨덴	426

초점

1.1	홉스의 정부 사례	4
1.2	정치체제 분류를 위한 두 개의 선택지	19
2.1	얼마나 많은 국가가 있나?	28
2.2	세계화	43
3.1	민주주의 국가의 수는 얼마나 될까?	48
3.2	완전민주주의와 결손민주주의	56
4.1	혼합체제 정권 대 권위주의 정권	74
4.2	전체주의	85
5.1	경험적 접근법 대 규범적 접근법	100
5.2	해석주의 접근법: 대량학살과 인종학살	110
6.1	가설과 변수	118
6.2	경로 의존성, 중요한 전기와 그리스 재정위기	132
7.1	개헌	141
7.2	판결 모델	151
8.1	의회의 규모가 중요한가?	169
8.2	임기제한에 대한 찬반의견	177
9.1	권력분립	188
9.2	의회제의 국가원수	196
10.1	정부업무의 외부위탁에 대한 찬반	215
10.2	관료제에 대한 책무성 확보	221
11.1	연방 수립의 동기	238
11.2	도시의 정부	243
12.1	일레이저(Elazar)의 세 가지 정치문화 유형	254
12.2	정치세대	262
13.1	정치참여자로서 소비자	278
13.2	정보가 부족한 시민의 문제	283
14.1	미디어 구조 비교	311
14.2	온라인 소통과 아랍의 봄	315
15.1	틈새정당의 등장	329
15.2	정당의 국가보조금에 대한 찬성과 반대	336
16.1	누가 투표권을 가져야 하는가?	348
16.2	선거 메시지와 위임	357
17.1	유권자는 합리적인가?	376
17.2	의무투표제에 대한 찬반론	384
18.1	다원주의의 잠식: 미국과 일본의 사례	396
18.2	로비	400

| 19.1 | 정책도구 | 420 |
| 19.2 | 자원의 저주 | 433 |

도표

1.1	다섯 가지 주요 이데올로기	14
1.2	아리스토텔레스의 정부 분류	18
2.1	국가의 특질	26
2.2	인구로 비교한 국가들	34
3.1	민주주의의 형태	49
3.2	민주주의의 정도	52
3.3	헌팅턴의 민주화 물결	61
3.4	영국의 투표권 확대	62
3.5	민주화의 단계	65
4.1	세계 10대 청렴 국가 및 부패 국가	88
5.1	비교정치학의 이론적 접근법	94
5.2	정부의 공식 조직	96
5.3	정치제도의 이해	98
6.1	정치학 연구방법	116
6.2	사례연구의 다섯 유형	117
6.3	인구와 국회규모	123
7.1	헌법의 구성요소	137
7.2	헌법에 관한 10가지 사실	140
7.3	개헌 방식 비교	142
7.4	판사 임명 방식 비교	149
8.1	입법부의 기능	161
8.2	법률제정 절차	164
8.3	국가별 하원의 명칭	168
8.4	의회의 대표성 수준 비교	170
8.5	상원의 선출	171
9.1	의회제 정부의 유형	191
9.2	서유럽에서의 정부 형태, 1945~1999년	194
10.1	베버의 관료제 모델	208
10.2	관료제의 규모 비교	210
10.3	중앙정부의 규모 비교	210
10.4	정부부처 사례	212
10.5	정부부처의 구조	212
10.6	노동인구 중 여성의 비율	220
11.1	유럽연합의 다층 거버넌스	230
11.2	단일체제에서 권력의 분산	232
12.1	미국 연방정부에 대한 신뢰	256
12.2	국가정부에 대한 신뢰: 유럽연합	257
12.3	정치세대	262
13.1	자유민주주의 국가에서의 정치참여	275
13.2	입법부 내의 여성	285
13.3	개발도상국에서의 정치참여	289
13.4	중심과 주변을 연결하는 후원 네트워크	291
14.1	대중매체의 진화	297
14.2	글로벌 인터넷 사용	300
14.3	정치커뮤니케이션 전달모델	301
14.4	미디어의 효과 기제	301
14.5	자유민주주의 국가의 미디어 구조	312
15.1	정당의 다섯 가지 역할	322
15.2	정당체제 비교	323
15.3	누가 국회의원선거 후보자를 선출하는가?	332
16.1	캐나다 연방선거, 2011년	347
16.2	국민투표의 이용	359
17.1	독일에서의 유권자 정당편성 해체	370
17.2	스웨덴에서의 유권자 정당편성 해체	370
17.3	유권자 정당편성 해체의 원인	371
17.4	투표선택을 설명하는 주요 요인	373
17.5	의회선거에서의 투표참여	382
17.6	선거유동성 수준의 비교	387
18.1	이익집단의 유형	392
18.2	철의 삼각: 미국의 예	397
18.3	이익집단의 영향력 행사 통로	399
18.4	노조 가입률 감소	403
18.5	2003년 이라크전쟁 반대 시위	408
19.1	정책과정의 단계	419
19.2	혁신의 확산	429

표

1.1	루크스(Lukes)의 세 가지 권력 차원	10
1.2	좌파와 우파의 대조적 주제	14
1.3	비교 정치순위	20
1.4	경제규모의 비교	21
1.5	인간개발지수(HDI)	22
2.1	국가의 형성	32
2.2	소득에 의한 국가	36
2.3	국가에 대한 10가지 비판	42
3.1	근대 민주주의의 특징	47
4.1	권위주의 통치의 특징	70
4.2	2011년 아랍의 봄에 의해 축출된 지배자들	74
4.3	권위주의 통치의 유형	76
4.4	최후의 공산국가 5개국	80
4.5	최근 군부통치 사례	84
6.1	질적 접근과 양적 접근의 비교	121
6.2	비교에 대한 도전들	124
6.3	KOF 세계화지수	129
7.1	대법원과 헌법재판소 비교	144
7.2	인권 점수가 가장 낮은 10개 국가	154
8.1	상원의 비교	172
9.1	대통령제 행정부	187
9.2	의회제 행정부	190
9.3	의회제 민주주의 국가에서의 국가원수 선출	197
9.4	준대통령제 행정부	198
9.5	행정부 비교	199
10.1	미국 보건복지부 내의 부서	213
10.2	전자정부 상위 10개 국	222
11.1	단일국가에서의 하위국가정부	234
11.2	세계의 연방국가들	235
11.3	캐나다, 독일, 인도의 연방 비교	236
11.4	미국과 유럽연합 비교	240
11.5	연방주의의 강점과 약점	241
11.6	지방정부의 구조	245
12.1	국가와 문명에 대한 헌팅턴의 구조	265
13.1	정치참여의 형태	277
13.2	유명한(악명 높은) 암살 사례들	279
13.3	여성 행정부 수장	288
14.1	소셜미디어의 형태	299
14.2	인터넷과 아랍의 봄	315
15.1	유럽의 주요 정당군(party family)	327
15.2	자유민주주의 국가에서 당대표의 선출	330
15.3	유럽의 당원감소	333
16.1	의회선거제도 비교	346
16.2	독일 연방선거, 2013년	352
16.3	프랑스 대통령선거, 2002년	353
16.4	대통령선거 비교	355
17.1	경제와 투표선택	377
17.2	보다 높은 투표참여를 위한 처방	383
18.1	이익보호 집단과 공익촉진 집단의 비교	393
18.2	사회운동, 정당, 이익집단의 비교	406
18.3	사회운동의 사례	407
18.4	중국의 사회단체들	410
19.1	정책결정의 세 가지 모델	415
19.2	정책도구들: 담배의 사례	420
19.3	정책결과 조작	425
19.4	정책수렴을 위한 제도적 장치	429
19.5	기업활동지수	430

지도

2.1	국가 없는 쿠르드족	38
3.1	아랍의 봄, 2011년	64
11.1	벨기에의 지역	236
11.2	호주의 도시	243

저자서문

이 책은 학생들에게 비교정치 연구를 소개하기 위해서 제작되었다. 새로운 개정판의 목적은 이전 판들의 목적과 동일하며, 그 목적은 매력적이고 기본적인 정치학의 하위분야에 대한 학과 코스와 연구에 광범위하고 이해할 수 있는 지침을 제공하는 것이다.

앞서의 판들과 마찬가지로 이 책은 자유민주주의 국가들과 권위주의 국가들에 초점을 맞춘 주제별 접근을 하고, 장들을 세 개의 집단으로 분류한다.

- 첫 번째 집단(제1장~제6장)은 기초를 제공한다. 핵심적인 개념들에 대한 검토에 이어서 국가, 민주주의, 권위주의 체제, 이론적 접근, 비교방법 등에 대한 장들로 구성된다.
- 두 번째 집단(제7장~제12장)은 제도에 초점을 맞춘다. 이 집단은 제도가 어떻게 작동되고 제도들 사이에 어떠한 상관관계가 있는지를 알려주는 권력지도를 평가하는 헌법에 대한 장부터 시작된다. 그 다음 주요 제도들에 대한 장들이 이어지고, 마지막 장은 제도들이 작동되는 광범위한 맥락을 이해하는데 도움을 주는 정치문화에 대한 장이다.
- 세 번째 집단(제13장~제19장)은 광범위한 정치과정에 대해서 살펴보는데, 정치참여에 대해 조사를 실시한 장에 이어서 정치커뮤니케이션, 정당, 선거, 유권자, 이익집단에 대한 장으로 구성된다. 이 책의 끝은 정치의 최종 산출인 공공정책으로 맺는다.

새로운 공동저자의 합류는 일반적인 개정판 이상의 수정을 가능하게 했다. 이 새로운 개정판에서 우리가 직면했던 도전은 이전 공동저자들의 특성을 그대로 유지하면서 학생들과 강사들이 다른 시각에서 필요로 하는 것들

> **이번 개정판의 주요변화들**
>
> **제1장**: 비교하는 데 도움이 되는 정치, 경제, 사회적 요인들을 광범위하게 검토하도록 하고, 정치체제들을 분류하는 절을 확대
>
> **제2장**: 준국가와 사실상 국가에 대한 새로운 논의를 포함하고 세계화와 국가에의 도전들에 대한 새로운 절 삽입
>
> **제3장**: 민주주의, 자유민주주의, 시민의 자유에 대한 설명을 확대하고 민주주의 국가들이 직면하는 현대의 문제들에 대한 새로운 절 추가
>
> **제4장**: 혼합체제에 대한 새로운 절을 포함하고, 권위주의 국가들의 형태에 대한 새로운 구성을 하며, 부패에 대한 마지막 절의 확대
>
> **제5장**: 비교정치의 변화하는 측면에 대한 새로운 절로 시작
>
> **제6장**: 비교방법론에 대한 이전의 제19장을 대폭 수정하고, 경험적이고 규범적인 접근방식과 정치적 예측에 대한 새로운 자료 확충
>
> **제7장**: 헌법과 재판소 간의 관계에 보다 더 많은 초점을 맞추고 헌법의 특성과 내구성에 대한 수정된 논의
>
> **제8장**: 입법부의 기능, 대표의 성격, 권위주의 국가의 입법부에 대한 논의 확대
>
> **제9장**: 준대통령제와 권위주의 체제에 대한 설명을 확대하고 국가와 정부의 장에 대한 새로운 자료 추가 ➡

을 채워주는 것이었고, 이를 위해서 비교정치 연구의 새로운 관점을 제시할 수 있게 되었다.

이번 개정판에서는 내용과 접근법에서 중요한 변화가 이루어졌다.

구조: 구조의 측면에서 주요 변화는 장들을 새로 배열한 것이다. 이전 판에서는 제도가 책의 끝 부분에 나왔는데, 이번 판에서는 중간 부분으로 옮겨졌고, 제도에 이어서 뒷부분은 참여, 커뮤니케이션, 정당, 선거, 이익집단, 정책으로 채워졌다. 우리는 제도, 그리고 동원과 참여 앞에 '광범위한 견해'에 대한 장들부터 시작하는 것이 중요하다고 판단했다. 비교방법을 내용으로 하는 이전 판의 제19장은 연구방법을 내용으로 하는 새롭고 구체적인 제6장으로 변경되었으며, 모든 장들은 내부적으로 명시성을 향상시키기 위해서 재구성되었다.

길이: 교재들은 개정할 때마다 길이가 늘어난다는 것이 속설이지만, 이 책은 예외적인 사례들 중의 하나가 될 것이다. 지난 개정판은 핵심 관점에 초점을 통찰력있게 맞추면서 그 이전 판보다 길이를 줄였고, 이번 판도 같은 취지로 전 판보다 길이를 조금 줄였다.

특징: 보다 명확하고 일관된 설명을 하는 데 도움이 되도록 다양한 개장이 이루어졌다. 개념을 정의하는 박스가 더 많아졌고 간결해 졌으며, 복잡한 데이터를 보다 쉽게 이해할 수 있도록 새로운 도표와 표들을 삽입했고, 본문 내의 특색있는 토픽들에 대해 심층적인 이해를 돋구기 위해서 '초점(Focus)'을 새롭게 만들었으며, 각 장이 개관(Preview)과 개요(Overview)로부터 시작하도록 했으며, 이와 더불어 핵심논제(Key Argument)들을 각 장 시작부분에 삽입했다.

> ➡
>
> **제10장:** 전자정부에 대한 설명을 확대하는 공간을 확보하기 위해서 공공관리에 대한 논의를 축소하여 장을 재구성
>
> **제11장:** 장의 앞부분에 단일체제에 대한 설명을 확대하고 단일체제와 연방제를 비교하는 새로운 절 추가
>
> **제12장:** 문명의 충돌에 대한 새로운 논의와 정치문화에 대한 인터넷의 효과 포함
>
> **제13장:** 왜 국민들이 정치에 참여하는지에 대한 새로운 논의를 포함하여 대폭 재구성
>
> **제14장:** 소셜미디어의 역할과 효과에 대한 논의를 확대하고 장을 대폭 재구성
>
> **제15장:** 정당체제에 대한 절을 장의 시작 부분으로 이동시키고, 권위주의 체제에서의 정당에 대한 자료 삽입
>
> **제16장:** 다수제와 비례대표제 등 선거제도의 유형에 대해 보다 구체적으로 설명
>
> **제17장:** 투표자의 선택에 대한 새로운 절을 포함하고, 투표율과 권위주의 국가에서의 투표자들에 대한 설명 확대
>
> **제18장:** 싱크탱크에 대한 새로운 설명을 포함하고, 영향력의 채널에 대한 논의를 재구성하며, 사회운동들을 검토
>
> **제19장:** 이전의 장 제목은 '정책과정'인 이 장은 보다 빈곤한 국가에서의 자원의 저주 효과에 대한 새로운 설명

정치제도의 분류: 우리는 민주주의와 권위주의 체제로 분리하여 내용을 전개했는데, 그 분류 기준은 『이코노미스트(*Economist*)』지의 '민주주의 지수(Democracy

Index)'와 프리덤 하우스의 '세계자유(Freedom in the World)' 순위를 사용했다.

사례연구: 지난 판과 마찬가지로 이 판은 사례연구를 할 국가들 선정했고, 보다 많은 정치적, 경제적, 사회적, 지리적 다양성을 제공하기 위해 노력했다. 브라질, 이집트, 이란, 멕시코, 나이지리아 등 5개의 국가들을 추가하여 아프리카와 라틴아메리카 국가들을 포함했고, BRICS의 5개 국가를 모두 포함할 수 있게 되었으며, 두 개의 무슬림 국가들도 포함하게 되었다. 사례 국가들은 아래와 같다.

나이지리아	베네수엘라	이집트
남아공	브라질	인도
독일	스웨덴	일본
러시아	영국	중국
멕시코	유럽연합	프랑스
미국	이란	

이 책을 제작하는데 많은 도움을 준 전문가 여러분들께 감사드리고, 특히 이번 판에 새로 합류한 맥코믹(John McCormic)에게 감사한 마음을 전하고 싶다.

CHAPTER 1 핵심개념

개관

어느 주제건 공부하는 데 가장 좋은 출발점은 핵심 개념부터 탐색해 보는 것이다. 우리가 관심을 갖는 정치 용어 대부분은 일상적으로 사용하는 말 속에 이미 깊숙이 자리 잡고 있다. '정부', '정치', '권력', '권위' 등은 이미 우리에게 익숙한 용어들이다. 그러나 앞으로 우리가 보듯이, 이러한 용어들이 쉽게 정의될 수 있다거나 정치학자들이 그들을 제대로 이해하고, 적용하는 방법에 대해 동의하고 있다는 것을 뜻하지는 않는다.

이 첫 번째 장은 '정부(government)'와 '거버넌스(governance)'의 의미에 대한 토론으로부터 시작한다. 이 두 개념은 서로 관련이 있는 용어이지만 전달하려는 의미는 상당히 차이가 있다. 정부는 제도에 초점을 맞추고 있는 반면 거버넌스는 과정에 초점을 두고 있다. 그리고 이어서 우리는 정치(politics)에 대해 살펴본다. 정치의 핵심적 특징은 비교적 정의내리기 쉽다. 그러나 정치가 의사결정을 위한 모색인지, 경쟁적인 권력투쟁을 의미하는 것인지 구분하기에는 정치의 경계선이 그다지 명확하지 않다. 이러한 논의에 이어 '권력', '권위', '정통성'과 '이념'의 의미를 알아본다. 이런 개념들은 우리들이 정부와 정치가 어떻게 작동하는지 이해하는 데 중요한 위치를 차지하고 있다.

그리고 이 장에서는 비교정치학의 몇 가지 핵심적인 목적을 알아본다. 가장 기본적으로, 비교정치학은 정치와 정부에 대한 우리의 이해를 넓혀주는 데 도움을 준다. 비교정치학은 단일정치체제의 분석에 내재된 한계를 넘어서도록 도와준다. 그리고 우리는 정치체제를 구분하여 분류하는 도전에 대해 살펴본다. 만약 우리가 누구나 동의할 수 있는 하나의 유형을 개발할 수 있다면 분류(classification)는 넓고 복잡하고 변화무쌍한 정치세계를 더욱 잘 이해하도록 도와준다.

차례

- 핵심개념: 개요   2
- 정부와 거버넌스   3
- 정치   5
- 권력   9
- 국가, 권위 그리고 정통성   12
- 이데올로기   13
- 비교정치   15
- 정치체제 분류하기   17

핵심논제

- 정치에 관한 학술 연구는 기술적 용어를 거의 필요로 하지 않는다. 그러나 한 줄의 정의(개념)와 그런 용어와 관련된 이슈(구성개념)를 구별하는 것은 유용하다.
- 거버넌스 개념의 사용은 점차 정치적 글쓰기에서 증가하는 추세이다. 이것은 통치관련 제도보다 통치의 행위를 강조하고, 우리에게 더 익숙한 정부라는 개념을 대체하기보다는 그 위에서 이루어지고 있는 명확한 초점을 제공하고 있다.
- 정치라는 용어는 여러 의미를 내포하고 있기 때문에 정치에 대해 간단명료한 정의를 내리기는 쉽지 않다. 그러나 정치는 전체집단에 영향을 미치는 결정을 만들어 낸다는 점에서 명확히 집단적인 행위이다.
- 권력은 정치의 중심에 있다. 그러나 여기서 다시 구성개념이 중요해진다. 만약 우리가 설득과 조작을 권력의 형태로 본다면 정치의 영역은 상당히 확장된다.
- 이데올로기는 이념의 과학이라는 본래의 의미를 상실했다. 그러나 이데올로기는 정부의 역할과 공공정책의 목표에 대한 상이한 관점을 표현하는 방식으로 여전히 쓸모있다.
- 유형학(typology)은 세계의 다양한 정치체제에 질서를 부여하는 수단으로 중요하다. 그리고 설명과 규칙을 개발하도록 도움을 준다. 그러나 유감스럽지만 어느 유형도 보편적인 지지를 받지는 못하고 있다.

핵심개념: 개요

우리는 정치용어를 이해하기 위한 작업을 시작하면서 개념과 구성개념을 구별해야 한다. **개념**(concept)은 민주주의나 권력처럼 이미지, 용어 또는 범주를 뜻한다. 개념은 내재된 특징을 함축적으로 표현할 때 가장 쓸모가 있다. 정부가 민주주의의 자격을 갖추기 위해 반드시 갖추어야 할 특징을 알아보려 할 때, 우리는 지배자에 대한 대중적 통제에 관한 조치가 핵심이라는 사실에 아마 동의할 것이다. 만약 정부가 책임지도록 하는 방법이 없다면 거기에 민주주의는 있을 수 없다. 개념으로서의 민주주의에 관한 좋은 정의는 이렇게 협소하지만 주요 의미로서는 명확하고 간략해야 한다.

구성개념(conception)은 개념의 이해, 시각 또는 해석을 나열해 주는 것으로 개념 위에 만들어진다. 예를 들어, 우리는 민주주의를 자치정부, 직접민주주의, 대의정부 또는 다수결 법칙 등으로 생각할 수 있다. 구성개념은 대안적 개념들에 대해 폭넓게 토론하고 생각하며 정의해 가면서 구축된다.

> **개념(Concept):** 용어, 생각 또는 범주.
> **구성개념(Conception):** 어느 것이 이해되거나 해석되는 방식.

이 책은 비교정치학에 포함된 매우 중요한 몇몇 개념들을 살펴보는 것에서부터 시작한다. 개념의 의미를 명확하게 하는 것은 다음 장을 이해하는 기초를 제공할 것이다. 정부와 정치라는 용어는 일상적으로 서로 연계되어 사용된다. 그러나 반드시 정확하게 적용될 필요는 없다. 권력 같은 용어는 몇 가지 다른 형태로 나온다. 우리는 또한 국가의 정의에 대해 그리고 국가가 권위, 정통성과 이데올로기와 어떤 관계에 있는지 명확히 할 필요가 있다. 모든 이런 개념들이 공통으로 가지고 있는 것은 이들이 인간사회가 조직되고 통치되는 형태를 이해하는데 핵심적이라는 것과는 별개로 이들의 의미에 대한 정확한 정의는 통상 논쟁적이라는 사실이다. 논쟁적이라는 의미의 문제는 비단 정치학에서만이 아니고 사회과학 전반에 걸쳐 발견된다. **사회과학**(social science)이라는 용어의 의미에 대해서조차 논쟁은 존재한다. 이 책에서는 인간이 만든 제도와 합의된 규칙, 사용되는 과정과 저변에 있는 동기 그리고 이러한 상호작용의 결과 등 사회 내 인간들의 조직된 관계와 상호작용을 연구하고 더 잘 이해하기 위한 맥락으로 사용한다.

> **사회과학(Social science):** 인간사회와 사회 내 인간들 간 구조화된 상호작용에 대한 연구. 물리학과 생물학 같은 자연과학과는 명확하게 구별된다.

궁극적으로 우리는 비교하는 능력을 발전시키기 위해 이러한 개념들을 더 잘 이해하고자 노력한다. 비교는 우리 인생에서 거의 모든 선택의 중심에 놓여있는 인간 활동 중 가장 기초적인 것 중의 하나다. 따라서 비교가 사회과학 연구의 중심에 놓여있는 것은 전혀 놀랄 일이 아니다. 인간이 일정한 방식을 따라 행동하도록 움직이게 하는 것이 무엇인지 일반화된 결론을 도출하기 위해 우리는 상이한 사례와 여러 상황을 살펴볼 필요가 있다. 우리는 정부와 정치과정을 따로 독립적으로 연구할 수 있다. 그렇지만 비교하지 않고는 그것들을 전적으로 이해했다고 할 수 없고, 모든 설명가능한 선택지를 고려했다고도 확신할 수 없다. 장소와 시간을 종횡으로 정부와 정치를 들여다봐야만 우리는 좀 더 폭넓고 완전한 이해를 하는 맥락을 만들어 낼 수 있다. 이러한 맥락 내에서 비교정치학은 다른 사회 안에 있는 정부와 정치과정의 제도, 특성 그리고 성과에 대한 체계적인 연구를 하는 것이다.

정부와 거버넌스

이 책은 비교정부와 정치에 관한 책이다. 그래서 개념을 설명하는 논리적인 출발점은 **정부**라는 용어에서 시작한다. 작은 집단은 어느 특별한 절차 없이 공동의 결정에 도달할 수 있다. 그래서 가족 구성원이거나 스포츠팀은 비공식적인 토의로 결론을 낼 수 있다. 그리고 이러한 합의는 결정한 사람들이 스스로 실행하도록 자율적으로 집행된다. 그러나 이러한 단순한 기제는 도시나 국가 같은 대규모 집단에게는 실용적이지 못하다. 대규모 집단들은 집단적 결정을 하고 집행을 강제하는 표준적인 절차를 만들어야 한다. 정의상 이러한 목적을 위해 구성된 의사결정조직들이 **정부**(government)를 구성한다. 정부는 집단적 결정을 하고 강제하는 영역인 것이다.

정부(Government): 사회를 통치하기 위한 제도와 조직. 한편 통치하는 사람들의 집단을 가리키는 데 사용되기도 함(예를 들어, 한국정부). 특정 행정부(예를 들어, 푸틴정부), 규칙체계의 형태(예를 들어, 중앙집중화된 정부), 공동체 관리의 본질과 방향(예를 들어, 좋은 정부)을 의미하기도 함.

대중적으로 **정부**라는 용어는 대통령, 총리, 국회의원 그리고 권력의 최정상에 위치한 사람들같이 최고의 정치적 위치를 가리키는 데 사용된다. 그러나 좀 더 넓은 구성개념으로 보면 정부는 전체 공동체에 접근하고 통치하는 책임을 진 모든 조직들로 구성된다. 이러한 정의에 따르면 모든 공무원들이 필히 선거와 같은 정치적 방식에 의해 임명될 필요는 없지만 경찰, 군대, 관료와 판사들은 모두 정부의 부분을 형성하고 있는 것이다. 이러한 폭넓은 구성개념 아래 정부는 공적 권위를 부여받은 제도들의 전체적인 공동체이다.

정부제도의 고전적 사례는 17세기 철학자 토마스 홉스(Thomas Hobbes)에 의해 만들어졌다 (초점1.1 참조). 그는 정부가 개인의 이익과 영광을 쫓는 과정에서 서로에게 가할 수 있는 위험으로부터 우리를 보호한다고 판단했다. 정부에게 칼의 독점권을 허용해 줌으로써 우리는 무정부상태의 무질서로부터 전환하여 평화를 확보할 뿐 아니라 협력의 기회도 확보하게 된다.

민주주의에서 최소한, 정부는 국가의 사법권 아래 살고 있는 사람들에게 안전과 예측가능성을 제공해 준다. 정부가 제대로 기능하는 사회에서 시민과 기업은 법이 안정적이고 일관되게 적용된다는 사실을 알기 때문에 장기적인 계획을 세울 수 있다. 정부에 관한 또 다른 주장은 경제학자들이 상당히 선호하고 있는데, 결정을 내리고 집행하는 표준적인 방식을 확립함으로써 효율성을 얻게 된다는 것이다 (Coase, 1960). 모든 결정에 앞서 결정에 이르고 적용하는 방식에 대해 개별적으로 별도의 합의가 있어야 한다면 정치는 실로 피곤한 일이 되고 만다. 이 같은 방식으로부터 얻는 한 가지 이득은 무엇을 해야 할지 의견을 달리하는 사람들에게 논쟁을 해결하기 위해 하나의 일반적인 기제에 대해 합의해야 되겠다는 동기를 제공한다는 것이다.

물론 정부를 확립한다는 것은 새로운 위험을 초래할 수 있다. 홉스의 국가가 갖는 위험성은 국가가 자신의 권한을 남용하여, 문제를 해결하기는커녕 오히려 더 많은 문제를 야기할 수 있다는 점이다. 홉스의 비판자 중 한 사람이 지적했듯이, 사자가 성과물을

> **초점 1.1** | **홉스의 정부 사례**
>
> 정부에 대한 사례는 토마스 홉스(Thomas Hobbes: 1588~1679년)가 1651년 발간한 유명한 책자『리바이어던(Leviathan)』에 잘 서술되어 있다. 그의 논의의 출발점은 타인에게 해를 끼칠 수 있는 우리의 능력 안에 있는 근본적인 평등이다.
>
> 신체적인 힘의 측면에서 가장 약한 사람이라도 비밀스런 계략을 사용하거나 다른 사람들과 연합하여 가장 강한 자를 죽일 수 있는 충분한 힘을 가지고 있다. 그래서 욕망이 충돌하고 공격에 대한 두려움이 생긴다.
>
> 이런 능력의 평등으로부터 우리의 목적을 달성하려는 희망도 평등하게 된다. 그러므로 어느 두 사람이 같은 일을 희망하지만, 그럼에도 불구하고 둘 다 만족할 수 없다면 그들은 적이 된다. 그리고 원칙적으로 자신만의 소유와 때론 자신만의 쾌락의 목적을 이루기 위한 과정에서 상대방을 파괴하거나 제압하려는 노력을 하게 된다. 우리를 단속하는 지배자가 없다면 상황은 실로 무자비하게 변해버린다.
>
> 이러한 결과는 명확하다. 즉 사람들 모두가 경외감을 갖는 공동의 권력의 부재 하에 소위 전쟁과 같은 상황 속에 놓이게 된다. 그리고 그런 전쟁은 마치 만인의 만인에 대한 투쟁과 같다.
>
> 그래서 사람들은 '외롭고, 가난하고, 불결하고, 야만적이고 부족할 수밖에 없는' 삶에서 벗어나기 위해 하나의 절대적인 정부를 수립하는 데(불명확한 수단에 의해) 동의하게 된다.
>
> 외적의 침략과 다른 사람들의 공격으로부터 자신을 방어할 수 있도록 그러한 공동권력을 세우는 유일한 방법은 자신들의 모든 권한과 힘을 한 사람이나 하나의 연합에게 부여하는 것인데, 이로써 자신들의 모든 의지와 다수의 목소리는 하나의 의지로 축소된다. 이것이 이루어지고, 다수가 그렇게 연합하는 것을 국가(commonwealth)라고 부른다.
>
> 출처: Hobbes (1651)

간단히 삼켜버린다면, 여우로부터 위험을 피한 것은 아무 소용이 없는 것이다 (Locke, 1690). 그러므로 정치학을 공부하는 주된 목적은 정부가 갖는 본질적인 위험성을 통제하면서 정부가 주는 진짜 혜택을 확보할 수 있는 방법을 발견하는데 있다. 우리는 플라톤(Platon)이 오래전에 제기했던 "누가 문지기를 감시할 것인가?"라는 질문을 명심해야 한다.

민주주의에서 정부는 이익집단, 정당, 미디어, 기업과 여론 같은 많은 세력들로부터 영향을 받는다. 권위주의 체제의 정부는 자율성이 상당히 낮아 결과적으로 압도적인 개인이나 파벌의 소유물이 되어버린다. 정부를 둘러싸고 영향력을 미치는 폭넓은 일련의 세력들을 살펴보는 방법 중 하나가 **정치체제(political system)**라는 개념을 통해 보는 것이다.

> **정치체제(Political system)**: (정부를 포함하면서도 정부에만 국한되지 않는) 상호작용과 조직들로서 이를 통해 사회는 집단적 의사결정에 도달하거나 성공적으로 강제한다. 정권(regime)이라는 용어와 호환적으로 사용되지만 정권은 부정적인 의미를 내포하는 경향이 있다.

이 단어는 공식적인 제도를 넘어 우리의 시야를 유용하게 넓혀준다. 그러면서도 정치행위자가 사회 안에서 특정 요소나 기능을 형성하여 서로 간에, 그리고 안정된 형식으로 정부와 상호작용한다는 것을 여전히 의미한다 (Easton, 1965). 그래서 '스웨덴 정치체제'는 '스웨덴 정부'이상을 의미한다. 스웨덴 정치체제는 스웨덴 정치의 행동들 또는 최소한 일단의 그러한 것들이 일어나는 공간인 것이다.

최근에 다시 부상하고 있는 또 하나의 관계된 개념이 **거버넌스**(governance)이다. 거버넌스는 정부 안에 포함된 총체적인 범위의 행위자들을 언급한다. 그러나 **정치체제**라는 단어가 조직에 기반한 좀 더 정적인 설명을 하려는 것인데 반해 **거버넌스**라는 개념은 규제에 특별히 초점을 맞춘 집단적 의사결정의 과정과 질적인 측면을 드러내 보이려는 것이다. 강조점이 정부의 제도에 있기 보다는 통치의 행위에 있다. 그래서 우리는 예를 들면, 어느 단일 정부 부처도 책임을 지고 있지 않기 때문에 인터넷의 정부보다는 인터넷의 거버넌스를 말할 수 있다.

> **거버넌스(Governance)**: 공식적 제도의 개입 여부와는 상관없이 의사결정, 법률 그리고 정책이 만들어지는 과정.

거버넌스는 전통적인 정부의 명령과 통제로부터 자유민주주의 체제의 집권 정치인들이 다른 집단들과 공공규제 임무를 폭넓게 공유하는 역할을 하도록 우리의 관심 방향을 잡아준다. 예를 들어, 특정 스포츠는 자체 행정기구가 관리하고, 정부는 단지 특별한 상황에서만 개입한다. 따라서 거버넌스는 정부의 개념을 대체하기보다는 보완하는 개념으로 필요하다.

거버넌스라는 개념은 유럽연합(EU)에 대해 논의할 때 보다 명확해진다. 28개국 회원국으로 구성된 지역통합연합체인 EU는 선출되는 유럽의회와 유럽법원을 포함하여 마치 유럽연합정부처럼 보이는 몇 개의 제도를 가지고 있지만 EU는 거버넌스체제로 더 잘 이해된다 (McCormick, 2015). 그들이 하는 일은 정책과 법률을 개발하는 것이고 그러한 정책과 법률의 실행을 감시하는 것이다. 그러나 그들은 EU의 기본 조약과 회원국 정부가 허용하는 만큼만 일을 할 수 있을 뿐이다. 그들은 EU의 지도자보다는 유럽통합과정의 봉사자로 보는 것이 더 이해하기 좋다.

거버넌스는 지배행위에 관한 용어이기 때문에 지배의 질과 효과성을 검증할 때 자주 사용되는 용어가 되었다. 이런 맥락에서 거버넌스는 정부의 제도를 의미하는 것이 아니라 그들이 무엇을 하고 있으며, 얼마나 잘하고 있는지에 관한 것이다. 예를 들어, 많은 국제기구들은 효과적인 거버넌스가 신생 민주주의 국가의 경제발전에 매우 중요하다고 강조한다 (World Bank, 1997). 이 개념을 활용하여 오바마 미국 대통령은 2009년 가나(Ghana)의회에서 "발전은 좋은 거버넌스에 달려있다"라고 말했다 (BBC News, 2009). 이런 의미에서의 거버넌스는 지배제도 자체보다는 정부정책과 행위에 초점을 맞추고 있다.

정치

정치(politics)의 의미에 관한 논쟁에서 우리는 정치적 행동의 사례를 쉽게 찾아내 동의할 수 있다. 예를 들어, 미국의 대통령과 의회가 예산을 놓고 연례적인 논쟁을 벌일 때 그들은 명백히 정치에 개입하고 있는 것이다. 수천 명의 홍콩시민들이 2014년 중국정부가 자결권과 민주주의를 제한하는 데 대해 반대하는 거리시위에 나섰을 때 그들 역시 정치에 참여하고 있는 것이었다. 이러한 사례를 통해 보듯이 정치적 핵심은 충분히 명확하다.

> **정치(Politics)**: 공유하거나 집단적인 결정을 하고 실행하는 과정에서 사람들이 협상하고 경쟁하는 과정.

그렇지만 정치의 경계선은 덜 명확하다. 한 나라가 다른 나라를 침략하면 그것은 정치일까 단순히 전쟁일까? 독재자가 폭력으로 시위를 억압하면 그것은

국가개요

나이지리아

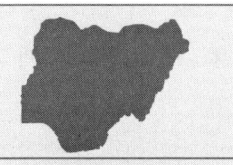

간략 소개: 나이지리아는 1960년 이래 독립국가이지만 현직대통령이 반대 도전자에게 패배를 경험한 것은 2015년이 되어서였다. 이것은 아프리카에서 가장 많은 인구를 가진 나라이자 아프리카의 주요 지역 권력을 갖고 있는 나라 중 하나였던 나이지리아가 직면했던 도전 중 가장 중요한 사건이었다. 나이지리아는 현재 독립 이래 가장 오랜 문민정부시기를 즐기고 있지만 군부는 계속 중요한 역할을 하고 있고, 경제는 석유가 지배하고 있으며 부패는 모든 사회 분야에 퍼져있다. 불안한 치안과 낡은 인프라는 해외투자를 가로막고 있고, 복합적인 종족과 종교적 분열은 우려할 정도로 안정을 위협하고 있다. 2002년 이래 북부 나이지리아 일부를 장악한 국제 알카에다 조직의 하나인 이슬람 무장집단 보코 하람에 의한 습격과 수차례의 공격은 이 나라에 문제를 더해주고 있다.

인구 (1억 7,850만 명)

국민총소득(GNI) (5,220억 달러)

1인당 GNI (2,710달러)

민주주의 지수 평가
- 측정 안됨
- 혼합체제
- 완전민주주의
- **권위주의**
- 결손민주주의

프리덤하우스 평가
- 자유없음
- **부분적 자유**
- 자유로움

인간개발지수 평가
- 측정 안됨
- 중간
- 매우 높음
- **낮음**
- 높음

정부형태 ➡ 36개 주와 한 개의 연방수도 영토로 구성된 연방제와 대통령제 공화국. 1960년 국가형성 그리고 최근헌법은 1999년 채택

입법부 ➡ 양원제 국회: 360석의 하원, 109석의 상원, 양원 모두 4년 임기

행정부 ➡ 대통령제. 4년 중임제. 부통령과 각 주에서 한 명씩 선출된 내각이 보좌

사법부 ➡ 연방대법원. 상원이나 사법위원회의 승인을 받은 대통령이 지명한 14명의 대법관으로 구성

선거제도 ➡ 전국단위의 대통령선거, 전국유효투표의 과반수 획득 및 나이지리아 전체 주 중 3분의 2이상에서 최소한 25퍼센트의 유효득표 조건. 결선투표 가능. 국회의원 선거는 단순다수대표제.

정당 ➡ 다당제, 중도계열 인민민주당(PDP)과 보수계열 전나이지리아인민당(ANPP)이 주도.

➡

정치를 한 것일까 정치를 방해한 것일까? 법원이 개인의 사생활에 관한 판결을 내렸다면 그런 판단은 정치적인 것일까 사법적인 것일까? 정치는 정부로 한정되는 것인가? 아니면 비즈니스, 가족, 심지어 대학 강의실에서도 발견될 수 있는 걸까?

정치에 대한 깔끔한 정의, 다시 말해 우리가 직관적으로 정치적이라고 부르는 것에 정확하게 부합하는 정의를 내리기는 쉽지 않다. 왜냐하면 정치란 용어는 상당히 많은 다른 방식으로 사용되기 때문이다. 그러나 정치의 세 가지 측면은 명확하다.

나이지리아의 정부와 정치

상대적으로 신생국가인 나이지리아는 정부, 정치, 권력과 권위에 대한 많은 논쟁적 측면이 나타나고 있으며 다수의 국내 분열요소에 맞서 작동 가능한 정치형태와 국가정체성을 발전시키고자 노력하고 있다.

나이지리아를 이해하는 것은 견실한 정부형태의 결핍으로 인해 더욱 어렵다. 1960년 독립 이래 나이지리아는 세 번의 문민정부와 다섯 번의 성공한 쿠데타와 수 차례의 쿠데타 시도, 한 번의 내전 그리고 거의 30년간의 군부통치를 겪었다. 최초의 문민정부(1960~1966년)는 의원내각제를 기초로 했지만 둘째와 셋째 정부(1979~1983년 그리고 1999~현재)는 대통령제에 기반하고 있다. 2007년 이래 나이지리아는 한 문민정부에서 다음 정부로 두 번의 정권교체가 있었고 장기적인 정치적 전망은 개선되고 있다. 그러나 여전히 상당한 불확실성이 남아있다.

부분적으로, 정치적 회의론은 경제적인 어려움을 반영한다. 이 나라의 많은 인구는 앞으로 25년 후 두 배로 증가하리라 예상된다. 이는 현재 경제를 지탱하기에도 형편없이 부족한 사회기반시설을 더욱 위축시킬 것이다. 나이지리아 경제의 핵심문제는 과도한 원유의존이다. 이는 정부재정뿐 아니라 원유의 세계시장 가격변동(현재는 하락하고 있는)에 의존하는 나이지리아 경제의 건강상태에 심각한 부담을 지우고 있다. 설상가상으로, 원유로부터 나오는 상당한 가치가 낭비되거나 도둑맞고 있다는 사실이다. 그리고 원유수입을 어떻게 사용해야 가장 좋을지에 대해서도 정치공방이 오랫동안 지속되고 있다.

나이지리아의 문제는 단지 경제적 문제 이상이다. 사회적 관점에서 나이지리아는 종족별로 분리되어 국가정체성을 수립하는 노력에 족쇄가 되고 있다. 나이지리아는 또한 종교적으로 분열되어 있는데 대부분의 무슬림은 북부에 살고, 비무슬림들은 남부에 살고 있다. 북부로부터 남부로 이슬람법인 샤리아(sharia)를 확장하려는 압력이 지속해서 논쟁거리가 되고 있다. 지역적 불균형도 근본적인 문제인데, 건조하고 가난한 북부에 비해 남부는 천연자원과 사회서비스가 비교적 풍부한 편이다. 이러한 지역 간 긴장은 원유로 인해 더욱 악화되었다. 원유의 대부분은 동남부지역이나 해저에 묻혀있지만 원유 이익의 대부분은 다른 지역에 있는 정치엘리트들에게 돌아갔다.

- 정치는 사람들 사이에 일어나는 집단적 행동이다. 무인도에 표류하고 있는 사람은 정치를 할 수 없다. 그러나 같은 섬에 두 사람이 표류하고 있다면 그들은 정치적 관계를 가지고 있을 수 있다.
- 정치는 두 사람 이상에 영향을 미치는 문제, 특히 행동방향에 대한 결정을 하거나 이견을 해소하기 위한 결정을 하는 것을 포함한다.
- 일단 결론에 도달하면 정치적 결정은 권위적인 정책이 되어 구성원들을 구속하고 개입시킨다.

인간의 사회적 속성으로 인해 정치는 필요하다. 우리는 자원을 사용하거나 다른 사람들과 관계를 맺거나 미래를 계획하는 데 있어서 집합적 결정을 해야 하는 집단 안에서 살고 있다. 전쟁을 선포해야 하는 문제로 고민하는 나라, 휴가를 보낼 곳을 논의해야 하는 가족, 우선순위를 교육에 두어야 할지 연구에 두어야 할지를 결정해야 하는 대학 등, 이 모든 것이 각각의 구성원들에 영향을 미치는 결정을 내려야 하는 집단들이다. 최소한의 어떤 결정을 내리는 데 실패하는 집단은 곧 존재 자체가 막을 내리는 것과 같기 때문에 정치는 가장 기본적인 행위인 것이다. 당신은 당신 나라에서 현재의 정치인들 모두를 자리에서 내쫓아 버리고 싶을지 모른다. 그러나 당신은 그들이 책임지고 있는 정치적 임무까지 없애버릴 수는 없다.

일단 결정에 도달하면 결정은 실행되어야 한다. 집단 구성원을 설득하거나 가능하면 동의를 얻기 위한 수단이 강구되어야 한다. 일단 결정되면 세금을 올려야 하고, 일단 채택되면 규제가 부과되어야 한다. 일단 선언되면 전쟁을 치러야 한다. 대중적 권위가 필요하다면 강제력조차 집단적 정책을 실행하기 위해 활용되어야 한다. 공동의 임무에 기여하지 못하는 시민들은 벌금을 내거나 당국에 의해 구속에 처해질 수도 있다. 그래서 정치학자 이스턴이 제기한 정치체계에 관한 유명한 정의에 있는 정치는 '권위적'이라는 형용사로 대변되는 강한 칼날을 갖고 있다(David Easton, 1965: 21).

> 정치체계는 사회의 희소한 가치들이 권위적으로 배분되는 상호작용이라고 할 수 있다. 이것이 정치체계가 환경 속에 있는 다른 체계들과 구별되는 점이다.

따라서 하나의 개념으로서 정치는 집단적 결정을 만들어내고 실행하는 과정으로 정의할 수 있다. 그러나 이런 단순한 정의는 많은 대조되는 구성개념을 양산한다. 이상적으로 말하면 정치는 집단의 공동 이익을 추구하거나 상당 규모의 집단 간 상이한 이해관계를 최소한 평화적으로 조정하기 위한 결정을 찾아내는 것이라고 볼 수 있다. 상대적으로 그리고 아마도 보다 현실적으로 정치는 자신들의 이해관계를 추구하는 사람들과 집단 간에 권력과 자원을 놓고 벌이는 경쟁적인 투쟁으로 해석할 수 있다. 이 두 번째 관점에서 정치의 방식은 토론뿐만 아니라 폭력까지 포함할 수 있는 것이다.

정치를 공동체에 봉사하는 행위로 해석하는 것은 고대 그리스 시대로 거슬러 올라간다. 예를 들어, 그리스 철학자 아리스토텔레스(기원전 384~322년)는 '인간은 천성적으로 정치적 동물'이라고 주장했다(Aristotle, 1962 edn: 28). 여기서 그는 정치는 피할 수 없을 뿐만 아니라 인간을 다른 동물들과 가장 확실하게 구별할 수 있는 특징으로서 정치는 가장 높은 수준의 인간 행위라는 뜻으로 사용했다. 아리스토텔레스는 토론을 통해 공동이익을 분별해 내고, 함께 기여하는 행동을 통해 공동이익을 추구해 가는 정치공동체에 참여함으로써 인간은 자신을 합리적이고 고결한 존재로 표현해 낼 수 있다고 말했다. 따라서 정치는 공유하는 이해관계를 드러내는 교육의 과정으로 볼 수 있다. 아리스토텔레스의 모델에서 "이상적인 시민은 견제와 균형을 강요받아서가 아니라 그렇게 하는 것이 옳다고 보기 때문에 모두의 이익을 위해 지배하게 된다(Nicholson, 2004: 42)."

아리스토텔레스 관점의 연장은 오늘날 정치를 사회의 모든 이해관계자들이 받아들일 수 있는 집단적 결정에 이르도록 하는 공론장의 평화적 과정으로 해석하는 사람들에게서 발견할 수 있다. 정치이론가 크릭(Bernard Crick, 2005: 21)은 이런 관점을 보여주고 있다.

> 정치는 전체 공동체의 복지와 생존의 중요성에 비례해 이해당사자들이 권력을 나누어 가짐으로써 상이한 이해관계를 주어진 규칙 안에서 조정해 가는 행동이라고 정의할 수 있다.

크릭에게 정치란 정부를 움직이는 일련의 고정된 원칙도 아니고 유지되어야 하는 일련의 전통도 아니다. 대신 정치의 기능은 '전통 그 자체 때문이건 부적절한 강제력을 사용하지 않고 공동체를 지키기 위해 만들어진 순수한 인위적인 규칙 때문이건 너무나 복잡하게 성장해 버린 공동체를 유지하기 위한' 행동인 것이다 (Crick, 2005: 24). 실제로 크릭은 독재자에 의한 규칙, 폭력에 의한 규칙 또는 고정된 이데올로기를 추구하는 것을 정치적 행동이 부재한 것으로 간주한다. 이러한 문제는 정치가 '폭력과 강제보다는 타협을 선택하는 질서의 문제에 대한 해법'이기 때문에 생기는 것이다 (Crick, 2005: 30). 아리스토텔레스와 마찬가지로 크릭의 개념이 어려운 것은 정치가 실제로 무엇인지에 관한 설명보다는 오히려 정치가 마땅히 어떤 것이어야 하는지에 대한 이상적인 차원을 제시하고 있기 때문이다.

정치는 또한 권위를 가진 자들이 더 큰 공동체의 목적보다 자신들의 목적을 추구하려고 할 때 집단적 이익에 우선하는 작은 관심사를 포함할 수 있다. 따라서 우리는 권력을 본질적으로 내재하는 가치로 보고, 정치를 권력을 획득하고 유지하기 위한 경쟁으로 보는 보다 넓은 개념정의가 필요하다. 이런 두 번째 시각으로부터 정치는 승자와 패자를 만들어내는 경쟁으로 본다. 예를 들어, 정치학자 라스웰(Harold Lasswell, 1936)은 정치에 대해 "누가 무엇을, 언제, 어떻게 획득했는가"하는 유명한 정의를 내렸다. 특히 크고 복잡한 사회에서 정치는 이념적으로나 물질적으로 권력 자체를 위해서거나 권력을 행사하는 사람들에게 영향력을 미치기 위한 집단 간 경쟁이다. 정치는 공적 이익의 객관적인 추구와 다름이 없다.

나아가 정치를 평화적이고 공개된 논쟁으로 제한하려는 시도는 적절치 못하게 좁은 정의인 것 같다. 기껏해야 정치는 통치를 위한 사려 깊은 탐색이 된다. 그러나 존재하는 자체로서의 정치는 종종 훨씬 덜 타협적인 형태를 취하고 있다. 김정은의 북한에서 정치가 존재하지 않는다고 말하는 것은 그 독재자의 그늘에서 살고 있는 수백만 명의 사람들에게는 어처구니없는 말 같다. 전략이 평화적이건 폭력적이건 아니면 둘 다이건 간에 권력을 쫓는 집단은 정치에 개입하고 있는 것이다. 특별히 전쟁의 경우, 프로시아의 장군 칼 폰 클라우제비츠(Carl von Clausewitz)의 '전쟁은 다른 수단에 의한 정치의 연속'이라는 말과 중국의 지도자 마오쩌둥(毛澤東)의 '전쟁은 피를 뿌리는 정치'라는 말에 동의하는 것이 더 선호된다.

이처럼 정치는 많은 상이한 측면을 가지고 있다. 정치는 공유되고 경쟁하는 이해관계, 협력과 갈등, 이성과 강제 등을 포함한다. 각각의 구성개념도 필요는 하지만 함께 있어야 충분해진다. 정치의 핵심은 구성개념 간 상호작용에 있다. 그래서 우리는 정치를 어느 하나로 축소시켜 우리의 시야를 좁혀 버려서는 안 될 것이다. 레이버(Laver, 1983: 1)는 이렇게 표현했다. "순수한 갈등은 전쟁이다. 순수한 협력은 진정한 사랑이다. 정치는 이 양자의 혼합이다."

권력

정치의 핵심에는 **권력**(power)의 배분과 조작이 있다. 권력이란 단어는 라틴어 *portere*에서 유래되었는데 '할 수 있는'이라는 의미를 갖고 있다. 철학자 러셀(Bertrand Russell, 1938)은 권력을 '의도한 결과를 만드는 것'이라고 보았다. 우리 자신의 운명을 결정하는 우리의 능력이 크면 클수록 우리가 보유한 권력은 더 많다. 이런 의미에서 독일을 강력한 나라라고 표현하는 것은 독일이 목적이 무엇이든지 그것을 달성할 수 있는 높은 수준의 능력을 가지고 있다는 것을 의미한다. 반대로 권력이 부족하다는 것은 주변 환경의 희생물이 된다는 것이다. 비록 논쟁적이

긴 하지만, 크고 부유한 국가로부터 반응을 강요당하는 부정적인 권력의 형태일지라도 모든 국가는 권력을 가지고 있다. 소말리아의 해적들, 시리아의 난민들과 멕시코의 불법 이주자들은 권력이 없는 것처럼 보이지만 이들 모든 집단은 직접적인 영향을 받는 나라의 정부로부터 정책적 대응을 불러일으킨다.

> **권력(Power):** 의도된 결과를 일으키는 능력. 이 용어는 종종 영향력과 동의어로 사용되지만, 위협해서 얻어내는 것처럼 더욱 강제적인 영향력의 형태를 언급하기 위한 좁은 의미로 사용된다.

여기서 강조하는 것은 무엇에 대한 권력보다 무엇을 향한 권력이라는 점을 주목하자. 다시 말해 권력은 다른 사람들이나 나라에 대한 특별한 통제력을 행사하는 것보다 목표를 달성하기 위한 능력이라는 점이다. 그러나 권력에 대한 대부분의 분석은 상대에 대한 권력과 같은 관계에 초점을 맞춘다. 여기서 루크스(Steven Lukes, 2005)가 구분한 세 가지 권력 차원이 유용하다 (표 1.1). 루크스는 어떻게 우리가 집단의 권력을 측정할 수 있는지, 아니면 최소한 한 집단이 다른 집단에 비해 더 권력이 있는지 알아보려는 질문에 답해 주고 있다. 우리는 이들 세 가지 차원을 번갈아 가며 움직인다. 따라서 어느 정도 정상적인 사용을 넘어서기도 하기 때문에 권력의 구성개념은 더욱 정의내리기 어려워진다.

첫째 차원은 간단명료하다. 즉 행위자들이 해야 할 일에 대해 대립의견을 가지고 있을 때 누구의 의견이 더 지배적인지 관찰함으로써 권력을 판단할 수 있다. 한 사람의 의견과 도달한 결론간의 유사성이 크면 클수록 그 사람의 영향력이 큰 것이다. 더 많은 승리는 더 많은 권력을 나타낸다. 이러한 의사결정접근법은 코네티컷주 뉴헤이븐(New Haven)시의 민주주의와 권력에 관한 고전적 연구를 했던 정치학자 달(Robert Dahl, 1961a)에 의해 처음 시작되었다. 이런 접근은 선호를 식별하고 결정을 관찰하며, 권력개념을 집단 내 갈등의 해결과 직접 연결지음으로써 명확하고 구체적이다. 이런 접근이 현재는 루크스의 다른 차원들에 의해 보완되었지만 권력을 연구하기 위한 견실한 출발점으로 여전히 남아있다.

둘째 차원은 정치적 의제로 이슈를 다루는 능력에 초점을 두고 있다. 바흐라크와 바라츠(Bachrach and Baratz, 1962: 948)는 대학정책에 대해 연구실에서는 욕을 하면서도, 자신의 참견이 비효율적이고 더욱이 자신의 경력을 해칠 것 같아 정작 교수회의에서는 조용히 있는 불만스런 교수의 예를 들고 있다. 아마도 특정 국가의 모든 주요 정당들은 자유무역을 주장하면서도 무역 관세와 할당을 최소화하자는 엘리트들의 모의를 주도한다. 이러한 방식으로는 잠재적 '이슈(대학 거버넌스를 변화시키는 것과 무역규제를 도입하는 것)'는 비이슈화되고, 이런 방면의 유일

표 1.1 루크스(Lukes)의 세 가지 권력 차원

	권력 측정	주창자
첫째	선호가 갈등을 겪을 때 누가 주도하는가?	달(1957년)
둘째	선호가 표현되도록 할지를 누가 통제하는가?	바흐라크와 바라츠(1962년)
셋째	누가 선호를 형성하는가?	루크스(1974년)

출처: Lukes (2005)

한 결정은 아무것도 결정하지 않는 것이 되고 만다. 이것이 의사결정자들의 가치나 이익을 위협할 수 있는 특정이슈가 부상하지 못하도록 막는 성공적인 시도인 것이다.

둘째 차원은 차이점의 단순한 해결을 넘어 압력을 설명해 줌으로써 정치적인 것에 대한 우리의 이해를 확대시킨다. 이런 방식에서는 "정치적 계층이 특정 부분에 대한 관심을 나타내지 않는 한 정치적 이슈는 존재한다고 말할 수 없다"고 한 달(Dahl, 1961a: 64)의 견해는 기각된다. 오히려 둘째 차원은 샤츠슈나이더(Schattschneider, 1960: 71)가 '편향성의 동원'이라고 불렀던 것을 생각나게 한다.

> 조직은 편향성의 동원이기 때문에 모든 형태의 정치조직은 일련의 갈등을 활용하고 타자에 대한 억압을 선호하는 편향성을 갖는다. 어떤 이슈들은 정치 안에서 조직되고 반면에 다른 것들은 정치 밖에서 조직된다.

둘째 차원을 다루기 위해 바흐라크와 바라츠는 권력 연구자는 어느 집단이 현재의 정치과정에서 이익을 얻는지, 권력을 가진 개인들이 이슈를 확보하기 위해 어떻게 정치적 논쟁을 제한하는지 조사하라고 건의한다 (Bachrach and Baratz, 1962). 그렇게 해야만 논쟁이 격화된 문제들에서 누구의 견해가 결국 승리하는가하는 질문으로 관심을 집중시킬 수 있다.

셋째 차원은 권력의 구성개념을 더욱 넓게 확대시킨다 (누군가는 너무 넓다고 할 수 있지만). 여기서 권력은 단순한 표현이라기보다는 형태를 구성하는 것으로 확대된다. 첫째와 둘째 차원이 갈등하는 선호를 가정했다면 셋째 차원은 조작된 의견의 일치를 이야기하고 있다. 예를 들면, 피해를 입는 사람들이 건강보호를 위해 필요한 조치를 취하는 것을 방해하려고 정부는 화학물질의 유출 위험에 관한 정보를 제공하지 않을 수 있다. 보다 더 일반적으로 말하면, 광고는 사람들의 관심을 소비하는 방향으로 움직이게 하거나, 실질적인 필요를 더 깊고, 최소한 더 자연스럽게 만족시킬 수 있는 인생의 비물질적인 측면을 멀리하도록 유도할 수 있다.

이러한 사례가 함축하는 것은 가장 효율적인 권력의 형태는 사람들의 정보와 선호를 형성함으로써 첫째와 둘째 차원이 작동하지 못하도록 방해한다는 것이다. 루크스(Lukes, 2005: 24)는 이렇게 주장한다.

> 사람들이 권력에 대한 다른 대안을 보거나 상상할 수 없기 때문에, 아니면 그것을 자연스럽고 불변의 것으로 보기 때문이건, 혹은 그것을 성스럽게 임명되거나 유익한 것으로 가치를 매기기 때문이건, 사람들이 현존하는 사물의 질서 속에 자신의 역할을 수용하는 가운데 어느 정도이든지 간에 자신의 관점, 인식과 선호를 형성하여 불만을 갖는 것을 막는 것이 최고이자 가장 서서히 작용하는 권력의 작업 아니겠는가?

권력의 셋째 차원에 대한 사례는 정교한 조작 시도 아래 특정 정보가 거부당할 때 제일 명확하게 나타난다 (Le Cheminant and Parrish, 2011). 이런 사례는 2011년 동일본 대지진으로 방사능 물질이 유출된 일본 핵발전소 운영회사가 초기에 제공했던 선택적인 브리핑에서 잘 발견된다.

일반적으로는, 그렇지만 권력의 셋째 차원으로 연구하는 것은 그 자체가 어려움을 만들어 낸다. 광고의 사례에서 물질적 재화에 대한 갈망이 잘못된 필요라고 누가 말할 것인가? 그리고 만약 물질주의적 문화가 특정 개인들의 드러난 목표이기보다는 단지 의도되지 않고 축적된 광고의 결과라면 우리는 권력의 증거를 과연 가지고 있다고 말할 수 있을까? 어떤 경우이건 권력의 셋째 얼굴은 뚜렷한 논쟁과 정치의 핵심인 결정으로부터 우리를 너무 멀리 데리고 가는 것은 아닐까?

국가, 권위 그리고 정통성

우리는 제2장에서 좀 더 자세하게 국가에 대해 생각해 볼 예정이다. 그렇지만 여기서 간단하게 사전검토를 해보는 것이 도움이 되겠다. 세계는 거의 200개의 국가들로 나뉘어 있다 (우리가 나중에 보겠지만 정확한 숫자에 대해서는 논쟁이 있다). 각 국가는 정해진 영토 내에 살고 있는 인구를 가지고 있고, 영토 지배권에 대해 거주민들과 다른 국가들의 인정을 받고 있다. 국가는 또한 나라(countries)라고도 알려져 있다. 그러나 국가가 좀 더 정치적인 용어이다. 국가는 정부 행위에 대한 법적이거나 공식적인 명령을 행하여 국가에 내재한 권위를 이용하도록 한다. 비교정치학의 목적을 위해 국가는 핵심적인 비교를 위한 직접적인 지침 단위이다. 우리는 정부와 정치를 전국적 수준에서 지방 수준에 이르기까지 다양한 수준에서 비교할 수 있다. 그러나 복잡한 비교 작업을 수행할 때 우리에게 가장 중요한 준거의 기준을 제공해 줄 수 있는 것은 국가이다. 또한 국가는 정부와 정치에 대한 우리의 이해의 중심에 놓여있는 권위와 정통성 같은 두 개의 개념과 밀접히 연관되어 있다.

권위(authority)는 권력보다 더 넓은 개념이자 여러 면에서 비교정치학의 보다 근본적인 개념이다. 권력이 행동하는 능력인 반면 권위는 그렇게 하도록 인정받은 권한이다. 권위는 하급자들이 정당한 질서를 제공하는 상급자의 능력을 받아들일 때 존재한다. 그래서 장군은 적군에 대해서는 **권력**을 사용하지만 그의 권위는 자신의 부대에만 한정되는 것이다. 독일의 사회학자 베버(Max Weber, 1922: 29)는 권위의 관계에서 지배받는 자는 마치 그들이 명령을 자신들을 위해 자발적으로 받아들이는 것처럼 명령을 수행한다고 말했다. 이런 이유로 권위는 위협적인 권력보다 더 효율적인 통제 형태이다. 그러나 권위는 자발적인 순응 이상이다. 자신의 국가의 권위를 인정하는 것은 당신이 항상 국가의 결정에 동의한다는 것을 의미하는 것은 아니다. 단지 그것은 당신이 그렇게 하는 국가의 권리와 복종해야 하는 당신 자신의 의무를 받아들이겠다는 것을 의미한다. 이런 방식으로 권위는 국가에 대한 토대를 제공한다.

> **권위**(Authority): 지배하는 권리. 권위는 국민이 권위 있는 자가 결정할 권리를 가지고 있다는 것을 받아들이는 한 자신의 권력을 만들어낸다.

권력의 원천이 많이 다르듯이 권위 역시 토대의 영역이 상당히 상이하다. 거의 100년 전 베버는 정치권력을 유효하게 하는 세 가지 방식, 즉 지금까지 했던 것을 받아들이는 방식으로서 전통에 의한 방식, 지도자와 그의 메시지에 대한 적극적인 집중으로서 카리스마에 의한 방식, 그리고 사람이 아닌 규칙에 따라 지배하는 권력으로서 법적, 합리적 규범에 의한 방식을 구분하였다 (Weber, 1922). 비록 오늘날 안정된 민주주의 체제에서 법적-합리적 권위가 가장 뛰어나지만 이런 구분은 지금도 유용하게 남아있다.

정통성(legitimacy)은 권위의 기초 위에 세워지지만 보다 넓은 개념이다. 하나의 정권은 피지배자들과 관계하는 다른 정권들에 의해 광범위하게 받아들여질 때 우리는 정통적이라고 표현한다. 그러므로 우리는 관리가 **권위** 있다고 말하되 정권은 **정통성**이 있다고 말한다. 비록 **정통성**이라는 단어가 "법을 선포하다"라는 의미의 라틴어 *legitimare*에서 파생되었지만 정통성은 합법성보다 훨씬 큰 의미를 가지고 있다. 규칙이 정규적 절차에 따라 정확하게 만들어졌는지 여부를 가리키는 합법성이 기술적인 문제인데 반해 정통성은 훨씬 정치적인 개념이다. 정통성은 사람들이 정치체제의 권위를 인정하는지 여부를 가리킨다. 정통성이 수용되지 않으면 국가의 존재 자체가 의심을 받게 된다.

> **정통성(Legitimacy)**: 정당한 상태나 수준. 정통적인 정부체제는 권위에 기반하고 있는 체제이자 지배받는 자들이 결정하는 권리를 인정하는 체제.

합법성은 법률가들에게 중요한 주제이지만 정치학자들에게는 하나의 정치체제가 어떻게 지배권에 대한 대중의 신뢰를 얻고, 지키고, 때론 상실하는지 같은 정통성의 문제가 훨씬 흥미롭다. 정통성이 번영하는 경제, 국제적인 성공 그리고 인기 있는 집권정당 이상을 의미하긴 하지만 이런 것들이 있으면 정치체제의 정통성을 키워주는 것은 맞다. 사실 정통성에 대해 생각하는 한 가지 방법은 정통성을 정치체제가 과거의 성공으로부터 쌓아올린 신뢰이고, 좋지 않은 때에 끌어내 쓸 수 있는 예금처럼 보는 것이다. 어느 경우든 법원이 아닌 여론이 정통성의 실험장이다. 그리고 가장 안정된 지배의 토대를 제공하는 것은 힘이 아닌 정통성이다.

이데올로기

지금까지 살펴본 개념들은 주로 정치에 관한(*about*) 것이지만 이념 또한 정치 안(*in*)에서 역할을 한다. 정치적 행동은 사람들이 정치에 대해 가지고 있는 이념에 의해 추동된다. 이념의 역할에 접근하는 방식은

이데올로기(ideology)라는 개념을 통해서다. 이데올로기라는 용어는 프랑스대혁명 이후 1790년대 프랑스 철학자 드 트레이시(Antoine Destutt de Tracy)가 관념의 과학을 표현하기 위해 처음 만들었다. 이데올로기의 의미는 그 후 많이 변화되었다. 그리고 현재는 정부의 역할과 공공정책의 목표에 관한 상이한 의견과 관련된 일련의 이념들을 의미한다. 이데올로기는 오늘날 다음의 관점을 표현하는 일단의 사고체계로 이해된다.

- 인간의 본성
- 국가와 사회의 적절한 조직과 관계
- 이렇게 규정된 질서 속의 개인의 위상

> **이데올로기(Ideology)**: 연관된 신념체계 및 공유하는 세계관 또는 정치, 경제, 사회가 어떻게 구축되어야 하는지에 관한 청사진.

어느 특정 정치전망이 이데올로기로 간주되어야 하는지는 판단의 문제이다. 그러나 도표1.1은 하나의 선택지를 제공한다. 어느 경우든 프랑스대혁명으로 시작된 명백한 이데올로기의 시대는 1945년 파시즘의 패배와 1980년대 말 공산주의의 붕괴와 더불어 20세기에 막을 내렸다. 이데올로기는 그 자체가 양산한 대중들의 무덤에 의해 파괴된 것으로 보인다. 물론 환경문제와 페미니즘과 이슬람주의같이 현재의 지적 흐름은 계속 반복되고 있다. 비록 그렇더라도, 이념, 가치와 현 세기의 시대적 우선순위가 고전적 의미의 이데올로기를 형성하고 있는지는 회의적이다. 어느 시각, 위상, 혹은 우선권을 이데올로기로 묘사하는 것은 이 용어를 일관된 세속적 이념체계라는 원래의 해석과는 동떨어진 방식으로 확대하는 것이다.

이념의 시대는 비록 지나갔다 하더라도 우리는 여

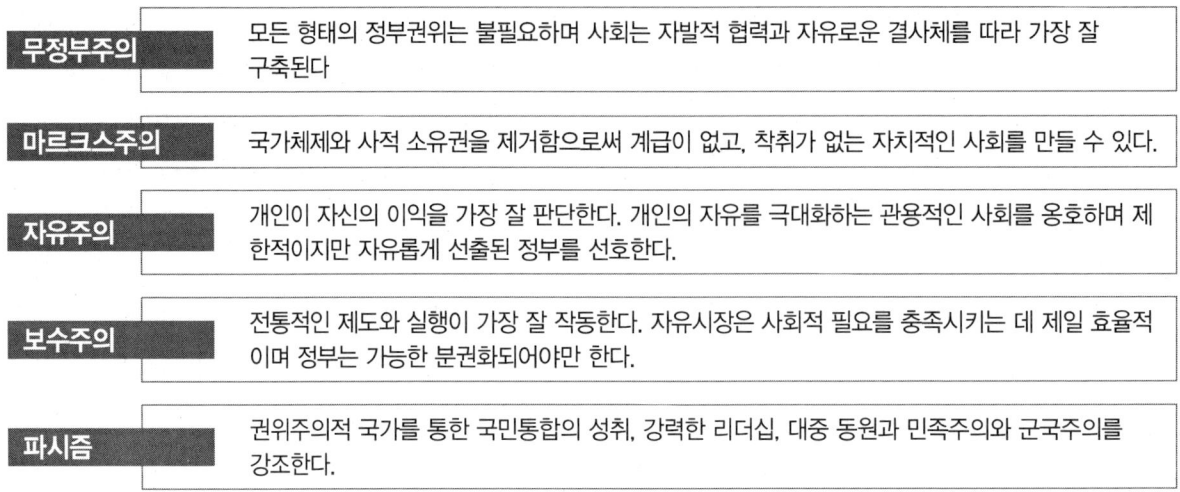

도표 1.1 다섯 가지 주요 이데올로기

전히 이데올로기를 좌파와 우파 간 스펙트럼 위에 놓고 이데올로기에 대해 언급하는 경향이 있다. 이러한 습관은 혁명기 프랑스에서 비롯되었다. 당시 입법의회에서 귀족 왕당파는 전통적인 명예의 위치인 의장의 오른편에 앉은 반면 급진파와 평민들은 의장의 왼편에 앉았다. 오른편에 위치한다는 것은 귀족과 국왕 및 교회의 이익을 지지한다는 것을 의미하였고, 이와 대조적으로 왼편은 세속적 공화주의와 시민의 자유를 옹호한다는 것을 의미했다.

'좌파'와 '우파'라는 단어는 여전히 정당을 분류하는데 일상적으로 사용된다. 따라서 좌파는 평등, 인권과 개혁과 관련을 맺고 있는 반면 우파는 전통, 확립된 권위와 국익 추구를 선호한다. 좌파는 불평등 해소 정책을 지지하는 데 반해 우파는 자연적인 불평등을 용납한다. 좌파는 문화와 종족적 다양성을 동조하지만 우파는 국민의 통합을 더 지지한다 (자세한 것은 표 1.2 참조). 민주주의의 대부분 유권자들은 이러한 구별을 특정 정당이나 계급과 단순히 동일시하면서도 자신들을 좌파 아니면 우파라고 부를 수 있다는 사실을 설문조사를 통해 보여주고 있다 (Mair, 2009: 210).

비록 좌파와 우파라는 용어가 나라와 시대를 넘어 정당과 프로그램을 비교할 수 있도록 민주주의 세계를 관통하며 잘 흘러오긴 했지만, 이러한 경향은 서로 경쟁적인 특정 이슈들로 인해 많이 변했고, 이런 용어들도 잘 정의된 이념이라기보다는 여러 이념들이 뒤

표 1.2 좌파와 우파의 대조적 주제

좌파	우파
평화	군사력
국제주의	국민적 삶의 방식
민주주의	권위, 도덕성, 헌법
계획과 공적 소유권	자유시장
무역보호	자유무역
사회보장	사회조화
	법과 질서
	자유와 권리

주: 1945~1998년까지 50개 민주주의 국가의 좌파와 우파 정당의 프로그램 분석에 기반.

출처: Budge (2006), p.429에서 인용.

섞인 용기로 이해되고 있다. 좌와 우 구분의 경계선이 모호한 것은 유럽에서 볼 수 있는데, 사회주의자와 공산주의자인 좌파는 한때 산업과 서비스의 국유화를 선호했고, 보수주의자인 우파는 자유시장을 지지했었다. 그러나 이제는 시장경제에 대한 광범위한 동의로 인해 좌와 우의 개념 구분 기반이 무너졌다.

비교정치

비교정치(comparative politics)의 핵심적인 목표는 여러 나라를 가로지르며 관찰하여 정치제도와 과정이 어떻게 작동하는지를 설명하는 데 있다. 비교는 많은 목적을 가지고 있는데, 그 중에는 정치체제와 제도를 간략히 정리하여 그것들이 작동하는 더 큰 맥락을 이해하도록 도와주고, 정치이론과 규칙을 개발하도록 유도하며, 유사한 문제들을 상이한 사회에 적용할 수 있는 방법을 보여주는 것이 포함된다. 그런데 정치세계에 관한 우리의 이해를 확장시켜 주는 것과 정치적 성과를 예측하는 것과 같은 두 개의 특별한 목적은 상세히 알아볼 만한 가치가 있다.

> **비교정치**(Comparative politics): 차이점과 유사점을 보여줌으로써 상이한 나라의 정부와 정치를 더 잘 이해하도록 설계된 체계적인 연구.

이해의 확장

비교접근법의 첫째 장점은 간단명료하다. 즉 비교는 정부와 정치에 대한 우리의 이해를 개선시킨다. 비교를 통해 우리는 정치제도와 과정 그리고 행동의 핵심적인 특징을 명확히 이해할 수 있다. 그리고 정치체제의 동학과 특성을 보다 더 정확히 평가할 수 있다.

우리는 특정 정부, 의회, 정당체계, 사회운동 또는 선거를 별도로 연구할 수 있는데, 그렇게 별도의 연구를 하게 되면 우리는 비교에 의해서 습득될 수 있는 폭넓은 맥락을 이해할 수 없게 된다. 만약 비교하지 않는다면 우리의 연구대상이 특이한 것인지 일상적인 것인지, 효율적인지 비효율적인지, 가능한 가장 좋은 선택지인지 아니면 어느 면에서 심각하게 부족한지를 과연 어떻게 알 수 있겠는가?

우리가 이해에 대해 말할 때 그것은 다른 정치체제를 이해하려는 필요뿐만 아니라 우리 자신의 정치체제를 이해한다는 것이다. 우리는 국내정치를 가깝게 바라보면서 어떻게 작동하는지 아주 잘 이해하고 있다고 생각한다. 그러나 다른 체제와 비교하지 않고는 우리는 그것을 완전하게 이해했다고 할 수 없다. 비교는 우리 자신의 정치체제의 본질에 대해 상당히 많은 것을 말해준다. 도간과 펠라시가 주장한 내용을 생각해 보자 (Dogan and Pelassy, 1990: 8).

> 단일 사례를 이해하는 것은 다수 사례의 이해와 연결되어 있고, 우리는 일반화의 관점에서 특별한 것을 더 잘 인식하기 때문에 국제적 비교는 정치현상을 설명하는 가능성을 10배 증가시켰다. 일개 국가만을 연구하는 관찰자는 비교연구자들에게 실제로는 비정상적으로 보이는 것을 정상적이라고 해석할 수 있다.

비교는 우리에게 익숙하지 않은 곳에 대해 많은 것을 알게 해주는 실용적인 장점을 가지고 있다. 이런 점은 오래 전 먼로(W.B. Munro, 1925: 4)가 적절하게 언급하였다. 그는 유럽정부에 관한 자신의 책의 집필목적을 '외국에서 오는 매일 매일의 뉴스를 이해하는 것'을 도와주기 위함이라고 기술했다. 해외 사건을 해석하는 능력은 세계가 더욱 상호의존적이 되어가고 해외에서 일어나는 사건이 우리의 삶에 더욱 직접적인 영향을 미치는 오늘날 더욱 중요하다. 따라서 찰스 디킨스(Charles Dickens)의 소설 『우리 공동의 친구(Our Mutual Friend)』에서 포스냅(Podsnap)씨가 "신사양반, 외국인들은 자신들이 하려는 대로 합니다. 그리고 그것으로 끝이지요"라고 하며 취했던 고립적인 생각을 우리는 더 이상 견지할 수 없다.

다른 체제의 정치를 이해하는 것은 우리가 뉴스를 해석하는 것을 도와 줄 뿐 아니라 실용적인 정치관계를 맺는 데도 도움이 된다. 예를 들면, 영국정부의 장관들은 다른 유럽연합의 파트너와 고르지 못한 협상전력을 가지고 있는데, 그렇게 된 이유는 부분적으로 영국의 하원에서 그들이 가졌던 공격적인 거친 어투가 브뤼셀(Brussels)의 협상장에서도 통하리라고 생각하기 때문이다. 이렇게 생각하는 것은 유럽대륙의 많은 민주주의 국가에서 발견되는 합의지향의 정치스타일을 제대로 이해하고 있지 못한 무지를 반영한다.

정치적 산물의 예측

비교는 예측을 위해 잠재되어 있는 일반화를 허용한다. 따라서 선거운동과 여론에 관한 신중한 연구는 우리가 선거의 가능한 결과를 보다 잘 이해할 수 있도록 도와준다. 예를 들어, 우리는 비례대표제를 사용하는 유럽국가들의 연구를 통해 비례대표제가 다수 정당의 국회 의석 획득과 연립정부 구성과 매우 밀접하게 연관되어 있음을 알 수 있다. 비슷한 사례로, 만약 우리가 공공서비스 제공을 민간업체에 맡기는 것이 비용대비 효과를 증가시킨다는 사실을 알게 된다면 다른 나라 정부들도 최소한 이런 방식을 고려해 볼만한 가치가 있다고 볼 것이다.

한 가지 현상에 대한 설명이 충실하고 모든 관련 요인을 감안한다면 다음은 그 설명이 절대적 확실성은 아니더라도 최소한 높은 수준의 정확성을 갖고 예측하도록 도와주어야 한다. 그러나 자연과학연구가 광범위한 숫자의 법칙을 만들어 내서 자연현상에 대한 예측을 가능하게 해준 반면 사회과학은 그다지 잘 해내지 못하고 있다. 사회과학은 이론, 경향, 가능성, 격언, 금언처럼 많은 법칙을 만들어 내지는 못했다. 금언의 유명한 예가 액튼 경(Lord Acton)이 말한 "권력은 부패하기 마련이다. 그리고 절대적 권력은 절대적으로 부패한다 (제4장 참조)"이다. 이념은 상당한 진리를 포함하지만 그렇다고 규칙이거나 법칙은 아니다. 따라서 절대적인 확실성을 갖고 설명이나 예측에 사용될 수는 없다.

정치에서 예측은 과학이라기보다 예술에 가깝고, 실수할 수 있는 예술이다. 그렇더라도 예측의 잠재력은 나라를 관통하며 교훈을 만들어 내는 출발점을 제공한다 (Rose, 2005). 이데올로기나 완전한 추측물에 의존하기보다 우리는 "만약 이렇다면 어떤 일이 일어날까?"라는 질문에 답하기 위해 비교방법을 사용할 수 있다. 이런 비교연구의 기능은 아마 근대 민주주의에 대한 브라이스의 초기 연구에서 한 언급에 뿌리를 두고 있다 (Bryce, 1921: iv).

> 수년 전 정치개혁 계획이 영국에서 엄청나게 논의되고 있을 때, 일정 숫자의 정부가 실제로 수행했던 업적을 조사하여 그것을 서로 비교하고, 각각의 다양한 장점과 단점을 식별해 냄으로써 명확한 판단의 기초를 제공하는 무언가를 해야 한다는 생각이 내 머리를 스쳤다.

실제로 정치학이 일반적으로 우리의 예측을 돕는 데 별로 한 일이 없다고 주장하는 사람들이 있는 반면 정치학이 시작부터 예측하는 일에 들어가서는 안 되며 또 그렇게 할 수도 없다고 주장하는 사람들도 있다. 칼 포퍼(Karl Popper, 1959: 280)는 오래전 장기예측은 '완전히 고립되어 있고, 정적이면서 재발하는' 체제들에서만 발전될 수 있는 것인데, 인류사회는 전혀 그렇지 않다고 주장했다. 최근에는 『뉴욕타임즈(The New York Times)』의 독자란에 정확한 예측을 제공하는 것과 관련해 정치학은 "놀라울 정도로 완전히 실패했으며 어마어마한 시간과 돈을 낭비했다"고 주장하는 의견이 실리면서 상당한 논쟁이 일었다 (Stevens, 2012). 이어서 어느 정치학자도 소련의 해체와 알카에다의 부상, 아랍의 봄을 예측하지 못했다는 주장이 계속되었다. 정치전문가에게 주어지는 학술상을 받은 연구에서 "가능한 결과가 그려진 판을 향해 아무렇게나 다트를 던지는 침팬지도 정치전문가가 하는 것만큼은 거의 할 수 있다"는 결론을 인용했다 (Tetlock, 2005). 그렇지만 공정하게 말해, 비교정치는 여전히 발전과정에 있는 학문분야이다. 따라서 제도와 과정을 이해하는 것은 여전히 진행 중에 있는 단계라는 점을 이 책의 많은 사례를 통해 알게 될 것이다.

정치체제 분류하기

세계의 많은 나라가 공통으로 여러 핵심적인 요소를 공유하는 정치체제를 가지고 있지만 정부, 의회, 법원, 헌법, 정당 그리고 이익집단이 작동하며 서로 관계를 맺고 있는 방식은 종종 차이가 난다. 결과 또한 다르다. 어떤 나라는 분명히 민주적이고 어떤 나라는 확실히 권위주의적이고, 다른 나라들은 이런 두 가지 핵심적 준거점의 사이에 놓여있다. 문제를 더욱 복잡하게 만드는 것은 이런 정치체제와 관련된 정책들과 고려사항들이 계속해서 변화하는 대상이라는 사실이

다. 즉 그것들은 진화하며 변화하고, 때론 빠른 속도를 보인다. 이런 혼란한 그림을 이해하기 위해서는 미로를 통과하기 위한 가이드를 갖는 것이 도움이 된다.

유형학(typology)은 국가를 공통된 특징을 갖는 집단이나 범주로 나누는 분류체계이다. 이것을 손에 들고 우리는 각각의 집단에서 국가에 대한 폭넓은 가정을 할 수 있다. 여기서 우리는 보다 더 상세한 초점을 제공하고, 설명과 규칙을 발전시키며 그럼으로써 정치현상에 관한 이론을 검증하기 위한 사례연구를 활용한다 (Yin, 2013: 21). 이상적인 유형은 간단하면서 깔끔하고 일관적이며 논리적이면서 언론인과 정치지도자, 또는 정치학자들과 같이 일반적인 관찰자들에게도 현실적이고 유용해야 한다. 그러나 아쉽게도 그렇게 이상적인 것은 달성하기 어렵다고 알려졌다. 비교정치학자들은 유형의 가치에 대해 합의하지 않으며 그런 것을 사용하는 학자들조차 반드시 고려해야 하는 기준과 국가의 분류 집단에 대해서는 합의에 이르지 못하고 있다. 결과는 정치적 분류에 관한 합의된 보편적 체제는 존재하지 않는다는 것이다.

> **유형학**(Typology): 국가, 제도, 과정, 정치문화 그리고 기타 등등이 공통의 속성을 갖는 집단이나 유형으로 나뉘는 분류체계.

그렇게 고안된 첫 번째 체제이자 현재도 활용되는 비교정치 최초의 예는 아리스토텔레스가 고대 그리스의 158개 도시국가를 분류한 것이다. 대략 기원전 500년부터 338년 사이에 존재했던 공동체들은 다양한 통치형태를 보여주는 작은 집단들이었다. 이러한 도시국가들의 다양성은 아리스토텔레스에게 어떤 유형의 정치체제가 안정성과 효율성을 제공하는지 생각하는 데 이상적인 연구실이 되어 주었다.

아리스토텔레스는 두 개의 차원에 기초하여 분류

도식을 만들었다. 첫째 차원은 통치활동에 참여하는 사람들의 숫자로, 하나 또는 소수, 다수가 있다. 이는 각 정치체제가 갖는 참여의 폭을 의미했다. 둘째 차원은 적용하기가 좀 힘들지만 그렇다고 결코 덜 중요하지도 않은 차원인데, 지배자가 공동의 이익을 위해 통치했는지('진정한 형태') 아니면 자신들의 이익을 위해 통치했는지 ('악용된 형태') 여부였다. 이는 우리가 앞에서 논의한 정치에 관한 상이한 구성개념과도 연결된다. 아리스토텔레스에게 둘째 차원이 중요했던 이유는 지배자가 자신이 속한 사회집단의 협소한 이익보다는 공동체의 장기적 이익을 위해 통치할 때 정치체제가 더욱 안정적이고 효과적일 것이라는 점 때문이다. 통치자의 수(한 명, 소수, 다수)를 통치의 성격(진정한 형태 또는 악용된 형태)과 교차시켜 분류하면 도표 1.2에서 볼 수 있듯이 6가지 유형이 나온다.

유형분류를 시도하는 또 다른 예는 몽테스키외 (Chrles de Secondat, Baron de Montesquieu)가 쓴 정치이론논문인 "법의 정신(*The Spirit of the Law*)"으로 1748년 처음 발표되었다. 몽테스키외는 국민이 최고의 권력을 가진 공화정, 한 사람이 고정되고 정립된 법률에 기반해 지배하는 군주정, 한 사람이 자신의 우선순위와 시각에 기반해 통치하는 독재정 등 세 종류의 정치체제를 구별했다.

두 유형 모두 역사적 실례로 여전히 흥미롭지만 오래 전에 변한 정치 현실을 반영하고 있다. 1940년대 말부터 1990년대 초까지 이어진 냉전시대의 흐름을 보여주는 최근의 예는 **3세계체제(Three Worlds System)**이다. 이것은 정치학자들이 개발한 비교적 덜 형식적인 구별법으로, 지정학적 현실을 반영하기보다는 이념적 목표와 정치적 동맹에 기초해 세계를 세 집단으로 구분한 것이다.

- 제1세계: 부유하고 민주적이며 산업화된 국가들, 대부분의 국가는 공산주의에 대항하는 서양의 동맹 참가국들이었다.
- 제2세계: 공산주의 체제. 반 서방동맹에 가입했던 대부분의 국가들
- 제3세계: 가난하고 비민주적이며 저개발된 국가들. 이들 중 일부는 냉전의 한편에 서거나 아니면 비동맹으로 남아있었다.

> **3세계체제(Three Worlds system)**: 세계를 이념적 배경에 따라 구분한 정치유형으로, 냉전시대 각국이 참여했던 편에 따라 명칭이 불렸다.

이 체제는 미디어의 헤드라인과 일상적 대화에 쉽게 끼어들 수 있는 깔끔한 명칭을 제공하여 간단했으며 좋은 반응을 얻었다. 오늘날에도 제3세계라는 용어는 빈곤, 저개발, 부패 그리고 정치적 불안정을 보여주는 강력한 이미지와 연결되어 있다. 그러나 이것

형태	~에 의한 지배		
	한 명	소수	다수
진정한	군주정	귀족정	정체
악용된	독재	과두제	민주주의

도표 1.2 아리스토텔레스의 정부 분류

출처: Aristotle (1962 edn, book3, ch.5).

은 아리스토텔레스의 생각에 있던 분석적인 측면보다는 서술적인 측면이 언제나 더 많았고 위험할 정도로 단순했다. 제1세계와 제2세계는 내부적인 논리와 일관성을 가지고 있었지만 아프리카, 아시아와 남미의 거의 모든 국가를 단순한 제3세계로 보는 것은 너무 많은 것을 요구하는 것과 같았다. 일부 국가는 민주적이었지만 다른 나라는 권위주의적이었다. 일부 국가는 부유한 반면 다른 나라들은 가난했다. 그리고 일부 국가는 산업화되었지만 다른 나라들은 농업국가였다. 냉전의 종식은 이런 특수한 유형분류의 종막을 의미했다.

일반적인 지지를 얻는다는 관점에서 그 후 아무것도 이런 유형을 대체하지는 못했지만 여러 후보들이 등장했다. 그중 특히 두 개를 소개하면 EIU(Economist Intelligence Unit)에서 발표하는 민주주의 지수(Democracy Index)와 Freedom House가 발표하는 세계자유 지수(Freedom in the World Index)가 있다. 이 둘은 가장 자주 인용되는 지수들이고 이 책의 가이드로 사용될 것이다 (초점1.2 참조). 이들은 완벽하지 않으며 기반하는 방법론에 대해 많은 질문이 제기될 수 있다. 우리는 EIU와 Freedom House의 의제와 가치를 감안해야 하고, 문자 그대로 구분하고 순위를 매기는 위험성을 인식하고 있어야 한다. 정부와 정치는 아주 복잡한 것이라서 하나의 단순한 표로 축소되기는 어렵다. 그럼에도 불구하고 이러한 순위는 우리에게 유용한 준거점과 그렇지 않으면 혼란스럽게 보일 수밖에 없는 세계를 들여다보는 지침을 제공해 준다.

우리는 미로에서 길을 발견하기 위해 더 노력하고, 일부 경제와 사회 자료도 추가로 사용할 것이다.

초점 1.2 | 정치체제 분류를 위한 두 개의 선택지

정치학자들이 상세한 하나의 정치체제 분류법을 개발하여 합의하는 데 실패하자 그런 단절을 메우고자 하는 숙제가 비학술 세계에 넘겨졌다. 두 개의 가장 강력한 유형분류는 다음과 같다.

- 영국에 있는 Economist Intelligence Unit(EIU, 영국의 주간뉴스잡지 *The Economist*와 관련됨)는 60가지의 순위지표를 기초로 각 10점 만점으로 국별 점수를 주고(노르웨이는 9.93으로 최고점수이고 북한은 1.08로 최저점수), 이를 다시 네 개 집단으로 분류하여(완전민주주의, 결손민주주의, 혼합체제, 권위주의) 민주주의 지수(*Democracy Index*)를 발표하고 있다. 민주주의 지수는 기본적인 정치적 자유, 선거의 공정성, 유권자의 안전, 투표율, 정당활동의 자유, 사법부와 미디어의 독립 및 권력승계의 절차 등 다양한 요소를 고려하여 순위를 매긴다. 상세한 것은 초점 3.2와 4.1 참조.

- 미국에 있는 연구기관인 Freedom House는 1972년 이래 매년 세계자유 지수(*Freedom in the World Index*)를 발표하고 있다. 세계자유 지수는 정치적 권리(국민의 정치과정 참여능력 포함)와 시민적 자유(표현의 자유, 사법부의 독립, 개인적 자율 및 경제적 권리 포함)에 대한 자료를 바탕으로 국가를 자유로움, 부분적 자유, 자유없음 등 세 단계로 구분한다. 시리아와 북한을 포함한 일부 국가들은 최악 중의 최악으로 평가되고 있다.

표 1.3은 이런 유형분류의 결과를 합쳐놓은 것으로, 이 책에서 사용된 16개 사례에 초점을 맞추고 또한 각 지수에서 최고점수와 최하점수를 받은 나라의 예를 포함시켰다.

표 1.3 비교 정치순위

	민주주의 지수		세계자유 지수		
	점수	범주	정치적 권리	시민적 자유	자유순위
노르웨이	9.93	완전민주주의	1	1	자유로움
스웨덴*	9.73	완전민주주의	1	1	자유로움
뉴질랜드	9.26	완전민주주의	1	1	자유로움
캐나다	9.08	완전민주주의	1	1	자유로움
독일*	8.64	완전민주주의	1	1	자유로움
영국*	8.31	완전민주주의	1	1	자유로움
미국*	8.11	완전민주주의	1	1	자유로움
일본*	8.08	완전민주주의	1	1	자유로움
프랑스*	8.04	완전민주주의	1	1	자유로움
남아공*	7.82	결손민주주의	2	2	자유로움
브라질*	7.38	결손민주주의	2	2	자유로움
인도*	7.92	결손민주주의	2	3	자유로움
멕시코*	6.68	결손민주주의	3	3	부분적 자유
방글라데시	5.78	혼합체제	4	4	부분적 자유
케냐	5.13	혼합체제	4	4	부분적 자유
터키	5.12	혼합체제	3	4	부분적 자유
베네수엘라	5.07	혼합체제	5	5	부분적 자유
나이지리아*	3.76	권위주의	4	5	부분적 자유
태국	5.39	혼합체제	6	5	자유없음
이집트*	3.16	권위주의	6	5	자유없음
러시아*	3.39	권위주의	6	6	자유없음
중국*	3.00	권위주의	7	6	자유없음
이란*	1.98	권위주의	6	6	자유없음
사우디아라비아	1.82	권위주의	7	7	최악 중 최악
북한	1.08	권위주의	7	7	최악 중 최악

출처: 민주주의 지수 (2014); 세계자유 지수(2015). 후자는 국가를 1~7점 사이로 점수를 준다.

* 이 책에서 사용된 사례들. 유럽연합(EU)은 순위 없음

특히 정치학과 경제학의 관계는 매우 밀접하기 때문에 이를 연구하는 **정치경제**(political economy)라는 학문분과가 있다. 정치경제는 경제적 구조와 국부뿐 아니라 경제적 성취의 영향력도 들여다본다. 좋은 정부는 성공적인 경제를 이룩하는 반면 나쁜 정부는 그렇지 못한 경제를 만드는 경향이 크다.

> **정치경제(Political economy)**: 정치적 행동과 경제적 성취와의 관계.

핵심적인 척도는 경제적 결과물이다. 이를 측정하는 다양한 방식이 있다. 오늘날 가장 유명한 것이 **국민총소득**(gross national income)이다 (표 1.4 참조). 이것은 한 나라의 국민이 국내와 해외에서 일 년 동안 생산한 경제적 산출물 가치의 총합계이다. 비교를 위해 이는 보통 미국 달러화로 전환된다. 비록 나라마다 자료의 정확도에 차이가 있고 달러의 변환으로 적정 환율에 대해 추가적인 질문이 제기되기는 하지만 이런 자료는 정부와 국제기구가 경제규모를 측정하는 데 통상적으로 이용된다. 국민총소득이 국가경제의 절대적 크기를 보여는 주지만 이 자료가 인구규모를 감안하지는 않는다. 보다 더 명확한 비교를 위해 우리는 각국의 상대적인 경제발전 정도를 보여주는 일인당 국민총소득(per capita GNI)을 사용할 것이다.

> **국민총소득(GNI: Gross National Income)**: 해당 년도 국민들의 국내외 총생산물의 합계.

마지막으로, 기본적인 필요재화의 공급을 측정하는 것과 마찬가지로 시민들에게 좋은 삶의 질을 제공한다는 점에서 상대적인 성과를 관찰하여 정치체제를 측정하는 중요성을 잊어서는 안 된다. '기본적인 필요재화'를 이해하는 데는 여러 다른 방법이 있지만

표 1.4 경제규모의 비교

	국민총소득(GNI) (단위: 10억 달러)	일인당 GNI (단위: 달러)
유럽연합(EU)	18,460	35,673
미국	17,601	55,200
중국	10,069	7,380
일본	5,339	42,000
독일	3,853	47,640
프랑스	2,851	43,080
영국	2,754	42,690
브라질	2,375	11,760
인도	2,035	1,610
러시아	1,930	13,210
캐나다	1,836	51,690
호주	1,519	64,680
멕시코	1,235	9,980
스웨덴	596	61,600
이란	527	6,820
나이지리아	526	2,950
남아공	367	6,800
이집트	273	3,280
뉴질랜드	174	39,300
투발루	57	5,840
브룬디	3	270

출처: 세계은행(http://data.worldbank.org) 2014년 자료

최소한 적절한 영양수준과 교육 그리고 보건은 포함되어야 한다. 그리고 이런 관점에서 가장 자주 사용되는 사회조건의 비교측정자료는 유엔개발프로그램(UNDP)이 발표하는 인간개발지수(Human Development Index)이다. 평균수명, 성인문자해득률, 교육등록률과 일인당 국민총소득(GNI)의 합으로 계산되는 인간개발지수는 세계 대부분의 나라의 인간개발수준을 매우 높음, 높음, 중간과 낮음 중 하나로

순위를 매긴다. 2013년 지수에 따르면 대부분의 민주주의 국가들은 상위 30위에 있는 반면 가장 가난한 나라들은, 예를 들어, 마지막인 187위의 니제르(Niger)처럼 표의 하단에 있다.

표 1.5 인간개발지수(HDI)

	순위	점수	범주		순위	점수	범주
노르웨이	1	0.944	매우 높음	터키	69	0.759	높음
호주	2	0.933	매우 높음	멕시코	71	0.756	높음
미국	5	0.914	매우 높음	이란	75	0.749	높음
독일	6	0.911	매우 높음	브라질	79	0.744	높음
뉴질랜드	7	0.910	매우 높음	중국	91	0.719	높음
캐나다	8	0.902	매우 높음	이집트	110	0.682	중간
스웨덴	12	0.898	매우 높음	남아공	118	0.658	중간
영국	14	0.892	매우 높음	인도	135	0.586	중간
일본	17	0.890	매우 높음	파키스탄	146	0.537	낮음
프랑스	20	0.884	매우 높음	나이지리아	152	0.504	낮음
쿠바	44	0.815	매우 높음	니제르	187	0.337	낮음
러시아	57	0.778	높음				

출처: 유엔개발프로그램(UNDP) (2015) http://hdr.undp.org/en/statistics 북한, 마샬군도, 나우루, 소말리아, 남수단, 투발루는 평가 없음

토론주제

- 정부의 목적은 무엇인가?
- 정치란 무엇인가? 정치는 어디에서 시작되고 끝나는가?
- 누가 권력을 가지고 있고, 누가 가지고 있지 않은가? 우리는 어떻게 그것을 아는가?
- 민주주의는 정통성이 있고, 정통성 있는 것은 민주주의라는 게 필히 연관되는가?
- 현대정치체제에서 이데올로기의 구별은 과거처럼 중요하고 명확한가?
- 민주주의 지수와 세계자유 지수는 정치체제 분류의 수단으로 어떤 강점과 약점이 있는가?

핵심 개념

3세계체제(Three Worlds system)
개념(Concept)
거버넌스(Governance)
구성개념(Conception)
국민총소득(Gross national income)
권력(Power)
권위(Authority)
비교정치(Comparative politics)

사회과학(Social science)
유형학(Typology)
이데올로기(Ideology)
정부(Government)
정치(Politics)
정치경제(Political economy)
정치체제(Political system)
정통성(Legitimacy)

추가 읽을 거리

Crick, Bernard (2005) *In Defence of Politics*, 5th edn. 이해관계의 평화적 해결로서의 주제의 본질을 파헤치는 것이 정치의 핵심이라는 강력한 설명.

Finer, S.E. (1997) *The History of Government from the Earliest Times*, three vols. 정부의 역사에 관한 기념비적이면서 여러 방면에서 최고인 책.

Heywood, Andrew (2012) *Political Ideologies: An Introduction*, 5th. edn. 영향력 있는 정치신념과 규범을 성공적으로 소개하고, 풍부한 정보와 폭넓은 주제를 다룬 교과서.

Lukes, Steven (2005) *Power: A Radical View*, 2nd edn. 권력에 대한 전통적 해석을 강하고 집중적으로 비판하며 권력의 셋째 측면을 소개하는 책.

Stilwell, Frank (2011) *Political Economy: The Contest of Economic Ideas*, 3rd. edn. 정치경제와 사회적 관심사와의 연관성에 관한 정리.

Woodward, Kath (2014) *Social Sciences: The Big Issues*, 3rd. edn. 사회과학과 사회과학 관련 주제를 종합적으로 다룬 유용한 책.

CHAPTER 2 국가

개관

비교정치의 기본 분석단위는 국가이다. 그렇지만 지방수준에서 다국적 수준까지 어느 수준에서나 비교는 할 수 있고, 어떤 정치제도, 과정, 문제나 현상도 포함할 수 있기 때문에 국가 수준만이 유일한 선택지는 아니다. 그러나 국가는 정치체제의 비교연구를 위한 가장 일반적인 준거점이다. 이런 이유로 우리는 국가가 무엇이며, 어떻게 작동하고, 어떻게 변화하는지, 그런 것들이 기반하고 있는 다양성과 현대 국가체제의 동태성을 알아야 할 필요가 있다.

이 장은 주권에 특별히 주목하고 국가의 특징을 설명하면서 시작한다. 그런 다음 국가의 역사를 간략히 살펴보는데, 정치적 관계가 지배자와 피지배자간에는 수직적으로, 상이한 정치공동체 간에는 수평적으로 어떻게 변화했는지에 초점을 맞춘다. 그리고 나서 국가 간 존재하는 다양성을 보고, 연관된 민족과 민족주의 개념을 다루고, 국가의 현재의 상태와 미래의 전망에 대한 오늘날의 논쟁을 분석하며 끝마친다.

국가는 대부분의 사람들이 생각하는 것보다 얼마 되지 않은 신생 개념이고, 20세기가 시작될 때 50개도 안 되는 국가만 존재했었다. 그러나 오늘날 국가 숫자는 189개까지 늘어났지만 국가의 장기 전망에 대한 질문은 계속되고 있다. 일부는 국가가 지금까지처럼 강할 것이라고 주장하고, 일부는 국가가 세계화에 직면하여 근본적인 변화를 겪고 있다고 말하는 반면 다른 사람들은 국가가 쇠퇴하고 있다고 주장한다.

차례

- 국가: 개요　25
- 국가란 무엇인가?　26
- 국가체제의 부상　29
- 국가의 팽창　30
- 국가의 다양성　33
- 민족과 민족주의　36
- 국가에 대한 도전　39

핵심논제

- 국가는 지금까지 존재했던 가장 강력하고 성공적인 정치조직이다. 국가의 특징과 변화를 이해하는 것은 매우 중요하다.
- 모든 국가는 인구, 정통성, 영토 및 주권 등 네 개의 요소를 가지고 있다.
- 근대국가는 유럽에서 태동했으며 영국, 프랑스, 스페인 같은 제국주의 세력들에 의해 국가의 형태는 전세계로 전파되었다.
- 국가는 형식적으로는 동등하지만 다른 요인들 중에서도 규모, 경제력, 국제적 중요성과 자신의 영토를 통제하는 수준에서 대단히 큰 차이가 난다.
- 민족과 국가는 비교정치의 핵심 개념이다. 이 개념들은 때로 상호 통용되지만 몇가지 방식으로 겹쳐질 수 있는 독립된 실체들이다.
- 근대국가의 상태는 질문의 대상이다. 일부는 국가가 여전히 강하다고 하지만 일부는 쇠퇴하고 있으며 일부는 단지 변화하고 있다고 주장한다

국가: 개요

오늘날 우리는 세계가 국가로 나뉘어 있는 것을 당연하게 여기지만 국가가 언제나 지배적인 정치조직이었고 앞으로도 그럴 것이라고 생각해서는 안 된다. 국가 이전의 세계가 있었고, 쉬지 않고 세계화를 주장하는 사람들이 지적하듯이 국가 이후의 세계도 또한 있을 수 있다.

근대국가이전 정부는 주로 왕국, 제국과 도시로 구성되었다. 이런 단위들은 오늘날 국가를 특징짓는 정해진 영토에 초점을 맞춘 추상적인 정치공동체로, 이념이 결여된 채로 종종 개인적이며 매우 탈중앙적인 형식으로 통치되었다. 그렇지만 많은 고대의 형태들은 인구의 측면에서는 기본적으로 공통적이었다. 예를 들어, 고대 중국제국은 "비록 통제가 항상 완전하지 않았고 반복되는 반란의 시대로 인해 단절되기는 했지만 수천 년에 걸쳐 마침내 수억 명에 달하는 인구를 지배할 수 있다는 것을 증명하였다"(van Creveld, 1999: 36). 고대사를 보면 모든 근대국가가 모든 전통적 정치체제보다 더 크고 더 안정적일 것이라는 생각은 금방 사라져 버린다.

그러나 근대국가는 이전에 존재했던 모든 정치형태와 특별히 구별되어 존재하고 있다. 근대국가는 특정 영토내의 인구를 지배하는 주권적 권위를 보유하고 있는데, 이는 전통적인 국왕과 황제들이 택했던 훨씬 개인적이고 비중앙집중적인 통치와는 대조되는 개념이다. 이는 멜뤼쉬(Melleuish, 2002: 335)가 "근대국가의 발달은 알파벳의 발명과 견줄 만하다. 근대국가는 한 번 우연히 발생했을 뿐인데 일단 생겨나자 이전 존재의 본질을 영원히 변화시켰다"라고 말할 수 있을 만큼 대조적이었다.

이런 국가의 근대적 이념은 16세기부터 18세기 사이 유럽에서 나타났다. 국가라는 용어의 사용은 이 시기 말엽에 와서야 유럽에서 비로소 보편적으로 사용되었다. 국가의 숫자는 서서히 증가했다. 1800년 단지 19개의 국가가 존재했고, 1900년까지 겨우 30개 국가가 더 설립되었다. 세계적 수준에서 국가체제의 실질적인 확대는 탈식민화가 유럽제국의 종막을 보았던 제2차 세계대전 이후 시작되었다. 추가로 국제기구와 국제조약의 숫자도 증가하기 시작했다. 제2차 세계대전까지 세계를 둘러싼 정부와 정치는 주로 소수의 서구 민주주의 국가들의 선호와 행동에 의해 움직였다. 그러나 주권, 권위와 자립에 관한 논쟁이 확대되며 격화하자 그림은 더욱 복잡하게 변했다. 영국, 독일과 프랑스 같은 강대국들이 압도적이었던 곳에서 1945년 이후 미국과 소련이 초강대국으로 등장하고, 1960년대와 1970년대 거의 70여개의 아프리카와 아시아 국가들이 독립하고, 1991년 소련이 마침내 해체되고, 1990년대 중국, 인도, 브라질 등이 떠오르는 강국으로 부상하면서 그림은 변모하였다.

오늘날 국가는 두 세대 이전보다 매우 상이하고 더욱 복합적인 관계를 가지고 있다. 국가 간 상호작용은 불가피하게 국내의 정치경제적 계산에 영향을 미친다. 진정한 독립에 대한 질문이 점점 더 자주 제기된다. 우리는 이제 국가의 미래에 대한 논쟁이 진행되는 것을 보고 있다. 국가는 약화되고 있는 중인가, 국가는 과거처럼 여전히 강한 것인가, 아니면 국가는 단지 새로운 필요와 압력에 마주쳐 변환되고 있는 중인가? 대답이 무엇이든 국가는 전세계의 정부와 정치를 이해하는 기초로 여전히 존재한다. 분명히 정부의 하위단위가 있으며 세계적 수준에서 거버넌스의 성장이 보이기도 한다. 그러나 거의 모든 사람들은 한 국가의 시민이며, 정부를 생각할 때 우리는 역시 국가를 생각한다.

국가란 무엇인가?

정부와 정치를 이해하는 데 **국가**(state)보다 더 핵심적이고, 여전히 논쟁적인 용어는 없다. 국가는 세계의 지배적인 정치조직 형태이자 국제정치체제를 구성하는 기초 단위이기 때문에 최소한 국가가 무엇과 같은지 실질적으로 이해할 만한 내용을 제시하지 못한다면 정치와 정부 연구가 의미 있거나 효과적인 방향으로 진전되기는 거의 불가능하다. 그러나 국가는 여전히 정의하기가 쉽지 않다.

> **국가(State)**: 인구를 가지고 있으며 경계선으로 구분되는 영토에서의 법적, 정치적 권위. 국가는 정치적 권위, 즉 정부가 관리하는 권위를 정의한다. 권위는 국가의 시민들과 다른 국가의 정부에 의해 주권적이며 정통적이라고 간주된다.

국가를 이해하는 보통의 기준은 독일의 사회학자 막스 베버(Max Weber)가 말한 고전적 정의이다. 그는 국가를 '주어진 영토 내에서 물리적 힘의 정당한 사용을 (성공적으로) 독점하고 있는 인간 공동체'로 정의했다 (Gerth and Mill, 1948: 78에서 재인용). 내전처럼 국가의 정당한 힘의 독점이 위협받을 때 국가의 존재는 위험에 처한다. 갈등이 지속될수록 정당한 권위는 사라진다. 그러나 국가에는 물리적 힘 이상의 것이 있다. 국가는 근대적 맥락에서 보다 더 특별히 이해될 필요가 있다. 즉 국가는 인구와 정통성, 영토와 주권을 가지고 있는 법적, 정치적 주체로서 가장 잘 정의된다 (도표 2.1 참조).

모든 게 깔끔하게 정돈되어 있다면 지구상의 모든 1평방미터의 땅은 한 국가거나 다른 국가의 일부가 될 것이다. 그러나 세계에는 한두 가지 결함을 가진 여러 형태의 영토들이 존재하고 있고, 따라서 분석의 목적상 이들은 국가로 간주될 수 없다. 예를 들면, 대만, 푸에르토리코, 팔레스타인, 서사하라와 홍콩 등이 그렇다. 나아가 아직도 여전히 소수의 식민지 또는 해외영토가 남아있는데, 버뮤다, 지브롤터, 괌과 프랑스령 폴리네시아 등이다. 이들은 독립하지 못했기 때문에 역시 통상적으로 국가로 간주되지는 않는다 (국가는 종종 나라[country]라고 표현되는데, 그러나 나라라는 용어는 엄격히 말해 영토에 국한하지, 정부와 권력의 기제를 의미하지는 않는다).

국가는 정부와는 어떻게 구별되나? 본질적으로 국가는 정부가 관리의 행위자인 정치적 공동체로 정

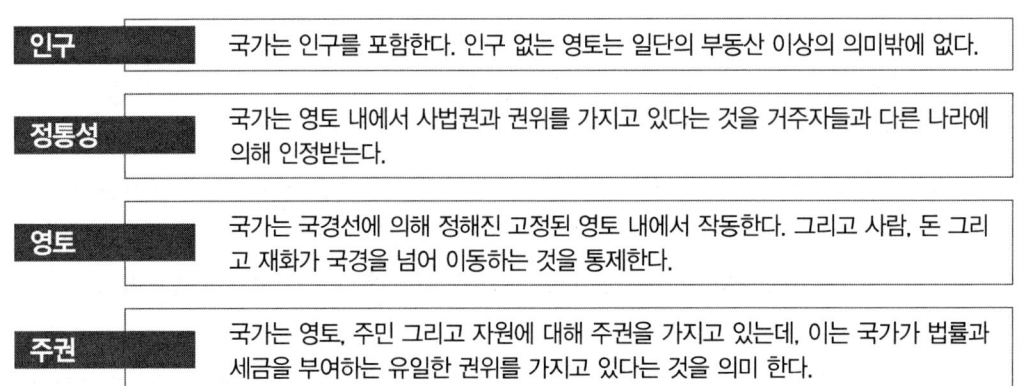

도표 2.1 국가의 특질

의된다. 권위 있는 힘의 독점을 성공적으로 주장함으로써 국가는 정부가 실행하는 규칙에 대한 명령을 내린다. 정부와 국가의 이런 구분은 많은 나라에서 국가수반(예를 들어, 국왕이나 비행정적인 대통령)의 역할과 정부수반(예를 들어, 총리)의 역할을 특별히 구별하는데서 잘 반영되어 있다 (제9장 참조).

국가에 관한 이론적 정당화의 상당부분이 **주권**(sovereignty)이라는 개념에 의해 제공되기 때문에 우리는 우선 이런 관련 개념을 풀어보아야 한다. 주권은 16세기 프랑스 철학자 장 보댕(Jean Bodin)에 의해 발전된 것으로, 법을 만들기 위해 방해받지 않고 분리될 수 없는 권력이다. 유사한 맥락에서 18세기 영국의 법학자 블랙스톤(William Blackstone, 1765-9; book 1:68)은 "모든 국가에는 최고이자, 저항할 수 없고, 절대적이며, 통제받지 않는 권위가 있고, 있어야 하는데 주권이 이에 속한다"고 주장했다.

> **주권(Sovereignty):** 한 사회의 궁극적인 권위의 원천. 주권자는 한 공동체에서 가장 높고 최종적인 의사결정자이다.

주권이라는 단어는 원래 '위에 자리 잡은 것'이라는 의미로, 주권적 기구란 상위 권위에 의해 제약받지 않는 제도이다. 정의상 이런 기구는 국가이다. 보댕이 쓴 것처럼 주권 기구는 모든 하위의 것들 위에 법을 강제하고, 대신 그들로부터 아무 것도 받지 않는다. 주권은 군주가 왕국의 통치를 공고히 하려는 의도를 정당화하기 위해 유럽에서 개발되었다. 왕국의 권위는 이전에는 봉건귀족들과 가톨릭교회가 나눠 갖고 있었다. 왕국과 통화가 여전히 '주권적'이라고 알려진 것도 이런 이유에서다.

그러나 민주주의가 기초를 다져가면서 대중을 위해 행동하는 선출된 의회가 진정한 주권의 소유자라는 신념이 지배하게 되었다. 비록 블랙스톤의 '최고권위'의 이론적 중요성이 특히 영국과 프랑스 같은 중앙 집권화된 유럽국가에서 의문의 여지없이 남아 있지만, 여전히 주권을 확보하기 위한 수단은 계속해서 변했다. 유럽을 넘어 주권 개념은 더 약화되었다. 브라질, 독일, 인도와 미국 같은 연방국가에서 정치적 권위는 중앙정부와 지방정부 간에 공유된다. 이런 환경에서 주권의 이념은 희석되고, 국가개념도 그렇게 되었다. 미국인들은 더욱 자주 **국가**라는 단어를 합중국 전체를 의미하기 보다는 합중국을 구성하는 50개 주(states)를 의미하는 것으로 사용한다. 견제와 균형에 의해 제한되면서 미국 연방정부는 블랙스톤이 국가에 필수적이라고 판단했던 '절대적이고 통제받지 않는 권위'를 결여하고 있다.

모든 주권은 국경을 넘어서 또는 국경 안에서 일어나는 일들의 영향을 받기 때문에 법을 만드는 공식 권리가 주권이 어디서나 힘을 가지고 있다는 것을 함축하지는 않는다. 이런 이유로 인해 주권이 상호의존적 세계에서 신화가 되어 버렸다는 주장에 대해서는 회의적이다. 주권은 상황에 따라 만들어지는 것이고, 이러한 점이 중요한 것이다. 예를 들어, 미국이 멕시코에 의존하는 것보다는 멕시코가 미국에 훨씬 의존적이다. 그렇지만 두 나라는 공적으로는 주권국으로 동등한 위치에 있다. 한 나라의 운명에 대한 국가의 통제는 정도의 문제이지만 국가 주권은 본질적으로 제약을 받지 않는다. 주권의 본질은 자격을 갖추지 않은 법적 자격이라는 데 있다.

> 헌법적 독립은 마치 결혼처럼 절대적 조건이다. 사람들은 결혼을 하거나 아니면 결혼하지 않는다. 70퍼센트 정도의 사람들이 결혼을 한다. 주권도 마찬가지다. 한 나라는 주권이라는 법적 지위를 가지고 있거나 아니면 가지고 있지 못하다.

그 사이에는 아무런 조건이 없다. (Sørensen, 2004: 104)

국가 개념에 내재된 것은 **시민**(citizen)에 관한 생각이다. 국가의 발전이 귀족과 교회의 권력을 이겨냈듯이 시민 개념은 국가에 의해 규정된 정치공동체의 완전하고 동등한 구성원의 의미를 갖고 있다. 히터(Heater, 1999: 1)는 "시민의 자격은 1789년 프랑스 혁명가들이 평등의 상징적 현실을 선언하기 위해 채택되었다. 귀족을 구분하는 자격은 삭제되었다"고 적었다. 시민이라는 것은 법적 보호 같은 권리와 군사 또는 공동체 서비스 같은 의무를 모두 갖고 있다는 것이다.

그렇지만 국가가 시민만을 담는 그릇과 같다는 국가에 대한 우리의 이미지는 현실과는 동떨어져 보잘

> **시민(Citizen):** 국가와 연관된 권리를 가지고 있으며, 의무에 연결되어 있는 국가의 완전한 구성원. 시민권은 여권이나 신분증 같은 공문서에서 전형적으로 확인된다.

것 없다. 한때 정치적 일부다처제라고 비난받았듯이 이중 국적을 이제는 많은 국가가 받아들이고 있다 (Hansen and Weil, 2002). 더 나아가 대부분 고소득 국가에 살고 있는 국제 이주자들은 2013년 세계인구의 3퍼센트 이상을 차지하고 있다 (UN Population Fund, 2015). 정착지 국가에서 합법적 이주자들은 시민권을 얻으려 하지 않고 투표권 제약을 받기는 하지만 영주권을 보유하고 있다. 한 나라의 인구를 그 나라 시민과 같게 보는 것은 이런 중요한 불균형을 간과하는 것이다 (Hammerstad, 2010).

초점 2.1 | 얼마나 많은 국가가 있나?

이것은 답하기 쉬운 질문이 아니다. 참고할 만한 기준점은 유엔의 회원국 명단인데, 거기에는 2015년 중반 현재 193개 회원국이 있다. 그러나 이 숫자는 안도라, 리히텐슈타인, 모나코 그리고 산마리노 같은 유럽의 4개 소국을 포함한다. 이것은 국가의 법적 정의에는 맞지만 국제정치에서 최소한의 역할만 하고 그들을 둘러싼 큰 국가들의 실용적 목적으로만 작동하고 있다. 반면에 유엔 회원국 명단은 국가처럼 기능하고 있지만 독립하지 않았거나 정통성이 없는 몇몇 중요한 영토들, 즉 코소보, 팔레스타인, 대만과 서사하라 등은 배제하고 있다. 중국이 대만을 인정하는 어느 나라와도 외교관계를 맺지 않겠다는 것을 명백히 했던 1971년 대만이 유엔에서 축출되지 않았더라면 유엔 회원국으로 남아있을 수 있었다. 그러나 대만은 거의 모든 면에서 국가로서의 기능을 계속하고 있다. 반면에 과거 유고슬라비아의 일부였던 코소보는 대부분의 유럽연합 회원국을 포함하여 외교적으로 100개국 이상의 인정을 받고 있다. 코소보는 세계은행과 국제통화기금(IMF) 등 주요 국제기구의 회원이기도 하다. 그러나 정치 외교적으로 유엔 회원국으로 간주되지 못하고 있다.

그래서 "얼마나 많은 국가가 있는가?"라는 질문은 "그것은 당신이 국가를 어떻게 정의하는가에 달렸다"라는 반응을 끌어내기 쉽다. 이 책은 189개 국가 숫자를 택한다. 현재 유엔회원국 숫자에서 4개의 유럽 소국을 뺀 숫자이다. 그러나 우리는 이 장 후반부에서 다룰 극소국가, 준국가 그리고 사실상의 국가에 대한 논의를 간과해서는 안 될 것이다.

국가체제의 부상

국가는 중세유럽(대략 1000~1500년)의 불씨에서 출현했다. 당시 유럽의 거버넌스는 초국가적인 로마 가톨릭교회와 강력한 봉건영주에 의해 지배되었다. 이런 세력들 틈에 끼인 상태에서 군주는 오늘날의 통치자보다 훨씬 취약한 위상을 갖고 있었다. 변화의 과정은 길고, 느리고 복잡했다. 어떻게 근대국가는 현재 차지하고 있는 강력하고 지배적인 지위를 얻게 되었을까? 어떤 요인들이 이러한 중대한 변환을 가져왔을까?

어느 단일한 힘이 근대국가로의 이행에 책임이 있다면 그것은 전쟁이었다. 틸리(Tilly, 1975: 42)는 "전쟁이 국가를 만들었고, 국가는 전쟁을 만들었다"고 썼다. 조직된 보병과 포병이 말 위에 탄 기사를 대체했듯이 14세기 화약의 도입은 군사력 규모와 전술을 변화시켰다. 결과는 유럽에서의 공세적이고 경쟁적이며 값비싼 군비경쟁이었다. 통치자들은 동원하고 훈련하고 무장을 갖추기 위해 행정관을 고용해야 했고, 상비군 유지를 위해 비용을 지불해야 했으며, 그 결과 근대적인 관료제의 기초가 놓였다. 정치단위는 더 확대되었고, 관료제의 성장은 지방 행정과 사법의 유형을 더욱 단일화시켰다. 상업이 보다 자유롭게 확장했고 통치자들은 외국의 상대방과 공식적인 외교관계를 맺기 시작했다.

전쟁이 중세의 봉건제적 기둥을 약화시킨 것과 마찬가지로 종교개혁은 초국가적인 종교기반을 붕괴시켰다. 1520년경부터 마틴 루터(Martin Luther)가 이끄는 개신교 개혁가들은 로마 가톨릭교회의 부패와 기득권을 강력하게 비판했다. 이런 개혁운동은 개신교와 가톨릭 지도자들 간의 적대주의로 확산되어 기독교 공동체를 분열시켰다.

근대국가체제의 탄생은 1648년 베스트팔렌조약이라는 단일사건과 엮여있다. 이 조약으로 신성로마제국의 30년전쟁과 스페인과 네덜란드의 8년전쟁이 종료되었다. 이 조약은 유럽의 국경선을 조정하고 주권 이념에 새로운 정의를 가져왔으며, 로마로부터의 종교칙령보다 국가의 세속적 권위를 우위에 놓도록 도와주었다. 이로써 **베스트팔렌체제**(Westphalian system)로 알려진 것이 부상하게 되었다. 영국, 아일랜드, 프랑스, 스페인과 포르투갈 등 몇몇 국가가 이 체제를 위협했지만 이 체제는 국가의 권력에 대한 더욱 명확한 정의를 내려주었다.

> **베스트팔렌체제**(Westphalian system): 1648년 베스트팔렌평화조약에서 시작된 국가주권과 정치적 자결권에 기초한 근대국가체제.

중앙집권적 권위가 유럽에서 발전되었듯이 이론적 정당화의 필요성도 유럽에서 발전하였다. 여기서 중요한 혁신은 주권이었고, 나중에 동의의 개념에 의해 순화되었다. 프랑스 철학자 장 보댕(Jean Bodin)은 사회 안에 단일의 주권적 권위가 입법, 전쟁과 평화, 공직 임명, 사법적 항소와 통화 같은 다섯 가지 주요 기능에 대해 책임을 져야 한다고 주장했다. 그러나 주권은 여전히 제약과 통제가 필요했다. 여기서 영국 철학자 존 로크(John Locke)는 매우 중요한 역할을 했다. 그는 시민들은 생명과 자유, 재산에 대한 **자연권**(natural rights)을 보유하고 있으며 이러한 권리는 법을 통해 지배하는 통치자들에 의해 보호받아야 한다고 주장했다.

> **자연권**(Natural rights): 생명, 자유, 재산 같이 신 또는 자연에 의해 인간에게 주어진 것으로 여겨지는 권리들. 이들의 존재는 정부와는 독립된 것으로 취급.

로크에 따르면 시민들은 법이 제공하는 보호를 받

아들이는 것과 같은 묵시적인 수단에 의해서만 영토 내에서 법에 복종하는 것에 동의한다. 그러나 만약 통치자가 이런 자연권을 침해하면 사람들은 저항권인 "더 이상의 복종을 면하게 되고, 하나님이 힘과 폭력에 대항해 모든 인간을 위해 제공해 준 공동의 피난처로 떠나게 된다"(Locke, 1690: 412). 따라서 우리는 로크의 언급에서 계약과 동의에 의해 제한되는 주권을 갖는 자유주의 국가에 대한 근대적 설명을 보게 된다. 최소한, 이론적으로 정부는 주인이기보다 종이 되었다.

주권과 동의에 대한 이러한 관념은 근대성의 가장 중요하고도 확실한 두 가지 사례인 미국혁명과 프랑스혁명에서 대조적인 방식으로 나타났다. 미국에서 식민지 사람들은 영국으로부터 독립을 쟁취하고 새로운 공화국을 건설해 나갔는데, 이는 로크의 자유주의적 국가관에 실질적인 내용을 제공해 주는 것이었다. 1776년 미국독립선언에서 정부는 '지배를 받는 사람들의 동의로부터 바로 자신의 권위를' 도출한다고 과감하게 선언했다. 또한 1787년 제정된 미국헌법은 유명한 문구인 '우리, 미국인들'로 시작된다.

그러나 자유주의 시각보다 민주주의적 시각에서 주권을 재해석하는 가장 과감한 시도가 이루어진 것은 1789년 프랑스대혁명이었다. 파이너(Finer, 1997: 1516)가 '정부의 전체 역사에서 가장 중요한 단일사건'이라고 기술했듯이, 프랑스의 경험은 근대 민주주의의 윤곽을 만들었다. 미국의 연방정부는 권위에 제약을 받았지만 프랑스 혁명가들은 중앙집권적 단일제 국가를 동등한 권리를 가진 시민들로 구성된 민족공동체의 주권적 표현으로 간주했다. 미국혁명이 권력에 대한 불신 위에 세워진 데 반해 프랑스 혁명가들은 보통선거와 전체 사회의 공동선을 위해 결정하는 권한을 갖는 정부를 선호했다.

프랑스의 근대화 혁명의 원칙은 인간과 시민의 권리선언(Declaration of the Rights of Man and the Citizen)에 분명하게 표현되었다. 권리선언은 1791년 프랑스헌법의 전문으로 사용되었고 여전히 현재 헌법의 일부를 이루고 있다. 파이너는 권리선언이 '실제로 모든 근대국가의 청사진'이라고 말했다. 권리선언은 '인간은 태어나면서 자유롭고 동등한 권리를 갖는다. … 이러한 권리들은 자유, 재산, 안보 및 억압에 대한 저항'이라고 공표한다. 권리선언은 "법은 일반의지의 표현이다. 모든 시민은 개인적이든 그들의 대표를 통해서든 법을 제정하는 데 참여할 권리를 갖는다. 법은 처벌하는 것이든 보호하는 것이든 모든 사람에게 동등하게 적용되어야 한다"고 이어지고 있다.

국가의 팽창

19세기 동안 특히 유럽의 국가 범위는 더욱 명확해졌다. 국경은 서서히 굳어져갔고, 지도에 규정된 경계선을 정확하게 그리면서 국경은 장벽으로 변해갔다. 법관들은 한 나라의 영토가 포탄이 도달하는 바다까지 확대되어야 한다는 점을 확립시켰고, 나중에는 열기구가 올라가는 높이까지 영토를 확대시켰다. 국경선에 대한 이런 새로운 관심을 반영하여 제1차 세계대전 동안 유럽에서는 여권제도가 도입되었다. 국경을 넘어 여행하는 것이 과거와 달리 여권에 찍히는 도장처럼 공식허가를 포함하는 통과관례가 되었다.

경제적으로도 역시 19세기 후반 상대적으로 자유로운 무역시대의 종언을 맞았다. 경제불황으로 자극받은 많은 유럽국가들은 19세기 후반 보호주의 무역정책을 도입하였다. 국내시장이란 개념이 국제적 교환뿐 아니라 지방적 교환에 대해서도 근거를 확립하게 되자 경제는 중앙정부의 규제에 더욱 민감해졌다. 국내적으로 국가가 수행하는 교육, 기업규제, 치안, 통계수집(문자적으로 '국가의 사실들[state facts]' 의미)을 포함한 국내적 기능들이 늘어나기 시작했다.

20세기 대부분에 걸쳐 서구국가들은 사회 속으로 더욱 깊숙이 침투했다. 근대초기 유럽국가의 부상과 마찬가지로 국가의 팽창은 전쟁 수요에 의해 다시 불이 붙었다. 제1차 세계대전과 제2차 세계대전은 전문화된 군대가 아닌 전체 국가 사이에 벌어진 **전면전**(total war) 사례였다. 전차, 전투기, 폭탄 등 산업화된 무기들을 장착한 대규모의 군사력을 갖추는 것은 시민과 경제 및 사회의 광범위한 동원을 필요로 했다. 효과적이고 체계적으로 세금을 걷는 능력은 '국가능력 중 핵심적인 기둥'으로 묘사되었다 (Brautigam et al., 2008: 137). 전면전은 비용이 많이 들었기 때문에 조세 수입은 1930년대부터 1945년까지 거의 두 배나 증가했다 (Steinmo, 2003: 213). 20세기는 전쟁의 시대였기 때문에 또한 국가의 시대였다.

> **전면전**(Total war): 광범위한 지역에서 발달된 무기로 싸우는 전투를 지원하기 위해 전체 인구를 동원하며, 국가리더십, 개입과 자금을 필요로 하는 전쟁.

제2차 세계대전이 끝난 1945년 이후 평화시대가 도래했지만 국가의 역할이 축소되지는 않았다. 오히려 서구국가들은 국내수요에 자신들의 늘어난 행정 기술을 적용하고자 했다. 전 유럽에 걸쳐 전쟁국가는 **복지국가**(welfare state)에 자리를 내주었다. 이들 국가의 지도자들은 국민을 질병, 실업, 노년 등의 고통으로부터 보호하기 위해 직접적인 책임을 졌다. 이런 식으로 유럽국가는 영국 경제학자 존 메이나드 케인즈(John Maynard Keynes)의 이름을 따서 케인즈식 복지국가로 전쟁 이후의 상황을 주도했다. 국가는 완전고용과 공공복지를 민간부문이 핵심적 역할을 계속하는 경제와 통합시켰다.

> **복지국가**(Welfare state): 정부가 실업수당, 노후연금 및 의료보장 등 공공프로그램을 통해 시민들의 경제사회적 안전을 주로 책임지는 국가운영 방식.

한편 중요한 발전이 더 먼 곳에서 일어나고 있었다. 국가는 유럽에서 태어났지만 그 형태는 영국, 프랑스와 스페인 같은 제국주의 세력에 의해 세계 대부분 지역에 수출되었다. 결과적으로 오늘날 세계 대부분의 국가는 탈식민 국가들이다. 아미티지(Armitage, 2005: 3)는 "지난 500년의 세계역사에서 위대한 정치적 사실은 제국의 세계로부터 국가의 세계의 부상이다. 그러한 사실은 기본적으로 우리 모두가 살고 있는 정치적 우주를 규정한다"고 말한다. 과거 식민세력이었던 나라들을 제외하면 식민지로서의 역사를 갖고 있지 않은 나라는 거의 없다. 그런 나라들은 중국, 에티오피아, 이란, 일본과 사우디아라비아 정도이다.

'탈식민'이란 용어가 제2차 세계대전이 끝난 후 독립을 이룬 많은 나라들에 통상적으로 사용되지만 호주, 캐나다, 뉴질랜드, 미국과 같은 이주자 사회도 식민지로부터 형성된 초기의 국가사례를 보여준다. 이주자 사회에서 새로 이주해 온 사람들이 마구잡이로 성취했던 목표는 원주민 공동체를 대체하는 것이었다. 이들은 유럽의 일부 전통을 갖고 들어와 개척지 환경에 맞게 재구성하고 적응시켰다. 이주자 나라의 국가위상이 유럽에서의 그것보다는 덜 높았지만 국가의 정치기구들은 눈에 띌 정도로 서구적인 형태를 취했다. 이와는 대조적으로, 비이주자 식민지에서는 두 세기 이상 일어난 네 개의 물결을 통해 국가가 부상하였다. 결과는 군사적, 정치적 경쟁에 의해 이전 세기에 건설되었던 강한 유럽국가와는 달랐다.

첫 번째 물결은 19세기 초 남미에 있던 스페인과 포르투갈 식민지에서 발생했다. 여기서 일어난 초기 독립전쟁은 미국혁명에 있던 자유와 평등한 토대가 부족했다. 신헌법이 만들어졌지만 전혀 민주적이지 않았고 완전하게 실행되지도 못했다. 원주민과 빈곤층, 노예의 후손들에 대한 경제적 착취는 탈식민 시대에도 계속되었다. 이로 인한 불평등은 남미국가 안에서 갈등을 일으켰고 이는 오늘날에도 여전히 중요하게 남아있다.

국가 팽창의 두 번째 물결은 제1차 세계대전이 종식된 후 다민족이자 종교적으로 다양했던 오스트리아-헝가리제국, 러시아제국과 오토만제국 등이 마침내 몰락하면서 유럽과 중동에서 일어났다. 이 중 첫 번째 제국인 오스트리아-헝가리제국은 오스트리아, 헝가리, 폴란드, 체코슬로바키아와 유고슬라비아 등 5개 국가로 분리되어 해체되었다. 오토만제국의 폐허로부터 일어난 터키를 예외로 하고 강하고 안정된 국가로 발전하는 데는 실패했다. 오히려 국제정치가 계속 개입해 유럽변방에 위치한 이들 국가가 유럽의 중앙처럼 지속적인 국가로 발전하는 것을 방해했다.

세 번째이자 최대의 국가건설 물결은 1945년 이

표 2.1 국가의 형성

	미주	유럽	아시아/태평양	아프리카	전체
1799년 이전	1	9	7	2	19
1800~1849	18	4	–	1	23
1850~1899	2	4	–	–	6
1900~1909	1	1	1	–	3
1910~1919	–	4	2	1	7
1920~1929	–	2	5	1	8
1930~1939	–	–	1	–	1
1940~1949	–	1	13	–	14
1950~1959	–	–	2	5	7
1960~1969	4	2	5	32	43
1970~1979	7	–	9	8	24
1980~1989	3	–	3	1	7
1990~1999	–	12	10	3	25
2000~1909	–	–	1	–	1
2010~	–	–	–	1	1
전체	36	39	59	55	189

주: 2015년 1월 현재 주권과 독립을 국제적으로 인정받은 국가들만 포함. 유럽의 소규모국가는 제외.
출처: Crawford (2007) 부록에 기반

후 제2차 세계대전으로 위축된 유럽국가들이 제국의 위치에서 물러나면서 발생했다. 아시아의 필리핀(1946년)과 인도(1947년)가 독립을 달성한 최초의 나라였다. 그러나 아프리카와 카리브해, 중동 지역의 많은 식민지들이 뒤를 이었다. 1945년부터 1989년까지 현재 세계의 전체 국가 수의 절반에 달하는 거의 90개 독립국가가 만들어졌다. 그러나 대부분은 일관된 체제로서의 국가경영에 대한 사전경험이 부족했다. 이전에 느슨한 형태로 공존하던 종족집단, 지역집단, 종교집단 위에 국가라는 제도가 덧입혀졌다. 나이지리아, 이라크와 인도를 포함한 많은 국가는 계속해서 오늘날까지 불안정한 영향을 느끼고 있다.

네 번째이자 마지막 국가형성의 물결은 20세기의 마지막 10년에 공산주의 붕괴로 인해 촉발되었다. 소련이 지배하던 공산주의 진영의 해체는 폴란드 등 동유럽 10개 이상의 소련 위성국의 독립으로 이어졌다. 추가로 소련 자체, 실제로는 러시아제국은 우크라이나 등 15개 국가로 해체되었다. 이런 새로운 탈공산주의 국가의 경험은 복합적이었다. 발트해 국가들은 유럽연합에의 근접성과 현재 회원국 가입으로 경제적, 정치적 안정을 얻었다. 그러나 우즈베키스탄 같은 중앙아시아 공화국들은 작은 규모, 종족 균열, 전통 경제와 독재와 같은 전형적인 탈식민 증상을 드러냈다. 소련을 이은 승계국가들에서 일어난 이러한 문제는 식민이전 독립국가 경험이 없었다는 사실로 인해 더욱 커지고 있다.

그런데 전체적으로 서유럽의 선배국가와 탈식민 후배국가 간의 차이는 뿌리 깊은 것이다. 탈식민 국가들은 유럽국가가 발달과정을 통해 획득했던 능력과 자율성을 거의 갖고 있지 못하다. 주권은 국제적 인정과 원조에 접근하는 데 여전히 중요하게 남아있다. 그러나 주권의 중요성은 상징적일 뿐, 사람과 군인, 물자와 테러리스트가 국경을 넘어오는 것을 막는 데는 거의 쓸모가 없다. 극단적이면서 여전히 예외적인 사례로 취약하거나 실패한 국가가 있다. 이들은 질서를 확립하는 핵심적인 역할조차도 수행하지 못하는 국가들이다 (이 장 뒷부분 참조).

국가의 다양성

국가 간 인구, 부, 그리고 권력의 엄청난 차이는 국가의 공적 동등성(모든 국가는 동등하게 주권적이다)이나 국가의 정부형태에 집중하는 분석가들에게 종종 낮게 평가된다. 그러나 분명히 주권이든 민주주의든 기후변화로 인해 수면이 상승하여 사라질 위기에 놓인 키리바시, 몰디브, 솔로몬제도 같이 작은 도서국가에게는 전혀 중요하지 않다. 주권은 모든 나라들에 의해 작동하지만 조건과 자원에는 큰 차이가 있다.

인구, 정치적 권위, 소득에 따른 국가의 분포를 검토해 보는 것은 이러한 다양한 정치적 현실에 관한 통찰력을 제공해 준다. 특히 강력한 유럽의 국가형태를 상당수의 작고 의존적인 탈식민 국가들이 그대로 따라한다는 것은 불가능하다는 사실을 확인해 준다.

인구

많은 비교정치 연구가 큰 국가를 연구하지만 그들은 전세계라는 렌즈를 통해 들여다 볼 때 예외적이다. 분포상의 한쪽 끝에 있는 13억 5,000만 명의 중국 인구는 적은 인구를 가진 전세계 160개 나라의 인구를 모두 합한 것보다 많다. 다른 쪽 끝에 있는 세계 대부분의 나라 인구는 1,000만 명 이하이다. 다섯 나라 중 하나는 100만 명 이하이다 (도표 2.2). 중위수

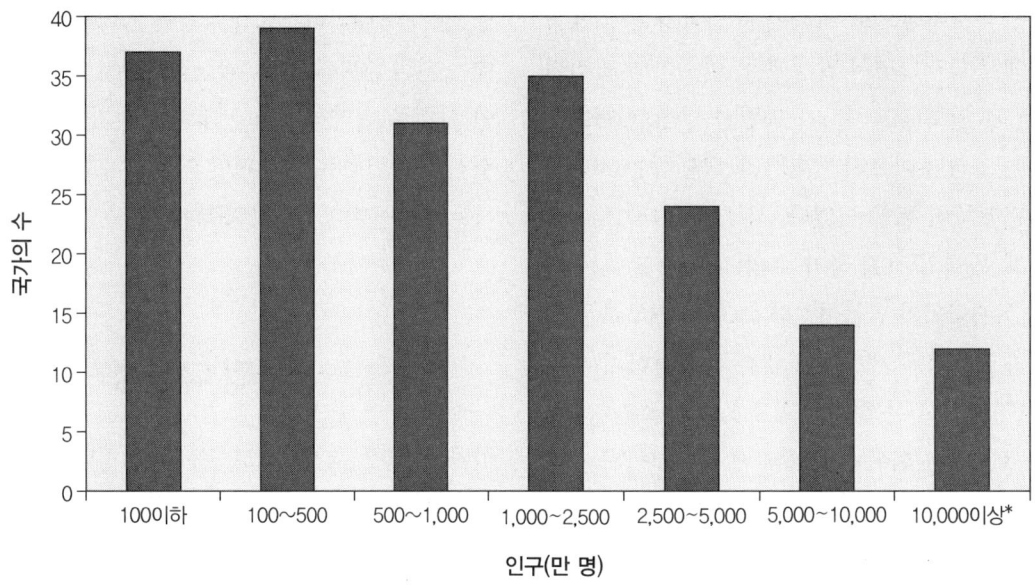

도표 2.2 인구로 비교한 국가들

출처: 세계은행 발표자료에서 계산(http://data.worldbank.org 2015년 1월 접속, 도표는 2013년자료)

* 중국(13억 5,000만 명)과 인도(12억 5,000만 명) 포함

인구를 가진 나라는 스위스(790만 명)인데, 이 나라는 보통 "작다"고 표현되지만 큰 나라들의 시각에서 볼 때 그렇게 보일 뿐이다.

마이크로국가(microstates)라는 가장 작은 나라들은 주로 카리브해, 태평양 또는 아프리카 해안에 있는 도서국가들과 바티칸을 포함한 다섯 개의 유럽국가가 있다. 대부분 그들은 자신의 운명을 정하는 데 제한된 능력을 가지고 있고, 보호를 받을 수 있는 더 큰 나라를 찾아야 한다. 그러나 우리는 그들이 역기능적이라고 가정해서는 안 된다. 자리 잡은 몇 개의 유럽 마이크로국가들은 정치적 안정과 경제적 성공을 잘 결합시켰다. 많은 성공적인 소국가들과 마찬가지로 룩셈부르크는 군사 및 경제동맹을 통해 자신의 위치를 확보하였고 성공은 계속되고 있다. 서비스 산업에 주로 바탕을 둔 경제로 인해 인구 50만 2,000명의 룩셈부르크는 2014년 일인당 국민총소득이 8만 달러를 넘어 세계경제순위에서 더 높은 위치로 올라가고 있다. 그러나 많은 소규모 국가들은 인구와 자원 모두 빈약하다. 투발루, 팔라우, 마샬제도, 키리바시같은 몇몇 태평양 국가들은 정말 적은 인구를 가지고 있고(투발루는 1만 명 이하), 천연자원과 경제적 기회도 매우 부족하고 세계와의 교역과 교통연결도 빈약하다.

> **마이크로국가(Microstates):** 인구와 영토 모두 작은 나라들. 안도라, 바베이도스, 팔라우, 몰디브가 예이다.

정치적 권위

국가를 규정하는 데 대한 도전으로 독립과 주권처럼 요구되는 모든 특징들을 결여하고 있는 몇몇 영토의 예를 들어본다. 이들 중 잭슨(Jackson, 1990: 1)은 식민세력으로부터 독립은 했지만 영토의 상당

부분에 대한 통제력을 상실한 국가를 **준국가**(quasi-states)라고 불렀다. 이들은 국제사회로부터 국가로서의 권리와 책임을 모두 가지고 있다고 국제사회로부터 인정받고 있지만 기능적인 실체로는 전혀 존재하지 못하는 국가들이다. 소말리아가 대표적인 사례이다. 1991년 내전이 발발한 이래 중앙정부가 붕괴되고 소말리아 안에 몇 개의 독립적인 지역이 나타났다. 2012년 이래 공식적으로는 연방공화국이지만 북부 소말리아 대부분은 오랫동안 소말릴란드이거나 소말리아 푼트랜드주 중 하나로 기능하고 있다.

> **준국가(Quasi-states)**: 국제법상 존재하며 승인받고 있지만 정부가 사법권 하에 있는 영토를 거의 통제하고 있지 못하는 국가.

다른 어려운 사례들로 펙(Pegg, 1998)이 **사실상 국가**(de facto states)로 부른 나라들이 있다. 이들은 영토를 통제하고 거버넌스를 제공하지만 국제사회로부터 승인을 받지 못해 **법적 존재**를 가지고 있지 못한 나라들을 말한다. 따라서 준국가는 아무리 국가가 비효과적일지라도 정통성을 갖고 있는 반면 사실상 국가는 아무리 국가가 효과적으로 작동해도 정통성을 가지고 있지 못한 국가를 의미한다. 중요한 사례가 아브카지아(Abkhazia), 나고르노-카라바흐(Nagorno-Karabakh), 트랜스니스트리아(Transnistria), 소말릴란드(Somaliland)와 북부키프러스의 터키공화국(the Turkish Republic of Northern Cyprus)이다. 소말릴란드는 소말리아와 강한대조를 이룬다. 소말리아는 비록 통치가 비효과적이지만 유엔 의석을 가지고 있고 국제적으로 인정받고 있다. 반면 소말리랜드는 1991년 이래 소말리아 북부 3분의 1을 상대적으로 평화롭게 통치하고 있지만 국제사회의 인정을 받고 있지 못하다.

> **사실상 국가(De facto states)**: 영토를 통제하고 거버넌스를 제공하고 있지만 국제법적으로 인정받지 못하는 국가. 이들은 법적으로(de jure)보다 사실상(de facto) 존재한다.

소득

국가를 빈국/부국, 선진국/개발도상국으로 나누는 시대는 지났다. 국가 간 경제적 불평등은 상당히 남아 있지만 현재는 더욱 의미 있는 그림이 요구되는데 그것은 부상하는 경제의 성장을 잘 파악하는 것이다. 세계은행은 유용한 구분을 제시한다. 국가를(정확하게는 경제) 네 가지 수입그룹으로 분류한다 (표 2.2). 1988년 소개된 것으로 이런 구도는 빈곤과 유아사망률 같은 복지 관련 통계와 연결된 경제지표를 제공하고자 했다.

고소득 범주는 여전히 유럽, 북미, 오세아니아 지역과 일부 아시아의 발전된 경제들에 의해 주도되고 있다. 이들은 '시장경제와 민주주의에 대한 폭넓은 합의 구축을 추구하는' 부자 나라들 클럽인 경제협력개발기구(OECD)의 회원국들이다 (OECD, 2011). OECD 국가들의 문화, 경제, 정치, 과학적 자원은 여전히 크지만 그들의 힘은 2008/09년 글로벌 경제위기에 의해 상당히 감소했고, 그로 인해 공공채무가 증가하고 유로 통화지역은 지속적인 어려움을 겪고 있다. 더욱이 인구의 비중은 더욱 작아졌다. 미국과 일본 두 나라만이 세계 10대 인구대국에 속한 OECD 회원국이다. 고소득국가 범주에는 쿠웨이트와 카타르처럼 작은 산유국이자 비민주적 국가들이 포함된다. 이는 규모가 부유함과는 상관이 없다는 것을 다시 확증해 준다.

중상위 소득 범주에서 우리는 고속 성장하는 대부분의 신흥경제를 발견한다. 경제적 활력과 몇몇

표 2.2 소득에 의한 국가

	일인당 국민총소득(GNI)*	국가의 수	예
고소득	39,300달러와 그 이상	53	독일, 폴란드, 일본, 미국
중상위 소득	7,500~39,300달러	54	브라질, 중국, 이란, 멕시코, 남아공
중하위 소득	2,000~7,500달러	49	이집트, 인도, 나이지리아, 필리핀, 베트남
하위 소득	2,000달러 이하	34	아프가니스탄, 에티오피아, 아이티, 소말리아

출처: 세계은행 자료에서 계산(http://data.worldbank.org)(2015년1월 접속) 2013년 자료

* 끝자리 절삭

나라의 대규모 인구는 발전된 서구로부터 세계 권력균형을 재구성하는 데 이미 불을 질렀다. 이 범주에는 2001년 골드만삭스 투자회사의 한 경제학자가 이름 붙인 BRIC(브라질[Brazil], 러시아[Russia], 인도[India], 중국[China])의 두 국가가 포함된다(O'Neill, 2001). 이 얘기가 최근 브라질의 경우에는 그다지 행복하지 못한데, 브라질은 가뭄, 경제 불황, 부패와 에너지 가격 상승으로 인해 심각한 경제문제에 봉착해 있다.

중하위 소득 국가들은 주로 아프리카와 아시아에서 발견된다. 이들은 발전을 경험했지만 풍요의 수준과 세계에서의 정치적 비중이 중상위 소득 국가들에 비해 제한적이다. 인도는 오랜 수수께끼 같은 나라였다. 인도 경제는 세계에서 가장 큰 나라 중 하나지만 오랫동안 잠재력을 달성하지 못하고 허덕이고 있고 경제발전의 혜택이 가장 가난한 국민들에게까지 흘러내려가지 못하고 있다. 뿌리 깊은 문제는 국가가 경제에 여전히 상당히 개입하고 있다는 것과 빠른 인구증가에 대한 대처가 미흡하다는 것이다. 최근 정부는 자유화의 속도를 높이겠다고 약속했지만 실제적인 성취는 여전히 느리다. 인도는 계속되는 과도한 규제와(중국과 대조적으로) 정책변화 완수 능력의 제약으로 인해 여전히 자신의 경제적 잠재력 달성을 방해받고 있다는 데 모두가 동의하고 있다.

때때로 '제4세계'라고 알려진 저소득 범주는 아프가니스탄, 방글라데시, 미얀마 같은 일부 아시아국가과 함께 주로 아프리카 국가들로 이루어져 있다. 2015년 이 범주에 속하는 34개 국가들은 OECD 국가의 숫자보다 많다. 일인당 연소득 2,000달러 이하(종종 그보다 더 적은)인 저소득 국가의 절대 다수 사람들의 삶은 실로 각박하다.

국제정치를 연구하면서 경제의 절대적인 크기나 대안으로, 일인당 국민소득에 초점을 맞추는 것이 가능하다. 그렇지만 비교정치에서 우리는 엄청난 불평등과 대중 빈곤의 국내정치적 영향을 인식해야 한다. 많은 다른 영향 중 이런 요인들이 부자와 권력자에 대한 가난한 자와 권력이 없는 자들의 의존을 지속되게 한다. 제3장에서 보듯이 이런 불평등은 여전히 민주주의가 작동하는 데 강력한 장애물이 되고 있다.

민족과 민족주의

민족(nation)이라는 추상적이긴 하지만 관련 있고, 겹쳐 있는 개념을 살펴보지 않으면 국가에 관한 논의를 끝내기 어렵다. 국가가 법 아래 존재한다면, 앤더

슨(Anderson, 1983)은 민족을 '상상의 공동체'이자 자신들을 그렇게 간주해 달라고 주장하는 집단으로 보았다. 그렇지만 우리는 두 가지 방식으로 다소 명확하게 말할 수 있다. 첫째, 민족은 조국을 가지고 있는 사람들이다. 엘리와 서니가 지적한 바와 같이 국가와 마찬가지로 민족은 '특정지역에 대한 주장'을 내포하고 있다 (Eley and Suny, 1996: 10). 여기서 민족이라는 단어의 어원이 중요한데, 민족은 출생지를 의미하는 라틴어에서 유래되었다. 민족과 장소의 연관성은 민족을 부족이나 종족과 구별짓는 요소이다. 부족은 쉽게 살던 곳을 떠나 옮겨가지만, 민족은 팽창과 수축을 통해 그 모습을 변화시키면서도 여전히 조국 땅에 묶여 남아있다.

> **민족(Nation):** 공통의 역사와 문화, 언어와 신화의 기반 위에 서로를 동일시하는 인간집단을 가리키는 문화적, 역사적 개념.

둘째, 어느 집단이 자신들이 한 민족이라고 주장하는 경우 그들은 조국 안에서 **자결권**(self-determination)을 주장하고 있는 것이다. 그들은 자신들의 주장을 정당화하려고 공통의 문화를 창출하고 향유하면서 그 땅에 대한 주권을 추구한다. 이런 자치 주장은(민주적 지배와 혼동하지 말 것) 민족이라는 개념에 정치적 의미를 부여한다. 하나의 사회집단은 독립을 통해서건 권력이양을 통해서건 자신의 운명을 성취하거나 통제함으로써 하나의 민족이 된다. 프랑스어를 하는 캐나다인들을 언어적 공동체에 반하는 별개의 민족으로 보는 것은 독립까지는 아니더라도 자치권을 요구하는 것이라고 할 수 있는데, 그 이유는 이들이 문화적인 독창성을 보유하고 지리적으로 결집된 집단이기 때문이다. 이와 유사하게 1948년 이래 팔레스타인 국가건설 운동은 예전에는 훨씬 무형적이었던 팔레스타인 민족의 정체성을 강화시켜 주었다.

> **자결권(Self-determination):** 외부의 강요 없이 행동하는 능력. 민족의 자결권은 민주적이건 아니건 자신들의 정부를 보유할 권리이다.

민족이라는 개념은 정치적 개념이기 때문에 민족이 반드시 같은 언어로 통일될 필요는 없다. 공용어는 확실히 문화적 통일을 용이하게 하지만 스위스는 프랑스어와 독일어, 이탈리아어 등 세 개의 언어를 사용하고 있다. 인도에서는 100만 명 이상이 사용하는 22개의 공용어가 있다. 민족성은 언어이건 다른 어느 것이건 한 가지 요소만으로 축소될 수 없다. 오히려 그것은 프랑스 철학자 에르네스트 르낭(Ernest Renan, 1882)이 '매일의 국민투표'라고 명명한 데서 비롯된 주관적인 정체성이다.

스미스(Smith, 2009)같은 학자들은 민족을 고대의 산물로 보지만 민족은 자신들의 근대적 자결권을 주장하기 위한 사람들의 시도로 보다 자주 이해된다. 많은 민족들은 확실히 상대적으로 최근의 투쟁 과정을 통해 구성되었다. 19세기, 특히 20세기에 식민지 사람들은 민족주의 깃발 아래 독립을 요구했다. 그들의 민족정체성 주장은 종종 인위적이었지만 제국주의자들에 저항하는 시위의 외침으로 작동했다. "저항의 토대로서 민족정체성의 발전을 자극한 것은 바로 식민정권의 존재와 권력이었다" (Calhoun, 1997: 108). 민족은 자유를 위한 투쟁에 불려 들어온 게 아니고 그 투쟁을 통해 만들어진 것이다.

민족을 근대적이라고 보는 것은 민족이 발견된 것이 아니라 만들어진 것이라고 보는 것이다. 민족은 국가성립을 주장하는데, 국가 자체는 근대성의 산물이기 때문에 민족 역시 그렇다. 특별히 민족정체성은 서로 모르지만 그럼에도 공동의 통치자와 시장 하에 함께 살고 있음을 발견한 사람들을 통일시켜 준다. 공유된 민족성은 증가하는 합리적 세계에서 감성적인 결합을 제공한다. 특히 민족성은 거대 시장경제의 출현으로 손해를 본 사람들이 국가 전체의 발전으로 위안을 받게 한다. 유사한 방식으로 민족정체성은 "모르는 사람을 위해 죽을 수 있다"고 격려하며 전쟁에 참전하는 행동을 합리화시킨다 (Langman, 2006).

민족 자체보다 **민족주의**(nationalism)가 더욱 근대적인 주장이다. 많은 '주의(isms)'같이 민족주의는 19세기에 등장해 20세기에 번창했다. 그러나 이런 '주의'와 달리 민족주의 원리는 확실히 단순명료하다. 민족이 자신들의 운명을 결정하고 자신들을 지배할 권리가 있다는 간단한 주장이다. 이런 방식으로 비록 개별적인 민족은 특정한 장소에 뿌리를 두고 있지만 민족주의는 보편적인 이념이다.

> **민족주의**(Nationalism): 통상 공유된 문화와 역사로 특징지어진 공동의 민족정체성을 가진 인간집단이 독립국가를 만들고 대외적 간섭 없이 통치할 권리를 가지고 있다는 신념.

시민적 정치적 권리에 관한 유엔헌장(United Nations Covenant on Civil and Political Rights)은 민족자치정부의 원칙에 대해 다음과 같이 간결 명확하게 설명하고 있다 (UNHCR, 1966).

> 모든 사람은 자결권을 갖는다. 이 권리에 따라 사람들은 자유롭게 자신들의 정치적 지위를 결정하고, 자신들의 경제적, 사회적, 문화적 권리를 추구한다.

국가와 달리 민족은 명확한 지리적 경계를 가질 필요는 없다. 어떤 민족은 몇몇 나라에 흩어져 산다. 예를 들어, 쿠르드족은 이란, 이라크, 시리아와 터키에서 발견되며 따라서 국가 없는 민족을 이루고 있다 (지도 2.1 참조). 유사하게, **디아스포라**(diaspora)는 자신의 조국을 떠나 흩어져 사는 집단이다. 유대종족이 최초의 대표적 사례로 남아있는데, 세계의 유대인들 중 오직 소수만이 자신들의 고대 조국 땅에 살고 있다.

> **디아스포라**(Diaspora): 자신들의 지리적, 종족적 조국을 떠나 넓은 지역에 흩어져 사는 사람들.

전형적으로 **민족국가**(nation-state)는 한 민족의 사람들로 구성된다. 1789년 프랑스대혁명은 국가가 단일한 민족정체성으로 서로 묶여있는 시민들의 이해와 권리를 분명히 해야 한다는 사상을 확립시켰다. 19세기 영국 정치철학자 밀(John Stuart Mill, 1861: 392)은 "어느 세력이든 민족성의 감정이 존재하는 경우 같은 정부 아래 모든 민족 구성원을 결속시키는 것은 **자명한 일이다**"라고 주장했다. 아이슬란드는 순수한 민족국가의 예이다. 이 나라 인구는 밀집한 섬 안에서 잘 기록된 혈통을 공유하고 있어서

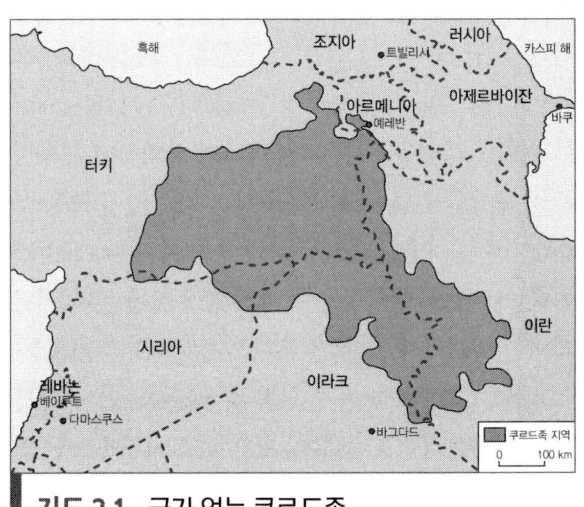

지도 2.1 국가 없는 쿠르드족

이란, 이라크, 시리아와 터키에 흩어져 있는 쿠르드족을 보여주는 지도.

국가의 출생기록은 완벽한 유전연구 자료를 제공하고 있다. 일본은 또 다른 예인데, 정부가 정확한 기록을 가지고 있지 않지만 전체 인구 중 98.5퍼센트가 일본인으로 추정한다.

> **민족국가(Nation-state)**: 시민들이 공통의 민족정체성을 공유하고 있는 주권적 정치공동체.

대조적으로, **다민족국가(multinational state)**는 한 개 이상의 민족이 그 나라 정치의 근간을 구성하고 있으며, 하나의 지배민족에 동화하는 것은 현실적인 경우가 아니다. 국제적으로 이주현상은 대부분의 국가를 다민족국가로 변화시키고 있다. 그렇지만 우리는 다민족주의 현상을 새로운 것으로 간주해서는 안 된다. 예를 들어, 영국은 잉글랜드와 웨일즈, 스코틀랜드와 아일랜드 민족으로 오랫동안 나뉘어 왔다. 영어 사용자와 프랑스어 사용자로 나뉜 캐나다와 네덜란드어 사용자와 프랑스어 사용자로 나뉜 벨기에도 유사한 사례이다. 세계에서 더욱 다양한 국가 사례 중 하나가 인도인데, 사용되는 100여개 이상의 언어 중 22개가 공용어이며, 인구의 4분의 3이 힌두교도이면서 상당수의 무슬림과 기독교인, 시크교도와 불교도도 있다.

> **다민족국가(Multinational state)**: 단일 정부 아래 다수의 민족으로 구성된 국가.

국가에 대한 도전

국가는 결코 전적으로 안정되거나 완전히 독립적이지도 않았다. 어떤 국가는 정치적 분쟁에 휩쓸려 국경선이 불분명해지는 결과를 만났고, 다른 국가들은 법적, 경제적 또는 정치적 역경을 맞아 자신의 주권을 제약받기도 했다. 주권의 수준은 시민들과 다른 나라 정부가 그 나라 정부의 권력과 권위를 존중하는 정도에 따라 변한다. 국가의 독립은 자신이 공급할 수 없는 재화와 서비스를 수입할 필요성뿐 아니라 대외적인 정치경제적 압력으로부터 항상 영향을 받는다 (Vincent, 1987; Gill, 2003).

한 학파는 국가는 여전히 강력하다고 주장한다. 여전히 국가는 군사력의 통제와 사용을 독점하고 있고, 경제적 생산과 국제무역 네트워크 관리의 핵심 행위자이다. 국가의 시민들은 여전히 자신의 조국과 자신을 동일시하고 있으며, 국가의 권위와 지배를 따르고 있다. 새로운 도전에 대응하는 국가능력은 기술혁신 덕분에 크게 신장됐다. 이들은 국가의 쇠퇴를 말하는 것이 시기상조라고 주장한다. 말할 수 있는 것은 교역의 발전, 국제법과 근대화로 인해 국가권력의 본질이 영향을 받고 있기 때문에 국가의 역할과 국제 관계 그리고 국가와 시민의 관계가 변하고 있다는 것이다 (논쟁을 정리한 것으로 Sørensen, 2004; Hay et al., 2006을 볼 것).

한편 국가는 오랫동안 비판자들을 가지고 있는데, 이들은 오랜 불만 리스트를 만들어 냈다 (표 2.3 참조). 일부는 국가의 신뢰도와 권력이 상당히 쇠퇴해 왔던 것처럼 국가는 실제로 퇴장하리라고 주장한다 (예를 들어, Camilleri and Falk, 1992; Ohmae, 2005 참조). 네 가지 비판의 결과는 첫째, 국가에 대한 국민의 충성이 경제, 사회, 정치적 분열로 인해 줄어들었다. 세계 여러 곳에서 사람들의 충성심의 초점이 변해서 소수민족은 더욱 강하게 주장하며 보다 많은 자결권을 요구하고, 영국의 스코틀랜드인, 터키, 이라크, 이란의 쿠르드인, 스페인의 카탈루냐인, 그리고 캐나다의 퀘벡인은 독립까지 요구하고 있다.

둘째, 국가의 경계선은 국가 간 경제적 관계가 확

국가개요

유럽연합(EU)

인구 (5억 500만 명)

국민총소득(GNI) (18조 5,000억 달러)

1인당 GNI (3만 5,673달러)

민주주의 지수 평가

측정 안됨*	혼합체체	완전민주주의
	권위주의	결손민주주의

인간개발지수 평가

측정 안됨**	중간	매우 높음
	낮음	높음

* 12개 회원국은 완전민주주의. 주로 동유럽에 있는 16개 회원국은 결손민주주의

** 불가리아와 루마니아는 예외로 하고 모든 회원국이 매우 높은 수준

간략 소개: 국가의 세계에서 유럽연합은 비정상이다. 유럽연합은 제2차 세계대전이 끝난 뒤 평화증진과 경제재건이라는 공통의 이해관계 속에 6개 설립 회원국이 단일시장을 건설하자는 노력으로 1950년대 시작되었다. 그 후 회원국과 범위 모두 확대되었지만 정치적 특성에 관한 의견에는 많은 논쟁이 있었다. 몇 개 분야에서 공동정책을 실행하고 있고, 광범위한 이슈에 대해 28개 회원국이 협력을 키워가고 있다. 대부분의 회원국은 유로(euro)라는 단일통화를 채택하고 있다. 여러 조약이 있지만 헌법은 없다. 행정제도는 하나의 유럽연합정부에는 미치지 못한다. 유럽연합은 유럽연방합중국은 아니다. 일부는 이런 방향으로 나아가기를 지지하지만 현재도 보다 발전한 유럽통합으로 가는 데 대해 상당히 많은 저항이 있다.

정부형태 ➡ 논쟁거리. 정부간기구 이상이지만 유럽연방 슈퍼국가 이하의 형태

입법부 ➡ 단원제 유럽의회(EP), 의원은 EU회원국 모든 유권자가 선출한다. 활동영역이 여전히 모든 EU 책임분야를 다루지는 못하지만 1970년대 이래 위상은 상당히 높아졌다.

행정부 ➡ EU회원국의 정부수반 모임인 유럽이사회(European Council)와 EU회원국 정부장관들의 모임인 각료이사회(Council of Ministers), 행정부와 관료의 교차점에 위치한 강력한 유럽집행위원회(European Commission)가 공유하고 있다.

사법부 ➡ 각 회원국에서 나온 한 명씩의 판사로 구성된 유럽법원(European Court of Justice)은 유럽통합을 촉진시키는 EU의 법적 기초를 강력하게 발전시켰다.

선거제도 ➡ 유럽의회 선거는 회원국을 단일 선거구로 하거나 몇 개의 분리 선거구로 하는 비례대표제 방식으로 하며, 재선 가능한 5년 임기의 의원들로 구성된다.

정당 ➡ 유럽정당들로서 유럽의회 선거에 참여하는 정당은 거의 없다. 대신 28개 회원국의 총선에서 효과적으로 정당 간 경쟁이 이루어지고 있다.

➡

장되면서 약화되었다. 오늘날 **세계화**(globalization)만큼 국가의 주권을 위협하는 건 아마 없을 것이다. 세계화는 경제적 상호의존의 증가, 기술과 커뮤니케이션의 변화, 다국적기업 권력의 부상, 국제시장의

> ### 유럽연합과 유럽국가들에 대한 의미
>
> 근대국가체제에 대한 많은 도전 중 하나는 일반적인 국제기구에서 발견되는 수준을 넘어서 이웃 국가들이 자발적으로 정치경제적 유대를 구축해 가는 과정인 **지역통합**(regional integration)에 의해 제기되고 있다. 국가들은 정치적으로 주권은 그대로 두고 무역 장벽은 낮추고 공동의 행정제도를 만들며 공유된 이익을 위해 공동규칙을 발전시키려고 한다. 가장 오래되고 발전된 지역통합의 사례가 유럽연합(EU)이다. 유럽연합은 1952년 이래 이런저런 형태로 존속하고 있는 독특한 조직으로 현재는 28개 회원국들로 이루어져 있다 (자세한 것은 McCormick, 2015 참조). EU보다는 목표가 훨씬 덜 야심차지만 다른 사례로는 아프리카연합(African Union, 54개 회원국), 남미국가연합(Union of South American Nations, 12개 회원국) 및 동남아국가연합(Association of Southeast Asian Nations, 10개 회원국)이 있다.
>
> 유럽연합의 주요제도는 유럽정부처럼 보이지만 공유된 거버넌스체제 이상도 이하도 아니다. 공동정책과 법률이 무역, 경쟁, 농업과 환경 등 유럽회원국들이 합의한 분야에서 만들어 진다. 결과는 회원국의 독립적 권력이 축소되었다는 점과 회원국의 국가정체성에 따라 유럽 정체성이 발달했다는 점이다. 그렇다고 유럽연방합중국은 아니다. 회원국의 시민권을 대체하는 유럽 시민권은 없다. 그러나 유럽연합의 힘과 영향은 어느 다른 지역협력기구의 수준을 넘어선다.
>
> 유럽연합의 증가하는 능력이 모두에게 환영받고 있지는 못하다. 유럽통합에 대한 저항은 유럽국가간 유대가 강화되고 유럽연합이 전통적인 회원국의 책임을 위협하는 엘리트 구성체로 변모하던 1990년대 초부터 커지고 있다. 그렇지만 유럽연합의 힘과 영향이 종종 과장되어 있다는 것도 지적하지 않을 수 없다. 유럽모델이 갖는 어려움이 부상함에도 불구하고 지역통합의 이념은 세계의 모든 다른 지역에 반향을 일으키고 있다. 그러나 정치적 목적보다는 경제적 목적에 더 초점을 맞추는 식이다.

성장, 글로벌 문화의 확산과 공유하는 공통 문제에 대한 공공정책의 조정 등을 말한다. 동시에 사람들은 더욱 이동성이 늘어나 복합적인 새로운 이주유형이 경제적 필요와 개인적 선택과 합쳐지면서 나타났다. 대규모 관광으로 국가 간 심리적 장벽도 많이 무너져 내리고 있다.

> **지역통합(Regional integration)**: 국가가 정치경제적 유대를 만들어 가면서 경쟁보다는 협력이 낫다고 판단하는 정책영역에서 일정한 공동의 권위를 발전시켜가는 과정.
>
> **세계화(Globalization)**: 다른 나라의 사람과 기업, 정부를 연결하는 과정이 교역, 투자, 커뮤니케이션과 기술 같은 요인을 통해 통합되는 것.

셋째, 1945년 이래 국가의 수가 많이 증가한 것처럼 광범위한 범위의 이슈에서 국가 간 협력도 늘어났고 이로 인해 국가의 독립적 위상이 희석되었다. 국가는 양자간, 다자간 협력 조약을 체결하고 광범위한 범위의 문제에 대해 협력을 이끌어내고 감시하기 위한 **정부간기구**(intergovernmental organization) 네트워크를 만들었다. 현재는 유엔과 세계무역기구(WTO)를 포함 수백 개의 기구들이 있다. 일부는 시작이 19세기까지 올라가지만(국제통신연맹[ITU]은 20개의 회원국들이 1865년 출범시켰다) 대부분은 세계대전이 끝난 뒤인 20세기에 만들어졌다. 정부간기구는 단일목적의 기구, 지역기구 및 범세계적 기구들을 포함한다. 대부분의 주요 기구는 주요 국가들

다수를 회원국으로 두고 있다.

> **정부간기구(Intergovernmental organization)**: 국가가 회원이면서 조약에 의해 설립되고 상설 사무국을 보유하며 공식규정에 따라 움직이고 일정한 자율성을 갖고 있는 협력기구.

정부간기구를 연구하는 것에 비정부기구(NGOs)의 일과 영향력이 추가되어야 한다. 많은 비정부기구들은 특정영역에 대한 정책변화를 위해 정부에 압력을 넣거나 그렇지 않으면 정부의 책임이 될 수 있는 기능을 수행하는 국제적 이익집단의 형태를 취하는데, 예를 들면, 국제사면기구, 국경없는 의사회, 지구의 친구들, 옥스팜 등이다. 마지막으로, 월마트, 로얄더치쉘, 도요타, ING 같은 다국적기업의 영향력을 무시할 수 없다. 일부는 자기가 일하거나 공장을 가동하는 나라의 정책에 영향을 미칠 만큼 충분히 강력하다. 더욱이, 화웨이와 레노보 같은 중국의 다국적기업들은 경제정책의 변화와 더불어 중국의 범세계적인 영향력 증가를 생각나게 한다.

마지막으로, 국제테러리즘의 위협에 맞서 많은 국가들이 국민들에 대한 자신의 권력을 재차 강조하며 개인 사생활을 침범하고 나라 안에 살거나 여행하는 사람들의 이동과 선택을 제한할 수 있는 힘을 확대하려 하고 있다. CCTV 감시와 전화와 인터넷사용 감시는 국가에게 일반시민, 테러리스트, 테러리스트 용의자 모두를 포함한 사람들을 추적할 수 있는 신형 수단을 제공하고 있다. 때로 **보안국가(security state)**라고 불리는 이러한 국가의 출현은 시민들이 감시사회의 발달과 시민자유에 대한 위협 그리고 정보기관의 제한적 책임성에 대해 우려를 표명하면서 반작용을 일으키고 있다.

> **보안국가(Security state)**: CCTV와 전화와 인터넷 사용 감시와 같은 수단을 이용해 시민들의 행동을 추적하고자 노력하는 국가.

가장 심각한 사례로, 일부 국가는 실패한, 취약한 또는 실패하고 있는 국가 현상을 보이면서 붕괴의 가장자리에 불안정하게 서있다. **실패국가(failing state)**는 앞에서 다룬 탈식민 준국가와 겹치는 용어이다. 로버트 로트버그(Robert Rotburg, 2004: 5-10)는 국가 취약성의 차원을 다음과 같이 정리했다.

- 정부당국은 통제에 어려움을 겪으며 통상 반란이나 무장봉기에 직면한다. 이는 종종 국토의 상당부분에 영향을 미치고, 최악의 경우 전면적인 내전이 된다. 종족적이거나 다른 공동체 간 적대감을 이용하여 통치자는 국민을 억압하고 갈취하고 괴롭히면서 "정부는 자신의 국민들을 희생시킨다."
- 국가 권위가 약화되면서 범죄와 폭력이 악화된다. 갱단들이 거리와 무기를 장악하고 마약밀매가 횡

표 2.3 국가에 대한 10가지 비판

1. 인류사회에 불필요한 구분을 지음
2. 서로 전쟁을 일으키는 역사를 가짐
3. 사람과 자본의 자유이동을 제약함
4. 교역을 제한하여 혁신과 효율을 달성하지 못하도록 함
5. 인류의 이익을 희생하여 국가의 이익을 추구함
6. 포용보다 지배를 위한 배제를 허용함
7. 보다 넓은 정체성을 희생시켜 좁은 정체성을 키움
8. 다른 국가와의 협력이 형편없어 테러, 초국가적 공해, 이주 그리고 질병 확산 같은 공통의 문제를 야기함
9. 안보, 정의, 번영과 인권을 위한 국민들의 요구를 빈번히 해결하지 못함
10. 경제적, 국가적 자원을 모든 국민의 이익을 위해 사용하는 데 실패함

> **초점 2.2** | **세계화**
>
> 현대 국제정치경제학에서 가장 활발한 논쟁 중 하나가 세계화를 둘러싸고 벌어지고 있다. 세계화는 정치, 경제, 문화, 기술과 기본서비스의 공급이 국경을 넘어 통합되어 가는 과정이다. 결과는 국가가 다른 나라의 사건과 발달로 인해 전보다 훨씬 많은 영향을 받고, 그런 변화로 인해 권력의 일부를 상실하고 있다는 것이다. 정치와 경제, 사회는 항상 세계의 다른 지역의 사건들 때문에 어느 정도 영향을 받아왔기 때문에 이들이 진정 독립적이었던 적은 없었다. 이런 측면에서 세계화는 많은 사람들이 생각하고 있는 만큼 새로운 현상은 아니다 (Cohen, 2007). 다른 점이라면 인류역사상 통합의 정도와 지리적 파장이 오늘날처럼 컸던 적은 없었다는 것과 모든 사람들의 일상이 다른 나라와 다른 대륙에서 내린 결정으로 인해 이렇게 심대하게 영향을 받은 적이 없었다는 것이다.
>
> 세계화는 무역, 민주주의, 주권, 직업, 환경, 문화 그리고 고용조건처럼 다양한 이슈에 미치는 영향을 논하는 사람들에 의해 비판과 지지를 모두 받고 있다 (Held and Mcgrew, 2007; Bhagwati 2007 참조). 지지자들은 세계화가 권위주의 정부에 압력을 행사하여 민주주의와 자유시장경제를 증진시키고, 빈곤을 감소시키며 경제사회적 평등을 가져오며 평균수명을 늘리고 기술혁신을 촉진시켜 준다고 주장한다 (Goklany, 2007의 예를 볼 것). 비판자들은 가난한 나라들은 경제적 경쟁과 착취로 인해 더욱 고통을 당하며 부자 나라의 기업이 더 큰 이득을 얻고 소득불평등이 확대되며 부국의 일자리가 없어지고 환경이 악화된다고 주장한다.
>
> 찬성과 반대가 무엇이든, 부상하는 경제는 세계화가 가져온 변화의 중심에 서있다. 그들은 비록 고용과 환경조건이 같은 정도로 개선되고 있지는 않지만 새로운 투자처, 일자리 증가와 확대된 교역으로 인한 새로운 기회를 보고 있다. 세계화 지지자들은 세계화의 불이익이 예상치 못한 것은 아니지만 오래 지속되리라고 생각하지도 않는다. 오늘날 부상하는 경제와 산업혁명을 이미 경험한 미국, 유럽, 일본 같은 나라들이 빠른 경제성장의 효과를 평가하는 시각은 평행선을 달리고 있다. 이 주제에 관한 상세한 논의는 제6장을 참고하라.

행한다. 경찰은 통제력을 상실하고 사람들은 군벌과 다른 힘 있는 자들에게 돌아간다. 그리고 군벌들은 공식 권위의 자리에서 정치적 재화의 공급자가 된다.

- 정치제도가 효력을 발휘하지 못한다. 행정부는 통제력을 잃거나 기능이 멈춰버리고 사법체제가 약화되고 관료는 전문적 책임감을 상실하고, 민주적 논쟁은 완전히 사라져 버리고 군대만이 유일하게 완전한 제도로 남게 된다.

> **실패국가(Failing state)**: 종종 뿌리 깊은 국내 분열이 있고 국민의 기본생활물품이 더 이상 충족되지 못하는 취약한 정부제도를 가진 국가. 사례로 에리트레아, 아이티, 소말리아, 시리아, 예멘이 있다.

현재 세계에서 실패하거나 실패한 국가의 숫자에 대한 추정은 어떻게 정의하는가에 따라 대략 20개국에서 60개국까지 차이가 난다. 평화기금(the Fund for Peace)이 매년 발표하는 실패국가지수가 하나의 유용한 자료이다. 이 기구는 미국 워싱턴에 자리한 연구기관으로 일련의 정치, 경제 및 사회지표를 사용하여 거의 모든 나라를 평가한다. 2014년 지수에서 대부분의 민주주의 국가들을 지속가능하거나 매우 안정적이라고 평가했다 (핀란드만이 '매우 지속가능한'이라는 평가를 받음). 브라질에게는 경고를, 중국, 인도, 인도네시아, 멕시코와 러시아에게는 강력한 경고를, 이집트, 소말리아, 짐바브웨, 이라크, 파키스탄과 아이티를 포함한 34개의 주로 아프리카와 중동 국가들에게는 비상경고를 발령했다 (Collier, 2007의 토론을 참조할 것).

반 크레벨드(van Creveld, 1999)는 1945년부터 1975년까지 '우세한 최고점'에 도달한 후 국가가 하향세를 타고 있고, 더 큰 공동체로 바뀌거나 쪼개지거나 하면서 국가의 많은 기능이 비국가적 행위자들에 의해 대체되고 있다고 주장한다. 스트레인지(Strange, 1996)는 국가는 몇 가지 권위의 몇 개의 원천 중 하나일 뿐이라고 주장하며, 세계 시장의 권력이 "사회와 경제에 대해 궁극적인 정치권위를 가졌던 국가보다 이제는 더 강력하다"고 주장한다. 전 미국국무장관 스트로브 탈보트(Strobe Talbot, 1992: 70)의 의견에 따르면 모든 국가는 겉으로 영구적이고 신성하게 보임에도 불구하고 실제는 '인위적이고 일시적인' '사회적 구성물'이다. 그는 앞으로 100년 안에 국가는 쓸모없어질 것이며 우리는 대신 '세계시민'이란 말에 새로운 의미를 주는 '단일의 범세계적인 권위를 인정하게' 되리라고 예상한다.

그러나 국가의 미래가 그렇게 불확실하고 불분명하지는 않을 것 같다. 국가는 국제테러리즘에 대항해 싸우고, 시민들이 범세계적인 경제압력을 헤쳐 나가는 데 필요한 교육과 기술을 준비하고, 질병과 환경오염 같이 공유하는 범세계적 문제에 대응하는 데 필요한 가동력을 제공하는 데 앞으로도 여전히 필요할 것이다. 쇠퇴하기보다 오히려 국가는 세계화의 충격과 이 책 후반부에서 다룰 정치제도와 과정의 변화에 대응해 가면서 개혁의 과정을 겪을 것 같다.

토론주제

- 국가는 자신을 우리의 삶에서 어떻게 느끼도록 하는가? 그리고 우리는 그것을 어떻게 아는가?
- 주권은 어디에서 시작하고 끝나는가?
- 시민의 생활은 국가의 법적 주민과 어떻게 다른가?
- 전쟁과 국가의 관계는 무엇인가?
- 국가의 이익은 민족의 이익과 어떻게 다른가?
- 국가의 미래는 팽창될까, 축소될까, 현재와 같을까 아니면 단지 개혁될까?

핵심 개념

국가(State)
다민족국가(Multinational state)
디아스포라(Diaspora)
마이크로국가(Microstates)
민족(Nation)
민족국가(Nation-state)
민족주의(Nationalism)
베스트팔렌체제(Westphalian system)
보안국가(Security state)
복지국가(Welfare state)
사실상 국가(De facto states)
세계화(Globalization)

시민(Citizen)
실패국가(Failing state)
자결권(Self-determination)
자연권(Natural rights)
전면전(Total war)

정부간기구(Intergovernmental organization)
주권(Sovereignty)
준국가(Quasi-states)
지역통합(Regional integration)

추가 읽을 거리

Chesterman, Simaon, Michael Ignatieff, and Ramesh Thakur (eds) (2005) *Making States Work: State Failure and the Crisis of Governance*. 국가의 실패뿐 아니라 국가가 실패하기 전 재활할 수 있는지를 분석.

Creveld, Martin van (1999) *The Rise and Decline of the State*. 광범위한 국가의 역사를 다루면서 최근의 도전에 대한 통찰력도 보여 준다.

Jackson, Robert (2007) *Sovereignty: The Evolution of an Idea*. 주권의 역사와 의미에 대해 접근 가능한 명확한 소개.

Opello, Walter C. and Stephen J. Rosow (2004) *The Nation-State and Global Order: A Historical Introduction to Contemporary Politics*, 2nd edn. 국가 역사에 관한 포괄적 소개.

Smith, Anthony D. (2010) *Nationalism*, 2nd edn. 민족주의의 구성개념, 이론, 역사와 전망을 다룬 명확하고 학술적인 개관.

Sørensen, Georg (2004) *The Transformation of the State: Beyond the Myth of Retreat*. 이 책은 대단히 명확하게 현대국가를 국제적 구조 속에서 다루고 있다.

CHAPTER

3 민주주의 통치

개관

민주주의는 가장 이해하기에 쉬우면서 동시에 가장 이해하기 어려운 개념 중의 하나이다. 민주주의는 쉽게 이해된다. 왜냐하면 민주주의 정치체제는 다수 존재하고 우리에게 익숙하며, 이 책을 읽는 대부분의 독자들은 민주주의에 살고 있거나, 아니면 민주주의를 갈망하는 나라에 살고 있을 것이기 때문이다. 또한 민주주의는 정치학의 모든 개념 중 가장 철저하게 연구되는 개념이며, 그에 대한 연구는 민주주의 정치체제의 개방성과 민주주의의 작동에 관련되는 정보에 접근할 수 있는 덕분에 용이해졌다. 그러나 민주주의에 대한 이해는 그 개념의 오해와 오용으로 인해서, 민주주의의 실제에 대한 수많은 해석으로 인해서, 또 엄격한 기준으로는 비민주적임에도 불구하고 민주주의를 자처하는 많은 나라들로 인해서 더 어려워진다.

이 장은 민주주의의 주요 특징에 대해 개괄한다. 아테네의 직접민주주의(최근의 전자민주주의와 소셜미디어의 부상으로 중요성이 새롭게 부각되고 있는 중요한 역사적인 개념)로부터 시작하여, 대의민주주의 및 자유민주주의의 특징을 비교검토한다. 그리고 우리는 민주주의와 근대화의 연계성을 보고, 헌팅턴(Samuel Huntington)이 묘사한 세 차례의 물결 속에 출현한 민주주의에 대해 논의하며, 그에 덧붙여 제4의 물결의 가능성에 대해(그러나 민주주의가 직면하고 있는 많은 문제에 대해 주목하면서) 예측해본다. 끝으로 민주화 과정의 여러 단계에 대해 검토하면서 권위주의에서 민주주의로의 역동적인 이행에 대한 논의로 마무리한다.

차례

- 민주주의 통치: 개요   47
- 직접민주주의   49
- 대의민주주의   51
- 자유민주주의   54
- 민주주의와 근대화   57
- 민주주의의 물결   60
- 민주화   63

핵심논제

- 민주주의에 대한 보편적으로 합의된 정의는 아직 존재하지 않으나, 오늘날 전세계 인구 중 절반 정도는 민주주의 국가에 살고 있다. 민주주의는 단지 정부 체제만을 의미하는 것이 아니라, 하나의 이상(ideal)이다.
- 아테네식 민주주의에 대해 공부하는 것은 우리에게 오늘날의 대의(간접) 민주주의를 평가하는 잣대가 될 수 있는 자치(스스로의 통치)의 기준을 알려준다.
- 대의민주주의는 인민의 역할을 선거를 통한 정부의 선출로 제한하는 반면, 자유민주주의는 한 단계 더 나아가 정부의 권력을 제한하고 시민의 권리를 보호한다.
- 근대화(특히 경제적 발전)가 민주주의에 미치는 영향을 고려하면 민주주의의 조건이 불충분한 저소득 국가의 단기적 목표로서 자유민주주의가 합당한가에 의문을 가지게 된다.
- 세 차례의 물결을 통해 등장한 민주주의 덕분에 세계 대부분의 사람들은 민주적인 국가에 살 수 있게 되었다. 그러나 민주주의 국가들은 계속 많은 문제에 직면하고 있다. 정부에 대한 신뢰가 감소하고 있는 우려스러운 추세는 그중 가장 중요한 문제 중의 하나이다.
- 근래의 권위주의 정권의 민주주의로의 이행 사례들에 자극을 받아 민주주의에 대한 최근의 접근 방법은 구질서가 어떻게 붕괴되고 민주주의로 이행되는가에 대해 연구한다.

민주주의 통치: 개요

오늘날 전세계인의 절반 정도는 민주주의 국가에 살고 있다 (표 3.1). 이러한 희망적인 상황은 20세기의 마지막 4반세기에 세계 정치 지형에 나타난 극적인 변화를 반영한다. 한 세대 동안에 민주주의 국가의 수는 2배로 늘어났고, 민주주의라는 개념은 서유럽 핵심 국가들과 그들이 지배했던 구 식민지를 넘어서 남유럽, 동유럽, 남미, 그리고 아시아와 아프리카로 확산되었다. 맨델바움에 의하면 이러한 변화는 "수많은 중대한 사건과 시대적 변화로 가득 찬 20세기의 가장 중요한 사건이라고 감히 주장할 만하다" (Mandelbaum, 2007: xi).

민주주의(democracy)에 대한 고정되고 합의된 정의가 없음을 고려할 때 이것은 역설적이다. 민주주의는 최소한 대의정부, 자유선거, 언론의 자유, 개인의 권리보호, '인민'에 의한 정부 등이 요구된다. 그러나 이러한 것들이 엄밀하게 무엇을 의미하는지는 논란의 여지가 있으며, 다수의 민주주의 국가에는 여전히 엘리트주의, 대표성의 제한, 평등을 가로막는 장벽, 개인과 집단의 권리 침해 등이 존재한다.

> **민주주의**(Democracy): 국가의 모든 자격 있는 시민들로부터 공정하고 개방된 절차에 의해 위임받은 정부를 가진 정치체제.

그러한 개념적 혼동은 전세계에 민주주의 국가가 몇 개국인지에 대한 합의된 견해가 없다는 사실에서도 잘 나타난다. 자국이 민주주의 국가임을 주장하지 않는 정부는 거의 없다. 그렇게 하지 않으면 자신이 시민들의 권리를 제한하고 있음을 인정하는 꼴이기 때문이다. 그러나 어떤 국가들은 타국에 비해 더 강하게 민주주의를 자처할 수 있으며, 우리는 실질적으로 북미, 유럽, 동아시아, 호주 등에서 기껏해야 약 30여 개 국가에서 가장 명확하고 안정적인 형태의 민주주의를 찾아볼 수 있다. 그러나 정치제도와 절차가 안정화되어 가고, 국민들이 더 명확히 목소리를 낼 수 있게 되어 가는 등 **민주화**(democratization)의 과정을 걷고 있는 국가들도 다수 존재한다.

> **민주화**(Democratization): 국가가 안정적인 민주주의가 되기 위한 제도와 절차를 수립하는 과정.

민주주의의 핵심 원리는 자치, 스스로 통치하는 것이다. 그 단어 자체는 그리스어의 데모크라티아(demokratia), 즉 인민(demos)에 의한 통치(kratos)에서 기원하였다. 이 시각에서 보면 민주주의는 피치자에 의한 통치자의 선출을 의미하는 것이 아니고, 그 양자가 서로 분리될 수 없음을 의미한다. 이 모델의 민주주의는 성년이 된 모든 시민들이 평등하게, 심사숙고를 거쳐, 집단의 의사결정에 참여하는 자치의 형태이며, 국가와 사회가 일체가 됨을 상정한다. 그러나 이것은 어디까지나 이상에 불과하며, 현실에서는 분권화된 정부체제에서의 지방자치의 수준을

표 3.1 근대 민주주의의 특징

- 정기적이고, 공정하며, 경쟁적인 선거에 기반을 둔 대의정부.
- 권력 분배와 정치적 견제와 균형의 체제에 기반을 두며, 명확히 규정되고, 안정적이고, 예측 가능한 제도와 절차.
- 다양한 공약을 내세운 복수의 정당을 비롯하여, 매우 다양한 제도화된 형태의 정치적 참여와 대표.
- 정부의 권력이 제한되고, 독립적인 사법부가 법률에 의거하여 개인의 권리와 자유를 보호함.
- 활발하고, 효과적이고, 보호 받는 야당.
- 정치적 통제를 받지 않고 자유롭게 다양한 의견을 교환할 수 있는 다양하고 독립적인 언론 기관.

초점 3.1 | 민주주의 국가의 수는 얼마나 될까?

비록 민주주의의 엄밀한 정의에 대해서는 논란이 있지만, 민주주의 국가의 수가 1980년대 이후 두 배 이상 증가했다는 데는 일반적으로 동의한다. 거기에는 두 가지 배경 요인이 있다. 첫째, 냉전 종식으로 몇몇 동유럽국가들이 소련의 중앙집권적 정치적, 경제적 통제에서 벗어났다. 둘째, 유럽연합(EU: European Union)의 확대는 현재 EU 회원국이거나 가입을 희망하는 동유럽국가들이 민주주의와 자본주의 체제를 수립하고 강화하는 데 도움을 주었다.

체제평화센터(Centre for Systemic Peace)는 미국에 소재한 연구기관으로 정치적 폭력에 대한 연구를 수행한다. 이 센터의 폴리티 IV(Polity IV) 프로젝트는 1800년까지 거슬러 올라가 정치체제에 관한 데이터를 수집해왔는데, 1945년 이후 정치 변동 분석결과는 냉전 이후 어떻게 민주주의 국가의 수가 증가한 반면, 동시에 권위주의 정권(특히 독재국가)의 수가 감소했는지를 보여준다.

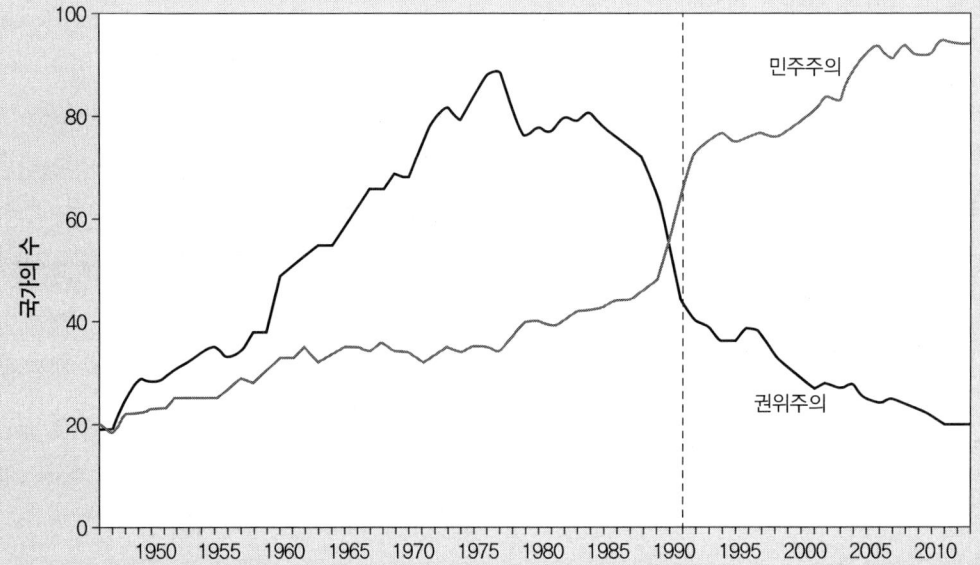

주: 인구 50만 명 이상 국가에 대한 데이터를 근거로 함.
출처: Marshall and Cole (2014: 22)의 자료 이용.

그러나 오늘날 민주주의 국가의 수가 얼마나 되는지에 대한 보편적인 합의는 없다. 왜냐하면 민주주의 국가인가의 여부에 대한 여러 평가들이 모두 각각 다른 기준을 적용하기 때문이다. 아래 3개의 다른 보고서 최신판에서 제시하는 민주주의 국가의 수를 살펴보자.

79개국   이코노미스트 민주주의 지수(Economist Democracy Index) 2014 (완전민주주의 국가 25, 결손민주주의 국가 54)

95개국   체제평화센터

122개국   프리덤하우스(Fredom House) 2015 (다만 이 중 88개국만이 자유로운 국가로 분류) (프리덤하우스는 조사 대상국을 자유로운[Free], 부분적으로 자유로운[Partly Free], 자유롭지 않은[Not Free] 국가로 분류함 – 옮긴이)

제외하면 거의 찾아보기 어렵다.

민주주의를 이해하기 위해서 우리는 안이하게 그것이 최선의 통치체제임이 자명하다고 가정해서는 안 된다. 민주주의는 분명히 독재에 비해서 많은 이점이 있고, 관련 집단들이 선거를 통해 권력을 공유하기로 합의한다면 역사적으로 분열된 사회에 안정을 가져다 줄 수 있다. 그러나 모든 다른 형태의 정치체제 보다는 낫지만 그럼에도 민주주의는 최악의 정부 형태라고 윈스턴 처칠이 주장했듯이, 민주주의는 불완전하다. 이 개념을 이해하기 위해서 우리는 직접민주주의, 대의민주주의, 자유민주주의라는 세 형태의 민주주의를 구분해본다.

직접민주주의

가장 순수한 형태의 민주주의는 기원전 5세기 아테네의 정치에서 그 예를 찾아 볼 수 있는 **직접민주주의**(direct democracy)이며, 아테네의 민주주의는 근대 자유민주주의에 대한 우리의 평가에 아직도 영향을 미친다. 아테네인들은 시민들이 집단의 의사를 결정하는 행위자라고 믿었고, 시민들의 직접 참여와 공개적인 심사숙고가 자신감 있고, 지식이 풍부한, 열성적인 시민을 길러내는 교육적인 의미가 있다고 믿었다. 그들은 공공선에 대해서, 그리고 소규모 공동체에서나 제기될 법한 다양한 이해관계나 의견들에 대해 관심을 가진 시민들이다.

> **직접민주주의**(Direct democracy): 공동체의 모든 구성원이 그 공동체에 영향을 미치는 의사결정에 참여하는 정부제도.

기원전 461~322년 사이에 아테네는 그리스의 폴리스(*polis*, 도시 공동체) 중 선두주자였다. 폴리스들은 전형적으로 도시 중심부와 농촌 배후지로 구성된 소규모의 독립적인 정치체제였다. 특히 폴리스의 초기 급진적인 시기에 아테네는 추첨을 통한 공직 임명, 짧은 임기, 중임 금지 등을 포함하는 아리스토텔레스(Aristotle)가 요약한 민주주의 원칙에 의해 운영되었다. 모든 남자 시민들은 동료 시민들을 상대로 발언할 수 있는 아테네 민회(*Ekklesia*)에 참여가 허용되었으며, 그것은 대표자의 모임이 아니라 시민들의 모임이었다. 민회는 연간 약 40회 정도 열렸으며, 전쟁과 평화와 같은 의제들에 대해 결정을 내렸다. 아리스토텔레스에 의하면 민회는 '어떠한 명분보다도 최우선(supreme over all causes)'(Aristotle, 1962 edn: 237)이었으며, 그것은 공식적 헌법이나,

형태	특성
직접민주주의	시민들 스스로가 공통의 관심사에 대해 토의하고 결정을 내린다.
대의민주주의	시민들은 입법부를 선출하고, 대통령제의 경우 행정수반을 선출한다. 대표자들에 대해서는 선거를 통해 책임을 묻는다.
자유민주주의	민주주의의 적용 범위가 집회, 재산, 종교, 언론의 자유를 포함하는 개인의 권리에 대한 헌법적인 보호에 한정되는 민주주의의 한 형태. 보통선거권을 기반으로 자유, 공정, 정기적인 선거.

도표 3.1 민주주의의 형태

심지어는 초기 수십 년간은 성문법에 의해서도 제약을 받지 않는 주권기관이었다.

행정기능은 임기 1년으로 추첨을 통해 선출된 30세 이상 시민 500명으로 구성된 집행위원회가 담당했다. 시민들 중에서 선출된 구성원들이 돌아가면서 담당한 집행위원회는 "모두가 각자를 통치하고 각자는 모두를 통치한다"는 공동체 민주주의의 모범으로 간주되었다. 시민 3명 중 1명이 언젠가 한 번은 집행위원회의 직책을 맡았던 것으로 추측되는데, 이것은 근대 민주주의에서도 유례를 찾을 수 없는 자치의 대단한 성과였다 (Hansen, 1999: 249). 한편 역시 지원자들 중에서 무작위로 선출된 수백 명의 배심원들은 폴리스의 진정한 이익에 반하는 행동을 한 것으로 간주되어 시민들로부터 고소된 사람들의 재판에서 판결을 내렸다. 재판소는 (장군들을 포함하는) 최고위직 인물들의 책임을 묻는 기능을 했다.

아테네 민주주의는 적용 범위가 넓어서, 시민들이 자신들의 자질을 개발할 수 있는 포괄적인 틀을 제공하였다. 정치는 공동체 전체의 이익을 위해서 뿐만 아니라 자기 자신의 발전을 위해서 모든 시민들이 수행해야 하는 비전문가의 활동이었다. 민주주의 정치에의 관여를 위해서는 폴리스의 문제들에 관해서 지식을 가져야 하며, 교육받은 시민들이 모여서 더 강한 전체가 될 수 있음을 의미했다. 그러나 그 체제에는 결함이 있었다.

- 시민권은 부모가 시민인 남자로만 제한되었기 때문에 여성, 노예, 외국인 주민을 포함하는 대부분의 성인은 제외되었다.
- 참여자에게 금전적 혜택을 주는 제도를 도입한 이후에도 대부분의 시민들은 대부분의 민회에 불참하였기 때문에 저조한 참여율이 문제였다.
- 이 체제는 많은 시간과 비용이 소요되었고, 특히 아테네와 같이 소규모 사회에서는 과도하게 복잡스러운 것이었다.
- 자치의 원칙이 항상 명확하고 일관된 정책으로 이어진 것은 아니다. 실제로 상근 관료제의 부재는 궁극적으로 비효과적인 통치의 시기가 도래하는 데 기여했고, 전쟁에서 패한 후 아테네 공화정의 붕괴를 초래했다.

아마도 아테네의 민주주의는 소규모로만 기능할 수 있었고, 그로 인해서 확장 가능성이 크지 않았으며, 무엇보다 문제는 더 큰 규모의 적대세력들에 대해 취약했기 때문에 지속될 수 없었다. 그러나 아테네 민주주의의 실험은 한 세기 이상 번영했다. 그것은 안정적 통치 방식을 제공했으며 아테네 사람들이 복잡한 그리스 정치에서 주도적인 위치에 설 수 있게 해주었다. 아테네는 직접민주주의가 일정 조건 하에서는 실현가능한 목표임을 증명했다.

그럼에도 불구하고 직접민주주의는 현대 정치에서는 찾아보기 힘들다. 가장 명백한 직접민주주의 형태는 주민투표나 주민발의 (제15장 참조), 또는 공동체 수준에서의 의사결정, 예를 들어, 어떤 결정은 공식적인 법률이나 선출직 공직자들을 통하지 않고도 내릴 수 있는 마을이나 학교에서의 의사결정 등에 나타난다. 그 이상 더 확대 적용 되는 것에 대해서는, 다수 사람들의 정치에 대한 무관심과 무지로 인해 위험하고 그로 인해 정부의 효율성을 저해할 것이라는 주장이 제기된다. 그러나 더 참여적인 사회 환경을 조성하면 국민들은 스스로의 통치라는 과업에 관심을 가질 것이며 그를 위해 나설 것이다. '개인은 참여를 통해서 참여에 대해 배운다는 점'을 고려할 때 사회는 민주 정치를 위해 구성원들을 교육하고 훈련해야 할 것이다 (Pateman, 2015: 15).

최근에는 어떤 쟁점에 대해 의견을 가진 사람들이

인터넷, 블로그, 설문조사, 뉴스에 대한 댓글, 소셜미디어에서의 발언을 통해 자신을 표현할 수 있는 전자 직접민주주의, 또는 **전자민주주의**(e-democracy)의 가능성에 대한 논의가 있다. 전자민주주의는 대의제 정부가 엘리트화되었다는 비판을 완화할 수 있는 유용한 통로이며, 비록 아직 소셜미디어에 대한 연구가 부족하지만 그 가능성을 보여주는 몇몇 지표들은 있다. 소셜미디어는 더 많은 정치정보를 즉각적으로 제공하고, (선거운동의 방식을 변화시키는데 기여하여) 정치지도자들이 유권자들과 더 빈번히, 직접적으로 소통할 수 있게 하며, 2011년 이집트나 2014년 우크라이나 정부를 무너트린 사례와 같은 정치적 시위에 사람들이 참여하도록 독려하는 역할을 했다고 평가된다.

> **전자민주주의(E-democracy)**: 어떤 문제나 쟁점에 관심을 가진 모든 사람이 인터넷이나 소셜미디어를 통해 자신의 의사를 표현하는 민주주의적 표현의 한 형태.

그러나 전자민주주의에는 몇 가지 문제가 있다.

- 온라인상에 표현된 의견은 진정한 직접민주주의에서와 같이 체계적으로 수집되고 평가되지 않는다. 가장 빈도가 높은 발언이 부각되는 경향이 있으며, 예를 들어, 트위터의 인기 해시태그(hashtag) 현상과 같이 시류에 편승하는 밴드웨건효과가 빈번히 나타난다.
- 익명의 포스팅으로 빈번히 분란을 일으키는 인터넷 '선동가(troll)'의 예에서 볼 수 있듯이 소셜미디어에서 자신을 표현하는 사람들의 다수는 정파적이거나 의도적으로 도발적이다. 그로 인해 논쟁의 방향이 왜곡되는 결과를 가져온다.
- 전자민주주의는 프라이버시에 대한 우려를 고조시켰고, 정부에 대한 일종의 불신을 부추겨 전통적인 형태의 참여에 대한 지지를 감소시킨 것으로 보인다 (제13장 참조).
- 전자민주주의는 인터넷에의 접근에 의존하는데, 빈곤국, 경우에 따라서는 부유한 나라의 빈곤 지역에서는 인터넷 접근이 어려울 수 있다.
- 다른 매체와 마찬가지로 인터넷도 권위주의 정권에 의해 조작이 가능하며, 따라서 정보가 선택적으로 제공되고 해석될 수 있다.

대체로 인터넷은 소비자들이 쉽사리 압도될 정도로 많은 정보를 제공하여, **반향실**(echo chamber) 현상을 초래했다. 어떤 매체를 이용하든 사람들은 자신의 가치관이나 선입견과 일치하는 정보원만을 이용하고, 다양한 정보원을 추구하지 않는 경향이 있다. 그 결과 아이디어의 자유로운 유통의 방해, 편견과 폐쇄적 의식의 강화, 사건의 편협한 해석이나 신화의 확산이 초래된다. 인터넷은 한때 정보의 초고속도로로 묘사되었으나, 그보다는 출입을 통제하는 문이 달린 일련의 정보 공동체로 보는 것이 타당하다.

> **반향실(Echo chamber)**: 폐쇄된 시스템 내에서만 아이디어가 순환하는 현상으로, 정보의 사용자들은 자신들의 가치관과 일치하거나 그것을 강화하는 정보원만을 추구한다.

대의민주주의

근대국가에서 민주주의의 원리는 스스로 통치하는 정부에서 선출된 정부로 변형되었으며, 그 결과는 간접적인 형태의 정부, 즉 **대의민주주의**(representative democracy)라는 현상으로 나타났다. 그리스인들에게 대표라는 개념은 터무니없는 것으로 보였을 것이다. 자신들과 구분되는 통치자 계급이 존재한다면 어떻게 스스로의 통치라고 말할 수 있는가? 18세기까지도 프랑스 철학자 루소(Jean-Jacques Rousseau)

는 "사람들은 대표자를 선출하는 그 순간부터 더 이상 자유롭지 못하다"고 경고하였다 (Rousseau, 1762: 145). 독일 학자 미헬스(Robert Michels)도 대의정부를 선출된 군주라고 해석하면서 유사한 맥락의 주장을 하였다 (Michels, 1911: 38).

> 대의제 정부에서 민주제와 군주제의 차이는 … 전혀 중요치 않으며, 내용보다는 단지 형식의 차이이다. 주권자인 인민은 한 사람의 국왕 대신 여러 명의 기사를 선출할 뿐이다!

대의민주주의(Representative democracy): 공동체의 구성원들이 자신들의 이익을 대표하고 공동체에 영향을 미치는 결정을 내려줄 대표자를 선출하는 정부 체제.

그러나 대규모의 국가들이 등장하면서 집단의 의사결정을 하는데도 새로운 요건들이 필요하게 되었다. 모든 근대 민주주의 국가는 큰 규모와 수많은 유권자에 적응해야만 했다. 대의제를 민주주의에 접목한 최초의 인물 중의 한 사람은 프랑스와 영국의 혁명을 모두 경험한 영국 태생의 정치 활동가인 페인(Thomas Paine)이다. 『인간의 권리(Rights of Man)』에서 페인은 다음과 같이 기술했다. (Paine, 1791/2: 180)

> 초기의 단순한 민주주의는 … 그 원칙 때문이 아니라 형식의 불편함으로 인해 확장될 수 없었다. 단순한 민주주의는 사회가 2차적인 수단의 도움 없이 스스로를 통치하는 것이었다. 민주주의에 대표성을 이식함으로써 우리는 모든 다양한 이해관계와 영토 전체, 모든 인구를 포함하고 하나로 묶어줄 수 있는 정부체제를 가지게 되었다.

만장일치제	모두가 합의하거나, 최소한 승복한다.
합의제	누구도 반대하지 않는다.
동시다수제	과반수 찬성이 하나 이상의 차원에서 동시에 나와야 한다. 예를 들어, 한 국가에서 전국 유권자와 전 행정 구역(주)의 최다 찬성이 동시에 충족되어야 한다.
절대다수제	투표권자 과반 이상의 찬성.
단순다수제	투표 참여자 과반 이상의 찬성.
수정다수제	단순다수 이상의 다수. 일반적으로 3분의 2.
소수거부권	소수가 안건의 통과를 저지할 수 있다.
가중다수제	각 투표권자에게 다양한 가중치를 부여하여 조정한 뒤 다수결. 예를 들어, 주주들은 1주에 1표를 보유.
최다득표제	반드시 과반이 아니더라도 최다 득표로 결정.

도표 3.2 민주주의의 정도

규모에 따라 적응 가능한 속성은 확실히 대의제도의 핵심 강점이 되었다. 고대 아테네에서 공화정의 규모의 상한선은 집회에서 말하는 사람의 육성을 들을 수 있는 정도의 인원수로 간주되었다. 그러나 근대 대의제 정부는 (인구 12억 5,000만 명의 인도나, 3억 2,000만 명의 미국과 같이) 엄청난 인구에도 가능하다. 거기에는 상한이 없다. 이론적으로는 전세계가 하나의 거대한 대의제 체제가 될 수 있다. 페인의 말을 빌리자면 대의정부는 대단히 편리한 형태가 되었다.

많은 지식인들은 이처럼 이상과는 멀어져가는 민주주의의 가치를 입증하기 위해 노력했다. 그 중 잘 알려진 인물 중의 하나는 호주 태생의 정치경제학자 슘페터(Joseph Schumpeter)였다. 『자본주의, 사회주의와 민주주의(Capitalism, Socialism and Democracy)』에서 슘페터는 민주주의는 정당 간 경쟁에 불과하다는 개념을 제시했다. "민주주의는 인민이 단지 그들을 지배할 사람들을 거부 또는 수용하는 기회를 갖는다는 의미일 뿐이다"(Schumpeter 1943). 슘페터는 보통의 유권자들의 역할을 제한하고자 했다. 왜냐하면 그들의 정치적 능력을 의심했기 때문이다 (Schumpeter, 1943: 269).

> 전형적인 시민은 정치의 영역에 들어서자마자 정신적 능력이 저급한 수준으로 떨어진다. 그는 자기의 이해가 걸린 영역 안에서, 어린 아이가 이해할 수 있을 정도의 수준으로 주장하고 분석한다. 그는 다시 원시적인 상태로 돌아간다.

이러한 부정적인 견해를 반영하듯, 슘페터는 선거를 유권자가 자신의 의지를 실현하기 위해 대표자를 선출하는 장치로 보는 것조차도 부질없다고 주장했다. 그보다 선거의 의미는 단지 정부를 만들기 위한 것이다. 이러한 시각에서 보면 유권자의 역할은 여러 정당들이 만들어 놓은 광범위하게 구성된 정책과 통치자의 묶음 중에서 선택하는 것에 그치는 정치적 장식품으로 전락한다. 근대 민주주의는 어떤 정당이 의사결정을 할 것인가를 정하는 방식에 불과하며, 치열하면서도 교육적인 논의의 장인 아테네 민회로부터 한참 동떨어진 체제이다.

> 유권자들이 쟁점들에 대해 의사결정을 하는 것보다는 결정을 내릴 사람들을 선출하는 것이 우선시된다. 바꿔 말하면 우리는 인민의 역할이 정부를 만드는 것이라는 시각을 가지고 있다. 그리고 우리는 민주주의를 정치적 결정에 도달하는 제도적 장치이며, 유권자의 지지를 얻기 위한 경쟁을 통해 결정할 수 있는 권력을 획득하는 방법이라고 정의한다. (Schumpeter, 1943: 270)

대의민주주의를 지지한다고 해서 시민들의 수준에 대해서 슘페터와 같은 회의적 시각을 가져야 하는 것은 아니다. 우리는 대의제를 특화된 세계에서 있을 수 있는 유익한 분업이라고 볼 수도 있다. 다시 말해 정치인의 삶은 그것을 원하는 사람들에게 주어질 수 있고, 정치에 관심이 없는 사람들은 그들의 역할을 정부에 대한 감시와 선거에서 투표하는 것으로 제한할 수 있다 (Schudson, 1998). 이런 식으로 선출된 통치자는 비록 사후적이지만 그들의 의사결정에 책임을 지게 된다. 이 논점을 보다 명확히 해보자면 다음과 같이 질문할 수 있다. 다른 활동에 시간을 보내는 것을 선호하는 사람들에게 광범위한 정치참여를 강요하려 한다면 우리는 자유로운 사회에 대한 신념을 지킬 수 있을까?

그러나 실제로 대의제가 어떻게 작동하는지에 대해서는 많은 의문이 제기된다. 일반적으로 대표자는 선거를 통해서 선출되지만, 제15장에서 볼 수 있듯이 선거는 그 설계된 방식, 즉 시민들이 대표되는 방식에 따라서 많은 문제가 있을 수 있다. 유권자의 표는 항상 공평하게 취급되거나 표의 등가성이 보장되는 것이 아니며, 모든 정당이 항상 언론매체의 동등한 관심을 받는 것도 아니고, 돈과 특정 이해관계에 의해서 여러 정책대안들에 대한 관심도가 왜곡되며, 투표율은 연령, 성별, 교육, 인종, 소득에 따라 다르다. 또한 투표율이 변화가 많고, 감소 경향이 있기 때문에 많은 문제가 제기되며, 복잡하고 불편한 등록 절차, 유권자에 대한 위협, 투표소의 부적절한 준비, 개표 작업의 실수 등 여러 방법으로 선거는 조작될 수 있다.

더욱이 제8장에서 볼 수 있듯이 선출된 공직자가 유권자의 요구나 의견을 실제로 대표하는 방식에도 문제가 있을 수 있다. 그들은 유권자의 의사를 가감 없이 그대로 대표해야 하는가, 사회전체의 이익이 무엇인지 스스로 최선의 판단을 내려야 하는가, 아니면 정당의 지침을 따라야 하는가? 또 이익집단, 대기업, 사회운동, 기타 자신들의 목소리를 크게 낼 수 있는 수단을 가진 행위자에 의해 공직자들이 과도하게 영향을 받지 않도록 할 수 있을까?

자유민주주의

오늘날의 민주주의 국가들은 전형적인 **자유민주주의 국가**(liberal democracies)로 분류된다. 자유라는 형용사가 붙는 것은 선출된 대의정부라는 관념을 받아들이는 한편 **제한정부**(limited government)라는 개념이 추가됨을 의미한다. 로크(John Locke)의 자연권 (제2장 참조) 개념을 반영하여 자유민주주의는 원치 않는 국가의 간섭으로부터의 자유를 비롯한 개인의 자유를 확보하는 것을 목표로 한다. **자유주의**(liberalism)는 대의정부라도 철학자 밀(John Stuart Mill)이 『자유론(*On Liberty*)』에서 표현했던 근본원칙에 충실할 수 있도록 한다. "문명화된 공동체의 구성원을 대상으로 권력이 정당하게 행사될 수 있는 경우는 타인에게 피해를 입히지 못하도록 하는 단 한 가지 목적뿐이다"(Mill, 1859: 68). 집권당의 권한을 제한함으로써 인민들은 지배자로부터 보호될 수 있다. 동시에 소수자들은 다수의 독재라는 민주주의의 또 다른 위험으로부터 보호될 수 있다. 자유민주주의를 다른 식으로 묘사하면 소수자의 권리가 보장되는 다수의 통치이다.

> **자유민주주의**(Liberal democracy): 민주주의의 영역이 개인의 권리를 헌법적으로 보호하는 데까지만 제한되는 간접민주주의의 한 형태.
>
> **제한정부**(Limited government): 시민의 권리를 보장하기 위해 정부의 권력과 범위에 제한을 가함.
>
> **자유주의**(Liberalism): 정부로부터 독립된 자연권을 가지며, 과도한 정부 개입으로부터 보호되어야 하는 개인에게 최고의 가치를 부여하는 신념.

따라서 활발한 토론과 모든 영역을 망라하는 아테네의 **폴리스** 대신에 자유민주주의는 인민에 의한 통치가 아닌 법에 의한 통치를 제공한다. 법치주의의 원리 하에서 (제7장 참조) 선출된 통치자와 시민들은 모두 헌법 아래에 있으며, 헌법은 일반적으로 개인의 권리에 대한 조항을 포함한다. 만일 정부가 고압적이 되면 시민들은 국내 또는 국제 법정에서 그들의 권리를 지켜낼 수 있다. 이러한 법치주의의 속성을 가진 자유민주주의는 '서구 모델의 상징은 대중에 의한 국민투표가 아니라 공평무사한 판사'라는 자카리아(Zakaria)의 주장의 근거가 된다 (Zakaria, 2003: 27).

물론 모든 민주주의 국가는 정당을 통해서 정치

적 의견이 형성되고 표현될 수 있는 공간을 허용해야 한다. 비섬이 올바로 지적했듯이, "자유(liberty) 없이는 민주주의도 없다"(Beetham, 2004: 65). 그러나 자유민주주의에서 자유(freedom)는 민주주의를 보장하는 장치 이상이다. 자유는 민주주의 자체보다 더 높은, 아니면 최소한 명백히 동등한 가치를 가진다. 사람들은 자신의 삶을 스스로 책임짐으로써 개인으로서의 존재성을 가장 잘 개발하고 표현할 수 있으며, 그럼으로써 공동의 선을 위해 더 효과적으로 기여할 수 있다. 우리가 사적 영역을 인간개발의 보육실(incubator)이라고 생각한다면, 폴리스에 참여함으로써 우리의 인간으로서의 진정한 자질이 개발될 수 있다는 아테네식 관념과의 명백한 차이를 알 수 있다.

시민적 자유(civil liberty)의 보호는 자유민주주의라는 의미의 핵심이다. 이것은 어떤 권리와 자유는 시민들이 정부에 대해 반드시 가져야만 하며, 정부의 행동에 의해 침해될 수 없다는 생각에 근거한다. 여기에는 정치적 자유, 신변안전, 사생활, 생존, 평등한 대우, 공정한 재판, 언론과 표현의 자유, 집회와 결사의 자유, 출판과 종교의 자유 등의 권리가 포함된다. 이것은 다 훌륭하고 좋은 말이지만 이러한 권리가 각각 무엇을 의미하고 그 한계가 어디인지를 규정하기는 어렵다. 한 시민 집단의 권리가 어디까지인지, 또 다른 집단의 권리는 어디부터 시작되는지, 정부가 (특히 국가안보와 관련하여) 시민들의 권리를 어디까지 제한할 수 있는지를 결정하는 것은 가장 민주적인 사회조차도 어려운 일이다.

> **시민적 자유**(Civil liberties): 시민들이 정부에 대해 가지면서, 정부에 의해 제한을 받지 말아야 하는 권리.

언론의 자유를 예로 들어보자. 민주주의 사회는 언론의 자유를 민주주의의 핵심 요소라고 간주하지만, 현실에서는 다양한 방법으로 제약이 가해진다. 모욕(말을 통한 비방), 명예훼손(매체를 통한 비방), 외설(널리 인정된 도덕 기준에 반하는 행위), 반역(기존 질서에 대한 반란을 고무), 증오 발언(hate speech. 어떤 선천-후천적 속성을 이유로 개인이나 집단을 공격)을 금하는 법들이 존재한다. 그러나 무엇이 정당한 언론의 자유라고 간주될 수 있는지, 그러한 언사가 어느 지점에서 타인의 권리 및 감정과 충돌하기 시작하는지를 정의하기는 쉽지 않다. 예를 들어, 서구 사회는 예언자 무함마드의 형상을 보여주는 것이 회교도들에게는 모욕이라는 사실을 존중해야 하는가, 또는 회교도들은 많은 서구사회가 그러한 제한을 언론자유의 침해로 간주한다는 것을 인정해야 하는가?

민주주의 지수(Democracy Index)에서 제시된 결손민주주의라는 개념은 권리와 자유에 대한 제약에 관해 지적하고 있다는 면에서 특히 흥미롭다. 예를 들어, 인도는 세계 최대의 민주주의 국가라고 자주 묘사되지만, 민주주의 지수는 인도를 결손민주주의로 분류한다. 그것은 **구조적 폭력**(structural violence)이라는 현상 때문이다. 신마르크스주의에서 기원하는 이 용어는 무형의 억압, 또는 사회-정치 체제에 감추어진 '폭력'을 묘사하는데 사용된다. 즉 남성이 지배하는 정치체제에서 가해지는 여성에 대한 억압은 구조적 폭력의 한 형태이며, 극도의 빈곤은 사회의 한 집단에서 다른 집단에 행해지는 폭력의 한 형태이다. 인도에서 구조적 폭력은 빈곤과 카스트제의 억압의 결과로 나타난다. 이러한 뿌리 깊은 불

> **구조적 폭력**(Structural violence): 여러 사회에 내재된 사회, 경제, 정치적 억압을 기술하는 용어.

> ### 초점 3.2 　완전민주주의와 결손민주주의
>
> 경제지 『이코노미스트(The Economist)』의 민주주의 지수는 완전민주주의와 결손민주주의 국가들을 구분한다. 전자(2014년 지표에서 25개국)는 효과적인 견제와 균형 체제를 갖춘 효율적으로 기능하는 정부, 기본적인 정치적 자유와 시민적 자유 존중, 민주주의가 번영하는 데 유리한 정치문화, 독립적인 언론매체, 판결이 제대로 집행되는 독립적인 사법부 등을 가지고 있다. 결손민주주의(2014년 지표에서 54개국)는 그러한 요소들을 대부분 가지고 있지만 거버넌스의 문제점, 후진적 정치문화, 저조한 정치참여 등 많은 약점을 가지고 있다. 이 두 형태의 민주주의의 사례는 다음과 같다.
>
> **완전민주주의**
> 네덜란드, 노르웨이, 대한민국, 독일, 미국, 스웨덴, 영국, 일본, 캐나다, 호주
>
> **결손민주주의**
> 가나, 그리스, 남아프리카공화국, 브라질, 이탈리아, 인도, 인도네시아, 칠레, 프랑스

평등은 정치의 영역으로 파급되며, 인도인들이 정치체제와 관계를 맺는 방식에 영향을 미친다.

어떤 민주주의 국가는 다른 나라에 비해서 자유민주주의에 있어서 자유주의를 강조하는데, 여기서 우리는 미국과 영국을 대비해볼 수 있다. 미국에서는 자유주의의 요소가 민주주의 설계에 내재되어 있다. 건국의 아버지들은 무엇보다도 다수의 폭정을 포함해서 어떤 형태의 독재라도 미연에 방지하길 원했다. 어떤 정부라도, 특히 선출된 정부가 과도한 권력을 갖지 못하도록 헌법은 정교한 **견제와 균형**(checks and balances) 체제를 설정했다. 권력은 연방의 기구들 자체(행정, 입법, 사법부)뿐 아니라, 연방정부와 50개의 주정부 사이에도 분배되었다. 권력은 확실히 분산되었으며, 혹자는 해체되었다고 주장한다.

> **견제와 균형**(Checks and balances): 정부 기구들이 통치하고 의사결정을 하기 위해서는 협조하지 않으면 안 되도록 서로 견제하는 권력이 주어지는 장치.

미국의 민주주의는 권력을 여러 국가 기구에 분산시키는 반면, 영국의 민주주의는 의회주권을 강조한다. 영국의 선거제도는 전통적으로 정부를 구성하는 제1당의 과반수 의석 확보를 보장해주었다. 집권당은 하원에서 당 소속 의원들을 통제하여 법안이 확실히 통과되도록 한다. 이러한 방식으로 영국의회의 주권은 집권당에게 넘어간다.

정부가 스스로 자제력을 발휘하는 것 이외에 영국에는 미국과 같이 행정권을 제한하는 제도(성문헌법, 권력분립, 연방제 등)가 존재하지 않는다. 미국보다 훨씬 더 영국은 정당이 선거를 통해 경쟁하는 슘페터의 민주주의 모델에 가깝다. 한 노동당 의원은 1945년 선거에 승리한 후 "지금은 우리가 주인이다"라고 선언하였다. 실제로 노동당은 그 권력을 사용하여 상당한 경제-사회적 개혁을 단행했다.

그러나 영국의 대의민주주의조차도 보다 더 자유주의적인 방향으로 변화했다. 영국 사법부는 부분적으로 유럽사법재판소의 영향을 받아 더욱 적극적, 독립적으로 변화했다. 민영화는 경제에 대한 정부의 직접통제를 축소했다. 그리고 선거제도는 오늘날 한 정당에 압도적 다수를 보장해 주지 않는다. 그러나 다른 나라와 비교해 보면 영국의 집권당(또는 연립정

부)은 여전히 막강한 권력을 가지게 된다. 여전히 미국과는 대조적이다.

이상의 논의를 마무리하기에 앞서 우리는 대의민주주의와 자유민주주의의 관계에 대해 명확히 할 필요가 있다. 사실 이 두 용어는 동일한 국가들을 가리키며, 어떤 용어를 쓸지는 대체로 개인의 선호에 달려있다. 그러나 이 두 용어가 어떻게 유행을 탔는지를 보면 민주주의가 어떻게 이해되고 있는지 그 대강의 내용을 알 수 있다.

- 대의민주주의(또는 대의제 정부)는 더 오래된 용어로, 직접민주주의의 실질적인 대안으로 간접민주주의가 자리잡게 된 시대에 부상하였다. 이 용어는 자유롭고 공정한 선거에 필요한 사항들 이외에는 선출된 권력에 대한 제한을 의미하지 않는다. 그리고 20세기에는, 예를 들어, 산업의 공공소유를 주장하는 사회당과 같은, 정당에 기반을 둔 정부의 강력한 역할을 특히 선호했다.
- 자유민주주의는 20세기 후반에 더 유행하게 되고, 최근에 더 인기가 높아진 용어이다. 개인의 자유를 명분으로, 자유민주주의는 선출된 정부에 대한 헌법적인 제한에 주목하며, 대표자들의 의사결정 범위에 제한을 둔다. 자유민주주의는 정부의 범위에 제한을 두는 시장경제를 선호하는 사람들이 더 자연스럽게 사용하는 용어이다.

민주주의와 근대화

왜 어떤 나라들은 민주주의 국가이고 다른 나라는 아닌가? 바꿔 말해 지속가능한 민주주의의 경제-사회적 요건은 무엇인가? 그 질문에 대한 빈번한 대답은 국민의 교육수준 높은 고소득 산업국가나 후기산업 국가와 같은 **근대(modern)**적인 환경에서 자유민주주의가 번영한다는 것이다. 반면 중간소득 국가들은 결손민주주의일 가능성이 높고, 저소득 국가는 권위주의 국가인 경향이 있다.

> **근대(Modern)**: 산업화 또는 후기산업화 경제, 풍요, 전문화된 직업군, 사회 이동성, 도시화되고 교육 받은 국민을 가진 국가의 특성을 기술하는 용어.

근대성과 민주주의를 연결시키는 것은 중요한 정책적인 함의가 있다. 그것은 중국과 같은 권위주의 국가는 경제발전을 우선순위로 두어야 하며, 정치개혁은 나중에 자연스럽게 나타날 것임을 시사한다. 먼저 경제적인 부를 축적하고, 그 다음에 민주주의를 획득하라는 논리이다. 러시아는 그 역순으로 민주화를 먼저 시도를 했으나 민주주의는 희망했던 대로 뿌리를 내리지 못했고, 국가의 부는 다수가 아닌 소수의 손에 흘러들어갔다. 그러나 우리가 이러한 조언을 받아들인다면 논란의 여지가 많은 정책적 함의가 부상한다. 우리는 정말 앱터의 주장을 받아들여 '시기상조의 민주주의(premature democracy)'라는 개념을 적용해야 할까 (Apter, 1965)? 독재정권의 근대화를 촉진하는 것은 바람직한 일인가? 그렇지 않다면 그 이유는 무엇인가?

정치사회학자 립셋(Seymour Martin Lipset)은 "나라가 부유할수록, 민주주의가 지속될 가능성이 크다"는 **근대화(modernization)**의 영향에 대한 고전적인 언명을 제시했다. 1950년대 말부터의 데이터를 사용해서 립셋은 부유함, 산업화, 도시화, 교육수준과 민주주의 사이에 강한 상관관계를 발견했다 (Lipset, 1959). 훨씬 후에 다이아몬드는 부유함과 민주주의 사이의 관계는 '발전에 대한 연구에 있어서 … 가장 강력하고 안정적인 관계 중의 하나'라고 언

> **근대화(Modernization)**: 근대사회 또는 현대적인 아이디어, 제도, 규범의 속성들을 획득해가는 과정.

국가개요

인도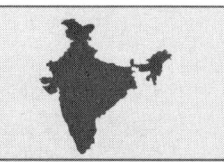

간략 소개: 종종 세계 최대의 민주주의 국가로 묘사되는 인도는 세계에서 가장 문화적, 인구학적으로 다양한 나라 중의 하나이며, (빠르게 따라 잡고 있지만) 중국에 이어 세계 제2의 인구를 가지고 있다. 수 세기에 걸친 대영제국의 직접, 또는 간접 지배 후에 인도는 1947년 독립했다. 인도에는 다수의 정당이 있으나 수십 년간 한 정당(국민회의)이 지배했고, 최근에는 힌두 민족주의 정당인 바라티야자나타당(Bharatiya Janata Party)에 많은 세력을 빼앗겼다. 인도는 대규모 군사력과 핵무기를 보유하고 있으나, 경제는 침체되어 있으며, 다수 분석가들은 과도한 국가의 개입과 만연한 부패로 인해 인도의 엄청난 잠재력이 발휘되지 못하고 있다고 주장한다. 또 인도는 집단 간의 갈등을 초래한 종교적, 문화적 분열로 고통을 받고 있으며, 광범위한 빈곤을 해결하는 데 곤란을 겪고 있다.

- **정부형태** ➡ 25개 주와 7개 연합 영토로 구성된 연방제 공화국. 국가 수립은 1947년, 헌법은 1950년 채택.
- **입법부** ➡ 양원제. 하원(Lok Sabha, 정원 545명)은 중임 가능한 5년 임기로 선출. 상원(Rajya Sabha, 정원 250명)은 대부분 6년 단임으로 주의회에서 선출.
- **행정부** ➡ 의원내각제. 수상은 내각을 구성하고 지휘. 5년 임기로 간접선거를 통해 선출된 대통령은 국가원수이고, 형식상 집권당 당수에게 정부 구성을 요청하며, 비상조치권을 가진다.
- **사법부** ➡ 독립적인 최고법원에는 대통령이 협의를 거쳐 임명한 판사가 26퍼센트를 점한다.
- **선거제도** ➡ 하원은 소선거구 단순다수제를 채택하고 있다. 인도의 선거관리위원회는 헌법에 따라 설치되었으며 연방 및 주 선거를 관리한다.
- **정당** ➡ 다당제이며 최근 정당 간 연립이 관행화되었다. 바라티야자나타당과 과거에 지배적이었던 국민회의가 주요 양대정당이다. 지역정당도 중요하다.

급했다 (Diamond, 1992: 110). 1789년부터 2001년 사이에 존재한 모든 민주주의 국가에 대한 연구에서 스볼릭은 "경제발전 수준이 낮은 민주주의는 … 공고화 가능성이 낮다"고 결론 내렸다 (Svolik, 2008: 166). 보이스도 그에 동의하지만, 경제적 풍요가 민주주의에 미치는 효과는 일단 선진사회에 도

> ### 인도의 민주주의
>
> 인도는 안정적인 민주주의는 부유한 국가에만 가능하다는 주장에 대한 대단히 좋은 예외 사례이다. 엄청난 빈곤과 불평등에도 불구하고 인도의 민주주의는 잘 뿌리내리고 있으며, 이것은 식민지에서 독립한 대부분의 빈곤국들이 초기에 실패했던 것과 달리, 인도는 어떻게 자유민주주의를 공고화했는지에 대한 질문을 던져준다.
>
> 부분적으로 그 해답은 인도가 영국의 식민지를 경험했다는 데 있다. 영국의 간접통치 방식은 식민지의 엘리트들로 하여금 권위 있는 직책을 맡을 수 있도록 허용했으며, 그들 엘리트는 권력의 분산과 특정 사안에 대한 불만 표시를 허용하는 통치방식을 경험했다. 그 결과 인도는 다원주의적 정부, 제한적 정부를 선호하는 유산을 가지게 되었다.
>
> 그보다 더 중요한 것은 식민지 경험이 인도에서는 특이한 방식으로 이루어졌다는 점이다. 인도의 독립은 다른 나라보다 더 점진적으로, 심사숙고를 거쳐서, 성공적으로 진행되었으며, 너무 성급히 국가건설을 추진하다 실패하는 상황을 피할 수 있었다. 독립투쟁을 이끌었고 독립 후 30년간 인도를 통치한 인도국민회의는 1885년에 창당되었다. 오랜 기간 동안 국민회의는 광범위하게 후견 관계에 기반을 둔 조직을 구축하였으며, 이것은 독립 후에 이질적인 요소들로 구성된 국가를 통치할 수 있도록 해주었다.
>
> 특히 식민통치 하에서도 정치참여가 확대되는 가운데 국민회의는 선거에 많은 경험을 축적했다. 독립 직전인 1946년에 이르자 4,000만 명이 식민치하에서 선거권을 가졌는데, 이는 비공산권 세계에서 두 번째로 많은 유권자 수이다 (Jayal, 2007: 21). 이것은 민주주의의 훈련장 역할을 했다.
>
> 그러나 인도 민주주의의 성공의 핵심 요소는 국민회의의 지도자들이 친민주주의적 가치관을 가졌다는 점이다. 인도에서 민주주의가 생존한 것은 지도자들이 원했기 때문이다. 의회정부, 독립된 사법부, 법치주의와 같은 영국식 민주주의의 관행들은 본받을 만한 가치가 있었다. 따라서 다른 나라와 마찬가지로 인도에서 자유민주주의의 공고화는 근본적으로 엘리트에 의한 것이었다.
>
> 인도의 민주주의는 인도사회의 불평등성으로 인해 필연적으로 질적인 한계가 있다. 정치적 시민권은 사회-경제적 안녕을 가져다주지 못했지만, 그에 대한 약속은 민주주의의 깊이를 더하는데 필요했다. 그러한 약점으로 인해 민주주의 지수는 인도를 결손 민주주의로 분류한다. 그러나 개방적인 정치체제는 적어도 하층 집단이 그들의 이익을 표출할 수 있도록 허용한다. 자얄(Jayal, 2007: 45)은 다음과 같이 요약한다. "인도 민주주의의 한 가지 장점은 그것이 정치적 경쟁의 공간과 다양한 주장을 펼칠 수 있는 기회를 제공하는 데 성공적이라는 것이다."

달하면 감소한다는 조건을 달고 있다 (Boix, 2001).

필연적으로 이 법칙에는 계속해서 예외적 사례가 나타난다. 중동의 부유한 산유국들의 사례는 막대한 부가 민주주의를 보장하지 않음을 보여준다. 그러나 이처럼 반대 증거로 보이는 사례들은 단지 근대성은 단순한 1인당 소득 이상의 것들로 구성됨을 보여줄 뿐이다. 중동의 권위주의 군주들은 부유한 사회지만 대단히 전통적인 사회를 통치하고 있다. 보다 더 중요한 예외 사례는 중-저소득 국가이면서도 독특하지만 공고화된 민주주의를 가진 인도이다 (국가개요 참조).

그렇다면 왜 자유민주주의는 근대사회를 통치하는 자연스러운 방식일까? 립셋(Lipset, 1959)은 몇 가지 가능한 해답을 제시한다.

- 경제적 풍요는 소득의 보다 평등한 분배를 가져오고 노동계급을 '극좌'로부터 멀어지게 하여 계급투

쟁을 완화하며, 다른 한편으로 대규모의 중산층은 빈부 갈등을 완화한다.
- 경제적 안정은 부패의 유혹을 감소시켜 정부의 질을 높여준다.
- 고소득 국가에는 자유민주주의를 강화하는 이익집단들이 더 많이 있다.
- 교육수준과 도시화도 크게 영향을 미친다. 교육은 민주적이고 관용적인 가치를 심어주며, 소규모의 도시들은 민주주의의 원천이다.

근대성과 민주주의의 관계처럼 이러한 립셋의 목록은 오랜 세월 동안 타당성이 유지되었다. 그러나 최근의 연구들은 보다 체계적인 분석을 내놓고 있다 (Boix, 2003). 예를 들어, 반하넨은 상대적으로 권력 자원이 평등하게 분배되어 있는 현대사회에서는 소수 세력이 정치적으로 우위를 점하기 어렵다고 보았다 (Vanhanen, 1997: 24).

경제발전 수준이 높아지면 일반적으로 다양한 경제적 자원이 더 광범위하게 분산되며 경제적 이익집단의 수도 증가한다. 따라서 경제발전 수준과 민주주의의 상관관계를 뒷받침하는 것은 권력 자원의 분산이다.

근대성은 자유민주주의의 효과적인 부화기였으나, 우리는 그 관계를 확대 적용하는 데는 신중해야 한다. 오늘날의 세계에는 립셋이 저술활동을 했던 1950년대보다 더 많은 수의 자유민주주의 국가가 있으며, 이는 상대적으로 발전 수준이 낮은, 전근대적 수준에서도 민주주의가 공고화될 수 있음을 시사한다. 그 경제발전 수준의 임계점은 계속 낮아져서, 전 세계가 완전히 근대화하기 전에 완전히 민주주의가 될 지도 모른다. 아니면 중국과 같은 소수의 권위주의 국가가 민주주의로 변하지 않으면서 근대적인 사회를 만드는 데 성공할지도 모른다.

민주주의의 물결

민주주의 국가들은 언제 생겨났는가? 제2장의 탈식민화 단계에서와 살펴본 바와 마찬가지로, 정치학자 헌팅턴(Samuel Huntington)은 오늘날의 민주주의 국가들은 서로 구분되는 일련의 **민주화의 물결들 (waves of democratization)**을 통해 탄생했다고 주장했다 (Huntington, 1991) (도표 3.3 참조). 탈식민지화의 각 단계에서 각각 다른 형태의 국가들이 탄생했듯이, 각각의 민주주의 물결의 결과로 각기 다른 성격의 민주주의 국가들이 태어났다. 누구나 모두 헌팅턴의 주장에 동의하는 것은 아니지만(Munck, 1994 참조. 두렌스플릿[Doorenspleet, 2000]는 헌팅턴의 민주주의-권위주의 구분이 모호하다고 비판한다) 그것은 흥미 있는 분석의 출발점이다.

> **민주화의 물결(Waves of democratization)**: 비민주적인 국가들의 민주주의로의 이행이 특정 시기에 집중적으로, 그 반대 방향의 변화보다 훨씬 더 많이 일어나는 현상.

제1의 물결

역사상 가장 먼저 나타났던 대의민주주의 국가들은 3번의 물결 중 1828년부터 1926년이라는 가장 오랜 기간 동안에 민주화되었다. 이 기간 중에 아르헨티나, 호주, 영국, 캐나다, 프랑스, 독일, 네덜란드, 뉴질랜드, 스칸디나비아 국가들, 미국을 포함해서 거의 30개국이 적어도 최소한의 민주주의 국가제도를 확립했다. 그러나 헌팅턴이 지칭하는 1922~1942년 사이의 '제1의 역물결'의 기간 동안에 아직 미성숙한 일부 민주주의 국가들이 파시스트, 공산주의, 군부 독재에 의해 붕괴되는 퇴행 현상이 나타났다.

제1의 물결의 민주화 사례의 다수가 보여준 특징

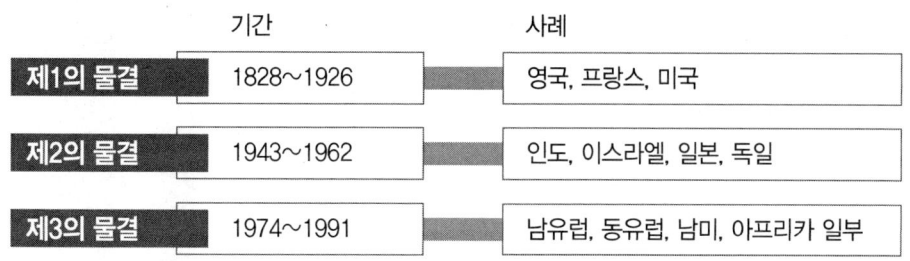

도표 3.3 헌팅턴의 민주화 물결

주: 제1의 물결은 1922~1942년 사이에(예를 들어, 독일, 이탈리아), 제2의 물결은 1958~1975년 사이에 일부 역물결을 맞게 되었다. 다수의 역물결은 현재는 다시 되돌려졌다.

출처: Huntington (1991)

은 민주주의로의 이행이 오랜 기간에 걸쳐 순차적으로 이루어졌다는 점이다. 전통적으로 특권 엘리트에만 한정되었던 정치적 경쟁이 투표권이 광범위하게 주어지면서 점차 확대되었다. 점진적인 이행은 정치적 열기를 낮추었으며, 제1의 물결에서 민주주의는 의도적으로 추구되기도 했지만 결과적인 산물이기도 했었다. 예를 들어, 영국에서 투표권 확대는 점진적으로 진행되었으며, 매 단계마다 자산계급이 품었던 개혁의 위험성에 대한 우려를 완화해주었다 (도표 3.4 참조).

미국에서는 여유 있는 상류 지주층이 공화국을 이끌어야 한다는 건국의 아버지들의 견해에 반대하여, 시민들은 오직 자신들과 동류의 사람들에 의해서만 공정히 대표될 수 있다는 생각이 자리 잡게 되었다. 독립 후 50년 이내에 거의 대부분의 백인 남자는 투표권을 가졌으나 (Wood, 1993: 101) 여자는 1919년에 이르기까지 남자와 동등한 선거권이 주어지지 않았으며, 흑인들의 경우는 1965년 투표권법(Voting Rights Act)이 제정되기까지 온전하게 투표권이 부여되지 않았다. 그러한 의미에서 미국의 민주주의로의 이행은 대단히 긴 세월이 걸렸다.

제2의 물결

헌팅턴의 제2의 민주화 물결은 제2차 세계대전 중에 시작되었고 1960년대까지 계속되었다. 제1의 물결과 마찬가지로 이 시기의 신생 민주주의 국가들 중 일부는 공고화에 실패했다. 예를 들어, 선거를 통해 선출된 몇몇 남미 국가의 정권들은 군사쿠데타에 의해 전복되었다. 그러나 1945년 이후에 서독 뿐 아니라 오스트리아, 일본, 이탈리아에서도 패망한 독재의 잿더미 위에 민주주의 국가들이 등장했다. 이들 국가의 전후 민주주의는 전쟁에 승리한 연합국에 의해 도입되었고, 그들의 협조세력으로부터 지지를 받았다. 제2의 물결의 민주주의 국가들은 미국의 도움으로 이룬 경제 부흥 덕분에 견실하게 뿌리를 내렸다. 이 제2의 물결의 기간 동안 민주주의는 신생 이스라엘과 과거 영국의 식민지인 인도에도 확립이 되었다.

정당은 민주주의로의 이행에 핵심 역할을 했다. 1세대 민주주의 국가들은 정당이 발전이 아닌 파벌다툼의 원인으로 간주되던 시절에 등장했다. 그러나 제2의 물결에서 정당은 대규모 유권자 시대의 민주주의를 이끌어가는 도구로 떠올랐다. 최근 여러 나라의 헌법에서 볼 수 있듯이, 독일의 기본법(1949년)

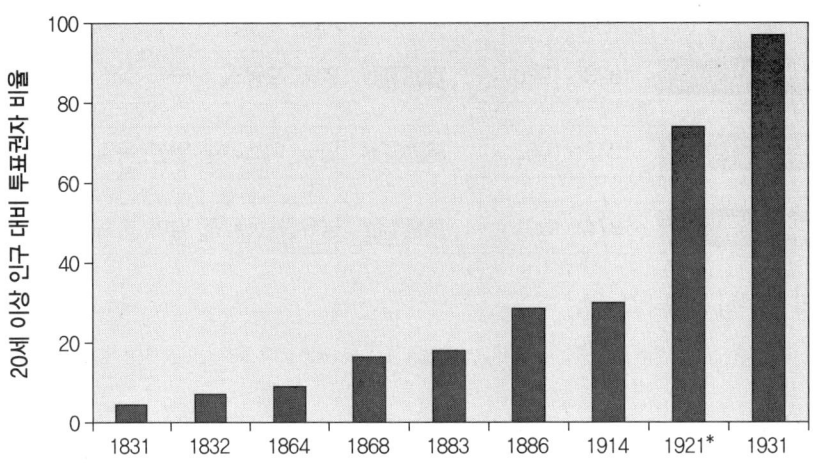

도표 3.4 영국의 투표권 확대

주: 가장 최근의 변화는 투표 연령이 21세에서 18세로 낮아진 1969년.
* 1918년 투표권이 30세 이상 여자로 확대.

출처: 달(Dahl, 1989: 도표 2)에서 인용.

은 "정당은 인민의 민주적 의사를 형성하는 데 참여한다"고 그 역할을 성문화하기까지 하였다. 그러나 인도의 국민회의, 이탈리아의 기독교민주당, 일본의 자유민주당, 이스라엘의 노동당 등 몇몇 사례에서는 한 세대 이상 단일정당이 정부를 장악함으로 인해 효과적인 경쟁이 제약을 받게 되었다. 다수의 제2의 물결의 민주주의 국가들은 완전히 경쟁적인 정당체제로 성숙되기까지 한 세대가 걸렸다.

제3의 물결

제3의 물결의 민주화는 20세기 마지막 25년의 산물이며, 다음과 같은 매우 다양한 주요 요소들을 포함한다.

- 1970년대 그리스, 포르투갈, 스페인의 우익 독재 정권 종식.
- 1980년대 대부분의 남미 국가에서의 군부독재 몰락.
- 1980년대 말 소련과 동유럽의 공산정권 붕괴.

제3의 물결은 비민주적인 정권이 생존하기 어려운 환경을 조성하면서 전세계의 정치지형을 변화시켰다. 사하라사막 이남 지역에서조차도 대통령들은 (패배하는 경우는 드물었지만) 선거를 통해 정권을 유지했다. 냉전이 종식되고 민주주의를 대체할 대안이 없어지면서 유럽연합과 미국은, 물론 자국의 단기적 이익을 여전히 중시했지만, 민주주의로의 이행을 더욱 고무하게 되었다.

제4의 물결, 아니면 민주주의의 정체?

헌팅턴의 논의는 민주화의 3개의 물결에서 멈췄지만, 그의 논리를 더 연장해서 1991년 이후 어떤 일이 벌어졌는지 더 자세히 검토해보는 것은 가치 있는 일이다. 냉전 종식과 동유럽의 급속한 민주화에 영감을 얻은 정치경제학자 후쿠야마(Francis Fukuyama)는 헤겔(Hegel), 마르크스(Karl Marx) 등의 이론을 빌어서 1989년 **역사의 종언(end of history)**, 또는 민주주의의 최후의 승리를 선언했다.

> 우리가 오늘날 목격하고 있는 것은 단지 냉전의 종식이거나 혹은 전후 역사의 특정 시기가 지나가는 것이 아니라 역사의 종언이다 … 즉 인류의 이념적 진화의 종착점이자 인류가 가진 최후의 정부 형태로서의 서구 자유민주주의의 보편화이다. (Fukuyama, 1989)

역사의 종언(End of history): 정치, 경제, 사회 체제가 궁극적으로 발전하여 그 진화과정의 정점에 이르렀다는 생각.

만일 우리가 자유민주주의의 이상적인 형태를 상정한다면 후쿠야마의 생각은 확실히 매력이 있다. 그러나 얼마 지나지 않아 후쿠야마가 너무 성급했다는 것이 명백해졌다. 오늘날 정치적 논란은 상당 부분 민주주의의 건전성이나 확산에 관한 것이 아니라, 자유민주주의가 확고한 국가에서조차 민주주의가 직면하고 있는 문제들에 관한 논의이다. 사회의 해체, 유권자의 소외, 개인의 권리와 민주주의 사이의 긴장, 정치-경제적인 경쟁이 초래하는 공동체 의식의 약화 등을 예로 들 수 있다. 브라질, 프랑스, 인도, 남아프리카 등 일부에서는 그 문제가 매우 심각하기 때문에 민주주의 지수는 이들을 결손민주주의로 분류한다. 더 구체적으로 민주주의는 다음과 같은 도전에 직면하고 있다.

- 여성이 남성에 비해 정치적 권력이나 기회가 적고, 동일한 노동에도 수입은 남성보다 낮으며, 정계나 기업에서 고위직에 이르는 데 어려움이 많다.
- 인종적, 종교적으로 배척당하는 소수집단이 직업, 금융, 주택, 교육 등에 평등하게 접근하지 못하고 사회의 주변으로 밀려나는 현상은 심각한 문제이다.
- 부자와 빈자간의 소득격차가 대단히 크고, 실업과 빈곤이 종종 충격적으로 만연해있다. 실업과 빈곤은 정치적 영향력을 감소시키고 때로는 정치적 극단화를 초래한다.

많은 나라에서 여론조사는 정부나 정치제도에 대한 신뢰 감소를 보여주는데, 이는 민주주의의 개념보다는 민주주의가 실천되는 방식에 대한 우려를 반영한다. 많은 사람들은 정부가 엘리트에 의해 장악되었다고 보며, 지도자에 대한 신뢰가 낮고, 정부가 시급한 경제-사회적 문제에 제대로 대응하지 못한다고 느끼며, 그 결과 투표율은 낮아지고 대안적 형태의 정치적 표현이나 참여로 눈을 돌리고 있다. 제12장에서 볼 수 있듯이 대부분의 자유민주주의 국가에서 정부에 대한 신뢰는 떨어지고 있다.

이러한 우려에도 불구하고 민주주의는 안정적으로 지속되고 있으며, 오랜 자유민주주의의 역사를 가진 어떤 나라도 자발적, 의도적으로 다른 형태의 정부를 선택한 사례는 없다. 자유민주주의 국가가 서로 전쟁을 일으킨 적도 없다. 자유, 선택, 안전, 풍요와 같은 자유민주주의의 일반적인 목표는 광범위하게 공유되고 있는 반면, 자유민주주의의 실제는 결코 간결하고 명확하기만 한 것은 아니다. 처칠이 말했듯이 자유민주주의 체제는 여전히 유일하게 그러한 중요한 목표를 달성할 수 있는 안정적이고 성공적인 공식을 제공해준다.

민주화

최근 수십 년간 가장 극적인 정치변동의 물결 중의

하나는 2010년 말 튀니지에서 시작되어 광범위한 아랍지역에 급속히 확산된 일련의 대규모 시위, 폭동, 내전을 지칭하는 아랍의 봄이다. 이집트, 리비아, 튀니지, 예멘에서 지도자들이 축출되었고, 시리아에서는 내전이 발생했으며, 알제리, 바레인, 요르단, 쿠웨이트 등에서 대규모 시위와 폭동이 일어났다. 이 놀라운 시위의 물결이 다수의 현존하는 권위주의 국가가 집중되어 있는 북아프리카와 중동에도 지속적인 민주주의로의 변화를 가져오리라는 희망을 주었다. 그러나 2012년 중반에 이르자 변화의 기세는 현저히 줄어들었으며, 이 지역 다수 국가의 행태는 새로운 불확실성을 초래했다. 일례로 리비아는 불안정과 정치적 폭력이 죽음과 파괴, 경제 파탄을 가져오면서 2015년에 이르러서는 아랍의 봄 이전보다 여러 면에서 더욱 절망적인 상황이 되었다. 아랍의 봄을 경험하면서 확인된 핵심은 **권위주의 정권으로부터**의 이행이 즉각적인 혹은 중기적인 **자유민주주의로의** 이행을 수반하지는 않았다는 점이며, 그 대신 하나의 권위주의가 또 다른 권위주의로 대체되든가, 아니면 국가의 붕괴를 초래했다는 점이다.

우리는 한 가지 점에 대해서는 확실한 증거를 얻게 되었다. 즉 무력으로 민주주의를 강요하는 것은 지극히 어렵다는 것이다. 냉전 중 미국 외교정책의 핵심 요소는 동맹국들을 공산주의의 위협으로부터 보호하는 것이었으며, 냉전 이후에는 민주주의를 전파하여 중동에 평화를 가져오는 것이 목표였다. 그러나 결과는 그다지 좋지 않다. 예를 들어, 2003년 카네기재단의 연구 (Pei, 2003)는 20세기에 미국이 군사적으로 개입한 16건의 국가 건설 시도 사례에서 단지 4개(독일, 일본, 그레나다, 파나마)만이 미군 철수 후 10년 이상 민주주의가 유지된 성공 사례이다. 영국과 프랑스의 군사개입 결과도 더 나을 것이 없으며, 군사개입의 목표가 된 당사국보다는 그 주변국들이 더 많은 민주주의로의 이행을 보여주었다.

그 이유는 무엇일까? 드 메스키타와 다운스(De Mesquita and Downs, 2004)는 "어떤 국가에 민주

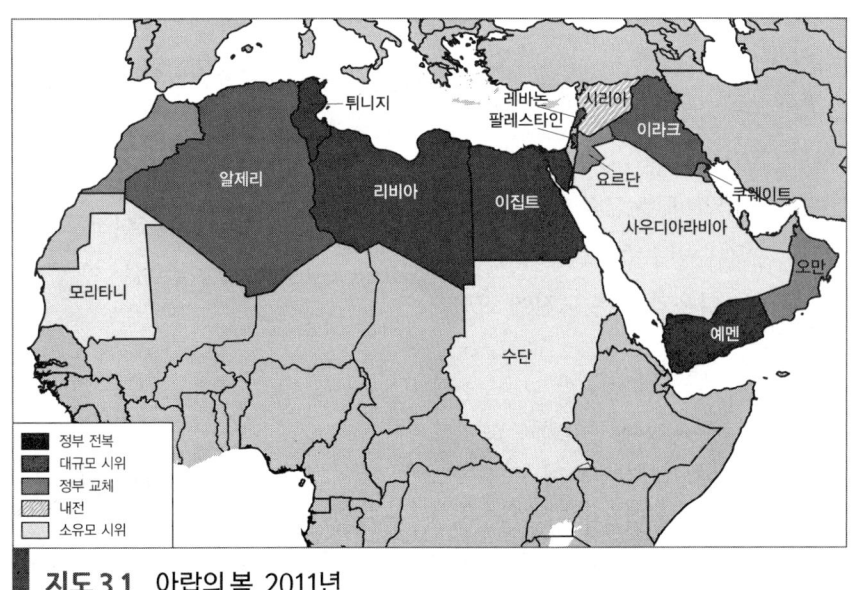

지도 3.1 아랍의 봄, 2011년

주의를 정착시키거나 국민들의 고통을 덜어주기 보다는 그들 국가의 어떤 정책을 변화시키려는 의도를 가진" 미국, 영국, 프랑스의 정책이 문제라고 주장한다. 공식적인 주장에도 불구하고 민주주의의 고양이 가장 중요한 목표가 되는 일은 드물다. 다국적 연합이 국제사회(아니면 최소한 유엔 회원국 다수)의 지지를 받으면서 행동하는 경우에는 성공 가능성이 높아지지만, 그러나 권위주의 정권을 압박하거나 무력공격을 통해서 민주화 시킬 수 있다는 생각은 잘못된 것이다. 왜냐하면 민주주의가 한 사회에서, 특히 아프가니스탄이나 이라크와 같이 심각하게 분열된 사회에서, 뿌리를 내리고 유기적으로 성장하는 데는 시간이 필요하기 때문이다.

도표 3.5는 성공적인 민주화 과정의 단계를 도식화한 모델을 제시한다 (O'Donnell et al., 1986). 그러나 이 분석틀은 소련의 붕괴로 초래된 다양한 결과나 최근 벌어진 아랍의 봄의 경험보다는 1980년대 남유럽과 남미의 성공적인 민주화에 대한 연구로부터 개발되었다. 그럼에도 불구하고 이 모델은 성공적인 민주주의로의 이행에서 나타나는 단계들을 포착하는 데 여전히 유용하다.

그 과정의 첫 단계는 권위주의 정권의 자유화이다. 우리가 여론의 힘을 믿고 싶은 심정은 있으나, 민주주의로의 이행은 견고한 독재정권에 저항하는 대규모 군중시위로부터 촉발되는 사례는 드물다. 오히려 민주주의는 일반적으로 의도했든 하지 않았든 지배집단의 일부가 변화가 불가피하다거나 심지어는 바람직하다고 인식한 결과이다. 오도넬과 슈미터는 다음과 같이 주장한다 (O'Donnell and Schmitter, 1986: 19).

> 민주주의로의 이행은 거의 다 직접적 또는 간접적으로 권위주의 정권 자체 내의 중요한 분열(주로 강경파와 온건파 사이)의 결과로 촉발된다 … 예를 들어, 브라질과 스페인에서 자유화 결정은 약하고 조직화되지 않은 야당을 상대로 하는 정권의 지배적인 위치에 있는 고위층에 의해서 내려졌다.

따라서 예를 들어, 군부정권은 그들이 집권하는 계기가 되었던 위기가 해소되면 목표의식을 상실할 수 있다. 보다 자유로운 환경이 조성되면 여론을 표출할 수 있는 기회가 증가하며, 역동적인 개혁을 이끌어 낼 수 있다.

많은 위험이 따르고 오랜 시간이 소요되는 민주주의로의 이행과정에서 새로운 정부체제가 만들어진다. (쿠데타를 생각할지도 모르는) 강경파나 (정권교체를 넘어 전면적인 혁명을 추구하는) 급진파로부터

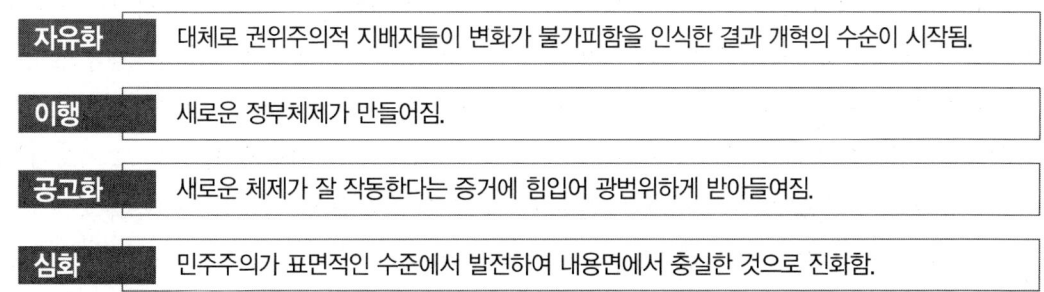

도표 3.5 민주화의 단계

자유화	대체로 권위주의적 지배자들이 변화가 불가피함을 인식한 결과 개혁의 수순이 시작됨.
이행	새로운 정부체제가 만들어짐.
공고화	새로운 체제가 잘 작동한다는 증거에 힘입어 광범위하게 받아들여짐.
심화	민주주의가 표면적인 수준에서 발전하여 내용면에서 충실한 것으로 진화함.

의 위협이 극복되어야 한다. 헌법이 제정되어야 하고, 제도가 설계되어야 하며, 선거 일정이 정해져야 한다. 협상은 빈번히 통치자들과 반대세력 사이의 원탁회의 형태로 이루어지며, 종종 엘리트간의 타협을 이끌어낸다. 이행 과정에서 기존의 통치자들은 새로운 민주적 질서에서의 정치적 기회를 엿볼 것이다. 예를 들어, 군부 지도자들은 질서와 안전을 보장할 수 있는 유일한 정당이라고 자신들을 재포장하려 할 것이다. 여하튼 기존의 엘리트는 협상을 통해 면책특권 같은 것들을 얻어냄으로써 자신들의 미래를 보장받으려 시도할 것이다. 이행은 새로운 제도들이 실행됨으로써 실질적으로 완결되는데, 그중에도 가장 괄목할 만한 것은 높은 투표율을 보이는 선거이며, 이는 민주주의에 대한 낙관론이 정점에 달하는 시점으로 볼 수 있다 (Morlino, 2012: 85-96).

민주주의의 공고화는 오직 새로운 제도만이 누구나 받아들일 수 있는 정치적 경쟁의 틀을 제공할 때, 혹은 쉐보르스키(Przeworski, 1991: 26)가 언급했듯이 '특정 제도가 그 체제 내의 유일한 게임이 되고, 누구도 민주적 제도 밖에서 행동하는 것을 상상하지 못할 때'만이 실현된다. 일례로, 군부가 정치적이지 않은 전문가 집단으로서의 제한된 역할을 받아들이기까지는 시간이 필요하다.

공고화는 태도의 문제이지만, 그것의 성취는 행동으로써, 특히 선거를 통한 평화로운 권력 이양을 통해서 가능하다. 처음으로 선거에 패한 정부가 권력을 포기함으로써 민주주의의 엘리트 순환 장치가 효과적임이 입증되며, 정치적 안정에 기여한다. 따라서 공고화는 민주적 관행이 일상화하는 과정이며, 민주주의의 관행이 형성되는 데는 시간이 걸린다 (Linz and Stepan, 1996). 이행은 새로운 정권의 수립을, 공고화는 그것의 지속을 의미한다.

마지막으로 민주주의의 심화는 신생 민주주의가 완전한 자유민주주의로 계속 발전하는 것을 말한다. 이 용어는 다수의 제3의 물결 민주주의가 권위주의와 민주주의 사이에서 멈추면서 많은 사람들이 회의를 품게 되었다는 학계의 인식을 배경으로 부상하였다. 우리가 앞서 보았듯이 결손민주주의 국가에서 민주주의는 "심화되지 못하고 피상적이며, '민주주의의 질'이 낮은 수준에서 새로운 질서가 공고화되었다" (Morlino, 2012: pt III). 따라서 '심화'라는 용어의 포인트는 이행의 보편적 단계를 묘사하기보다는 이행의 결과가 피상적인 민주주의의 공고화에 그칠 수 있음을 인정하는 것이다.

1990년대 이후 멕시코의 정치 변동은 이 4단계가 어떻게 작동하는지를 보여주는 사례이다. 멕시코는 1920년부터 계속해서 중도성향의 제도혁명당(PRI: Institutional Revolutionary Party)이 통치했다. PRI는 멕시코 사회의 주요 부문에 보상을 대가로 지지를 확보하여 그들을 포섭할 수 있었기 때문에 정권을 유지할 수 있었다. 그러나 멕시코 국민들의 교육 수준이 높아지고 PRI가 1990년대의 경제문제에 대한 책임을 피할 수 없게 되면서 민주주의로의 변화 압력이 증가하기 시작했다.

오랫동안 대통령은 현직자가 후임자를 사실상 지명하는 비밀스런 절차를 통해 선택되었다. PRI는 선거 과정을 장악하고 있었기 때문에 선거에서의 승리는 보장되었다. 1980년대에 PRI 내부의 불만세력이 개방을 요구하면서 후보지명 절차를 보다 민주적으로 만들려는 시도가 있었다. 그 시도가 실패하자 그 지도자 중 한 사람인 쿠아우테모크 카르데나스(Cuauhtemoc Cardenas)가 탈당하여 PRI 후보인 카를로스 살리나스(Carlos Salinas)를 상대로 대선에 출마하였다. 좌파 정당 연합을 이끈 카르데나스는 공식적으로 31퍼센트를 득표했으나 대부분의 중립적인 평가는 그가 승리한 것으로 보았다. 살리나스는 승자로 선언되었으나 PRI 대선 후보자로서는 유례없이 누구보다도 근소한 차이로 승리하였으며, 오랜 지연 끝에 선거결과를 발표하면서 개표용 컴퓨터가 '장애'를 일으켰다고 변명하였다 (Preston and Dillon, 2004: ch.6).

1994년 살리나스의 후임자 에르네스토 세디요(Ernesto Zedillo)는 대통령 선출 절차를 검토하라고 지시하였고, 그 결과 개방적 정당 예비선거가 도입되었다. 한편 더 많은 야당이 생겨났고, 선거제도도 개정되었으며, 의회의 의석수가 늘어났으며, 선거는 외국 감시단의 더 철저한 감시를 받게 되었다. 1997년 PRI는 하원선거에서 다수 의석 확보에 실패했고, 2000년에는 상원선거에서도 패했으며, 무엇보다 놀랍게도 대통령선거에서 국민행동당(PAN: National Action Party)에 패했다. PAN은 2006년 대선에서 승리했고, PRI는 2012년 선거에서 정권을 되찾았다. 빈곤의 만연, 계속되는 마약과의 전쟁, 지속적인 부패 등의 문제에도 불구하고, 변화가 불가피하다고 인식한 PRI 지도자들에 의해 촉발된 1990년대의 변화들은 복수의 정당이 경쟁하는 건전한 민주주의 체제를 만들어 냈다.

오늘날 멕시코는 민주주의 지수에서는 결손민주주의로, 프리덤하우스 지수에서는 부분적으로 자유로운 국가로 분류된다. 다수의 최근 민주주의 이행 사례와 마찬가지로 멕시코는 권위주의 체제의 붕괴와 그 뒤를 잇는 민주주의의 공고화나 심화를 구별하는 것이 중요하다는 사실을 보여준다.

토론주제

- 민주주의는 실제로 진정한 인민에 의한 정부인가?
- 인터넷은 오늘날의 국가에서 아테네식 직접민주주의의 재현을 가능하게 하는가?
- 당신은 평범한 유권자의 정치적 능력을 의심한 슘페터에 동의하는가? 앞의 질문에 대한 당신의 답은 민주주의의 가치에 대한 당신의 판단에 영향을 미치는가?
- 민주주의가 번영하기 위해서는 어떠한 조건이 필요한가?
- 우리는 역사의 종언에 얼마나 근접해 있는가?
- 무력을 통해서는 민주주의가 확산되기 어렵다는 증거로부터 당신은 무엇을 배울 수 있는가?

핵심 개념

견제와 균형(Checks and balances)
구조적 폭력(Structural violence)
근대(Modern)
근대화(Modernization)
대의민주주의(Representative democracy)
민주주의(Democracy)
민주화(Democratization)
민주화의 물결(Waves of democratization)

반향실(Echo chamber)
시민적 자유(Civil liberties)
역사의 종언(End of history)
자유민주주의(Liberal democracy)

자유주의(Liberalism)
전자민주주의(E-democracy)
제한정부(Limited government)
직접민주주의(Direct democracy)

추가 읽을 거리

Alonso, Sonia, John Keane, and Wolfgang Merkel (eds) (2011) *The Future of Representative Democracy*. 대의민주주의의 경향들을 연구한 다양한 논문 모음.

Dahl, Robert A. (1998) *On Democracy*. 가장 영향력 있는 민주주의의 학문적 옹호자 중의 한 사람이 저술한 민주주의에 대한 입문서.

Haerpfer, Christian W., Patrick Bernhagen, Ronald F. Inglehart, and Christian Welzel (eds) (2009) *Democratization*. 민주화와 관련한 행위자, 원인, 차원, 지역, 이론 등을 다룬 포괄적인 교과서.

Held, David (2006) *Models of Democracy*, 3rd edn. 고대 그리스에서부터 현재까지의 민주주의에 대한 입문서.

Morlino, Leonardo (2012) *Changes for Democracy: Actors, Structures, Processes*. 혼합체제를 비롯하여 민주화에 대한 학술적 문헌에 대한 광범위한 검토.

Rosanvallon, Pierre (2008) *Counter-Democracy: Politics in an Age of Distrust*. 민주주의는 대중이 자신들의 대표자에 대해 신임이나 불신을 표현할 수 있는 비공식적 기제라고 보는 (추상적이지만) 창의적인 해석.

CHAPTER 4 권위주의 통치

개관

비록 1945년 이후 민주주의라는 개념이 세계 도처에 확산되었고, 많은 사람들이 현재 민주주의 국가에 살고 있으나, 아직 다수 국가들은 권위주의에 머물고 있으며, 시민들이 정부에 참여할 수 있는 권리가 제한받고 있다. 브루커가 언급했듯이 "인류 역사의 대부분에서 장로, 족장, 군주, 귀족, 제국, 군사정권, 일당 국가에 의한 통치 등 비민주적인 정부가 더 일반적이다"(Brooker, 2009: 1). 확실히 20세기는 후반부의 민주주의로의 이행에 못지않게, 히틀러의 독일, 스탈린의 러시아, 마오쩌둥의 중국, 폴 포트의 캄보디아 등 많은 독재 정권이 탄생했던 시대로 기억될 것이다. 그리고 민주주의의 확산에도 불구하고 경제적 영향력(중국), 테러의 산실(아프가니스탄), 천연자원(러시아), 핵무장(파키스탄과 이란) 등 여러 이유로 여전히 가장 눈에 띄는 권위주의 국가들이 국제적으로 상당한 비중을 차지하고 있다.

이 장은 민주주의 지수를 활용하여 혼합(hybrid)체제, 권위주의 등 비민주주의 국가들에 대해 알아본다. 우선 우리는 외견상 민주주의처럼 보이지만 실제로는 제도적인 조작을 통해 권력을 유지하는 혼합체제에 대해 설명한다. 이어서 우리는 절대군주제, 지배적 대통령, 일당 지배, 군사정부, 신정정권 등 몇몇 다른 유형의 권위주의 정권에 대해 알아볼 것이다. 끝으로 이 장은 권위주의 정권의 정치지형에 만연해 있는 부패라는 특별한 문제에 대한 논의로 마무리한다.

차례

- 권위주의 통치: 개요 70
- 혼합체제 정권 71
- 권위주의 정권 73
- 권위주의 정권의 형태 76
- 부패의 정치적 영향 86

핵심논제

- 권위주의 정권의 작동원리를 규명하면 민주주의를 이해하는데 유용한 차이점을 볼 수 있다.
- 혼합체제의 개념은 권위주의와 민주주의 사이의 중간적 형태를 보여준다.
- 군부의 활용, 지지자들에 대한 보상, 언론통제 등은 권위주의 정권을 지탱하는 핵심 요소이다.
- 권위주의 정권을 이해하는 하나의 핵심은 절대적 압제는 드물다는 점이다. 다수의 권위주의 지배자들은 자유민주주의 지도자들에 비해 정치적 입지가 취약하다.
- 권위주의 정권에 대한 매우 엄밀하고, 표준적인 정의는 민주주의를 정의하는 것보다 더 어렵다. 왜냐하면 권위주의 정권의 공식적 구조는 약하고 권력의 원천이 다양하기 때문이다.
- 사익을 위해 공직을 악용하려는 사람들이 있는 이상 부패는 어디나 존재하지만, 권위주의에서는 부패가 특히 중요한 역할을 한다. 부패는 권력남용의 원인이자 결과이다.

권위주의 통치: 개요

우리는 앞의 장에서 민주주의의 의미는 논란의 대상이며, 민주주의 국가에는 여러 형태가 있음을 보았다. 마찬가지로 권위주의의 의미에 대해서도 논란이 있으며, 권위주의 정권에도 하나의 모델만이 있는 것이 아니다. 권위주의 정권을 공부하는 데 있어서 우리는 너무 성급하게 압제정치, 비민주주의 정권을 생각할 때 쉽게 떠올리는 공포와 감시에 의한 통치를 연상하는 실수를 범해서는 안 된다.

권위주의 통치자들은 기업, 군부, 지역의 실력자 등 여타 권력을 가진 세력과 타협할 필요가 있음을 인식하면서 암묵적인 제약 하에서 통치한다. 민주주의 지도자들이 선거를 통한 지지를 필요로 하듯이, 권위주의 통치자들도 협력자들이 지속적으로 정권을 지지하도록 확신을 주어야 한다. 더욱이 일반적으로 권위주의 정부는 한 사람의 지배적인 지도자의 형태가 아니라 상당한 내부 권력 다툼을 벌이는 엘리트 집단으로 구성된다. 이념이나 정책은 종종 존재하지 않는다. 통치자들은 국민을 동원하기보다는 그들의 참여를 제한하여 통제력을 유지하고 부를 축적하려 한다. 일반인들은 정치에 관여하지 않는 한 한밤중에 자신을 체포하기 위해 누군가가 문을 두드리는 일은 없을 것이다. 이러한 상황에서 권위주의 통치는 무제한의 공식적 권위와 상당한 정치적 취약성의 불안한 결합이다.

비민주적인 통치자들은 법 위에 군림하기 때문에 헌법 설계는 별 소용이 없다. 법은 애매하고 모순되기 때문에 말썽을 일으키는 사람들을 법정에 세우는 구실을 제공한다. 민감한 사건에는 종종 군사법정과 같은 특수한 성격의 재판부가 이용된다. 입법부와 사법부는 자원이 부족하고, 전문적이지도 효과적이지도 못하다. 시민적 자유는 보호되지 않으며, 민간단체를 조직하는데 국가의 허가가 필요한 경우도 빈번하다. 헌법적 제약이 없는 국가는 여성, 소수집단, 비국적자, 죄수 등 약자의 위치에 있는 사람들을 함부로 대한다. 사유재산을 보호하는 실효성 있는 법적 틀이 부재하기 때문에 권위주의 정권은 경제적으로 정체되는 경우가 많다. 지배자들은 자기들의 이익을 위해 경제의 큰 부분을 취하고, 그 대가는 경제 자체의 침체이며, 그로 인해 정권의 정치적인 취약성이 커진다.

1980년대 말 공산권 붕괴와 2011년 아랍의 봄을 보면서, 우리는 남아있는 비민주적인 정권들도 역사적인 예외이고 머지않아 페이스북 세대에 의해 무너질 것이라고 생각하고 싶어질지 모른다. 그러나 제3장에서 보았듯이 그러한 낙관론은 지나친 일반화이고 시기상조이다. 그러한 시각은 하나의 권위주의 통치자를 축출하면 또 다른 권위주의가 등장하거나, 국가의 붕괴 또는 침략으로 이어질 수 있다는 사실을

표 4.1 권위주의 통치의 특징

- 대의정부의 경험이 없으며, 선거는 빈번히 속임수, 조작, 폭력을 수반한다.
- 허약하고, 미성숙하며, 명확히 규정되지 않은 정치제도와 절차, 그리고 권력은 통치자, 엘리트, 독재정권의 기득권 세력이 장악한다.
- 정치적 참여와 대표의 수단이 제한적이고 시민들이 효과적으로 목소리를 낼 수 없다.
- 정부 권력은 한계가 거의 없고, 개인의 권리와 자유가 제대로 보호되지 않으며, 독립적 사법부가 존재하지 않는다.
- 야당은 억압되어 있으며 위협과 폭력에 노출된다.
- 언론은 제약을 받고, 정치적 통제 하에 놓이며, 공식적으로 허용된 의견만을 발신할 수 있다.

간과한다. 벨라루스, 카자흐스탄, 우즈베키스탄에서 공산주의의 붕괴는 민주주의를 가져오지 않았으며, 이집트, 리비아, 튀니지, 예멘의 장기적 전망은 불투명하다. 웨이(Way)는 공산주의의 붕괴와 비교해 보면, 많은 아랍의 독재자들은 정권을 유지할 것이며, "권위주의가 붕괴한 아랍 국가들은 유럽의 비슷한 사례에 비해 민주화 가능성이 낮다"고 판단한다(Way, 2011: 17).

권위주의 정권에도 정도의 차이가 있다는 것은 혼합체제와 권위주의를 구분하는 민주주의 지수에 반영되어 있다. 혼합체제는 민주주의와 권위주의가 섞여 있어서, 일부 민주주의의 모습을 보여주고 있으나, 그 실행과 표현에 있어서 상당히 미흡하다. 한편 권위주의 정권은 강력한 지도자, 중앙집중적인 정치적 통제, 정치참여의 제약 등 우리가 통상 가장 비민주적인 체제와 연관짓는 특징들을 다 가지고 있다.

혼합체제 정권

민주주의 지수에서 묘사된 **혼합체제(hybrid regimes)** 는 레비츠키(Steven Levitsky)와 웨이(Lucan A. Way)가 경쟁적 권위주의 정권으로 묘사하는 범주와 겹쳐진다. 그들은 경쟁적 권위주의 국가를 "공식적 민주주의 제도가 정치적 권위를 획득하고 행사하는 주된 수단으로 일반적으로 간주되지만 … 현직 권력자가 그 규칙을 빈번히, 광범위하게 위반하며 … 그 정권은 전통적인 민주주의의 최소 기준에 미달한다"(Levitsky and Way, 2010). 민주주의 지수에서 혼합체제는 정치문화와 정부의 기능 및 정치참여에서 취약한 것으로 설명된다. 선거는 치르지만 자유롭고 공정하지 못하기 때문에 정당성이 훼손되고, 정부는 일상적으로 야당과 후보자를 탄압한다. 부패가 만연하며, 시민사회와 법치주의는 약하고, 사법부는 독립적이지 못하며, 언론인들은 괴롭힘을 당한다.

> **혼합체제(Hybid regimes)**: 표면상 민주주의의 특징을 일부 가졌으나, 제도, 절차, 법, 정책이 통치자나 엘리트 집단의 권력유지를 위해 조작되는 정치체제.

혼합체제에서 통치자나 집권당은 선출되지만, 그들은 국가의 자원과 언론에 대한 영향력을 이용하여 선거운동이 시작되기도 전에 이미 결과를 결정짓는다. 부정선거는 패배가 눈앞에 닥쳤을 때만 필요하다. 일단 선출되면 정부는 헌법적 제약에 대해 별로 신경 쓰지 않으며, 공정성이나 체제정통성을 인정하는 야당 등의 개념은 인식하지 못한다. 오도넬에 의하면 이러한 체제에서 선거에 승리하는 자에게는 "그가 원하는 대로 통치할 권리가 주어지며, 단지 이미 존재하는 권력관계의 현실과 헌법에 규정된 제한된 임기에 의해서만 제약을 받는다"(O'Donnell, 1994: 59). 그 결과는 헌팅턴이 지적한 '정권의 순환 없는 민주주의와 교체 없는 경쟁'이다(Huntington, 1991: 306). 자유민주주의가 '정당이 선거에 패배하는 체제'(Przeworski, 1991: 10)라고 한다면, 경쟁적 권위주의는 그렇지 않은 체제이다. 최고 권력자의 교체는 일반적으로 헌법에 정해진 임기에 의해서 이루어지며, 가끔은 권력자가 사임하면서 일어난다.

싱가포르는 혼합체제의 한 예이다. 싱가포르는 다수의 정당과 활발한 첨단 기술 경제를 가지고 있으며, 세계에서 생활수준이 가장 높은 나라 중의 하나이지만 민주주의 지수에 의하면 혼합체제로 분류된다. 그 주된 이유는 국민행동당(People's Action Party)이 1959년부터 통치하고 있고, 보통 60퍼센트 이상 득표하고, 2011년 선거에서와 같이 60:14

퍼센트의 득표율로 93퍼센트의 의석을 차지할 수 있도록 한 선거제도를 유지하고 있으며, 여당을 지지하는 지역에 투자를 집중하기 때문이다.

혼합체제 정권은 일반적으로 견고한 제도보다는 강력한 지도자나 정당을 기반으로 한다. 인민들의 필요를 충족시키는 대신 통치자들은 인민들의 존경, 경의, 지지를 획득한다. 사법부는 자원이 부족하기 때문에 헌법에 규정된 개인의 권리를 지키지 못한다. 법률은 권력의 도구로서 선택적으로 이용되어, 정치적 반대자들은 엄격한 법적 감시를 받지만 지지자들은 별로 법에 구애되지 않는다. 브라질 대통령을 두 차례 역임한 게툴리오 바르가스(Getulio Vargas)는 '나의 친구들은 모든 것이 허용되지만, 나의 적에게는 법대로'라고 말했다. 정치적 연줄이 경제적 보상을 결정하는 방식으로 국가는 시장에 개입한다. 그러나 순수한 권위주의 정권과는 달리 혼합체제 정권의 통치자는 종종 효과적인 통치를 통해 대중들의 지지를 얻기도 하고 조작하기도 한다.

혼합체제는 (민족, 종교, 경제적으로) 심각한 내부 분열을 겪고 있는 빈곤한 국가에서, 그리고 실제의 혹은 조작된 외부의 위협에 직면한 국가에서 더 일반적으로 나타난다. 이러한 상황에서 국부(國父)와 같은 인물 또는 지배적인 정당이 발전의 원동력, 국내적 분열로부터의 수호자, 외부 위협으로부터의 보호자로서 부상한다. 그것은 머리가 몸(body politic, 전체 국민)을 통치하도록 해야만 한다고 주장한다.

공산주의 붕괴 이후 대부분의 시기에서 우크라이나는 대표적인 혼합체제 정권의 사례이다. 구소련의 공화국이던 우크라이나는 1991년 독립하였으나 1인당 2013년 국민소득이 4,000달러 미만인 빈곤 상태에 머물고 있으며, 서구와 러시아의 영향권 사이에서 중심을 잡지 못하고 있다. 레오니드 쿠즈마(Leonid Kuchma) 대통령은 언론을 통제하고, 정치체제를 조작하고, 러시아의 경제적 이익에 편중된 정책을 시도했으며, 2004년 대통령선거 부정으로 '오렌지혁명'을 촉발하여, 다시 선거가 치러졌다. 후속 선거에서는 친서방 연합 세력이 승리하여 빅토르 유시첸코(Viktor Yushchenko)가 대통령에 취임하였다. 이어서 민주적 개혁이 단행되었으나, 우크라이나는 여전히 친서방과 친러시아 세력의 분열이 지속되었으며, 2010년 대선에서 승리한 빅토르 야누코비치(Viktor Yanukovych)는 확실한 친러시아 정책으로 전환하였다.

야누코비치는 자신과 지지자들을 위해 부정 축재를 하였고, 우크라이나를 세계에서 가장 부패한 국가 중 하나로 만들었다. 공직자에게 뇌물을 주는 것은 일상화되었고 보통 사람들은 소위 민주적 정부로부터 소외되었다. 시민사회나 사법부는 권력을 효과적으로 견제할 수 없었다. 2013년 야누코비치가 유럽연합과의 무역협정을 포기한다고 선언하자 대규모의 시위가 발생했고 정부는 붕괴했다. 축출된 대통령은 러시아로 도주했고, 그 후 러시아는 크림 반도를 합병했다. 이어서 우크라이나 동부에서 전투가 벌여져 역사적 분열은 더욱 심화되었고, 정부가 효과적 통치를 펼 수 있는 능력을 약화시켰다.

혼합체제가 사적인 성격을 띠게 되면 장기적으로 불안정할 가능성이 있다. 예를 들어, 헌팅턴은 "이 어중간한 형태는 지속될 수 없다"고 하였다 (Huntington, 1991: 137). 마찬가지로 레비츠키와 웨이는 그러한 정권은 반대세력이 현 권력구조에 심각한 도전을 할 수 있기 때문에 "긴장상태가 내재되어 있다"고 하였다 (Levitsky and Way, 2010: 20). 이러한 위협으로 인해 통치자들은 굴복하고 민주화하든가, 아니면 억압하고 더 노골적인 권위주의 정권으로 돌아간다.

그러나 우리는 혼합체제가 과도기적이라고 묘사하면서, 그들이 사라지길 바랄 수는 없다. 일부 (특히 서구의 영향권에서 멀리 떨어진) 정권들은, 특히 공산주의 붕괴 이후 노골적인 독재가 정당화되기 어려워진 상황에서, 빈곤하고 불평등한 사회를 통치하는 안정적인 방법을 찾아냈다. 특히 자유민주주의가 서구적 자유방임과 동일시되듯, 이슬람권에서 혼합체제 정권이 한번 자리 잡으면 강력한 결합체가 될 수 있다. 사하라사막 이남 지역에 대해 기술하면서 허브스트는 "단지 아프리카 국가들의 다수가 민주주의와 권위주의 어디에도 속하지 않는다는 이유로 그들이 민주주의와 권위주의 사이를 왕래하고 있다고 결론을 내려서는 안 된다"고 주장했다 (Herbst, 2001: 359). 오히려 아프리카 국가들의 현재 상태가 수십 년간 지속될 수도 있다. 유사하게 케이스(Case)는 혼합체제가 '단지 민주주의를 향한 중간 기착지'가 아니라고 결론지었다 (Case, 1996: 464).

아이티는 특히 골치 아픈 혼합체제의 사례이다. 아이티는 1804년부터 독립국가였으나 단 한 번도 지속적이고 안정적인 정치모델이 자리잡지 못했으며, 서반구에서 가장 곤경에 처한 국가이다. 이론상 입법, 사법, 행정 3부를 가진 대통령제 공화국이지만 아이티는 사실상 집권한 정부가 불안정, 내부 소요, 부패의 잔해에서 만들어낼 수 있는 어떠한 형태라도 있을 수 있다. 이 나라는 허리케인, 지진 등 수 많은 자연재해로 인해 더욱 어려움이 가중되었으나, 적절한 기반시설을 구축하지 못하였기 때문에 그러한 재해에 대처할 능력이 더욱 떨어졌다. 그러나 2006년 새로운 정부가 들어서면서 프리덤하우스는 아이티를 자유롭지 못한 국가에서 부분적으로 자유로운 국가로 분류했다. 그러나 2010년 23만 명이 사망한 지진이 발생하여 정부, 경제, 기반시설, 사회조직을 폐허로 만들었다. 2014년 인간개발지수에 의하면 아이티는 187개국 중 168위였다.

권위주의 정권

여기서 우리는 강력한 지도자, 중앙집권적 통제, 취약한 정치참여, 시민적 자유 및 권리의 제약 등 권위주의와 가장 밀접히 연상되는 특징을 가진 국가들을 살펴본다. 앞으로 알아보는 바와 같이 **권위주의 정권**(authoritarian regimes)은 집권당이나 군부가 권력을 장악한 국가로부터, 지배자의 흥망에 따라 권력이 부침하는 개인을 중심으로 움직이는 체제에 이르기까지 여러 형태를 띤다.

> **권위주의 정권**(Authoritarian regimes): 지배 엘리트의 존재, 제한된 정치적 다원주의, 중앙집권적 통제, 반대자에 대한 무관용, 인권 탄압 등의 특징을 가진, 권위에 대한 복종에 기반을 둔 정권.

절대군주제는 논외로 하고, 권력승계의 명확한 절차 부재가 권위주의 정권의 주된 약점이며, 그로 인해 정치적 변화가 발생한다. 지배집단의 교체를 가능하게 하는 경쟁적 선거가 없기 때문에, 2011년 아랍의 봄에 의해 축출된 늙은 독재자들처럼 권위주의적 지도자들은 유효기간이 훨씬 지난 후에도 권좌에 남아있다 (표 4.2). 아랍의 봄 혁명에서 보았듯이, 권위주의 정권에서 지도자 교체는 일반적으로 민주주의에서보다 더 어려운 과정이다. 1990년대부터 공산당이 최고위 지도자를 10년 주기로 교체한 중국의 경우는 예외적이며, 그러한 권력교체는 공산당의 권력유지에 기여했다.

폭정(despotism)으로 전락할 가능성은 권위주의 정권에 내재되어 있는 위험이다. 리비아의 경우 무아

초점 4.1 | 혼합체제 정권 대 권위주의 정권

민주주의 지수는 혼합체제와 권위주의를 구분한다. 혼합체제(2014년 민주주의 지수에서 39개국)는 다음과 같은 특징이 있다. 즉 자유, 공정 선거를 방해하는 상당한 부정, 야당과 후보자에 대한 정부의 탄압, 언론인에 대한 괴롭힘, 광범위한 부패, 독립적 사법부의 부재, 취약한 정치문화, 정부 기능, 정치참여, 법치, 시민사회.

권위주의 정권(2014년 지수에서 52개국)은 정치적 다원주의가 부재하거나, 또는 심각하게 제한된다. 이들 국가의 다수는 노골적인 독재이며, 공식적인 민주주의 제도는 실제로는 내용이 없다. 선거가 실시되지만 자유롭거나 공정하지 못하고, 시민적 자유가 무시되거나 침해되며, 언론은 국가가 소유하거나 정권과 연결된 세력에 의해 통제되며, 정부에 대한 비판이 억제되고, 광범위하게 검열이 행해진다.

혼합체제 정권과 권위주의 정권의 구별은 세밀한 정치적 판단을 필요로 하며, 이집트가 혼합체제 정권으로 분류되거나, 나이지리아와 북한이 동일한 권위주의 정권에 속한 데 대해 일부 사람은 납득이 안 될지 모른다. 두 유형의 예는 아래와 같다.

혼합체제 정권
리비아, 베네수엘라, 싱가포르, 아이티, 우크라이나, 이라크, 이집트, 케냐, 터키, 파키스탄

권위주의 정권
나이지리아, 러시아, 북한, 사우디아라비아, 아프가니스탄, 앙골라, 이란, 중국, 카타르, 쿠바

마르 카다피는 1969년 군사정변으로 집권하였으며, 아랍 세계를 통합하는 것이 자신의 목표라고 주장했다. 그는 그린북(Green Book)에 담겨진 자신의 이데올로기를 리비아에 강요했고, 리비아 정부와 국민을 철저히 통제했다. 그러나 카다피조차도 완벽히 안전한 것은 아니었다. 아랍의 봄에 자극을 받아 2011년 반 카다피 봉기가 일어났고 짧은 내전의 결과 반란군의 손에 그는 무참히 살해되었다. 그러나 아랍의 봄 이후의 처리에 대한 합의가 이루어지지 않았고, 그 결과 경쟁 파벌들 사이의 전투가 벌어졌다. 카다피의 사례가 보여주듯이 권위주의 통치자들은 신흥세력에 의해 언제라도 축출될 수 있으며, 따라서 그들은 자신에 대한 지지를 강화하기 위해 항상 노력을 기울여

> **폭정(Despotism)**: 공직에 부여된 권력의 남용, 자의적 결정, 폭력적 위협의 사용 등을 통한 절대권력의 행사. 개인이나 혹은 집단의 행동을 지칭할 수 있으며, 독재(dictatorship), 압제(tyranny), 전제(autocracy) 등의 용어와 호환될 수 있다.

표 4.2 2011년 아랍의 봄에 의해 축출된 지배자들

	지배자	축출 시 연령	집권기간
리비아	무아마르 카다피(Muammar Gaddafi)	69	42
이집트	호스니 무바라크(Hosni Mubarak)	82	30
튀니지	지네 엘 아비디네 벤 알리(Zine El Abidine Ben Ali)	74	22
예멘	알리 압둘라 살레(Ali Abdullah Saleh)	69	22

주: 1990년 예멘 대통령이 되기 전 살레는 12년간 북예멘의 대통령이었다.

야 한다. 그러한 노력에는 일반적으로 군사력, 정권의 지지자에 대한 보상(patronage), 언론 등 3개의 핵심 통제 수단이 사용된다.

강력한 군과 치안부대의 존재, 그리고 그러한 자원을 사용하는 권위주의 통치자의 의지는 매우 중요하다. 비록 리비아와 시리아의 폭력사태를 피하지는 못했지만 아랍의 봄은 무력 집단의 지지를 상실했거나 혹은 무력 사용을 주저한 정권에서 더 빠르게, 널리 확산되었다. 종종 천연자원으로부터의 수입으로 조달되는 높은 군사비 지출은 통치자들이 잠재적 반대자를 포섭하는 데 도움이 되는 투자이며, 통치자들에게 국내 반대세력을 억압하는 수단을 제공해준다. 군부가 직접 통치하지 않는 경우에도 그들은 정치권에 핵심 지지기반을 제공한다. 따라서 필연적으로 군부는 지나치게 호화로운 대우를 받으며, 그것은 경제적 성과를 저해하는 결과를 가져온다. 자유민주주의와 달리 권위주의 정권은 군과 정치 영역이 분리되어 있지 않다.

두 번째 통제 도구는 **정권 지지자에 대한 보상(patronage)** 네트워크이다. 이를 통해 통치자들이 자신들에 대한 지지를 대가로 일자리, 천연자원, 경제적 이득의 기회와 같은 자원을 제공하여 다른 권력자들을 포섭한다. 후견인에 대한 직접적인 충성과 정권에 대한 간접적인 충성은 포섭 대상자들의 출세에 중요한 요소이다. 이러한 후견-피후견(patron-client)의 피라미드는 사회 전체에 퍼져있으며, 공적-사적 영역의 구분을 무시하는 충성심의 망으로 존재한다. 피후견인이 정치적으로 적절히 행동하는 한 후견인은 피후견인의 불법적인 행위를 무시할 것이며, 이는 권위주의 정권에 왜 부패가 만연하는지를 설명해준다. 그러나 그 대가는 매우 크다. 부패는 정권이 조금이라도 얻을 수 있는 국민의 지지를 잠식하며, 잠재적 불안정성을 높인다.

> **정권 지지자에 대한 보상(Patronage)**: 한 개인이 다른 개인에게 제공하는 지원, 격려, 고무, 특권. 권위주의 정권의 경우 이 용어는 통치자가 정권의 지지자를 보상하기 위해 국가의 자원을 이용하는 것을 말한다.

권위주의 통치자들이 사용하는 세 번째의 도구는 자신들의 업적을 널리 알리고, 반대자들에 대해서는 비판하거나 무시하도록 하는 언론통제이다. 국가의 존엄이나 효과적 기능에 위협을 가하는 것으로 포괄적으로 규정된 범죄에 대해 검열이 행해진다. 이란에서는 공영과 민영 언론사가 있으며, 다양한 선택이 가능하지만, 이슬람혁명 재판소는 국가에 대한 위협이라고 간주되는 보도나 행위를 감시한다. 위협은 매우 애매하게 정의되어 있어서 광범위한 혐의로 기소될 수 있으며, 그 결과 언론사의 폐쇄, 활동 중지, 투옥이 뒤따를 수 있다. 다수의 이란인들은 인터넷, 위성 텔레비전, 휴대전화로 검열을 피해간다.

공격성과 호전성은 종종 두려움과 약점에 기인하는데, 그것은 권위주의 정권에도 해당된다. 의사소통은 불투명하고, 신뢰가 부족하며, 정부 지출은 방만하고, 부패가 만연하며, 법률은 무시되고, 개인의 주도적 활동보다 복종이 우선시되며, 외국자본은 투자를 꺼린다. 많은 경우에 그 결과는 정체된 사회, 부진한 경제, 냉소적인 국민이다. 그럼에도 불구하고 권위주의 정권은 가끔은 급속한 경제성장을 이룬다. 중국은 눈에 띄는 사례이다. 1978년부터 2009년 사이의 중국의 경제성장은 민주주의 국가인 인도를 훨씬 능가했다 (Madhukar and Nagarjuna, 2011; Sen, 2011). 권위주의 정권이 특히 초기 단계에서 경제발전에 성공할 수 있음을 보여주는 증거가 있다. 산업화는 수송, 통신, 교육 등 기간시설에 대규모 투자를 요하는데, 권위주의 정권은 당장의 소비 확대를 요구하는 유권자의 단기적인 압력에 저항할 수 있다. 단순히 말하자면 권위주의 정권은 소비가 억제된 국민들의 불만을 무시할 수 있기 때문에 경제발전을 위해 힘껏 시동을 걸 수 있다.

비록 일부 비민주적인 정권은 경제 도약에 성공할 수 있지만, 대부분은 그렇지 못하다. 중동의 지배 족벌들과 같은 다수의 전통적 통치자들은 계속해서 근대화에 저항한다. 나이지리아의 군부 '약탈정권(lootocrats)'같은 독재는 경제를 엉망으로 관리하여 경제 발전을 수십 년간 지연시킨다. 쉐볼스키(Przeworski) 등의 통계적 연구는 권위주의 정권이 경제성장을 성취한 사례에서조차도 그 성장은 주로 노동력 투입의 확대를 통해 이루어졌음을 발견했다 (Przeworski et al., 2000: 271). 반면 민주주의 국가에서는 요소투입을 보다 생산적으로 행하여, 이론상 무한정 성장하는 형태의 경제를 만든다.

권위주의 정권의 형태

강력한 지배자나 지배집단이 그들에 주어지는 기회를 악용하거나, 우연한 사건을 계기로 권력을 장악하거나, 혹은 단순히 나쁜 관습의 산물이든 간에 권위주의 통치에는 기회주의적 요소가 크게 작용하기 때문에 우리가 민주주의를 공부할 때 볼 수 있는 것과 같은 표준적인 견본이 별로 없다. 권위주의 통치의 가장 일반적인 도구는 탄압이 아니라 포섭이며, 그 대상이 일부 경쟁하는 엘리트에만 해당하는 것이 아니라 국민 전체에 해당한다는 점을 인식하는 것이 중요하다. 이 점은 우리가 권위주의 정부의 특징을 더 잘 이해하기 위해 절대군주제, 지배적 대통령, 일당지배, 군부통치, 신정정치 등 5개 유형을 검토하면서 알 수 있게 될 것이다 (표 4.3).

절대군주제

비록 비민주적이지만 **절대군주제**(absolute monarchy)는 전통적 권위를 행사하는 안정적인 틀을 제공할 수 있으며, 통치자는 그 신민들에 대해 가부장적 관심을 보일 수 있다. 왕이나 여왕이 실권 없이 단지 명목상의 통치자인 유럽의 입헌군주제 (제9장 참조)와 달리 절대군주제는 여전히 무제한의 권력을 행

표 4.3 권위주의 통치의 유형

절대군주제(absolute monarchy)	군주가 통치자로서 주권적 권력을 행사하며 왕족들이 주요 정치, 군사적 직책을 차지.	바레인, 쿠웨이트, 오만, 카타르, 사우디아라비아, 아랍에미리트
지배적 대통령(ruling presidents)	대통령이 정부와 언론을 장악하고, 반대자는 무력화되며, 야당은 주변화된다.	일부 구소련 공화국들, 앙골라, 짐바브웨
일당 지배(ruling parties)	일당에 의한 통치. 빈번히 강력한 대통령과 결합이 됨.	공산국가들, 독립 이후의 다수 아프리카 국가들
군부통치(military rule)	군부, 종종 군의 각 부문의 지도들로 구성된 군사정부에 의한 통치.	제2차 세계대전 이후 수십 년간 다수 아프리카, 아시아, 남미 국가. 오늘날에는 과거보다 드물다.
신정정치(theocracy)	종교 지도자가 직접 통치하는 드문 형태의 정부.	이란

사한다. 바레인, 쿠웨이트, 오만, 카타르, 사우디아라비아, 아랍에미리트 등 석유와 천연가스 덕분에 전 지구적인 영향력을 가진 중동 지역에서 절대군주제는 특히 중요하다.

> **절대군주제(Absolute monarchy)**: 군주가 국가에 대해 절대 권력을 행사하고, 그 밖의 모든 정부 기구들은 주변화되는 정부 형태. 권력이 제한되는 입헌군주제와 혼동해서는 안 됨.

우리는 아래 세 가지 이유 때문에 페르시아 만의 전통적 정치체제를 묘사하는 데 **군주제**(문자 그대로 '1인에 의한 통치')라는 용어의 사용에 주의할 필요가 있다.

- 아랍 '군주'들이 보유한 명칭들은 **에미르**(emir, 왕, 지도자 또는 지휘자), **쉐이크**(sheik, 족장. 부족의 존경받는 지도자), 또는 **술탄**(sultan, 권위를 가진 지도자)과 같이 부족 전통 혹은 이슬람 전통을 반영하고 있다.
- 많은 경우에 한 명의 군주가 아니라 지배 왕조의 유력 지도자들이 권위를 행사한다. 이들 국가는 개인 단독경영이 아니라 가족기업처럼 경영된다.
- 왕은 일반적으로 황태자를 후계자로 지명하지만 관행상 왕이 죽으면 부족회의가 개최되어 후계자가 인정되거나 교체된다. 반면 유럽의 군주제에서는 대부분 장자-장녀 상속에 의해 왕위가 계승된다.

남성지배적인 아랍의 왕조에서 권위는 국가나 정당과 같은 추상적 개념보다는 통치자에게 주어지며, 통치자는 법이나 자유 경쟁 선거에 의해 제약을 받지 않는다. 이들 국가 중 일부는 대단한 지속력을 보여주었다. 일례로 오만의 알 부 사이드(Al Bu Said) 왕조는 1749년부터 통치했는데, 이것은 미국이 독립국으로 존재한 기간보다 길다. 오만의 1996년 헌법에 의하면 술탄은 "신성불가침이고 존경되어야 하며, 그의 명령에 복종해야 한다."

쿠웨이트와 같은 일부 왕국은 오늘날 자문회의를 설치하고 있으나, 이러한 개혁이 입헌군주제로의 이행의 전조가 될 가능성은 없다 (Herb, 2005). 통치자는 국민을 책임질 것으로 기대되기 때문에 보통 사람들이 개인적인 문제로 청원을 할 권리는 잘 확립되어 있다. 그러나 청원자는 헌법적 권리의 행사가 아니라 통치자의 자비로운 후견을 부탁하는 것이다. 통치자와 시민을 연결해주는 국가라는 개념은 희박하며, 헌법, 권리, 이익집단, 권력분립, 법치와 같은 현대적 개념도 마찬가지이다. 정치는 궁정의 음모와 권모술수로 이루어지며, 공적 영역과 사적 영역의 구분이 모호하다.

사우디아라비아는 절대군주제의 사례를 보여준다. 그 나라의 정치 방식은 1902년부터 1953년 사망할 때까지 통치한 압둘 아지즈 이븐 사우드(Abdul Aziz Ibn Saud) 왕의 영향력을 반영한다. 그야말로 전통적인 방식으로 이븐 사우드는 자신의 왕국을 한 개인의 거대한 가정처럼 운영했는데, 결혼을 가장 중요한 정치적 도구로 활용했다. 수백 명의 유력한 왕자들이 이끄는 사우디아라비아의 왕가는 여전히 사우디 정부의 핵심을 구성하고 있다.

왕족들은 사우디 내각의 요직을 차지하면서, 정부, 군, 치안부대를 연결하는 역할을 한다. 이 거대한 통치 가문은 여러 파벌로 나뉘어져 있고, 국가 주요 기관을 장악하고 통제하며, 분산된 집단적 지도부를 형성하며, 급격한 변화를 방지한다. 동시에 통치 가문은 부를 독점하지 않고, 하급 가문들에게도 나누어준다.

정당활동은 아직도 금지되어 있으나 일부 대의 기구가 만들어져 정권의 제도적 장식품이 되고 있다. 그 자체로서도 획기적이라고 할 수 있는 1992년 기본법(The Basic Law)은 왕자들이 아닌 기술관료들로 구성된 자문위원회를 설치하여, '주요 문제에 대해 왕에게 자문'하도록 하였다. 자문위원회는 1927년까지 거슬러 올라가는 기존의 기구를 강화한 형태이지만, 기껏해야 입법기구의 초기형태에 머물고 있다. 통치자들은 소셜미디어에서 제기되는 이슈들을 주시하고 있으며, 가끔은 거기에 대응한다.

중동의 다른 나라들과 마찬가지로 사우디아라비아에서도 군주들은 유연하게 생존하고 있다. 바레인과 같은 일부 왕국에서는 시위가 일어났으나, 그들은 아랍의 봄에서 살아남았다. 정권붕괴를 초래한 여타 국가의 봉기와는 대조적으로 걸프 국가의 시위는 명시적으로 정치변동을 추구하지 않았다. 그들 중 다수는 군주제의 폐지보다는 경제적 변화(더 많은 일자리와 부패 청산)와 정치개혁(대의기구가 이미 존재하는 곳에서는 투표권의 확대)을 추구했다. 그들은 일부 탄압과 지원금 제공과 같은 전술적인 개혁을 사용하여 시위를 수습했다. 비록 과거에 비해 불확실한 시대로 접어들었으나, 개인적, 온정주의적 왕자들의 통치 전통은 뿌리 깊이 자리 잡고 있다.

지배적 대통령

비록 다수의 권위주의 통치자들은 그들의 권력을 가족, 혈연 혹은 민족 커넥션과 같은 행정부 직책 외적인 원천에서 가져오지만, 대통령직(종종 수상직)은 그 자체로서 권력의 기반이 될 수 있다. 권위주의 체제에서 대통령은 국민들 앞에 가시적으로 나설 기회가 많기 때문에 미디어를 통해 국민과의 직접적인 관계를 설정하고, 개인의 권위를 이용해서 행정부 수반의 직책을 더 강화할 수 있는 독특한 위치에 있다. 절대군주제에서 왕좌는 그 자리에 앉아 있는 개인을 넘어서 정해진 왕위계승 순위에 따라 승계된다. 지배적 대통령의 경우 역시 대통령이라는 직책이 개인을 초월하는 것이지만 정해진 권력의 계승 순위가 없다(비록 종종 권위주의적 대통령이 권력을 자신의 가족 중 한 사람에게 물려주려고 하지만).

몇몇 구소련 공화국들이 민주화가 되었으나(발트 3국인 에스토니아, 라트비아, 리투아니아가 좋은 사례), 다수는 그렇지 못했으며, 이들 비민주적 정권이 1991년 독립 이후 가진 공통적 요소는 지배적 대통령이다. 아제르바이잔, 벨라루스, 카자흐스탄, 타지키스탄, 투르크메니스탄, 우즈베키스탄 등, 그리고 물론 러시아가 그러한 예이다.

벨라루스의 경우 알렉산더 루카쉔코(Alexander Lukashenko)가 1994년 집권 이후 계속 권력을 유지하고 있다. 벨라루스의 서쪽 인접국들은 자유시장 경제 민주주의로 이행하고 있으나 루카쉔코는 기간산업의 국가소유 등 구소련 시대의 정책을 유지하고 있다. 그는 인권탄압으로 인해 미국과 EU로부터 제재의 표적이 되어 왔으며, 러시아와 밀접한 관계를 유지하고 있고, 유럽의 마지막 독재자로 묘사된다. 그는 2011년 선거에서 유권자 90퍼센트 참여, 80퍼센트의 지지를 얻었다고 믿기 힘든 주장을 하면서 네 번째 임기를 시작했다.

더 동쪽으로 가면 우즈베키스탄이 유사한 양상을 보인다. 여기서는 과거 우즈벡 공산당 제1서기를 역임한 이슬람 카리모프(Islam Karimov)가 1991년 대통령선거에 승리했고, 자신이 이끌던 정당에 대해 쿠데타를 일으켜 독재정권을 수립했다. 1994년 카리모프는 초당파적인 국가원수만이 헌법적 안정을 보장할 수 있다고 주장하면서 공산당을 계승한 정당으로부터 탈당했다. 이러한 방법으로 그는 우즈베키스탄의 권위주의 통치의 속성을 점차 정당에 기반을 둔 정권에서 대통령직에 기반을 둔 정권으로 바꿔 놓았다.

반대자들을 미연에 제거하기 위해서 카리모프는 각료와 지역의 지도자들을 빈번히 교체한다. 그는 언론을 엄격히 통제하고, 사회통제의 도구로서 전통적인 지역 통치의 제도(마할라, mahalla)를 이용하며, 반대자 감시를 위해 국가안보국(National Security Service)에 의존한다. 이슬람 사회의 다른 세속적 지도자와 마찬가지로 카리모프는 회교사원이 반대세력의 거점이 되는 것을 막았고, 종교나 민족을 기반으로 한 정당을 금지했다.

다수의 아프리카 국가도 강력한 지배자를 중심으로 정치가 돌아가는 정권을 오랜 기간 경험했다. 1980년부터 무가베(Robert Mugabe)가 통치하고 있는 짐바브웨가 대표적 사례이다. 그는 (백인농부들로부터 몰수한 토지를 지지자들에게 보상하는 도구로 사용하여) 반대자들을 곤경에 빠뜨리는 데 아주 능숙했고, 야당을 주변화하고 분열시켰으며, 그 과정에서 경제를 망쳐놓았다. 2008년에 물가상승률은 2억 3,000만 퍼센트를 넘었으며, 이때 짐바브웨는 자국 통화를 포기하고 그 대신 미국 달러의 사용을 결정했다. 나이가 들면서 무가베의 건강이 악화되자(41세 연하이고 고급 취향과 낭비적 습관으로 '구찌 그레이스'라는 별명이 붙은) 그의 부인 그레이스(Grace)가 배후에서 권력을 휘두르고 있다는 소문이 돌기 시작했다.

지배적 대통령제에 내재된 하나의 가능성은 대통령이 국민들의 의식을 지배하게 되는 **개인숭배(cult of personality)**이다. 그(현대에 여성 독재자는 없었다)는 매일 뉴스의 헤드라인을 장식하고, 그의 사진, 그림 등이 도처에 널려있으며, 그는 정권에 정치적 에너지를 제공하고, 정체제제의 안정은 그의 지배력에 크게 의존한다. 오늘날의 지배적 대통령이 나치 독일, 스탈린 치하 소련, 혹은 현재 북한과 같은 20세기 전체주의 정권만큼 막강한 권력을 가진 사례는 거의 없지만, 개인숭배는 다수의 지배적 대통령이 권력을 유지하는 방식의 중요한 요소로 여전히 남아있다.

> **개인숭배(Cult of personality)**: 권위주의 통치자가 언론, 선전, 정치적 기구 등을 이용해서 국민들과 정치체제와의 관계 설정을 지배하는 방식이다.

일당 지배

20세기는 (공산주의, 파시즘, 민족주의) 정당에 기반을 둔 독재의 탄생, 경직화, 해체를 목격했다. 그들은 경제 근대화, 사회 변혁, 국가 재건의 명목으로 권력을 독점했다. 오늘날은 드물지만, 여전히 마지막 남은 몇몇 공산주의 국가, 그리고 일부 비공산주의 국가에서 일당 지배를 찾아볼 수 있다.

공산당. 1980년대 말과 1990년대 초 공산권이 붕괴된 시점에는 23개의 마르크스주의 통치를 표방한 정권 치하에 15억 명이 살고 있었는데, 이는 세계 인구의 3분의 1에 해당했다 (Homles, 1997: 4). 오늘날에는 이 중 (중국, 북한, 베트남, 라오스, 쿠바) 5개국만이 남아있으나, 이들도 대부분은 정치적 변화를 가져올 수도 있는 자유 시장경제로의 변화가 진행되고 있다 (표 4.4 참조).

비록 규모 면에서는 큰 차이가 있지만, 중국, 베트남, 라오스는 하나의 유사한 국가군을 형성한다. 그들 국가는 역사적으로 빈곤한 농경사회였고, 공산당이 경제에 대한 직접 통제를 완화하는 한편, 정치적 권력은 확실하게 장악하고 있다. 이 전략은 특히 중국과 베트남에 비록 불균등하지만 상당한 성장을 가져왔다. 기업가적인 의욕을 고취함으로써 이들 국가의 공산당은 소련과 동유럽의 붕괴를 초래한 경제적

표 4.4 최후의 공산국가 5개국

	공산정권 수립	주요 특징
북한	1948	3세대에 걸친 김씨 일가에 의해 통치되는 잔혹한 전체주의 정권. 강력한 군부의 영향력. 공식 이념은 자주와 자립을 강조.
중국	1949	공산당이 여전히 엄격한 정치적 통제를 유지하고 있는 반면 상당한 수준의 경제개혁에 성공.
쿠바	1961	피델 카스트로(Fidel Castro)가 오랫동안 통치했고 현재는 동생 라울(Raul)이 통치. 2015년 미국과의 관계개선으로 변화가 예상됨.
라오스	1975	당이 경제 자유화를 추진한 이후 비록 낮은 수준에서 시작했지만 상당한 경제 성장을 이룸.
베트남	1976(북베트남 1954)	중국과 마찬가지로 공산당이 정치권력의 독점을 유지하면서 경제개혁을 추진.

무기력을 피했으며, 그들의 위상은 여전히 도전받지 않고 있다.

정권 초기부터 중국 공산당은 독특한 국가적 특징을 가졌는데, 한편으로는 권력은 중국공산당이 행사했으며, 공산당은 민족주의적인 일단의 지도자들에 의해 통제되었다. 베트남과 마찬가지로 중국은 시장경제라기보다는 고도로 정치화된 경제이며, 기업가들과 더불어 당원들뿐 아니라 관료, 군간부들도 경제적 이익을 챙길 수 있다. 사업가들은 시장의 기회뿐 아니라 그러한 기회에 접근할 수 있도록 해주는 지역 관료들과도 밀접한 관계를 구축해야한다.

중국은 지역 간 불평등, 개인 간 불평등, 자본의 비효율적 배분, 인구 고령화, 사회서비스 미비, 심각한 환경파괴 등 많은 문제에 직면하고 있다. 그러나 당 간부들은 그러한 도전을 대단히 잘 관리하고 있다. 그들은 경제성장, 선전, 개혁, 탄압을 적절히 섞어서 민주주의에 대한 대중들의 요구를 잘 억제해왔으며, 대국굴기의 민족주의적 서사가 계속 작동하고 있다. 중국이 성공적으로 세계경제에 진입하면서 세계는 중국 상품에 의존하게 되었고, 민주화에 대한 압력은 감소하였다. 비록 마르크스주의의 유산이 희미해지고 있지만 중국은 여전히 민주화 없는 발전 모델을 제공해준다.

그 밖의 정당들. 종종 공산당 이외에도 단일정당이 권위주의 통치의 기반을 제공하는데, 그들은 점차 희귀한 사례가 되어 가고 있다. 1980년대 후반까지(에티오피아, 케냐, 말라위, 탄자니아, 잠비아 등) 대부분의 아프리카 국가들은 이러한 유형에 속했으나, 오늘날 대부분은 경쟁적 다당제로 바뀌었다. 오늘날 아프리카에서는 앙골라, 콩고민주공화국, 모잠비크, 수단과 같이 지배적 정당제가 보다 일반적인 형태이다.

여기서 우리는 권력을 지탱하는 것과 권력 자체를 구별하는 것이 중요하다. 많은 경우 정당은 운전자라기보다 자동차이며, 실제 권력은 지배적 대통령, 군부 통치자, 정치엘리트가 장악하고 있다. 이들 정당은 정권을 장악한 것처럼 보이지만, 사실 특정 엘리트 집단이 그들의 권력을 행사하고 영속화하는 장의 역할을 한다. 따라서 엘리트들이 물러나면 그 정당도 사라진다.

이집트의 민족민주당(NDP: National Democratic Party)이 좋은 예이다. 아랍의 봄 전까지 NDP는 강력한 대통령과 광범위한 관료제에 기반을 둔 권력구조의 한 부분을 이루었다. 그러나 이 틀에서 NDP는 하급 동업자였다. "NDP는 전혀 엘리트 충원의 효과적인 수단이 되지 못했다. 그 보다는 이미 성공한 사람들이 자신의 위치를 공고히 하기 위해 NDP에 입당했다"(Lesch, 2004: 600). NDP는 국가와의 밀접한 연계를 통해 정치-경제적 이익을 높이는 장의 역할을 했으나 정책결정의 주요 행위자는 아니었다. 그럼에도 NDP 당사는 2011년 아랍의 봄 봉기로 인해 파괴되었고 당은 불법화되었다.

군사정부

20세기 후반에는 아프리카, 남미, 아시아 도처에 군사정부가 있었으나 지금은 과거에 비해 훨씬 드물다. 오늘날에는 군사쿠데타로 집권하여 민간인 지배자로 전환했거나 배후에서 민간 정부에 영향을 행사하는 경우가 대부분이다. 예를 들어, 2006년 무혈 군사정변 이후 태국은 군부 통치와 민간 통치 기간을 경험했으며, 민간 정부도 종종 반정부 시위를 막기 위해 군사력을 사용했다. 현재는 드물지만 군사정부는 여전히 연구해볼 만한 가치가 있는 권위주의 통치의 한 형태이다.

일반적으로 **쿠데타**(coup d'etat), 또는 불법적 권력 찬탈로 집권하는 군부 통치는 전형적으로 관료제, 사법부, 경찰 이외의 모든 다른 정치기구의 작동을 정지시키고, 계급이라는 군부의 원칙에 의해 작동하며, 타협을 거부한다. 쿠데타는 국가가 미성숙하고 언론 기관이 수도에 집중되어 있는 작은 나라에서 일으키기가 쉽다. 야심 있는 장군이 대통령궁을 장악하고 라디오와 텔레비전에서 쿠데타를 정당화하는 방송을 내보내기 위해서는 불만을 가진 소수의 장교들이 지휘하는 단지 몇 대의 탱크만 있으면 된다. 일단 정권을 잡으면 군사정부는 전형적으로 각 군 수뇌부로 구성된 위원회에 의해 통치되며, 그중 한 사람이 주도적인 인물로 떠오른다.

> **쿠데타**(Coup d'etat): 군사력을 동원하여 불법적으로 정권을 장악하는 것. 이 용어는 폭력적이고 환영받지 못하는 정권 찬탈의 이미지를 떠올리지만, 다수의 쿠데타는 인명의 희생이 거의 없이 한 군사정권이 다른 군사정권으로 대체되며, 때로는 시민들의 지지를 받는다.

다수 아프리카의 사례에서 군부 지도자들은 민간 정부가 비효율적임을 주장하면서 쿠데타를 정당화하며, 보다 효과적인 정부체제가 수립이 되면 민간에 권력을 이양하겠다고 주장한다. 그러나 새로운 군부 통치자들은 빈번히 영구 집권하기로 결정하거나, 민간 정치인으로의 변신을 시도한다. 민간인 신분으로의 변화는 사실일 수도 있고, 순전히 겉치레일 수도 있으나, 어떤 경우에도 군부는 중요한 정치적 행위자로 남는다.

1960년 독립 이후 30년 가까이 군사정부를 경험한 나이지리아는 대표적인 사례이다. 1983년 쿠데타 세력은 정당들이 과도하게 소수민족 집단을 기반으로 하게 되었고, 그리고 역설적으로, 권위주의적이 되었다는 구실로 민간 정치인들을 제거하였다. 신군부 지도자 이브라힘 바반기다(Ibrahim Babangida) 소장은 신헌법을 근거로 민간정부로의 권력 이양을 추진했다. 그러나 그는 1993년 대선에서 부정선거를 구실로 새로 선출된 대통령에게로의 권력 이양을 거부했다. 그 결과 초래된 격한 저항으로 그는 퇴진했고, 사니 아바차(Sani Abacha) 준장이 그를 대치했다. 아바차는 자신이 민간 대통령으로 선출되고 싶은 욕심을 숨기지 않았으며, 재직 중 나이지리아의 석유 수입을 약탈했다. 그는 1998년 심장마비로 추

국가개요

중국

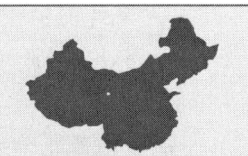

간략 소개: 중국은 인구면에서 세계 최대의 국가이고, 경제 생산은 세계 2위이며, 세계 질서를 바꾸어 놓을 정도의 정치적, 경제적인 개혁을 추진하고 있다. 중국은 세계에서 가장 오래된 문화를 가지고 있지만, 일반적으로 중국의 변화는 주로 1949년에 수립된 공산통치 이후에 이루어진 부분에 대해 논의된다. 1976년까지 중국은 마오쩌둥의 기이하고 강경한 노선의 통제 하에 있었으나, 그 이후 수 세대의 지도자들은 친시장적인 개혁을 단행하여 중국을 세계에서 가장 빠르게 성장하는 경제로 변화시켰다. 그러나 정치개혁은 경제 분야처럼 빨리 진행되지 않고 있으며, 중국공산당의 조심스런 통제 하에 있다. 반대와 이견은 통제-제한되고, 부패는 지속적인 문제이며, 인권탄압이 자행되고 있다. 급격한 변화가 진행 중임에도 불구하고, 대부분의 정치, 경제, 사회 비교 지표에서 중국은 낮은 평가를 받는다.

- **정부형태** ➡ 중앙집권적 공산주의 공화국. 국가는 1949년 수립, 가장 최근 헌법은 1982년 채택.
- **입법부** ➡ 단원제 전국인민대표회의는 자치구와 성에서 간접선거로 선출되는 3,000명의 대표로 구성. 회기는 짧으며, 회기 이외에는 150명 위원으로 구성된 상무위원회가 업무를 처리.
- **행정부** ➡ 총리가 이끄는 국무원은 최고 행정기관이며, 내각의 업무를 감독한다. 총리는 최대 2회, 5년 임기로 국가원수로서의 의전적인 역할을 수행한다. 궁극적인 권력은 공산당의 최고 지도부가 가지고 있다.
- **사법부** ➡ 독립적인 사법부가 없다. 법을 통한 통치가 강화되고 있으나 사법체계는 여전히 미발달 상태이다.
- **선거제도** ➡ 다수의 시와 현에 선거가 도입되었다. 그러나 선거관리는 여전히 당의 감독 하에 이루어진다. 고위직의 선출은 간접선거가 일반적이다.
- **정당** ➡ 일당제. 중국공산당이 지배적인 정치 세력이며, 공산당 지도부에 실제 권력이 집중되어 있다.

정되는 원인으로 사망했으며(사람들은 이것을 '하늘로부터의 쿠데타'로 묘사한다), 새로운 군부 지도자들이 1999년에 민간정부로의 권력 이양을 완료했다. 2015년 나이지리아는 현직 대통령이 선거에 패배함으로써 한 민간정부에서 또 다른 민간정부로의 정권 교체를 최초로 경험했다. 그럼에도 군부는 강력한 영

> ### 중국의 권위주의 통치
>
> 딕슨은 '중국은 급속한 경제성장에도 불구하고 권위주의 정권이 무한정 생존을 위해 전략적 행동을 할 수 있음을 보여주는 훌륭한 사례'라고 주장한다 (Dickson, 2007: 828). 어떻게 이것이 가능했는가?
> 부분적으로 그 답은 중국공산당이(정부, 사법체제, 언론을 통제하는) 권력 독점을 유지하면서, 반면에 개입을 줄이고 감독을 강화하는 기술에 있다. 개혁의 핵심은 베이징으로부터의 중앙통제를 줄인 것이다. 오늘날 지역공동체에서는 권력자의 네트워크가 '누가 먼저 부자가 될 것인지'를 결정하는데, 이것은 자유시장이라기 보다는 정치시장(political market)이다. 이 연합의 네트워크에는 당원뿐 아니라 관료, 지방정부 관리, 군 간부도 포함된다. 지역의 관리는 계약, 토지, 유리한 규제, 정보, 공급, 운송, 기타 보조금 등을 자신이 선호하는 업체 또는 자신이 운영하는 업체에 제공한다.
> 따라서 정치-경제개혁은 반드시 법치주의 하에서 작동하는 시장경제로의 전환을 의미하는 것은 아니다. 개혁은 지역 엘리트에게 국가가 지원하는 관료와 당원을 포함하는 기업가 계급을 창출할 수 있는 힘을 실어준다. 이런 방식으로 신흥 부자들은 체제에 의존적이 되며, 그것을 바꾸려 시도하지 않는다.
> 중앙정치의 통제 완화는 부패의 만연을 초래했다. 이 새로운 환경에서 관리들은 그들의 직책을 이용해서 수입을 올릴 수 있는 기회를 재빨리 포착했다. "이강(Li Gang)은 그 직책을 얻기 위해 30만 위안을 지불했지만 2년 후에 500만을 벌었다. 수익률이 1,500퍼센트이다. 하늘 아래 이보다 더 수익률이 높은 직업이 있을까?" (중앙기율검사위원회 간부를 인용. McGregor, 2010: 70). 아마도 이것이 공산당의 큰 딜레마일 것이다. 당은 오직 부를 축적할 기회를 제공함으로써 당원을 충원할 수 있으나, 부정한 부의 축적 방식은 당과 사회의 거리를 넓히고 있다.
> 중국과 중국공산당은 향후 상당한 도전에 직면할 것이다. 그 미래는 건실한 경제성장을 유지하고 국제적인 위상을 높이는 능력에 달려있다. 그러나 그와 같은 목표를 달성하면 궁극적으로 더 자유롭고, 더 민주적인 중국을 요구하는 목소리도 커지게 될 것이다.

향력을 가지고 막후에 남아있으며, 나이지리아는 오늘날에도 민간인들이 제대로 하지 못하면 군부의 정권 장악을 초래할지도 모르는 심각한 내부 분열에 직면해 있다.

쿠데타 시도는 정확하게 파악하기 어렵다. 다수는 실패하고, 엉성하게 조직되며, 다수는 일어났다고 주장하지만 확인이 어려우며, 많은 경우 누가 주동자인지 불명확하다. (쿠데타로 보이는 어떤 경우는 정권교체의 시도라기보다는 지도자의 암살이다) 포웰(Jonathan M. Powell)과 타인(Clayton L. Thyne)의 연구에 의하면 1950년부터 2010년 사이에 94개국에서 450건이 넘는 쿠데타가 시도되었으며, 그 중 절반 이하가 성공하였다. 쿠데타의 3분의 1은 아프리카, 3분의 1은 남미, 그 나머지는 아시아와 중동에서 반씩 일어났다. 쿠데타 발생건수는 1960년대에 연간 평균 10건 정도에서 2000~2010년 사이에는 연간 3~5건으로 감소했다.

이러한 변화는 강대국의 태도변화로 일부 설명될 수 있다. 냉전 중에는 미국과 소련이 그들의 고객 국가들이 어떻게 통치되고 있는지 보다는 전세계 차원의 전략적 체스게임에 더 관심이 있었기 때문에, 군사정권들이 국내에서 지지를 받지 못해도, 초강대국미-소의 정치, 경제, 군사적 지원으로 생존할 수 있었다. 냉전 종식으로 초강대국의 지원이 중단되었으며, 원조와 기술협력은 민주주의를 채택하고 시민적 권리를 어느 정도 공약한 민간정권에 제공되었다. 최근에는 군사쿠데타는 드물고, 가끔 작은 나라에서 짧게 발생한다 (표 4.5 참조).

오늘날 권위주의 정권에서 군부의 역할은 무엇인가? 대부분의 경우 군부는 민간 통치자의 지지 기반의 중요한 요소가 된다. 일례로 2011 아랍의 봄 봉기가 성공하는 데는 군부의 입장이 결정적으로 작용했다. 시리아와 같이 정권에 대한 군부의 충성이 유지된 나라에서는 정부가 분열된 반대세력을 물리칠 수 있었다. 그러나 이집트처럼 군부가 시위대 진압을 거부한 경우에는 정권이 붕괴했다. 따라서 군부통치가 상대적으로 드물다고 해서 군부의 영향력이 끝났음을 의미하지는 않는다. 민간 통치자가 장군들을 전문가집단으로서의 역할에 한정시키지 못하면, 군부는 계속해서 정부를 지배, 감시, 제약하고, 민주주의를 위해할 것이다.

신정정치

군부통치와 마찬가지로 종교 지도자에 의한 통치도 드물기는 하지만, 그렇다고 권위주의 통치에서 (심지어는 일부 민주주의 국가에서 조차도) 종교가 더 이상 중요한 요소가 아님을 의미하는 것은 아니다. 종교적인 사회는 성직자에 의한 정부와는 상당히 다르며, 회교국가에서도 회교에 대한 전반적인 추종의 맥락 내에서 종교 지도자와 민간 지도자와는 일반적으로 분리한다. 실제로 중동의 대부분 국가에서 회교 사원은 권위주의 통치에 대한 저항의 원천이 되어 왔으며, 이러한 분리는 종교와 민간 지배집단이 동일했다면 불가능했을 것이다.

최소한 2001년 아프가니스탄의 탈레반 정권 종식 이후 이란회교공화국만이 **신정정치**(theocracy)의 유일한 예로 남아 있다. 아프가니스탄, 파키스탄, 모리타니도 스스로를 **회교공화국**(Islamic republics)으로 자처하지만, 종교지도자는 신정정치에서만큼 중요하지는 않다. 이란에서조차도 종교 지도자(아야톨라,

표 4.5 최근 군부통치 사례

	상황
니제르, 2010~2011	2009년 자신이 추진한 헌법개정 시도가 실패하자 마마도우 탄자(Mamadou Tandja) 대통령은 헌법을 중지시키고 비상조치권을 발동한 후 두 번째 연임을 위해 대선에 출마하였다. 그는 재집권에 성공했으나 2010년 쿠데타로 실권하였다. 2011년 신헌법이 제정되고 민간정권이 되돌아왔다.
기니, 2008~2010	내전을 배경으로 1984년 쿠데타로 집권한 란사나 콘테(Lansana Conte) 사망 후 무싸 다디스 카마라(Moussa Dadis Camara)가 2008년 집권하였다. 그는 대중 시위로 인해 퇴진하고 2010년에는 1958년 이후 처음으로 자유경쟁 선거가 실시되었다.
버마, 1962~2011	버마는 인권침해로 악명 높은 장기 군사정부였다. 2011년에 민간정부가 수립되었으나 2008년 헌법은 군부의 상당한 정치적 영향력을 보장해주었다.
피지, 2006~2014	과거 쿠데타의 희생자에 대한 보상을 논의하는 위원회 설치 계획에 군부가 반대하자 민간정부는 2006년 퇴진했다. 군 참모총장 프랑크 바이니마라마(Frank Bainimarama)는 2014년 자유경쟁 선거에서 승리했다.

초점 4.2 | 전체주의

최고지도자에 대한 절대적 복종을 요구하는 전체주의 정권은 20세기에도 흔하지 않았으며, 현재 오직 하나의 정권만 남아있다 (북한). 비록 드물지만 정치의 한 유형으로서 **전체주의**(totalitarianism)는 무시될 수 없으며, 현대에 우리가 목격한 가장 극단적인 정치적 통제 형태의 표본으로서 검토해볼 가치가 있다. 전체주의는 인민의 이익을 위해 헌신하는 것으로 묘사되는 지배자, 인간의 본성에 대한 비관적 시각을 기초로 한 지배 이념, 국내외의 적대세력에 맞서서 이상적 사회를 건설하려는 노력 등의 특징을 가진다.

전체주의 정권의 전형은 1920년대 말 집권하여 1953년 사망한 조세프 스탈린(Joseph Stalin) 치하의 소련이다. 그의 철권통치 하에서 소련은 마르크스주의 이상향에서 국가, 당, 지도자에 대한 무조건적 지지를 요구하는 절대주의적 독재로 변화했다. 스탈린은 그의 개혁을 추진하기 위해 체계적이고 계산된 억압을 이용했으며, 그 과정에서 약 2,000만 명이 기아, 처형, 전쟁 등으로 사망했고, 수백만 명이 숙청되고 집단수용소로 유배되었다. 또 스탈린주의는 경쟁자를 색출·제거하기 위한 인권 유린, 개인숭배, 비밀경찰을 의미한다.

스탈린은 또 모든 결정이 국가에 의해 내려지는 계획경제를 실시했다. 국가는 무엇을 언제 생산하고 어디에 배급하고, 얼마에 팔지를 결정했다. 그 결과 소련의 관료제는 거대하게 팽창하였고 엄청나게 비효율적이 되었다. 일련의 5개년 계획은 소련의 국제적 지위를 강화하기 위해 산업화의 야심적인 목표를 세웠다. 공산당은 소련사회의 모든 영역에 침투하여 새로운 특권적 정치 지도자 계급을 만들었으며, 마르크스의 비전인 계급 없는 사회를 성취하겠다는 일말의 꿈을 산산이 깨뜨렸다.

마찬가지로 오늘날 북한은 체제의 정점에 있는 지배자에 의한 통치, 정치권력과 군사력의 공고화, 시민들의 삶에 대한 철저한 감시, 노동당에 의한 지배, 한 선거구에 한 명이 입후보하는 선거, 정체와 대규모 기아를 초래한 경직적인 경제체제 등 스탈린식 전체주의의 특징을 다수 보인다.

물라)에 의한 통치는 특히 젊은이와 교육 받은 사람들에게는 제한적인 정통성을 갖는다. 이란에서 2009년 대통령선거 결과 발생한 대중 시위는 국민들의 정치체제에 대한 불만뿐 아니라, 통치 엘리트 내 개혁파와 강경파의 분열을 보여주었다. 치안부대의 강력한 대응으로 2011년 아랍의 봄에서 시위가 더 확산되는 것을 저지했지만, 2013년 대통령선거에서는 비교적 개혁적인 하산 로하니(Hassan Rouhani)가 당선되었다.

이란의 신정정치는 이슬람 원리주의를 구현하려는 76세의 성직자 아야톨라 호메이니(Ayatollah Khomeini)가 친서방 성향의 왕을 축출한 20세기의 마지막 대혁명이라고 할 수 있는 1979년 혁명으로 탄생했다. 혁명주도자들은 외세의 개입으로부터 자유로운 전통 회교 국가를 주장했으며, "동양도 아니고, 서양도 아니다"라는 구호를 내세웠다.

> **전체주의**(Totalitarianism): 권위주의 통치의 가장 절대적인 형태로, 지도 이념이나 대대적인 사회변화의 목표에 근거하며, 모든 공적·사적 영역이 통치자, 국가 또는 당에 의해 완전히 통제된다.
>
> **신정정치**(Theocracy): 종교지도자에 의한 통치.
>
> **회교공화국**(Islamic replubic): 회교 헌법과 회교 율법(샤리아)의 완전한 적용에 기반을 둔 국가이나, 이슬람 율법의 역할은 종종 모호하다.

권력을 장악하자 **종교지도자들**은 세속 통치자를 통해서 간접통치하는 독특한 회교 국가를 건설하였다. 이란의 대통령과 국회의원은 직접선거를 통해 선출되지만, 이란은 권위주의 국가이며, 실권은 성직자들이 장악하고 있다. 이 중 최고위직은 최고지도자(Supreme Leader)인데, 그는 종신 국가원수이고, 회교 율법 전문가이며, 외교 및 경제 정책을 포함하는 여러 분야의 행정권한을 가진다. 한편 12인으로 구성된 수호위원회(Council of Guardians)는 모든 법률과 공직 후보자가 회교 율법에 적합한지 심사한다. 정부는 전통적인 남성 지배적인 회교 법규를 엄격히 집행하며, 내무부는 정보원을 광범위하게 활용하며, 국가는 공포에 의한 통제의 한 형태로 임의체포를 자행한다.

다른 권위주의 정권과 마찬가지로 이란의 통치자들은 경제개발, 통화정책, 무역 등 실질적인 문제에 대해 명확한 방향을 제시하지 못한다. 이란의 핵 프로그램과 국제테러 지원이 국제사회의 제재를 불러온 결과 석유 수출을 통한 재정 수입에도 불구하고 경제성장은 제한적이다. 반면 성직자들은 세금이 면제되는 '자선' **신탁**(*bonyads*)을 설정하여 개인적 이득을 취하면서 부를 축적하였다. 이들 재단, 그리고 공공부문은 비효율적인 경제를 장악하고 있다. 그 결과, 혁명의 유산을 이용해서 권력과 부를 축적하고 지키는데 성공한 중·노년 남자로 구성된 경쟁하는 파벌들이 이란의 신정정치의 기득권 세력이 되었다. 국가의 전반적인 방향을 제시할 강력한 정당도 왕족도 존재하지 않는다.

2015년 평균 연령이 29세인 이 나라에서 언급한 바와 같은 종교엘리트에 의한 통치는 자연스럽게 세대 간 갈등을 증폭하였다. 다수의 여성들을 포함한 잘 교육받은 젊은이들은 종교 기득권세력이 강요하는 제약에 분개한다. 이러한 자유에 대한 욕구는 반드시 세속적인 시각에 뿌리를 둔 것은 아니다. 그보다는 나라의 미래에 대한 긍정적인 비전도 없는 종교지도자들이 강요하는 문화적 억압에 대한 반대를 반영한다 (Gheissari, 2009).

부패의 정치적 영향

부패(corruption)는 절대로 권위주의 체제만의 독특성은 아니며, 사적 이익을 위해 공직을 기꺼이 이용하려는 사람들이 있는 사회라면 어디든 모든 수준의 정부와 조직에서 찾을 수 있다. 부패는 가장 안정적이고 성공한 민주주의 국가에서도 볼 수 있으며, 결손민주주의 국가에서 더 흔히 볼 수 있다. 그러나 부패는 특히 혼합체제 정권이나 권위주의 정권에서 더 두드러지며, 권위주의 통치자들이 휘두르는 권력의 원인이자 결과이다. 19세기 영국 정치인 액튼 경(Lord Acton)의 잘 알려진 냉소적 관찰에 의하면,

> 권력은 부패하는 경향이 있으며, 절대 권력은 절대적으로 부패하는 경향이 있다. 비록 권위가 아니고 영향력을 행사한다고 할지라도 위대한 사람들은 거의 예외 없이 악인들이며, 거기에 권위에 의한 부패의 경향이나 확실성이 더해지면 더 말할 것도 없다. (Figgis and Laurence, 1907에서 Acton을 인용)

> **부패**(Corruption): 사적 이익을 위한 공직의 남용. 예를 들어, 공직자가 정당한 권리에 의해서가 아닌 뇌물을 대가로 혜택을 분배할 때 발생한다. 뇌물은 공직자가 어차피 했어야 할 일을 하도록, 또는 신속히 하도록 설득할 수 있다.

가장 걱정스러운 것은 부패가 통치의 질과 경제의

효율성을 훼손한다는 점이다. 부패는 공공재 확대의 노력을 사적 재화 확대의 노력으로 대치하며, 제한된 자원을 그것을 가장 필요로 하는 사람들로부터 빼앗으며, 외국자본의 투자를 저해하고, 법을 기꺼이 어기는 사람들의 이익을 국민 전체의 이익보다 앞서도록 만든다.

정치적 부패는 다음과 같은 다양한 형태를 띤다.

- 선거 부정(*electoral fraud*)은 선거구의 설계를 통해서나, 유권자의 투표를 어렵게 하거나, 반대세력의 후보자나 지지자를 협박하거나, 인위적으로 개표를 조작(이중으로 계산하거나 허위 유권자를 더하거나)하는 등 여러 방법으로 선거의 결과를 조작하는 것이다.
- 정부 공무원이나 경찰에 뇌물 공여.
- 연줄을 이용한 불법적 영향력 행사(*influence peddling*)는 정부에 대한 영향력을 제3자에게 넘기는 행위이다. 일례로 공직자가 그들의 공직을 이용해서 특정 회사가 정부용역을 받을 수 있도록 하거나, 친구나 동료가 선택이 되도록 한다.
- 지지자에 대한 보상(*patronage*)은 앞서 언급되었으며, 많은 경우에 정당하게 이루어지지만, 지도자가 공직 임명에 있어서 정치적 지지를 대가로 적격자를 두고도 자격이 없는 사람을 선택하면 부패한 행위이다.
- 족벌주의(*nepotism*)는 친족 등용을, 정실주의(*cronyism*)는 친구를 주요 공직에 임명하거나 친구에게 정부 용역을 주는 것을 말한다.
- 횡령(*embezzlement*)은 예를 들어, 1990년대 나이지리아의 군부지도자들이 직책을 이용해서 엄청난 석유 판매 수입을 해외 은행으로 빼돌린 악명 높은 사례와 같이 공공 자금을 훔치는 행위.
- 사례금, 리베이트(*kickback*)는 공직자가 업자와 정부 용역을 계약하고 그 대금의 일부를 개인적으로 돌려받는 행위.

부패를 측정하고 계량화하는 것은 쉽지 않다. 왜냐하면 어휘의 정의 자체에서 알 수 있듯이 부패는 불법적이고 은밀하게 이루어지는 행위이기 때문이다. 부패에 관한 국제비교에 있어서 가장 좋은 지침은 베를린에 본부를 두고 부패척결과 투명한 정부를 위해 노력하는 국제투명성기구(Transparency International)의 보고서이다. 이 기구는 매년 다양한 정부 및 비정부기구의 자료를 활용하여 세계 각국의 부패 정도에 대한 인식을 평가하는 부패인식지수(Corruption Perceptions Index)를 발표한다. 여기서 핵심 단어는 인식이다. 이 지수는 부패 자체에 대한 직접적이고 객관적인 측정이 아니라 어떤 특정국에 대해 지식이 있는 사람이 그 나라를 어떻게 보는가이다. 이 지수는 은행, 재단, 이익단체 등으로부터 수집된 정보를 근거로 한다. 이 지수는 정권의 속성과 상당히 일치한다. 즉, 부패도가 가장 낮은 국가는 완전민주주의 국가와 일치하며, 가장 부패한 국가는 권위주의 정권과 일치한다 (도표 4.1 참조).

세계에서 가장 선진적인 민주주의 국가에서조차도 부패가 존재함은 국제투명성 순위 최상위인 덴마크와 뉴질랜드의 사례에서 볼 수 있다 (이것은 그 나라들이 가장 덜 부패하다기보다는 부패가 가장 눈에 띄지 않는다는 의미이다). 이 보고서는 덴마크에 대해서는 정치 자금과 선거운동 자금이 불투명하고, 정보의 자유 관련법이 낙후되었으며, 내부고발자에 대한 보호가 불충분하다고 지적하는 한편, 뉴질랜드는 유엔반부패협정을 비준하지 않고 있음을 비판한다.

이런 것들은 2014년 부패인식지수에서 공동 최하위인 북한이나 소말리아의 상황에 비교하면 사소한 문제이다. 북한에 관한 정보는 주로 망명자를 통해서 수집되는데, 그들에 의하면 부패의 문화가 북한 사회 전체에 퍼져있다. 랭코프에 의하면 식량난, 기본

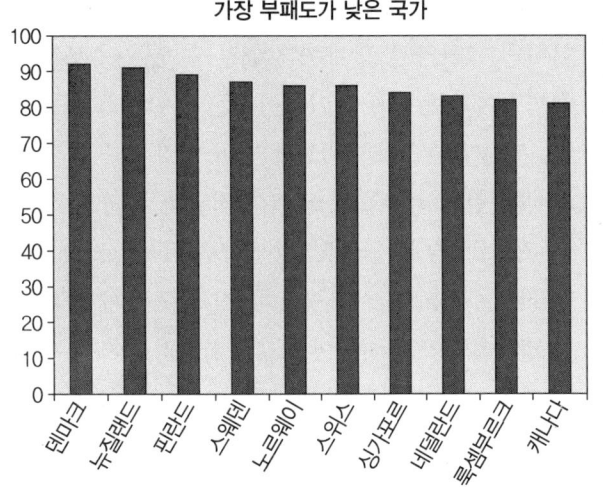 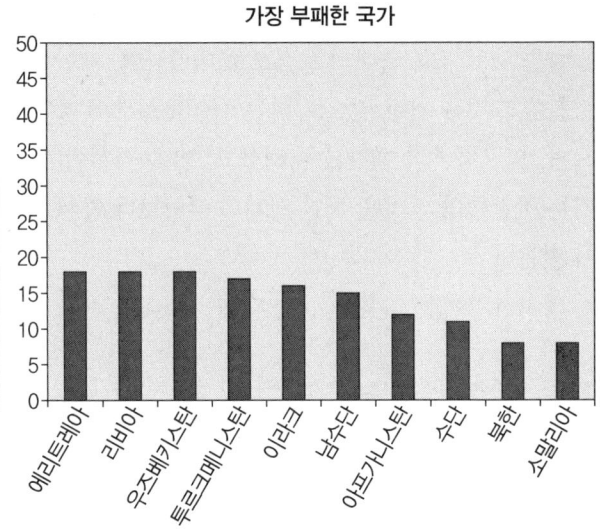

도표 4.1 세계 10대 청렴 국가 및 부패 국가

주: 수치는 100점 만점에서 점수.

출처: Transparency International, Corruption Perception Index, 2014

적 자원의 부족, 정권에 위협이라고 간주되는 행위에 대한 가혹한 처벌 등을 고려할 때 뇌물은 생존의 기본 방식이 되었다 (Lankov, 2013: 89-91). 소말리아도 비슷한 문제를 경험하고 있으며, 지지자의 고위 공직 임명이나 공공 자금의 남용이 만연해 있다.

토론주제

- 안정적인 독재와 빈곤하고 민주주의 경험이 없는 심각하게 분열된 사회에서 종종 발생하는 불안정 둘 중 어느 쪽이 더 나은가?
- 지지자를 공직에 임명하는 방식은 민주주의와 권위주의에서 어떻게 다른 형태를 띠는가?
- 비서구권 권위주의에 대한 서구의 비판이 어떤 경우에 도움이 되기보다 문화-정치적 제국주의로 흐르게 되는가?
- 마오쩌둥은 정치권력이 총부리에서 나온다고 설파했다. 그렇다면 왜 군부가 모든 나라에서 정권을 장악하고 있지 않은가?
- 군부 통치는 반드시 정부의 주요 기구를 군 간부들이 차지하는 것을 의미하는가?
- 왜 다수의 권위주의 정권은 부패한가?

핵심 개념

개인숭배(Cult of personality)
권위주의 정권(Authoritarian regime)
부패(Corruption)
신정정치(Theocracy)
전체주의(Totalitarianism)
절대군주제(Absolute monarchy)

정권 지지자에 대한 보상(Patronage)
쿠데타(Coup d'etat)
폭정(Despotism)
혼합체제(Hybrid regime)
회교공화국(Islamic republic)

추가 읽을 거리

Brooker, Paul (2009) *Non-Democratic Regimes: Theory, Government and Politics*, 2nd edn. 권위주의 정권의 주요 유형에 대한 포괄적 분석.

Ezrow, Natasha and Erica Frantz (2011) *Dictators and Dictatorships: Understanding Authoritarian Regimes and Their Leaders*. 비민주적 정권에 관한 학술서적에 대한 명쾌한 요약.

Heywood, Paul M. (ed.) (2015) *Routledge Handbook of Political Corruption*. 부패의 의미와 원인에 대한 검토. 세계 여러 지역의 사례를 포함.

Levitsky, Steven and Lucan A. Way (2010) *Competitive Authoritarianism: Hybrid Regimes After the Cold War*. 1990년대 이후의 경쟁적 권위주의 정권의 부상과 그들의 엇갈린 운명에 대한 상세한 설명.

Saich, Tony (2015) *Governance and Politics of China*, 4th edn. 세계의 주요 권위주의 정권에 대한 유용한 정보를 제공하는 가이드.

Svolik, Milan W. (2012) *The Politics of Authoritarian Rule*. 독재정권의 역동성과 그들이 직면하는 문제에 대한 연구.

CHAPTER 5 이론적 접근법

개관

여태까지 이 책의 앞부분에서 우리는 넓은 의미에서 비교정부와 정치에 대해 살펴보았고, 이제는 아마도 비교정치학이 복잡하고 상반된 분석을 특징으로 하는 분야라는 점이 확실해졌을 것이다. 개별국가의 차원에서조차 무척 복잡한데 여기에 다수의 정치체제를 추가하여 다루는 경우 이를 제대로 이해하는 것은 더욱 어려워진다. 이론은 체계적으로 조직화되지 않은 수많은 관찰과 사실들을 한데 합쳐서 다른 시간과 장소에 시험하고 적용할 수 있는 하나의 분석틀로 변환하는 데 유용하다.

이론적 접근법은 정치현상의 설명에 있어서 무엇이 중요한지 결정하는 데 도움을 주는 단순화 도구 내지 개념적 여과장치이다. 다시 말해, 이론은 우리가 사실을 다루는 데 도움을 주며, 우선적으로 중요한 것과 덜 중요한 것이 무엇인지 결정하고, 우리로 하여금 정보를 끼워 맞추고 해석할 수 있게 해주고, 탐구대상에 대한 완벽한 주장과 설명을 전개한다.

이 장에서 우리는 정치학자들이 사용하고 있는 이론적 접근법에 대해 간략하게 살펴본다. 너무나 다양한 종류의 이론적 접근법이 존재하기에 이 짧은 장에서 수많은 이론적 접근법 모두에 대해 자세하게 다루는 것은 사실상 불가능하다. 그 대신 우리는 제도주의 접근법, 행태주의 접근법, 구조주의 접근법, 합리적 선택 접근법, 해석주의 접근법 등 가장 중요한 다섯 가지 이론적 접근법들만 집중적으로 다룬다. 이 장에서 우리는 제일 먼저 비교정치학의 변화양상과 이론적 논쟁의 사례에 대해 간략하게 살펴보는 것으로부터 시작하여, 각 접근법의 기원과 원칙, 목적 등에 대해 설명하고, 설명사례를 제시하는 방식으로 다섯 가지 핵심 접근법을 각각 차례대로 다룰 것이다.

차례

- 이론적 접근법: 개요　91
- 비교정치학의 변화양상　92
- 제도주의 접근법　95
- 행태주의 접근법　101
- 구조주의 접근법　102
- 합리적 선택 접근법　104
- 해석주의 접근법　107

핵심논제

- 이론적 접근법은 정치를 연구하는 방법이며, 탐구해야 할 질문 및 그 질문에 대한 답을 찾는 방법을 파악하는데 도움을 준다.
- 제도주의 관점은 정치학이 하나의 학문분과로 발전하는 데 지대한 영향을 미쳤으며, 여전히 비교정치학의 핵심 전통으로 남아있다.
- 행태주의 접근법은 정치현상을 개인수준에서 탐구하며, 여론조사의 양적분석에 주로 의존한다.
- 구조주의는 네트워크에 초점을 두고 있으며, 현재를 이해하는 데 도움이 되는 과거에 대해 살펴본다. 이러한 방식으로 구조주의는 정치학과 역사학을 하나로 묶는 가교역할을 한다.
- 합리적 선택 접근법은 정치행위자들이 특정한 이익과 목표를 추구하는 상황 하에서 정치행위자들 간의 상호작용의 탐구를 통해 정치적 산출에 대해 설명하려고 한다.
- 상호작용 과정에서 사람들이 정치에 관해 구성하는 관념(idea)으로 정치를 보는 해석주의 접근법은 주류 접근법과 대비되는 접근법을 제공한다.

이론적 접근법: 개요

모든 학문 분야에 있어서 **이론**(theory)은 이해를 도모하는 과정에서 핵심적 역할을 한다. 비교정치학의 경우 이론은 결국 원리와 개념을 발전시키고 사용하는 것을 의미하는데, 그러한 이론은 국가형성으로부터 민족정체성의 문제, 제도의 성격, 민주화 과정에 이르기까지, 그리고 나아가 정치적 불안정과 정치참여, 공공정책의 동학에 이르기까지 모든 것을 설명하는 데 사용될 수 있다.

> **이론(Theory)**: 현상을 설명하거나 이해하는 추상적 접근법 또는 일반화된 접근법.

유감스럽게도 여러 가지 복잡한 요소들이 있다. 첫째, 비교정치학 분야는 그 범위가 너무 광범위해서 일반적인 설명부터 구체적인 설명까지 수없이 많은 다양한 이론적 설명들이 존재한다. 어떤 경우 너무 많은 선택대안이 존재하며, 그러한 다양성으로 인해 비교정치학은 방향을 잃기(심지어 방향이 없기) 쉬우며, 그 결과 때때로 혼란스럽고 무질서한 상태로 여겨질 수 있다 (Verba, 1991: 38). 또 다른 경우 다양성은 바람직하다. 비교정치학자들로 하여금 폭넓은 선택 범위를 갖도록 해주며, 어떤 방법이든 가장 적합한 방법을 사용할 수 있는 '기회주의자'가 될 수 있도록 해주기 때문이다 (Przeworski, in Kohli *et al.*, 1995: 16).

둘째, 비교정치이론은 너무 지나치게 서양전통에서 나온 견해(idea)에 초점을 맞추고 있다고 비판을 받아왔다. 세계화의 힘이 가하는 압박으로 인해 비교가 더욱 글로벌한 접근법을 취하고 있는 상황에서 비교정치이론이 좀 더 포괄적이 되어야 한다는 주장이 제기되었다. 이러한 경향은 이미 상당히 광범위한 이론적 접근법의 범위를 더욱 광범위하게 만드는 결과를 초래할 것이다.

셋째, 비교정치이론은 정치이론이 보다 일반적으로 직면하고 있는 표준적 문제, 즉 일시적 유행과 흐름의 희생물이 되는 문제에 시달리고 있다. 즉 모든 제안 또는 적용된 새로운 이론을 깎아내리고 다른 대안을 제시하려고 하는 비판자들이 줄서서 기다리고 있다. 때로는 이론에 관한 논쟁이 실용적인 실제 적용에 관한 논쟁이라기보다는 경쟁적 설명에 관한 논쟁으로 보일 수 있다.

마지막으로, 보다 더 일반적으로 사회과학이론은 불안정한 토대에 기초하고 있다. 증거에 의해 잘 뒷받침되고, 폭넓게 인정되고, 법칙의 개발과 예측에 유용한 이론의 개발에 있어서 다수의 자연과학은 큰 성과를 거두었다. 사회과학은 상대적으로 더 큰 불확실성(사회과학이 인간행동을 이해하려는 노력에 더욱 초점을 맞추기 때문에)으로 인해 어려움을 겪고 있다. 그 결과 사회과학은 무척 확실치 않은 이론을 생성하며, 법칙을 생성하고 결과를 예측하는 데 있어 사회과학은 그 실적이 미약하다.

이 장에서 우리는 비교정치연구의 주요 이론적 접근법들을 집중적으로 다룬다. 정의상 '접근법(approach)'은 이해하는 방식을 의미하며 또는 '정치학 연구의 어떤 특정 방식을 명백히 규정하고 있는 일련의 태도와 이해와 관행'을 의미한다 (Marsh and Stoker, 2010: 3). 이는 우리가 정치현상을 연구하는 방법에 영향을 미치고, 우리가 탐구하는 질문을 구성하며, 우리가 어디에서 답을 찾아야 하는지 알려주고, 무엇이 좋은 대답인지 규정하는 데 도움을 주는 학파이다.

그러한 다섯 가지 접근법에 대해 좀 더 자세하게 살펴볼 필요가 있다. 우리는 하나의 학문분과로서 정치학의 역사적 발전 순서에 따라 이들 접근법을 각각 차례차례 다룰 것이다. 그러나 논의가 지나치게 복잡해지는 것을 피하기 위해 우리는 각 관점 내에 존재하는 다양한 세부분파나 혼합관점에 대해서는 언급하지 않을 것이다. 제도주의 접근법이 가장 중요하지만, 다른 관점들 역시 소중한 통찰력을 제공한다는 점을 강조할 것이다. 또한 우리는 비교정치이론이 비서구적 관점을 수용하여 더욱 포괄적인 접근법을 추구해야 할 필요가 있다는 점을 지적할 것이다.

비교정치학의 변화 양상

비교는 모든 연구조사에 있어서 핵심이지만, 학문분과로서 비교정치는 상대적으로 짧은 역사를 갖고 있으며, 이론적 기반 역시 마찬가지이다. 체계적 활동으로서 비교의 시작은 19세기 말 정치학의 공식적 기원 시점으로 거슬러 올라가지만 오랫동안 비교는 국내정치에 대한 연구에 비해 크게 뒤쳐졌으며, 아직까지도 여전히 제대로 확립된 모습을 보여주지 못하고 있다. 1999년 비교정치이론을 "존재하지 않거나 또는 기껏해야 미숙하고 미발달한 것으로" 서술한 달마이어(Dallmayr)의 주장은 너무 지나친 표현이라고 할 수 있지만, 비교정치이론은 국내정치 연구보다 더 짧은 역사를 갖고 있다.

우리는 제1장에서 아리스토텔레스가 정치체제 분류를 최초로 시도했지만, 아리스토텔레스의 저술은 주로 서술적이었고, 보다 더 큰 설명력을 가진 법칙을 정립하는 데까지는 이르지 못했음을 살펴보았다. 그리고 비교정치학과 비교정치이론 모두 마키아벨리로부터 몽테스키외, 마르크스까지 정치학과 철학의 대가들에게 많은 빚을 지고 있지만, 그들 어느 누구도 오늘날 우리가 생각하듯이 정부와 정치를 이해하는 데 체계적으로 비교접근법을 활용하지는 않았다.

대부분의 초창기 비교 사례는 미래에 대한 결정요인으로서 과거를 이해하려고 했다는 점에서 역사주의적이었다. 독일 문호 괴테조차 언젠가 한번은 "오직 돌대가리만이 비교한다"라고 우스개 소리를 했다 (von Beyme, 2011). 『자유론』의 저자로 가장 잘 알려져 있는 영국의 철학자 밀(John Stuart Mill)은 1843년 출판한 그의 저서 『논리학체계』에서 체계적 비교의 발전에 큰 기여를 하였다. 그의 저서는 귀납적 추리의 5대 원칙을 개괄적으로 소개하였다. 이는 오늘날 비교정치학에서 사용되고 있는 최대상이체계 설계 및 최대유사체계 설계에 영향을 미친 일치의 방법론과 차이의 방법론 등을 포함하였다 (제6장 참조).

정치와 정부에 대한 체계적 연구는 19세기에도 여전히 형성단계에 머물고 있었지만, 비교할 수 있는 사례 수가 별로 많지 않았고, 대부분 나라의 학자들은 자국 중심에서 벗어나 좀 더 폭넓은 시각에서 연구하기보다는 자국의 정치체제에 대한 연구에 더 많은 관심을 쏟았다. 유럽의 학자들은 유럽국가들 간에 특별히 큰 차이점이 없다고 생각하여 비교연구에 큰 흥미를 느끼지 못했고, 그러므로 학자들이 자국의 정치체제와 다른 '외국'의 정치체제에 대해 연구를 시작했던 미국에서 현대 비교정치학이 발생했다는 사실은 어쩌면 별로 놀라운 일도 아니다 (Munck, 2007 참조). 그러나 미국정치체제가 월등하다는 뿌리 깊은 신념 때문에 미국인들은 다른 나라 정치체제로부터 배울 필요가 없다는 견해가 계속 유지되었다 (Wiarda, 1991: 12). 다른 나라에 대해 연구하는 몇 안 되는 학자들조차 주로 서유럽국가에 대한 연구에 치중하였고, 나중에 소련과 일본에 대한 연구가 추가되었는데, 이들의 비교는 흔히 분석적이라기보다는 서술적이었다.

제2차 세계대전 이후 사고방식이 바뀌었다. 미국의 외교정책 이익이 널리 확장되었으며, 냉전으로 인해 미국 학자들과 정책결정자들은 미국의 동맹국과 적대국에 대해 좀 더 잘 알기를 원했다. 궁극적으로 이러한 생각은 중남미, 아시아, 아프리카 등의 잠재적 동맹국 및 적대국을 포함하는 방향으로 확대되었다 (Lim, 2010: 7-11). 식민지 제국주의 시대의 종식과 함께 주권국가의 수가 1945년 약 70개국에서 1970년 130개국 이상으로 거의 두 배 가까이 늘어났다 (도표 2.1 참조). 신생국가에 대해 새롭게 관심을 갖게 되었을 뿐만 아니라 비교정치학자들이 사용하는 접근법에도 변화가 있었다. 이전까지 비교정치학자들의 연구는 너무 지나치게 편협하고, 서술적이고, 이론을 결여하였으며, 특별히 비교연구라고 할 수조차 없다는 이유 등으로 비판을 받았었다 (Macridis, 1955). '행태주의 혁명'의 일환으로 비교학자들은 제도뿐만 아니라 과정에 대한 연구에 더욱 관심을 쏟게 되었고, 서술뿐만 아니라 설명에 더욱 관심을 갖게 되었으며, 좀 더 과학적 접근방식을 통한 이론과 방법론의 발전에 더욱 관심을 갖게 되었다.

메리엄, 알몬드, 립셋, 파이, 헌팅턴 등 그 때까지 대부분의 유명한 비교정치학자는 미국인이었으며, 반면에 사르토리, 로칸, 슈미터, 뒤베르제, 레이파트 등 유럽출신으로 유럽국가에 관심이 있는 학자들은 새로운 변화를 강력히 주장했다. 또한 국내정치 연구와 비교정치 연구 사이 학문적 의견교환이 더욱 활발해졌고, 소련의 붕괴, 유럽연합의 출현, 브라질, 중국, 인도, 멕시코, 남아프리카공화국 등과 같은 국가들의 중요성이 높아지면서 새로운 관심거리로 대두되었다.

곧바로 행태주의자들의 과학적 방법론에 대한 강조와 비교정치학의 **거대이론(grand theory)**을 개발하려는 행태주의자들의 시도에 대한 반발이 일어났다. 또한 양적 접근법(자료분석에 기초하며, 깊이보다 폭을 강조한다)을 선호하는 학자와 질적 접근법(사례, 역사, 문화 등에 보다 더 초점을 두며, 폭보다 깊이를 강조한다)을 선호하는 학자들 사이에 의견대립이 발생했다 (보다 자세한 내용은 제6장 참조). 수학적 모델의 사용을 더욱 촉진하는 합리적 선택 접근법이 비교정치학을 주도하게 되면서 학자들 간의 의견대립은 더욱 심각해졌다. 미국정치학자들 중 일부가 자신들이 '정치학의 수학화'와 비교정치학의 소외로 묘사하였던 양상에 반대하여 반란을 일으켰던 시기인 1990년대 말과 2000년대 초, 이러한 분열은 가장 극심한 상태에 이르렀다. 비공식적인 '개혁운동(Perestroika movement)'이 등장하여 복수의 방법론과 접근법의 존재를 강조하고, 정치학의 현실적 유용성을 높이기 위해 정치학의 확대를 강조하였다 (Monroe, 2005).

> **거대이론(Grand theory)**: 포괄적이고 추상적인 형태의 이론화로 그 안에 다른 많은 이론들을 포함하며, 구체적인 사안보다는 어떤 한 학문분과의 넓은 영역에 대해 설명하려고 한다.

지난 30년에서 40년 동안 비교정치에 대한 관심과 비교정치를 좀 더 체계적으로 만들고자 하는 새로운 노력이 대폭 증가했다. 그러나 비교정치학의 이론 개발은 부진하며, 독자적인 접근법을 개발하기보다는 종종 정치학의 다른 분야의 이론 또는 심지어 다른 학문분과의 이론을 빌려다 쓰고 있다. 제도의 중요성은 줄곧 강조되었지만, 행태주의는 자연과학에서 영감을 얻었고, 구조주의는 역사학에서 영향을 받았으며, 합리적 선택 접근법은 경제학으로부터 유래하였고, 해석주의 접근법은 사회학의 도움을 받았다.

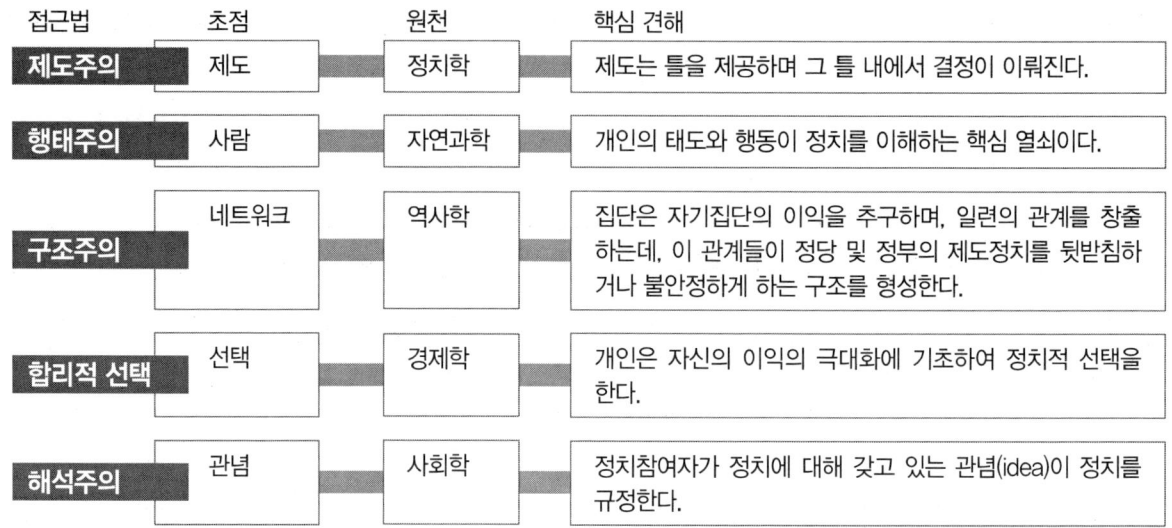

도표 5.1 비교정치학의 이론적 접근법

그리고 수십 년간 각고의 노력이 있었음에도 불구하고, 보편적 지지를 얻을 뿐 아니라 동시에 지속적인 결과를 생산하는 그런 이론을 찾아보기는 어렵다.

예를 들어, 민주화를 야기하는 요인이 무엇인지에 관한 중요한 질문을 생각해보자. 이 질문에 대한 답의 발견은 정치연구의 성배(Holy Grail)로 간주될 수 있다. 그러한 지식으로 무장한 우리는 필요한 조건을 재생산할 수 있으며, 좀 더 신속하고 지속적으로 세계를 민주주의 세상으로 인도할 수 있을 것이다. 그러나 이러한 질문에 대한 자신의 연구조사에서 게디즈(Geddes, 2007)는 오직 일부 경향만을 언급할 수 있었으며 다른 많은 것을 제외시켰다. 즉, 부자나라들은 민주주의 국가일 가능성이 높으며(그러나 근대화는 민주화를 초래할지 모르지만, 경제발전은 그렇지 않다), 한때 영국의 식민지였던 나라도 마찬가지이지만, 석유에 의존하는 나라의 경우 민주화가 될 가능성이 낮으며, 대규모 무슬림 인구를 가진 나라의 경우도 마찬가지이다. 그리고 이러한 주장들 각각은 모두 반박에 직면하였다. "민주화에 대한 이해를 위해 쓰인 노력의 질과 양을 고려할 때 민주화에 대해 조금밖에 알지 못한다는 사실이 불만스럽다"라고 게디즈는 결론지었다.

비교정치학의 이론(그리고 정치와 정부 일반에 있어서)이 갖고 있는 가장 최근의 문제는 비교정치학 이론이 오랫동안 서양의 관점과 밀접하게 연관되어 있다는 사실이다. 이는 파렐(Parel, 1992)이 주목했던 현상인데 그는 정치이론 학계가 너무 지나치게 서양정치사상에 초점을 맞추고 있으며, 그 결과 근대 서양의 학문은 '보편적 이성 자체의 산물'이라는 지배적 가정이 존재한다고 주장하였다. 그러나 그는 또한 다른 문화들이 서양세계의 보편성 요구에 대해 의문을 제기하고 있다고 주장하였으며, 비교정치철학은 문화적 철학적 다원주의에 대해 좀 더 많은 관심을 쏟는 접근법을 쓰는 것을 의미한다고 주장했다. 나중에 달마이어(Dallmayr, 1999)는 이 점에 대해 다음과 같이 썼다.

매우 드물게 정치사상 연구자들은 기꺼이(그리고

직업적 동기에서) (서양의) 일반원칙을 어기고 있으며, 그렇게 함으로써 북미와 유럽의 문화적 경계를 넘어 진정한 비교연구의 방향으로 나아가고 있다.

오늘날 학문분과로서 비교정치학은 그 어느 때보다 더욱 광범위하고, 더욱 절충적이며, 새로운 개념과 견해가 주기적으로 기존의 낡은 가정을 흔들고 있다. 그러나 비교정치학은 국가의 역할 변화, 새로운 경제 강대국의 부상, 새로운 기술과 세계화의 영향, 이슬람의 새로운 정치적 역할, 실패한 국가 및 실패한 국가로 전락하고 있는 국가의 영향 등 세계 곳곳의 정부와 정치의 변화하는 현실을 신속하게 따라잡고 있지는 못하다. 비교정치학 학문분과 내에서 일어나고 있는 변화는 긍정적이고 생산적이고, 비교정치학은 이전보다 무척 다양한 접근법을 사용하고 있지만, 여전히 남아있는 할 일이 많다.

제도주의 접근법

전반적으로 정치학의 주된 목적은 통치 **제도(institution)**에 대한 연구에 있으며, 특히 비교정치학의 경우 더더욱 그렇다. 그러므로 정치학 연구에서는 "제도가 중요하다"는 슬로건을 종종 볼 수 있다. **제도주의(institutionalism)** 접근법이 맨 처음 정치학의 기초를 놓았으며, 정치학의 중심이자, 이 책의 중심이기도 하다.

제도(Institution): 정치학에서 제도는 정치적 목적이나 영향을 갖는 공식 조직이나 관행을 의미하며, 영속성과 내부적 복잡성을 특징으로 한다. 핵심 제도들은 일반적으로 헌법에 명시되어 있다.

제도주의(Institutionalism): 정치와 정부에 대한 연구에 있어서 통치 제도의 구조와 역동성에 초점을 두고 있는 연구 접근법이다.

그렇다면 제도는 무엇인가? 정치학에서 제도라는 용어는 전통적으로 중앙정부의 주요 조직을 의미하는데, 특히 입법부, 사법부, 행정부, 그리고 때로는 정당 등처럼 헌법에 명시되어 있는 조직을 의미한다 (도표 5.2 참조). 이러한 제도들은 흔히 법인격을 소유하며, 법에 따라 권한과 의무를 갖는다. 이러한 측면에서 제도들은 그야말로 정치과정의 행위주체로 간주된다. 그러나 제도의 개념은 또한 관료제와 지방정부와 같이 헌법적 근거가 상대적으로 약한 다른 통치 조직들을 포함하는 광의의 개념으로 사용된다. 또한 제도의 개념은 보다 넓은 의미로 사실상 모든 조직(예를 들면, 이익집단)을 포괄하거나 또는 심지어 모든 널리 알려진 기존의 정치적 관행을 언급하는 데 사용되기도 한다. 예를 들어, 학자들은 러시아 또는 나이지리아에 있어서 부패의 '제도화'를 언급한다. 이 경우 제도화란 용어는 이들 국가의 공무원들이 권력을 남용하여 자신들의 사적 이익을 획득하는 관행 자체가 러시아 정치에서 용인된 일상적인 일, 즉 제도로 자리 잡았음을 의미하는 데 사용되었다. 그러나 '제도'라는 용어가 모든 정치적 관행 및 사회적 관행과 동일한 의미로 사용되는 경우 제도라는 용어는 지나치게 넓은 개념이 되어버리는 위험이 존재한다 (Rothstein, 1996).

제도주의적 분석은 조직 내의 직위가 그 직위를 차지하고 있는 사람보다 더 중요하다고 가정한다. 이와 같은 공리(公理)는 우리로 하여금 사람이 아니라 역할에 대해 논의할 수 있게 해준다. 즉, 대통령보다는 대통령직, 의원보다는 입법부, 판사보다는 사법부에 대해 논의할 수 있게 해준다. 그러므로 제도가 제도 내 구성원들의 행태에 영향을 미칠 수 있다는 것은 사회과학의 다른 학문분과와 마찬가지로 정치

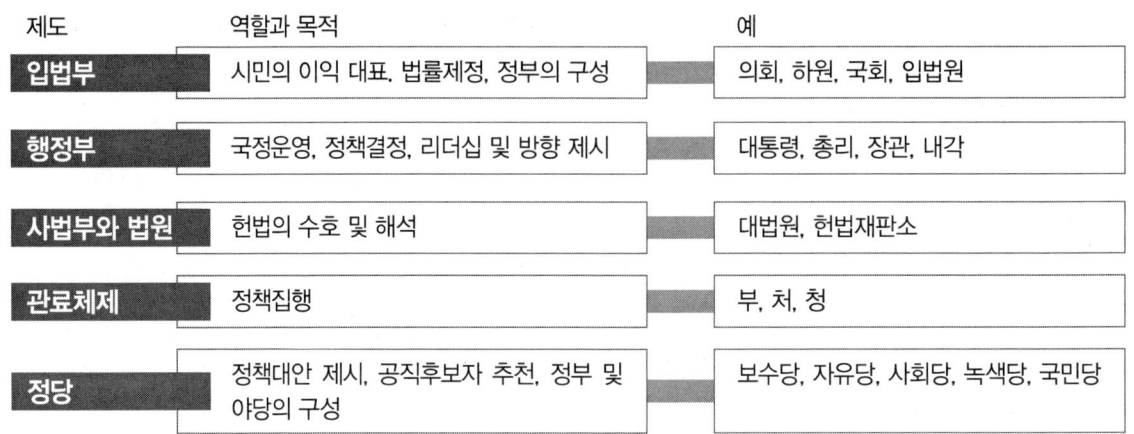

도표 5.2 정부의 공식 조직

학이 심리학의 하위분과가 아니라 독립적인 학문분야임을 의미한다.

제도주의적 분석은 특정 주어진 시점에서 제도의 기능과 제도 간의 관계에 대한 검토에 기반하고 있기에 정태적이라고 할 수 있다. 그러나 제도주의 접근법을 추종하는 연구자들은 시간이 흐르면서 갈수록 점점 더 제도의 진화 및 제도의 진화가 미치는 영향에 대해 관심을 갖게 되었다. 제도는 역사와 문화, 기억 등을 갖고 있으며, 흔히 전통 및 기본가치가 구체적으로 나타난 것이다. **제도화(institutionalization)** 의 과정에서 제도는 흔히 '마치 느린 축적과정 속에서 조금씩 자라나는 산호초처럼'(Sait, 1938: 18) 성장한다. 많은 제도들은 내부 절차를 발전시키고, 외부 행위자를 통치기구의 일원으로 받아들이며, 이런 방식을 통해 제도들 자체가 시간이 지남에 따라 자연히 점점 더 복잡하게 된다. 다시 말해, 그 제도는 복잡한 네트워크의 중심이 되며, 그렇게 됨으로써 제도 자체의 입지를 강화한다.

특정 제도는 확립되고, 널리 인정받은 업무처리 방식을 제시하며, 그렇게 함으로써 그 제도는 탄력성(resilience)과 지속성(persistence)을 갖게 된다(Pierson, 2004). 예를 들면, 1958년 프랑스가 입법부에 비해 행정부의 권한을 대폭 강화하는 이원집정부제 정부형태로 헌법 개정을 추진했을 당시에는 통과여부가 불확실했었다. 하지만 이원집정부제 정부형태가 도입되어 단지 한 세대가 지난 후에는 과거의 비효율적이고 불안정한 의원내각제 정부형태로 되돌아가기를 선호하는 사람들이 별로 없게 될 것이다. 요컨대, 헌법과 마찬가지로 제도는 과거가 현재를 제약하는 장치이다. 요컨대, 제도에 관한 연구는 정치변화에 관한 연구라기보다는 정치안정에 관한 연구이다. 오린과 스코브로네크(Orren and Skowronek, 1995: 298)는 다음과 같이 언급했다.

국민의 통합을 돕고, 일상적인 활동을 촉진하고, 잠재적 파괴세력에 맞서 연속성을 유지하게 해주는 구조로서 제도는 정치질서를 지탱하는 기둥인

> **제도화(Institutionalization)**: 조직이 안정성과 영속성을 강화해가는 가는 과정이다. 예를 들어, 어떤 한 정부부처가 주위 환경과 명확히 구별되고, 내부적으로 복잡하게 되고, 명확한 절차 규칙을 따르는 경우 그 정부부처는 제도화 되었다고 한다.

것 같다. 제도정치는 일반적이고 정상적인 정치, 균형상태의 정치로서의 정치이다.

제도가 결정을 내리는 안정적 틀을 제공하기 때문에 제도는 자유민주주의가 기능하는 데 있어서 무엇보다 중요한 역할을 한다. 아울러 제도의 경우 어느 한 사람의 소속 구성원 개인보다 더 큰 신용을 갖고 있기에 신뢰를 바탕으로 보다 장기적 약속을 할 수 있다. 예를 들어, 정부는 개별 공무원보다 더 낮은 이자율로 돈을 빌려올 수 있다. 마찬가지로 정부는 여러 세대에 걸쳐 부채를 상환한다는 신뢰할 만한 약속을 하지만, 개인 채무자의 경우에는 그와 같은 약속 조건을 기대할 수 없다.

또한 제도는 예측을 가능하게 한다. 우리가 관공서를 방문하는 경우 비록 우리는 공무원 개개인의 생각에 대해 전혀 모르더라도 관공서의 공무원들이 어떤 식으로 행동할 것인지 예상하면서 관공서를 방문한다. 제도적 맥락에 대해 서로 같은 생각을 갖고 있기 때문에 처음 만났지만 사람들은 원활하게 일을 진행할 수 있다. 정치 및 정치 이외의 영역에 있어서 제도는 사회 전체가 결속하게 해주며, 개인이 홀로 행동할 때 갖는 한계를 뛰어넘게 해준다.

그와 동시에 다른 모든 접근법과 마찬가지로 제도주의 접근법은 내부지향적일 수 있다. 특히 두 가지 한계를 강조할 필요가 있다. 첫째, 일부 제도는 명시적으로 특정 문제의 해결을 목적으로 만들어진다. 예를 들면, 2007~2010년 글로벌 금융위기와 2009년 유로존에서 외채위기가 발생하였을 때 유럽연합 회원국 정부들은 금융감독을 강화하고 은행의 좀 더 일관된 규제를 촉진하기 위하여 새로운 제도를 만들기로 합의했다. 우리는 어쩌면 제도의 설립을 허락하는 중요한 역사적 순간에 좀 더 초점을 두어야만 한다. 비록 흔치 않은 기간이지만, 그러한 기간은 우리로 하여금 제도를 단지 개인의 정치적 행동에 영향을 미치는 존재라기보다는 개인의 정치적 행동이 만들어낸 생산물로 생각할 수 있게 해준다.

둘째, 특히 상대적으로 좀 더 가난하고, 단순하고, 비민주주의적인 국가의 경우에 있어서 통치제도들이 사회세력의 영향으로부터 벗어나 독자적으로 움직이는 경우는 매우 드물다. 때로는 대통령과 대통령직이 동일시되고, 정부의 상부구조 전체는 겉모양에 불과하며 그 뒤에서는 개인적 네트워크 및 개인적 교류가 계속해서 정치를 이끌고 간다. 예를 들어, 극단적인 사례로 공산당 일당체제국가의 경우 공산당이 정부의 공식제도를 통제하였다. 정부는 주인이 아니라 하인이었으며, 정부의 제도는 자율적으로 움직이지 못했다.

심지어 민주주의 국가에서조차 언제나 특정 제도의 설립으로부터 누가 이익을 얻는지에 대해 질문할 필요가 있다. 어떤 제도가 특정 목적을 위해 만들어질 수 있듯이, 제도는 그 제도를 장악하고 있는 사람들에게 이익을 제공하는 한에는 없어지지 않고 유지될 수 있다. 예를 들어, '게리맨더링(gerrymandering)'으로 알려진 과정에서 각 주의 지배정당이 자신들에게 유리한 선거결과가 만들어질 수 있도록 설계한 미국의 선거구획정 제도는 민주주의를 왜곡하지만 공화당과 민주당의 이익을 잘 충족시켜준다. 제도가 제공하는 집단적 이익(collective benefit)에 대한 논의에 있어서 우리는 힘센 이해집단의 지지가 제도의 안정성을 더욱 강화시켜준다는 점을 잊어서는 안 된다 (Mahoney and Thelen, 2010: 8).

종합하면, 제도는 자유민주주의 정치의 핵심으로 간주되어야 하며, 우리는 단지 제도의 개념과 기원뿐만 아니라 제도의 목적, 효과, 성격 등에 대해서도 살펴보아야 한다 (도표 5.3). 정부의 제도는 정치적 쟁점을 형성하고, 논의하고, 때로는 해결하는 장치이다. 제도는 연속성과 예측성의 주된 원천이다. 제도는 정치적 행위자가 활동하는 환경을 결정하며, 일정 부분 정치적 행위자의 이해관계와 가치, 선호 등의 형성에 영향을 미친다. 비록 제도주의 접근법이 발전된 이론을 갖게 해주지는 못하지만, 제도주의 접근법은 제도의 발전과 기능에 관한 관찰결과를 제공해주는데, 이러한 관찰결과가 특정 사례 연구를 강화시켜준다.

신제도주의

이론 및 접근법은 유행에 따라 부침하는(적어도 진화하는) 경향이 있는데, 1950년대와 1960년대 행태주의와 같은 새로운 접근법이 지지를 얻었던 1950년대와 1960년대 당시 제도주의에 그와 같은 현상이 일어났다. 제도주의 접근법은 너무 지나치게 서술적이고, 다른 형태의 정치에 대한 연구를 희생하면서 정부의 공식적인 규칙에 대한 연구에만 너무 지나치게 치중하고 있다고 비판받았으며, 그 결과 제도주의 접근법에 대한 지지가 약화되었다. 그러나 그 후 1980년대에 사회적 정치적 구조에 대한 새로운 연구가 나타났고, 개도국의 제도 개혁에 대한 새로운 연구관심이 생겨났다. 그 결과 **신제도주의**(new institutionalism)로 알려진 새로운 접근법이 등장하게 되었다 (March and Olsen, 1984).

> **신제도주의(New institutionalism)**: 제도주의가 부활한 것으로 공식적인 규칙에 관한 연구에 머물지 않고, 제도가 어떤 식으로 결정에 영향을 미치고 이익을 규정하는지에 관하여 살펴본다.

신제도주의는 단지 정부의 공식적인 규칙만 탐구하는 것이 아니라 어떤 식으로 제도가 결정에 영향을 미치는지와 제도 및 사회의 상호작용, 공식 제도 내에서의 비공식적 행동 양상 등에 대해서도 탐구한다. 신제도주의의 이러한 특성은 많은 연구자가 민주화 과정을 좀 더 잘 이해하는 데 관심을 갖고 여러 다른 나라를 대상으로 연구를 진행하는 비교정치학에 잘

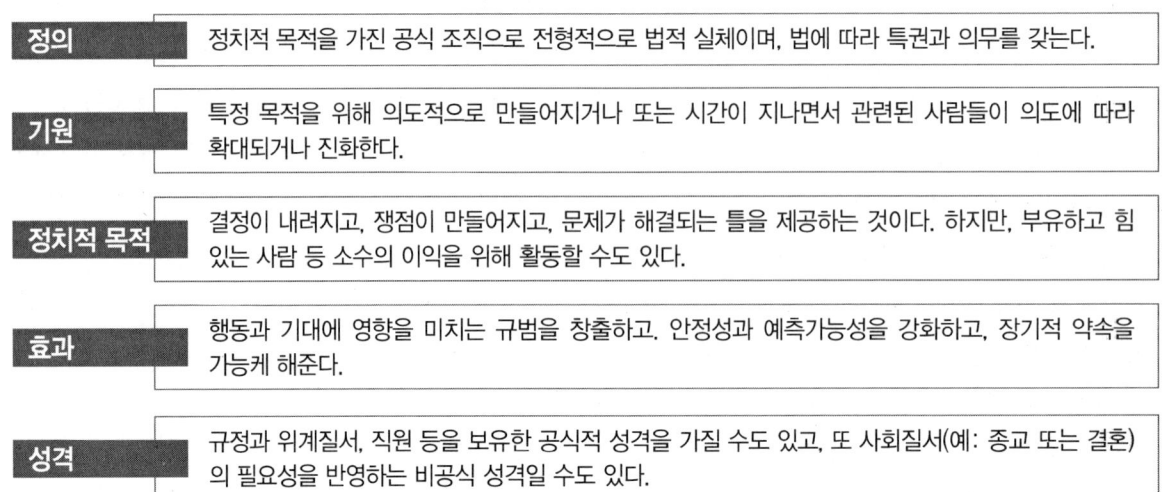

도표 5.3 정치제도의 이해

맞는다. 이론적 주제가 얼마나 다양해질 수 있는지를 보여주었던 피터스(Peters, 1999)는 역사적 신제도주의부터 국제적 신제도주의, 사회학적 신제도주의까지 7개의 신제도주의 분파를 확인했다.

개인의 행위에 조직이 영향을 미친다고 제도주의 접근법이 전제하는 이유는 두 가지이다. 첫째, 제도가 이득과 기회를 제공하기 때문에 제도가 구성원들의 이해관계에 영향을 미친다. 조직이 구성원들에게 급여를 주는 순간부터 급여를 받는 피고용자는 외부로부터 자신의 조직의 보호 및 그 구조 내에서 자신의 개인적 발전의 보장 등과 같은 이익을 갖게 된다. 마치와 올슨(March and Olsen, 1984: 738)은 제도가 정치투쟁에 참여하게 된다고 주장했다.

> 관료기구와 의회의 위원회, 항소법원 등은 서로 경쟁하는 사회세력들이 다툼을 하는 경쟁의 장이지만, 또한 무엇이 이익인지 규정하고 이익을 보호하는 구조 및 표준업무절차의 집합이기도 하다. 그들은 독자적인 정치적 행위자이다.

둘째, 소속 구성원들 간의 지속적인 상호작용은 제도문화의 등장을 촉진한다. 이러한 제도문화가 그 조직을 하나로 뭉치게 하여 효과적인 투쟁조직으로 만든다. 제도가 규범을 창출하고, 이어서 규범이 행동에 영향을 미친다. 제도주의 접근법이 갖는 한 가지 장점은 바로 이와 같이 이익과 문화를 당연한 것으로 받아들이기보다는 이익과 문화의 기원에 대해 설명할 수 있는 여지를 갖고 있다는 점이다. 지더벨트(Zijderveld, 2000: 70)가 언급했듯이 "제도는 행동과 생각과 느낌에 영향을 주는 강압적인 구조이다."

신제도주의 접근법은 대부분의 정치행위가 **적절성의 논리**(logic of appropriateness)와 **결과의 논리**(logic of consequence)의 차이에 의해 가장 잘 이해

될 수 있다고 주장한다. 전자는 인간행동을 적절한 행위 규칙에 의해 추동되는 것으로 본다. 따라서 제도가 행동을 유발하는데, 행동이 발생하는 이유는 보다 깊은 정치적 동기를 갖고 있기 때문이 아니라 단순히 그렇게 행동할 것이 기대되기 때문이다. 예를 들어, 총리가 홍수피해를 입은 지역을 방문하는 경우 총리는 반드시 구조활동을 직접 지휘하거나 또는 심지어 대중의 지지를 높이려고 방문하는 것은 아니다. 단지 총리로서 마땅히 할 것이 기대되는 일을 하는 것인지도 모른다. 본질적으로 총리의 방문은 행위자의 제도적 지위로부터 유발되는 기대에 부응한다는 목적을 달성한다. 적절성의 논리를 잘 이해했던 대통령 레이건(Ronald Reagan)은 "어떤 일을 하려 하지 마라. 그저 거기에 서있어라"고 말했다. 어떤 제도가 행동할 것이 요구되는 경우, 그 구성원들은 "이 상황에서 올바른 대응은 무엇인가?" 마찬가지로 "과거 이런 일이 발생했을 때 우리는 어떤 식으로 대응했는가?"라는 질문을 듣게 될 가능성이 높다. 그들은 조직과 조직의 역사에 '적절한' 해결책을 모색한다.

> **적절성의 논리**(Logic of appropriateness): 어떤 제도의 구성원들이 그 제도 자체가 갖고 있는 규범을 준수하기 위해 취하는 행동. 예를 들어, 국가원수가 의전 임무를 수행하는 것은 그것이 국가원수의 공식적인 책무이기에 수행한다.
>
> **결과의 논리**(Logic of consequences): 어떤 제도의 구성원들이 이타주의나 자기이익에 대한 합리적 계산에 기초하여 취하는 행동.

제도주의적 분석틀 내에서 이와 같이 정치행위의 상징적 또는 의례적 측면에 대한 강조는, 정치인 및 관료들은 자신들이 대표하는 조직으로부터 영향을 받지 않고 독립적으로 자신들의 목표를 수립하는 합리적·도구적 행위자라는 시각과 대비된다. 다시 말

초점 5.1 　경험적 접근법 대 규범적 접근법

정치연구에서 좀 더 중요한 논쟁 중 하나는 **경험적**(empirical) 시각과 **규범적**(normative) 시각 간의 차이점에 관한 것이다. 하나는 무엇이 일어났고, 왜 일어났는지(서술적) 질문하기 위해 사실을 사용하는 한편, 다른 하나는 무엇이 일어났어야 하는지 또는 무엇이 일어나야 하는지(평가적) 질문하기 위해 판단과 처방을 사용한다 (Gerring and Yesnowitz, 2006). 예를 들어, 선거제도를 살펴보자. "비례대표제는 다당제를 촉진한다"라는 진술은 경험적 진술인 반면, "다당제를 촉진하기 위해 비례대표제가 도입되어야 한다"라는 진술은 규범적 진술이다.

어떤 한 연구자가 순전히 객관적이고 과학적인 방식으로 전쟁의 원인을 찾는 경우처럼 대부분의 정치연구는 가치중립을 추구하는 방식으로 연구대상을 있는 그대로 왜 그런지 질문하려고 한다는 점에서 경험적이 되려고 한다. 그러나 어떤 한 연구자가 예를 들면, 전쟁이 정의로울 수 있는지 여부에 대해 또는 어떤 상황에서 정의로운지에 대해 질문하여 좀 더 가치개입적이고 철학적인 방식으로 전쟁이라는 현상에 대해 묻는 경우처럼 바람직한 결과를 얻기 위해 무엇을 해야 하는지 질문함으로써 좀 더 규범적 접근법을 취한다.

경험적 접근법과 규범적 접근법은 상호배타적이지 않다. 이 두 가지 접근법의 결합을 통해 정치학을 좀 더 현실적합성이 있는 학문으로 만들어야 한다는 요구가 새롭게 재등장하고 있다. 게링과 예스노비츠(Gerring and Yesnowitz, 2006)의 주장을 생각해보자.

> 사회과학의 경험적 연구가 규범적 중요성을 갖고 있지 못하다면 무의미한 연구가 된다 …이것은 중요하거나 또는 중요할 수 있지만, 그러나 우리는 얼마나 그런지 모른다. 마찬가지로 경험적으로 뒷받침되지 않는 규범적 주장은 수사학적으로 설득력이 있거나 논리적으로 설득력이 있을 수 있지만, 세상에 관한 어떤 것도 입증하지 못할 것이다. 이는 균형을 잡아주는 역할을 하는 경험적 중량물(ballast)을 갖고 있지 못하다. 좋은 사회과학은 두 가지 요소를 통합해야 한다. 좋은 사회과학은 경험에 입각해야 하고, 인간의 주요 관심사안에 관한 것이어야 한다.

정치사상사에 등장하는 대표적 인물 다수는 이러한 두 개 시각 사이에서 신중한 입장을 취하였다. 마키아벨리와 마르크스가 그러한 경우에 해당한다.

- 마키아벨리(Niccolo Machiavelli, 1469~1527년)는 저술가이자 역사가로 그의 대표적 걸작 『군주론』은 권력의 특성과 통치자 권력을 획득하고, 유지하고, 조작하는 데 사용하는 수단에 대해 고찰하였다. 한편으로 이 책은 현실 세계에서 권력의 본질과 행사에 관한 경험적(심지어 냉소적) 분석으로 여겨질 수 있다. 다른 한편으로 이 책은 통치자가 자신의 지위를 유지하기 위해 필요한, 또는 추구해야 하는, 때로는 잔인한 수단에 대해 규범적으로 찬성하고 있는 것으로 이해될 수 있다.

- 마르크스(Karl Marx, 1818~1883년)는 국가를 생산수단을 소유한 계급의 이익을 위해 일한다고 주장하고, 역사를 생산수단을 소유한 계급과 노동자 계급 간의 계급투쟁으로 설명하는 방대한 경험적 저술을 집필했다. 그는 자본주의는 내적 긴장관계를 생성하며, 이러한 내적 긴장관계가 자본주의의 불가피한 붕괴의 씨앗을 심고 있는 것이 확실하다고 결론지었다. 그러나 이러한 경험적 분석의 밑바탕에는 자본주의 전복을 가속화 하여 새로운 계급 없는 사회를 창출하고자 하는 규범적 관심이 깔려있었다. 마르크스의 저작의 경우 규범적 목표가 경험적 분석을 자극하였다.

> **경험적(Empirical)**: 사실, 경험, 관찰 등에 기초하는 추론 또는 추리.
>
> **규범적(Normative)**: 무엇을 해야 하는지에 관한 판단 및 지시.

해, 그들의 행동은 '결과' 또는 자신들이 행동을 통해 얻을 것이 기대되는 정치적 이익에 의해 좌우된다. 즉, 그들은 문제에 직면하고, 가능한 대안과 그들 자신의 개인적 가치를 살펴보고, 목표를 달성하는 데 가장 효과적인 수단을 제공하는 대안을 선택한다. 요컨대, 제도는 게임의 규칙을 제공하며, 이러한 게임의 규칙 안에서 개개인은 자신의 목표를 추구한다 (Shepsle, 2006).

행태주의 접근법

정치학이 초창기 직면했던 가장 큰 문제는 정치학이 조금이라도 과학이라 할 수 있는지에 대한 의구심이었다 (Dahl, 1961b). 이는 1960년대 무렵 특히 미국 정치학을 중심으로 정치학 연구에서 가장 선호되는 분석단위가 제도에서 개인의 행태로 이동하면서 바뀌기 시작했다. 다시 말해, 선거제도로부터 유권자로, 의회로부터 국회의원으로, 대통령직으로부터 대통령으로 초점이 바뀌었다. "사람이 중요하다"라는 것이 **행태주의자(behaviouralists)**의 핵심 신조였다. 여기서 사람이 중요하다는 것은 특정 개인이 중요함을 의미하는 것이 아니라 분석수준 또는 분석단위와 관련하여 개인수준 또는 개인단위가 중요함을 의미했다. 그 목적은 헌법, 제도, 조직도 등이 아니라 사람들의 실제 행동에 대한 연구를 통해 정치적 성향과 행태에 관한 일반법칙을 수립하는 데 과학적 방법론을 사용하고자 하는 데 있었다. '행태'라는 용어는 오로지 행동에 대해서만 관심을 갖는다는 것을 의미하지 않았으며, 공식적 담론 대신에 정치적 현실, 제도 대신에 개인, 제도주의자들의 허술한 서술 대신에 과학적 설명에 초점을 둔다는 것을 의미했다.

> **행태주의(Behaviouralism)**: 제도가 아니라 개인을 강조하는 정치학 연구접근법. 과학적 일반법칙을 발견하기 위해 개인의 정치적 성향과 행태를 연구한다.

이와 같은 변화를 우리는 1920년대 시카고대학 정치학자 메리엄(Charles Merriam)의 저작에서부터 찾아볼 수 있다. 메리엄은 공식 규칙에 한정된 연구에서 벗어나서 개인의 행태에 대해 연구하는 것이 중요하다고 주장했지만, 그의 이러한 생각이 널리 받아들여지기까지는 시간이 좀 걸렸다. 궁극적인 변화는 식민지 제국주의로부터 신생국가의 독립이 그러한 변화에 영향을 미치면서 이뤄졌다. 독립 당시 꼼꼼하게 작성한 헌법을 신생독립국가의 대통령 및 권력을 장악한 군부가 곧바로 폐기처분하였던 사실에서 알 수 있듯이 신생독립국가에서는 정부의 제도가 그다지 중요하지 않은 것으로 판명되었다. 개발도상국가의 정치를 이해하기 위해서는 헌법적 허구가 아니라 사회적, 경제적, 정치적 현실에 기초하는 보다 새롭고 보다 폭넓은 접근법이 요구되었다.

한편, 미국의 전후세대 정치학자들은 제2차 세계대전 기간에 개발된 혁신적인 사회과학적 연구기법의 사용에 높은 관심을 갖게 되었다. 무엇보다 면접조사에 기초한 일반개인을 대상으로 하는 표본설문조사 방식이 그 대표적인 예이다. 이렇게 해서 정치학은 사회과학의 한 분야로 일컬어 질 수 있게 되었으며, 과학적 탐구를 촉진하기 위해 조성된 연구지원비를 받을 수 있게 되었다. 예를 들면, 국회에 관한 연구는 형식적인 측면(예를 들어, 법률안 처리 절차)

에서 벗어나서 입법행태(예를 들어, 의원들이 자신들의 역할을 어떤 식으로 수행하는가)로 옮겨갔다. 요컨대, 연구자들은 의원들의 사회적 배경, 표결기록, 경력, 소속정당의 당론에 반대할 가능성 등에 대해 조사하였다.

마찬가지로 사법부에 관한 연구에 있어서 정치학자들은 분석단위로 법원이 아니라 판사를 선택하였으며, 판사의 사회적 배경과 정치적 성향, 그리고 가장 높은 수준에서는 판사들의 헌법을 해석하는 방식이 그 판사의 판결에 미치는 영향을 알아보기 위해 통계학적 기법을 사용하였다. 이러한 개인수준에서의 연구는 "제도로서 법원의 본질과 정치체제에 있어서 법원의 중요성 대신에 판사의 배경, 성향, 이념적 선호에 주로 초점을 맞췄다"(Clayton and Gillman, 1999: 1). 즉, 제도적 환경은 흔히 당연시되었다.

비록 행태주의 접근법이 엘리트를 연구대상으로 삼을 수 있었지만, 행태주의 접근법이 반향을 일으켰던 진짜 이유는 이것이 일반인에 대한 연구라는 점이었다. 설문조사연구가 유권자의 투표행태와 정치참여, 대중여론 등에 관한 중요한 일반화를 가능케 해주었다. 행태주의적 연구는 정부의 제도에 초점을 두는 대신에 사회적 환경 속에서 정치를 살펴보았다. 예를 들어, 인종과 계급은 어떠한 관계가 있는지, 사람들이 어떤 방식으로 정치에 참여하는지, 그리고 어느 정도 참여하는지 등을 보여주었다. 이러한 식으로 행태주의 혁명은 우리의 견해를 확대시켜주었다.

행태주의 접근법은 이 책의 여러 장에서 사용되고 있는 연구조사의 토대를 제공해주었다. "정치학에서 지난 두 세대 동안 학문지식이 이보다 더 큰 진전을 이룩한 분야는 없다"고 달턴과 클링거만(Dalton and Klingemann, 2007: vii)은 주장한다. 그러나 정치학 전체를 대표하는 모형으로서 행태주의 혁명은 결국 소멸하였다. 대중의 정치행태에 초점을 두는 행태주의는 정치연구의 본질적 관심이었던 정부제도에 대한 관심을 약화시켰다. 행태주의적 연구방법은 더욱더 기법(technique)을 강조하게 되었고, 연구결과는 더욱더 전문적이 되었다.

행태주의는 '정치학(political science)'에서 과학(science)은 너무 과도하게 만든 반면 정치(political)는 너무 부족하게 만들었다. 1960대 시위가 한참 일어나고 있을 때 행태주의자들은 로마가 불타고 있는 동안 빈둥거리고 있는 사람들로 비판받았다. 선행하였던 제도주의 접근법과 마찬가지로, 행태주의는 당시의 정치현안에 대해 제대로 설명할 수 없었던 것 같다. 모든 장소와 시간에 적용할 수 있는 일반법칙의 수립을 추구하는 전략은 어느 한 시점에서도 정치를 포착하는 데 유용하지 못했다. 요컨대, 행태주의 학파는 정통학파가 되었으며, 진보적이지 않게 되었다. 그 당시 무엇인가 또 다른 새로운 접근법이 필요하였다.

구조주의 접근법

구조주의(structuralism)는 구성요소 자체가 아니라 구성요소 간 관계에 초점을 두는 정치분석 접근법이다. 다시 말해 구조주의는 "어떤 시스템 내의 구성요소 간 네트워크, 연결관계, 상호의존, 상호작용" 등과 관련이 있다 (Lichbach and Zuckerman, 1997: 247). 구조주의가 관료체제, 정당, 사회계급, 교회, 군대 등 사회 내 힘센 집단들에 초점을 맞추고 있다는 점에서 구조주의의 핵심 신조는 "집단이 중요하다"이다. 이들 집단들은 집단 고유의 이익을 추구하며, 일련의 관계를 창출하는데, 이러한 관계가 정당과 정부의 제도정치를 뒷받침하거나 불안정하게 만드는 구조를 형성한다. 이 구조 내의 각 개별 집단은 경제적 변화와 이념의 발전, 국제정치, 집단 간 갈등의 결과 등에 따라 점진적으로 변화하고 있는 사회 환경 속에서 자기 집단의 이익을 지키고 자기 집단의 영향력을 유지하려고 한다. 구조는 실제 정치를 뒷받침하는 틀이며, 그리고 궁극적으로 결정하는 틀인데, 왜냐하면 이러한 더 큰 구조적 환경이 인간행동에 영향을 주기 때문이다.

> **구조주의(Structuralism)**: 더 큰 체제 내에서 집단들 간의 관계 및 네트워크를 강조하는 정치학의 연구접근법. 이들 중요 집단들의 다양한 이해관계와 입장이 전체 권력지형의 형성에 영향을 미치고 정치변화를 추동한다.

구조는 구성요소들 간의 관계로 정의된다. 구조의 내부 조직과 조직 내부의 구성원 개인 등을 비롯한 구성요소 자체에 대해서는 상대적으로 관심을 쏟지 않는다. 스카치폴(Skocpol, 1979: 291)의 말처럼, 구조주의자들은 "특정 행위자의 이해관계나 견해, 이념 등 대신에 다양한 상황에 처해있는 집단과 국가들 간의 객관적인 관계 및 갈등"에 대해 강조한다. 예를 들면, 노조와 기업의 내부 조직이나 지도자보다는 노동과 자본의 관계가 더 중요하다. 구조주의는 노동과 자본의 관심을 공식적으로 대표하는 조직을 누가 이끌든지 무관하게 노동과 자본은 자신들의 진짜 이익을 추구한다고 가정한다. 개인은 그의 주변에서 펼쳐지고 있는 거대한 정치 드라마의 부수적 존재에 불과하다.

그러나 '진짜 이익'과 '사회적 행위자'는 당연히 연구자들이 만든 용어이다. 누가 집단의 진정한 이익이 무엇인지를 단정적으로 얘기할 수 있나? 그리고 우리는 어떻게 개인의 행동이 아니라 집단의 '행동'을 언급할 수 있나? 연구의 수행에 있어서 구조주의 접근법은 대략적이다. 특정 사회의 갈등의 본질에 대한 그럴듯한 큰 가정을 만들고 언제나 구체적인 역사적 기록에 대해 주의 깊은 고려 없이 원인에 대한 추론에 그 가정을 사용한다.

구조주의적 분석은 우리가 제12장에 다루는 문화적 분석과 명확하게 대비된다. 구조주의 관점은 문화를 독립적으로 중요한 요인이 아니라고 간주한다. 예를 들어, 빈곤에 대한 구조주의적 설명은 재산 소유자와 노동자 계급 간의 대립적인 이해관계와 권력소유를 강조할 것이며, 반면에 문화적 설명은 가난한 사람들이 갖고 있는 가치태도에 보다 무게중심을 둘 것이며, 예를 들어, 가난한 사람들의 경우 잘살아보겠다는 열망이 없기 때문에 여러 세대에 걸쳐 지속되는 빈곤의 악순환에서 벗어나지 못하고 있음을 보여줄 것이다. 구조주의자들의 입장에서는 어떤 한 가난한 집이 극빈계층에서 벗어나지 못하는 주요 원인은 개인의 가치태도가 아니라 불평등 구조 자체 때문이다. 마호니(Mahoney, 2003: 51)는 바로 이러한 점을 비롯하여 구조주의의 전반적 주장을 잘 요약하고 있다.

구조주의의 핵심은 집단과 사회들 간의 객관적 관계에 대해 관심을 갖고 있다는 것이다. 구조주의는 사회관계의 구성이 예측 가능한 방향으로 행위자에게 영향을 미치고, 제한하고, 권한을 부여한다고 주장한다. 구조주의는 일반적으로 사회현상에 대한 문화적 설명 및 가치태도에 기초한 설명을 경시하거나 거부한다. 마찬가지로 구조주의는 오로지 또는 주로 심리상태, 개인적 정책결정 과정, 다른 개인수준의 특성 등에 입각하여 사회적 결과를 설명하는 접근법에 반대한다.

정치학에서 가장 인기 높은 구조주의적 연구는 명백하게 역사적 접근법을 채택했으며, 힘 있는 집단들 간의 경쟁이 어떻게 혁명이나 민주주의, 다당제 등과 같은 특정 결과를 초래했는지를 이해하고자 했다. 이와 같은 연구물의 저자들은 실제 현실세계에 있어서 정치는 균형보다는 투쟁이라고 주장하였으며, 비교역사를 선호했다. 이는 행태주의자들이 선호하는 비역사적 일반화 및 이따금 있는 제도주의자들의 정태적 기술(記述)과 대비된다.

구조적 접근법의 실제 연구사례를 제시하였을 뿐만 아니라, 구조주의 접근법이 무엇인지 명확하게 보여준 비교역사 분야의 선구적 인물로 미국 사회학자 무어(Barrington Moore Jr.)를 들 수 있다. 1966년 무어의 『독재와 민주주의의 사회적 기원(Social Origins of Dictatorship and Democracy)』은 구조적 힘에 관해 역사적으로 분석하는 이러한 연구형태의 성립에 가장 큰 영향을 미쳤다. 자유민주주의가 독일과 일본보다 프랑스와 영국, 미국 등에서 먼저 발달하고 보다 수월하게 등장했던 이유에 대한 이해를 도모할 때 무어는 신흥 상인계급의 전략이 핵심 변수라고 주장한다. 영국처럼 부르주아 계급이 토지소유자들의 농민과의 싸움에 연루되는 것을 피한 나라는 상대적으로 비교적 평화로웠다. 그러나 독일의 경우처럼 토지소유계급이 상인계급과 함께 농민을 무찌르는 데 동참한 나라에서는 민주주의의 정착이 지연되면서 권위주의 체제로 귀결되었다.

비록 이후의 연구들이 무어의 많은 판단을 수정하기는 하였지만, 무어의 연구는 집단 및 계급 간의 오랜 기간 동안 진화되어온 구조적 관계에 대한 연구가 중요함을 보여주었다 (Mahoney, 2003). 그는 중요한 비교정치학적 질문을 제기하였으며, 계급관계가 언제 어떻게 발전되고 진화되었는지에 대한 설명을 통해 이 질문에 대한 답을 찾아내었다.

구조주의 접근법은 큰 질문을 던진다. 그리고 과거로부터 답을 선택하는 방식을 통해 구조주의 접근법은 스스로를 역사에 대한 연대기적 서술에 한정시키지 않으며, 그 대신에 역사에 대해 캐묻고 파헤친다. 이러한 연구전통에 따라 연구를 수행하는 많은 연구자들은 특정 계급이나 특정 집단들이 취한 입장에 관하여 많은 주장을 하고 있다. 즉, 이해관계가 종종 행위자로 취급되며, 자세한 연구를 통해 입증이 필요한 야심에 찬 일반화로 이어졌다. 그래도, 비교역사학 연구 형식의 구조주의 접근법은 비교정치학의 발전에 큰 공헌을 하였다.

합리적 선택 접근법

행태주의와 마찬가지로 **합리적 선택**(rational choice) 분석은 사람들에게 초점을 맞추지만, 행동에 대해 살펴보는 대신에 행동 뒤에 숨어 있는 계산에 대해 설명하려고 한다. 합리적 선택론자들은 모든 행위자들이 자신의 특정한 목표를 최대한 달성하고자 하는 개인들 간의 전략적 상호작용으로 정치가 이뤄진다고 주장한다. 핵심 신조는 목적이 중요하다는 것이다. 사람들이 특정 목표와 주어진 여러 선택 대안들을 평가하여 그중 자신의 목표를 최대한 달성하게 해 줄 대안을 선택한다는 측면에서 사람들은 합리적이라는 것을 기본전제로 삼고 있다. 행태주의자들이 통계학적 일반화를 통해 정치행태를 설명하고자 한다면, 합리적 선택 접근법은 행위자의 이익에 초점을 맞춘다. 그리고 구조주의 접근법이 역사사회학에 그 뿌리를 두고 있는 반면, 합리적 선택 접근법은 경제학으로부터 유래하였다.

> **합리적 선택(Rational choice)**: 정치행태는 이득을 극대화하고 비용을 최소화하려고 하는 개인들의 선택을 반영한다는 생각에 기초하는 정치연구 접근법.

합리적 선택 분석이 갖는 잠재적 가치는 합리적 선택 분석이 핵심 정치행동을 모델로 만들 수 있으며, 그 결과 행위자에 대해 완전한 정보 없이도 정치행위를 예측할 수 있게 해준다는 점이다. 우리는 단지 행위자의 목표를 파악하고 주어진 상황에서 그 목적의 실현을 위한 최선의 방법이 무엇인지를 파악하는 것만으로 충분하다. 그것이면 우리는 행위자가 무엇을 할 것인지 예측할 수 있다. 자신의 행태에 대한 행위자 스스로의 설명 등 그 밖의 다른 모든 요인은 지엽적인 요인일 뿐이다. 중요한 인간 상호작용에 대한 모형을 만드는 것에 목적을 두며, 인간의 행동동기에 대한 풍부한 설명에 목적이 있지 않다.

또한 합리적 선택 분석은 실제 결정으로 연결되는 정신작용에 대한 정확한 설명에도 관심이 없다. 검증과정은 단지 행동에 대해 정확하게 예측했는지 여부를 확인할 뿐이다. 이 접근법의 밑바탕에 깔려 있는 기본적인 철학, 즉 단순하고 기본적인 예측모형에 의한 설명이 가장 바람직하다는 생각은 이 접근법이 갖는 가장 뚜렷한 특징이며, 동시에 이 접근법이 경제학으로부터 기원하였음을 말해준다. 다른 어떤 접근법보다 합리적 선택 접근법은 간결한 설명을 중시한다. 합리적 선택 이론을 평가하려면 단순한 가정이 모델의 수립과 예측을 하는 데 있어서 얼마나 강력해 보이는지를 인식하는 것이 핵심이다.

합리적 선택 분석틀 내에서 사람들은 어떤 목표를 추구할 수 있는가? 대부분의 분석가들 자기이익의 공리(公理)를 취하고 있다. 오래전 미국 정치인으로 한 차례 부통령을 지낸 칼훈(John C. Calhoun, 1851)은 그의 저서 『정부에 관한 논고(*Disquisition on Government*)』에서 그 점을 분명히 하였다. "각 개인은 다른 사람의 행복이나 안녕보다는 자신의 행복과 안녕에 보다 큰 관심을 갖고 있다. 그리고 역으로는 자신의 이익을 위해 다른 사람의 이익을 기꺼이 희생한다"라는 것을 기본가정으로 삼고 있다.

복잡성이 커지는 문제를 감내한다면 목적의 범위를 확대할 수 있다. 우리는 인간은 다른 사람들이 목적을 달성하는 것을 보면서 만족을 느낀다고 상상하거나 또는 심지어 우리의 연구대상이 이타적 계획의 추구를 허락한다고 상상할 수 있다. 하지만, 시장에 대한 분석이 참여자들 간의 개인이익에 관한 가정에 의해 가장 잘 분석되고 있듯이, 대부분의 합리적 선택 접근법을 주장하는 사람들은 그와 같은 동일한 가정이 우리에게 정치의 핵심을 얘기해준다고 확신한다. 힌드무어(Hindmoor, 2010: 42)가 언급했듯이, "만약 사람들이 합리적이고 자기이익을 추구한다면, 합리적 선택 이론가들이 과학적 신뢰성의 역할이라고 주장하는 방식으로 사람들의 행동에 대해 설명하고 예측하는 것이 가능하게 될 것이다."

합리적 선택은 반드시 모든 것에 대해 알고 있을 것을 요구하지 않는다. 불확실한 세계에서 사람들은 달성하려고 노력하겠지만 실패할지도 모르는 위험이 있는 목표를 추구하는데 너무 많은 가치를 둘 필요가 없다. 불확실한 상황에서 우리는 단판에 돈을 몽땅 걸어서 파산하기보다는 나쁜 결과를 초래할 수 있는 위험의 제거를 선호하는지도 모른다. 요컨대 합리적 선택은 많은 것을 알고 하는 선택과 구별되어야만 한다.

예를 들어, 어느 정당에 투표할 것인지에 관한 문제를 생각해보자. 투표자로서 우리는 모든 후보들에 대한 조사에 들어가는 비용이 그를 통해 얻는 이득을 크게 초과한다는 점을 발견할지도 모르며, 그 결과 우리는 전문가의 의견에 대한 의존 등과 같은 지름길을 사용하게 된다. 모든 정보를 알고 있다는 것이 언제나 합리적이라는 것을 의미하지는 않는다. 이러한 사실은 합리적 선택 접근법을 좀 더 현실세계에 가깝게 되도록 만들어주었다. 그러나 우리에게 쉬운 예측을 가능케 해주는 완전한 합리적 모델은 행위자가 충분한 지식을 갖고 있을 뿐만 아니라 합리적이며 자기 이익을 추구한다고 가정한다.

흔히 정치학 연구에 있어서 합리적 선택 분석틀은 우리 비교정치학자들이 주로 다루는 상대적으로 좀 더 큰 단위도 포함한다. 즉, 합리적 선택 분석가들은 때로는 자신들의 기법을 정당과 이익집단의 연구에 적용하는데, 이 때 정당과 이익집단을 마치 개인처럼 간주한다. 예를 들면, 정당에 관한 분석에서 다운스(Anthony Downs, 1957: 28)는 모든 정당 당원들이 "공직을 차지하는 경우 따라오는 소득, 명예, 권력 등을 얻기 위해 행동한다."라고 생각했다. 분석의 용이를 위해, 다운스는 흔히 국제정치학자들이 국가를 단일실체로 여기는 것과 마찬가지로 정당이 마치 단일 행위자인 것처럼 간주하였다. 두 경우 모두 목적은 정확한 예측에 있지, 실제 결정과정을 자세하게 재구성하는 데 있지 않다.

합리적 선택 접근법의 주요 공헌 중 하나는 **집단행동의 문제**(collective action problems)를 부각시킨 점이다. 집단행동의 문제는 각 개인이 최선의 결과를 얻도록 여러 사람들의 행동을 조정하려 할 때 발생하는 문제이다. 예를 들어, 많은 사람들이 환경을 오염시키는 생활방식을 고수하면서, 자신들의 행동이 환경 전체를 결정적으로 악화시키는 영향을 미치지는 않는다고 주장한다. 그러나 이런 식으로 행동하는 개개인의 사람들로 인해 초래되는 결과는 모든 사람들에게 피해를 입히는 기후변화이다. 다시 말해, 각 개인의 합리적 행위가 집합적으로 나쁜 결과를 초래한다.

> **집단행동의 문제(Collective action problem)**: 각 개인의 합리적 행위가 총체적으로 바람직하지 못한 결과를 생산할 때 발생한다. 이 문제는 전형적으로 공공재(public good)를 생산하기 위한 노력에 사람들이 무임승차하려고 할 때 발생한다.

마찬가지로 2008~2009년 미국 금융위기 당시 많은 투자은행의 직원들은 자신들의 보너스 액수를 늘리려는 목적으로 무척 위험한 투자를 선택했다. 회사의 수익이 증가하는 동안에는 이들 직원의 고용주 역시 즐거웠다. 궁극적으로 이러한 투자가 실패하자, 그 영향은 원투자자의 문제만이 아니었으며, 오히려 보다 더 중요하게는 서양세계 금융시스템 전체의 안정성을 위협하였다. 사적 행위가 바람직한 집합적 결과와 양립하기 위해서는 일정 형태의 조정이 요구된다. 이 사례의 경우에서는 정부가 은행에 대해 더욱 강력한 정부규제를 시행했다. 다른 어떤 분석틀보다도 합리적 선택 접근법은 우리에게 개인의 선호와 집합적 결과는 서로 일치하지 않는다는 점에 대해 인식할 것을 권장한다. 정부가 그 간극을 메워야 할 필요가 있다.

역설적으로 합리적 선택 접근법은 부정확한 경우조차 유용하다. 합리적 선택 접근법은 예측의 정확성뿐만 아니라 비합리적 행동으로 보이는 것을 식별하는 데 있어서도 유용하다. 만약 사람들이 깜짝 놀랄 방식으로 행동하는 경우 우리는 답을 찾기에 난해한 문제에 직면한다. 어쩌면 우리는 사람들 선호나 사람들이 직면한 상황을 잘못 이해했는지도 모른다. 또는 어쩌면 사람들의 행동이 실제로 비합리적이었는지도 모른다. 국제차원에서 A국가의 정부는 B국가의 정부의 이익이 X정책을 추진하는 데 있다고 판단할 수 있다. 만약 B국가의 정부가 실제로 Y정책을 채택한다면, A국가의 정부는 그러한 행동에 대해 생각할 것이다. B국가의 정부의 목적을 잘못 이해하였나? 또는 B국가의 정부가 단지 실수를 저지른 것인가?

그러나 다른 접근법과 마찬가지로 합리적 선택 접근법 역시 너무 지나치게 당연시하는 경향이 있다. 합리적 선택 접근법은 개인이 갖는 목적이 처음 생겨난 이유에 대해 설명하는 데 실패하고 있다. 즉, 선호의 형성을 설명하는 방정식에 사회가 중복해서 들어가는 것이 확실하다. 우리의 열망과 우리의 지위, 심지어 우리의 목표조차 미리 형성되기보다는 다른 사람들과의 상호작용으로부터 발생한다. 분명히 우리는 사람들의 목표와 가치를 이미 주어진 것으로 간주할 수는 없다.

또한 합리적 선택 접근법은 인간행위에 대한 보편적 모형에 기초하고 있기에 이 접근법은 각기 다른 나라마다 존재하는 다양한 차이점에 대한 이해에 있어서는 적합성이 떨어지는 한계를 갖고 있다. 각 개인의 목표를 당연시 여기는 것과 마찬가지로 개인들이 그 안에서 자신의 전략을 추구하는 환경인 국가의 다양한 환경 역시 당연시하여 대수롭지 않게 생각한다. 그럼에도 불구하고, 비록 합리적 선택 접근법이 항상 정확한 예측을 내놓지는 못했지만, 정치과정에 대한 분석에 유용한 여러 렌즈 중 하나인 것은 틀림없다.

해석주의 접근법

해석주의 접근법(interpretive approach)은 가정, 부호, 구성, 정체성, 의미, 규범, 서술, 가치 등을 포함하는 해석에 초점을 두는데, 이 해석 내에서 정치가 이뤄진다. 다시 말해, 사람들이 세상을 보는 방식을 걸러내는 사회적 구성물(social construct)이 존재하기 때문에 사람들은 어떤 것을 하고 또 다른 어떤 것은 삼간다 (그러므로 이 접근법은 때때로 구성주의[Constructivism]로 알려져 있다). 해석주의 접근법은 우리로 하여금 과학적 법칙을 추구하는 행태주의로부터 벗어나서 개인과 집단의 관념에 관심을 갖게 하였으며, 그리고 그 구성물이 어떻게 정치행위를 규정하고 영향을 미치는지에 대하여 관심을 갖게 하였다. 이 접근법은 우리가 합리적 선택 접근법이 그러하듯이 행위자의 목표와 상황에 대한 규정을 당연시하여 대수롭게 여겨서는 안 된다는 것으로부터 출발한다. 그 대신 우리는 목표와 상황에 대한 규정이 구성되는 방식에 대해 살펴보아만 한다.

> **해석주의 접근법(Interpretive approach):** 우리가 정치에 대해 갖고 있는 관념이 정치를 형성한다는 주장에 기초하는 정치연구 접근법.

가장 강력한 유형의 해석주의 접근법은 정치가 참여자들이 정치에 대해 갖고 있는 관념들로 구성된다고 주장한다. 정치적 실체(reality)는 우리의 정신적 구성으로부터 분리되어 따로 존재하지 않으며, 따라서 관념이 실체에 미치는 영향을 밝히기 위해 검토될 수 있는 실체가 없다. 요컨대, "관념이 중요하다." 그리고 관념 이외에는 아무것도 없다.

상대적으로 좀 더 온건한 유형의 해석주의 접근법은 관념이 우리의 정치세계를 구성하는 것이 아니라 관념들이 독립적으로 정치세계에 영향을 미치며, 관념이 우리가 어떻게 우리의 이익과 목표, 동맹세력, 적대세력 등을 규정하는지를 결정한다고 주장한다. 우리 개개인은 각자 세계를 보는 방법에 따라 행동한다. 즉, 만약 우리 각자가 갖고 있는 시각이 다르다면, 그에 상응하여 우리의 각자의 행동도 다를 것이다. 합리적 선택 분석이 사람들은 어떤 식으로 자기 자신의 목표를 성취하기 위해 움직이는지에 초점을 두고 있다면, 해석주의 접근법은 목적의 틀짓기(framing, 프레임 구성) 자체에 대해 검토하며, 그러한 해석은 개인보다는 집단을 대상으로 하는 것이 보다 적합하다고 여긴다 (따라서 해석주의 접근법은 심리학적 접근법이 아니라 사회학적 접근법을 사용한다).

관념이 사회적으로 구성되기 때문에 많은 해석주의적 연구자들은 우리가 우리의 세계를 바라보는 관점을 재구성할 수 있고, 그에 따라 세계 자체를 재구성할 수 있다고 상상한다. 예를 들어, 반드시 본질적으로 개인이나 국가가 (합리적 선택론자들이 가정하듯이) 편협한 자기이익을 추구하는 방향으로 행동해야할 이유는 없다. 그러한 가정을 만드는 것은 우리의 생각으로부터 독립되어 있다고 우리가 잘못 상상하는 세계에 개념들을 투영하는 것이다. 예를 들어, 핀모어(Finnemore, 1996: 2)에 따르면 "이익은 발견되기를 기다리면서 그저 '저곳에 있는(out there)' 것은 아니다 (이와 대조적으로 해석주의 접근법은 in here, in my mind를 중시한다 – 옮긴이). 즉, 이익은 사회적 상호작용을 통해 구성된다." 또한, 물질적인 것에 붙어있는 가치는 그 자체가 관념이기 때문에 관념은 물질적 요인보다 앞서 존재한다 (마르크스주의자들 및 또 다른 사람들은 동의하지 않을 것이다).

예를 들어, 국가는 종종 우리의 생각으로부터 독립적으로 존재하는 실체로 묘사된다. 그러나 국가는 건물이나 산과 같은 물리적 실체가 아니다. 즉, 국가는 오랜 세월에 걸쳐 정치사상가들 뿐만 아니라 현실 정치인들에 의해 만들어진 하나의 관념이다. 영토와 영토를 경계 짓는 국경선은 자연적으로 존재한 것이 아니라 사람들의 손에 의해 그어진 것이다. 우주조종사들이 흔히 얘기하듯이 우주에서 지구를 바라보면 국가는 존재하지 않는다. 또는 보다 정확하게 말해, 지도가 스스로 실체를 구성한다. 이 점이 스타인버거(Steinberger, 2004)가 자신의 국가에 대한 견해는 국가가 관념이라는 것이라고 말했을 때 스타인버거가 생각했던 바이다. 사실, 조세와 전쟁 등과 같이 국가가 야기한 결과는 확실히 진짜이지만, 이것들은 우리가 만든, 그리고 우리가 다시 고쳐만들 수 있는 세계가 만들어낸 결과이다.

마찬가지로 구조주의자들이 강조하는 계급관계와 행태주의자들이 발견하는 일반화는 물리적 실체(reality)에 기반하고 있지 않으며, 본질적으로 언제든지 바뀔 수 있는 해석에 기반하고 있다. 예를 들어, 의회에 여성의원의 비율이 낮다는 점에 대한 관찰결과가 여성의 정치참여의 증가를 가져올 정치캠페인의 시작을 촉발하며, 그 결과 관찰결과 자체를 변화시킨다.

이러한 이유로 해석주의자들은 종종 역사적 이야기(narrative)에 초점을 두며, 하나의 사건에 대한 이해가 어떤 식으로 나중에 발생하는 사건에 영향을 미치는지에 대해 검토한다. 혁명에 관한 연구를 예로 들어보자. 행태주의자가 일련의 사례(프랑스, 러시아, 이란혁명 등)를 살펴보고 독립적으로 취급되는 사건들의 공통 원인을 찾아본다면, 해석주의자는 단일의 순서를 살펴보고 앞선 혁명(예를 들어, 프랑스혁명)에 관해 가졌던 관념이 어떤 식으로 훗날의 사례(예를 들어, 러시아혁명)에 영향을 미쳤는지에 대해 질문을 던진다. 또 다른 예로, 선거에 관한 연구를 살펴보자. 선거의 의미는 선거결과 자체가 아니라 정치계급이 나중에 선거결과에 대해 규명한 이야기(narrative)에 의해 주어진다. 예를 들면, "이번 선거결과는 투표자들이 높은 실업률을 용인하지 않을 것임을 보여준다" (이에 관한 보다 자세한 논의는 제17장 참조).

파슨스(Parsons, 2010: 80)는 해석주의 접근법에 대한 유용한 정의를 제시하였다.

> '사회적 구성물(social construct)'이 존재하기 때문에 사람들은 어떤 일을 행하며 또 다른 어떤 일을 행하지 않는다. 즉, 관념, 신념, 규범, 정체성, 혹은 또 다른 해석의 여과장치 등이 사회적 구성물이며 사람들은 이를 통해 세계를 인식한다. 우리는 '우리가 만든 세계'에 살며 (Onuf, 1989), 행동은 특정 집단의 사람들이 자신들의 정체성, 관계, 환경 등을 해석하고 조직하기 위해 개발한 의미들에 의해 구성된다.

모든 유형의 해석주의 접근법들 모두 사회연구와 자연과학을 뚜렷하게 구분하고 있다. 사회연구는 인간행동을 연구한다. 그리고 인간행동은 일어나고 있는 것에 대해 기술하고 설명하는 의미 있는 행위이다. 우리가 "어떤 한 사람의 의도가 무엇인가?"를 알고자 하는 경우, 우리는 행동을 구성하는 동기에 대한 설명을 찾으려고 한다. 베버는 일하는 나무꾼의 예를 들고 있다. 즉, 동일한 행동이 여러 다른 의미를 가질 수 있다. 나무꾼은 돈벌이를 하고 있는 것일 수도 있고, 개인적으로 사용할 재목을 마련하여 쌓는 것일 수도 있고, 또는 화가 나서 분노를 삭이는 것일 수도 있다 (Parkin, 2002: 20). 이와 같은 예로부터, 우리는 우리 자신이 만든 의미의 세계(web of meaning)에 살고 있기 때문에 사회적 사건 및 정치적 사건에 대한 학술연구는 법칙을 찾고자 하는 행태과학이 아니라 그 대신 의미를 찾으려고 하는 해석과학이라고 기어츠(Geertz, 1973: 5)는 주장하였다. 웬트(Wendt, 1999: 105)는 의미를 통한 설명에 관한 생각을 좀 더 자세히 언급하였다.

만약 우리가 주인이 어떻게 자신의 노예를 팔 수 있는지 설명하기를 원한다면, 우리는 주인과 노예 사이에 존재하는 공동의 이해 구조를 언급할 필요가 있고 좀 더 큰 사회에서 이것이 노예를 팔 수 있게 해준다고 언급할 필요가 있다. 이 사회구조는 주인의 권리에 대해 단지 서술하지 않는다. 즉, 그에 대해 설명한다. 왜냐하면 사회구조 없이는 당연히 그러한 권리가 존재할 수 없기 때문이다.

집단에 관한 다른 학문분야에서와 마찬가지로 정치학에 있어서 대부분의 해석주의자들은 행위의 의미가 어떤 식으로 사회집단 및 사회 전체의 전통과 담론을 형성하고, 나타내고, 유지하는지에 관심을 갖고 있다. 주요 관심사항은 지도자나 엘리트 집단의 관념(ideas)이 아니라 사회적 구성물(construct)이다. 예를 들어, 이를테면 여권의 사용, 국가대표 스포츠팀의 응원, 혹은 단지 '국민'이라는 단어의 사용 등 국가들로 이루어진 세계에서의 행동을 통해 우리는 일상적으로 국가 개념 자체를 강화한다. 교육과 미디어를 통한 직접적인 영향에 의한 만큼이나 이런 식으로 국가로서의 지위를 실천함으로써 국가에 대한 관념 자체가 사회적으로 강화되거나, 또는 흔히 말하듯이, 사회적으로 구성된다. 이러한 이해 역시 사회적 논쟁의 대상이 되며("이 나라를 방문할 때마다 매번 비자가 필요한 이유는 무엇인가?"), 이는 그러한 관념 자체의 점진적 변화로 이어진다.

정치학 연구자들에게, 특히 비교정치 연구자들에게 알아듣기 쉽고 유용한 교훈이 여기에 있다. 우리가 어느 한 정치체제에 처음 직면하게 되었을 때, 우리가 제일 먼저 할 일은 정치인류학에 착수하는 것이다. 즉, 그 정치체계를 이루는 행동들을 제대로 이해하는 것이다. 그 움직임은 무엇인가? 그것이 갖는 의미는 무엇인가? 그러한 의미를 갖게 하는 맥락은 무엇인가? 정치적 행동을 뒷받침하는 정체성과 가치는 무엇인가? 우리나라에서는 어떤 하나의 의미를 갖고

> **초점 5.2** 해석주의 접근법: 대량학살과 인종학살

정치에 있어서 관념의 독립적인 영향에 관한 예로서 발렌티노(Benjamin Valentino)의 2004년 학술상 수상작으로 20세기 대량학살과 인종학살에 관한 연구물인 『최종 해결책(Final Solutions)』을 살펴보자. 발렌티노는 민간인의 대량학살은 학살을 교사한 사람들의 관념이 만들어낸 산물이며, 그러한 관념은 그들의 가장 중요한 이념적 정치적 목적의 달성을 위해 고안되었다고 주장한다(Valentino, 2004: 67). 발렌티노는 엘리트의 관념에 관한 전문가이다. 그는 엘리트의 목표와 그 목표를 달성하는 방법에 대한 엘리트들의 평가 등 두 가지 측면 모두에 대해 연구하였다. 즉, 그는 보다 넓은 사회에 존재하는 구조적 관계나 정부제도에 대해 거의 관심을 두지 않았다.

> 대량학살의 위험성이 높은 사회를 식별하려면, 우리는 제일 먼저 힘 있는 집단들이나 지도자의 구체적인 목표와 관념, 신념 등을 이해해야 하며, 이런 지도자들이 주도하는 사회구조나 통치체제에 대한 이해가 꼭 필요한 것은 아니다. (p. 66)

발렌티노는 "힘센 집단들이 급진적 목표를 달성하거나, 특정 유형의 위협에 대응하거나, 혹은 어려운 군사적 문제를 해결하는 데 대량학살이 최선의 현실적 대안이라고 확신하는 경우 대량학살이 발생한다"고 주장했다 (p. 66). 합리적 선택론자들과 달리 발렌티노는 정치인들이 자신의 환경을 정확하게 인식한다고 가정하지 않는다. 그는 설령 잘못된 인식이라고 할지라도 해석 자체가 중요하다고 주장한다.

> 대량학살에 대한 이해는 학살자들이 자신의 환경에서 직면하는 문제를 항상 객관적으로 평가한다는 것을 암시하지 않는다. 또한 학살자들은 대량학살이 직면한 문제를 해결할 능력이 있는지에 대해 정확하게 평가한다는 것을 암시하지도 않는다. 인간은 객관적 결과에 기초하여 행동하는 것이 아니라 자신의 주관적 인식과 신념에 기초하여 행동한다 (p. 67).

그러나 발렌티노가 관심을 두었던 것은 단지 관념과 인식만은 아니었다. 오히려 그는 정치환경의 실제 변화 및 인지된 변화가 어떤 식으로 지도자들로 하여금 대량학살이 자신들의 목표를 달성하기 위한 궁극적 해결수단이라고 생각하게 만드는지에 대해 살펴보았다. 요컨대, 그의 접근법은 순수하게 해석주의는 아니었으며, 그 대신에 한편으로는 엘리트의 관념과 이념, 그리고 다른 한편으로는 정치적 현실 사이의 오랜 시간에 걸친 상호작용에 대한 유익한 분석으로 구성되었다.

발렌티노는 우리가 미래에 일어날 수 있는 대량학살의 발생을 막는 최선의 방법은 무엇인가에 대한 생각까지 그의 관념에 대한 관심을 철저하게 살펴보았다. 그는 대량학살이 독재국가나 전쟁에서 발생한다고 주장하는 행태주의적 또는 구조주의적 일반화의 타당성에 대해 인정하기를 거부했다. 대신에 그는 모든 유형의 구조나 제도, 정치체계에 있어서 지도자들은 대량학살을 자신들의 목표를 성취하기 위한 최선의 방법, 가장 효과적인 방법, 또는 유일한 방법으로 생각하게 될지도 모른다고 주장한다. 따라서 효과적인 예방책은 우리로 하여금 다시 지도자의 관념으로 되돌아갈 것을 요구한다. 즉, "만약 우리가 대량학살을 예견하여 대비하고자 한다면, 우리는 학살자가 생각하는 방식과 똑같은 방식으로 대량학살을 생각하는 것부터 시작해야 한다" (p. 141).

있는 행동이 다른 나라에서는 어쩌면 다른 중요한 의미를 갖고 있을 수 있으며, 따라서 다른 행동일 수 있다. 예를 들어, 어떤 나라에서는 뇌물이 정상적인 일로 받아들여질 수 있지만, 또 어떤 나라에서는 심각

한 범죄로 간주될 수 있다. 민주주의가 정착된 나라에서 투표행위는 정당을 선택하는 행위이지만, 민주주의가 위협받고 있는 나라에서 투표는 용기 있는 행위이며, 독재국가에서 투표는 복종 행위이다. 대통령을 비난하는 행위가 어느 나라에서는 일상적인 일이지만, 다른 나라에서는 반역행위일 수도 있다. 이러한 행위들에 대한 인식 결과가 다양하기 때문에 그러한 행위들의 의미 역시 다양하다.

여기까지는 좋다. 그러나 정치학의 연구에 있어서 우리는 구체적인 사실로부터 도출되는 일정한 양상(pattern)을 발견하기를 원한다. 즉, 우리는 대통령제, 선거제도, 정당체제 등과 관련하여 어떤 하나의 특정 사례의 사실에 대한 구체적인 진술을 추구하기보다는 그보다 한 차원 높은 일반적 진술을 추구한다. 우리는 범주 간의 관계를 검증하여 전반적인 관계를 밝혀내기 원한다. 예를 들어, 우리는 단순다수제 선거제도가 언제나 양당제를 초래하는지 여부에 대해 알고 싶을 수 있다. 우리는 그러한 조사를 통해 어느 하나의 특정사례의 참여자들이 갖는 이해를 초월하는 지식을 얻을 수 있다.

또한 우리는 사건들이 의도치 않은 결과를 낳을 수 있음을 반드시 인식해야 한다. 즉, 나치의 유대인 학살은 히틀러의 관념의 산물이지만, 학살 효과는 히틀러 자신의 의도보다 훨씬 더 컸다. 의미에 대해 강조하는 해석주의 접근법은 대부분의 사회분석 및 정치분석이 인간행동의 의도치 않은 결과를 연구한다는 평범한 논점을 놓친다. 요약하면, 정치적 행위의 의미를 파헤치는 작업은 더할 나위 없이 좋은 정치분석의 출발점으로 생각되지만, 그렇다고 정치분석의 종착점은 될 수 없다. 이는 우리에게 현실적인 충고를 제시한다. 즉, 우리가 서로 비슷비슷한 것들을 비교할 수 있도록 정치행위의 의미에 대해 확실하게 파악할 것을 충고한다. 그러나 어떤 하나의 연구사업을 이러한 예비단계에서 완성된 것으로 간주하는 것은 확실히 만족스럽지 못한 일이다.

이 장에서 살펴보았던 다른 접근법들과 비교할 때, 해석주의 접근법은 여전히 갖고 있는 포부에 비해 이룩한 성과는 미약하다. 국가가 세상을 지배하지 않을 때, 대부행위가 죄악으로 간주될 때, 정치게임이 독자적인 부가 아니라 의존적인 지지자를 획득하는 것으로 이뤄졌을 때 등 의미가 확실하게 차이가 있는 경우 해석주의 연구 프로그램 내에서 수행된 일부 연구들은 흥미롭지만 너무 지나치게 동떨어진 사례에 주로 초점을 두었다.

그럼에도 불구하고 이와 같은 연구들은 우리가 만든 세계가 쉽게 해체될 수 있다는 쉬운 가정을 입증하지는 못했다. 우리가 이 장의 맨 처음에 살펴보았던 제도주의자들이 우리에게 제도는 튼튼하게 오랫동안 영속한다는 점을 빠르게 상기시켜 주었듯이 대부분의 사회적 구성물은 사회적 제약이다. 다른 세계를 상상하는 우리의 능력이 세계를 있는 그대로 이해하고자 하는 방법에 선입견을 심어주어서는 안 된다.

토론주제

- 최선의 이론적 접근법을 둘러싸고 정치학자들 (또는 비교정치학자들) 사이에 의견이 크게 엇갈리는 이유는? 그리고 거대이론의 실현이 무척 어려운 이유는?
- 오직, 혹은 주로 제도에만 초점을 맞춘다면 우리는 정치와 정부에 대해 얼마나 잘 이해할 수 있을까?
- 제도 또는 사람, 둘 중 어느 것이 정부와 정치를 이해하는 데 있어서 보다 더 중요한가?
- '합리적'이라는 것은 무엇을 의미하는가? 사람은 합리적으로 행동하는가?
- 정치세계를 보는 방법의 형성에 가장 큰 영향을 미치는 영향은 어떤 것인가? 이 장에 소개된 여러 접근법들 중 비교정치학 연구에 가장 유용한 접근법은 어느 것인가?

핵심 개념

거대이론(Grand theory)
결과의 논리(Logic of consequences)
경험적(Empirical)
구조주의(Structuralism)
규범적(Normative)
신제도주의(New institutionalism)
이론(Theory)
적절성의 논리(Logic of appropriateness)
제도(Institutions)
제도주의(Institutionalism)
제도화(Institutionalization)
집단행동의 문제(Collective action problem)
합리적 선택(Rational choice)
해석주의 접근법(Interpretive approach)
행태주의(Behaviouralism)

추가 읽을 거리

Boix, Carles and Susan C. Stokes (eds) (2009) *The Oxford Handbook of Comparative Politics*. 이론 및 방법론 부분을 비롯하여 비교정치학 분야에 대해 총체적으로 살펴보고 있다.

Green, Daniel M. (ed.) (2002) *Constructivism and Comparative Politics*. 비교정치학에 있어서 해석주의 접근법이 갖는 중요성에 대해 검토하고 있다.

Lichbach, Mark Irving and Alan S. Zuckerman (eds) (2009) *Comparative Politics: Rationality, Culture and Structure*, 2nd edn. 비교정치학의 합리적 접근법, 문화적 접근법, 구조적 접근법에 대해 자세하게 논의하고 있다.

Mahoney, James and Dietrich Rueschemeyer (eds) (2003) *Comparative Historical Analysis in the Social Sciences*. 비교역사로 표현되는 구조적 분석에 대해 자세하게 설명하고 있다.

Marsh, David and Gerry Stoker (eds) (2010) *Theory and Methods in Political Science*, 3rd edn. 이 장에서 소개된 접근법들 대부분에 관한 논문들을 담고 있다.

Peters, B. Guy (2011) *Institutional Theory in Political Science*, 3rd edn. 제도주의 이론의 다양한 양상과 정치학의 패러다임으로서 제도주의의 가능성에 대해 전반적으로 살펴보고 있다.

CHAPTER 6 정부와 정치 비교

개관

지금까지 우리는 비교정치의 개념과 이론적 측면을 살펴보았다. 그러나 이런 것들은 실제로 비교를 할 때 비로소 의미를 갖기 시작한다. 이런 이유 때문에 이제 우리는 비교의 실용성으로 방향을 잡으려 한다. 물어볼 질문의 종류, 사용할 수 있는 방법, 비교연구를 계획하기 위한 조건들 그리고 피해야 할 함정들을 알아볼 것이다. 이 장에서는 다양한 비교방법을 소개하는 한편 동학적인 비교과정을 보다 정확하게 안내해 주기 위한 실제적인 방법을 알아보려고 한다. 목표는 인터뷰나 통계분석처럼 특정 기법을 상세히 알려주기보다는 자신의 비교연구과제를 수행하려는 학생들에게 도움이 될 수 있는 전략을 제시해주려는 것이다.

이 장은 비교에서 선택되는 사례의 수와 사용법에 관한 논의로부터 출발한다. 여기서는 단일사례부터 다수사례까지 포함하며, 단일사례연구에서 사용되는 여러 연구방법들, 소수사례연구에서의 연구방법들 및 다수사례연구에서의 연구방법들을 알아본다. 그런 후 질적 연구방법과 양적 연구방법의 특징에 대해 살펴보고, 과소사례와 과다변수 문제 같이 비교방법이 직면한 도전들을 생각해 본다. 이 장은 사례연구방법에 내재된 몇몇 제약을 극복하는데 유용하게 사용될 수 있는 역사연구방법에 대한 평가로 끝을 맺는다.

차례

- 정부와 정치 비교: 개요   114
- 비교연구방법   114
- 사례연구방법   115
- 질적 방법   119
- 양적 방법   121
- 비교에 대한 도전   124
- 역사적 방법   129

핵심논제

- 비교정치연구를 수행할 때는 넓은 선택지가 있다. 비교의 힘을 깨닫는 것(제1장)과 더불어 비교의 대안과 제약을 아는 것(제6장)도 중요하다.
- 연구자는 비교 단위, 비교 수준 그리고 연구하고자 하는 변수를 포함한 선택권을 갖는다.
- 세 개의 주요 연구방법에는 단일사례연구, 소수사례를 이용한 질적 접근방법, 다수사례를 이용하는 양적 접근방법이 있다.
- 비교연구는 경험적인지 규범적인지, 양적인지 질적인지에 따라 상이한 접근과 결과를 얻게 된다.
- 비교연구가 두 개 이상의 요인 간 관계를 연구하고자 할 때 최대유사체계분석과 최대상이체계분석의 상대적인 장점을 고려해 보아야 한다.
- 역사는 비교정치연구에서 분명히 적게 사용된다. 현재의 사례를 과거와 비교할 수 있고, 시간에 따른 발전을 국가 사이에 비교할 수 있다.

정부와 정치 비교: 개요

과학적 연구의 방향과 결과 모두는 우리가 어떻게 연구를 수행하는가에 달려있다. 따라서 **방법론(methodology)**이 매우 중요하다. 우리는 제5장에서 상이한 이론적 비교접근법이 있음을 보았다. 그리고 이제 우리는 역시 많은 연구방법이 있다는 것과 비교의 본질을 아는 가장 좋은 방법에 관해서도 상이한 의견들이 있음을 보게 될 것이다 (Munck and Snyder, 2007). 논의는 국가, 제도, 과정, 운동, 주제, 정책 또는 개인 등 **분석단위(unit of analysis)**에서부터 시작된다. 연계된 결정은 **분석수준(level of analysis)**과 관계있는데, 이는 국가로부터 집단 또는 사회계급, 내려가 개인수준의 정치 관계 등 모든 것들에 해당될 수 있다.

> **방법론(Methodology)**: 주어진 연구 분야에서 사용되는 방법에 관한 체계적인 분석. 또한 학문분야에서 사용되는 일련의 방법이나 특정 결론에 도달하기 위해 사용되는 수단을 표현하는 데 사용된다.
>
> **분석단위(Unit of analysis)**: 비교정치에서의 연구 대상.
>
> **분석수준(Level of analysis)**: 비교정치에서 정치체제부터 개인수준에 이르기까지 연구의 수준.

따라서 연구자들은 연구하려는 사례 또는 사례들, 그러한 사례들의 특별한 결합, 연구자를 흥미 있게 하는 특정 **변수(variable)**, 그리고 양적이거나 질적인 접근을 사용할지 여부에 관한 질문 등 몇 가지 추가적인 선택과 마주치게 된다. 연구자가 사례연구 같이 제일 유행하는 접근법을 선택한다 하더라도 그가 사용하는 사례의 수와 사용하고자 하는 사례가 유형을 대표하는 것인지 등 몇 개의 부수적인 질문에 직면한다.

> **변수(Variable)**: 변화하는 특징, 요인, 양 또는 요소.

레이파트(Lijphart, 1971)는 세 가지 상이한 정치 연구접근법을 제시했다. 실험방법은 다른 자극의 효과를 분리하기 위해 실험적 통제집단을 사용하며, 통계방법은 변수 간 관계를 밝히기 위해 경험적으로 관찰된 자료를 사용하고, **비교방법(comparative method)**은 통계방법과 동일하지만 차이점은 소수사례를 연구해 결론을 도출하는 데 초점을 맞춘다.

> **비교방법(Comparative method)**: 특징을 보다 잘 이해하고, 가설과 이론 및 개념을 개발하여 조사하기 위해 소수사례를 비교하는 것.

비교는 아리스토텔레스의 책에서 발견되듯이 정치학에서 가장 오래된 방법 중 하나다. 일부는 과학적 정치학 연구는 불가피하게 비교하는 것이고 (Almond, 1966; Lasswell, 1968), "비교는 과학적 정치학 연구의 방법론적 중심"이라고 주장한다 (Powell et al., 2014). '방법'은 소수사례에서 가능한 보다 집중적인 분석이거나 다수사례에 필요한 보다 추상적인 분석이라기보다 통상적으로 중간 분석수준을 사용해 몇 개의 사려 깊게 선택한 사례들을 연구하는 것을 의미한다 (Landman, 2008: 29). 그러나 연구하고자 하는 사례의 수에 따라 다른 형식을 취할 수 있다.

비교연구방법

비교정치연구에 사용가능한 방법은 많고 다양하다. 랜드만(Landman, 2008: 24)이 주장하듯 무엇을 선택할지는 제기된 연구 질문과 가용한 시간과 자원, 연구자가 가장 편안한 방법, 연구자의 인식론적 선호 등의 결합에 달려있다. 즉 어떻게 하는 것이 문제에 대한 이해를 가장 잘 얻어 낼 수 있는지 연구자가 믿는 방법이다. 비교연구의 중심에 많은 부수적인 선택이 필요한 사례연구방법이 있다. 부수적인 선택이란 몇 개의 사례가 적당한지, 어떤 사례의 선택이 적합한지, 질적인, 양적인, 역사적인 방법 중 어느 게 가장 좋은지 같은 것들이다. 사례를 평가하는 데 많은 함정이 있는데, 이 또한 연구계획에서 고려해야 한다.

사례 선택의 핵심질문은 "얼마나 많은 사례가 필요한가"인데, 여기에는 세 가지 선택지가 있다.

- 사례연구방법은 전형적으로 단일사례를 포함하는데, 이는 언뜻 보기에 비교로 보이지 않는다. 그러나 사례는 더 큰 무언가의 예이고 그것과 병치되어 비교할 수 있기 때문에 하나의 사례는 필연코 비교적이다. 단일사례는 과거처럼 널리 사용되지는 않지만 깊이에 있어서 강점을 가진다. 다른 연구자들은 폭넓은 유사점과 차이점을 알아내기 위해 둘 내지 그 이상의 국가사례를 사용할 수 있다. 단일사례는 이념형이나 유형과 비교하는 데 유용하게 사용될 수 있다.
- 질적 방법은 우리가 보통 비교방법과 연결 짓는 것이며 두 개에서 열 개정도의 사례를 가지고 비교하는 것을 포함한다 (다른 방식으로 사례의 숫자로 작은 수[small-N]로 알려진 것). 이 방법은 역시 다루는데 문제가 있지만 단일사례를 넘어서는 장점을 가지고 있다. 그러나 사례의 수와 선택에 관해서는 많은 질문이 생긴다.
- 양적 방법은 더 많은 사례를 포함하면서 더욱 추상적인 경향이 있다 (즉 다수사례연구라고 함). 이는 또한 통계분석에 보다 더 적합하다. 많은 시간과 자원이 들어가고 변수의 질적 수준과 다수사례 자료의 가용성 문제로 인해 고생하는 경우가 있다. 깊이 있는 결과보다는 넓은 범위의 결과를 제공한다. 이것은 궁극적으로 단일사례나 소수사례연구에 의해 검증되어야 할지 모른다.

다음 페이지에서 우리는 이들을 하나씩 보면서 특징과 동학, 그리고 장점과 단점을 검토해 볼 것이다.

그러나 이들이 서로 완전히 분리되어 있는 게 아니고 상당히 겹쳐있다고 하는 점을 미리 말해두어야겠다. 양적, 질적 방법을 보면서, 예를 들어, 킹(King et al., 1994: 3-4)은 두 전통은 "아주 다르게 보인다. 심지어 서로 전쟁을 하고 있는 것처럼 보인다"고 말하면서, 그렇지만 차이점은 주로 형식과 기법일 뿐이라고 결론짓는다. 양적 방법은 "숫자와 통계방법을 사용하며, 일반화된 설명을 찾기 위해 또는 인과관계 가설을 검증하기 위해, 특별한 사례로부터 다른 연구자들이 쉽게 따라할 수 있는 측정과 분석을 추상화시킨다." 질적 방법은 다양한 수준의 접근을 하지만, 어느 것도 주로 숫자로 표시되는 측정에 의존하지는 않는다.

사례연구방법

사례연구방법(case study method)은 가장 널리 사용되는 연구전략 중 하나다. 정치학의 중심에 있으면서 또한 인류학, 경영학, 경제학, 교육학, 심리학과 사회학 등 다양한 분야에서 널리 사용되고 있다. 보통 단일사례에 대한 심도 깊은 연구를 포함하는데 한 가지 사건, 정책 또는 정치제도나 과정일 수 있다. 이런 노력은 다른 사례들에 적용될 수 있는 보다 넓은 시각을 제시하기 위해 사례를 활용하는 것이다. 이러한 연구는 주제에 적합한 모든 기법을 이용하면서 특정 주제에 관한 질적인 조사를 정치학의 더 넓은 주제와 연결지어 결합한다. 가장 큰 장점은 실제 현상에 대한 이해와 보다 넓은 원칙을 보여주는데 도움이 되는 명확히 정의된 사례를 제공해 준다는 것이다.

사례연구방법(Case study method): 사람, 제도, 국가, 현상 등 특정주제와 그 속의 맥락에 대한 상세한 연구를 포함하는 연구방법.

인(Yin, 2013: 16-17)은 사례연구가 범위와 특징 양쪽 모두의 관점에서 이해되어야 한다고 지적한다. 범위의 관점에서 사례연구는 실제 맥락에서 현상을 깊이 있게 들여다본다. 사례연구는 실험과는 다르다. 실험은 연구되는 현상을 그것들의 맥락과는 분리하기 때문이다. 특징의 관점에서 사례연구는 이 장 뒤에서 논의할 과다변수와 과소사례 현상을 설명하는데 도움을 주며, 다수의 명확한 근거에 의존함으로써 범위를 넓혀준다.

성공적인 사례연구의 핵심은 사례가 대표하는 것이 무엇인지, 사례가 어떻게 다른지 분명히 하는 것이다. 본질적으로 사례는 더욱 일반적인 범주의 한 가지 예이다. 따라서 사례를 들여다보는 것은 자신의 경계를 넘어 중요성을 인식하고 상세히 조사에 착수하는 것이다. 주제 자체를 넘어 들여다보는 것이 아닌 2012년 일본 총선에 관한 설명은 사례연구가 아닌 그냥 연구이다. 그러나 예전 지배정당이었던 자민당의 권력복귀의 예로 이 총선을 분석하는 것은 사례연구가 된다. 사례연구는 보다 넓은 이해관계의 주제에 대해 상세한 설명을 제공함으로써 가치를 추가한다.

본질적으로 사례연구는 아래와 같은 광범위한 기법을 사용하는 다층적인 방법이다.

- 학술문헌 읽기
- 일차자료와 이차자료 조사하기
- 참가자들 및 다른 관찰자들과 인터뷰하기
- 연구대상 경험하기 및 방문하기

킹(King et al., 1994: 38)이 표현한 바와 같이 사례연구를 수행하는 학자들은 "자신을 세세한 데까지 적셔보고, 찔러보고, 담가본다." 이들은 대강의 서술과 자세한 서술 모두를 목적으로 한다. 기어츠(Geertz, 1973)가 '중층적 서술'이라고 불렸던 목표다. 이러한 다층적 방법은 통계분석이나 실험연구처럼 단일렌즈를 통해 당면문제를 이해하려는 특정한 연구방법과는 대비된다. 일련의 관찰을 통해 측정된 변수들 간의 관계를 식별하려는 통계분석과 달리 사례분석은 조사하는 사례에서 다양한 요인들이 특정 결과를 만들어내는 데 있어서 어떻게 상호작용하는지를 파악하는 게 목적이다.

도표 6.2는 다섯 종류의 사례연구를 보여준다. 그 중 대표적 사례가 제일 일반적이다. 이것은 인상적이지는 않지만 그만큼 유용하기 때문에 사례연구의 대표선수이다. 연구자들은 종종 대표적 사례로 자신의 나라를 사용한다. 예를 들어, 연구자들은 연립정부

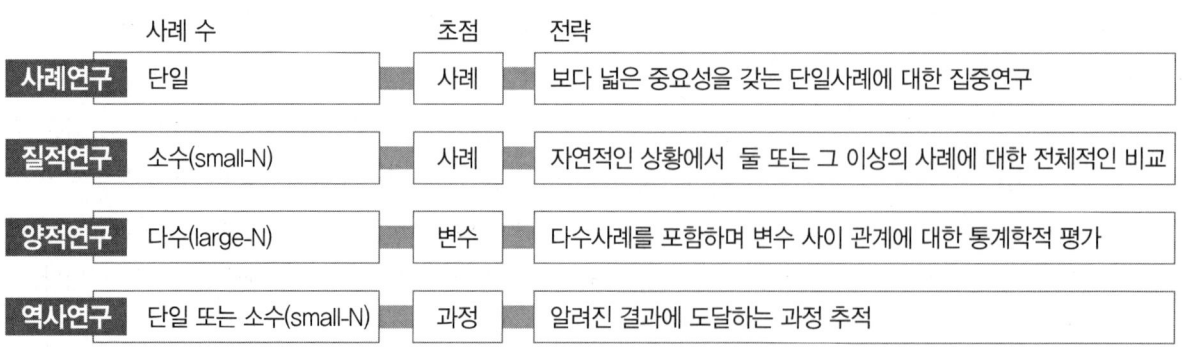

도표 6.1 정치학 연구방법

주: N은 사례 수를 의미한다.

도표 6.2 사례연구의 다섯 유형

추가 읽을거리: Yin (2013).

구성의 일반적 양상에 관심을 보이지만 이런 현상을 상세히 연구하기 위해 자신의 나라를 선택한다. 자기 나라가 연구대상이지만 연구결과는 보다 많은 나라의 같은 현상을 이해하는 데 도움을 줄 수 있을 거라는 희망을 갖는다. 일련의 대표적 사례연구는 보다 넓은 접근법을 취하는 다른 연구자들에 의한 비교의 일반화를 위해 원재료를 제공해 줄 수 있다.

이와는 대조적으로 원형적 사례는 대표적이기 때문에 선택되는 것이 아니라 대표가 되리라고 예상하기 때문에 선택된다. 로즈(Rose, 1991: 459)는 "그들의 현재는 우리의 미래이다"라고 말했다. 여기서의 초점은 혁신적인 사례를 연구하는 것이 다른 곳에서 중요성이 커지고 있는 현상을 우리가 이해하는 것을 도와줄 수 있다. 초기 원형적 사례연구의 유명한 예가 프랑스 정치가 토크빌(Alexis de Tocqueville)이 1831년부터 1832년까지 미국을 여행하고서 쓴 『미국의 민주주의(Democracy in America)』이다. 프랑스정부는 그를 미국의 수감제도를 연구하라고 보냈다. 그러나 그가 쓴 책은 미국을 사례로 이용한 민주주의와 대의정부에 대한 폭넓은 분석이 되었다.

토크빌은 미국을 민주주의의 선구자요 따라서 유럽의 미래의 선도자로 간주했다 (Tocqueville, 1835: ch.1). 원형적 사례의 더욱 최근의 예는 아랍의 봄의 첫째 사례인 튀니지 또는 대중시위운동에서 소셜미디어의 정치적 영향력을 보여주는 사례인 이집트와 우크라이나가 될 수 있다.

원형적 사례연구가 유사사례들이 미래에 어떻게 변모해갈지 보여주는 것이 목적인 반면 예시적 사례는 어느 정도 순환방식을 통해 대표적 사례로 취급될 수 있으며 범주를 새롭게 창출하는 유형이다. 예를 들어, 의회제는 영국에서 태어났고 그러므로 영국의회의 특징에 관한 연구는 이 같은 체제를 사용하는 모든 다른 나라들에서 입법부와 행정부가 일하는 방식에 관한 통찰력을 우리에게 제공해 줄 것이다. 마찬가지 방식으로, 미국의 대통령제는 단순히 대통령중심제 정부를 묘사하는 것보다 훨씬 더 많은 것을 보여준다. 미국모델은 훗날 특히 남미에서 만들어진 유사한 체제에 영향을 미쳤다. 하나의 표본이 모방될 사례로 종종 정의되는 반면에, 연구설계에서 그 용어는 한 가지 현상의 핵심적인 특징을 보여주는 영향력

초점 6.1 | 가설과 변수

거의 모든 분야 연구의 핵심은 **가설**(hypothesis)을 세우고 검증하는 것이다. 가설은 관찰이나 실험을 통해 확증하거나 반증할 수 있는 현상을 위해 제안된 설명이다. 가설은 이론과 혼동해서는 안 된다. 이론은 가설이 흘러나오는 설명틀이며, 다시 이론을 지지하거나 부정하기 위해 검증될 수 있어야 한다 (제5장 참조). 가설의 예는 다음을 포함한다.

- 다수제 선거제도는 언제나 양당제를 만든다 (다른 말로 두베르제의 법칙으로 알려짐. 제15장 참조).
- 나라가 부유할수록 안정된 민주주의를 유지할 가능성이 높다.
- 독재정권의 폭력적 종말은 민주주의보다 혼돈을 가져올 가능성이 훨씬 크다.
- 식민주의는 세계 최빈곤국 문제의 뿌리 깊은 원인이다.

우리는 언제나 변수가 특히 비교 연구의 핵심역할을 하는 것을 보았다. 통상적인 목적은 변수나 요인들이 서로 같이 변화하는 정도를 찾아내는 것이다. 그럼으로써 특정 변수에 관한 한 나라의 수준을 아는 것이(예를 들어, 문자해독률) 우리로 하여금 다른 변수에 관한 수준 예측을 가능하게 해준다(예를 들어, 투표율). 이런 분석에서 우리가 보다 더 알고자 하는 변수가 **종속변수**(dependent variable)이고, 종속변수를 설명하거나 종속변수에 영향을 미친다고 보는 변수가 **독립변수**(independent variable)이다. 예를 들면

- 높은 정치참여는 높은 소득과 교육수준 같은 요인들의 영향을 받을 수 있다.
- 군사쿠데타 발생은 빈곤, 사회균열과 과거의 쿠데타 경험과 연관되어 있을 수 있다.
- 공격적인 외교정책은 높은 사명의식, 군수산업의 힘, 외국에 대한 공포 또는 상실한 영향력을 회복하려는 욕망(러시아의 푸틴처럼)에 의해 추동될 수 있다.

가설(Hypothesis): 관찰 또는 실험에 의해 확증 또는 반증될 수 있는 현상에 관해 제기된 설명.

종속변수(Dependent variable): 우리가 설명하고자 하는 요소 또는 요인.

독립변수(Independent variable): 종속변수에 영향을 미친다고 보는 요소 또는 요인. 종종 그런 변수는 많다.

있는 사례로 보다 중립적으로 취급한다. 예시적 사례는 꼭 그럴 필요는 없지만 종종 원형적 사례이기도 하다.

예외적 사례연구의 목적은 규범적이 아닌 예외적이며 비정형적인 것을 찾으려는 것이다. 공산주의 국가로 남아있거나 여전히 군부가 지배하거나, 아니면 민주화의 추세와는 동떨어져 있는 나라 등이 예외적인 사례에 해당한다. 예외적 사례는 종종 일탈적이고 비정상적인 것에 대한 우리의 이해를 분명히 하는데 사용된다. 예를 들면, 인도는 민주주의가 번영을 전제로 한다는 명제와는 왜 모순되는가? 대부분의 연방제는 국토가 넓은 나라에서 발견되는데 작은 스위스는 무슨 이유로 연방제를 선택했을까? 다른 나라에서는 투표율이 계속해서 떨어지고 있는데 왜 덴마크에서는 높은 투표율이 유지되고 있을까? (Elkit et al., 2005). 예외적인 사례는 항상 우리의 흥미를 끈다. 이는 정상적인 사례와 상반된 차이점을 보여줌으로써 정상적인 예에 대한 우리의 이해를 증진시킨다. 그러나 예외적인 사례는 특이한 경향이 있기 때문에

과도한 연구는 위험하다. 비교정치는 흥미로운 것에 관한 수집 그 이상이어야 한다.

마지막으로, 결정적 사례(또한 중요한 사례로도 알려짐)는 어떤 명제가 타당성이 가장 낮은 환경에서 검증받을 수 있도록 해준다. 논리는 간단한데, 만약 여기서 사실이라면 다른 모든 곳에서도 사실이라는 것이다. 예를 들면, 만약 우리가 대부분의 독일인들이 더 이상의 유럽통합에는 반대한다는 사실을 발견한다면 똑같은 상황이 유럽통합에 역사적으로 더 회의적이던 영국 같은 다른 유럽국가들에서도 사실일 거라고 예상할 수 있다. 이런 방식으로 결정적 사례연구는 연구투자에 대해 예외적인 반대급부를 제공함으로써, 다시 말해 한 나라를 연구하여 다른 사례에 대해서 일반화를 할 수 있기 때문에 아주 효율적이다. 그렇지만 한 가지 위험성이 존재하는데, 결정적 사례연구는 단일연구를 통해 잠재적으로 일반화를 시도할 수는 있지만 사실은 관련 명제가 비우호적인 조건에서도 증명될 수 있는 가능성을 갖고 있다는 점이다.

전체를 포괄하는 이론이 부재한 상황에서 사례연구는 우리가 정치세계를 이해하는 건축자재와 같다. 보통법체제의 법관처럼 정치학자는 (그리고 정치인은 보다 더) 첫째 원칙으로부터 추론하기보다 보통은 사례를 비교하며 나아간다. 결과적으로 상당수 비교정치분석은 사례를 추상적 이론에 연계시키지 않고, 단순히 여러 사례로부터 유추하는 형식을 취한다. 예를 들어, 20세기 탈식민 국가와 초기 근대 유럽국가는 국가건설과정이 어떻게 다를까? 러시아혁명과 중국혁명, 이란혁명의 유사점과 차이점은 무엇인가? 소선거구 단순다수대표제 선거방식이 미국에서는 양당제를 만들고, 인도에서는 다당제를 만든 이유는 무엇일까? 우리가 다음 절에서 보게 되듯이 사례의 비교는 폭넓은 이해를 위한 공간을 만들어 낼 수 있다.

질적 방법

비교연구를 수행한다는 것은 질적이거나 양적인 비교 중 하나를 하거나, 두 개를 합친다는 것을 포함한다. **질적 방법**(qualitative method)은 단일사례와 다수 사례연구 사이에 놓인 연구들에서 가장 자주 사용되며, 쌍비교 같은 두 사례, 삼각비교 같은 세 사례와 그 이상의 사례에 대한 집중적인 탐색에 초점을 맞춘다. 사례는 주로 종속변수의 변화를 소개하기 위해 선택하게 되는데, 이렇게 함으로써 단일사례연구가 갖는 내재된 한계를 극복하게 된다.

> **질적 방법**(Qualitative method): 자연스런 상태에서 가치, 의견, 행태 그리고 맥락을 강조하면서 한 현상을 총체적으로 이해하기 위해 소수사례를 사용하는 연구방법.

질적 접근은 아래와 같은 특징을 가지고 있다.

- 제한된 수의 사례를 깊이 있게 연구한다.
- 예측보다는 묘사한다.
- 다수의 변수 간 상호작용을 이해하기 위해 노력한다.
- 연구대상으로부터 의미를 추출하는 것이 허용된다.
- 관찰이 자료 수집의 주요 수단이다.
- 자연적인 상황에서 현상을 연구한다.

기법을 살펴보기 위해 미국인과 유럽인의 우선순위와 가치를 비교하고 대조했던 리프킨(Jeremy Rifkin)의 2004년 연구, 『유럽인의 꿈(*The European Dream*)』의 논쟁적인 결론을 생각해보자. 그는 역사가 아담스(James Truslow Adams)가 『미국의 서사시(*The Epic of America*)』라는 책에서 사용한 것으로 알려진 '미국의 꿈' 개념을 갖고 시작한다. 이것이 비록 명확히 정의되지는 않지만, 꿈을 가지고 사는 미국인들은 인종, 성별, 나이, 종교나 계급과 관계없이 열심히 일하고 자유롭게 선택하여 인생에서 자신들의 목표를 추구하도록 허용되었다는 것을 의미한다고 받아들여진다.

리프킨은 이 개념이 폭넓은 인간복지에 대한 관심보다 개인의 물질적 성취에만 집중한 것이라 주장하며 비판하고 있다. 그는 이것을 아래와 같이 '부의 축적을 넘어 삶의 질'을 강조하는 '유럽인의 꿈'과 대비시켰다.

> 개인적 자율을 넘어 공동체 관계, 동화를 넘어 문화의 다양성 … 무제한의 물질적 성장을 넘어 지속가능한 발전, 끊임없는 노역을 넘어 깊이 있는 행위, 재산권을 넘어 보편적 인권과 자연권, 그리고 일방적 권력행사를 넘어 전세계적인 협력. (Rifkin, 2004: 3)

그는 유럽연합은 21세기 글로벌 세계의 필요에 보다 적합한 새로운 정치사회모델을 발전시켜왔으며, '유럽의 꿈'은 결과적으로 '미국의 꿈'을 종식시켰다고 결론지었다. 역설적으로 리프킨은 2007년 글로벌 금융위기와 2009년 유로존 위기발생 이전에 책을 썼는데. 이 두 사건은 대서양 양쪽 모두의 꿈에 심각한 타격을 입혔다.

사례를 선택하는 문제가 중요한데, 관련하여 두 가지 핵심적인 전략이 있다 (Przeworski and Teune, 1970). **최대유사체계**(MSS: the most similar system)분석으로 알려진 가장 통상적인 전략은 연구목적(종속변수)에 관한 것을 제외하고 가능한 한 유사성을 많이 공유한 사례들을 선정하는 것이다. 배경이 되는 논리는 "비교하는 단위들이 유사하면 할수록 그들 간 차이점을 일으키는 요소를 더 잘 분리해 낼 수 있다" (Lipset, 1990: xiii). 이 전략을 갖고 우리는 가능한 유사성이 많은 나라들, 즉 역사, 문화와 정치제도 등이 비슷한 나라들을 비교함으로써 공통요인들은 확실히 제거하고, 우리의 관심을 끄는 특별한 차이점에 집중하여 설명할 수 있다.

> **최대유사체계**(Most similar system): 가능한 한 유사한 사례를 사용하여 결과적으로 유사점을 통제하고 차이점의 원인을 식별하고자 하는 연구분석방법.

최대유사체계분석의 사례는 유럽연합의 여섯 개 최초 설립국들이 유럽연합의 추가 회원국을 선정하는 태도, 그중에서도 서유럽 회원국의 선정 또는 동유럽회원국의 선정에 대한 태도를 비교해 보는 것이다. 최초 설립국들이 상당히 많은 점을 공유하고 있고, 공동의 목표가 유럽연합에 대한 나라마다의 지지의 차이를 해소시켜 주기는 하지만 유럽통합을 향한 태도는 각 나라마다 차이를 보여주고 있다.

그러나 최대유사체계분석조차 많은 다른 요인들이 관찰된 차이점에 대한 가능한 설명으로 남아있게 된다. 그리고 보통 그것들을 검증할 결정적인 방법은 없다. 이 장 뒤에서 살펴 볼 과다변수와 과소사례 문제는 피하기 어렵다. 실제로 최대유사체계를 사용하는 대부분의 질적 비교의 가치는 여행의 종착지보다는 여행의 과정에 있다.

최대상이체계(MDS: the most different system) 분석은 정반대의 길을 따른다. 여기서 우리는 대조되는 역사와 문화를 가진 나라에서 관찰될 수 있는 것을 발견함으로써 두 요소 간 관계를 검사하게 된다. 만약 아주 상이한 나라 모두에서 어떤 관계가 관찰된다면, 이 관계는 사실이고, 측정되지 않은 제3의 변수로 인해 두 변수의 관계가 관찰된 것은 아니라는 점을 믿을 수 있다 (Peters, 1998). 이 접근법의 잘 알려진 스카치폴(Theda Skocpol)의 프랑스혁명, 러시아혁명과 중국혁명에 관한 비교역사분석이다 (Skocpol, 1979). 이 세 사례는 확연히 상이한 정치경제와 사회체제를 가지고 있었다. 그럼에도 그녀는 혁명이라는 유사한 정치적 결과를 만들어낸 공통적인 것이 무엇인지 설명하고자 했다. 그녀는 지주귀족들의 제한된 지지만을 받는 구질서에 대한 농민들의 좌절을 잘 조직된 선동가들이 성공적으로 이용할 때 국제적으로 취약하고 국내적으로 비효율적인 정권은 반란에 취약해 진다는 결론을 내렸다.

다른 예로 로스타인(Rothstein, 2002)은 스웨덴과 미국 등 두 대조되는 나라가 공유하고 있는 어떤 경향이 다른 민주주의 국가에서도 관찰될 수 있다는 가정 아래 두 나라의 정치사회적 신뢰의 변화를 연구했다. 비슷한 방법으로 우리가 만약 다수제 선거가 이런 선거제도를 갖고 있는 다양한 국가의 양당제 정당체계와 관계있다는 것을 발견하게 된다면 다수제 선거제도와 양당제 정당체계 관계의 공고성에 대한 우리의 자신감은 더욱 커지게 될 것이다.

> **최대상이체계(Most different system)**: 가능한 한 상이한 사례를 사용해 결과적으로 차이점을 통제하고 유사점의 원인을 식별하고자 하는 연구분석방법.

양적 방법

질적 방법이 정치현상의 이해를 위해 자연적 상황의 소수사례를 이용하는 집중적 접근법을 택하고 있는

표 6.1 질적 접근과 양적 접근의 비교

	질적 접근	양적 접근
목표	현상의 저변에 깔린 원인과 동기에 대한 이해	관심있는 전체에서 표본을 뽑아 데이터를 양적으로 나타내고 결과를 일반화하는 것
방법	설명적 또는 '아래에서 위로', 데이터로부터 나오는 가설과 이론	확증적 또는 '위에서 아래로', 데이터로 검증하는 가설과 이론
인간의 생각과 행동에 대한 관점	맥락적, 개인적 그리고 예측불가	규칙적 그리고 예측가능
맥락	자연적 상황	통제된 조건
표본크기	작음	큼
핵심원칙	해석적, 설명적	과학적, 결론적
정보유형	개방형, 해설적, 비수리적, 단어, 이미지, 주제	통계적, 수리적
정보수집	인터뷰, 초점집단, 사례연구, 관찰	실험, 검사, 서베이조사, 순위조사
결과	배타주의적, 응답자 중심	일반화, 연구자 중심
장점	관념을 숫자로 표시할 수 없을 때 최고	대규모 연구에 적합
단점	분석하기 어려워 대립되는 결과가 나옴	관념과 정치현상은 항상 숫자로 표시 될 수는 없음

주: 위의 내용은 절대적이라기보다 경향성으로 간주되어야 함. 두 방법은 겹치는 부분이 상당히 많음.
출처: Johnson and Christensen (2014, ch.2)에서 인용

반면 **양적 방법**(quantitative method)은 다수 사례, 보다 많은 변수와 통계분석에 기반한 좀 더 좁은 접근법을 택한다. 전형적인 양적 방법은 자료를 양적으로 표현하고 결과를 보다 많은 다수 사례에 일반화시키고, 실험과 조사를 통해 정보를 만들어내고자 노력한다. 이것은 또한 기술적이고 자신들만의 특화된 언어를 갖는 접근법들과 친해질 것을 요구하며 상당히 통계적이다 (그렇지만 양적 자료는 소수사례연구에도 사용될 수 있다는 점을 강조한다).

> **양적 방법**(Quantitative method): 사례보다 변수에 중점을 두고, 정치현상을 통계학을 이용해 설명하려고 하는 연구방법.

가장 기본적인 양적 연구 형태는 전체 숫자를 세어보는 것인데, 이는 과소평가되지만 시작을 알려주는 의미가 있다. 존(John, 2010)이 말했듯이 "거기에 그런 게 얼마나 많이 있는가?"하는 평범한 질문이 가치가 있다. 예를 들어, 연방제 국가가 얼마나 있는지, 민주주의 국가가 얼마나 있는지 그리고 1980년부터 얼마나 많은 권위주의 정권이 오늘날 민주화했는지? 단순 명확한 사례연구가 이론검증을 위한 정교한 시도보다 비교정치학에 더 많은 기여를 할 수 있듯이 기술적인 숫자 헤아리기가 때로는 정교한 통계분석보다 더 유용한 결과를 제공해 줄 수 있다. 일단 시작해서 기본을 넘어서면 종속변수와 독립변수의 보다 더 분석적인 세계로 들어설 수 있다.

통계접근법을 보기위해 국회의원 수(종속변수)와 전체인구(독립변수)의 관계를 보여주는 산포도인 도표 6.3의 예를 생각해 보자. 제기된 단순한 질문은 전체 인구가 입법부의 크기에 영향을 미치는지 여부에 관한 것인데, 도표는 적당한 양의 **상관관계(correlation)**가 있음을 보여준다. 즉, 인구가 크면 클수록 국회의원의 수가 많아진다는 것이다. 만약 음의 상관관계라면 **회귀선**(regression line)은 위로 올라가지 않고 아래로 내려가게 된다. 그런 사례는 거의 없지만, 큰 인구가 작은 국회를 갖고 있는 것이 된다.

> **상관관계**(Correlation): 둘 이상의 변수 또는 속성 간의 관계.
>
> **회귀선**(Regression line): 산포도에서 두 변수의 관계를 요약해서 가장 적합하게 이어준 선.

도표의 내용은 회귀선을 계산하면 보다 더 정확하게 요약된다. 회귀선은 자료를 가장 적합하게 이어주는 선으로 두 변수를 연결해 주는 공식에 의해 결정된다. 이 사례에서 방정식은 평균적으로 인구가 100만 명 증가하면 국회의석이 한 석씩 늘어난다는 사실을 보여준다. 인구가 0인 개념적 상태에서 국회의 기본 크기가 정해지면 이렇게 주어진 방정식으로 우리는 특정 국가의 인구를 이용해 국회의 크기를 추정해볼 수 있다.

회귀선의 중요한 가치는 우리로 하여금 **이상점** (outliers) 또는 선을 벗어난 사례를 식별할 수 있게 해준다는 점이다. 예상된 국회 규모와 실제 규모와의 차이가 클수록 추가적인 설명이 필요하다. 따라서 예외적 사례분석으로 이어지게 된다. 우리의 예에서 브라질 국회의원은 브라질 인구에서 예상되는 선 바로 아래에 위치하고 있다. 그러나 쿠바와 나이지리아의 국회는 예상치보다 훨씬 크다. 쿠바는 1,100만 명의 인구가 612명의 국회의원을 가지고 있는데, 이는 1만 8,000명당 1명의 국회의원을 갖고 있는 것이다. 이는 쿠바가 다른 나라에 비해 훨씬 많은 국회의원을 갖고 있다는 사실을 보여준다. 이런 현상을 어떻게 설명할 수 있을까? 공산주의 국가들은 당 권력에 제기될 지도 모르는 어떠한 위협을 감소시킬 방법으

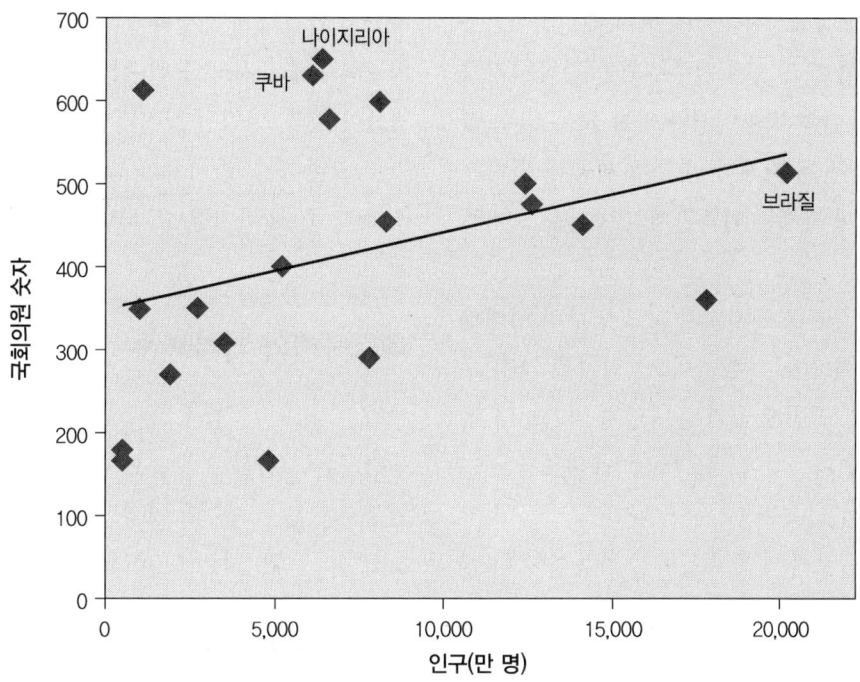

도표 6.3 인구와 국회규모

주: 국회의원은 하원만 고려했음.
출처: 국회의원은 Inter-Parliamentary Union (2015)에서, 총 인구는 World Bank (2015).

로 큰 규모의 입법부를 만들 수도 있다. 최소한 이는 추후 조사가 필요한 설명력 있는 가설이며, 우리에게 사례를 통계적 틀 내에서 찾도록 하는 사례선택 전략을 제공해 준다 (Lieberman, 2005).

> **이상점(Outliers)**: 회귀선을 기준으로 예측되는 값으로부터 가장 멀리 벗어난 관찰값.

양적 비교의 가치는 다른 연구자들도 검사할 수 있는 표준기법을 사용해 대량의 데이터를 정확하게 요약해 준다는 데 있다. 그러나 두 가지 중요한 위험 요소 때문에 통계분석의 해석에는 주의가 요구된다. 첫째, 두 변수간의 강력한 상관관계가 단지 두 변수 모두 제3의 측정되지 않은 요인으로부터 영향을 받고 있기 때문일 수 있다. 예를 들어, 비례대표제와 다당제 간 상관관계는 비례대표 자체가 정당의 수를 증가시키기 때문이기보다는 두 요인이 분열된 사회에서 모두 발생하기 때문에 나타나는 관계일 수 있다. 이러한 허위관계의 문제는 모든 관련된 변수를 분석에 다 포함시킴으로써 해결할 수 있다. 그러나 우리는 얼마나 많은 변수가 관련되어 있는지 알 수 없고, 관련이 있다고 생각하는 모든 데이터를 가지고 있지도 않다.

통계분석 결과를 해석하는 두 번째 문제는 비록 관계가 사실일지라도 인관관계의 방향을 정해야 하는 문제가 남는다는 것이다. 예를 들어, 자유민주의 정권이 권위주의 정권보다 높은 경제성장을 달성한다는 사실을 발견했다고 가정해 보자. 우리는 여전히 해석의 문제에 부딪친다. 그런 상관관계가 나타난

것은 민주주의가 경제성장을 추동하기 때문일까? 아니면 높은 성장률이 안정된 민주주의를 진작시키기 때문일까? 어느 한쪽 방향이거나 양쪽 모두 일수 있다. 통계적 상관관계 자체가 해답을 제공해 주지는 못한다. 상관관계 자체는 인과관계의 방향을 보여주지는 못한다.

양적 비교는 숫자로 표시되지 않고 범주의 형태를 갖고 있어도(예를 들어, 예/아니오) 의미를 가질 수 있다. 예를 들면, 연방제 국가는 단일제 국가보다 복지국가로 발전할 가능성이 낮을까? 비례대표제는 연립정부와 관련이 있을까? 가난한 나라 국민들이 부유한 나라 국민들보다 테러로 돌아설 가능성이 더 클까? 나라가 연방제이거나 아닌 것이 정부가 연립정권이거나 아닌 것과 관련이 있을까? 이 경우 간단명료한 교차표는 도표 6.3의 산포도와 질적으로 똑같은 것이다. 이러한 교차표로부터 상관관계 같은 통계치를 계산해 낼 수 있다 (Penning et al., 2006).

비교에 대한 도전

제1장에서 보았듯이 비교는 그만한 가치를 제공해 준다. 비교는 정치세계에 관한 우리의 이해를 확장시켜주며, 개선된 구별을 하도록 도와주며, 설명과 예측까지 가능하게 해준다. 우리가 조금 전 본 것처럼 비교연구에는 사례와 변수를 사용하는 상이한 접근법들이 있다. 다양한 장점과 대안이 있음에도 불구하고 비교한다는 것 자체가 많은 어려움을 제기한다. 특히 그 중 네 가지를 살펴본다 (표 6.2 참조).

과소사례와 과다변수

이것은 비교정치학을 일종의 실험실과 비슷하다고 생각하는 사람들에게 중요한 문제이다. 실험실에서 연구자는 단일변수의 영향을 분리시키기 위해 계속 노력한다. 레이파트(Lijphart, 1971)가 지적했듯이 이 문제는 연구자가 동시에 많은 변수를 통제하고 싶지만 사례가 빨리 부족해져 버릴 때 일어난다. 다른 말로 하면 변수의 숫자가 사례의 수를 넘어서는 것이다. 거의 200여개에 달하는 국가사례에서 조차 우리는 실험실의 실험처럼 정확한 정치적 비교가 가능한 사례를 충분히 갖고 있지 못하다. 다른 각도에서 같은 관점을 만들기 위해 우리는 국가 간 정치적 차이를 설명할 수 있는 모든 가능한 사례를 실험해 볼 수는 없다.

예를 들어, 뉴질랜드는 왜 1990년대 공공서비스 운영에 대한 민간부문의 도입에 특별히 호의적이었을까? 아마 거기서의 개혁의 힘은 뉴질랜드 정치엘

표 6.2 비교에 대한 도전들

과소사례와 과다변수	연구에 가용한 사례보다 주어진 결과를 위한 훨씬 많은 설명요인을 가지고 있다는 문제
선택편향	선택한 사례가 종종 대표성이 없는 예가 되어 발견의 중요성을 제약한다. 선택은 특히 생존편향, 가치편향, 또는 확신편향에 의해 영향을 받는다.
의미의 이해	'똑같은' 현상이 다른 나라에서는 다른 것을 의미할 수 있어서 유사한 것들을 비교하는 데 어려움이 제기된다.
세계화	국가는 서로 완전히 독립적이라고 간주할 수 없다. 따라서 이론 검증에 가용한 유효한 사례의 수를 감소시킨다.

리트와 기업엘리트들의 친시장적 사고를 반영한 것이었다 (Boston et al., 1995). 혹은 뉴질랜드의 공공부문이 개혁조치를 막는 데 약했다고도 볼 수 있다. 왜냐하면 유럽대륙의 많은 민주적 국가들과 달리 뉴질랜드의 경우 헌법과 법률에 의해 보호되지 않는 구조를 갖고 있었기 때문이다 (Hood, 1996). 여기서 우리는 뉴질랜드의 특이성에 대한 두 가지 잠재적 설명이 가능하다. 하나는 이념에 기반 한 설명이고, 다른 하나는 법률에 기반 한 설명이다. 두 설명 모두 사실과 대체로 일치한다. 그러나 우리는 어느 요인이 결정적인지 식별할 방법은 없다. 이상적으로 생각하면, 뉴질랜드와 같은 나라에서 두 요인 중 하나만 적용되는 나라를 찾아 공공분야가 개혁되었는지 확인하고 싶을 것이다. 그러나 그런 나라는 지구상 어디에도 존재하지 않는다. 우리는 사례가 부족한 것이다.

이런 문제에 대한 몇 가지 잠재적인 해결방안이 있다. 우리는 역사로 돌아가 확장된 시간대에서 사례를 비교함으로써 사례의 숫자를 늘릴 수 있다. 우리는 또한 최대유사체계분석을 이용하여 소수사례에 더 집중하거나 최대상이체계분석을 이용하여 변수의 수를 줄일 수 있다. 마지막으로, 우리는 **사후추정(counterfactual)**을 사용하여 '만약 ~이라면(what if … ?)'이라는 가설을 제기해 볼 수 있다. 만약 개혁엘리트들이 비우호적인 법률에 맞닥뜨렸다면 뉴질랜드의 개혁성과는 어떠했을까? 공공부문 개혁은 여전히 진행되었을까? 만약 영국이 미국 독립전쟁에서 승리했다면 세상은 어떻게 되었을까? 만약 히틀러가 1932년 차량충돌사고로 죽었더라면? 또는 만약 9/11사태가 일어나지 않았더라면? 이런 추정작업을 돕기 위해 테틀록과 벨킨(Tetlock and Belkin, 1996)은 어느 한 사후추정의 가능성을 판단하는 데 유용한 지침을 개발했다. 그러나 정의상 그러한 사고실험은 결코 현실에서 검증될 수는 없는 것이다.

> **사후추정(Counterfactual)**: 만약 특정요인이 과정에서 없었거나, 없던 요인이 일어났다면 가능했을 결과를 상상으로 생각해 보는 사고실험.

선택편향

비교의 두 번째 함정은 **선택편향(selection bias)**에서 발생한다. 선택편향은 국가, 도시, 이익집단 또는 선거제도 등 연구대상의 선택이 무작위가 아닌 의도적으로 이루어지는 경우 문제가 된다. 그런 상황에서 연구대상은 전체 모집단을 대표하지 못하고 연구결과는 선택사례를 추출했던 보다 넓은 범주에 적용시켜 일반화시킬 수 없는 위험이 생긴다. 예를 들어, 영어를 사용하는 민주주의 국가연구가 모든 민주주의를 대표할 수 있는 것은 아니며, 사하라 이남 아프리카의 정당연구가 유럽이나 남미의 정당을 대표할 수도 없는 것이다. 질적 비교연구에서 무작위표본추출이 힘든 현실에서 초점은 이러한 선택편향을 제거하는 데 있기보다는 선택편향의 사실을 정확하게 인식하는 데 있다.

> **선택편향(Selection bias)**: 선택된 사례와 변수가 이들을 도출한 모집단을 대표하지 못할 때 발생한다.

이러한 위험은 종종 우연한 선택에 따른 의도하지 않은 결과로 나타난다. 예를 들어, 우리는 같은 언어를 쓰거나 좋은 교류계획을 가지고 있거나 안전하다고 느끼는 나라를 연구대상으로 선택하기 쉽다. 그 결과 어쩌면 큰 나라가 대표적이라고 할 수 없음에도 불구하고 크고 강한 나라가 작고 힘없는 나라들보다 더 집중적으로 연구되는 경향이 있다. 대조적으로 충분한 관심을 받지 못하는 연구를 수행하기는 어렵다.

예를 들어, 구드(Goode, 2010)는 러시아 같은 권위주의정권은 연구수행의 정치적 민감성으로 인해 연구가 덜 되는 경향이 있다고 말한다. 이러한 선택편향의 결과로 발간되는 연구물이 모든 나라를 대표할 수는 없다는 것이다. 따라서 대부분의 대학도서관들이 미국, 영국 또는 독일정치 관련 서적을 많이 갖추고 있는 반면 아이티, 소말리아 또는 차드 같은 나라의 서적은 훨씬 적게 보유하게 된다.

많은 수의 국가를 다루는 통계학적 연구가 갖는 장점은 그것이 선택편향의 위험성을 감소시킨다는데 있다. 즉 만약 연구가 오늘날의 모든 국가를 다 포함한다면 최소한 현대세계에 대한 일반화에 한하여서는 선택편향의 문제는 사라진다. 그러나 안타깝게도 선택편향 문제는 나라의 편중된 선택이 아니라 변수의 편향적인 선택을 통해 다른 형태로 나타난다. 예를 들면, 비교정치학의 많은 통계연구는 각기 다른 이해관계를 갖는 정부와 국제기구가 수집한 기존 데이터에 의존하고 있다 (이 책도 세계은행이 수집한 데이터에 의존하고 있다). 이런 기관들의 주목적은 흔히 정치적이기보다 경제적이다. 따라서 이런 특성을 갖는 데이터가 이용가능하다는 것은 금융변수와 경제변수가 현실과 달리 지나치게 주목받게 될 수 있음을 의미하며, 정치학이 경제학의 한 분야로 취급되는 위험이 존재한다는 것을 의미한다.

특별히 중요한 선택편향 문제는 오직 긍정적인 사례만 연구함으로써 우리가 설명하려는 현상과 관련된 모든 변화를 제거해 버리는 데서 발생한다. 이것은 일상적이고 두드러지고, 피할 수 있는 실수이기 때문에 신중하게 살펴볼 필요가 있다. 킹(King et al., 1994: 129)은 이 문제를 다음과 같이 설명한다.

연구문헌들은 종속변수를 변하게 하는데 실패한 오류를 범한 연구들로 가득 차 있다. 예를 들어, 전쟁 발발을 설명하는 연구는 오직 전쟁만을 연구하고 있고, 혁명의 발생을 설명하는 연구는 오직 혁명만을 연구하고 있으며, 투표참여 향상에 관한 연구는 오로지 투표불참자들과의 면담만을 가지고 연구한다.

여기서 문제는 오직 긍정적인 현상과 관계된 사례만 연구하는 경우 그 현상의 원인과 결과에 대해 결론을 내리는 것은 불가능하다는 점이다. 종속변수에 변동이 있도록 해주는 대비되는 사례가 필요하다. 그럼으로써 우리는 무엇이 전쟁의 시대와 평화의 시대를 구분하는지, 무엇이 혁명의 시기와 안정된 시기를 구분하는지, 무엇이 투표기권자와 투표참가자를 구분하는지 생각할 수 있다.

종속변수에 변동이 없더라도 우리는 여전히 사례의 일반적인 특징을 식별할 수 있다. 예를 들어, 혁명은 항상 전쟁 이전에 일어나고, 모든 투표기권자가 정치에 냉소적인 태도를 갖고 있다는 사실을 발견할 수 있다. 그러나 우리는 자세히 들여다보고 설명할 수 있는 대조되는 사례를 갖고 있지 못하다. 혁명을 일으키는 조건들이 종종 혁명이 촉발되지 않는 경우에도 존재하는 것은 아닌지, 투표기권자에게서 발견되는 정치적 냉소주의가 선거 당일 투표한 사람들 사이에도 똑같이 팽배해 있지는 않은지 우리는 알지 못한다 (Geddes, 2003). 이를 다르게 표현하면, 전쟁은 충분조건이 아니면서(전쟁이 날 때마다 혁명이 따른다), 혁명의 필요조건일 수 있다 (전쟁 없이 혁명은 없다).

세 가지 특별한 선택편향 형태가 자체적으로 독특한 문제를 일으킨다. 첫째, **생존편향**(survivorship bias)은 시간적 과정에서 비생존자가 배제됨으로써 편향된 결과를 초래하는 경우 발생한다. 현대 공산정권이나 군사정권이 그런 정권 전체(현존하는 정권뿐만 아니라 과거에도 존재했던 정권 모두)를 대표하는 것으로 보는 건 잘못이다. 왜냐하면 살아남은 정권들은 사라진 정권들과는 다를 수 있기 때문이다. 비슷하게, 만약 우리가 연방제를 연구하려 한다면 몇몇 연방은 실패했고, 따라서 현존하는 연방이 성공적인지뿐만 아니라 과거와 현재 모든 연방 중 생존해서 번영하고 있는 비율이 어느 정도인지에 관해서도 평가해야 한다. 모든 연합제 역사의 사례가 실패했거나 연방제로 변화했기 때문에 미래의 사례도 역시 실패할 운명이라는 것을 의미하는 걸까? 연구를 계획할 때 우리는 망원경의 양쪽 끝을 통해, 종료자 뿐 아니라 출발자도, 생존자 뿐 아니라 사상자도 함께 들여다보아야 한다.

> **생존편향(Survivorship bias)**: 과거 사례를 간과하고 오로지 현존하는 정치유형 사례만 연구할 때 발생하는 선택편향유형.

둘째, 연구자 스스로 가치나 이념에 의해 유도될 때 **가치편향**(value bias)이 발생한다. 보고서나 학술 논문과 책 중 어느 하나라도 읽을 때 우리는 저자가 정치적 성향을 가지고 있을 거라는 사실을 받아들여야 하고, 지원을 받는 연구의 경우 우리는 누가 연구비를 제공하는지, 지원자에 의해 연구자에게 부과되는 조건은 무엇인지, 또는 특정 정치적 의제가 작용하는 게 아닌지 고려해야 한다. 가치편향은 비교연구에서 특별한 문제이다. 왜냐하면 연구자가 자신의 인생 대부분을 또는 거의 모두를 보낸 나라 이외에 연구자는 연구주제에 관해 직접 아는 것이 거의 없으며 다른 사람들의 경험, 가치와 학습의 렌즈를 통해 보는 위험에 직면하기 때문이다. 그렇게 노력하지 않더라도 연구자들은 정치, 문화, 인종, 성, 종교, 나이, 경제 상황 등 여러 많은 요인들에 의해 편향성을 갖게 된다.

> **가치편향(Value bias)**: 평가와 사실의 선택, 결론이 연구자의 가치관에 의해 영향을 받는 것.

마지막으로, **확신편향**(confirmation bias)은 연구자가 연구를 착수하기 전 마음속에 어떤 의견을 가지고 있고, 그 생각을 지지하는 사실과 분석에 집중하고 반대되는 다른 증거는 무시하거나 과소평가할 때 발생하게 된다. 연구를 지원하는 사람들은 자신들의 이해관계를 지지하는 데이터를 찾아내는 연구자를 발굴해 지원하기를 좋아하는 경향이 있다. 의식적이건 무의식적이건 확신편향은 왜곡된 결론을 만들어 내는 똑같은 효과를 갖고 있다. 예를 들어, 기후변화와 관련해 옹호론자건 반대론자건 때때로 자신들의 확고한 주장과는 반대되는 증거는 무시하거나 부정해 버리면서 자신들의 생각을 지지하는 연구에만 집착한다. 특별히 우리는 새로운 발견이 세계에 대한 우리의 기존의 이해를 어떻게 수정해주는지 스스로 물어봄으로써 확신편향에 대처할 수 있다. 그렇지만 이런 객관적 수준을 유지한다는 게 쉬운 일은 아니다.

> **확신편향(Confirmation bias)**: 기존의 신념과 태도를 확인해주는 정보를 찾거나 해석하고, 그렇지 않은 정보는 무시하려는 경향.

의미의 이해

어떤 정치적 행동의 의미는 관련된 국가의 관습에 의존하기 때문에 유사한 것들을 비교하는 작업은 보이는 것처럼 언제나 간단명료하지는 않다. 국가마다 다양한 정치적 대표성의 스타일에 대해 질문해보자. 나이지리아 정치인들은 현란한 언행으로 유권자를 감동시키려 하는 반면 스웨덴 정치인들은 자신들이 무척 평범하다는 점을 확인시키려 노력하는 것 같다. 유권자를 감동시키려 하는 동일한 목적이 문화적으로 특이한 방식으로 나타나는 것이다. 따라서 나이지리아 수도 라고스에서 작동하는 방식이 스웨덴의 수도 스톡홀름에서는 재앙적일 수 있고, 스톡홀름에서 성공적인 것이 나이지리아의 아부자에서는 냉담한 반응을 얻게 될지 모른다.

비슷하게, 국회의원이 출신정당의 노선에 반대하는 투표를 할 경우 그 결과는 철저한 무관심에서부터 정당축출에 이르기까지 나라마다 크게 다를 수 있다. 똑같은 행동으로 보이는 것이 문화적 맥락에 따라 그 중요성이 차이가 난다. 의미가 맥락에 따라 변하는 것이다.

따라서 국가 간 비교를 시작하기 전에 우리가 연구하는 국가와 관련된 문화적 코드를 이해하는 작업을 분명히 해야 한다. 여기서 실패하게 되면 우리나라의 행동의 의미를 다른 나라 사회에 부정확하게 투사하는 문화적 제국주의로 귀결된다.

세계화

비교의 마지막 난관은 세계화로부터 나온다 (Teune, 2010). 2015년 현재 193개 독립국이 유엔에 소속해 있지만, 실제로 이들 국가는 상호의존적이거나 심지어 종속적이기까지 하다. 국가들은 지속적인 상호작용 과정에서 서로 배우고, 모방하고, 경쟁하고, 영향을 미치고, 심지어 서로 침략도 한다. 다른 나라의 정치와 정부가 점차 유사해지면서 결과적으로 동질화 현상으로 나타날 수 있다 (각국이 세계질서 속에 자신만의 독특한 역량에 집중하는 전문화가 또 다른 가능한 결과이기도 하지만). 스위스경제연구소가 제공하는 KOF 세계화지수는 경제적, 정치적, 사회적 관점에서 세계적으로 연계된 수준에 따른 국가 순위를 발표함으로써 이런 문제에 관한 통찰력을 제공해 준다 (표 6.3 참조). 다른 것들 중에, 이 표는 세계적 연계성이 가장 높은 수준을 갖고 있는 나라가 벨기에와 네덜란드 같이 선진경제이면서 소규모 민주주의 국가라는 사실을 보여준다. 인도나 심지어 미국 같은 큰 나라들은 세계와 덜 통합된 수준을 나타낸다. 실제로 인도와 미국 모두 작은 나라들에게는 실용적이지 못한 방식으로 특이한 정치경로를 따라왔다. 그러나 전반적으로 상당한 수준의 상호의존이 보편적 규범이 되면서, 우리가 국가를 완전히 분리된 사례들로 다루는 작업을 제약하고 있다.

세계화가 함축한 의미에 대해서는 의견이 나뉜다. 바버(Benjamin Barber, 1995)는 그의 책 『지하드 대 맥월드(Jihad vs. McWorld)』에서 세계화/세계주의와 전통/종족주의 세력들이 서로 다투고 있다고 말한다. 지하드(Jihad: 문자적으로는 믿음을 전파하는 무슬림의 의무라는 뜻)는 활발한 지방적 정체성, 공동체 의식, 친척, 이웃과 자국민 간 연대를 나타내는 반면 맥월드(McWorld)는 독립과 공동체와 정체성의 희생에도 불구하고 평화와 번영, 상대적 통합을 상징한다. 그는 궁극적으로는 세계화가 승리하리라고 결론을 내린다. 그러나 사회의 맥도날드화(McDonaldization)에 관해 글을 쓴 사회학자 리처(George Ritzer, 2011)에 따르면 이미 경쟁은 끝났다. 그는 효율성, 예측가능성과 표준화라는 목표에 의해 문화가 이미 압도당해 버렸다고 말한다. 남은 것은 정치와 정치적 예측과 관련된 주장일 뿐이다.

산업화, 식민주의, 탈식민화, 민주화 같은 세계사의 주요 전환은 세계라는 무대 위에서 전개되었다. 국가 자체가 독자적으로 발전한 것은 아니다. 그러

표 6.3 KOF 세계화지수

	순위	점수		순위	점수
아일랜드	1	92	남아공	58	65
벨기에	2	92	일본	59	65
네덜란드	3	91	멕시코	70	61
스웨덴	7	87	중국	72	60
캐나다	12	86	브라질	76	60
영국	17	84	이집트	85	57
프랑스	21	83	나이지리아	90	56
독일	26	79	인도	112	50
미국	32	75	아프가니스탄	184	30
러시아	56	65	소말리아	191	24

주: 점수는 100점이 최고 세계화수준을, 0점이 최소 세계화수준을 나타낸다. 점수는 반올림 된 것이다.
출처: Swiss Economic Institute (2015) www.kof.ethz.ch

나 대신 국가성(statehood) 개념이 국가가 나타난 유럽에서 바깥으로 확산되었다. 이런 관점에서 우리는 상호의존적 국가 세계라기보다 하나의 세계체제에서 살고 있다. 그린(Green, 2002: 5)은 '국가정치가 실제로는 자체 생명력을 갖는 보다 큰 실체의 세포인 것처럼' 세계가 구성되어 있다고 말하며 이 점을 잘 정리하고 있다. 이 말의 의미는 우리가 아무 연관이 없는 것처럼 구성 부분들을 비교하기보다는 이처럼 더 큰 유기체를 연구해야 한다는 것이다.

특이한 제도 형태 역시 확산을 반영하고 있다. 남미의 대통령제는 미국에서 수입되었다. 총리와 의회제는 영국 정치사라는 특별한 환경에서 성장하였다. 옴부즈맨 (제10장 참조)은 스웨덴에서 비롯된 제도이다. 유엔에서 유럽연합까지 국제기구의 발달도 모든 회원국들이 따라야 하는 새로운 거버넌스 층을 만들어 냈다.

이런 연관성으로 인해 비교분석이 무의미해지는 것은 아니다. 실제로는 상이한 국가에 대한 국제적 요인의 영향력 비교가 가능해져서 국제정치와 비교정치 연구가 서로 연결된다. 그러나 상호의존성은 통계분석에 기술적 곤란을 제기한다. 국가를 독립된 실체로 취급하는 것은 통계분석에서 인위적으로 표본 크기를 늘림으로써 결과적으로 획득한 결과의 신뢰성을 과장하게 된다 (Tilly, 1997). 이 점을 좀 더 직설적으로 설명하면, 국가를 분리된 것으로 취급하는 것은 모든 국가가 실제로 세계화 같은 공통적인 외부적 영향에 종속되어 있다면 결국 잘못된 추론으로 이어질 수밖에 없다는 것이다.

역사적 방법

대부분의 정치학, 특히 비교정치학 연구는 현대세계에 초점을 맞춘다. 우리는 역사를 주로 역사가들에게 맡긴다. 그러나 물론 이런 분업은 임의적이며 인위적이다. 오늘의 현재는 내일의 과거이다. 정치학은 현존하는 이론의 예를 들거나, 이에 도전하거나, 이를 더욱 정교하게 다듬기 위해, 학살과 혁명 같은 드문 사건이건, 특별한 사소한 사건이건 풍부한 사례의 보고로서 과거 역사를 많이 활용할 수 있으며, 또 그렇게 해야 한다. 우리가 발견하는 것이 여러 다른 시대에 걸쳐서 확실하다는 점을 증명하는 데 최대상이체계분석을 사용하는 것을 가능케 해줌으로써 **역사적 방법**(historical method)은 우리의 데이터베이스를 확장시켜 줄 수 있다.

> **역사적 방법(Historical method)**: 과거의 사례를 연구하는 데 바탕을 두고, 종종 시간에 따른 발전 과정에 초점을 맞추는 연구방법.

정치학자들이 제기하는 질문은 대부분의 정치학 연구가 전통적으로 초점을 맞추는 현재를 사진처럼 찍는 것에서부터 시간에 따른 변화를 영화처럼 찍는 것으로 어떻게 하면 전환시킬 수 있을까 하는 것이다. 이 질문에 대한 대답의 일부는 역사와 정치학을 결합하려는 **분석적 서술**(analytical narrative)을 사용하면 된다는 것이다. 분석적 서술은 자신에게 주어진 가용한 선택권을 잘 알고 있는 행위자가 행하는 어떤 특정 움직임의 시간적 흐름이 어떻게 특정한 결과를 만들어내는지를 연구한다 (Bates et al., 1998). 사례연구와는 반대로 분석적 서술은 사건의 연속성에 관심을 갖고, 결과에 영향을 미친 핵심요인을 식별하려는 목적을 가지고 있다.

> **분석적 서술(Analytical narrative)**: 특별한 결과에 대한 설명을 찾기 위해 역사학적 방법과 정치학적 방법을 통합하려는 시도.

유럽연합(EU)이 좋은 예를 제공한다. 우리는 유럽연합의 제도, 의사결정과정의 동학과 추진하는 정책을 연구할 수 있다. 그러나 그것이 애초에 왜 만들어졌는지(유럽국가들 사이에 평화를 성취하고자 하는 갈망이 첫 번째이자 최고의 목표)와 유럽연합이 어떻게 진화했는지, 또는 어떻게 변화과정의 특별한 단계에서 현재의 구조와 현재의 회원국을 만들어 내게 되었는지를 알지 못하는 한 결코 완전하게 유럽연합을 이해할 수는 없다. 유럽연합은 한 조각, 한 조각 만들어 졌고, 그 조각들이 추가되던 순서, 예를 들어, 회원국의 확대 방식과 새 회원국의 EU 가입 순서는 유럽통합의 변화한 시각과 우선순위에 관해 많은 것을 밝혀줄 것이다.

이란은 또 다른 예를 보여준다. 첫눈에 이란은 서구를, 특히 미국을 비판하는 데 과도하게 집착하는 것으로 보일 수 있다. 서구 정치지도자들의 본능적인 반응은 이런 이란의 심술을 비난과 불신 그리고 불개입으로 대응하는 것이다. 이란은 식민지였던 적이 없음에도 불구하고 이란의 시각은 여전히 오랜 서구의 정치경제적 간섭을 받은 역사로 덧칠되어 있다. 이란은 예멘 같은 이란의 이웃의 문제들에 외국이 개입하는데 대해 여전히 비판적이다. 현재를 과거의 관점에서 해석할 수 있는 것은 오직 분석적 서술을 통해서만 가능하다.

과정 추적(Process tracing)은 원인과 결과를 연결하는 역사적 순서를 식별하고 기술함으로써 정치학과 역사를 재연결 한다. 예를 들어, 히틀러의 반유대주의로부터 대학살로 이어진 단계는 무엇이었나? 어떤 기제를 통해 전쟁의 패배가 정권의 변화로 이어지는가? 그러나 종종 결과는 미리 결정되어 있는 것이 아니다. 바로 여기서 중요한 전기, 순차성 그리고 저속 원인 같은 개념이 정치적 과거가 정치적 현재에 어떻게 영향을 미치는지에 관해 생각하는 데 유용한 수단이 된다.

비록 분석적 서술이 특히 시간의 흐름에 따른 정

> **과정 추적(Process tracing)**: 원인과 결과를 연결해 주는 사건의 순차성에 관한 연구.

치를 설명하는 방식을 제공하고 있지만 여전히 보다 폭넓은 접근이 필요하다. 피어슨(Pierson, 2004)은 정치를 시간적 맥락 속에서 생각해 보기 위해 몇 개의 개념을 도입했는데, 이들은 정치변동에 대한 우리의 잠재했던 생각들을 명확히 해주는 데 도움을 준다. 이런 개념들 중 첫째는 **경로 의존성**(path dependence)이다. 경로 의존성은 정치과정의 결과가 이전의 결정에 의해 영향을 받는다는 것을 말한다. 즉, 종착점은 경로에 의존한다는 것이다. 이 개념은 경제학자들이 기술변화가 경영습관의 변화에 영향을 미쳤는지 설명하기 위해 물리학에서 빌려왔고, 그 이후 사회과학 전체로 확산되었다. 예를 들어, 푸틴의 러시아 권위주의로의 회귀 원인이 1991년 소련 붕괴 이후 이어진 개혁시대에 취해졌던 결정과 조치까지 추적될 수 있다고 주장하기 위해 사용될 수 있다.

> **경로 의존성(Path dependence)**: 과정의 결과는 특정한 경로를 따라 이어진 과거의 결정에 의존한다는 생각.

경로 의존성은 일반적으로 역사를 강조하며 구체적으로는 분기한 출발점을 강조한다. 반대로 경로 독립성은 "모든 길은 로마로 통한다"와 같이 경로와 상관없이 같은 종착점에 도착한다는 것을 의미한다. 경로 독립성은 역사적 순차성보다는 저변에 깔려있는 구조와 자원을 강조한다. 예를 들어, 첫째 골이 결정적이라면 축구경기의 결과는 경로 의존적이지만, 어느 팀이 첫째 골을 넣든지 더 잘하는 팀이 결국 확실히 이긴다면 경로 독립적이다. 좀 더 정치적인 예를 들면, 한 전투가 결정적이라면 전쟁의 결과는 경로 의존적이지만 초기 대치의 결과가 어떻든 더 강한 쪽이 결과적으로 확실히 승리한다면 경로 독립적인 것이다.

경로 의존성은 **중요한 전기**(critical junctures)로 인해 촉발될 수 있다. 중요한 전기는 발생한 이후에도 오랫동안 계속해서 이어지는 새로운 경로를 열어주는 핵심적인 순간을 말한다. 중요한 국면 (흔히 위기의 순간) 동안 모든 선택권은 실제로 책상 위에 놓여 있고, 역사가 실제로 써진다. 혁명이 하나의 예이고, 헌법제정회의가 또 다른 예이다. 일단 새로운 질서가 굳어지고 나면 정치는 자리를 잡고 의사결정자들에게 실제로 가용한 선택들은 중요성이 줄어든다. 혁명세대는 새 정권의 실용적 관리자들에게 자리를 내주게 된다. 이념은 제도에 의해 자리가 바뀌고, 따라서 선택으로서의 헌법은 제약으로서의 헌법으로 변한다.

> **중요한 전기(Critical juncture)**: 시대를 넘어 지속되는 이해관계, 구조 및 제도를 확립시킨 전환점.

역사를 중요한 시대와 보통의 시대로 구별함으로써 우리는 사람들이 자신의 역사를 만드는지 여부를 둘러싼 오랜 논쟁에 대한 나름 일리 있는 시각을 갖게 된다. 사람들이 역사를 만들기는 하지만, 단지 가끔 그렇다는 것이 답일 듯하다. 다른 말로 하면, 중요한 전기는 사람들이 실제 장기적 관점에서 결정할 수 있는 드문 선택의 순간이다.

특히 아이디어는 중요한 전기 동안 부각된다. 보통의 시대에 많은 정치적 토론을 슈미트(Schmidt, 2002: 252)는 확립된 이해관계를 방어하기 위한 협상의 입장을 나타내는 '값싼 대화'라고 언급했다. 그러나 때로 현존하는 아이디어들이 환경의 변화에 대응할 수 없게 되어 확립된 절차를 고치거나 완전히

초점 6.2 | 경로 의존성, 중요한 전기와 그리스 재정위기

지난 십여 년간 그리스에서 발생한 재정위기는 경로 의존성이 작동하고 있으며, 새로운 경로로 들어서는 결정을 하게 된 중요한 전기를 모두 보여주는 사례이다.

위기의 직접적인 시작은 2002년 그리스가 새로운 유럽연합 단일통화인 유로(euro)를 채택한 12개 EU회원국 중 하나가 되었을 때이다. 그 당시에도 이러한 조치를 하는 데 대한 준비가 부족하다는 의구심이 있었다. 왜냐하면 그리스는 적자 재정 관련 제약을 포함해 유로에 참여하는 데 필요한 모든 기준을 맞추고 있지 못했기 때문이다. 그럼에도 불구하고 가입이 허락되었다. 유로 회원국 효과 중 하나는 그리스, 포르투갈, 스페인 같은 EU내 가난한 국가들이 대출을 받을 때 낮은 이자율 적용을 받는다는 것이었다. 결과적으로 그리스는 싼 대출금으로 촉발된 소비가 흥청망청 늘어났고, 재정 적자는 거의 13퍼센트까지 증가했다. 이는 유로존 회원국에게 적용되는 3퍼센트 제한규정을 훨씬 넘어서는 수준이었다. 그리스는 경제성장률을 과장하여 공식 통계를 조작했고 결국 국가채무가 국가경제보다 커지는 사태를 초래했다.

그리스는 이렇게 취약해진 경제여건 아래 끝없이 노력해야만 했다. 그러나 2007년 발생한 미국의 재정위기는 빠르게 유럽으로 확대되었다. 유럽국가들은 위기의 파장을 직감했지만 경제가 취약한 나라들이 가장 큰 고통을 당했다. 2009년 그리스 정부는 재정적자의 규모를 마침내 인정했고, 유로존 내로 위기는 대거 확산되었다. 그리스는 공공지출을 삭감하고 조세수입을 늘린다는 조건 아래 긴급 재정지원을 받았다. 이런 거래 조건은 아테네 거리의 폭동을 불러왔고 외부 투자자들의 신뢰는 거의 개선되지 못했다.

유럽연합은 국가 재정적자 규모의 밀착 관찰을 강화하는 방향으로 유로 관리정책을 개정하였다. 그러나 그리스의 위기는 계속 되었다. 결국 그리스가 유로존에 얼마나 오래 남아있을 수 있는지 여부뿐 아니라 유로화의 장래와 그리스의 유럽연합 회원국 유지에 관한 의문이 제기되었다.

이상의 전체 역사가 경로 의존적이다. 문제해결을 위한 개별적인 노력은 실패했고 결국 큰 폭의 개혁으로 이어졌다. 중요한 전기는 무엇일까? 그리스가 마침내 자신의 핵심적인 경제문제를 실토했던 결정적 순간? 유로존이 그리스와 함께 또는 그리스 없이 더욱 확고한 미래를 만들어 갔던 결정적 순간? 그런 순간이 이미 왔거나 그렇지 않을지도 모른다. 이야기를 하면서 언론인들은 너무 많은 역사적 전환점을 거론하지만 정치학자들은 좀 더 신중해야 하는 게 옳다.

다시 생각해 봐야 하는 압력이 생긴다. 나라는 경제적 쇠퇴를 경험하고 정당은 선거에서 패하고 노조는 조합원이 급감하게 될 수 있다. 그러면 이전에는 주목받지 못했던 아이디어가 갑자기 무대 중앙으로 등장한다. 분열이 위협하면 새로운 생각이 급박하게 필요해진다.

순차성(sequencing) 은 사건이 전개되는 순서를 말하는데, 경로 의존성에 대한 설명을 도와줄 수 있다. 예를 들어, 중국처럼 정치적 자유화 이전에 경제개혁을 도입했던 공산주의 정권이 소련처럼 정치변동과 함께 개혁과정을 시작했던 정권보다 생존 가능성이 더 컸다. 영국처럼 사회주의가 완전히 붉은 이데올로기로 발달되기 이전에 노조가 발달했던 유럽국가에서 노동운동은 온건한 개혁적 성향을 취했다. 그러나 프랑스처럼 마르크스주의가 이미 확립된 곳에서는 공산주의 노조운동이 더욱 급진적인 정치적 구호를 외치며 발달했다. 따라서 노조가 마르크스주의 출범 이전 또는 이후에 발달했는지 여부는 특정한 유럽국가가 개혁적 노동운동 또는 급진적 노동운동이 발달했는지 여부를 설명하는 데 도움이 된다. 결과는 사전에 결정된 것은 아니었지만 사건의 전개순서에는 의존했다.

> **순차성(Sequencing)**: 단순히 사건의 발생이 아닌 사건의 순서가 결과에 영향을 미친다는 생각.

유사하게, 정부기관이 만들어지는 순서가 현재의 위상에 영향을 미친다. 재무부와 법무부처럼 제일 먼저 만들어진 부처들이 특별히 정부의 핵심을 구성하고, 환경부와 교통부처럼 나중에 만들어진 부처는 주변적 위치를 점하게 된다. 그러므로 이런 역사적 순차성을 무시하고 모든 부처를 똑같이 취급하면 중앙정부의 기능을 제대로 이해하지 못하는 우를 범하기 쉽다.

순차성의 한 형태는 다른 사건들이 동시에 발생해서 정치적 충격을 확대시키는 사태이다. 노동계급을 강조하는 사회주의의 출현과 함께 일어난 제1차 세계대전이나 학생운동과 함께 일어난 베트남전쟁은 이런 사건들이 별도로 일어났다면 있을 수 있었던 상황보다 훨씬 더 큰 정치적 결과를 초래했다. 이런 합류점은 전형적으로 역사에 의해 만들어진다. 이것 역시 경로 의존성 개념을 강화시킨다.

마지막으로 **저속 원인**(slow-moving causes)은 오랜 시간에 걸쳐 전개되는 과정이다. 예를 들면, 근대화, 기술 발전, 교육의 확대와 매스컴의 성장 등이 해당된다. 이런 원인들이 눈에 띄는 극적인 효과를 내기 위해서는 일정수준 이상, 즉 문턱(threshold) 또는 임계점에 도달할 필요가 있다. 예를 들어, 유럽에는 최소 1990년대 초부터 발생한 반이민 우익정당들의 부상이 있는데 이는 이민, 법과 질서, 실업과 최근에는 유럽의 '이슬람화'에 대한 오랜 우려를 반영하고 있다. 최소한 몇몇 나라에서는, 예를 들어, 오스트리아와 프랑스는 이미 이런 문턱을 넘어선 것으로 보인다. 오스트리아의 극우정당은 벌써 정부 자리를 차지하고 있다. 임계점을 포함해 장기적인 저속 원인들은 역사적으로 이해할 필요가 있다. 현재의 폭발은 긴 도화선이 타면서 터진 것이고 정치학자들은 그것을 밝혀내기 위해 과거를 탐구할 필요가 있다.

> **저속 원인(Slow-moving cause)**: 서서히 변하지만 장기적으로 극적인 변화를 일으키는 영향.

▶ 토론주제

- 정치학연구가 과학적이어야 한다는 것은 무엇이며, 어디에서 가장 실패하기 쉬울까?
- 대표적 사례연구와 이례적 사례연구 중 당신의 나라는 어떤 방법으로 연구될 수 있는가?
- 비교정치연구의 양적 접근과 질적 접근의 장점과 단점은 무엇인가?
- 비교정치연구는 어떻게 해야 가치편향으로부터 가장 잘 보호될 수 있을까?
- 세계화는 비교정치에 어떤 도전을 제시하고 있는가?
- 정치학연구는 역사연구와 어떻게 다른가?

핵심 개념

- 가설(Hypothesis)
- 가치편향(Value bias)
- 경로 의존성(Path dependence)
- 과정 추적(Process tracing)
- 독립변수(Independent variable)
- 방법론(Methodology)
- 변수(Variable)
- 분석단위(Unit of analysis)
- 분석수준(Level of analysis)
- 분석적 서술(Analytic narrative)
- 비교방법(Comparative method)
- 사례연구방법(Case study method)
- 사후가정(Counterfactual)
- 상관관계(Correlation)
- 생존편향(Survivorship bias)
- 선택편향(Selection bias)
- 순차성(Sequencing)
- 양적 방법(Ouantitative method)
- 역사적 방법(Historical method)
- 이상점(Outliers)
- 저속 원인(Slow-moving cause)
- 종속변수(Dependent variable)
- 중요한 전기(Critical juncture)
- 질적 방법(Qualitative method)
- 최대상이체계(Most diff erent system)
- 최대유사체계(Most similar system)
- 확신편향(Confirmation bias)
- 회귀선(Regression line)

추가 읽을 거리

George, Alexander L. and Andrew Bennett (2004) *Case Studies and Theory Development in the Social Sciences*. 정치학을 포함해 사회과학연구에서 사례연구의 역할을 설명.

Halperin, Sandra and Oliver Heath (2012) *Political Research: Methods and Practical Skills*. 정치학에서 질적 연구와 양적 연구방법에 관한 소개.

Landman, Todd (2008) *Issues and Methods in Comparative Politics*, 3rd edn. 비교정치학의 특별 주제에 관한 장을 포함해 비교 방법과 접근법에 대한 간단 명료한 소개.

Pennings, Paul , Hans Keman, and Jan Kleinnijenhuis (2006) *Doing Research in Political Science: An Introduction to Comparative Methods and Statistics*, 2nd edn. 비교정치학의 맥락에서 통계적 방법에 관한 소개.

Pierson, Paul (2004) *Politics in Time: History, Institutions and Social Analysis*. 역사와 정치분석의 관계에 관한 심도 있는 논의.

Yin, Robert K. (2013) *Case Study Research: Design and Methods*, 5th edn. 일련의 이론에 관계된 예를 활용하는 등 사례연구를 수행하는데 필요한 표준적인 자료.

CHAPTER

7 헌법과 법원

개관

여태까지 앞에서 우리는 이론적 접근법과 연구조사방법 등 주로 비교정치학의 넓은 개념 및 관념(ideas)에 관하여 살펴보았다. 이제 우리는 제도에 초점을 맞추고자 하며, 헌법과 헌법을 뒷받침하는 법원에 관하여 살펴보는 것으로 이 장을 시작한다. 헌법은 우리에게 시민의 권리뿐만 아니라 정부의 목표와 목적에 관하여 많은 것을 얘기하며, 법원은 이러한 헌법 규정이 존중되고 공평하게 적용되도록 노력한다. 인간이 불완전하기 때문에 인간이 만들고 운영하는 제도 역시 불완전하다. 다시 말해, 헌법적 이상과 현실 사이에는 커다란 간극이 존재한다.

이 장은 가장 먼저 헌법 전반에 대해 살펴본다. 즉, 헌법의 모습, 헌법의 목적, 헌법의 성격과 지속성, 헌법의 성과에 대한 평가 방법, 헌법 개정 방식 등에 대해 살펴본다. 정해진 헌법 견본모형은 따로 없다. 길이와 효과 측면에서 각각의 헌법은 천차만별이며, 또한 열망하는 바와 그의 실현 정도 측면에서도 각각의 헌법은 차이가 있다.

이 장은 법원의 역할 및 법원과 헌법의 관계에 대해 검토하고, 대법원과 헌법재판소의 차이점과 사법적극주의의 등장에 관하여 살펴본다. 그리고 나서 판사의 충원 방식, 종신계약 조건, 그러한 차이가 사법부의 독립에 미치는 영향 등에 대해 설명한다. 그런 후 권위주의 체제의 그다지 영향력 없는 헌법과 법원에 대해 살펴보기에 앞서 전세계적으로 찾아볼 수 있는 보통법, 시민법, 종교법 등 3가지 종류의 법체계에 대해 간략하게 살펴본다.

차례

- 헌법과 법원: 개요   136
- 헌법의 특성   137
- 헌법의 지속성   139
- 법원의 역할   142
- 사법적극주의   145
- 사법부의 독립과 충원   148
- 법체계   151
- 권위주의 국가의 법   153

핵심논제

- 정부에 대해 이해하는 데 있어서 헌법은 매우 중요하며, 헌법은 핵심 정치 원리와 규칙을 담고 있는 권력지도를 제공해준다.
- 정부에 대해 제대로 이해하기 위해서는 헌법의 내용에 대해 살펴볼 뿐만 아니라 반드시 헌법의 지속성과 헌법 개정 방식에 대해서도 검토해야만 한다.
- 법원의 구조와 역할에 대해 관심을 갖는 것은 중요하며, 대법원과 헌법재판소 간의 구분 역시 마찬가지이다.
- 사법적극주의는 갈수록 점점 더 중요한 개념이 되고 있으며, 사법부의 판사들은 더욱더 기꺼이 정치영역에 관여하기를 원하게 되었다. 그러므로 사법부의 충원 규칙과 그러한 규칙이 사법부의 독립에 미치는 영향에 관하여 반드시 살펴보아야 한다.
- 헌법 및 법원에 관한 비교연구에 있어서는 오랜 전부터 보통법과 시민법의 구별이 중요했으며, 오늘날에는 종교법의 정치적 중요성에 관하여 좀 더 많은 관심을 가질 필요가 있다.
- 권위주의 체제에서 헌법과 법원은 힘이 없는 허약한 존재에 불과하며, 권위주의 정부는 헌법과 법원을 겉으로만 이용하거나 또는 전적으로 무시한다.

헌법과 법원: 개요

헌법(constitution)은 일련의 원칙과 규칙을 담고 있는 **권력지도**(power map)로 통치체제의 구조와 권한에 대해 설명하며, 정부기구 및 정부기구 간의 활동 방식에 대해 서술하고, 전형적으로 정부의 권한에 대한 제한뿐 아니라 시민의 권리에 관해 서술한다. 헌법을 결여한 통치체제는 통치체제라고 할 수조차 없으며, 지도자와 사람들의 일시적 기분에 따라 바뀔 수 있는 어지럽게 모여 있는 관습의 집합에 불과하다. 민주주의 국가의 경우에는 헌법이 제공하는 권위가 예측가능성과 안정성을 제공한다. 권위주의 체제의 경우 헌법은 흔히 잘못이 겉으로 드러나지 않도록 감춰주는 가리개로 엘리트들이 그 뒤에 숨으며, 헌법에 명시된 내용이 엘리트들의 필요에 맞도록 해석되거나 또는 전적으로 무시된다. 헌법은 통치규칙을 규정할 뿐만 아니라 정부성과를 평가하는 평가기준이 된다.

> **헌법(Constitution)**: 정부의 권력, 기구, 구조 등의 전체 모습을 설명하고 있을 뿐 아니라 시민의 권리와 정부의 권력에 대한 제한을 명시하고 있는 하나의 문서 또는 일련의 문서.

최근 몇십 년 동안 헌법에 대한 관심이 높아졌는데, 다음 네 가지 이유 때문이다.

- 우리는 헌법 제정의 폭발적 증가를 목도해왔다. 1990년에서 2012년 사이 99개의 나라들이 새로운 헌법을 제정했다 (Comparative Constitutions Project, 2015).
- 많은 자유민주주의 국가의 판사들과 법원들은 기꺼이 정치영역에 개입하기를 원하게 되었으며, 특히 부패 정치인에 대한 수사에 관여하게 되었다.
- 인권에 대한 관심의 증가는 사법업무에 도움이 된다.
- 늘어나고 있는 국제법 기관은 갈수록 점점 더 국내정치에 지대한 영향을 미치게 되었으며, 판사들은 초국가적 법과 국내법 간의 충돌을 조정할 것을 요구받는다.

헌법과 법과 정부를 서로 연결시켜주는 핵심 고리가 **법치주의**(rule of law) 개념이다. 19세기 영국의 법학자 다이시에 따르면, 법치주의의 목적은 '인치(人治, 사람에 의한 통치)'를 '법치(法治, 법에 의한 통치)'로 대체하는 데 있다 (Dicey, 1985: 27). 법치의 경우 통치자는 자의적으로 권력을 행사할 수 없으며, 다른 사람들과 마찬가지로 권력자 역시 법에 복종해야 한다. 보다 구체적으로 법치주의는 법이 보편적이고, 공적이고, 예측가능하고, 명확하고, 일관되고, 실용적이고, 안정적이라는 것을 의미한다 (Fuller, 1969).

> **법치주의(Rule of law)**: 지위와 배경에 관계없이 사회의 모든 사람들에게 평등하게 적용되는 법을 사용하는 것이 최선의 통치라는 견해.

법치와 정당한 법적 절차(개인의 법적 권리 존중)의 실현 여부가 아마도 민주주의 체제와 권위주의 체제를 구분하는 가장 중요한 기준이 된다. 권위주의 체제의 경우 법의 도입과 적용은 자의적이며, 신뢰할 수 있는 원칙에 기초하기보다는 최고지도자의 정치적 목표와 목적에 기초한다. 물론 어떤 나라도 완전하게 법의 공정한 적용을 실현하고 있지 못하지만, 민주주의 체제가 권위주의 체제보다 훨씬 낫다. 권위주의 체제의 정치적 취약성은 상당 부분 헌법적 취약성에 기인한다.

헌법의 특성

대부분의 헌법은 네 개 부분으로 구성되어 있으며, 이 점에서 대부분의 헌법은 유사한 구조를 갖고 있다고 할 수 있다 (도표 7.1 참조). 헌법은 흔히 커다란 포부를 밝히는 것부터 시작한다. 모호하지만 감동적인 말로 국가가 추구하는 이상에 관해 선언하는데, 가장 흔하게는 민주주의와 평등에 대한 지지를 포함한다. 그 다음에는 이 문서의 가장 중요한 부분인 정부기구의 구조에 대해 자세하게 서술한다. 즉, 다양한 공직자들의 선출 방법 및 임명 방법, 공직자들에게 허용된 것과 허용되지 않은 것 등에 관해 서술한다. 대개의 경우 헌법에는 정부와 연관된 시민의 권리 전반에 대해 설명하는 권리장전 내지 그에 상응하는 것이 포함된다. 끝으로 헌법개정절차에 관한 규정이 명시된다.

성문헌법과 불문헌법은 무척 다르다. 하지만 어떤 나라 헌법도 완전히 불문헌법인 경우는 없다. 심지어 영국과 뉴질랜드의 '불문' 헌법조차 많은 관련 법령과 보통법(관습법)을 포함한다. **법전화된**(codified) 체계와 **법전화되지 않은**(uncodified) 체계로 구분하는 것이 좀 더 유용하다. 대부분의 헌법은 법전화되어 있다. 즉, 하나의 단일 문서 안에 세부조항이 잘 정리되어 있다. 반면에 영국과 뉴질랜드의 법전화되지 않은 헌법은 복수의 출처(source)에 바탕하고 있다. 영국의 경우에는 법령과 보통법, 유럽법, 헌법 전문가가 작성한 해설, 관습과 전통 등이 그런 것들에 해당한다. 법전화되지 않은 헌법을 오랜 세월에 걸쳐 확립하는 것은 무척 어렵다. 예를 들어, 영국의 헌법은 (1) 특정 시점에 만들어져 (2) 특정 날짜에 공표된 (3) 단일문서가 아니다 (이 세 가지가 전세계적으로 법전화된 헌법들이 갖고 있는 공통적 특징이다). 그러나 법전화된 형태의 헌법과 법전화되지 않은 형태의 헌법의 구분이 항상 명확한 것은 아니다. 스웨덴은 그 중간쯤에 해당한다. 즉, 스웨덴 헌법은 1810년에서 1991년 사이 통과된 4개의 개별 법률들로 이뤄져 있다.

> **법전화된 헌법**(Codified constitution): 하나의 문서로 정리되어 있는 헌법.
>
> **법전화되지 않은 헌법**(Uncodified constitution): 여러 문서로 흩어져 있으며 전통과 관행으로부터 영향을 받는 헌법.

우리는 헌법을 두 가지 방향에서 살펴볼 수 있다. 첫째, 역사적으로 헌법은 시민에게 영향을 미치는 국

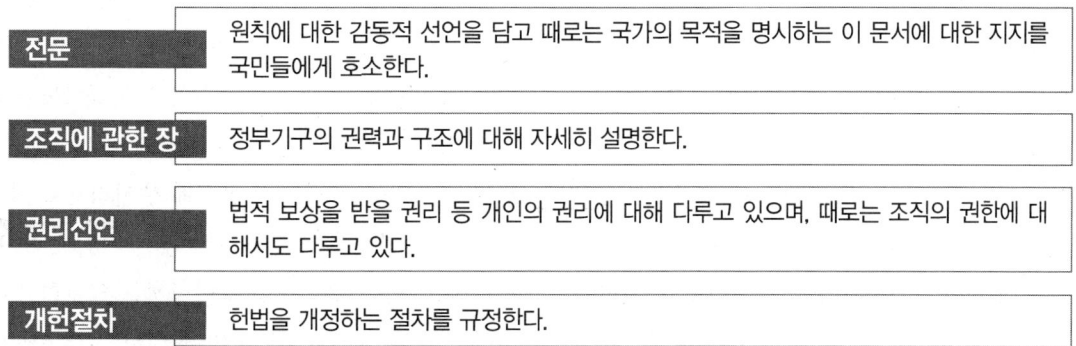

도표 7.1 헌법의 구성요소

가권력에 대한 규제장치의 역할을 한다. 오스트리아 철학자 하이에크(Friedrich Hayek, 1899~1992년)에게 있어서 헌법은 선출된 정부이든 선출되지 않은 정부이든 정부의 권력을 제한하는 장치일 뿐이다. 마찬가지 맥락에서 독일계 미국인 정치이론가 프리드리히(Carl Friedrich, 1901~1984년)는 헌법이란 "정부의 행동을 효율적·조직적으로 제약하는 체계"라고 정의했다 (Friedrich, 1937: 104). 이러한 관점에서 볼 때, 헌법이 갖는 주된 특징은 개인의 권리에 관한 진술이며, 법치주의에 대한 선언이다. 어느 점에서 헌법은 매우 중요한 원칙들을 밝힌 것이며, 이러한 원칙들 하에서 헌법이 아닌 법률 및 사법제도가 작동한다.

거의 모든 성문헌법이 권리선언 부분을 포함하고 있다. 비록 미국의 권리장전(1791년)은 종교적 자유, 표현의 자유, 집회의 자유 등과 같은 전통적 자유에 국한되었지만, 최근 제정된 다른 나라의 헌법들은 종종 통치자에게 고용과 의료서비스와 같은 시민의 사회적 기본권을 충족시킬 의무를 부여하는 등 보다 전향적인 성격을 띠고 있다. 여러 구공산주의 국가의 헌법은 시민의 권리를 더욱 확대하고 있으며, 양육권과 건강한 환경권까지 포함하고 있다. 그 결과 이 문서의 길이가 늘어났다. 오늘날 헌법의 평균(헌법개정 조항까지 포함한 평균) 단어수는 2만 9,000단어이다 (Lutz, 2007).

헌법의 두 번째 역할은, 그러나 보다 정치적이고 보다 근본적인 역할은, 정부의 권력구조를 상술하고, 권력의 획득경로를 명확히 하고, 입법절차에 대해 명시하는 등 권력지도(power map)를 개괄적으로 설명하는 데 있다. 사르토리(Sartori, 1994: 198)의 연구에서 드러났듯이, 헌법이 갖고 있는 결정적 특징은 정부 권력구조에 관한 조항을 포함하고 있다는 점이다. 권리선언을 담고 있지 않은 헌법도 헌법이라고 할 수 있지만, 권력지도를 담고 있지 않은 문서는 결코 헌법이라고 할 수 없다. 요컨대, 헌법은 일종의 정치적 토목공사 건축물에 비유될 수 있으며, 여타 건축물과 마찬가지로 시간적으로 얼마나 오래 견뎌낼 수 있는지 여부에 따라 평가된다.

대체적으로 헌법은 정치인이 설계하여 만든 기획된 창작품이다. 전형적으로 새로운 헌법은 갈등과 분열의 시기를 경험한 이후 새로운 출발의 일환으로 탄생한다. 다음이 그와 같은 상황이다.

- 체제변동: 예를 들면, 1990년대 소련, 유고슬라비아, 체코 등과 2001년 수단에서 공산정권의 붕괴.
- 대대적인 정치변화를 이끌어내기 위한 노력 또는 경쟁하는 정치적 집단 간 체결된 협정의 승인 노력: 예를 들면, 볼리비아(2009년), 케냐(2010년), 짐바브웨(2013년), 튀니지(2014년)의 사례.
- 전쟁 패배 후 재건: 예를 들면, 1945년 이후 일본과 2005년 이후 이라크.
- 독립의 실현: 예를 들면, 1950년대와 1960년대 다수의 아프리카 국가, 또는 소련 붕괴 후 독립한 15개의 공화국.

전형적으로 새로운 헌법안의 작성은 대개의 경우 비공개로 진행되는 정치인들끼리의 회의에서 이뤄진다. 오로지 정부가 새로운 헌법안의 비준을 위해 국민투표를 실시하는 경우에만 '일반국민들의 의견'을 직접 청취한다. 흥미롭게도 최근 아이슬란드는 헌법 초안 작성 과정을 과감히 시민들에게 개방했다. 한 무리의 시민들이 새로운 헌법에 우선적으로 담겨야 할 내용의 목록을 정리하는데 관여하였고, 또 다른 시민들은 초안 작성 작업을 담당하는 임무를 부여받았다. 그리고 난 후 헌법초안에 대한 다른 사람들의 의견을 끌어내는 데 소셜미디어가 사용되었다. 이렇게 작성한 헌법초안은 법적 구속력이 없는 2012년 국민투표에서 통과되었으나, 2013년 의회에서 통과에 실패했다.

헌법은 종종 매우 힘든 과정을 거쳐서 탄생한다. 흔히 헌법은 서로 불신하고 갈등하는 정치행위자들 간의 타협의 산물이다. 호로비츠(Horowitz, 2002)의 표현을 빌리자면, 헌법은 위로부터 하향식으로 만들어지기 보다는 아래로부터 상향식으로 만들어진다. 예를 들면, 1996년 남아프리카공화국의 탈아파르트헤이트(탈인종차별정책) 합의는 사실상 노예제라고 할 수 있는 인종차별제도 및 인종갈등이 지속되고 있는 상황을 타개하기 위해 백인사회 지도자와 흑인사회 지도자가 타협을 한 것이다. 무엇보다 수용가능성이 가장 우선시된다. 고상하고 우아한 것은 중요하지 않다. 남아공에 관한 국가개요 글상자를 참조하라.

타협의 수단으로서 헌법은 대부분의 경우 불분명하고, 상호 모순적이며, 모호하다. 헌법은 애매모호한 수사적 문구로 포장되어 있다 (Weaver and Rockman, 1993). 일반적으로 헌법을 초안하는 사람들은 장기적으로 유지될 수 있는 탄력 있는 구조의 수립보다는 단기적 정치문제의 해결에 관심을 쏟는다. 원론적으로 우리 누구나 헌법은 "그저 국가의 일반적인 정치적 이해의 조정을 추구해야만 한다"는 해밀턴(Hamilton, 1788a: 439)의 주장에 동의한다. 실제로 헌법은 서로 불신하는 행위자들 간에 이뤄진 불완전한 합의를 보여주는 장문의 문서이다. 비록 다른 나라의 헌법에 비해 그 길이가 짧지만, 널리 칭송되는 1787년 미국헌법 역시 예외가 아니다. 파이너(Finer, 1997: 1495)는 정곡을 찌르는 핵심을 언급하고 있다. "헌법은 논쟁과 타협의 산물이다. 완성된 상태의 헌법은 단지 모순되는 여러 제안들을 합쳐놓은 것이다. 더 나아가 이는 헌법을 작성한 사람들이 생각했던 바이다."

새로운 헌법이 가질 수 있는 가장 심각한 위험성은 새 헌법이 새로운 통치자들에게 충분한 권위를 부여하는 데 실패하는 경우이다. 흔히 정치적 불신은 새로운 정부가 정부의 효율성을 떨어뜨리는 온갖 제약에 둘러싸여 있음을 의미한다. 1948년 이탈리아 헌법이 갖고 있던 가란티스모(*garantismo*, 보증서)의 특징이 이 문제를 잘 보여주는데, 가란티스모는 이탈리아 정치체계에서 모든 정치세력이 일정부분의 이익을 보장받는다는 것을 의미한다. 이탈리아 헌법은 강한 양원제를 확립하고, 지방자치제를 수립했다. 이와 같은 권력에 대한 견제는 파시스트 독재체제의 부활을 방지하고, 좌파의 급진적 열망에 부응하기 위한 것이었다. 그 결과는 비효율적인 거버넌스였다.

헌법의 지속성

헌법이 갖고 있는 실용적 가치를 평가하는 경우 헌법이 얼마나 오래되었는지를 살펴보고 싶은 마음이 생긴다. 수많은 헌법 중 가장 인상적인 헌법은 아마도 가장 오랜 기간 살아남은 헌법일 것이다. 반면에 헌법을 계속 바꾸고 있는 나라는 안정적인 거버넌스 틀의 마련에 어려움을 겪고 있는 것이 확실하다. 이 점에서 1789년 헌법을 제정한 미국은 아이티와 극명하게 대비된다. 아이티는 1804년 독립 후 제정헌법을 마련했고, 23차례에 걸쳐 헌법을 개정했으며, 가장 최근 개정한 헌법이 1987년 헌법이다. 그러나 얼마나 오래되었는지의 문제보다 더 중요한 것은 질의 문제이다. 모든 헌법은 일정부분 이상주의적이며, 따라서 객관적으로 평가될 수 없다고 주장하거나 또는 현실을 제대로 반영하지 못하고 있다고 주장할 수 있

여전히 사용되고 있는 가장 오래된 헌법	미국(1789년), 네덜란드와 노르웨이(1814년), 벨기에(1831년), 영국과 산마리노는 법전화되지 않은 헌법을 가지고 있다.
가장 짧은 역사를 가진 헌법	피지와 짐바브웨(2013년), 이집트와 튀니지(2014년)
평균 수명(2015년 기준)	17년
가장 짧은 헌법	요르단, 리비아, 아이슬란드(각 2,000~4,000단어)
가장 긴 헌법	인도(14만 6,000단어), 나이지리아(6만 6,000단어)
가장 적게 수정된 헌법	미국(226년 동안 27차례)
가장 많이 수정된 헌법	멕시코(단 100년 미만의 기간 동안 500번 이상의 개정), 인도(단 70년 동안 98차례)
역사적으로 가장 적은 수의 헌법을 가진 나라	호주, 벨기에, 캐나다, 인도, 네덜란드, 노르웨이, 미국 등(각 1개)
역사적으로 가장 많은 수의 헌법을 가진 나라	도미니카공화국(32개), 베네수엘라(26개), 아이티(23개), 에콰도르(20개)
법전화되지 않은 헌법을 가진 나라	영국, 이스라엘, 뉴질랜드, 사우디아라비아

도표 7.2 헌법에 관한 10가지 사실

다. 그러나 우리가 어떻게 헌법의 질을 평가할 수 있을까? 적어도 일정부분 헌법에 명시된 것과 실제로 나타나고 있는 것 사이 존재하는 간극의 정도를 평가하는 데에서 그 답을 찾을 수 있다.

예를 들어, 멕시코 헌법은 제정되었던 1917년 제정 당시의 기준으로는 과격하고 진보적이었다. 이 헌법은 모든 종류의 차별을 금지하고, 무상교육을 제공하고, 남녀평등을 실현하고, 노동시간을 하루 8시간으로 제한하고, 사찰을 금지한다는 원칙을 포함하고 있었다. 그러나 멕시코 사람들은 현실적으로 너무 지나치게 많은 목표들이 모두 실현될 수는 없다고 주장하였으며, 그러므로 이 헌법을 계속 발전 중인 것으로 생각했다. 헌법개정이 쉽기 때문에 문제가 더 복잡해지는데, 멕시코에서는 의원 3분의 2의 찬성과 주 의회 과반수의 찬성만 있으면 개헌이 가능하다. 그 결과 멕시코 지도자들은 사소한 사안에 대해서도 헌법개정을 제안한다. 즉, 1996년 8월 선거개혁안은 무려 18가지의 헌법개정 사항을 포함하였다. 인도의 헌법은 이상과 현실 사이의 괴리를 보여주는 또 다른 예이다. 인도의 헌법 448개 조항이 세계 최대의 민주주의가 나아갈 방향을 제시하고 있지만, 그러나 인도는 엄청난 빈곤, 부패의 만연, 인권침해(특히 여성에 대한), 교육기회의 불평등, 매우 느리게 움직이는 사법절차로 인해 고통을 겪고 있다.

초점 7.1 | 개헌

시대가 바뀌고, 필요가 바뀌고, 기대가 바뀌면, 그에 따라 헌법도 최신의 내용으로 바뀌어야만 한다. 그러므로 개헌은 언제든지 허용되고 있으며, 개헌 절차는 중요한 의미를 갖는다. 요컨대, 너무 빈번한 개헌은 안정성을 잃는 결과를 초래할 수 있는 반면, 개헌을 하지 않는 경우에는 정체될 수 있다. 여기서 우리는 **경성화**(entrenchment) 문제에 직면하게 되는데, 이 용어는 개헌을 위해서는 보통의 법률안 처리와 비교하여 보다 높은 수준에서 그리고 보다 광범위한 대상으로부터 동의를 얻어야만 하도록 규정해놓은 절차와 관련이 있다.

경성헌법(rigid constitution)의 경우에는 상대적으로 개헌이 어렵다. 대개의 경우 초다수결(super majority) 또는 공동다수결(concurrent majority)의 찬성을 요구한다 (도표 7.3 참조). **연성헌법**(flexible constitution)의 경우에는 상대적으로 개헌이 수월하다. 경성헌법은 정치구조의 안정에 도움을 주며, 반대정치세력이 권력을 장악하는 경우 현재의 지배자가 입게 될 피해가 지나치게 크지 않도록 방지해주는데, 왜냐하면 반대 정치세력 역시 개헌을 쉽게 하지 못하도록 가로막는 걸림돌에 직면하게 될 것이기 때문이다. 다른 한편, 연성헌법의 경우에는(거의 존재하지 않지만) 유연성 측면에서 장점을 갖고 있다. 뉴질랜드의 경우 연성헌법이 갖는 유연성 덕분에 1980년대 및 1990년대 선거제도 개혁 및 정부의 행정개혁이 가능했다. 마찬가지로 1990년대 영국은 헌법을 개정하는 소동 없이 중앙정부 권력 상당부분을 스코틀랜드 지방정부와 웨일즈 지방정부에 이양할 수 있었다.

가장 극단적인 경성화는 개정을 일절 금지하는 조항을 두는 것이다. 예를 들면, 프랑스헌법과 터키헌법은 공화국 성격의 체제의 유지를 약속하고 있다. 이러한 조항은 구체제와의 단절을 강제하기 위해 작성되었지만, 이러한 조항이 헌법을 산 자에 대한 죽은 자의 독재라고 생각하는 사람들로 하여금 자신들의 논지를 강화할 수 있게 해준다. 새로운 상황 하에서는 과거의 해결책이 때로는 오늘날에는 골칫거리가 된다.

헌법개정절차의 핵심요소는 입법부의 역할과 관련이 있다. 한편으로, 일부 국가의 헌법은 입법부 내에서 특별다수의결에 의해 손쉽게 개정될 수 있다. 따라서 헌법의 위상이 상대적으로 높지 않다고 할 수 있다. 이러한 방식은 독일의 경우처럼 의회의 우위에 대해 강한 신념을 가진 유럽국가에서 흔히 찾아볼 수 있다. 즉, 그곳(어쨌든 개정이 허용되는 곳)에서 헌법을 바꾸려면 상하 양원 각각에서 2/3 이상의 찬성을 얻어야 한다. 다른 한편으로, 입법부 단독으로는 헌법을 바꿀 수 없는 나라에서는 헌법이 입법부보다 우위에 있다고 할 수 있다. 예를 들어, 호주에서 개헌은 입법부의 동의를 얻어야 할뿐만 아니라 국민투표를 실시하여 대부분의 주와 전국 차원에서 공동다수결(concurrent majority)을 획득해야 한다.

최근 미국의 발전이 이 문제에 대한 또 다른 통찰을 제공한다. 2001년 9월 11일 테러사건 이후 미국 헌법이 전혀 수정되지 않았음에도 불구하고, 관타나모 수용소에서 발생한 테러용의자에 대한 불법감금 및 고문행위가 세상에 폭로되고 정부기관에 의한 전화통신 및 전자통신 감청이 증가하면서 미국이라는

경성화(Entrenchment): 헌법개정 관련 특별한 법적 절차의 존재.

경성헌법(Rigid constitution): 상대적으로 좀 더 복잡한 헌법개정 절차를 요구하여 개정이 어려운 헌법.

연성헌법(Flexible constitution): 흔히 일반 법률의 처리절차와 동일한 방법으로 쉽게 개정이 가능한 헌법.

헌법의 수정은 공식적인 개헌이 아닌 다른 수단에 의해서도 시작된다. 이러한 수단 중 가장 중요한 것이 사법부의 해석(헌법재판소의 결정)과 정부통치의 일정 측면을 바꾸는 새로운 법률의 통과이다. 헌법이 법전화되어 있는 경우라도 관습과 전통을 쉽게 망각할 수는 없다. 즉, 헌법에 구체적으로 명시되어 있지 않지만 전통이 된 것이 많이 있다. 예를 들어, 전세계적으로 정당이 통치과정에서 결정적 역할을 하고 있지만, 경우에 따라서는 헌법이 정당에 대해 자세히 설명하고 있지 않을 수도 있다.

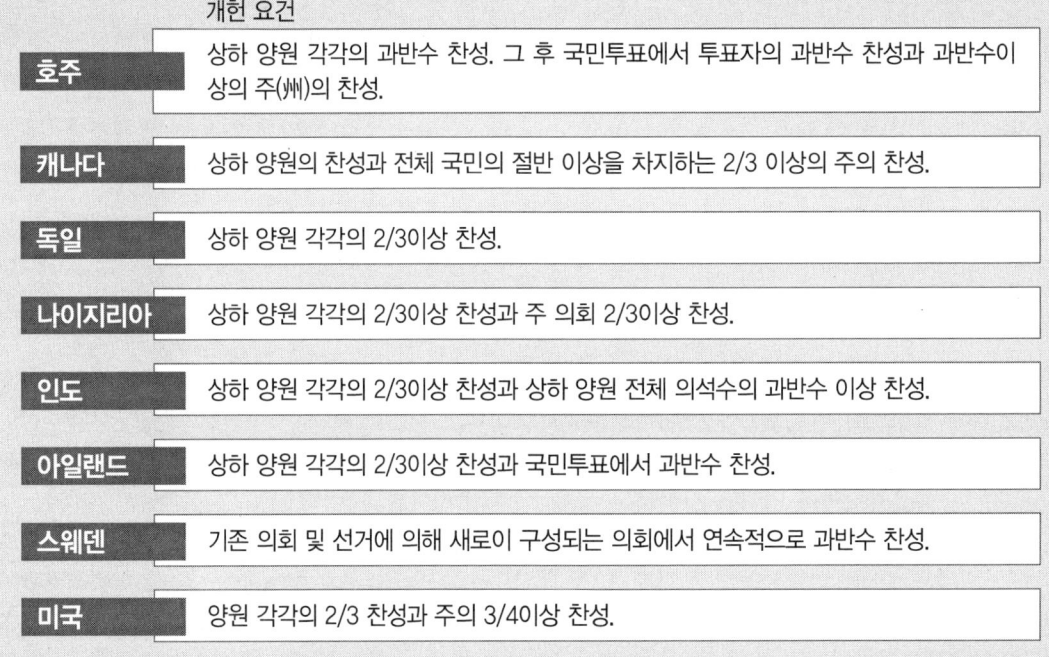

도표 7.3 개헌 방식 비교

주:
독일: 독일 국가의 연방적·사회적·민주적 성격과 헌법에 담겨있는 개인의 권리에 관한 조항은 수정될 수 없다.
인도: 의회에서 주의 대표성 변화 등과 같은 부분적 개헌 역시 절반 이상의 주의 동의를 얻어야 한다.
스웨덴: 스웨덴 헌법은 4개의 기본법으로 구성되어 있다. 정부조직법과 언론자유법 등이 그에 해당한다.
미국: 주와 하원의 요구에 의해 열리는 헌법회의에 바탕하는 대안적 방법은 아직까지 사용된 적이 없다.

나라에서 개인의 권리가 안전한지에 대해 의문이 제기되었다. 흔히 얘기하듯이 진실이 전쟁의 첫 번째 희생물이 된다. 비슷한 맥락에서 외부의 위협에 직면한 나라들의 경우 법치주의는 뒷전으로 밀려나고 국가안보가 우선시 되며, 그러므로 법원에 의한 법치주의의 재건이 요구된다.

법원의 역할

헌법이 저절로 만들어지는 것이 아니듯이 헌법은 홀로 저절로 집행되지도 않는다. 헌법을 집행하는 제도가 만들어져서, 헌법의 기본원리에 위배되는 법과 관행을 없애야 한다. 사법부가 그러한 역할을 담당한다. **위헌심사**(judicial review, 또는 사법심사. 정부가 내린 결정과 제정된 법률을 번복 파기할 수 있는) 권한 때문에 판사는 정치영역 안과 밖에서 독특한 위치를 차지한다. 판사는 선출된 지도자의 권한을 제한하며, 그러므로 민주주의를 안정적으로 만들뿐 아니라 동시에 민주주의를 제약한다. 히르쉴(Hirschl, 2008: 119)은 심지어 '법조 지배체제(juristocracy)' 또는 '판사에 의한 정부'의 등장까지 언급하였다.

위헌심사 절차로 무장한 전세계 국가최고법원은 빈번하게 언론의 자유와 종교의 자유, 평등권, 사생활의 자유, 출산의 자유 등으로부터 사법제도, 재산, 무역, 통상 등에 관한 공공정책, 교육, 이민, 노동, 환경보호 등에 이르기까지 다양한 쟁점에 대해 판결을 내리는 임무를 요구받는다.

> **위헌심사(Judicial review, 또는 사법심사)**: 헌법에 위배되는 입법이나 정부의 행위를 무효화시킬 수 있는 법원의 권한.

위헌심사 기능은 다음 두 가지 방식으로 이뤄진다. 미국과 중남미 국가에서 사용되고 있는 보다 전통적인 첫 번째 방식은 일반 사법체계 내의 최고법원이나 대법원이 헌법을 수호하는 임무를 수행하는 방식이다. 대법원이 다른 시민법 및 성문법 관련 문제에 대해 최종판결을 내리듯이 헌법 관련 사건에 대해 최종결정을 내린다. 유럽국가들이 선호하는 보다 최근의 두 번째 방식은 기존의 사법체계와 별도로 특별 헌법재판소를 설립하는 방식이다.

대법원

그 이름이 암시하듯이 대법원(supreme court)은 법원체계의 최고상급법원이며, 대법원의 결정에 대해 다른 법원이 재심의 할 수 없다. 보통의 경우 대법원은 최종상고법원이며, 스스로 사건을 선택하지 않는 경우에는 하급법원에서 올라온 상고사건을 처리한다. 그들은 또한 주로 **구체적 규범통제**(concrete review)를 사용한다. 이는 주어진 특정 사건과 관련하여 하급법원의 결정이 헌법에 위배되는지의 여부에 대해 심의하는 것을 의미한다. 반대로 헌법재판소는 주로 **추상적 규범통제**(abstract review)를 실천한다. 즉, 특정 사건에 대한 심리에 한정하지 않고, 특정 법률이 본질적으로 헌법을 위배하는지의 여부에 대해 심리한다. 아울러 헌법재판소는 종종 특정 사건의 제소가 없는 상황에서 정부와 의회가 헌재에 의뢰한 법률안에 대해 자문적 성격의 결정을 내린다. 이러한 결정은 흔히 간략하고 재판관의 서명이 빠져있으며, 대법원이 사용하는 법리논쟁(legal argument)이 결여되어있다. 요컨대, 구체적 규범통제가 헌법을 적용하여 특정 사건에 대해 판결을 한다면, 추상적 규범통제는 법률이나 법안 자체의 합헌성 여부에 대한 좀 더 일반적인 판단이다 (아일랜드와 독일 등의 일부 법원들은 구체적 규범통제와 추상적 규범통제를 둘 다 사용한다).

> **구체적 규범통제(Concrete review)**: 특정 사건의 맥락에서 법의 합헌성 여부에 대해 결정.
>
> **추상적 규범통제(Abstract review)**: 헌법과 불일치한다는 의심에 기초하는 권고적 의견이지만 위헌심사 대상 법률에 대해서는 구속력 있는 의견.

혼란스럽게도, 법원의 이름이 항상 법원의 기능과 일치하는 것은 아니다. 그런 이유로 호주와 홍콩의 대법원은 최고법원(High Court)이라고 하고, 프랑스와 벨기에의 대법원은 상고법원(Court of Appeal)이라고 하며, 유럽연합의 경우에는 유럽사법재판소라고 하며, 한편 스페인을 비롯한 많은 유럽국가에는 대법원의 판결(일부 또는 전부)에 대해 헌법재판소에 상고할 수 있다.

미국이 대법원 방식의 전형적 사례에 해당된다. 미국의 헌법은 '대법원과 하원이 시시때때 규정하는 하위법원들'에 사법권을 부여하고 있다. 비록 대법원은 미국의 주나 다른 나라의 대표자가 재판당사자인 사건에 대한 **초심관할권**(original jurisdiction)을 소유하고 있지만, 대법원의 주된 역할은 **상소사건**(appellate)을 처리하는데 있다. 즉, 헌법 문제는 일반 사법체계 어느 단계에서나 제기될 수 있으며, 대법원은 중요한 의미를 가진 사건들만 구체적 규범통제(concrete review) 대상으로 선택한다. 요컨대, 대법원에게 사건을 재심사해 달라는 청구의 대부분은 기각된다.

> **초심관할권**(Original jurisdiction, 제1심 재판관할권): 이는 어떤 한 법원에 어떤 한 사건을 우선적으로 제일 먼저 재판할 수 있는 자격을 부여한다.
>
> **재심관할권**(Appellate jurisdiction, 상소심 재판관할권): 다른 하급법원이 내린 판결에 대해 검토하는 법원의 권한.

헌법재판소

이 방식은 1920년 오스트리아의 헌법에 처음 도입되었으며, 제2차 세계대전 이후 유럽대륙 국가들이 채택한 보편적 방식이 되었다. 독일 연방헌법재판소의 성공은 비유럽국가들조차 이러한 방식을 채택하게 만들었으며, 2005년 기준으로 전세계 거의 절반에 가까운 나라들이 독립적인 헌법재판소를 두고 있다 (Horowitz, 2006). 민주주의가 정착되기까지 헌법재판소는 독재의 부활을 방지하는 보편적인 방안이었다. 신생민주주의 경우에는 과거 정권 판사들의 비효율성과 부패, 반대 등을 극복하기 위한 목적으로 일반 사법체계와 별도로 헌법재판소가 설치되었다.

대법원이 모든 항고사건(모든 사건이 헌법과 관련된 사건은 아니다)의 최종 판결을 내리는 사법기관이라면, 헌법재판소는 흡사 또 다른 하나의 의회와 유사하다. 오스트리아 헌법재판소를 창안한 켈젠(Hans Kelsen, 1881~1973년)은 헌법재판소가 위헌 법률안을 기각하는 부정적 입법자로서 기능하며, 긍정적 입법은 의회가 담당한다고 주장했다. 이러한 체제에서 일반법원들은 대법원 상고를 통해 위헌심사에 관여할 수 있는 권한을 갖고 있지 못하다. 그 대신 위헌심사 기능은 전적으로 별도의 헌법재판소가 담당한다. 이러한 헌법재판소를 설치하는 방식이 확실히 대법원 방식보다 좀 더 정치적이고, 유연하며, 덜 사법적이다.

독일은 헌법재판소 방식의 좋은 사례이다. 독일

표 7.1 대법원과 헌법재판소 비교

	대법원	헌법재판소
심사형태	기본적으로 구체적 규범통제	기본적으로 추상적 규범통제
다른 법원과의 관계	최고 항소법원	헌법 문제만을 다루는 별도의 기관
충원	정치적 승인절차를 거친 법률전문가	정치적 기준이 보다 중요
임기	은퇴할 때까지	일반적으로 단임(6~9년)
사례	호주, 캐나다, 미국	오스트리아, 독일, 러시아

의 연방헌법재판소는 다음과 같은 권한을 갖는다. 즉, 위헌심사, 주와 연방 정치기구 간의 분쟁 조정, 개인의 권리 보호, 국가전복을 도모하는 집단과 개인들에 맞서 헌법과 민주질서의 수호 등이 그것이다 (Conradt, 2008: 253). 독일 기본법의 수정이 불가능한 '영구조항'은 민주주의, 연방주의, 인권 등 핵심 영역에 관한 독일 연방헌법재판소의 판결이 최종결정임을 의미한다 (독일 헌법을 의미하는 데 사용되고 있는 용어 '기본법[basic law]'은 경성화 된 헌법으로부터 독일헌법을 차별화시켜주는 임시적 특징을 의미한다. 그럼에도 불구하고 이 둘은 기능적으로 동일하다. '기본법'이라는 용어를 사용하고 있는 또 다른 나라로는 홍콩, 이스라엘, 사우디아라비아 등을 들 수 있다).

독일의 연방헌법재판소는 의회가 임명한 12년 단임의 16명의 재판관으로 구성된다. 헌법재판소는 두 개의 전문 회의체로 나눠지는데, 그 중 하나는 기본법(Basic Law)이 담고 있는 핵심 자유에 초점을 맞추고 있다. 시민들이 모든 다른 사법적 조치를 밟은 후에 직접 헌법재판소에 청원을 낼 수 있도록 허용한 혁신적인 제도인 헌법소원 규정 덕분에 독일연방헌법재판소는 일반국민들로부터 좋은 평판을 얻게 되었다.

독일연방헌법재판소는 새로운 질서를 파괴하려고 하는 집단들로부터 새로운 질서를 수호하는 역할도 적극적으로 담당하였다. 예를 들면, 1950년대 공산당과 신나치당을 불법화하는 결정 등을 통해 이러한 역할을 수행했다. 이러한 이유 때문에 코메르스(Kommers, 2006)는 독일의 헌법재판소를 "독일 민주주의의 수호자"라고 묘사하였다. 독일연방헌법재판소는 유럽연합이 제정한 법률과 정책이 해당 국가 입법부의 자율성을 손상시키는지 여부에 대해 주의 깊게 살펴보는 방식으로 질서를 수호하는 역할을 계속 담당하고 있다. 독일연방헌법재판소는 낙태, 선거절차, 이민, 정당자금, 학교에서의 종교 교육, 대학개혁 등과 같은 다양한 정책이슈와 관련해서도 활발하게 활동하고 있다.

사법적극주의

1945년 이래 어쩌면 스칸디나비아 국가들을 제외하고 모든 자유민주주의 국가에서 공공정책에 대한 사법부의 간섭이 갈수록 점점 더 확대되었으며, **사법소극주의**(judical restraint)에서 **사법적극주의**(judical activism)로의 전환이 있었다. 히르쉴(Hirschl, 2008: 119)에 따르면 이것은 20세기 말 및 21세기 초 정부의 가장 중요한 현상 중 하나이다. 갈수록 점점 더 판사들은 예전에는 선출된 정치인과 의회의 역할이었던 정치영역에 기꺼이 발을 들여놓고자 한다. 예를 들면,

> **사법소극주의**(Judical restraint): 판사는 단순히 법조문을 적용해야만 하며, 정치는 선출된 기구가 담당하도록 내버려두어야 한다는 견해.
>
> **사법적극주의**(Judical activism): 기꺼이 공공정책에 영향을 미치기 위하여 편협한 법률적 논증에서 과감하게 탈피하고자 하는 판사의 의향.

- 인도 대법원은 "취약한 사회집단과 환경과 같은 소홀히 여겨지고 있는 공공생활의 수호자를 자임한 바" 있다 (Mirta, 2014: 587).
- 이스라엘 대법원은 웨스트뱅크 지역의 장벽, 치안 당국에 의한 심문 과정에서 고문의 자행, 테러 용의자의 암살 등과 같은 논쟁적 문제를 다루었다 (Hirschl, 2008).
- 미국 대법원은 정당노선에 입각한 표결을 통해

국가개요

남아프리카 공화국

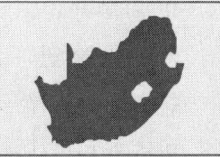

간략 소개: 아파르트헤이트로 알려진 제도화된 인종차별 체제 하에서 남아공은 수십 년 동안 분열되어 있었다. 아파르트헤이트 체제는 남아공의 흑인, 혼혈인종, 아시아계 인종 등의 희생을 대가로 남아공의 백인들에게 특권과 기회를 제공하였다. 국내적으로 저항이 거세지고 국제사회의 배척이 심해지자, 타협에 성공하여 1994년 최초로 민주선거의 길을 열었다. 풍부한 자연자원을 가진 나라에 대해 많은 것이 기대되었으며, 아프리카민족회의(ANC: African National Congress)가 그 후 모든 선거에서 줄곧 승리하여 다수당의 위치를 차지하고 있다. 그러나 부패문제가 급증하고 있으며, 여전히 실업률이 무척 높고, 많은 사람들이 빈곤에 시달리고 있으며, 남아공은 심각한 공공안전 문제에 직면하고 있다. 즉, 남아공은 세계에서 가장 높은 수준의 인구수 당 살인 및 폭력 범죄 발생비율을 갖고 있다. 남아공 경제가 아프리카지역에서 두 번째로 큰 경제(제일 큰 나이지리아 경제 다음으로)이지만 아직까지 남아공은 지역 경제대국으로서 갖고 있는 잠재력을 온전히 실현하고 있지 못하다.

인구 (5,250만 명)

국민총소득(GNI) (3,510억 달러)

1인당 GNI (7,190달러)

민주주의 지수 평가: 측정안됨 | 혼합체제 | **완전민주주의** | 권위주의 | **결손민주주의**

프리덤하우스평가: 자유없음 | 부분적 자유 | **자유로움**

인간개발지수 평가: 측정안됨 | **중간** | 매우 높음 | 낮음 | 높음

정부형태 → 중앙집권적 의회제 공화국. 1910년에 건국하였고, 가장 최근 헌법은 1997년 제정되었다.

입법부 → 양원제. 하원인 국회(400명)는 5년 단위로 선거를 통해 구성하고, 상원인 전국주평의회(National Council of Provinces)는 각 지방의회가 10명씩 임명한 90명의 의원으로 구성된다.

행정부 → 대통령제. 대통령은 국가원수이자 행정부의 수반으로서 내각을 이끈다. 총선 직후 국회가 대통령을 선출한다. 대통령 임기는 5년이며, 중임 제한이 있다.

사법부 → 사법체계는 보통법과 시민법을 혼합하고 있다. 헌법재판소는 헌법관련 사안에 대해 판결하고 법률안을 무효화시킬 수 있다. 헌법재판소는 대통령이 임명하는 12년 임기의 11명의 재판관으로 구성된다.

선거제도 → 국회의원은 폐쇄형 정당명부를 사용하는 비례대표제 선거제도에 의해 선출된다. 절반은 전국명부에서 선출되고, 절반은 지역명부에서 선출된다.

정당 → 지배정당제. 1994년 다양한 인종이 참여한 최초의 민주적 선거 이후 아프리카민족회의(ANC: African National Congress)가 지배하고 있다. 현재 웨스턴 케이프 주의 제1당인 민주동맹(Democratic Alliance, 67석)이 공식적인 야당이다.

> ## 남아프리카공화국의 헌법과 법원
>
> 남아프리카공화국이 인종차별정책에 기반 하는 군국주의 국가로부터 민주주의에 기반 하는 헌정질서로 전환한 것은 20세기말 가장 놀라운 정치변동 중 하나였다. 새로운 헌법에 의해 수립된 정치질서는 어떤 특징을 갖고 있는가?
>
> 1996년 ANC와 백인 국민당(National Party)은 2년에 걸친 힘든 협상 끝에 109쪽에 달하는 새로운 헌법을 1997년에 발효하는 데 합의했다. 국민당은 정권에서 물러나야 하는 조건에도 불구하고 새로운 헌법의 통과에 찬성했다.
>
> 미국의 헌법을 상기시키는 문구에서 남아프리카공화국의 헌법은 "남아공의 행정권은 대통령에게 부여된다"고 선언하고 있다. 미국에서와 마찬가지로 남아공 대통령은 국가의 원수이기도 하다. 미국의 경우와 달리 남아공 대통령은 국회의원 선거 직후 의회에서 선출된다. 대통령은 의회의 불신임투표(이것은 의회의 해산과 새로운 선거의 실시를 요구한다) 또는 탄핵에 의해 자리에서 쫓겨날 수 있다. 요컨대, 남아공 정치체제는 본질적으로 의원내각제 성격을 갖고 있다. 대통령은 대규모 내각과 협력하여 통치한다.
>
> 남아공의 9개 주 각각은 선거를 통해 지방의회를 구성하며, 주 총리가 이끄는 지방정부를 구성한다. 그러나 미국의 경우보다 훨씬 더 많은 권한과 예산이 중앙정부로부터 이양되어 지방정부에게 주어져 있다. 모든 경우에서 ANC는 행정부와 의회 사이를 연결시켜주는 접착제 역할을 할뿐만 아니라 중앙정부, 주정부, 자치도시 수준의 정부와 정부 사이를 연결시켜주는 접착제 역할도 한다. 미국의 경우 정부기구가 정당을 지배하고 있다면, 남아공의 경우에는 적어도 아직까지는 집권당이 정부기구를 절대적으로 지배하고 있다.
>
> 남아공의 다양한 민족들은 ANC가 절대적으로 남아공 정치를 지배하고 있는 입헌자유민주주의를 인정하는데 다소 어려움을 겪고 있다. 2009년 총선에서 ANC의 과반수 의석이 다소 줄어든 것이 어느 정도 영향을 미친 것이라고 볼 수 있는데, 자당에게 유리한 방향으로 헌법을 개정하고자 하는 ANC의 욕심과 능력이 약화되었다. 그러나 남아공의 현재의 정치에 대한 평가는 무엇보다도 과거의 정치와 비교하여 평가되어야만 한다. 그러한 잣대를 기준으로 판단할 때, 새로운 남아공이 이룩한 성과는 무척 엄청나다고 할 수 있다.

2000년 대선결과를 결정하였다. 즉, 부시가 플로리다 주 선거에서 승리하였다고 결정하였으며, 그 결과 부시가 미국대선에서 최종적으로 승리했다. 어떤 한 평론가는 대법관 다수가 '개인적 정체성 및 소송당사자와의 정치적 관계'에 기초하여 결정하였기 때문에 그 표결을 "대법원 역사상 가장 부패한 결정 중 하나이며, 법관의 선서를 위반한 결정"이라고 논쟁적으로 서술했다 (Dershowitz, 2001: 174, 198).

사법소극주의에서 사법적극주의로 전환한 이유로 다음 네 가지를 들 수 있다.

- 정치적 좌파의 쇠퇴가 사법부의 영역을 확장시켜주었다. 과거 한때 사회주의자들은 판사들을 의심했으며, 판사들을 현상유지 및 특히 사유재산제를 보호하려는 선출되지 않은 수호자로 간주했다. 오늘날 야당이 된 좌파는 법정이 우파정부를 괴롭힐 수 있는 곳이라는 점을 깨닫게 되었다.
- 거버넌스의 한 형태로서 규제에 대한 의존의 증가는 법원의 간섭을 고무한다. 정부가 동성애자 부부는 보통의 결혼한 부부와 동일한 권리를 갖고 있음을 부인하는 결정을 내린다면 이러한 결정은 정부의 전쟁시작 결정이나 세금인상 결정과 달리 사법부의 도전을 초래할 수 있다.

- 국제적 관습은 재판관들에게 국내법의 족쇄로부터 자유로워질 수 있는 방편을 제공해주었다. 유엔의 세계인권선언(1948년)이나 유럽인권조약(1950년)과 같은 문서는 판사들에게 한때 과도한 정치적 입장의 표명으로 여겨질 수 있었던 판결을 내릴 수 있는 근거를 제공한다. 국제형사재판소(2002년 설립)와 같은 국제재판소의 등장은 국내법원들이 좀 더 단호한 판결을 하도록 고무하였다.
- 사법부에 대한 긍정적 평판이 지속된 덕분에 일부 권한의 사법부로 이전이 촉진되었다. 대부분의 자유민주주의 국가의 사법절차는 적어도 공정하고 중립적이라는 평판을 유지하고 있는 반면, 가장 대표적으로 정당을 비롯한 국내 다른 기관들의 위상은 추락하고 있다.

사법부의 권한이 확대되고 있는 이유가 무엇이든, 사법부의 권한의 확대과정은 자기강화 경향이 있다. 스위트(Sweet, 2000: 55)는 "헌법이 정책 영역에까지 영향을 미치게 되면, 그리고 각 영역에서 그것이 '심화'되면, 그에 따라 사법적 논쟁의 영역이 형성된다. 이 과정은 자기강화 경향이 있다"고 지적했다. 광범위한 정치쟁점의 처리에 있어서 판사들의 자신감이 커지고 있는 것을 인지하고 있는 이익집단이나 양심적 시민들, 그리고 심지어 정당들 역시 기꺼이 사법 영역에서 싸움을 지속하게 되었다.

물론 사법적극주의는 상대적으로 일부 민주주의 국가에서 더욱 활성화되고 있다. 사법적극주의가 미국보다 더 활성화된 나라는 많지 않다. 미국은 헌법적 계약에 기초하고 있고, 변호사들은 헌법의 애매한 용어들에 대해 영원히 논쟁을 벌일 수밖에 없다. 성문법, 연방주의, 사법부의 독립, 분리되지 않은 행정법원, 쉽게 접근할 수 있는 법원, 판례에 기초한 법체계, 판사들에 대한 높은 존경 등 사법적극주의를 강화하는 특징 모두를 갖고 있는 미국에서는 사법적극주의 문화가 크게 발달하였다. 대법원의 역할이 두드러짐에 따라 '9명의 검은 법복을 입은 독재정부'인 '판사에 의한 정부'를 해체시키자는 비판이 등장했다(Waldron, 2007: 309).

전통적으로 의회주권이 최고권위인 영국의 경우 사법부의 자율성은 거의 실현되지 않고 있다. 입법을 취소할 수 있는 권위기관이 존재하지 않는 영국의 상황에서 위헌심판(judicial review, 사법심사)은 일반적으로 판사가 정부의 결정이 행정법의 조문내용에 반하는지의 여부를 심사하는 것을 의미한다. 그러나 이러한 영국에서조차, 유럽의 영향을 받아 사법적극주의가 강화되고 있다. 영국의 판사들은 모든 유럽연합 회원국들에게 공통으로 적용되는 단일한 사법질서의 구축을 위해 설립된 유럽재판소에 기꺼이 동조하고 있다. 또한 1998년 늦게나마 영국의 유럽인권조약의 채택, 한때 국가가 법 위에 군림할 수 있도록 해주었던 왕권의 쇠퇴, 2009년 대법원의 설립 등이 사법부의 독립 필요성에 대한 생각을 더욱 부추겼다.

공식적인 권리선언 또한 여타 영어권 국가에서 사법부의 팽창을 촉진시켰다. 캐나다의 경우 1982년 권리 및 자유 헌장이 헌법에 추가되었으며, 그 결과 판사들이 개인의 권익보호에 있어서 좀 더 결정적인 역할을 할 수 있게 되었다. 마찬가지로 뉴질랜드는 1990년에 '인간의 생명과 안전'을 보장하고, 그동안 성문화되지 않았던 전통적 민주주의 권리 및 시민권을 확고히 하는 권리선언을 채택하였다.

사법부의 독립과 충원

사법부의 정치적 권한이 확대됨에 따라, 사법부의 독립성에 관한 문제가 더욱 중요하게 되었다. 자유민주주의 국가는 법치주의의 실현을 위한 기본 토대로 사법부의 독립을 인정하고 있기는 하지만, 실제로 사법부의 독립이 얼마나 실현되고 있는가? 법관의 안정적인 임기보장이 중요하다. 이는 임기 동안 판사를 자리에서 쫓아내는 것이 어려운 이유이다. 그러나 사법부의 독립은 임기보장뿐만 아니라 충원방식에도 달려있다. 판사 임명권을 가진 정치인들이 만약 판사의 선발을 좌지우지한다면, 사법부는 어쩌면 단지 정파적 권력을 강화시켜주는 역할을 하게 될지도 모른다. 이는 권력분산이 아니라 권력통합을 초래한다. 이 문제는 판사의 임기가 짧은 경우 특히 심각하다. 판사의 임기가 짧으면 판사가 자신이 맡은 사건들에 대한 고유의 독자적인 시각을 가질 수 있는 기간이 제한적이게 된다.

그 결과 정부는 민주적 선거 방식으로부터 기존 판사에 의한 호선 방식까지 판사 임명 문제에 대한 다양한 해결방안을 도입했다 (도표 7.4 참조). 전자의 방식은 민주적이지만 정치적이고, 후자는 사법부의 독립성을 보장하지만 영원히 바뀌지 않고 유지되는 엘리트 집단의 등장을 초래한다. 즉, 이 방법이 갖고 있는 문제점은 기존의 판사들이 자신의 시각과 비슷한 시각을 가진 사람을 새로운 판사로 충원한다는 점이다. 이와 같은 양극단 사이에는 보다 전통적인 방법들이 존재한다. 즉, 의회에 의한 선출, 행정부에 의한 임명, 독립위원회에 의한 임명 등이 그것이다. 실제적으로 많은 나라들은 이러한 정통적인 방법과 더불어 전문가 집단이 마련한 일군의 후보들 중에서 정부가 판사를 선발하는 방식을 혼합해서 사용하

	판사의 수	임기	임명절차
중국	16	5년, 재임까지 허용	입법부가 임명
독일	16	12년, 68세까지 나이 제한	입법부가 선출. 2/3 찬성 필요
인도	31	65세까지 나이 제한	대법원장과 4명의 고등판사들이 추천하고 대통령이 임명
이탈리아	15	9년	5명은 대통령이 임명하고, 5명은 의회에서 선출하고, 5명은 다른 법원에서 선출
나이지리아	21	70세까지 나이 제한	국가사법위원회가 추천하고 대통령이 임명. 상원이 임명동의
러시아	19	12년	대통령이 지명하고 연방회의가 임명동의
영국	12	임명된 나이에 따라 70세까지 또는 75세까지 나이 제한	추천위원회의 지명이 있은 후 총리의 조언을 받아들여 여왕이 임명
미국	9	종신제	대통령이 지명하고, 상원이 임명동의

도표 7.4 판사 임명 방식 비교

고 있다. 좀 더 전통적인 대안적 방법으로 상급법원의 판사 중 일부를 한 가지 방식으로 임명하고, 나머지 판사를 또 다른 방식으로 임명할 수 있다.

영국정부는 최근에 독립적인 인사위원회에 판사 임명권을 넘겨주었다. 관련부처 장관은 이러한 결정을 다음과 같이 정당화하였다.

> 현대 민주주의 사회에서는 판사의 임명이 전적으로 정부부처 장관의 손에 쥐어져있는 것은 더 이상 용납되지 않는다. 예를 들어, 사법부는 종종 행정부의 행위의 적법성에 대한 심판에 관여하고 있다. 그러므로 임명방식은 정부로부터 독립적이어야 하며, 독립적인 것으로 보여야만 한다. 반드시 투명해야 하며, 타당해야 하며, 대중이 신뢰할 수 있어야 한다. (Falconer, 2003: 3-4)

위헌심사를 담당하는 법원 대부분의 경우 재판관 및 판사의 임명에는 분명히 정치적 측면이 존재한다. 미국 대법원의 대법관 임명은 대통령이 대법관 후보자를 지명하지만 의회의 동의가 매우 결정적이다. 상원의 인준과정에서는 대통령의 지지세력과 반대세력 사이에 싸움이 벌어진다. 이와 같은 다툼에서는 지명받은 대법관 후보자 개인의 법조계 경력이나 법률가로서의 능력보다 이념, 당파성, 깨끗한 경력 등이 더 중요하다. 비록 그렇다고 하더라도, 미국의 전 법무차관 직무대행 델린저(Walter Dellinger)는 "재판관이 종신정년 보장을 통해 독립성을 갖게 되기에 앞서 재판관에 대한 정치적 임명은 적절한 민주적 행위이다"라고 주장했다 (Peretti, 2001).

헌법재판소 재판관의 선발에서도 역시 정치적 측면이 확실히 존재한다. 전형적으로 헌법재판관은 정당 간 거래가 존재할 여지가 있는 절차를 거쳐 의회에서 임명된다. 예를 들면, 스페인 헌법재판소 재판관 12명 중 8명은 정당이 지배하는 의회가 임명한다.

최고법원 아래 수준의 법원에서 사법부의 자율성은 **내적 독립성**(internal independence)의 문제를 제기한다. 어떤 한 나라의 사법부는 최고법원만으로 이뤄지지 않는다. 사법부는 일반법원, 항소법원, 세금법원과 군사법원과 같은 특별법원 등을 포괄하는 복잡한 다층구조이다. 하급법원 판사들의 자율성이 제약을 당하는지 또는 자율성을 갖는지의 여부가 공정하고, 효율적이며, 예측 가능한 방식으로 갈등을 해결하는 데 사법제도 전체가 효율적인지 여부를 결정한다.

> **내적 독립성(Internal independence)**: 하위직 판사들이 종종 자신들의 향후 승진 여부를 결정하는 권한을 가진 고위직 판사들에 대해 갖는 자율성을 의미한다. 내적 독립성이 약한 나라에서는 사법부의 개혁이 어려울 수 있다.

과르니에리(Guarnieri, 2003: 225)는 내적 독립성의 중요성을 강조했다. 유럽대륙의 "사법부 조직이 피라미드와 같은 조직 구조 내에서 작동하고 있다"는 사실에 주목하면서 그는 "판사 집단의 실제 역동성을 강조하기 위해서는 조직 위계구조의 역할이 매우 중요하다"고 주장했다. 이 문제는 과거 우익정권에서 임명한 판사들이 계속 자리를 유지하여 피라미드 구조 하단의 새로운 하위직 판사들의 개혁성을 억누르는 일이 발생했던 1945년 이후 일부 유럽대륙 국가에서 첨예하게 나타났다. 과르니에리는 사법부 내의 승진과 봉급인상은 전적으로 근속연수에 따라 결정되어야 하고, 이러한 개혁은 이탈리아에서 보다 젊은 '치안판사(assault judges, 한국의 검사에 해당 – 옮긴이)'들이 정부의 부정부패에 대한 조사에 착수하기 이전에 이루어질 필요가 있다고 결론지었다. 과르니에의 전면적인 해결책은 어쩌면 극단적인지도 모르지만, 하여튼 사법부 위계구조의 하위직 판사들

초점 7.2 판결 모델

고위직 판사들은 정부에 영향을 미치는 주요 행위주체이기 때문에 그들이 판결에 이르는 방식에 대해 반드시 살펴볼 필요가 있다. 3가지 설명 모델이 개발되었다.

- **법적 방식**: 이 방식은 가장 전통적인 방식이며, 판사는 법에 대한 이해를 통해 판결을 내린다고 가정한다. 물론 최고법원에 올라온 문제는 이 문제가 법적으로 확실치 않다는 것을 의미하며, 그러므로 법 자체가 전적으로 결정하는 것은 아니다. 그렇더라도 판사는 선례, 법의 원리, 자신의 판결이 향후 법의 발전에 미칠 영향 등을 마음 속으로 생각한다. 판사는 적어도 자신의 판결을 약간이나마 법적으로 포장할 수 있을 때까지는 특정 결정에 이르지 못한다.
- **성향적 방식**: 이 방식은 판사가 정치와 이념에 의해 추동된다고 가정한다. 미국 대법원이 대표적인 예이다. 왜냐하면 대법원의 판결은 만장일치로 결정되거나 또는 종종 반대의견이 존재하는 다수의 의견에 따라 결정되는데, 각 판사의 의견이 세상에 알려진다. 이러한 공개적 절차 덕분에 연구자는 특정 판사가 지속적으로 자유주의자인지 또는 보수주의자인지 판명할 수 있으며, 판사의 사회적 배경 요인 등과 판사의 이념적 성향을 연관시켜볼 수 있다. 그 답은 일반적으로 무척 명확하다. 이는 연방법원 판사의 임명이 대중적 관심을 불러일으키는 이유이며, 누가 임명되느냐에 따라 향후 표결 결과가 어떤 방향으로 나올 것인지 예측할 수 있다.
- **전략적 방식**: 이 방식은 판사가 자신들의 판결에 대해 다른 정치행위자와 기관의 예상되는 반응에 민감하다고 여긴다. 다른 기관과 마찬가지로 최고법원(종종 하급법원 역시)은 자신의 지위와 자율성과 영향력을 유지하기 위한 방향으로 움직인다. 즉, 판사는 논쟁적 사안에 대해 재판하거나, 무시될 결정을 내리거나, 심지어 헌법개정을 통해 반대로 되돌리기에 앞서 심각하게 고민한다. 이러한 전략적 모델은 우리로 하여금 최고법원의 판사들을 엘리트 정치게임의 주전선수처럼 생각할 수 있도록 해주는데, 그들은 예상되는 반응의 규칙을 따른다. 독일의 헌법재판소가 그 예이다. 독일 헌법재판소는 독일 입법부의 자율성 수호를 통해 민주주의를 유지한다.

은 재판 판결에 있어서 그 판결이 자신의 경력에 미칠 영향에 대해 고려한다는 점을 인식하는 것이 중요하다.

법체계

헌법과 법원에 대한 이해뿐 아니라 법체계에 대한 이해 또한 중요하다. 가장 중요한 두 가지 법체계가 보통법(common law)과 시민법(civil law)이며, 이 두 체계의 대조적인 원칙에 대한 고려 없이 중동지역을 제외한 세계 모든 나라에서 판사들의 정치적 역할의 차이점을 파악하는 것은 사실상 불가능하다. 제3의 법체계는 대부분의 무슬림 국가에서 찾아볼 수 있는 샤리아법(sharia law)이다. 이는 심지어 나이지리아처럼 대규모 무슬림 인구가 존재하는 나라 또는 이집트처럼 식민지 역사를 가진 나라에서 보통법 또는 시민법과 공존한다.

보통법

보통법(common law)의 핵심 특징은 특정 사건에 대한 판사의 판결들이 국가의 권위로부터 구별되는 종합적인 법률체계를 형성한다는 점이다. 보통법은 영국과 호주, 캐나다(퀘벡 제외), 인도, 케냐, 나이지리아, 파키스탄, 미국(루이지애나 제외) 등 영국의 과거 식민지 국가에서 주로 찾아볼 수 있다. 원래 관습과 전통에 근거하는 그러한 판결들은 처음에는 전국적으로 사법부의 판결을 표준화하기 위한 방편으로 공표되었다. 판사는 선례구속성의 원칙(stare decisis, 판례에 입각해야 한다는 원칙)을 지켜야 하기 때문에 판사의 판결이 새로운 선례를 만들고, 예측 가능한 법률체계를 형성하며, 그렇게 함으로써 경제교류와 국가형성에 기여한다.

> **보통법(Common law)**: 명확하게 법률 제정이 이뤄지지 않은 사안에 대한 법정판결. 특정사건에 대한 판결을 통해 새롭게 만들어지는 선례에 기초한다.

보통법은 판사가 만든 법이다. 특정 분야에 관한 **성문법(statute law)**을 입법부가 제정하지만, 이들 성문법은 흔히 판례법(과거 법원의 결정)에 기초하며 사법부의 해석을 통해 다듬어진다. 보통법 체계의 정치적 중요성은 판사가 독립적인 권위의 원천이라는 점이다. 그들은 정부가 아니라 사회 거버넌스의 일부가 된다. 이런 식으로 보통법 체계는 정치적 다원주의에 기여한다.

> **성문법(Statute law)**: 입법부가 제정한 법.

시민법

시민법(civil law)은 판례가 아니라 성문법전에 기초한다. 이러한 성문법규는 공공행정과 기업계약을 비롯한 공적인 일의 실행을 위한 중요한 틀을 제공하는 것을 목표로 한다. 최초의 성문법전은 527년에서 565년까지 로마의 황제였던 유스티니아 통치시절 만들어졌다. 로마법(Roman law)은 시민법으로 발전하였다. 이 법전은 국회가 통과시킨 법에 의해 정교하게 다듬어졌다. 시민법은 남미, 전체 유럽대륙, 중국, 러시아, 과거 유럽열강의 식민지였던 아프리카에서 찾아볼 수 있다.

> **시민법(Civil law)**: 사회문제의 처리를 위한 단일의 포괄적인 틀을 제공하고자 하는 성문 법전에 기초한 법정 판결.

시민법에서는 판사(배심원이 아니라)가 사건의 사실 관계를 파악하며, 심지어 종종 조사를 지휘한다. 그리고 나서 판사는 법전의 관련 조항을 해당 문제에 적용한다. 정치적으로 중요한 점은 판사가 공공행정에 종사하는 중립적인 국가공무원으로 여겨진다는 점이다. 판사는 단지 법의 대변자일 뿐이다. 법원은 독립적인 자치권을 가진 기관이라기보다는 정부에 속한 공간이다. 판사가 만드는 법은 입법부의 우위를 위협하는 것으로 여겨질 것이다.

시민법 체계에 있어서 기본적 법규는 시민의 권리뿐만 아니라 사회적 안정을 강조한다. 다원주의 철학보다는 국가주도의 철학이다. 즉, 전통적으로 기본적 법규는 일종의 헌법으로 기능하며, 자유뿐만 아니라 의무에 대해서도 체계적으로 규정하고 있다. 그러나 보다 최근 명확한 헌법(이 헌법은 법전과의 관계에서 우위를 점하고 있다)의 도입은 많은 시민법 국가에 있어서 자유에 대한 주장을 강화시켰다. 아울러 판사는 법전에 빠진 공백을 채우는데, 비록 판례법으로 인식되는 것은 아니지만 사실상 판례법처럼 기능하는 판결을 제공한다. 이러한 발전이 어느 정도 두 가지 모형 사이에 존재하는 차이점을 완전히 없애지는 못했지만 어느 정도 희석시켰다 (Stone Sweet, 2000).

종교법

다양한 법체계에 대한 검토에 있어서 종교와 연관된 법체계에 대해 살펴보는 것은 중요하다. 이슬람교, 유대교, 힌두교, 불교, 천주교 등은 고유의 독자적인 법체계를 보유하고 있다. 이들 일부는 그러한 법체계가 발견되는 나라에서 사회를 규제하는데 여전히 중요한 역할을 한다. 방글라데시 등 일부 국가는 각기 다른 종교마다 별도의 법조항을 갖고 있는 다중심적(polycentric) 법체계를 가지고 있다. 이러한 종교적 법체계 중 국제적으로 가장 큰 관심을 끌고 있는 것은, 그리고 동시에 가장 널리 오해 받고 있는 것은, 무슬림 국가의 **샤리아법**(sharia law)이다.

> **샤리아법(Sharia law):** 꾸란(Koran)과 예언자 마호메트가 말한 바와 행한 바에 기반 하는 이슬람 법체계. 이슬람 국가에서 샤리아법은 서양법과 함께 기능한다.

서양세계에서 이슬람 법은 단지 누군가 간음행위로 돌로 쳐서 죽이는 사형선고를 받거나, 많은 무슬림 사회에서 여성차별의 맥락에서만 주목을 끌게 되는 경향이 있다. 그 결과 이슬람법이 운영되는 방법에 대한 잘못된 생각을 갖게 되며, 이슬람 법이 독자적인 고유의 법원과 법률전문가, 법학 등을 보유한 심오하고 정교한 법체계라고 이해하는데 불행히도 실패한다 (Hallaq, 2007 설문조사 참조). 그러나 동시에 이슬람 법의 사용이 이슬람 공화국의 이상이지만, 샤리아법은 어느 곳에서도 보편적으로 사용되고 있지 않다. 샤리아법은 이란, 요르단, 리비아, 모리타니와, 오만, 사우디아라비아 등에서 널리 사용되고 있지만, 거의 모든 이슬람 국가들은 보통법 또는 시민법과 종교법을 혼합해서 사용하며, 전자는 심각한 범죄에 후자는 가족문제에 적용한다.

법을 위반한 사람에게 오직 법에 따라 책임을 묻는 서양법과 다르게 이슬람 전통은 알라와 모든 무슬림에 대해 책임을 져야한다. 또한 서양법과 다르게 샤리아는 무슬림이 하지 말아야할 금기사항에 대해 명시하고 있을 뿐 아니라 자제할 것과 권고사항, 의무사항 등에 대해서도 명시하고 있다. 따라서 예를 들어, 무슬림은 음주와 도박, 도둑질, 간통 등을 행해서는 안 되며, 무슬림은 반드시 매일 같이 기도를 해야 하고, 자선을 베풀어야 하고, 겸손해야 하고, 옷차림을 바르게 하고, 그리고 죽었을 때에는 이름 없는 무덤에 묻혀야 한다. 무슬림들은 자신이 행하려 하는 것이 인정되는 것인지 또는 아닌지 의심스러울 때에는 **파트와**(fatwa)라고 알려진 법적 판결을 내리는 **무피**(mufi)라고 불리는 무슬림 판사에게 문의할 것이 기대된다.

권위주의 국가의 법

권위주의 국가는 통치에 대한 어떤 제한도 인정하지 않는다는 속성을 갖고 있다. 정치에서 통용되는 것은 법이 아니라 권력이다. 헌법의 기능은 미약하고, 사법부의 위상 역시 마찬가지로 높지 않다. 사실 기성 엘리트들은 오직 민주화가 가시화되는 경우 법원에 권한을 부여하는데, 이는 불투명한 미래에 자신들의 안전을 강구하기 위한 의도이다 (Solomon, 2007). 법원이 힘을 갖는 경우는 오직 권위주의 지도자가 자신의 통치권력을 강화하는데 법원을 이용할 때뿐이다.

비민주적 통치자들은 사법부의 권한을 제한하는데 크게 두 가지 방식을 추구한다. 한 가지 방식은 사법제도를 유지하고, 표면적으로 사법부의 독립을 유지하면서도 충원, 훈련, 평가, 승진, 정신교육 등을 통해 간접적으로 판사들에게 영향력을 행사하는 방식이다. 좀 더 심한 경우 판사들은 쫓겨날 수도 있다. 1969년 이집트의 나세르(Gamel Nasser) 대통령이 이 방식을 채택했다. 1969년 '판사의 대량학살'로 알려진 사건을 통해 단번에 200명의 판사를 파면시켰다. 우간다의 악명 높은 군부독재자 이디 아민(Idi Amin)은 가장 강력한 통제 방식을 사용했다. 1971년 이미 아민은 자국의 대법원장을 총으로 쏴 죽였다.

두 번째 방식은 보다 철저한 방식이다. 즉, 사법절차를 전적으로 건너뛰는 것이다. 예를 들면, 비민주적 정치체제들은 정부의 결정이 사법부의 재판대상에서 제외되도록 하기 위한 구실로 비상사태를 선언한다. 사실상 법의 부재를 의미하는 비상사태법이 만들어진다. 일단 비상사태법이 도입되고 난 이후에는 '일시적'인 비상사태가 수십 년 동안 계속 이어진다. 또 다른 대안으로 통치자들은 짐짓 사법부가 독립되어 있는 것처럼 눈 가리고 아웅 하는 대신에 정권이 지시하는 바를 무조건 맹종하여 따르는 특별법원을 활용할 수 있다. 이집트의 국가안보법원이 하나의 사례이다. 이 법원은 2008년 문을 닫을 때까지 '안보(폭넓게 해석되는 개념)'에 대한 '위협'과 관련한 사건들에 대해 재판을 하였다. 흔히 군부독재자는 비밀군사법원의 재판대상 범위를 확대하여, 정치적으로 말썽을 일으키는 민간인들까지 비밀군사법원의 재판대상에 포함시킨다. 그리고 보통 일반법원이 계속해서 비정치적 사건을 다룬다. 이는 세계로 하여금 그 나라의 사법부가 통일성을 결여하고 있다는 인상을 갖도록 한다.

이와 같은 상황 속에서 권위주의 체제가 심각한 인권문제를 내포하고 있다는 것은 놀랄만한 일도 아니다. 인권상황에 관한 비교자료는 우리가 민주주의

및 부패와 관련하여 검토하였던 지수들의 확립된 기록들을 결여하고 있다. 1981년 이래 자료를 생성하고 있음에도 불구하고 2011년 이후 전혀 발표되지 않고 있는 한 가지 지수(index)는 CIRI 인권데이터 프로젝트이다. 이는 표현의 자유, 이동의 자유, 사형, 고문, 실종, 정치범 구속 등에 관한 기록 등 전세계 인권에 관한 미국 국무성의 정보를 사용한다. 이 프로젝트는 각 나라별로 최고 30점까지 점수를 부여한다. 2010년 세계 평균은 18점이었다. 덴마크와 아이슬란드가 30점이었고 미국은 26점으로 세계 5위이었다. 가장 낮은 점수를 기록한 10개 국가의 명단을 표 7.2에서 볼 수 있다.

표 7.2에서 볼 수 있듯이 인권침해의 오랜 역사를 가진 나라 중 하나가 짐바브웨이다. 이 나라는 1980년 식민지 독립 이후 무가베(Robert Mugabe) 정권 하에서 비참하게 살아왔다. 정치적 갈등의 증가와 경제 침체의 시기를 경험한 후 2013년 새로운 헌법이 제정되었으며, 이는 향후 짐바브웨 사람들의 삶이 좀 더 안전하게 될 것이라는 희망을 안겨주었다. 그러나 2013년 무척 심각한 부정선거를 통해 거의 2/3 의석을 차지한 집권여당 ZANU-PF(짐바브웨 아프리카 민족 연맹-애국전선)는 헌법조항의 시행을 지연하고 표현의 자유와 집회의 자유를 제한하고 있는 기존 법

표 7.2 인권 점수가 가장 낮은 10개 국가

	30점 만점		
미얀마	2	예멘	3
에리트레아	2	짐바브웨	3
이란	2	사우디아라비아	4
중국	3	콩고민주공화국	5
북한	3	나이지리아	5

출처: CIRI Human Rights Dataset 2011, at www.humanrightsdata.com

률의 개정을 차일피일 미루며 질질 끌고 있다. 언론의 자유와 학문의 자유는 여전히 제한되고 있고, 정권에 반대하는 사람들에 대한 탄압이 일상적으로 이뤄지고 있고, 사유재산권이 무시되고 있으며, 정권 유지에 군대가 이용되고 있으며, 법원은 무가베가 원하는 대로 재판을 조작하고 있다. 예를 들어, 짐바브웨 법원은 명백한 부정선거의 증거가 있음에도 불구하고 2013년 선거를 공정하고 깨끗한 선거였다고 판결했다.

일당지배 국가에서 법원은 정치권력을 제한하는 기구가 아니라 정치권력을 도와주는 기구로 여겨진다. 중국은 현재 가장 최근(1982년부터) 헌법으로 제4차 헌법을 갖고 있는데, 비록 이 헌법이 중국의 사회주의 국가임을 확인하고 '사회주의 체제에 대한 반대'에 대한 엄중한 경고로 시작하고 있기는 하지만, 제4차 헌법은 기존의 다른 헌법에 비해 가장 덜 급진적이라고 할 수 있다. 제4차 헌법은 경제발전을 위한 예측가능한 환경의 수립을 모색하고 있으며, 집권공산당의 계급갈등, 자력갱생, 혁명투쟁 등 집권공산당에 대한 강조를 자제하고 있다. 공산당의 선도적 역할은 오직 헌법의 전문에만 명시되어 있으며, 본문은 심지어 "모든 정당들은 헌법을 준수해야 한다."라고 선언하고 있다. 2004년 개정헌법은 사유재산과 인권을 좀 더 강조하고 있다. 비록 중국헌법은 여전히 현실에 대한 규준(規準)으로서는 형편없지만, 공산주의 국가라는 조건을 감안한다면, 그와 같은 자유주의적 주장이 중국헌법에 담겨있다는 사실 자체가 놀라운 일이다.

헌법의 내용을 온건하게 고쳤을 뿐만 아니라 이에 더하여 오늘날 중국은 일반적으로 법을 더욱 강조하고 있다. 중화인민공화국의 초창기 수십 년 동안 매우 제한된 숫자의 법만이 존재했는데, 이는 통제되지 않는 권력이라는 중국의 전통적인 사상을 반영하는 것이었고, 사법부는 근본적으로 경찰청의 한 부서와 같은 존재였다. 그러나 문화혁명(1966~1976년)의 혼란 이후 법이 수적으로 대폭 늘어났으며, 법은 소중하고 의미 있는 것이 되었다. 1979년 중국은 처음으로 형법을 통과시켰다. 그 후 개정된 형법은 애매모호한 '반혁명'죄를 폐지하고, 피고인이 변호사를 선임할 수 있는 권리를 보장하였다. 경제발전에 도움이 되기 때문에 법이 활성화되었다. 법을 준수하는 시민들의 입장에서는 삶이 좀 더 예측가능하게 되었다.

이와 같은 개혁에도 불구하고, 중국의 정치는 여전히 독재정치이다. '법에 의한 지배'는 여전히 권력행사의 제한을 의미하기보다는 법을 통한 정치권력의 행사를 의미한다. 법원은 여러 다른 관료기구 중 하나로 간주되고 있다. 법원의 판결이 헌법에 위배되는지의 여부를 심리하는 헌법재판이 이뤄지지 않고 있으며, 법원의 많은 판결이 쉽게 무시된다. 판결내용은 공표되지 않고 있으며, 어려운 사건에 대해서는 종종 판결을 내리지 않고 그냥 내버려둔다. 민주주의 국가의 사법기관에 비해 중국의 사법기관은 전문성이 떨어지고 있으며, 법조인들의 수준 역시 높지 않다. 그동안 많은 발전이 있었음에도 불구하고 중국의 재판절차는 여전히 무고한 사람을 보호하는 장치가 미흡하다. 여전히 사형제도가 사용되고 있고, 경찰은 여전히 무책임하며, 반정부 인사들은 여전히 재판 없이 바로 감옥에 잡혀가고 있으며, 그리고 무엇보다도 공산당 관료들이 여전히 법 위에 군림하고 있다. 공산당이 지배하고 있기 때문에 권력이 여전히 헌법과 인권보다 우위에 있다.

이란은 권위주의 체제에서 통용되고 있는 또 다른 사법체계의 사례를 보여준다. 확실히 이란은 사법제도에 의해 뒷받침되는 헌법의 온갖 장식물을 보여준다. 이란의 헌법은 "이란 국민들이 진리와 꾸란의 정의의 주권국가에 대한 그들의 오랜 믿음에 기초하여 승인한" 이슬람 공화국에 관하여 고상하게 언명하고 있으며, "고귀한 인간의 존엄성과 가치"와 사법부의 독립에 관하여 명시하고 있다. 그러나 세계 다른 나라와 비교하여 이란은 형편없는 인권기록을 갖고 있다. 많은 활동가들이 정치범으로 교도소에서 비참한 삶을 살고 있으며, 이란의 사형집행 비율은 아마도 중국 다음으로 세계 제2위이다 (이란에는 종교적 배신[이슬람 종교 포기], 모하레베['신에 대한 증오'] 등 많은 행위가 사형죄에 해당한다). 서양세계의 헌법과 달리, 이란 헌법은 자유주의 가치가 아니라 이슬람 가치를 말하고 있으며, 사법제도는 권력을 제한하는 장치가 아니라 권력을 행사하는 통로이다.

혼합체제 또는 경쟁적 권위주의 체제에서 헌법과 법은 정치적 권위에 비해 상대적으로 종속적 역할을 한다. 지도자는 헌법적 틀 내에서 선거에 의해 선출되지만, 지도자가 그러한 환경 자체에 영향을 미치며, 독립적인 사법부가 권력의 행사를 사실상 거의 제한하지 못한다. 대통령은 국민이 대통령에게 부여한 광범위한 권한을 바탕으로 국가이익을 규정하는 높은 지위를 차지하고 있다. 다시 말해, 대통령의 책임성은 수평적(사법부에 대한 책임성)이라기보다는 수직적(유권자에 대한 책임성)이다. 주요 정당들이 다른 정당에게 지배당하기보다 법에 의해 지배당하는 것이 더 낫다고 결론을 내린 자유민주주의 국가와 달리, 경쟁적 권위주의 체제 하에서 국가의 위정자는 여전히 헌법, 법률, 법원 등을 정치적 이익을 획득하는 수단으로 간주한다. 순수한 권위주의 정권에 비하여 재판절차가 훨씬 더 널리 사용되고 있지만 여전히 재판에 대한 정치적 조작이 존재한다.

러시아의 경험은 적어도 일부 권위주의 체제에서 비록 느린 과정 속에 많은 어려움을 겪더라도 결국에는 법률이 뿌리를 내리게 된다는 것을 보여준다. 러시아의 1993년 탈공산주의 헌법은 일련의 개인의 권리(사유재산의 소유 권리를 포함)를 제시하였고, '개인과 개인의 권리와 자유가 최고의 가치'라고 주장하였으며, 일반법원, 상법재판소, 헌법재판소 등으로 구성된 삼각체제를 수립하였다. 특히 헌법재판소는 러시아의 법률에 대한 생각에 있어서 큰 변화를 의미했다.

1993년 이래 러시아 정부는 시민법 체계에 적합한 자세하고 방대한(만약 항상 잘 작성되지는 않더라도) 법전을 편찬하였다. 1998년부터 국내에서 더 이상 어떠한 법적 구제조치도 받기 어려워진 형사피고인은 심지어 유럽인권재판소에 항소할 수 있게 되었다 (Sharlet, 2005: 147). 좀 더 평범하게는 세법과 상법을 현대화하였다.

그러나 다른 권위주의 체제에서와 마찬가지로(심지어 일부 자유민주주의 국가에서와 마찬가지로) 러시아에서는 "명목상 개인의 권리와 현실에 있어서 이의 실현 사이에는 상당한 간극이 존재하였으며, 그 간극은 여전히 그대로 남아있다"(Sharlet, 1997: 134). 예를 들면,

- 형사사건의 유죄판결 비율이 여전히 의심스러울 정도로 높은 편이다.
- 사법제도 내부의 전문성과 급여수준이 낮은 편이며, 이는 부패문화를 온존시킨다.
- 경찰에 의한 폭력이 흔하게 발생한다.
- 민감한 사건에 있어서 정치가 법을 압도한다 (예를 들면, 2005년 재벌총수 미하일 코도르코브스키의 구속).
- 특히 국가에 반하는 법원의 결정은 실제로 집행되기 어렵다.

- 러시아 대중은 여전히 자국의 사법제도를 신뢰하지 않는다.

이렇듯 중국에 비해 러시아는 법치의 수립에 있어서 좀 더 큰 진전을 이루었지만 러시아의 법이 궁극적으로 자유민주주의 국가에서의 갖고 있는 위상을 획득하게 될 것이라는 가정은 러시아의 법의 미래에 대해 공수표를 발행하는 셈이다. 스미스는 새로운 법이 시행되고 사법개혁이 실시되면서 "실행가능하고 독립적인 사법부와 사법제도"의 수립에 있어서 커다란 진척이 있었다는 점에 대해서는 수긍하였지만, "법의 집행이 균등하지 않고 때로는 정치화 되며, 이것이 대중의 지지와 법원에 대한 신뢰를 약화시킨다"는 점에 대해 주목하였다 (Smith, 2010: 135).

토론주제

- 다음 중 어느 것이 더 좋은가? 즉, 짧고 모호하여 해석의 여지를 남기고 있는 헌법과 길고 자세하여 오해의 여지가 별로 없는 헌법.
- '법전화된' 헌법과 '법전화되지 않은' 헌법이 갖는 장점과 단점은 무엇인가?
- 헌법재판소에 비해 대법원이 갖고 있는 장점과 단점은 무엇인가?
- 사법소극주의와 사법적극주의 둘 중 어느 것이 입헌정치의 발전에 더 좋은가?
- 최선의 판사 충원 방식은 무엇인가? 그리고 만약 판사의 임기를 제한한다면 가장 바람직한 판사의 임기 제한 방식은 무엇인가?
- 종교적 법률과 세속적 법률이 공존할 수 있나?

핵심 개념

경성헌법(Rigid constitution)
경성화(Entrenchment)
구체적 규범통제(Concrete review)
내적 독립성(Internal independence)
법전화되지 않은 헌법(Uncodified constitution)
법전화된 헌법(Codified constitution)
법치주의(Rule of law)
보통법(Common law)
사법소극주의(Judicial restraint)
사법적극주의(Judicial activism)

상소(Appellate, 재심관할권)
샤리아법(Sharia law)
성문법(Statute law)
시민법(Civil law)
연성헌법(Flexible constitution)
위헌심사(Judicial review, 사법심사, 헌법재판)
초심관할권(Original jurisdiction)
추상적 규범통제(Abstract review)
헌법(Constitution)

추가 읽을 거리

Guarnieri, Carlo and Patrizia Pederzoli (2002) *The Power of Judges: A Comparative Study of Courts and Democracy*. 여러 나라의 사법부에 관한 국가 간 비교연구이다.

Harding, Andrew and Peter Leyland (eds) (2009) *Constitutional Courts: A Comparative Study*. 유럽, 러시아, 중동, 남미, 아시아 등의 헌법재판소 사례에 대한 비교연구이다.

Issacharoff, Samuel (2015) *Fragile Democracies: Contested Power in the Era of Constitutional Courts*. 헌법재판소가 외부위협으로부터의 보호와 국내적으로 권력의 공고화에 도움을 주기 때문에 튼튼한 헌법재판소가 권위주의를 일소하는 강력한 해독제라고 주장한다.

Lee, H. P. (2011) *Judiciaries in Comparative Perspective*. 호주, 영국, 캐나다, 뉴질랜드, 남아프리카공화국, 미국 등의 사법부에 관한 연구논문을 한데 묶어 편집한 책이다.

Sunstein, Cass (2001) *Designing Democracy: What Constitutions Do*. 정치적 분열을 건설적으로 해소하는데 헌법이 어떻게 사용될 수 있는지에 관한 도발적 검토이다.

Toobin, Jeffrey (2009) *The Nine: Inside the Secret World of the Supreme Court*. 언론인의 시각에서 미국 대법원의 활동에 대해 살펴보고 있다.

CHAPTER 8 입법부

개관

일반적으로 입법부는 직접선거를 통해 구성되고 흔히 행정부처럼 전국을 대표하지 않고 지역을 대표하는 책임을 갖고 있기 때문에 입법부는 시민들과 가장 가까운 정부기구라고 할 수 있다. 따라서 입법부는 대의제 민주주의의 핵심요소이다. 그러나 대의권(representation)이 어떻게 보장되어야 하는지 또는 이해되어야 하는지는 중요한 질문이다. 그리고 입법부가 하는 일은 대의에 국한되지 않으며, 그 외에도 심의, 입법승인, 지출승인, 정부의 구성, 행정부의 감독 등이 있다.

이 장은 입법부의 이러한 여러 가지 기능에 대해 검토하는 것부터 시작하는데, 입법부의 동태에 관한 견해는 흔히 나뉜다. 예를 들어, 대의기능과 관련하여 의원은 자신의 선거구, 자신에게 투표한 유권자, 소속정당, 광범위한 국익 중 어느 것에 초점을 맞추어야 하는가? 그리고 의원들은 실제로 얼마나 훌륭하게 대의기능을 수행하고 있는가?

이 장은 입법부의 구조에 대해 살펴보는데, 특히 단원제 의회와 양원제 의회의 차이점에 대해 살펴본다. 그런 다음 위원회의 활동을 검토하는데, 위원회의 영향력은 정치체제 내에서 입법부가 갖고 있는 힘의 정도에 따라 달라진다. 그런 다음 직업정치인의 부상에 초점을 맞추고 의원에 대해 살펴보고, 의원 임기제한에 관한 찬반양론을 살펴본다. 마지막으로 권위주의 국가에 있어서 입법부의 그림자 역할에 대해 검토한다. 그러나 권위주의 국가의 입법부는 비록 허약해 보일지 모르지만 지도자 및 통치엘리트의 입장에서는 그러한 입법부가 많은 쓰임새가 있다.

차례

- 입법부: 개요   160
- 기능   161
- 구조   167
- 의원   175
- 권위주의 국가의 입법부   178

핵심논제

- 입법부는 사회와 국가를 연결시키며, 따라서 입법부는 대의민주주의에 없어서는 안 되는 필수기구이다.
- 입법부는 통치기구가 아니며, 입법부는 주요 결정을 내리지도 않고, 심지어 대개의 경우 법률안조차 발의하지 않는다. 그러나 입법부는 여전히 자유민주주의의 근간이다.
- 입법부가 단원제이어야 하는지 양원제이어야 하는지에 관한 문제는 민주주의를 인식하는 방법에 대한 상반된 시각을 보여준다.
- 모든 자유민주주의 국가에 있어서 입법부의 행정부에 대한 감독이 갈수록 점점 더 입법부의 중요한 역할이 되고 있다. 감독기능에 대해 제대로 이해하려면 의회의 위원회 활동을 자세하게 살펴보아야 한다.
- 입법부는 갈수록 점점 더 직업정치인의 본거지가 되고 있다. 이들 직업정치인은 자신들이 대표하는 국민들로부터 동떨어진 배경과 이해관계를 갖고 있는 정치계급을 집단적으로 형성한다.
- 거의 대부분의 권위주의정권에도 입법부가 존재한다. 그러나 이들 나라의 입법부는 정통성을 포장하는 눈속임 역할을 하거나 또는 요구와 타협이 이뤄지는 '제한적인 제도적 통로'에 불과하다.

입법부: 개요

정치에 있어서 **입법부**(legislature)는 국민대표의 상징이며, 그러므로 입법부의 활동방식에 대한 이해가 제도주의 이론의 핵심을 이룬다. 입법부는 통치기구가 아니며, 입법부는 주요 결정을 내리지도 않고, 심지어 대개의 경우 법률안조차 발의하지 않는다. 그러나 입법부는 여전히 자유주의 정치와 민주주의 정치 둘 모두의 근간이다. 입법부를 지칭하는 데 사용되는 단어들이 입법부가 가진 본연의 역할을 잘 보여준다. 즉, 의회(assembly, 이 영어단어는 집회, 조립의 뜻도 있다. 이 단어의 동사형은 "한 장소에 모이다." "하나로 조립하다"의 뜻을 가진 프랑스어 단어에서 유래했다 – 옮긴이)가 소집되었다. 의회(congress, 라틴어 어원은 "함께 + 가다"로 "함께 모이다"의 뜻 – 옮긴이)가 회기 중이다. 의회(diet, 어원상 '매일같이' 모이다, 집회하다의 뜻 – 옮긴이)가 열렸다. 의회(duma, 러시아어 어원은 "생각하다", "고려하다"의 뜻 – 옮긴이)가 심의 중이다. 의회(legislature, 라틴어 어원은 "법을 제정하다"의 뜻 – 옮긴이)가 법안을 통과시켰다. 의회(parliament 프랑스어 어원은 "말하다"의 뜻 – 옮긴이)가 토론을 진행 중이다 등이 그것이다. 입법부의 중요성은 대의기능에서 유래한다. 올슨(Olson, 1994: 1)에 따르면 "입법부는 사회를 국가의 법적 권위구조와 연결시켜준다. 입법부는 대의기구이다. 즉, 입법부는 시민의 감정과 의견을 대변한다." 영국의 자유주의 정치이론가인 존 로크(John Locke, 1632~1704년)는 다음과 같이 언급하였다.

> 공화국(commonwealth)의 구성원들은 바로 입법부 내에서 단결하고, 서로 결합하여 하나의 일관된 생명체가 된다. 입법부야말로 공화국이 형태, 생명, 통합을 갖게 해주는 영혼이다. 이로부터 여러 구성원들이 상호영향을 미치고, 공감하고, 서로 연결된다. 따라서 입법부가 붕괴되거나 해산되면 공화국의 소멸과 죽음이 뒤따른다. (Locke, 1690: sec. 212)

> **입법부(Legislature)**: 다수의 의원으로 이루어진 대의기구이다. 공공쟁점에 대해 심의하고 새로운 법률이나 정책을 통과시키거나 수정하거나 반대한다.

서구의 전통에서 최초의 인민의회는 아테네의 에클레시아(Ecclesia)이었는데, 2년간의 군복무를 마친 모든 남성시민들이 이 의회에 참석할 수 있었다. 훗날 유럽의 고대 궁정에서 군주는 중요한 법률사건에 대해 판결을 내려야 했고 귀족들과 회합을 가졌다. 점차적으로 이러한 회합이 제도화되었고, 성직자, 귀족, 도시민 등 당시 사회를 구성하던 다양한 계급을 각각 대표하게 되었다. 13세기 및 14세기 국왕은 보다 지속적으로 전쟁, 행정, 통상, 과세 등의 문제에 대해 각 계급의 지도자들과 상의하기 시작하였다. 이러한 초기 유럽의회는 법률제정의 주권적 권위를 가진 근대의 입법부가 등장하기 오래전부터 국가의 대사에 관해 논의하는 권한을 갖고 있는 것으로 여겨졌다.

유럽의 의회가 여러 어려움을 겪으면서 점진적으로 자신의 힘을 축적해 나간 반면에 대부분의 근대 헌법은 입법부의 중요성을 강조하고 있다. 예를 들어, 미국 헌법을 둘러싸고 벌어졌던 논쟁에서 매디슨(James Madison, 1751~1836년)은 "공화제 정부에서는 필연적으로 입법권이 우세하다"라고 선언하였다 (Hamilton, 1788b: 265). 의회의 주된 역할은 행정부의 폭정을 방지하는 필수적인 방어책으로 판단되었다. 그 결과 미국헌법이 의회에게 부여한 권한의 목록은 대통령에게 부여한 권한의 목록보다 좀 더 길고 자세하다. 대중의 의사를 의회를 통해 전달한다는 원칙은 오늘날 자유민주주의의 기본신조에 해당한다. 입법부는 입법의 질을 향상시키고, 행정부의 활동을 감독하고, 대중의 관심사안에 대해 주요 청문회를 개최한다. 대의기관으로서 입법부는 상대적으로 시민과 거리가 있는 행정부에 비해 시민과 보다 긴밀하게 접촉한다. 정반대로 권위주의 국가의 입법부는 정통성의 문제가 드러나지 않도록 감추고, 온건한 반대자를 포섭하고, 중심부와 주변부를 통합하고, 엘리트를 충원하고, 변화 요구를 억누르는 데 일조하기도 한다.

기능

민주적인 입법부는 대의기능으로부터 감시기능에 이르기까지 6대 주요 기능을 수행하며 (도표 8.1 참조), 여러 다양한 기능 중 어떤 기능이 상대적으로 더 강조되는가는 각 입법부마다 다르다. 즉, 예를 들어, 모든 입법부는 어떤 형태로든 반드시 대의기능을 수행하고 있지만, 각 입법부마다 예산과정에서 각기 조금씩 다른 역할을 하고 있고, 대통령 중심제 국가의 입법부에 비해 의원내각제 국가의 입법부는 정부구성에 있어서 결정적 역할을 한다.

대의

의심할 여지없이 대의기능이 의회활동의 핵심이지만, 이러한 대의기능이 잘 수행되고 있는지의 여부 및 어느 정도인지에 대해 판단한다는 것은 항상 쉽지만은 않다. 대의(representation)의 뜻은 자명하지만, 정치학은 누구나 동의할 수 있는 대의 개념의 정의를 도출하는 데 실패했다. 피트킨(Pitkin, 1967)은 대의를 이해하는 네 가지 다양한 방식에 대한 간략한 설명을 통해 대의의 개념을 둘러싼 논쟁을 정리했다.

- 형식적: 의원의 선출 규칙 및 협정과 관련이 있다. 의원이 어떻게 공직에 진출하는지, 어떻게 결정을 실행에 옮기는지, 자신의 선거구에 대해 어떻게 반응해야 하는지, 유권자에 대해 어떻게 책임을 져야 하는지에 관하여 묻는다.

- 상징적: 선거구 유권자들이 자기 지역 의원을 어떻

대의	의원은 자신을 뽑아준 사람들의 이익을 대변하고 촉진한다. 이는 흔히 소속정당의 이름으로 이뤄진다.
심의	입법부는 중요한 공공사안을 심의하고 대중의 관심을 환기시킨다.
입법	입법부는 제출 및 발의된 법안을 심사하고, 수정하여, 새로운 법률로 확정한다.
지출승인	입법부는 정부가 마련한 매해 예산안을 승인 또는 거부한다.
정부구성	대부분의 의원내각제에서 정부는 의회로부터 출현하며 반드시 의회의 신임을 유지해야 한다.
감독	입법부는 행정부가 책임을 다하도록 행정부를 감독 및 감시할 책임이 있다.

도표 8.1 입법부의 기능

게 인식하는지와 관련이 있다. 예를 들어, 의원이 유능하고 자신의 선거구의 광범위한 관심사에 대해 관심이 있는 것으로 여겨지는가? 또는 너무 당파적으로 여겨지거나, 특수이해관계에 포획되거나, 접촉하기 어렵다고 여겨지는가?

- **서술적**: 입법부는 사회의 축소판이어야 하며, 그러므로 말 그대로 사회를 '있는 그대로 재현(re-presenting)'해야 하며, 입법부가 사회를 대신해서 행동해서는 안 된다고 주장한다 (Phillips, 1995). 따라서 의회의 의원 전체는 남성과 여성, 부유한 사람과 빈곤한 사람, 흑인과 백인, 이성애자와 동성애자, 교육받은 자와 못 받은 자를 인구비율에 맞춰 골고루 구성되어야 할 것이다. 그러나 사회의 얼마나 많은 다양한 부분들이 모두 대표되어야 하는가? 또는 현실적으로 대표될 수 있는가? 착한 사람들과 함께 우리는 사악하고, 무능하고, 부패하고, 무지한 사람들을 받아들여야 한다.
- **본질적**: 의원이 유권자의 요구에 대해 어떻게 반응하는지와 관련이 있다. 이것이 가장 중요하고 명백한 대의 개념일지 모르지만, 유권자가 명확하게 잘 정리된 정치적 요구를 가지고 있는지에 대해 또는 자신들이 택할 수 있는 선택대안 모두를 잘 알고 있는지에 대해 의문이 제기된다. 많은 경우 유권자의 정치적 이익 및 지식의 수준이 낮기 때문에 의원이 유권자의 요구에 완벽하게 반응하는 것은 불가능하다. 또한 선거구는 다양한 이해관계와 관심사, 가치를 갖고 있는 사람들을 포함하고 있기 때문에 상충하는 요구들 간 균형을 어떻게든 잡을 것이 의원에게 요구된다.

이러한 피트킨의 목록에 추가할 수 있는 다섯 번째 선택대안은 **집단적 대의**(collective representation)이다. 이는 의원이 자신이 대표하는 선거구의 유권자의 이해관계뿐 아니라 전체 유권자 모두의 이해관계를 집단적으로 대의할 것을 시사한다. 아일랜드 출신의 영국 정치가 버크(Edmund Burke)가 이의 중요성에 대해 고전적인 설명을 한 바 있다. 1774년 브리스톨(Bristol) 지방을 대표하는 의원으로 선출된 버크는 자신의 당선수락 연설에서 자신이 자신의 선거구 지역에 대해 아는 것이 없으며 또한 선거운동과정에서 해당 선거구 지역에 큰 비중을 두지 않았음을 시인하였다. 그러나 그는 이어서 다음과 같이 말하였다.

> 의회는 서로 다른 적대적 이해관계를 가진 대사들의 회의가 아니며, [그 대신] 하나의 이익, 즉 전체의 이익을 가진 한 국가의 심의기구이다. 따라서 이곳에서는 지역적 목적이나 지역적 편견이 아니라 전체의 보편적 이성으로부터 도출된 공공선이 지배원칙이 되어야 한다. 여러분들은 분명히 한 명의 의원을 선거로 뽑았다. 그러나 여러분들이 그를 선출한 순간, 그는 더 이상 브리스톨을 대표하는 사람이 아니다. 그는 의회의 일원이 된다. (Burke, 1774)

이러한 상반된 분석에도 불구하고 대의기능은 실제로는 다소 평범한 방식으로 수행된다. 즉 정당을 통해 수행된다. 승리한 후보는 선거 때 소속정당으로부터 큰 도움을 받았으며, 따라서 의회 내 표결에서도 소속정당의 지시 및 기대하는 바를 그대로 따르곤 한다. 특히 의원내각제 권력구조에서 더욱 그렇다. 의원내각제에서는 의원들이 소속정당의 노선을 따를 것이 기대된다. 인도에서는 의원들이 소속정당의 당론에 반하여 투표할 경우 심지어 의원직을 상실하게 되는데, 의원들이 당선되고 나서 소속정당을 바꾸는 것을 유권자를 기만하는 행위로 간주하는 시각이 존재한다. 또한 유권자는 소속정당에 대한 애착심을 기준으로 의원을 평가한다. 유권자는 의원이 자신과 같은 정당에 대해 애착심을 갖고 있는 경우 의원을 좀 더 친근하고, 반응적이며, 신뢰할 수 있다고 생각하고, 그렇지 않은 경우에는 그렇게 여기지 않는다.

심의

많은 입법기관은 심의기구의 역할을 수행하며, 국가적으로 중요한 공공문제에 대해 검토한다. **토론 중심 의회**(debating legislatures)에서의 심의방식과 **위원회 중심 의회**(committee-based legislatures)에서의 심의방식은 크게 다르다. 전자에서 심의는 때로는 **본회의**(plenary session)라고 알려진 의원 전체가 참석하는 회의에서 벌어지는 일반적 토론의 형태를 띤다. 예를 들어, 영국 하원의 경우 주요 쟁점이슈는 결국 하원 본회의에 회부되며, 본회의장에서 이들 쟁점이슈를 놓고 의원들은 열정적으로, 당파성에 입각하여, 때로는 세련된 말로 토론한다. 본회의에서의 토론은 전국적인 정치논쟁의 대결무대가 되며, 항시적 선거운동의 일부가 된다. 흔히 토론 후 있는 표결보다도 토론에서 드러나는 영국하원의 분위기가 보다 더 중요하다.

> **토론 중심 의회(Debating legislatures)**: 본회의장에서의 토론이 가장 중요한 활동이다. 이곳에서 주요 이슈가 다루어지며, 정당은 국민의 지지를 얻기도 하고 잃기도 한다.
>
> **위원회 중심 의회(Committee-based legislatures)**: 대부분의 활동이 위원회에서 이루어진다. 이곳에서 의원들은 법안을 심의하여 법률로 확정짓는 일을 하며, 청문회를 개최하고, 행정부를 감시한다.
>
> **본회의(Plenary session)**: 의원 전체회의로 상임위원회와 구별된다.

적절하게 토론 중심 의회를 옹호했던 사람은 19세기 영국의 정치철학자 밀(John Stuart Mill, 1806~1873년)이었다.

나는 대의기관인 의회가 논의 말고 어떤 다른 방법으로 의회의 유용성을 제고할 수 있는지 알지 못한다. 특히 논의 주제가 국가의 무척 중요한 공공이익에 관한 것이고, 회의의 한 문장 한 문장이 국가의 중요한 사람들의 의견이거나 혹은 그러한 사람들 다수가 신임하는 어떤 한 개인의 의견을 반영하는 것일 경우에는 더더욱 그렇다. (Mill, 1861: 353)

이와는 대조적으로 위원회 중심 의회(미국이나 스칸디나비아 국가들의 의회)에서의 심의는 상대적으로 덜 흥미진지한 편인데, 위원회에서의 정책토론의 형태를 띤다. 실질적으로 의회의 역할은 정부가 제출한 정부안을 검토하고 정부의 활동에 대해 신중하게 감시하는 데 있다. 이러한 심의 방식은 기존 형식의 토론에 비해서는 다소 박진감이 떨어지지만, 좀 더 건설적인 경우가 많다.

입법

흔히 입법부만이 법률제정권을 보유한다. 법안을 법률로 확정짓는 과정인 복잡한 법률안 처리절차는 인치가 아닌 법치의 중요성을 보여준다. 법률안 처리절차는 확실히 신중한 모습을 띠는데, 법률안이 본회의에서 위원회로, 그리고 다시 본회의로 이동하면서 수차례에 걸쳐 독회(토론)를 거치게 된다 (도표 8.2). 양원제 의회에서는 상하 양원이 각각 통과시킨 법안들 사이에 존재하는 차이점을 조정하여 통일시켜야 한다.

그러나 '입법부'의 여러 기능 중 '입법부'가 가장 큰 영향력을 행사하는 기능이 '입법'인 경우는 드물다. 왜냐하면 대부분의 자유민주주의 국가에서 실질적으로 입법을 주도하는 권한이 행정부에게 주어져 있기 때문이다. 법안은 의회를 통과해야 하지만, 법안은 의회에서 의원들이 발의한 것도 아니고 또한 통과과정에서 수정조차 되지 않는 경우가 많다. 역사적

였듯이,

> 만약 하원을 입법자로 생각한다면 이는 오해이다. 궁극적으로 모든 법안은 행정부에서 시작되며, 행정부가 작성한다. 법률제정 과정에서 가장 중요한 것은 하원에서의 제출된 법안에 대한 대대적인 토론이 아니다. 정부가 다수의석을 확보하였다는 것(현재까지는 일반적인 현상)은 법안이 통째로 거부되는 일이 없을 것임을 의미하며, 일반적으로 장관의 양해가 있어야 세부적인 수정이 가능하다.

정당이 지배적 위치를 차지하고 있는 호주의 경우 정부는 의회의 입법기능을 거의 경멸할 정도로 무시한다. 호주 정부는 1991년 어느 날 밤 단 3시간 사이에 26개의 법률안을 제출하고 이들 법안의 상원 통과를 시도하였다. 뉴질랜드가 비례대표제를 도입하기 이전 시대 뉴질랜드 총리 한 사람은 면도하는 도중에 좋은 생각이 떠오를 경우 그 생각을 그날 저녁까지 법률로 통과시킬 수 있다고 호언장담했다.

정당이 지배적 위치를 차지하고 있는 영국 및 일부 과거 영국 식민지 국가들의 의회에서는 입법기능이 품질관리로 격하되었다는 점에서 이들 의회는 수동적이고 반응적 역할을 한다. 즉, 의회가 장관과 행정관료들이 조급하게 서둘러 준비한 법안에 있는 오류를 바로잡는 일을 한다. 이와 대조적으로 유럽대륙 국가들의 위원회 중심 의회들은 입법에 있어서 좀 더 능동적 역할을 한다. 연합정부, 영향력 있는 위원회, 정치엘리트들의 타협정신 등의 요소가 결합하여 모든 정치세력이 받아들일 수 있는 법률을 제정한다.

미국, 브라질, 멕시코 등과 같은 대통령중심제 국가의 의회는 상대적으로 다른 나라의 의회보다 입법과정에서 큰 자율성을 누린다. 공식적으로 하원의원만이 법안을 발의할 수 있다. 그러나 행정부는 행정

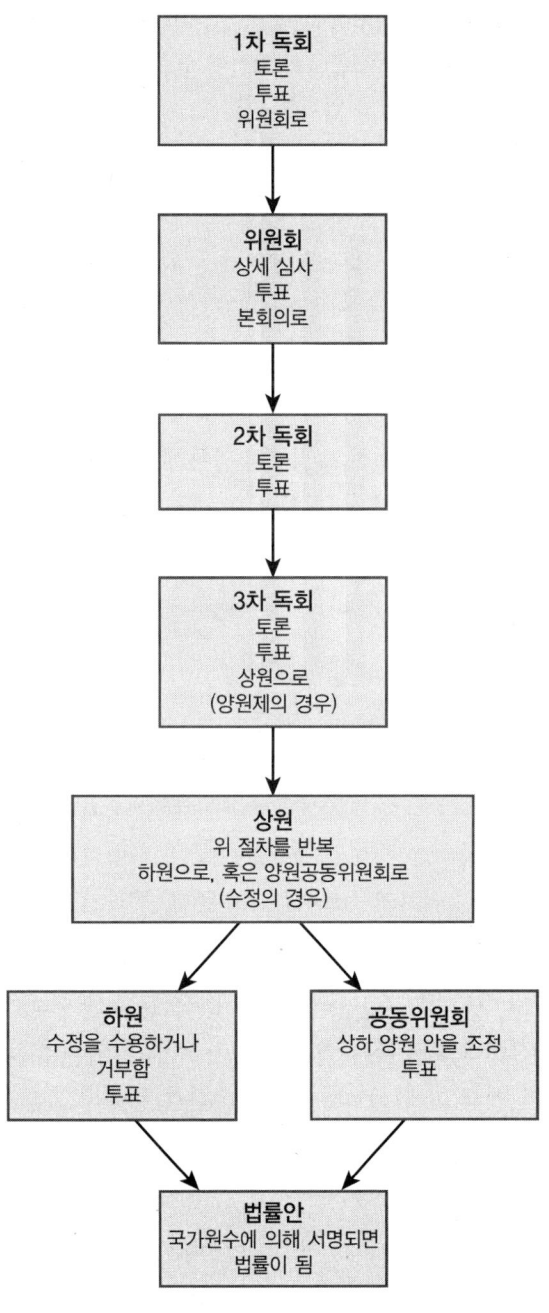

도표 8.2 법률제정 절차

출처: Mahler (2007), 표 4.9를 기반으로 작성

으로 영국에서는 집권여당이 법률제정을 절대적으로 주도하고 있다. 모란(Moran, 2011: 157)이 강조하

부를 대신해서 법안을 발의해 줄 우호적인 의원을 어렵지 않게 찾을 수 있다. 대통령중심제에 내재되어 있는 권력 분리 및 인적 분리 원칙이 행정부의 입법부에 대한 영향력을 제한한다. 이러한 제도적 분리는 분점정부(divided government, 대통령이 속한 정당이 입법부의 상하 양원 중 어느 하나에서도 다수당을 차지하지 못하고 있는 여소야대 상황) 현상에 의해 더욱 강화되기도 한다. 그리고 더 나아가 이런 경우 입법부는 행정부가 제출한 법안을 통과시키겠다는 의지가 상대적으로 강하지 않다.

양원제 입법부는 법률제정 과정에서 추가적으로 또 다른 문제에 직면하게 된다. 상원이나 하원 어느 한 원에서 통과된 법안이 상원과 하원 어느 한 쪽 다른 원에서 수정될 때 그와 같은 문제가 발생한다. 영국과 스페인과 같은 일부 나라에서는 상대적으로 하원의 힘이 더 강하기에 상원의 수정을 수용할 것인지 거부할 것인지 여부는 전적으로 하원의 결정에 달려있다. 호주, 브라질, 인도와 같은 또 다른 나라에서는 양원 합동표결을 실시하는데, 의원수가 더 많은 하원이 수적으로 유리하다. 미국, 프랑스, 독일 등 또 다른 나라에서는 상하 양원에서 동일한 수의 의원들로 구성된 협의특별위원회(special conference committee)가 회의를 열어 양원이 합의하는 법률안을 도출하는 작업을 벌인다. 이탈리아는 또 다른 방식을 사용한다. 최종합의에 이를 때까지 법안은 상하 양원을 수차례(무한정) 왔다갔다 한다. 그 결과 1977년 발의된 강간 관련 법안은 1995년에 이르러서야 비로소 의회를 통과할 수 있었다.

지출승인

이는 의회의 가장 오래된 기능 중 하나이며, 특히 일반적으로 하원이 수행하는 기능이다. 이 기능은 유럽국가의 의회의 원래 목적에서 유래한다. 유럽국가의 의회는 군주의 자금 요청을 검토하는 데 목적이 있었다. 그러나 그 후 많은 의회민주주의에서 이 기능은 이름뿐인 기능이 되었다. 보통은 행정부가 예산안을 준비하여 의회에 제출하는데 의회에서 예산안이 수정되는 경우는 매우 드물다.

웨너(J. Wehner)에 따르면, 입법부가 재정권을 소유하기 위해서는, 의회가 반드시 예산안을 수정할 수 있어야 하고(단순히 삭감만 할 수 있는 것이 아니라), 효과적인 위원회 체제를 가지고 있어야 하고, 예산안을 자세히 검토할 수 있는 충분한 시간이 주어져야 하며, 예산안의 기초를 이루는 배경정보에 접할 수 있어야만 한다. 이 모든 조건을 충족하는 나라는 거의 없다. 일반적으로 의회의 승인은 사후적이라고 할 수 있으며, 그 주요 기능은 정부부처 간 협의를 통해 만들어진 타협안을 확정하는 데 있다. 대부분의 민주주의 국가에서는 일단 예산안이 의회에 제출되고 나면 그것이 사실상 최종안이라고 할 수 있다. 만약 의회가 복잡한 예산안의 어느 한 부분이라도 건드리기 시작하면, 예산안 전체가 무너지게 된다.

미국은 행정부가 재정을 통제한다는 명제에 부합하지 않는 뚜렷한 예외사례라고 할 수 있다. 미국 하원은 여전히 예산편성과정에서 중심적 역할을 한다. 왜냐하면 행정부처가 사용하는 모든 돈은 반드시 의회가 승인한 구체적인 지출항목에 따라 배분되어야 하기 때문이다. 의회의 승인 없이는 정부의 사업은 존재할 수 없다. 플래망 등(Flammang et al., 1990: 422)이 서술했듯이, "의원의 동의 없이는, 해외원조, 육군 장성의 월급, 관료들이 사용하는 종이클립의 구입자금 등을 책정할 수 없다." 그 결과 매년 벌어지는 미국의 예산 논의는 정교한 치킨게임이 되어 버렸다. 즉, 대통령과 의회는 서로 상대측이 자신의 예산안에 동의해주기를 바라면서, 정부예산이 완전히 고갈될 때까지 서로 끝까지 버틴다.

정부의 구성

입법부가 정부사업에 대해 신경을 쓸 뿐만 아니라 행정부의 통치능력이 입법부의 정치적 구성에 크게 좌우된다는 점에서 입법부는 정부의 주요 부분이다. 브라질, 멕시코, 미국과 같은 대통령중심제에서 별도의 선거를 통해 선출되는 대통령은 직위를 유지하기 위해 의회 내 우호적인 정당의 의원들에게 매달리지 않아도 된다. 그러나 이들 의원들이 핵심적으로 행정부의 정국주도 능력을 결정한다. 대통령에 대해 우호적이거나 대통령을 지지하는 입법부는 행정부의 효과적인 정국주도를 보장하는 반면, 야당이 지배하는 의회는 방해 및 걸림돌이 된다.

대조적으로, 의원내각제에서 정부는 입법부의 정당별 의석분포에 전적으로 의존한다. 의회에서 다수 의석을 확보하지 못한 정당은 집권과 정권유지 둘 다 불가능하다. 더 나아가 집권여당 또는 의회 내 연합세력의 힘이 정부의 안정에 영향을 미친다. 의회 내 과반수의석을 차지하고 있는 정당에 기초하는 다수당 정부는 의회 내 과반수의석을 차지하지 못하고 있는 소수당 정부에 비해 보다 더 안정적이다. 레이버(Laver, 2006)에 따르면, 의원내각제에서 입법부의 가장 중요한 역할은 입법이 아니라 "정부를 구성하고 해산"하는 데 있다.

이 역할에 대한 보다 극단적인 사례를 이탈리아에서 발견할 수 있는데, 이탈리아는 의회 내 정당과잉으로 많은 어려움을 겪어왔다. 부분적으로는 무솔리니(Benito Mussolini)의 독재를 가능케 했던 권력집중 현상을 피하고 싶었기 때문이며, 또 부분적으로는 이탈리아 내 지역분열 및 경제분열로 인해 안정적 연합을 구축하는 것이 어렵기 때문에 정부가 정기적으로 해산되고, 총리는 일상적으로 짧은 기간만 총리직을 유지한다. 1946년부터 2015년까지 63개의 정부가 있었으며, 평균 1년 미만 동안 유지되었다. 2001년부터 2006년까지 정권을 담당한 베를루스코니(Silvio Berlusconi) 정부 오직 한 정부만이 의회임기를 끝까지 마쳤는데, 그러한 베를루스코니조차도 4년 만에 자신의 정부를 해산하고 새로운 정부를 구성해야 했다. 한편, 판파니(Amintore Fanfani)는 가장 짧은 기간 동안 총리직을 수행했다. 즉, 1954년 1월과 2월 단 21일 동안이었다 (비록 그 후부터 1987년까지 5차례 이상 총리직을 맡았지만).

감독

입법부의 마지막 기능은 행정부에 대한 감독(혹은 감시)이다. 최근 수십 년 동안 많은 나라에서 점점 더 감독기능의 중요성과 유용성이 확대되었는데, 이는 의회의 입법기능 및 예산기능의 약화를 상쇄하는 데 일조하였고, 의회활동의 새로운 방향을 제시해주었다. 의원내각제에서는 행정부를 감시하는 데 사용할 수 있는 여러 가지 수단이 존재한다.

- **질문**(question)은 구두 또는 서면으로 지도자나 장관에게 묻는 것이다. 예를 들어, 영국 하원의원들은 매일 500개 이상의 질문을 제출하고 있으며, 이 때문에 많은 공무원들이 자기부처 장관의 답변서를 준비하느라 정신없이 바쁘다 (House of Commons Procedure Committee, 2009). 일주일에 한 번 열리는 '총리에 대한 질문시간'은 여전히 총리와 야당지도자가 무대 위에서 펼치는 경쟁대

결로 남아있다. 그러나 다른 나라의 의회에서는 대정부질문을 별로 중요치 않게 여긴다. 프랑스의 장관들은 종종 질문에 전혀 답하지 않는다.

- 핀란드, 프랑스, 독일을 포함한 다른 유럽국가의 의회에서는 **질의**(interpellation)가 질문의 대안적 형태로 사용된다. 일종의 불신임안 형태인 질의는 중대한 질문으로서, 즉각적인 답변을 요구하며, 답변에 이어서 짧은 토론과 함께 과연 정부의 답변에 대해 수긍하며 인정할 것인지 여부에 대해 투표를 실시한다.
- **긴급토론**(emergency debate)은 입법부가 좀 더 강력하게 행정부에 설명을 요구하는 방법이다. 전형적으로 일정 수 이상의 의원들 또는 의장의 긴급토론 제안에 대한 찬성이 있을 때 긴급토론이 실시된다. 긴급토론은 일반적으로 정부의 승리로 끝나곤 하지만, 토론 자체에 그 중요성이 있으며, 이러한 긴급토론이 요청되었다는 사실 자체가 중요하다. 긴급토론은 쟁점을 널리 알리는 홍보효과를 가져오며, 정부의 대변인에게 신중한 답변을 요구한다.

그렇지만 의문의 여지없이 입법부가 행정부에 대해 책임을 묻는 가장 중요한 수단은 **불신임결의**(vote of confidence) 또는 해임결의(censure motion)이다. 전자는 정부가 표결에 지는 경우 반드시 내각전원이 사퇴해야 하는 표결을 의미하며, 후자는 일정한 이유로 특정 장관에게 책임을 묻는 표결을 의미한다. 불신임결의는 구체적인 감독의 형태를 띠기보다는 정부가 계속 권력을 유지할지 여부에 대한 최종결정의 형태를 띤다. 불신임결의는 매우 드물지만, 행정부의 운명을 결정지을 수 있으며, 잠재적으로 지도자의 교체로 이어질 수도 있고, 심지어 의회해산에 따른 새로운 선거를 초래할 수도 있다. 영국의회의 경우에는 정부가 불신임결의안 표결에서 지거나 또는 '불신임의 문제'로 직결될 수 있는 정책안의 표결에서 지는 경우 정부는 해산한다. 프랑스와 스웨덴에서 불신임결의안의 가결을 위해서는 의회 재적의원(투표자가 아니라) 과반수의 찬성이 요구된다. 그러나 또 다른 나라들의 경우에는 불신임결의가 별도로 존재하지 않으며, 따라서 표결에서 패할 경우 정부가 내각 총사퇴 책임을 느낄 만한 주요 표결이면 그 어떤 것이라도 불신임결의로 간주된다. 전형적인 예로 예산안의 부결을 들 수 있다. 스웨덴을 포함한 몇몇 국가에서는 불신임결의가 정부내각 전체뿐만 아니라 장관 개개인에 대해서도 실시될 수 있다.

> **불신임결의(Vote of confidence)**: 집권정부의 신임을 묻는 의회의 표결. 정부가 불신임결의안 표결에서 지는 경우 정부는 통상적으로 반드시 해산해야 한다.

구조

의회의 기능(그리고 그 기능의 역학)은 나라마다 다르지만, 의회의 구조와 관련해서는 선택의 여지가 거의 없다. 첫째, 모든 의회는 하나의 원(chamber, 院) 또는 두 개의 원을 갖고 있으며, 역사적 및 정치적 필요에 의해 원의 수가 정해진다. 둘째, 대부분의 의회는 전문분야별 위원회를 통해 운영된다. 이러한 위원회에서 대부분의 법률제정 작업이 이뤄지며, 반면에 본회의는 입법과정에서 단지 형식적인 역할만을 담당한다.

원의 수

대부분의 나라들의 경우 **단원제**(unicameral) 의회만으로도 국민의 이익을 대변하고 의회의 책무를 수행하는 데 충분하다. 따라서 전세계 의회의 약 60퍼센트가 단지 하나의 원으로 구성된 단원제이다 (Inter-Parliamentary Union, 2015). 그 비율은 20세기 후반부에 들어 더욱 증가하였는데, 이는 스웨덴(1971년)과 아이슬란드(1991년)를 비롯한 몇몇 작은 민주주의 국가가 제2원, 즉 상원을 없애버렸고, 많은 작은 규모의 과거 식민지국가 및 구공산권 국가가 단원제를 채택했기 때문이다. 역사적 이유, 정치적 이유, 현실적 필요성의 이유 등으로 나머지 다른 국가들은 **양원제(bicameral)** 의회를 가지고 있다. 남아프리카공화국은 심지어 1984년에서 1994년까지 삼원제 의회를 가지고 있었는데, 각 원은 각기 다른 인종을 대표하였다.

> **단원(Unicameral)과 양원(Bicameral)**: 의회가 몇 개의 원(chamber)으로 구성되었는지를 말하는 용어.

양원제의 경우 하나는 일반적으로 제1원(하원), 다른 하나는 제2원(상원)으로 알려져 있다. 어쩌면 직관적인 생각에 반하는 것일 수 있지만, 하원이 일반적으로 규모가 더 크고 더 힘이 세다. 일부 상원의 경우 하원과 거의 대등한 힘을 갖고 있지만, 대부분의 상원은 하원보다 규모가 작고, 힘이 없다. 하원이 거의 항상 새로운 입법 제안(법안)을 내놓고 있으며, 제2원은 이를 두 번째로 보는 역할을 하고, 하원은 흔히 예산문제를 단독으로 처리하거나 또는 주도적으로 처리한다. 하원과 상원의 명칭의 기원은 확실치 않지만, 아마도 영국의회가 귀족원과 평민원으로 구분한 방식으로 거슬러 올라갈 수 있는데, '성직귀족과 세습귀족(Lords Spiritual and Temporal)'이 전통적으로 특권계급에 국한된 '상원'을 구성하였다.

단원제와 양원제의 선택은 민주주의에 대한 대립적 시각을 반영한다. 단원제 의회는 국민의 통제권에 대한 다수제적 해석에 부합된다는 점에서 정당화된다. 즉, 국민의 직접선거에 바탕하여 구성된 의회(제1원)야말로 국민의 의사를 대변하며, 방해를 받아서는 안 된다는 주장이다. 프랑스의 급진적인 성직자 시에예스(Abbe Sieyes, 1748~1836년)는 이 점을 정확히 지적했다. "만약 제2원이 제1원과 의견을 달리한다면, 제2원은 유해하다. 그리고 만약 의견을 함께한다면, 제2원은 불필요한 과잉 조직이다"(Lively, 1991). 또한 단원제 의회는 책임성이 높고, 경제적이고, 신속한 결정을 내릴 수 있다. 서로 다른 이익을 대표하는 두 개의 원이 존재하는 경우 발생 가능성이 있는 사사로운 점수따기 행태를 방지할 수 있기 때문이다.

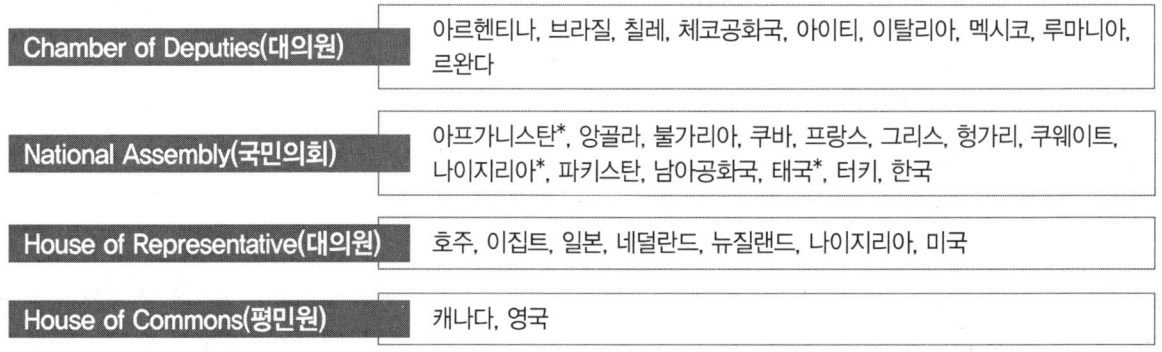

도표 8.3 국가별 하원의 명칭

* 양원 둘 다. 그 외는 하원이나 하나뿐인 원을 가리킨다.

그러나 양원제 의회를 옹호하는 사람들은 시에예스의 다수제 논리와 회계사의 절약 논리 두 가지 모두에 대해 반대한다. 양원제 지지자들은 민주주의의 자유주의적 요소를 강조하며, 상원(제2원)이 견제와 균형을 제공한다고 주장한다. 상원의원의 임기가 상대적으로 더 길기 때문에 상원은 좀 더 심도 깊은 논의가 가능하며, 일반적으로 상원의 규모가 상대적으로 작기 때문에 상원의원들은 좀 더 친밀한 관계를 유지할 수 있으며, 상원은 하원의 잠재적으로 억압적인 다수로부터 개인과 집단의 이익을 보호해줄 수 있다. 양원제 의회는 주로 큰 나라 및 민주주의 국가에서 찾아볼 수 있다. 그리고 연방국가에서는 양원제 의회가 일반적이다. 연방국가의 상원은 전형적으로 연방을 구성하는 주들을 대표한다.

또한 제2원은 하원의 과도한 업무량을 나눠 갖고, 제출된 법률안을 수정하고, 헌법개정안을 면밀히 살펴보고, 즉흥적인 입법을 제거해주는 등 일종의 심의기구로서 역할을 수행한다. 요약하면, 두 번 생각하기 위해 두 번째 원을 둔다는 것이다. 미국 국부 중의 한 명인 제임스 매디슨은 상원이 '과잉 입법'으로부터 보호해 줄 수 있다고 주장했다 (Hamilton, 1788c). 상원 자체는 원로원(Council of Elders)이라는 전통적인 조직을 현시대에 맞게 바꾼 것으로 이해할 수 있으며, 하원보다 덜 당파적인 방식으

초점 8.1 | 의회의 규모가 중요한가?

직관적으로 생각할 때 의회의 규모는 그 나라의 인구수를 반영해야 한다. 세계에서 가장 인구가 많은 나라인 중국의 의회인 전국인민대표자회의는 3,000명의 대표자로 구성되어 있으며, 남태평양 섬나라인 미크로네시아(인구 10만 4,000명)의 의회에는 겨우 14명의 의원만 존재한다.

입법부의 규모가 입법부의 힘을 보여주는 것은 아니다. 오히려, 매우 규모가 큰 의회는 하나의 응집력 있는 기구로서 행동하기 어렵다는 점에서 무기력할 가능성이 높다. 거대한 규모의 의회는 정당이나 의회 내 위원회와 같이 좀 더 강력한 응집력을 가진 정치행위자에 의해 장악당할 위험성을 항상 내포하고 있다. 중국의 경우에서 볼 수 있듯이 집권 공산당은 통제하기가 수월하다는 이유로 거대한 규모의 입법부를 선호한다. 이와는 대조적으로, 예를 들어, 100명 이하의 매우 작은 의회는 모든 의원들에게 평등한 환경에서 자신의 의견을 주장할 수 있는 기회를 제공해준다.

좀 더 효과적인 통계수치는 인구 일인당 의원의 수이다 (도표 8.4 참조). 중국 입법부인 전국인민대표자회의의 규모는 상당히 크지만, 이를 중국 전체 인구수로 나눠보면 한 명의 대표자가 46만 명의 중국인민을 대표하고 있다. 이와 대조적으로 스웨덴 의회는 매우 작다. 349명의 스웨덴 의원 각각은 겨우 2만 7,500명의 스웨덴 국민을 대표하고 있다. 따라서 국가 전체 수준에서 스웨덴 사람은 중국 사람에 비하여 보다 더 많은 대표자를 갖고 있는 셈이다.

언뜻 보기에 인도 국민들의 정치적 대표성이 가장 열악한 것으로 비춰질 수 있는데, 의원 한 명이 230만 명 이상의 인도국민을 대표한다. 그러나 인도는 연방국가이기 때문에 인도국민들은 국회와 지방의회에 의해 동시에 대표된다. 이 점은 미국과 나이지리아와 같이 상대적으로 의원 일인당 대표하는 국민 수가 많은 다른 나라의 경우에도 마찬가지이다. 반대로 영국과 스웨덴은 가장 높은 수준의 대표성을 갖고 있는 것으로 보이지만 이들 나라는 연방국가의 경우에 비해서는 상대적으로 약한 지방정부를 갖고 있다.

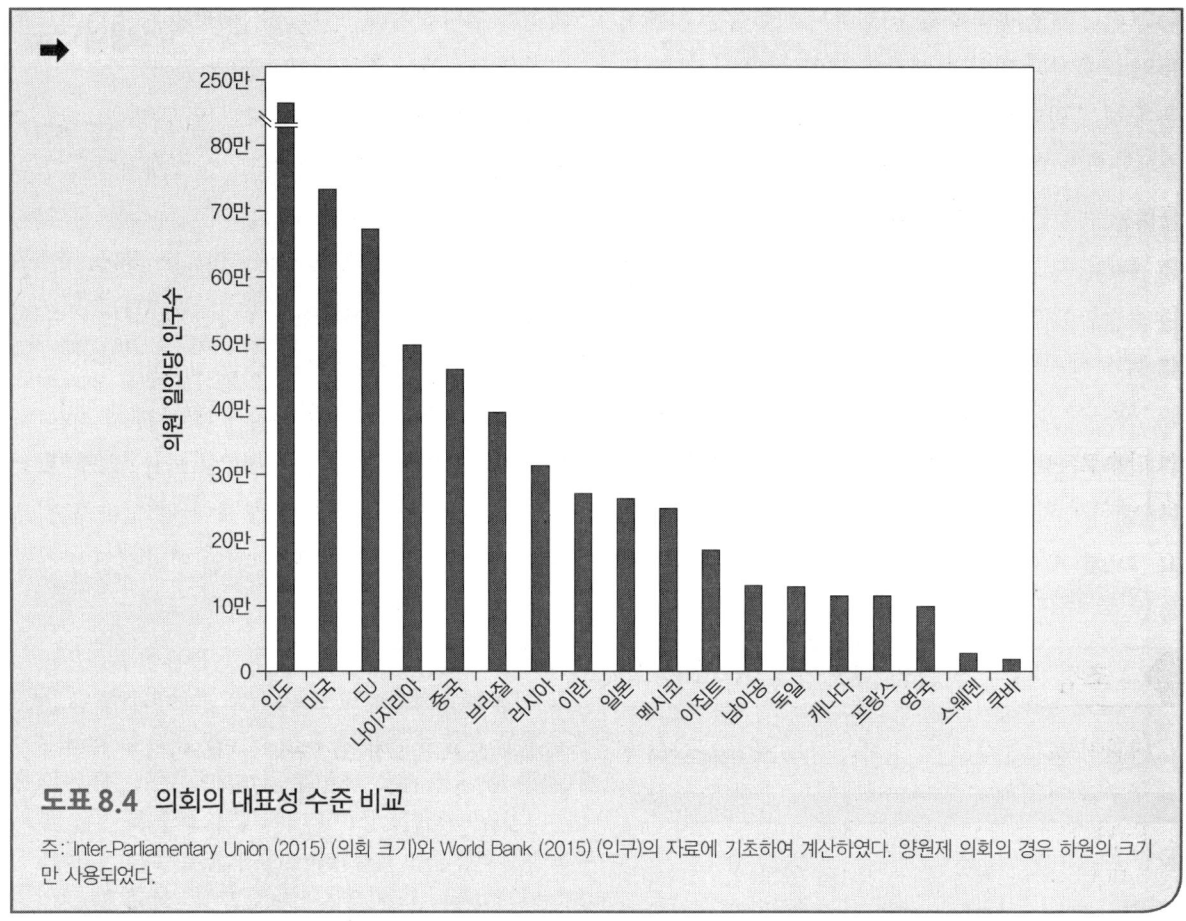

도표 8.4 의회의 대표성 수준 비교

주: Inter-Parliamentary Union (2015) (의회 크기)와 World Bank (2015) (인구)의 자료에 기초하여 계산하였다. 양원제 의회의 경우 하원의 크기만 사용되었다.

로 토론을 벌일 수 있다. 영국 정치가 에드먼드 버크(Edmund Burke, 1729~1797년)의 표현을 빌린다면 (이 장의 앞부분에서 인용되었다), 상원은 단순히 "대사들의 모임"이 아니라 "국가 전체의 심의기구"가 될 수 있다.

입법부가 두 개의 원으로 구성되어 있는 나라의 경우, 상원과 하원 간의 관계와 관련하여 한 가지 문제가 제기된다. 일반적으로 **약한 양원제**(weak bicameralism)로 알려진 관계에서는 하원이 상원에 대해 우위를 점한다. 이는 전형적으로 연방제 국가가 아닌 단방제 국가의 의원내각제에서 발견되며, 이러한 약한 양원제 하에서는 정부의 생존은 의회의 지지 여부에 달려 있으며, 명확하게 하기 위해 정부는 반드시 두 원 중 하나에 대해 책임을 진다. 정부를 신임하여 유지시킬 것이냐 혹은 불신임하여 해산시킬 것이냐의 일은 당연히 국민으로부터 권력을 위임받은 하원이 담당한다.

> **약한 양원제(Weak bicameralism):** 이것은 하원이 상원을 지배하는 경우에 발생하며, 최우선적으로 정부의 의회에 대한 책임에 초점을 맞춘다.

하원의 우위는 다른 측면에서도 나타난다.

- 하원이 일반적으로 규모가 더 크다. 상원의원수가 평균 95명인데 비해 하원의원의 수는 평균 254명이다.

- 하원은 흔히 예산에 관한 특별한 책무를 갖고 있다.
- 하원에서 주요 법안이 처음 발의된다.
- 하원은 제2원(상원)이 행사한 거부권이나 수정안을 번복할 수 있는 권한을 가지고 있다.

대통령이 국민에 의해 직접 선출되고, 대통령직의 유지가 입법부의 신임에 달려있지 않은 대통령중심제에서는 정부가 의회에 대해 책임을 질 필요가 없다. 이와 같은 상황에서는 **강한 양원제(strong bicameralism)**가 등장할 수 있는데, 특히 연방제와 결합되는 경우 더욱 그렇게 될 가능성이 높다. 미국 의회는 이처럼 보다 균형 잡힌 상하원 관계를 가장 잘 보여주는 좋은 예이다. 미국상원은 주의 대표자라는 헌법적 지위를 갖고 있으며, 미국의 통치과정 전반에 걸쳐 나름의 역할을 수행한다.

> **강한 양원제(Strong bicameralism)**: 이것은 대통령중심제 연방국가에서 발견되는데, 상원과 양원이 그 힘에 있어서 보다 균형을 이루는 경우 발생한다.

상원의 선출

상원과 하원이 서로 다른 공공이익을 각각 대표하지 않는다면 양원제 의회는 이점이 별로 없다. 즉, 만약 상원과 하원의 규모가 똑같고, 같은 방식으로 선출되고, 동일한 힘을 갖고 있다면, 상원과 하원은 그저 다른 하나를 그대로 복제한 것에 불과하다. 이와 같은 복제를 피할 수 있는 방법 중 하나는 상원과 하원을 각기 다른 방식으로 선출하는 것이다. 상원의원 선출 방식은 주로 세 가지이다. 즉, 직접선거, 간접선거, 임명 등이 그것이다 (도표 8.5).

간접선거의 예로는 프랑스 상원을 들 수 있다. 프랑스에서는 각 주(*départements*)별로 선거인단이 상원의원을 선출한다. 이들 선거인단은 광역의회 의

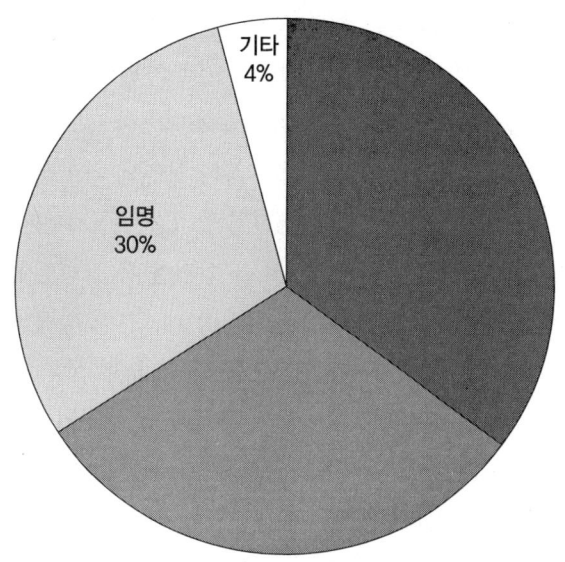

도표 8.5 상원의 선출

주: 상원의 수가 아니라 총의석수에 기초하였다. 비교하자면, 제1원(하원) 의원의 95퍼센트는 직접선거를 통해 선출된다.

출처: Inter-Parliamentary Union (2015)

원, 시장, 시의회 의원, 해당지역 국회의원(하원의원) 등으로 구성되는데, 상원이 정치적으로 보수적 성향을 유지할 수 있도록 돕기 위해 농촌지역에 가중치를 부여하였으며, 그 결과 사회당은 2011년까지 단 한 번도 상원에서 다수의석을 차지하지 못했다. 임명의 예는 캐나다에서 찾을 수 있다. 캐나다에서는 총리가 추천한 상원의원 105명을 총독(영국 국왕의 대리인)이 임명한다. 이 때문에 캐나다 상원은 대통령이 임명권을 행사하는 러시아연방회의 (이 장의 뒷부분을 참조)만큼이나 비민주적으로 여겨질 수 있다. 그러나 캐나다 총리는 각 지역의 관심사안에 대해 민감하게 반응하며, 여당의원뿐 아니라 무소속의원 및 야당의원 역시 임명된다. 어쨌든 상원은 하원의 의사에 반하는 입장을 거의 취하지 않으며, 상원은 전통적으로 하원에 비해 당파성이 크게 작용하지 않는다.

상원의원이 직접선거를 통해 선출되는 경우조차

상원이 하원과 다른 점은 상원의원의 임기가 상대적으로 더 길다는 점이다. 전형적으로 하원의 임기는 4~5년인 반면, 상원의 임기는 5~6년이다 (표 8.1). 선거주기에 시차를 두는 경우 상하 양원의 차이점은 더욱 커진다. 미국 상원은 6년의 임기가 주어지는데, 매 2년마다 전체 의석 중 1/3을 선거를 통해 충원한다. 프랑스 상원의원은 3년 임기인데, 전체 의석의 절반을 매 3년마다 선출한다. 연방구조 또한 상하 양원 간 자연스런 차이를 만들어낸다. 연방 상원의원의 선거는 주단위로 정해지는데, 크기가 작은 주가 의도적으로 과다대표가 되도록 설계되었다. 예를 들어, 미국의 상원은 50개 주 각각에서 2명의 의원을 선출하는데, 이는 캘리포니아 주(인구 3,900만 명)와 와이오밍 주(인구 58만 명)가 동일하게 대표되고 있음을 의미한다. 각 주별로 3명의 상원의원을 뽑는 브라질 상원의 경우도 마찬가지이다. 남부의 상파울루(인구 4,400만 명)와 북부의 아마파(인구 75만 명)가 동일하게 대표되고 있다. 한편 미국 하원선거구와 브라질 하원선거구는 인구수가 균등하도록 설계되어 있다. 미국의 경우가 브라질의 경우보다 낫다. 브라질의 경우 의원 한 명당 시민의 수는 최소 5만 3,000명에서 최대 57만 명으로 대표의 평등성을 크게 침해한다.

위원회

효율적인 입법부의 많은 일을 처리하는 일꾼에 해당하는 것이 **위원회**(committee)이며, 위원회 제도 덕분에 행정부와 법률안 둘 모두에 대한 꼼꼼한 감시감독이 가능하다. 위원회는 의회업무량이 늘어나고 상세해지면서 이에 대처하기 위해 만들어진 소수의 의원들로 구성된 작업그룹으로, 특히 의회의 규모가 크고 업무량이 더 많은 하원에서 발달되었다. 위원회의 형태는 세 가지이다.

표 8.1 상원의 비교

국가	상원 명칭	의원 수	임기(년)	선출 방법
호주	Senate	76	6	각각의 주에서 단기이양제(STV) 방식을 통해 직접 선출
독일	Bundesrat (연방회의)	69	–	주정부가 임명
아일랜드	Senate	60	5	총리가 임명(11명), 직업별 집단(43명)과 두 개 대학(6명)으로부터 선출(43명)
인도	Rajya Sabha (국가원)	245	6	주 의회를 통해 간접적으로 선출(233명) 또는 대통령이 임명(12명)
멕시코	Senate	128	6	직접선거. 각각의 주에서 제1당이 해당 주의 두 개의 의석을 차지하고, 제2당이 한 개의 의석을 차지. 그리고 전국을 한 단위로 해서 32명의 상원의원을 선출
러시아	Federation Council (연방회의)	166	6	지방의회의 동의를 얻어 대통령이 임명
미국	Senate	100	6	각각의 주에서 단순다수제를 통해 직접 선출

출처: Inter-Parliamentary Union (2015)

- **상임위원회**(*standing committee*)는 상설기구이며, 정책 전문분야별로 분류되어 있다. 즉, 일반적으로 국제문제, 경제문제, 예산, 보건, 교육, 환경 등을 각각 다루는 별도의 상임위원회가 존재한다. 상임위원회는 각자의 관할 정책분야의 법안에 대해 축조심사를 실시한다.
- **특별조사위원회**(*select committee*)는 주요 행정부서를 감시하거나 또는 대중의 관심사안에 대해 청문회를 개최하기 위해 한시적으로 설치된다.
- **협의위원회**(*conference committee*)는 양원제 하에서 상원과 하원이 각자 통과시킨 두 개 법안 간에 존재하는 차이점을 조정한다.

> **위원회(Committee)**: 새로운 법안을 심의하고, 행정부서를 감시하고, 대중의 관심사안에 대해 청문회를 개최하는 임무를 가지고 있는 의원집단.

어떤 유형의 위원회이든 간에, 각 정당의 전반적인 힘에 비례하여 위원회 위원들이 배정된다. 그러나 위원회의 실제 운영에 있어서는 당파적 대결이 자제되는 경우가 많으며, 본회의에서는 훨씬 더 협력적인 모습을 보여준다.

미국 의회는 위원회 중심 의회의 전형적인 사례에 해당한다. 비록 미국 연방헌법에는 명시되어있지 않지만, 위원회는 재빠르게 미국 의회의 활동에서 없어서는 안 되는 꼭 필요한 존재가 되었다. "회의 중인 의회는 공적으로 전시(展示) 중인 의회이며, 반면에 위원회 활동 중인 의회는 일하고 있는 의회이다"라고 우드로 윌슨(Wilson, 1885: 79)은 서술했다. 제114대 의회(2015~2017년)의 경우 하원에 21개, 상원에 18개의 상임위원회를 두고 있고, 상원과 하원 양원 모두에 수많은 소위원회가 존재한다. 위원회의 가장 중요한 역할은 법안의 운명과 모양을 결정하는 일이다. 위원회 청문회는 이익단체에게 자신들의 견해를 피력할 수 있는 기회를 제공해주며, 위원회 위원들은 자신의 선거구 유권자들의 이해관계뿐만 아니라 선거운동자금 기부를 비롯하여 자신에게 지지를 보내는 각종 단체의 이해관계에도 신경을 쓴다. 그러나 정당지도자가 보다 더 중요한 역할을 하며, 우리는 위원회의 자율성에 대해 과대평가해서는 안 된다.

상대적으로 정당이 더욱 지배적인 위치를 점하고 있는 입법부에서는 일반적으로 위원회의 영향력이 그리 크지 않다. 영국 하원의 경우 정부가 제출한 법안을 상임위원회에서 심의하는데, 본회의에서와 마찬가지로 상임위원회에서도 정당 간 대립이 재연되는 경우가 많다. 영국의 위원회는 행정부가 입법과정을 지배하는 것에 대해 도전하지 않으며, 그리고 영국 위원회는 인기도 없고, 전문성도 없고, 자원도 부족하다. 그러나 다른 많은 나라의 입법부와 마찬가지로 영국 하원도 특별조사위원회 제도를 확대해왔다. 이들 특별조사위원회는 모든 주요 정부부처를 대상으로 정부정책을 조사하고 정부정책의 집행을 감시했다. 특별조사위원회의 보고서는 거버넌스에 기여하였고 때로는 광범위한 관심을 불러일으켰다. 예를 들어, 2011년 전화도청 스캔들이 발생하였을 때 미디어 재벌 루퍼트 머독에 대한 특별위원회의 심문은 국제적 관심을 끌었다.

스칸디나비아 국가들은 강한 정당과 의원내각제 정부라는 상황 하에서 작동하는 영향력 있는 위원회의 사례를 제공한다. 때로는 '위원회 의회주의(committee parliamentarism)'로 알려진 스칸디나비아 국가들의 주된 통치 스타일은 영향력 있는 상임위원회가 정책 및 법안에 대해 협상을 하고 나면 나중에 이 협상안에 대해 의회 전체가 표결을 실시하는 방식이다. 예를 들어, 스웨덴의 경우 위원회는 정부가 제출한 법안의 약 1/3을 수정하며, 위원회안(법안 포함)

국가개요

영국

인구 (6,407만 명)

국민총소득(GNI) (2조 6,780억 달러)

1인당 GNI (4만 1,680 달러)

민주주의 지수 평가

측정 안됨	혼합체제	**완전민주주의**
	권위주의	결손민주주의

프리덤하우스평가

| 자유없음 | 부분적 자유 | **자유로움** |

인간개발지수 평가

측정 안됨	중간	**매우 높음**
	낮음	높음

간략 소개: 세계에서 가장 오래된 국가 중 하나이며 의원내각제 정부형태의 종주국인 영국(the United Kingdom of Great Britain and Northern Ireland) 및 4개 지역(잉글랜드, 스코틀랜드, 웨일즈, 북아일랜드)은 1945년 이후 많은 변화를 겪어왔으며 향후 해결해야만 하는 불안한 문제가 여전히 남아있다. 복지국가의 건설 및 오늘날 복지국가의 붕괴, 제국의 종식, 국가 경제 및 군사력 감소로 인해 정부의 역할 및 세계에서 영국의 위상에 어울리는 역할이 재정의되었다. 영국인이라는 것이 무엇을 의미하는지에 대한 개념정의처럼 유럽연합(EU) 회원국 자격을 유지하는 것이 논쟁거리이다. 2014년 스코틀랜드 분리독립 국민투표의 부결이 영국의 미래에 대한 논쟁이 끝났음을 의미하는 것은 아니다. 분명한 것은 영국 정치에 대한 많은 과거의 가정들이 더 이상 적합하지 않다는 사실이다. 더욱 복잡해지고 파편화된 영국정치체제에서 이를 대체하는 문구를 찾는 것은 보다 더 어려워졌다.

정부형태 ➡ 중앙집권적 단일국가로 의원내각제 입헌군주제. 국가형성 시점은 1066년으로 추정된다. 즉, 별도의 성문헌법이 없다.

입법부 ➡ 양원제. 하원(House of Commons, 650명의 의원)은 5년 임기로 선출되고, 상원(House of Lords, 약 790명의 의원)은 세습귀족과 종신귀족, 영국국교인 성공회의 고위성직자 등으로 구성된다.

행정부 ➡ 의원내각제. 정부의 수반은 총리이며, 총리는 제1당 또는 연합의 대표이고, 내각과 공동으로 통치한다. 왕이 국가의 원수이다.

사법부 ➡ 관습법 전통에 근거하고 있다. 2009년 12명의 대법관으로 이루어진 대법원의 신설은, 비록 대법원이 입법에 대한 거부권을 소유하고 있지 않지만, 사법부의 자율적 독립성을 강화시켰다. 판사의 임기는 따로 없으며, 임명된 시점에 따라 70세 또는 75세가 정년이다.

선거제도 ➡ 하원은 소선거구 단순다수제를 사용하여 선출된다. 스코틀랜드, 웨일즈, 북아일랜드 지방의회 같은 다른 기관에 대해서는 여러 다양한 선거제도가 사용된다.

정당 ➡ 전통적으로 우파인 보수당과 좌파인 노동당 두 정당이 지배해왔지만, 다당제이다. 군소정당과 지역정당 또한 상당한 수준의 지지를 얻고 있다.

영국의 의회

영국 의회는 종종 '의회의 원조(Mother of Parliaments)'로 알려져 있으며, 의원내각제 정부구조의 입법부를 원형으로 하는 모델이다. 전통적으로, 영국의 의회는 언뜻 보기에 불가능한 조합인 전능과 무기력함이 혼재되어있다. 불문헌법과 밀접하게 관련이 있는 의회주권은 이 나라에 이보다 더 높은 권위가 없음을 의미하기 때문에 영국 의회는 전능하다고 여겨졌지만, 집권당이 소속의원들의 철저한 통제를 통해 의회를 권력의 행사자라기 보다는 권력의 도구로 변질시켰기 때문에 영국 의회는 무기력한 기관으로 여겨진다.

21세기 영국 의회의 위상이 불확실해지고 있다. 하원에서 지루한 예식으로 치러지던 대립정치는 설득력을 잃고 있는데, 특히 처음으로 의회에 진출한 의원들에게 있어서는 그렇다. 의회가 '주권'을 소유하고 있다는 생각이 아직 남아 있는 것은 사실이지만, 유럽연합의 유럽법이 더욱 중요해지고 지방의회로 권력이 이양되는 상황에서 영국 의회는 토론의 장으로서 대중매체와의 경쟁과 과거에 비해 하원에서 시간을 덜 보내는 총리의 무관심 등으로 인해 뒷전으로 밀려날 위험성을 내재하고 있다.

그러나 의원들 자체는 좀 더 헌신적이 되었고, 아마추어 의원의 시대는 끝났다. 의원들은 절대적으로 전문가, 기업가, 정치적 배경을 갖고 있으며, 갈수록 증가하고 있는 유권자의 민원처리에 더 많은 시간을 투자하고, 늦게까지 회의장 의석에 앉아 있는 횟수는 줄어들었다. 특별위원회는 정책에 관한 토론에 있어서 그 위상을 확립했으며, 행정부를 감시하는 데 기여한다. 총리는 매주 열리는 질문시간(Question Time)에서보다 훨씬 더 상세한 논의를 위해 이제는 특별위원회에 매년 두 차례씩 출석하고 있다. 켈소(Kelso, 2011: 69)는 "새로운 공공 법안위원회, 특별위원회, 위원회 중심의 총리에 대한 감독 등에 대한 강조의 증가에서 알 수 있듯이 본회의 중심 기관에서 위원회 중심 기관으로의" 명확한 전환이 있었다고 지적한다.

영국 상원은 불확실한 위치에 있다. 790명의 상원의원은 주로 임명된 종신의원들이지만, 개혁에 대한 합의가 이루어지는 경우 그 개혁안에는 상원의원 선거에 관한 실질적인 조치가 포함될 가능성이 크다. 이러한 변화로 인해 어쩌면 상원은 행정부에 대해 보다 적극적으로 저항하게 될지도 모른다. 하지만 영국 의회는 자신의 기술을 최신의 것으로 바꾸는 동안에도 그동안 의회가 가장 잘해 왔던 역할을 계속 수행할 것이 분명하다. 즉, 국가와 정부, 정부 지도자들에게 중요한 이슈를 토론하는 장으로서의 역할을 수행할 것이다.

을 의회 전체에 상정할 수 있는 권한을 갖고 있다. 스웨덴 의회의 위원회는 매우 심도 있게 진행되는 법률 제정 과정의 동업자이다.

의원

입법부를 제도로서 이해하는 것은 중요하지만, 의원에 대해 그리고 의원들이 어떻게 업무를 수행하는지에 대해 이해하는 것 역시 중요하다. 자유민주주의 국가의 가장 중요한 발전 중 하나는 직업정치인의 등장이다. 이들은 정치 이외의 영역에서는 제한적인 경험만 갖고 있는 학위소지 고학력 의원으로, 정치를 통해 만족스러운 상근 일자리를 기대하는 사람을 가리킨다. 과거의 아마추어들은 전문정치인에게 자리를 빼앗겼는데, 이들 전문정치인은 정치만을 유일한 직업으로 삼고 있으며, 성공을 위해서는 전문화가 필수불가결하다. 심지어 정치인이 법조계와 같이 다른 경력을 가진 경우에도 이러한 종전 직업은 정계입문을 위한 과정으로 선택된 경우가 많다.

많은 민주주의 국가에서 전문정치인의 등장은 대다수 국민들로부터 동떨어진 배경과 이해관계를 가지고 있고, 무척 흔히 특정 이해관계에 포획된 **정치계급**(political class)의 증가에 관한 추측들을 낳았다 (Borchert and Zeiss, 2003). 전문정치인들은 아마추어와 비교하여 전문지식과 심지어는 헌신 면에서 장점이 많지만, 만약 전문정치인 계급이 일반사람들의 배경과 태도와 다르다면, 전문적인 정치계급의 부상은 대의제 민주주의에 대한 위협으로 해석 될 수 있다. 어떤 면에서 이는 과두정치(소수에 의한 통치)로 민주주의를 위협한다. 많은 국가의 의회에서 부패가 발생하고 있다는 언론보도는 정당과 정당 간에 존재하는 전통적인 수직적 구분을 보완해주는 의원과 유권자들 간의 이러한 수평적 '계급' 구분에 대한 생각을 뒷받침해준다. 이에 대한 예로는 2009년 영국 의회를 휩쓸었던 심각한 비용 스캔들이 있다. 모든 정당의 의원들이 연못 청소와 피아노 조율 등과 같은 각종 가짜 지출에 대해 '비용'을 청구한 것으로 판명되었다. 여러 명의 의원들이 의원직을 사퇴하였으며, 소속정당의 공천에서 배제되었고, 다시는 선거에 출마하지 않겠다고 발표했다. 하원의장은 의장직에서 물러났고 가장 죄질이 나쁜 피의자에 대해서는 형사재판이 시작되었다. 이미 떨어질 대로 떨어져 있던 정치인에 대한 낮은 신뢰는 더욱더 깊은 나락으로 추락했다.

> **정치계급**(Political class): 공동의 이해관계를 갖고 있고 이를 행동에 옮길 수 있는 전문정치인 집단 (Mosca, 1896).

보다 중요하게는 모든 정당의 현역의원들은 일반적으로 다음 선거에서 또다시 당선되기를 원한다. 이와 같은 목표의 실현을 위해 현역의원들은 도전자들이 접근할 수 없는 선거운동자원(예를 들면, 무료우편)을 자신들 스스로 챙길 수 있으며, 그 결과 정치신인들에 맞서는 일종의 강력한 카르텔을 형성한다. 정치를 순전히 정당과 정당 간의 대결로만 바라보는 시각은 종종 당내에서 벌어지는 현역의원과 도전자 간의 대결을 소홀히 다루는 결과를 초래할 수 있다. 다른 어떤 기득권 계급과 마찬가지로, 이미 자리를 차지하고 있는 정치인들은 그동안 자신들에게 상당히 큰 도움이 되었던 사과수레를 흔들기를 꺼려한다. 요컨대, 의회에서 전문정치인의 비율이 높아질수록 현역의원이 재당선될 확률이 높아진다 (Berry et al., 2000).

전문직업으로서의 정치는 단지 대의의 문제뿐 아니라, 정치 전반에 대한 다른 견해를 시사한다. 이는 거버넌스가 아테네의 경우처럼 시민입법자들이 담당할 수 있는 일이라는 생각을 거부한다. 이는 의회가 성향, 이익, 모습, 언어 등의 측면에서 다양한 시민들을 대표하는 표본들로 구성되어야 한다는 생각에 대한 불만을 담고 있다 (Bagehot, 1867: 155). 오히려, 하나의 전문직업으로서 정치는 훈련, 지식, 경험, 기술 등을 강조한다. 법률, 의료, 교육 등과 마찬가지로, 정치는 하나의 직업이 되었다.

미국에서 발견되는 정치적 사업가와 다른 자유민주주의 국가의 의회에서 발견되는 정당에 기초한 경력자들은 크게 다르다. 미국 의회선거에 출마하는 후보자들은 예비선거 과정에서 같은 소속정당의 경쟁자들과 싸워야만 한다. 의원직을 차지한 후에는 잠재적 도전자로부터 의원직을 지키려면 개인적 인지도를 높이고 업적을 쌓아야만 한다. 그리고 그들이 하

초점 8.2 임기제한에 대한 찬반의견

제9장에서 살펴보듯이 민주주의 국가의 대통령은 대통령이 될 수 있는 임기 횟수가 법에 의해 제한된다. 그와 같은 제한이 없는 의원내각제의 경우조차 정부가 8~10년 이상 집권하는 경우는 찾아보기 드물다.

그러나 입법부의 경우에는 얘기가 크게 다르다. **임기제한(term limits)**에 걸리지 않는 한, 의원들은 체력이 허락하고 유권자가 여전히 나쁘게 생각하지 않는다면, 계속 의원직을 유지하고 싶어 한다. 일반적으로, 자유민주주의 국가에서 재선은 일반적인 현상이며, 대부분의 현역의원들은 선거에 승리하여 새로운 임기를 시작한다. 이상적인 의원 교체율의 문제는 딱 잘라 답하기 어렵다. 한편으로, 재선율은 직업적 전문성을 유지하기에 충분할 정도로 높아야 한다. 그래야 경험과 전문성의 개발이 가능하다. 다른 한편으로, 재선율이 너무 높아서는 안 된다. 지나치게 높은 재선율은 부패의 지속을 가져오거나 또는 잭슨(K. Jackson)이 식상한 현역의원과 연관하여 언급한 거만(arrogance), 무관심(apathy), 위축(atrophy) 등 '세 가지 A'로 이어질 수 있기 때문이다 (Jackson, 1994).

정당명부식 비례대표제를 사용하는 국가에서는 의원교체율이 높은 편이다. 이 선거제도 하에서 정당지도자들은 새로운 피의 수혈을 위해 명부의 후보순번을 조정할 수 있는 권한을 가진다. 소선거구 단순다수 선거제도를 사용하는 국가에서는 교체율이 매우 낮으며, 극단적인 경우가 미국이다. 1982년부터 2014년까지 미국의 현역의원 재당선율은 하원의 경우 85퍼센트, 상원의 경우 75퍼센트 이하로 떨어진 적이 없다 (Bardes et al., 2014: table 12.4). 이와 대조적으로 멕시코는 의원의 연임을 금지하고 있다. 따라서 하원의원은 3년 임기가 끝나면, 상원의원은 6년 임기가 끝나면 의원직에서 반드시 물러나야 하며, 한번 쉬고 그 다음 선거를 통해 (선거에서 승리를 전제로) 의회로 돌아올 수 있다.

찬성	반대
직업정치인과 정치계급의 증가를 막고 부패 발생의 가능성을 줄인다.	임기제한은 최고의 의원들이 계속 의회에 남아서 국가이익을 위해 일하는 것을 가로막는다.
의원이 의원직을 오래 유지하면 할수록, 유권자의 요구를 무시할 가능성이 높아진다.	입법자들이 선거구 및 유권자들과 장기적으로 관계를 발전시키는 것을 더욱 어렵게 한다.
경험 있는 의원의 유지보다 더 중요할 수 있는 새로운 시각과 세대의 등장을 허용한다.	유권자들이 다선의원들의 축적된 경험이 주는 이익을 얻지 못하게 한다.
임기제한이 개별 의원의 권력 축적을 억제한다.	다음 선거일 이후 아무런 계획도 세울 수 없는 레임덕 의원을 양산한다.
	의원들의 교체는 모든 경험 많은 선수의 출전을 금지시키는 방법을 통해서가 아니라 현직과 도전자가 공정하게 경쟁할 수 있도록 운동장을 평평하게 만드는 방법을 통해서 촉진될 수 있다.

임기제한(Term limits): 선출된 정치인들에게 정해진 기간만큼만 공직을 계속할 수 있도록 제한하거나, 쉬지 않고 연이어 연임하는 것을 금지하는 규칙.

원의원이라면 매 2년마다 있는 선거운동을 위해 선거자금을 모아야만 한다. 요약하면, 의회 의원들은 자신의 개인 브랜드를 반드시 강화해야만 한다. 대부분의 다른 자유민주주의 국가의 경우 의회 및 선거 차원에서 강한 정당은 의원들의 독립적 행동의 여지를 상대적으로 적게 남기며, 그 결과 정치적 사업가가 되기보다는 충성심이 높은 의원이 된다. 그러나 당파성이 중요한 경우라고 해도, 젊고 고학력의 의원들은 차별화하여 직업정신을 표출하고자 한다. 비록 프랑스 국회는 여전히 약한 제도로 남아 있지만, 심지어 이곳에서조차 "의원들이 비판하고, 언론의 관심을 끌고, 대안적 정책을 제시하기를 원한다"라고 캐로치(Kerrouche, 2006: 352)는 말한다. 그러한 열망은 의원 개인이 사적으로 발의한 법안 및 수정안의 수가 상당히 많다는 사실에 잘 드러나 있다.

마치 우리가 때때로 부모와 같은 직업을 갖고 있는 사람들을 발견하듯이 직업정치인의 등장에 따른 한 가지 산물이 정치왕조의 출현이다. 아시아에서, 정치가문이란 종종 아버지에 의해 확립된 정치적 브랜드의 가치를 보여주는데, 자식이 아버지의 선거구를 물려받는다. 예를 들어, 인도에서 가장 잘 알려진 네루-간디(Nehru-Gandhi) 왕조는 19세기까지 거슬러 올라가지만, 1947년 독립 이후 특히 중요하게 되었다. 이 왕조는 자와라랄 네루(1947~1964년 총리), 그의 딸 인디라 간디(1966~1977년, 1980~1984년 총리), 그녀의 아들 라지브 간디(1984년~1989년 총리), 그의 미망인 소냐(1989년부터 회의당의 대표), 그들의 아들 라울(2004년부터 의원) 등을 배출했다. 한편 2009년 이전 일본 의회(Diet) 의원 중 1/3 이상이 의원 2세이었는데, 이들은 흔히 부모로부터 동일한 선거구를 물려받았다 (Martin and Steel, 2008). 유사한 정치 왕조를 방글라데시, 파키스탄, 필리핀 등에서 확연하게 찾아볼 수 있다.

의원 2세 현상은 사회화를 보여주는 것일 수도 있다. 정치가 하나의 직업으로 여겨지는 가정에서 자란 아이들은 본인들도 그 직업에 뛰어들 가능성이 높다는 것이다. 이러한 사회화 효과는 2001년 호주 선거에 출마한 후보들 중 1/4 정도가 과거 선거에 출마한 경험이 있는 가족구성원을 갖고 있는 이유를 설명하는 데 확실히 유용하다 (McAllister, 2003). 미국의 경우 케네디 가문의 유명세가 과거만 못한 반면에 부시 가문과 클린턴 가문은 정치왕조를 건설하였다.

어떤 관점에서 보면, 정치가문 현상이 대를 이은 외과의사 가문의 경우와 마찬가지로 특별히 문제될 일이 아니라고 할 수 있다. 그러나 전문정치인이라는 생각이 정치계급이라는 개념을 탄생시켰듯이, 정치가문이라는 말은 우리로 하여금 정치적 신분제(political caste)를 생각하게 한다. 이 두 가지 생각 모두가 정치충원에 있어서 일종의 폐쇄성을 암시한다. 이는 민주주의를 국민에 의한 정부로 해석하는 전통적인 관점과는 잘 어울리지 않는다.

권위주의 국가의 입법부

의회는 국민의 정치적 대표의 상징이기 때문에, 권위주의 정권에서의 의회의 중요성은 오랫동안 본질적으로 제한적일 수밖에 없었다. 의회는 일반적으로 오직 그림자 제도로만 기능한다. 의회의 회기는 짧으며, 일부 의원들은 정부에 의해 임명된다. 의원들은 불만을 제기하고, 선거구의 관심사안을 부각시키고, 때로는 자신의 재산을 증식하는 데 치중한다. 의회가 진짜 국가정책 이슈는 건드리지 않고 그대로 방치하기 때문에 통치자는 이러한 의회의 활동을 위협적이지 않다고 간주한다.

그러나 입법부를 완전히 없애기는 어렵다. 권위

주의 국가의 용감한 의원들이 때로는 야당의 실질적 대변자로 등장할 수 있다. 슐러와 말레스키(Schuler and Malesky, 2014)는 요즈음 학자들 사이 최신 경향은 권위주의 국가를 탄압이라는 개념으로 바라보기보다는 반대자를 포섭하고, 힘을 주고, 약화시키는 데 더욱 의회를 활용한다는 방향으로 생각한다고 지적했다. "의회는 장기 통치의 이점을 극대화하거나 체제의 안정을 증가시키기 위해 독재자가 자진해서 만든 제약으로 간주된다"(Schuler and Malesky, 2014: 676). 몇몇 전통적 정권 및 독재정권을 제외하고는 대부분의 권위주의정권 역시 여전히 일정한 모습의 의회를 보유하고 있으며, 그러한 의회가 갖는 가치는 다음 다섯 가지이다.

- 의회는 국내적 그리고 국제적으로 정권의 정통성을 위장해 주는 역할을 한다. 통치자는 자기 나라 안에서 정치적 논의가 허용되고 있음을 보여주는 증거로 자국의 입법부를 거론함으로써 다른 정부와 원조기관들의 비난을 회피하고 무마할 수 있다.
- 입법부는 온건한 반대세력을 제도권 정치에 끌어들이는 데 사용되기도 한다. 즉, 의회는 통치자의 핵심 이익을 위협하지 않는 문제들에 대한 협상의 장을 제공한다.
- 주민들의 불만을 제기하고 지역의 이익을 위해 노력하는 행위는 중심부와 주변부를 통합하고, 국가와 사회를 통합하는 수단을 제공한다. 이러한 활동은 정치과정을 통제하고 있는 통치자를 위협하지 않으면서 정치적 바퀴에 윤활유를 발라준다.
- 의회는 정치엘리트를 충원에 사용할 수 있는 잠재 후보군을 편리하게 제공한다. 의정활동이 신뢰성을 파악할 수 있는 유용한 평가수단이다.
- 간디(Gandhi, 2008: 181)가 주장했듯이 독재자의 입장에서 의회는 "통제된 제도적 통로"로서 기능한다. 이 통로를 통해 외부집단은 자신들의 요구를 제기할 수 있으며 지도자는 "대중의 시위에 굴복하는 모습을 보이지 않으면서 양보할 수 있다."

권위주의 정권의 입법부의 역할의 중심에는 반대자 포섭(co-option)의 아이디어가 존재한다. 독재자들은 대중여론에 대해 크게 신경 쓰지 않을 수 있지만, 항상 엘리트 내부로부터의 도전에 직면하며, 또는 적어도 독재정치의 전리품을 나눠달라는 요구에 직면한다. 스볼리크(Svolik, 2012: 12–13)는 한편으로는 다양한 정치적 이해관계를 대표하는 민주주의 국가의 입법부의 역할과 다른 한편으로는 권위주의 엘리트들의 의무를 완화하고 문제를 감시함으로써 권위주의적 권력분담의 안정성을 강화하는 역할을 하는 권위주의 국가의 입법부의 역할을 대비하였다.

혼합체제에서 의회는 없어서는 안 되는 정치적인 필수부속품이라고 할 수 있다. 대통령의 리더십을 위협하지 않는 영역에서는 의회의 입장이 중요하다. 예를 들면, 지역 선거구를 대변하거나 통상적인 법안통과에 있어서 그러하다. 그러나 그러한 의회는 행정부 권위의 그늘 아래에서 움직인다. 권력의 냄새를 맡으려면 우리는 의회가 아니라 대통령 집무실에 주목해야 한다. 우리는 그 곳에서 법률뿐만 아니라 긴급명령에 의해 통치하는 현직 대통령을 발견할 수 있으며, 극단적인 경우 이 현직 대통령은 의회와 좀 더 마음이 잘 통하는 관계설정을 위해 말 안 듣는 의회를 간단히 해산시킬 수 있다.

혼합체제 정권의 정치적 환경은 특히 의회가 철저한 감시를 통해 행정부에 대해 책임을 추궁할 수 있다는 견해와 정반대 상황이다. 그와 반대로 국가지도자는 자신이 국민 전체에 대해 책임을 진다고 생각하지, 의회 내의 부패하고, 당파적이고, 편협하게 보이는 의원들에 대해 책임을 진다고 생각하지 않는다.

아울러 많은 혼합체제 정권들이 신생국이거나 아니면 상대적으로 가난한 나라에서 발견된다. 신생국과 가난이라는 두 가지 요인이 안정적인 의원, 대규모 연구조사 지원, 잘 발달된 위원회 체제 등을 갖춘 전문성 높은 의회의 발달을 가로막는다.

이집트 입법부의 사례는 혼합체제 정권에서 발견되는 문제를 잘 보여준다. 이집트는 1923년부터 입법부를 가졌지만, 처음에는 국왕이 그리고 1952년 혁명 이후에는 대통령이 항상 의회에서 과반수의석을 확보하기 위해 선거를 무효화하거나 선거를 조작할 수 있는 힘을 갖고 있다. 이집트 입법부는 1971년에 인민회의(People's Assembly)로 이름을 바뀌었고, 대통령의 권한을 제한하는 것으로 여겨지는 몇 가지 헌법적 권한을 갖게 되었다. 즉, 정부가 제출한 법안을 거부하고, 자체적으로 법률을 제정하고, 국가예산을 면밀히 통제하며, 정부정책에 대해 논쟁할 수 있게 되었다. 그러나 맨 마지막 사항은 실질적으로 거의 의미가 없었으며, 워터버리(Waterbury, 1983: 16)는 이 논쟁에 대해 다음과 같이 기술하였다. "정상적인 패턴은 … 해당 정책을 위원회에서 혹평하고 … 알아낸 것을 엄청나게 신문에 보도한 후 의회 전체가 최소한의 수정을 거쳐 승인하게 만드는 것이었다."

2014년 하원이 새롭게 구성되었지만, 강력한 행정부와 상대적으로 허약한 입법부의 전통은 계속될 운명이었는데, 다른 이유 때문이었다. 과거 인민회의가 대통령이 조정하는 집권여당 국민민주당에 의해 지배되었다면, 새로운 의회는 너무 많은 정당들로 인해 어려움을 겪을 가능성이 높다. 분열을 야기하여 의회는 정부에 대한 일방적 지지기관 또는 정부에 대해 무조건 반대하는 장소 둘 중 하나가 될 것이며, 어느 경우이든 비효율적이게 될 것이다.

이와 대조적으로 전면적인 권위주의정권에서 여당이나 대통령이 입법부를 이용하는 방식은 중국과 러시아의 사례가 보여주듯이 좀 더 노골적이다. 중국은 일당지배체제로부터 좀 더 다원주의적인 체제로 변화하게 되면서 그에 따라 입법부도 어느 정도 중요하게 되는 일당지배체제의 일반적 추세를 잘 보여준다. 법치에 대한 강조가 늘어나면서 전국인민대표자회의(전인대)의 위상이 높아졌고, 전인대 역시 부패문제에 대한 국민적 반감을 좀 더 빈번하게 언급하기 시작했다. 많은 표결이 더 이상 만장일치제를 사용하고 있지 않으며, 의사진행을 연출하는 것조차 쉽지 않게 되었고, 위원회의 권한이 확대되고 있고, 약간의 전문적 도움을 이용할 수 있고, 공산당은 자신이 제출한 법안에 대한 전인대의 반응을 살펴보아야 한다.

그러나 지방정부와 군대를 통해 간접적으로 선출되는 구성원들로 이루어진 세계에서 가장 큰 규모의 입법부인 중국의 전인대는 여전히 매우 위계적인 조직이다. 전인대는 일 년에 딱 한 번 2주 동안 회의를 개최한다. 민주주의 국가의 위원회 중심 의회의 경우보다 더 심하게 전인대의 영향력은 전인대 내부의 소규모 집단을 통해 행사된다. 이들 중 가장 중요한 것이 상임위원회인데 약 150명으로 구성되어 있으며, 일 년 내내 주기적으로 회의를 연다. 이들 전인대 내부의 소규모 집단 구성원 대부분은 공산당원이며, 이는 중국 지도층에게 또 하나의 통제기제를 제공해준다.

물론 의회활동에 대한 정당의 지배는 자유민주주의 국가의 의원내각제에서도 발견되지만, 민주주의 국가에서는 선거결과에 따라 의회를 지배하는 정당이 바뀐다. 비록 전인대와 전인대 내부의 소규모 집단이 중국 권력네트워크의 일원이 되었지만, 여전히 권력분립과 의회주권이라는 서구의 개념을 통해서는 공산당이 이들 기구들 위에 위치한다는 사실을 이해하기는 어렵다.

러시아의 연방의회(Federal Assembly, 하원)는 행정부에 비해 부차적 지위에 머물고 있다. 러시아 헌법은 양원제 의회를 상정하고 있으며, 의회 권력은 대통령의 명령보다 법이 우선시되는 것을 보장하는데 일조하였다. 그러나 블라디미르 푸틴(Vladimir Putin)의 야망과 권력균형이 대통령에게 쏠린 강력한 정부를 선호하는 러시아 민심이 결합하였다. 러시아 헌법은 러시아 대통령이 "헌법의 수호자"일뿐만 아니라 "국가 권력 기구들의 협조 기능과 협력을 보장할" 의무가 있다고 명시하고 있다. 지금까지 대통령은 입법부를 크게 고려하지 않고 이 역할을 수행하였다.

1990년대 동안 두마(Duma, 하원)는 보리스 옐친(Boris Yeltsin)의 개혁에 반대하는 장소가 되었으며, 열띤 토론을 벌였다. 심지어 한때 푸틴 대통령은 입법기관들의 가치를 새롭게 발견했다고 주장했다. "오늘날 우리는 이 시기를 이 나라의 의회와 법 문화를 강화하는 시대라고 불러야 할 것이다. 우리는 현대의 두마를 실제 작동하는 권력의 도구라고 말할 수 있다"(Donaldson, 2004: 249). 그러나 그 이후로 많은 부분이 바뀌었고 푸틴 대통령의 통합러시아당(United Russia Party)이 오늘날 두마를 장악하고 있으며, 두마는 부차적인 지위로 밀려났다.

푸틴 대통령의 입법부에 대한 가장 뻔뻔한 조작 사례를 상원인 연방회의(Federation Council)에서 찾아볼 수 있다. 러시아의 엄청난 국토 크기와 다양성 및 연방구조를 감안할 때, 연방의회가 두마(하원)의 대의기능을 보완하는 상원으로 기능할 것이 논리적으로 기대될 수 있다. 실제로는 푸틴 대통령이 자신의 권력을 연장하는데 연방회의를 공개적으로 이용했다. 그는 러시아 헌법에 연방회의 대표자의 선출 방식에 대한 명확한 규정이 없는 것을 악용했다. 연방회의는 처음에는 러시아의 83개 지역과 공화국에서 선출된 두 명씩의 대표로 구성되었지만, 이들 선출대표자는 1995년에 각 지역 행정수반 및 의회의장으로 교체되었고, 이들 선출대표자는 연방회의의 전 대표자 지위를 유지하고 있다.

2000년 푸틴 대통령은 지방지도자들의 권력을 제한하고자 두마를 통해 새로운 법률을 제정하여 선출대표자를 지방의회와 지방행정수반이 임명하는 상임대표자로 교체했다. 2012년 또 다른 변화가 있었으며, 그에 따라 지방의회가 각자 지방의원 중 한 명을 선출하고 지방의 주지사가 지방행정부로부터 대표자를 선택했다. 그러나 실제적으로는 푸틴 대통령의 고문들이 연방회의 대표자 선출을 최종적으로 결정한다(Remington, 2014: 53). 연방회의가 푸틴 대통령의 러시아 고등법원 판사 지명을 승인해야하고, 대통령이 내린 계엄령 또는 비상사태선포를 승인해야 하기 때문에 그 연장선상에서 푸틴 대통령이 그러한 결정을 지배한다.

토론주제

- 우리는 "대부분의 자유민주주의 국가에서 입법에 대한 효과적 통제는 정부의 손에 달려있다"고 주장했다. 이 상황이 만족스러운가?
- 전원 모두 이성애 백인 중산층 남성만으로 이루어진 입법부가 효과적으로 나라를 대표할 수 있을까? 만약 그렇지 않다면, 왜 아닐까?
- 상원의원은 그들이 갖고 있는 경험과 지혜에 근거하여 임명되어야하는가? 또는 대중적 매력을 근거로 선출되어야하는가?
- 연방제의 경우를 제외하고 양원제 의회가 제대로 목적을 수행하는가?
- 직업정치인의 부상과 정치계급은 특별히 잘못된 것인가?
- 입법부의 의원에 대하여 임기제한을 시행해야 하는가?

핵심 개념

강한 양원제(Strong bicameralism)
단원제(Unicameral)
본회의(Plenary session)
불신임결의(Vote of confidence)
약한 양원제(Weak bicameralism)
양원제(Bicameral)
위원회 중심 의회(Committee-based legislature)
위원회(Committee)
임기제한(Term limits)
입법부(Legislature)
정치계급(Political class)
토론 중심 의회(Debating legislature)

추가 읽을 거리

Arter, David (ed.) (2013) *Comparing and Classifying Legislatures*. 입법부에 관한 지식의 현황에 대해 개괄적으로 살펴보고 있으며, 유럽, 남미, 아프리카 등의 사례에 관한 장을 포함하고 있다.

Cotta, Maurizio and Heinrich Best (eds) (2007) *Democratic Representation in Europe: Diversity, Change and Convergence*. 의원직의 장기적 변화에 관한 비교연구.

Dodd, Lawrence C. and Bruce I. Oppenheimer (eds) (2012) *Congress Reconsidered*, 10th edn. 세계에서 가장 집중적으로 연구된 입법부인 미국 의회에 관한 논문집.

Fish, M. Stephen and Matthew Kroenig (2009) *The Handbook of National Legislatures: A Global Survey*. 광범위한 내용을 담고 있는 참고서로 자치권, 역량, 영향력, 권한 등을 기준으로 의회의 힘을 평가하고 있다.

Martin, Shane, Thomas Saalfeld, and Kaare W. Strøm (eds) (2014) *The Oxford Handbook of Legislative Studies*. 입법부에 관한 논문들을 종합적으로 모아놓은 논문집.

Norton, Philip (2013) *Parliament in British Politics*, 2nd edn. 유권자, 정부, 법원, 유럽연합과의 관계 등 '의회의 원조(영국 의회)'에 관한 사례연구.

CHAPTER 9 행정부

개관

이번 장의 초점은 어떤 정부 체제에서도 가장 눈에 띄는 층에 맞추어져 있는데, 바로 최상층 지도부이다. 정부 권력 피라미드의 최정상에 위치한 사람들은, 그것이 대통령, 총리, 수상, 독재자, 혹은 폭군이든 상관없이, 가장 많은 대중의 관심을 끄는 것이 보통인데, 물론 여론은 긍정적일 수도 있고 부정적일 수도 있다. 물론 적어도 민주주의 국가에서의 행정부는 지도자 개인으로만 구성되는 것이 아니고, 사람들과 제도들이 모인 거대한 네트워크로 구성되어 있으며, 이에는 내각(cabinet) 혹은 장관회의(council of ministers)를 구성하는 장관들이 포함된다. 그러나 대개 단 한 명의 인물이 가장 잘 알려진 정부의 얼굴이 되어, 정부의 성패를 대표하고 대중 관심의 초점으로서 행동한다.

이번 장은 세 가지 주요 형태의 행정부를 차례로 살펴보면서 시작하는데, 대통령제, 의회제, 그리고 준대통령제이다. 여기서는 이 세 가지 정부 형태의 역할과 권력을 비교하고 대조하며, 특히 의회제 정부의 다양한 하위 종류들과 그들이 입법 연합과 관련하여 해온 경험들에 대해서 상세하게 살펴본다. 관련하여, 국가원수와 행정부 수반의 대조적인 역할 또한 살펴본다. 이 두 역할이 대통령제에서는 결합되어 있으며 다른 형태에서는 분리되어 있는데, 이는 중요하고 대조적인 결과를 초래한다. 다음으로 이번 장은 권위주의 국가에서의 행정부를 살펴보며, 특히 개인적 통치의 특성과 효과에 초점을 맞춘다. 권위주의 지도자들은 민주적 지도자들에 비해 더 많은 권력을 누릴지 모르지만, 그들은 자기 자신 혹은 자신의 임기에 대한 공식적 보호 장치에 있어서는 오히려 불리할 수 있다. 이는 필연적으로 그들이 자신의 지위를 접근하는 방식에 영향을 미친다.

차례

- 행정부: 개요 185
- 대통령제 행정부 186
- 의회제 행정부 190
- 준대통령제 행정부 197
- 권위주의 국가에서의 행정부 200

핵심논제

- 정치적 행정부는 정부의 최상층으로, 우선순위를 정하고, 지지를 동원하고, 위기를 해결하고, 정책을 결정하고 그 집행을 감독하는 책무를 가지고 있다.
- 행정부는 세 가지의 주요 형태를 띠는데, 바로 대통령제, 의회제, 준대통령제이다.
- 대통령제 행정부에 대한 연구는 미국이라는 다소 비전형적인 사례를 일상적으로 참조하고 있다. 대통령제 모델의 장점과 단점에 대해서는 논쟁이 계속되고 있다.
- 의회제 정부는 종종 영국 사례를 통해 연구되고 있지만, 이는 유럽 대륙의 다당제 연합을 통해 보다 정확히 대표될 수 있다. 특히 규모가 작은 국가들은 다양한 종류의 연합들이 가지는 기원, 안정성, 그리고 효과성을 다룰 수 있는 기회를 제공한다.
- 준대통령제는 대통령제와 의회제 방식의 요소들을 결합하고 있다 (예를 들어, 대통령과 총리 둘 모두 존재한다). 이 형태는 상대적으로 수가 적으며, 이에 대한 연구도 덜 철저하게 이루어지고 있다.
- 권위주의 국가에서의 행정부는 특히 흥미로운데, 왜냐하면 자유민주주의 국가에 비해 제약이 적지만, 동시에 임기와 관련한 보장 장치도 적기 때문이다.

국가개요

브라질

간략 소개: 브라질의 최근 부상은 새로 떠오르는 경제라는 현상을 예증하고 있으며, 그에 따라 비공식적인 BRIC(브라질, 러시아, 인도, 중국) 국가들에 포함되었다. 국토와 인구 측면에서 세계에서 다섯 번째로 큰 국가로서, 브라질은 세계에서 가장 큰 민주주의 국가의 하나이다. 브라질은 남미에서 가장 중요한 국가이며, 보다 넓게는 개발도상국 전체에 영향력을 확대해 왔다. 그러나 다른 BRIC 국가들과 공통적으로, 브라질은 여전히 많은 국내 문제들을 안고 있다. 부유층과 빈곤층 간에 커다란 격차가 존재하며, 경작 가능한 토지의 대부분은 소수의 부유 가정에 의해 소유되고 있으며, 주요 도시의 사회적 조건은 열악하며, 아마존 분지(Amazon basin)의 삼림 파괴는 지구 차원의 생태학적 함의를 가지고 있으며, 모든 정부 수준에서 부패가 만연하다. 최근의 경제 발전은 엇갈린 신호를 보내고 있는데, 석유 발견으로 에너지 자족이 가능해지고 있지만 경기 후퇴와 평소와 같은 정치(politics as usual)로의 회귀는 브라질의 지속적인 발전에 어두운 구름을 드리우고 있다.

인구 (2억 200만 명)

국민총소득(GNI) (2조 2,460억 달러)

1인당 GNI (1만 1,690 달러)

민주주의 지수 평가
측정 안됨	혼합체제	완전민주주의
	권위주의	**결손민주주의**

프리덤하우스평가
| 자유없음 | 부분적 자유 | **자유로움** |

인간개발지수 평가
측정 안됨	중간	매우 높음
	낮음	**높음**

정부형태 ➡ 대통령제 연방공화국으로 26개 주들과 하나의 연방 특별구로 구성되어 있음. 국가 형성은 1822년에 이루어졌으며, 가장 최근의 헌법은 1988년에 채택되었다.

입법부 ➡ 양원제 의회: 연임 가능한 4년 임기로 선출된 513명의 의원으로 구성된 하원(Chamber of Deputies)과 연임 가능한 8년 임기로 각 주에서 세 명씩 선출된 81명의 의원들로 구성된 상원(Senate).

행정부 ➡ 대통령제. 대통령은 연임 가능한 4년 임기로 직접 선출됨.

사법부 ➡ 주 법원과 연방 법원의 이중 체제로, 상급법원의 판사들은 대통령에 의해 종신직으로 임명되며 상원에 의해 비준됨. 연방대법원이 헌법재판소로서 기능하는데, 11명의 재판관으로 구성되며 이들도 대통령에 의해 종신직으로 임명되고 상원에 의해 비준되지만, 70세에는 은퇴해야 한다.

선거제도 ➡ 대통령과 상원의원에 대해서는 결선투표 절대다수제가 사용되며, 하원의원 선거는 비례대표제를 사용함.

정당 ➡ 다당제. 12개 이상의 정당이 의회 내에서 4개의 주요 정당연합과 연합에 속하지 않은 정당 무리로 조직되어 있음.

> ### 브라질의 정치적 행정부
>
> 미국식 대통령 행정부 모델이 대부분의 라틴아메리카 국가에서 사용되고 있지만, 종종 지역에 맞는 변형된 모습을 띠고 있다. 브라질은 좋은 사례이다. 한편으로, 브라질 대통령은 미국 대통령보다 더 많은 권한을 가진 것으로 보이는데, 명시된 분야에서 법령을 선포할 수 있으며, 법안이 긴급함을 선언할 수 있으며(이 경우 의회로 하여금 즉각적인 결정을 내리도록 강요함), 의회 내에서 법안을 제안할 수 있으며, 의회가 예산을 통과시키지 않으면 즉각 시행되는 예산을 매달 제안할 수 있기 때문이다.
>
> 그러나 브라질 대통령은 미국에 존재하지 않는 정부의 두 가지 특징(비례대표제와 다당제)과 함께 일해야 하는데, 이는 의회를 자신의 뜻대로 움직이게 하는 일을 보다 어렵게 만든다. 첫째, 대통령은 보다 복잡한 정당 환경에 직면하고 있다. 예를 들어, 2014년 10월 의회 선거는 하원에서 28개 정당이 의석을 차지하는 결과를 초래했다. 70석 이상을 차지한 정당은 하나도 없었으며, 13개 정당이 각기 10석 이하를 얻었으며, 정당들이 4개의 연합을 구성하면서 친정부 정당연합이 59 퍼센트의 의석을 차지하였다.
>
> 대통령에게 문제를 더욱 복잡하게 만드는 것은 정당 규율이 매우 약하다는 것이다. 의원들은 종종 임기 중간에 정당 소속을 바꾸며, 자신의 정당에게 충성을 보이는 것보다는 자신의 지역구에 자원을 가져다주는 데에 더 많은 신경을 쓴다 (이것은 미국에서도 마찬가지이지만, 브라질보다는 정도가 덜하다). 이에 대한 대응으로서, 브라질 대통령은 다양한 정당들로부터 장관을 임명하여 그들의 충성을 이끌어내는 방식으로 비공식적인 연합을 구축한다.
>
> 브라질 사례는 대통령제 정부의 행정부가 단일정당으로부터 구성될 필요가 없음을 보여준다. 그러나 여기서 만들어지는 연합은 유럽의 의회제 정부의 특징이라고 할 수 있는 주의 깊게 만들어진 정당 간 연합(inter-party coalitions)에 비해 비공식적이며, 실용적이며, 안정적이지 못하다. 대통령제에서는 연합의 붕괴가 정부의 붕괴를 의미하는 것은 아니며, 이는 연합을 유지할 동기를 감소시킨다. 그래서 비록 라틴아메리카 국가의 헌법이 행정부 수반인 대통령에게 보다 중요한 정치적 역할을 주는 것처럼 보이지만, 이러한 겉모습은 기만적이다. 라틴아메리카의 경험은 민주적 환경에서 활동하는 대통령이 자신의 정책을 확보하는 데 내재적인 어려움에 직면한다는 사실을 확인해준다

행정부: 개요

정치적 행정부는 정부의 핵심으로, 행정부의 상층부를 구성하는 정치 지도자들, 즉 대통령, 총리, 장관, 내각 등으로 구성되어 있다. 제도적 비교 접근법은 정부에 활력을 주고, 우선순위를 정하고, 지지를 동원하고, 문제에 반응하고, 위기를 해결하고, 정책을 결정하고, 집행을 감독하는 행정부의 역할에 초점을 맞춘다. 의회나 사법부 없는 통치는 가능하지만, 행정부 없는 통치는 논쟁의 여지가 있지만 불가능하다. 그리고 권위주의 체제에서는 행정부가 진정한 권력을 행사하는 유일한 제도인 경우가 많다.

(정책을 만드는) 정치적 행정부를 (정책을 집행하는) 관료제와 구분하는 것은 중요하다. 임명되는 공직자와 달리, 적어도 민주주의 국가에서 정치적 행정부의 구성원들은 정치적 수단(가장 흔한 것은 선거)에 의해, 선택되며, 동일한 방법에 의해 제거될 수 있다. 행정부는 정부 활동에 책임을 지고 있다. 즉 그곳에서 책임이 멈추는 것이다.

또한 행정부에 의해 수행되는 두 가지 상이한 역

할을 구분하는 것도 중요한데, 바로 **국가원수**(head of state, 국가와 모든 시민들 대표하는 간판 격 인물)와 **정부수반**(head of government, 정부의 정치적 지도자)이다. 미국, 멕시코, 나이지리아와 같은 대통령 행정부에서는 두 개의 업무가 하나의 공직에 결합된다. 의회제에서는, 총리나 수상이 정부수반이며, 군주나 행정 기능을 가지지 않은 대통령이 국가원수 역할을 수행한다. 앞으로 살펴보겠지만, 준대통령제에서는 두 역할의 구분이 보다 복잡하다.

> **국가원수**(Head of state): 한 국가의 간판 격 지도자로서, 선출되거나 임명될 수도 있고, 혹은 군주의 경우는 세습되기도 한다. 그 역할은 비정치적이며, 많은 기능을 가지고 있지만, 실질적 권한은 크지 않다.
>
> **정부수반**(Head of government): 선거로 선출된 정부 지도자로서, 자신의 정당 및 정책과 일체감을 느끼는 유권자들의 지지로 인해 그 자리에 앉게 된 사람이다.

자유민주주의 국가에서 행정부에 대한 이해는 제도적 장치에 대한 연구로부터 시작한다. 자유민주주의 국가들은 행정 권력을 헌법적 제약 하에 두는 민감하고 어려운 임무를 성공적으로 해 왔다. 정부는 선거를 통해 선출될 뿐만 아니라, 그 권력을 제한하는 규칙들에 복종해야 한다. 그리고 정기적인 재선 또한 직면해야 한다.

이와 대조적으로, 권위주의 정권에서는 헌법적 혹은 선거를 통한 통제가 부재하거나 효과적이지 못하다. 행정부의 범위는 헌법보다는 정치적 현실에 의해 더 많이 제한을 받으며, 행정부는 보다 유동적인 경향을 띠면서 공식적 규칙보다는 비공식적 관계에 의해 모양이 만들어진다.

자유민주주의 국가의 행정부는 세 가지의 주요 집단으로 구분되는데, 대통령제, 의회제, 그리고 준대통령제이다. 세 가지 모든 형태에서 권력은 분산되며, 이들 각각은 행정 권위를 나누고 통제하는 대조적인 방법으로서 이해될 수 있다. 이러한 제도적 형태들은 그것들이 정치적 안정과 효과적인 통치에 기여하는 정도에 따라 평가될 수 있다. 대통령제와 준대통령제 정권에서는, 헌법이 독립적인 행정부, 입법부, 사법부 사이에 견제와 균형의 체제를 세운다. 의회제에서는, 정부가 다른 방식으로 제약되는데, 정부의 생존이 의회의 신임 유지에 달려 있다. 전형적으로, 정부 행동의 자유는 통치 임무를 공유하기로 동의한 정당들 간의 연합을 유지할 필요성에 의해서 제한받게 된다.

대통령제 행정부

이 세상에는 많은 대통령이 존재하지만, **대통령제 정부**(presidential government)의 사례는 그리 많지 않다. 이는 부분적으로 많은 의회제가 단지 의식 절차 상의 국가원수로만 기능하는 대통령을 가지고 있기 때문이며, 또 다른 이유로는 어떤 독재자도 자신을 '대통령'이라고 부를 수 있으며, 사실 많은 이들이 그렇게 하고 있기 때문이다. 이러한 두 이유로 인해, 대통령의 존재가 대통령제의 충분한 표시는 아니다.

> **대통령제 정부**(Presidential government): 권력이 대통령과 입법부 사이에 나누어진 제도. 이러한 구분은 분리된 선거, 그리고 분리된 생존에 의해 달성된다. 대통령은 의회를 해산할 수 없으며, 입법부는 오직 탄핵을 통해서만 대통령을 제거할 수 있다.

본질적으로, 대통령제 행정부는 입헌 통치의 한 형태로서, 독립적인 입법부와 더불어 단일 행정부 수반이 대중 선거로부터 유래한 권위를 사용하여 통치하는 제도이다. 이러한 선거는 국민에 의한 직접선거의 형태를 취하고 있으며, 대통령 재선 횟수에 제한이 가해진다. 대통령은 정부를 지휘할 뿐만 아니라, 대부분의 총리와 달리, 의례상의 국가원수로서도 기능한다. 대통령은 정부 부처의 수장들과 같은 다른 주요 정부제도에 대한 임명권을 가지는데, 이 중 일부는 입법부의 동의를 받아야 한다. 대통령과 입법부 모두가 정해진 임기 동안 선출되기 때문에, 그 어느 쪽도 다른 쪽을 무너뜨릴 수 없으며, 이는 두 기관 각각에게 어느 정도의 자율성을 보장한다.

대통령제 행정부는 강점과 약점을 모두 가지고 있다. 강점으로는 다음이 있다.

- 대통령의 고정된 임기는 행정부의 연속성을 제공하고, 의회제 정부가 직면하기 쉬운 통치 연합의 붕괴를 피할 수 있다.
- 대통령선거에서의 승리는 후보자들로 하여금 전국가에 걸친 폭넓은 지지를 구축하도록 요구한다.
- 국가 전체에 의해 선출되기 때문에, 대통령은 입법부에서 대표되는 지방 이익들 사이의 작은 싸움들 위에 설 수 있다.
- 대통령은 국가 단합의 자연스러운 상징이 되며, 국내와 국제 청중 모두에게 똑같이 친숙한 얼굴을 제공한다.
- 대통령제는 필연적으로 권력분립을 포함하고 있기 때문에, 이는 제한 정부를 촉진하고 그에 따라 자유를 보장한다.

그러나 대통령제 정부는 위험도 가지고 있다. 단지 한 정당만이 대통령직을 차지할 수 있으며, 다른 모든 정당들은 패한다. 전부 아니면 무(all-or-nothing) 방식의 정치는 정치적 불안정을 초래할 수 있으며, 특히 새로운 정권에서는 더욱 그러하다. 고정된 임기는 융통성이 없으며, 미국의 경험은 행정부와 입법부의 의견이 다를 때 교착상태가 발생할 수 있음을 보여주는데, 이는 정치체제가 긴급한 문제를 다룰 수 없도록 만든다. 또한 대통령제는 일부 의회제에서 야당 지도자들이 제공하는 자연스러운 재집결지를 결여하고 있다. 구체적으로, 여왕 반대파의 지도자(Leader of Her Majesty's Opposition)라는 영국적 개념에 해당하는 것이 존재하지 않는다.

이러한 상황 하에서, 대통령의 능력에 비해 권한이 더 커져버릴 위험이 존재한다. 라틴아메리카와 아프리카의 과거 대통령들은 헌법을 자주 수정하여 자신들의 임기 제한을 넘어서 자리에 남곤 했다. 그보다 더 나쁜 상황으로, 좌절하거나 야망에 찬 대통령이 독재자로 변할 수도 있다. 따라서, 대통령제 민주주의는 의회제 민주주의보다 붕괴될 가능성이 더 높다 (Cheibub, 2002).

표 9.1 대통령제 행정부

- 선출직 대통령이 정부를 운영하며 고위직 임명권을 가진다.
- 대통령직과 입법부 의원들의 고정된 임기로 인해, 그 어느 쪽도 보통의 상황에서 상대방을 몰아낼 수 없다.
- 대통령은 보통 임기 제한을 받는데, 가장 흔하게는 2번이다.
- 행정부와 입법부 사이에 인적 중복이 별로 없다.
- 대통령은 국가원수이자 동시에 정부수반으로 기능한다.
- 사례: 나이지리아, 미국, 브라질, 아르헨티나, 아프가니스탄, 이집트, 인도네시아

초점 9.1　권력분립

권력분립(separation of powers)은 대통령제의 가장 중요한 특징이다. 행정부는 지도력을 행사하고 집행할 권한을 가지고, 입법부는 법률을 제정할 권한을 가지고, 법원은 판결할 권한을 가진다. 비록 실제에 있어서는 분명 중복이 존재하지만, 책무의 초점은 일반적으로 분명히 구분되며, 이는 전형적으로 인적 자원의 분리에 의해 강화된다. 대통령이나 내각 장관들 그 누구도 입법부 구성원이 될 수 없으며, 이는 두 제도 사이에 더 많은 거리감을 조성한다. 이와 유사하게, 의원들은 행정부에서 봉직하기 위해서는 반드시 의원직을 사퇴해야 하는데, 이는 자리를 약속하여 의원들의 표를 살 수 있는 대통령의 능력이 자기제한적임을 의미한다.

대조적인 선거 방법은 이해관계에 있어서 자연스러운 차이를 만들어낸다. 입법부 의원들이 자기 지역구 유권자들의 지지에만 전적으로 의존하는 데 반해, 대통령은 (그리고 오직 대통령만이) 더 광범위한 유권자 층(전형적으로 국가 전체)에 의해 선출된다. 이러한 격차는 독특한 정치적 동학을 유발하는데, 대통령은 입법부의 특수 이익 혹은 지방 이익과 구분되는 국가적 의제를 추구하는 것이다. 그래서 단일 공직에 초점이 맞추어짐에도 불구하고, 대통령제 정부는 권력을 분할한다. 이 제도는 행정부가 입법부와 협상하도록, 그리고 반대로 입법부가 행정부와 협상하도록 요구하며, 그에 따라 독재를 누르고 숙의(deliberation)가 승리하도록 보장한다.

의회제에서도 실질적인 권력분립이 존재하는데, 그것은 행정부와 입법부의 기능이 구분된다는 측면에서 그러하다. 그러나 행정부 구성원들이 입법부 의원도 될 수 있으며, 의원들이 정부에서 봉직하기 위해 의원직을 사퇴해야하는 것이 아니라, 오히려 의원직을 차지하고 있는 것이 정부 부서의 수장과 같은 자리에 임명되기 위한 필수조건이다. 무엇보다도, 의회제에서 행정부의 생존 자체는 입법부의 신임 유지에 달려 있다.

> **권력분립(Separation of powers):** 행정부와 입법부에게 구분되지만 서로 보완적인 권한들이 주어진 제도로서, 그에 따라 그 어느 쪽도 혼자서 통치할 수 없으며, 이상적으로는 양자가 함께 통치해야 함.

대통령제 정부는 미주에서 압도적으로 우세하며, 나이지리아와 같은 많은 아프리카 국가에서도 발견된다. 미국은 대표적 사례로서, 대통령제 행정부가 작동하는 방식에 대해 중요한 통찰력을 제공한다. 미국 헌법의 입안자들은 결정을 내릴 권한을 가지면서도 동시에 너무 많은 권한을 축적하지 못하도록 방지할 수 있는 공직을 만들기 원했다. 또한 그들은 이 자리가 '쉽게 흥분되는 대중(excitable masses)'으로부터 격리되기를 원했다. 그래서 선거인단(Electoral College)을 만들어 각 주가 미리 정해진 표를 가지도록 하였는데, 대부분의 주에서 모든 표가 해당 주에서 최다 득표를 한 후보에게 돌아간다. 논란의 여지가 있게도, 대통령 후보가 유권자 투표에서 승리하고도 선거인단 투표에서 지는 것이 가능한데, 이는 2000년 선거에서 앨 고어(Al Gore)가 조지 부시(George W. Bush)에게 패배할 때 현실로 나타났다.

법률 집행의 감독이라는 일반적인 의무 외에도, 대통령은 명시적인 의무(예를 들어, 군 최고사령관)를 제공받았는데, 이는 시간이 가면서 대통령에게 내재적 권한(implied powers)을 제공한 것으로 해석되어 왔다. 예를 들어, 대통령은 행정부 특권(executive privilege)을 주장할 수 있는데, 이는 만약 유출된다면 대통령의 법률 집행 능력에 손상을 줄 수 있는 정보를 의회와 사법부에 제공하지 않을 수 있는 권리이다. 또한 대통령은 행정 명령, 성명, 선포 등을 발표할 수 있다. 동시에 대통령은 종종 자신의 손이 묶여 있음을 발견하게 되는데, 왜냐하면 대통령은 의회와 중요한 권한들을 공유하고 있기 때문이다.

- 대통령은 군 최고사령관이지만, 의회만이 전쟁을 선포할 수 있다.
- 대통령은 정부 직을 임명하고 조약에 서명할 수 있지만, 상원의 동의가 있어야만 한다.
- 대통령은 법안에 거부권을 행사할 수 있지만, 의회는 이러한 거부권을 무시할 수 있다.
- 대통령이 아니라 의회가 예산을 통제한다.

대통령과 의회의 관계를 권력분립으로 묘사하는 것은 오해의 소지가 있는데, 왜냐하면 실제로는 제도의 분리가 존재하기 때문이다. 이 두 제도는 권한을 공유하며, 각자가 서로에 영향력을 행사하려고 노력하나 그 누구도 절대적인 힘을 갖지 못한다. 의회제에서, 총리는 보통 의회 내에서 자신의 정당이나 정당연합으로부터 강력한 지지에 의존할 수 있다. 대통령제 행정부에서는 이러한 경우는 극히 드물다.

미국 대통령의 역설, 즉 전능함의 치장 속에 있는 취약한 통치 지위는 대통령의 지원 네트워크에 반영되고 있다. 정보와 자문에 대한 대통령의 요구를 만족시키기 위해 많은 지원 기구들이 발달하게 되었는데, 여기에는 백악관 사무실(White House Office), 국가안전보장회의(National Security Council), 그리고 행정관리예산국(Office of Management and Budget) 등이 포함된다. 집단적으로 이들 지원 기구들은 그 어떤 의원내각제 국가의 총리가 받는 것보다 훨씬 더 많은 직접적인 지원을 대통령에게 제공하고 있으며, 때로 '제도적 대통령직(institutional presidency)'이라고 불리는 것을 형성하고 있다(Burke, 2010).

의회제와 비교할 때, 미국 대통령제는 강력한 **내각**(cabinet)을 결여하고 있다. 연방 내각이 존재하지만, 이는 헌법에 언급되지 않고 있으며, 내각 회의는 통상적으로 대통령의 사진촬영 기회 이상이 되지 않으며, 장관들은 보좌관들의 수풀을 통과하여 대통령에게 접근을 확보하는 것이 어렵다는 사실을 종종 발견한다. 나중에 다시 보겠지만, 대통령제 정부는 의회제 행정부에서 발견되는 공식적인 내각 정부가 절대 아니다.

> **내각(Cabinet)**: 정부의 주요 부서 수장들로 구성된 기구. 때때로 장관회의(Council of Ministers)로 알려짐. 대통령제보다는 의회제에서 더욱 중요함.

대통령제에서의 정상적인 형태는 대통령이 입법부와 분리되어 선출되는 것이다. 따라서 대통령의 생존(비록 성공은 그렇지 않더라도)은 입법부의 정당 구성원들과 독립적이며, 대통령이 전국적 유권자에 연결되어 있음에 반해 의원들은 지방의 지역구로부터 선출된다. 그러나 남아공에서는 이와 다른 방식이 작동하고 있는데, 이는 대통령제 행정부 주제에 있어서 흥미로운 변형을 제공한다. 남아공은 대통령을 가지고 있지만 대통령은 직접적인 유권자 투표가 아니라 입법부 의원들에 의해 선출된다. 이는 남아공 대통령을 의회제의 총리와 유사하게 만들어 주는데, 특히 대통령은 보통 입법부 내 제1당의 당수이기 때문이다. 그러나 남아공 대통령은 국가원수와 행정부 수반을 겸하고 있으며, 두 차례의 5년 임기 제한을 받으며, 비록 대통령의 자격을 갖추기 위해 의원이어야 하지만 대통령으로 선출되고 나면 의원직을 사퇴해야 한다. 단지 두 개의 다른 국가, 즉 버마와 보츠와나(Botswana)만이 이러한 제도를 사용한다. 이러한 드문 형태의 정치적 영향력을 판단하는 것은 아파르트헤이트(인종차별 정책) 이후 남아공에서 한 개 정당, 즉 아프리카 민족회의(African National Congress)가 차지한 지배적 위치로 인해 복잡해졌다. 만약 입법부 선거가 분명한 과반수 정당을 만들어내지 못한다면, 이것이 대통령 선출 방식에 어떻게 영향을 미칠 것인지 지켜보는 것은 흥미로운 일이 될 것이다.

의 당수)이며, 국가를 운영하는 동안 계속해서 의원직을 유지하며, 실제 권한이 별로 없는 별도의 국가원수와 연계하여 일하며, 분리된 선거나 임기 제한의 대상이 되지 않는다. 대부분의 정부 장관들 또한 의원들이다 (다만 스웨덴과 같은 일부 국가들에서는 이러한 이중 위임이 허용되지 않는다). 대통령과 마찬가지로, 총리는 다른 주요 정부 기구에 대한 임명권을 갖고 있지만, 이들이 입법부의 동의를 필요로 하는 경우는 드물다. 그리고 대통령제 행정부와 대조되는 두 가지의 핵심 측면에서, 총리는 불신임 투표 결과에 따라 자리에서 쫓겨날 수 있으며, 입법부의 회기가 완전히 끝나기 전에 새로운 선거를 요구할 수 있다.

의회제 행정부

행정부 수반이 의회로부터 분리되고 독립적으로 선출되는 대통령제와는 달리, **의회제 정부**(parliamentary government)는 유기적으로 입법부에 연결되어 있다. 지도자, 즉 총리(prime minister) 혹은 독일과 오스트리아의 경우 수상(chancellor)은 보통 의회 내 가장 큰 정당의 당수(혹은 통치 연합 내 정당 중 하나

> **의회제 정부(Parliamentary government)**: 행정부가(가장 흔하게는 연립정부의 형태로) 입법부로부터 유래하며, 계속 입법부에 책임을 지며, 입법부 내의 신임투표에서 패하면 사임해야 하는 제도.

의회제 정부는 대통령제에서 발견되는 단일의 최고행정관이라는 분명한 초점을 결여하고 있으며, 그 대신 총리, 내각, 정부 장관들 사이의 미묘하고 가변적인 관계를 포함하고 있다. 도표 9.1은 내각형, 총

표 9.2 의회제 행정부

- 총리(prime minister, chancellor, 혹은 premier)는 보통 입법부 내 가장 큰 정당의 당수이다.
- 정부는 입법부로부터 유래하며, 총리는 입법부 내 과반 의석을 잃거나 혹은 신임 투표에서 패배할 경우 해임될 수 있다.
- 행정부는 임기 제한 없이 계속될 수 있다.
- 행정부는 합의제적이며, 내각(cabinet) 혹은 장관회의(council of ministers)의 형태를 띠고 있는데, 그 중 총리는 전통적으로 단지 '동등한 자들 중 첫 번째 자(first among equals)'에 불과하다. 내각은 전형적으로 대략 24명으로 구성된다.
- 총리는 정부수반으로, 별도의 의례적인 국가원수와 함께 일한다.
- 사례: 대부분의 유럽국가들, 뉴질랜드, 인도, 일본, 캐나다, 호주.

리형, 그리고 장관형 정부를 구분하고 있다. 통치 네트워크에 있어서 이들 접속점들 간의 균형, 그리고 이들이 시간이 지나면서 어떻게 변화하는가를 고찰하는 것은 의회제 정부의 현실을 보다 잘 이해하는 데 도움이 된다.

의회제 정부의 옹호자들에게 있어서 내각형 정부(cabinet government)가 주요 장점인데, 이것이 더 깊은 심의를 유도하며 따라서 대통령제에서 발생하는 것보다 더 적은 실수를 초래한다는 것이다. 올슨(Olsen)이 "노르웨이 총리는 대형스타의 지위를 획득하지 못할 가능성이 높다"고 지적했을 때 (Olsen, 1980: 203), 의회제 정부의 많은 옹호론자들은 그의 논평을 칭찬으로 여겼을 것이다. 핀란드는 아주 분명한 내각형 정부의 사례를 제공한다. 핀란드의 내각인 국무회의(State Council)는 법적으로 상당한 의사결정 권한을 부여받고 있는데, 총리는 주로 이러한 내각 모임의 의장 역할을 수행하고 있으며, 주요 결정이 내려지고 타협이 이루어지는 것은 바로 이 모임에서이다. 한편 총리와 개별 장관들 양자 모두는 핀란드의 복잡한 다정당 연합으로부터 유래하는 제약에 직면하고 있다. 그러나 이러한 체제는 소규모 국가에서 가장 잘 작동한다. 많은 대규모 국가에서는, 정책 결정의 수와 복잡성으로 인해 모든 결정이 내각 책상에서 해결될 수 없다.

총리형 정부(prime ministerial government)에 있어서는, 중심 원칙이 동료관계보다는 위계이다. 독일은 총리 민주주의(chancellor democracy)라고 불리는 제도를 가지고 있는데, 여기서 독일 하원(Bundestag)은 총리를 임명하는 것이고, 그래서 하원에 대한 책임은 주로 총리를 통해서 이루어진다. 총리는 의회에 대답하고, 장관들은 총리에게 대답한다. 독일 행정부 수반의 강력한 위치는 독일 헌법(기본법)에서 유래한다. 헌법에 따르면, "총리는 전반적 정책 기조를 결정하고 또한 그에 대해서 책임을 진다"고 명시되어 있다.

몇몇의 논평가들은 의회제 행정부가 전반적으로 총리형 정부의 방향으로 이동하고 있다고 주장한다. 이들의 논제는 총리가 더 이상 동급 중에서 최고(primus inter pares, first among equals)가 아니라 대통령급 장관이 되었다는 것이다. 캐나다에 관한 글에서, 사보이(Savoie)는 정부의 의제를 결정하고 주요 결정을 내리는 데 있어서, 더 이상 inter or pares(동급 사이)는 없으며, 단지 primus(최고)만이 있다고 주장한다 (Savoie, 1999). 이와 유사하게, 피어스와 크로웰(Fiers and Krouwel)은 1990년대 이래로 벨기에와 네덜란드의 총리들이 보다 중요

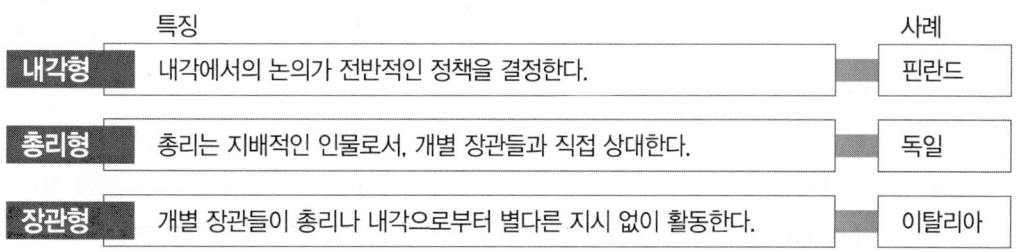

도표 9.1 의회제 정부의 유형

주: 이러한 특징 중 어느 것도 제도화되거나 헌법에 명시되어 있지 않다. 대신 각 특징은 정치와 전통의 문제이다.

하고 힘 있는 지위를 획득하며 이들 국가를 일종의 '대통령제화 된(presidentialized)' 의회제로 전환시켰다고 주장하고 있다 (Fiers and Krouwel, 2005: 128). 킹(King)은 여기에 세 가지의 요인이 작동함을 발견했는데, 총리에 대한 대중 매체의 초점 증가, 행정부 수반의 국제적 역할 증가, 그리고 통치가 복잡해지면서 정책 조정의 필요성 대두이다 (King, 1994). 총리실의 풍부한 자원은 이러한 독특한 책무들을 반영하며, 나아가 총리의 권위를 더욱 강화해준다.

세 번째 유형은 **장관형 정부**(*ministerial government*)로, 이는 장관들이 총리나 내각으로부터 포괄적인 지시 없이 자율적으로 작동할 때 나타난다. 이러한 분권화된 유형은 전문성에 대한 존중이나 혹은 연립정부의 현실에서 유래한다. 다시 독일의 사례로 돌아가면, 독일 총리가 전체적인 정책 지침을 정하고 있지만, 헌법에서는 "각각의 연방 장관들이 자기 부서의 업무를 자율적으로 그리고 자신의 책임 하에 수행한다"라고 명기되어 있다. 장관들은 자기 분야에 대한 지식을 근거로 임명되고 또한 총리의 지침 하에서 자기 부서의 정책을 결정하는 데 자신들의 전문적 경험을 사용하도록 기대된다. 그래서 독일은 두 가지 모델을 혼합하고 있는데, 총리 민주주의라는 틀 안에서 장관형 정부를 실현하고 있는 것이다.

많은 연립정부에서, 정당들은 자신들의 지도자급 인물을 임명하여 특정의 부처를 담당하도록 하는데, 이 경우 장관형 정부가 탄생하게 된다. 예를 들어, 네덜란드에서는 총리가 장관을 임명하지도, 해임하지도, 또한 이동시키지도 못한다. 내각 구성원들은 자신들의 지도자(즉, 총리)와 함께 일하는 것이지, 그 밑에서 일하는 것이 아니다. 이러한 조건 하에서 총리의 지위는 축소될 수밖에 없으며, 장관들은 총리나 내각보다는 자신들을 임명한 정당에 더 많은 충성심을 표현할 수밖에 없다. 이 경우 행정부의 수반(chief executive)은 수반(chief)도 아니고 집행자(executive)도 아니며, 단지 숙련된 조정자일 뿐이다. 인도의 다당 연합에서도, 총리에 대한 공개적인 반항은 드문 일이 아니다 (Mitra, 2014: 583).

일본에서도 장관들은 총리의 강력한 지시 없이 일해야만 하는 경우가 많다. 일본 총리는 배의 선장이라기보다는 조타수에 더 가까우며, 정부에 지속적인 개인적 영향력을 남기려는 총리는 많지 않다. 총리의 변화도 급속했다. 지난 1990년과 2015년 사이에 미국이 4명의 대통령, 영국이 4명의 총리를 가졌던 데 반해, 일본은 14명의 총리가 21차례의 임기를 마쳤으며, 그 중 일부는 단지 몇 달 만에 물러나기도 했다. 이러한 일본 경우와의 비교는 미국이나 영국보다는, 이탈리아 (제8장을 보라)와 하는 게 낫다. 일본에서는 총리의 권한에 대한 제한이 다양한 방식으로 가해지는데, 강력한 관료제와 상원, 정당 내 파벌들, 다른 정당 지도자들, 일본 정치의 합의적 스타일 등이 제한 요인으로 작동한다. 특히 자민당 출신 총리들은 정당 지도자로서 정기적으로 재선을 확보해야 하는 요구 조건에 의해서도 제한을 받는다. 일본 총리들이 무력한 것은 절대 아닌데, 예를 들어, 그들은 내각 구성원과 다른 고위 정부 구성원들을 기용하고 해임할 수 있기 때문이다. 그리고 총리에 초점을 맞추고 있는 국제적인 추세를 반영하며, 아베 신조(安倍晋三, 총리, 2006~2007년, 2012년~)는 자신의 선임자들에 비해 국내외적으로 보다 높은 개인적 위상을 달성하였다. 그렇다고 해도 예를 들어, 독일의 총리 민주주의와의 대조는 여전히 분명히 남아 있다.

대통령제 행정부의 역설이 강한 겉모습에 숨어 있는 취약함이라면, 의회제 정부의 수수께끼는 입법부와 행정부 간의 상호적인 취약함으로부터 효과적인 정부가 여전히 등장할 수 있는 이유를 설명하는 것이다. 해답은 분명하다. 바로 정당이 정부와 입법부를 연결해 주는 데 필요한 통합적인 장치를 제공해 주고 있는데, 대통령제는 이러한 방식을 방지하기 위해 고안되었다고 할 수 있다. 단일정당이 의회 내 과반 의석을 가지고 있는 경우, 정부는 안정적이고 결단력을 가지는데, 아마 더 그럴 수도 있다. 그러나 과반수 정부는 점점 드문 현상이 되어 가고 있으며, 그 결과 전형적인 의회제 행정부는 연립정부이거나 혹은 소수정부 형태를 띠고 있다. 다양한 종류의 연합을 상세히 살펴보는 일은 의회제 행정부가 작동하는 방식에 대해 보다 많은 통찰력을 제공한다.

과반수 정부, 연립정부, 소수정부

대통령제와 준대통령제 정부에서는, 행정부와 입법부가 분리되어 선출되며, 서로 독자적인 권한을 갖는다. 대통령의 범위와 권위는 입법부 내 동일 정당 의원 수에 의해 영향을 받지만, 그와 상관없이 대통령이 할 수 있는 것이 많다. 이와 대조적으로, 의회제에서는 행정부와 입법부가 융합되며, 행정부의 권력은 입법부 내 정당 균형에 크게 의존하게 된다. 입법부 내에서 자신의 정당이 분명한 과반을 차지하고 있는 총리는 연립정부나 소수정부를 운영하고 있는 총리에 비해 훨씬 더 강력한 환경에 놓이게 될 것이다. 이러한 이유로 인해, 의회제 행정부에 대한 검토는 이러한 다양한 형태 각각에 대한 고려 없이 완전할 수 없는 것이다.

과반수 정부(*majority government*). 영국은 확실한 과반 의석을 가진 단일정당에 기반한 의회제 정부의 고전적 사례이다. 단순다수제(승자독식) 선거 (제16장을 보라)는 보통 하원 내에 단일정당에게 과반 의석을 가져다주며, 그 정당의 지도자는 총리가 되고, 내각은 동일 정당 출신의 동료 의원 20여 명으로 구성된다. 내각은 여전히 이 체제의 공식적 요처이다. 내각은 의회에 대한 책임의 초점이며, 중요한 정부 정책을 공식적으로 승인하며, 정부 부처의 업무를 조정한다. 내각의 정치적 지지는 가장 강력한 총리에게도 매우 중요하다.

이 체제의 안정성의 열쇠는 정당 규율인데, 이는 내각을 하원의 하인이 아니라 주인으로 바꾸어준다. 여당이 내각과 입법부 모두에 걸쳐 있으며, 이는 의회제 의제의 우위를 보장한다. 내각은 공식적으로 국가의 최고 위원회이지만, 동시에 정당 지도자들 간의 비공식적 회의이기도 하다. 고위급 정당 인사들이 평의원들의 견해에 대한 반응성을 유지하는 한(그리고 때로는 그렇지 않은 경우라고 할지라도), 그들은 하원을 통제할 수 있다. 실제로 정부는 하원을 모태로 하여 탄생하지만, 탄생과 동시에 자신의 부모 격인 하원을 지배한다.

어떻게 집권 정당이 이렇게 높은 수준의 통제를 달성하는가? 각각의 정당은 원내총무실(Whip's Office)을 가지고 있는데, 이를 통해 평의원들이 당 지도부가 요구하는 대로 투표하도록 만든다. 원내총무의 주의가 없다고 할지라도, 평의원들은 자신들도 장관이 되기를 원한다면 보통 당론을 따르게 된다. 영국과 같이 강력한 정당 체제 하에서는, 너무 과도한 독립성을 보이는 당원이 높은 자리로 올라가기는 어렵다. 극단적인 경우에는, 의원들은 당의 의견에 동의하지 않는다는 이유로 당에서 쫓겨나기도 하며, 그럴 경우 다음 선거에서 재선될 가능성이 매우 낮다. 왜냐하면 유권자들에게 있어서 정당 이름은 여전히 중요하기 때문이다. 본인의 개인적 견해가 무엇이든 간에, 평의원들로서는 자신이 속한 정당에 공적인 충성심을 보이는 것이 자기 이익에 부합하는 행동이다.

연립정부와 소수정부(coalition and minority governments). 의회제 국가들에서는 (특히 제16장에서 논의되는 비례대표제를 사용하는 국가들) 선거 이후 그 어떤 정당도 과반수 의석을 차지하지 못하는 것이 보통이다. 이러한 상황에서는 선거 결과와 정부 구성간의 긴밀한 연계가 약화되며, 정부는 다음 세 가지 주요 형태 중 하나를 띠게 된다.

- 과반수 **연립정부**(coalition government)로서, 합쳐서 과반수 이상의 의석을 차지하고 있는 두 개 이상의 정당이 함께 정부를 구성하는 경우이다. 이것이 유럽 대륙에서 가장 흔한 형태의 정부이다.
- 소수 연립 혹은 연합으로서, 이는 의석을 합쳐도 과반수가 되지 않는 정당들 간에 이루어진 연립(coalition) 혹은 연합(alliance)을 말한다. 이러한 소수 연립정부는 1980년대 이후 덴마크에서 자주 나타났다.
- 단일정당 소수정부는 의회 내 가장 의석이 많은 정당에 의해 구성된다. 단일정당으로 구성된 내각은 노르웨이, 스웨덴 등에서 흔하게 발생한다.

> **연립정부**(Coalition government): 두 개 이상의 정당 간의 합의를 통해 정부가 구성되는 제도로서, 이 정당들은 정부 자리를 나누어 가진다.

도표 9.2는 20세기 후반부 서유럽 정부의 정당 구성을 보여주고 있다. 과반수 연립정부가 가장 자주 발생하였으며, 다음으로 단일정당 소수정부, 소수 연립정부, 그리고 마지막으로 가장 드문 형태는 단일정당 과반수 정부였다. 단일정당 과반수 정당이 너무나 흔하지 않아, 많은 국가들의 헌법은 새로운 정부가 들어서기 전에 만족시켜야 하는 조건들을 제시하고 있다. 일부 헌법들은 입법부가 공식적인 임명 투표(formal vote of investiture)를 통해 새로운 정부에 대한 다수 지지를 확실히 보여 줄 것을 요구하고 있는데, 이러한 요구는 합의된 정책프로그램을 지닌 과반수 연립정부의 형성을 유도하게 된다.

그러나 일부 헌법은 새로운 행정부에 대한 과반수 투표를 요구하지 않는다. 예를 들어, 스웨덴의 경우 의회(Riksdag)에서 과반수 이상이 반대하지 않는 한, 총리 후보는 자신의 구상대로 정부를 구성할 수 있다 (Bergman, 2000). 이러한 요구는 과반수 합의를 달성하기보다는 과반수 반대를 피하기 위한 것이다. 덴마크에서와 같이 새로운 정부를 신임해 주는 절차에 대해서 헌법이 침묵하고 있는 경우에는, 새로운 정부가 취임을 하고, 의회에 의해 불신임되어 물러나기 전까지는 권력을 유지하게 된다. 이러한 덜 까다로운 관습은 소수정부의 형성과 생존을 용이하게 해 준다.

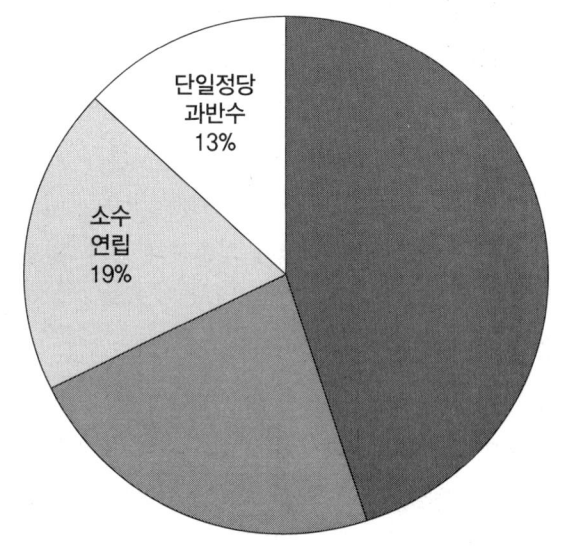

도표 9.2 서유럽에서의 정부 형태, 1945~1999년

주: 17개 국가의 424개 정부에 바탕한 것임. 비당파적 정부(3%)는 제외되었음.

출처: Strom and Nyblade (2007) 표 32.1에서 발췌.

이처럼 덜 까다로운 관습은(즉, 부정적 임명 투표와 아무런 규정 없는 경우) 소수정부의 형성과 생존을 유도하는 경향이 있다. 이러한 소수정부들은 종종 의회내 다른 정당들의 지지를 받는다. 이러한 의회 내의 지지 정당은(예를 들면, 녹색당) 특정한 정책 분야에서 자신들의 지지를 제공해 주겠다고 집권 정당과 합의를 하는 경우도 있다 (Bale and Bergman, 2006). 이러한 상황은 공식적 연립정부 구성없이 의회 내 연합에 해당하는 것이다.

연립 형성의 시기와 관련하여, 일부 연립은 선거 이전에 약속되거나 마련되는데, 이 경우 유권자들은 자신들의 결정이 가져올 결과에 대해서 정보를 많이 가지고 판단할 수 있다. 보다 흔하게는, 연립정부 내 정당의 구성은 선거 이후에 해당 정당의 지도자간 긴밀한 협상을 통해 결정되며, 그 동안은 곧 물러날 정부가 과도정부로서 계속 유지된다. 수일 안에 합의가 이루어질 수도 있지만, 보다 복잡한 협상은 시간이 더 걸린다. 1997년 네덜란드에서 208일이 소요되었으며, 2010~2011년 새로운 벨기에정부가 탄생하는 데 기록적인 541일이 소요되었다.

연립이 입법부 내 가장 큰 정당들 사이에 형성될 것이라고 생각하는 것이 논리적이나, 실제로 그런 경우는 드물며, 연립은 몇 가지 상이한 형태로 이루어진다. 대부분의 연립은 생존 가능한 정부를 만드는 데 필요한 가장 작은 수의 정당을 포함하는데, 전형적으로는 2개에서 4개 사이이다. 정당 이익이 이러한 **최소승리연합**(MWCs: minimum winning coalition)을 선호하게 만드는데, 이미 과반수에 도달한 연합에 추가 정당을 포함하면 기존 참여 정당에 돌아가는 정부 자리 수와 정책에 대한 영향력만 줄어들기 때문이다.

또한 연합은 대개의 경우 이념 성향에 있어서 비슷한 위치에 있는 정당들에 기반하게 된다. 이러한 '**연결 연합**(connected coalition)'은 특히 중앙에 위치한 정당들에게 혜택을 주는데, 이들은 어느 방향으로도 갈 수 있기 때문이다. 예를 들어, 독일의 경우 소규모의 자유주의 정당인 자유민주당(Free Democrat Party)은 대부분의 연립에 포함되었는데, 때로는 좌파 사회민주당(Social Democrats)과 그리고 2009년에서 2013년 사이에는 보다 보수적인 기독민주당(Christian Democrats)과 연립을 구성하였다. 두 연립 모두 이념적으로 일관성 있는 것으로 제시될 수 있었다. 그러나 독일은 두 주요 정당 간의 **대형 연립**(grand coalitions)의 경험도 일부 가지고 있는데, 이는 자유민주당을 주변화시키는 결과를 가져왔다. 자유민주당이 2013년 선거에서 한 석도 얻지 못했을 때, 앙겔라 메르켈(Angela Merkel) 총리의 기독민주당은 사회민주당과 거대연합을 형성하기로 결정하였다.

때때로, '**과대 연합**(oversized coalitions)'이 등장하는데, 이는 과반수에 필요한 정당보다 더 많은 정당을 포함한다. 이러한 형태가 전형적으로 등장하는 경우는 협력자들이 자신들이 계약의 안정성에 대해 불확실성을 느끼거나, 혹은 가능한 한 많은 정당들의 지지를 얻는 것이 전략적으로 유리한 종류의 정책 문제를 다룰 필요가 있을 때이다. 예를 들어, 헝가리가 공산주의 이후 개혁의 고통 속에 있을 당시 1994년 선거는 사회민주당에게 386석 중 209석이라는 절대적인 과반수 의석을 주었다. 그럼에도 불구하고, 사회민주당은(70석을 가지고 있던) 자유당을 초대하여 과대 연합에 합류하도록 하였고, 그 후 공공영역 임금과 고용자 수 감축이라는 인기 없는 정책을 포함한 긴축 프로그램을 시작하였다. 이 정부는 폭넓은 기반을 가진 연립을 가졌기 때문에, 시장경제의 촉진이라

초점 9.2 | 의회제의 국가원수

의회제 행정부에 대한 그 어떤 분석도 국가원수와 행정부 수반 간의 구분에 대한 언급 없이 완전할 수 없다. 고전적인 분석은 빅토리 시대 영국 논평가였던 배젓(Walter Bagehot, 한때 『이코노미스트[*The Economist*]』의 편집자였음)에 의해 제공되었다. 자신의 저서, 『영국 헌법(*The English Constitution*)』에서 그는 영국 헌법의 두 가지 주요 요소에 대해 다음과 같이 언급하였다 (볼드체는 추가된 것임).

> 첫째는 국민의 존경심을 자극하고 유지하는 부분들로 **고귀한**(dignified) 부분들이며, 다음은 **효율적인**(effective) 부분들로 헌법이 실제로 작동하고 통치하는 데 필요한 부분들이다. 모든 헌법은 먼저 권위를 획득해야 하며, 그 다음 권위를 사용해야 한다. 헌법은 먼저 사람의 충성심과 신뢰를 얻어야 하며, 그 다음 정부의 작동에 그 충성심을 활용해야 한다 (Bagehot, 1867: 6).

국가원수직과 행정부 수반직을 결합하고 있는 대통령제와 달리, 의회제는 이 두 자리를 분리하고 있다. 고귀한 혹은 의식적인 리더십은 국가원수에게 존재하며, 반면 효율적인 리더십은 총리에 기반한다. 국가원수들은 중요한 정치적 권한을 별로 가지지 않고 있으며, 그들의 임무는 주로 비정치적인 것이고 통합적인 영향력의 행사자로서 활동하는 것이다. 한편 총리들은 행정 권력을 가진 선출된 정치적 지도자들이다. 이러한 역할의 분리는 총리로 하여금 국가 운영에 집중할 수 있는 보다 많은 시간을 만들어 주며, 또한 공중의 마음 안에서 정부와 국가를 분리하는 데도 도움을 준다. 그러나 국가원수가 전적으로 비정치적인 것은 아니며, 가끔 정부의 구성에 역할을 수행하기도 한다. 예를 들어, 1979년에 인도 대통령은 1980년 새로운 선거가 실시될 때까지 통치했던 과도정부의 구성을 감독해야만 했으며, 1996~1997년 사이에는 결정적인 결과를 내지 못한 선거 이후 새로운 정부 구성에 가장 적합한 정당 지도자를 찾아내기 위해 세 차례나 개입했으며, 2004년에는 의회 정당지도자 소냐 간디(Sonia Gandhi)가 총리직을 거절한 이후 만모한 싱(Manmohan Singh)을 총리로 임명하는 데 개입하였다.

국가원수는 전형적으로 세습 군주이거나 아니면 임명되거나 선출되는 대통령이다 (표 9.3을 보라). 8개의 유럽국가들, 즉 벨기에, 덴마크, 룩셈부르크(공국), 네덜란드, 노르웨이, 스페인, 스웨덴, 그리고 영국은 **입헌군주제**(constitutional monarchy)를 채택하고 있으며, 말레이시아의 최고 국가원수는 선출직 군주라는 드문 현대적 사례를 제공하고 있다. 호주와 캐나다 같은 일부 과거 영국 식민지 국가들은 군주를 대신하는 총독(governor-general)을 가지고 있다. 민주주의 시대에서 대부분의 군주들은 정치적 영역에 들어오기를 꺼리지만, 왕의 영향력이 가끔 중대해질 수 있는데, 특히 위기와 전환의 시기에 더욱 그러하다. 예를 들어, 후안 카를로스(Juan Carlos) 왕은 1970년대 스페인의 민주주의로의 전환을 이끄는 데 도움을 주었으며, 벨기에 왕은 1970년과 1993년 사이에 자신의 조국이 연방제로 긴 이동을 하는 데 있어서 타협자의 역할을 하였다.

다른 곳에서는, 의회제의 국가원수는 대통령인데, 대통령은 대중투표를 통해 (아일랜드), 의회에 의해(이스라엘), 혹은 국가 입법부와 지역과 **지방**정부 대표들로 구성된 특별 선거인단을 통해 (독일) 선출된다.

표 9.3 의회제 민주주의 국가에서의 국가원수 선출

	국가원수	선출 방법	임기
독일	대통령	하원과 주(Land) 합동회의에 의한 선거	5년
말레이시아	최고 국가원수	(9개 말레이시아 주의 통치자들에 의해) 선출됨	5년
스웨덴	군주	세습(가장 나이 많은 자식)	종신
스페인	군주	세습(가장 나이 많은 남성)	종신
영국	군주	세습(가장 나이 많은 자식)	종신
오스트리아	대통령	2차 투표제에 따른 직접 대중 선거	6년
이탈리아	대통령	의회와 지역대표 합동회의에 의한 선거	7년
인도	대통령	연방 및 주 의회 선거인단에 의한 선거	5년
일본	일본 천황	세습(가장 나이 많은 남성)	종신
호주, 캐나다, 자메이카	총독	총리나 정부에 의해 지명되며 영국 군주에 의해 확인됨	군주 마음대로

입헌군주제(Constitutional monarchy): 군주가 국가원수로 있으나, 군주의 정치적 권력이 헌법 규칙에 의해 심하게 제한받는 국가. 이는 절대 군주(absolute monarch)와 대조를 이룬다 (제4장을 보라).

는 이익을 위해 인기 없는 정책들을 밀어붙일 수 있는 능력이 강화되었던 것이다 (Wittenberg, 1999).

준대통령제 행정부

행정부의 세 번째 주요 형태는 대통령제와 의회제의 결합으로, 두 모델을 혼합하여 독특한 제도를 만들어 내는데, 이 제도는 자체적인 특성, 장점, 그리고 단점을 가지고 있다. **준대통령제 정부(semi-presidential government)**에서는(달리는 이원집정부제[dual executive]로 알려짐), 선거를 통해 선출된 대통령과 입법부에 책임을 지는 총리 및 내각 둘 모두가 존재한다. 대통령은 분리되어 선출되며, 입법부에 책임을 지는 내각의 수반인 총리와 권력을 공유한다. 총리는 보통 대통령에 의해 임명되지만, 입법부 내 과반의 지지를 받아야만 한다. 대통령은 국가원수이며, 총리와 함께 정부수반으로서의 임무를 공유한다. 대통령은 해외 문제에 대해서 감시 역할과 책임을 가지며, 보통 긴급권을 가진다. 반면 총리는 일상적인 국내 정부에 책임을 진다. 대통령은 대통령제 행정부에 비해 국가원수의 역할을 수행할 기회를 더 많이 가지고 있지만, 동시에 행정부 내에서의 권위의 분할 문제를 다루어야 하는데, 이러한 분할은 대통령과 총리 사이의 투쟁 가능성을 유발한다.

준대통령제 정부(Semi-presidential government): 선출된 대통령이 별도로 선출된 총리 및 입법부와 공존하는 제도.

프랑스 정치학자 뒤베르제(Maurice Duverger)는 준대통령제에 대하여 영향력 있는 정의를 제공한 바 있다 (Duverger, 1980: 166). 그에 따르면,

> 한 국가의 헌법이 다음의 세 가지 요소를 결합하고 있다면, 그 정치체제는 준대통령제로 간주된다. (1) 공화국 대통령은 보통선거에 의해 선출되며, (2) 대통령은 상당한 권한을 소유하고 있으며, (3) 대통령의 상대편에는 총리와 장관들이 있는데, 이들은 행정권을 보유하고 있으며 의회가 반대 의사를 표현하지 않을 때만 자리를 유지할 수 있다.

위의 정의에서 대통령의 '상당한 권한(quite considerable powers)'은 전형적으로 외교 문제에 대한 특별 책임, 총리와 내각에 대한 임명 권한, 명령 선포권, 국민투표 발의권, 법안 발의권 및 거부권, 그리고 의회 해산권 등을 포함한다. 이론적으로, 대통령은 외교 문제에 대해 리더십을 행사하고, 반면에 총리는 국내정치의 복잡 미묘한 성격을 의회를 통해 다룬다는 것이다.

대통령이 속한 정당이 입법부 내에서 과반을 차지하고 있는 경우에는, 대통령에게 권력 우위가 놓여진다. 총리와 내각 모두가 대통령의 지도를 따르며, 총리는 입법부에서 대통령의 정책프로그램을 촉진한다. 그러나 유권자가 반대 정당에게 입법부 내 과반의석을 준 경우에는, 대통령은 그 정당 출신인 총리와 내각과 함께 일할 수밖에 없는데, 이는 '동거정부(cohabitation)'라고 알려져 있다. 이러한 상황에서, 총리는 국가 이익에 관해서 대통령과 협력해야만 하지만, 실질적으로 대형 연립이라고 할 수 있는 정부 내에서 반대파의 지도자가 되기도 한다. 야망이 있는 총리는 이러한 위치를 사용하여 훗날 대통령직에 도전할 수 있는 기반을 구축하기도 한다.

슈가트와 캐리(Shugart and Carey)는 두 가지 종류의 준대통령제를 구분하는데, 대통령-의회 형과 총리-대통령 형이다 (Shugart and Carey, 1992). 전자에서는(페루와 러시아에서 발견됨), 총리와 내각은 대통령과 의회 양자 모두에 집단적인 책임을 지며, 이는 둘 중 어느 것에 의해서도 해임될 수 있음을 의미한다. 후자에서는(프랑스, 포르투갈, 루마니아, 그리고 2005년 이래 우크라이나에서 발견됨), 총리와 내각은 단지 입법부에게만 집단적으로 책임을 지는데, 이는 비록 대통령이 총리와 내각을 임명할 수 있지만 총리와 내각은 입법부 내에서의 불신임안 투표에 의해서만 해임될 수 있음을 의미한다. 그 결과, 대통령의 위상은 약화된다.

미국이 대통령제의 대표적인 사례라면, 프랑스 제5공화국은 준대통령제 행정부의 모델 사례이다. 12년이라는 짧은 기간 동안 23명의 총리를 경험했던 제4공화국의 정치적 불안정성으로부터 벗어나기 위

표 9.4 준대통령제 행정부

- 선출된 대통령과 임명된 총리를 결합한다.
- 대통령은 전형적으로 총리를 임명하고, 입법부를 해산할 수 있다.
- 대통령은 보통 고정된 임기를 제한된 수만큼 봉직한다.
- 총리와 내각은 대통령과 입법부 양자 모두에게 책임을 진다.
- 대통령은 국가원수로서 역할을 수행하며, 정부수반으로서의 책임을 총리와 공유한다.
- 사례: 몽골, 러시아, 스리랑카, 우크라이나, 프랑스, 아프리카의 소수 구 프랑스 식민지 국가들

한 노력으로, 제5공화국의 1958년 헌법은 첫 번째 대통령직을 차지한 찰스 드골(Charles de Gaulle)의 위압적인 존재에 어울리는 대통령직을 만들어냈다. 드골은 자신을 민족의 구원자로 간주하며, "권력이란 국민으로부터 직접 도출되는 것이며, 이는 전국가적으로 선출된 국가원수야 말로 그러한 권력의 원천이자 소유자임을 시사하는 것이다"고 주장했다 (Knapp and Wright, 2006: 53). 1962년 이래 대통령은 직접 선출되게 되었으며, 약간의 제약을 소개하는 최근의 수정이 있었다. 2000년에는 대통령의 임기가 7년에서 5년으로 줄어들었으며, 뒤이어 2008년에는 연임 제한 규정을 두었다.

프랑스 대통령은 국가 독립과 헌법의 보장자이며, 군대를 통솔하며, 조약을 협상하며, 국민투표를 발의하며, 장관회의(Council of Ministers)의 의장이 되며, 의회(National Assembly)를 해산할 수 있으며(그러나 법률 거부권은 갖고 있지 않음), 총리를 임명하며(해임은 할 수 없음), 총리의 추천을 받아 다른 장관들을 임명하고 해임한다.

총리의 주요 관심은 국내 문제인데, 드골은 이러한 국내 문제를 '우유 가격'과 같은 세속적인 문제와 관련된 것이라며 경시하였다. 대통령에 의해 임명되지만 의회에 책임을 지게 되는 총리는 공식적으로 장관을 임명하고 정부의 일상적인 업무를 조정하는데, 대통령의 스타일과 색깔에 맞게 운영되어야 한다. 정부는 의회에도 여전히 책임을 지기 때문에, 총리 업무의 상당 부분은 의회를 관리하는 데 초점이 맞추어져 있다. 의회가 견책 투표를 통해 총리와 장관회의를 사퇴하도록 만들 수 있는 능력을 갖고 있다는 사실은 준대통령제의 의회제적 성격을 제공하고 있다.

표 9.5 행정부 비교

	대통령제	의회제	준대통령제
선출 방법	직접, 전국	입법부를 통한 간접	대통령: 직접, 전국 총리: 간접
분리된 국가원수	아니오	네	네
행정부 인사가 입법부에서 봉직하는가?	아니오	네	총리는 가능, 대통령은 아니오
권력분립	네	아니오	어느 정도
고정된 임기	네	아니오	대통령만 그러함
해임 수단	임기 만료, 대통령선거 패배, 탄핵, 사임	입법부선거 패배, 신임투표 패배, 정당 리더직 상실, 사임	대통령: 임기 만료, 대통령선거 패배, 탄핵, 사임
내각의 역할	보다 주변적이며, 개별적임	보다 중심적이며 집단적임	보다 주변적이며, 개별적임
행정부가 다른 정당이 통제하는 입법부와 함께 일할 수 있는가?	네, 그러나 약화됨	소수정부의 경우에만	네, 그러나 약화됨
사례 국가	미국, 대부분의 라틴아메리카 국가들, 버마, 인도네시아, 나이지리아, 필리핀	대부분의 유럽과 카리브 국가들, 호주, 캐나다, 이라크, 뉴질랜드, 파키스탄, 인도	프랑스, 러시아, 카자흐스탄, 우크라이나, 루마니아, 짐바브웨

대통령과 총리는 조화롭게 함께 일할 필요가 있는데, 이러한 과제는 동일한 정당이 정부의 두 부처 (입법부와 행정부 – 옮긴이)를 모두 통제할 때 더욱 쉬워진다. 이것이 통상적인 상황이지만, 가끔 프랑스는 동거정부 시기를 경험하기도 하였다. 예를 들어, 1986년과 1988년 사이에 사회당 대통령 프랑수아 미테랑(Francois Mitterrand)은 보수당 총리 자크 시라크(Jacques Chirac)와 권력을 공유해야만 했다. 후자는 1995년 대통령직을 차지하였고, 1997년과 2002년 사이에 사회당 총리 리오넬 조스팽(Lionel Jospin)과 권력을 공유하는 상황에 처하였다. 이러한 상황은 두 지도자 사이의 경쟁을 강렬하게 만들며, 대통령을 국가와 반대 세력 모두를 이끌어야 하는 곤란한 위치에 처하게 만든다.

대통령과 총리 아래에서, 정부의 일상적인 정치적 업무는 20명의 고위 장관들에 의해 수행되고 있지만, 장관회의(Council of Ministers)는 의회제의 내각(cabinet)에 비해 덜 중요하다. 대부분의 현대 프랑스 정부는 다당제 연립이었으며, 장관회의는 실질적인 논의보다는 의식을 더 많이 포함하고 있으며, 장관들은 보다 자율적인데, 왜냐하면 그들은 주어진 정책 분야에 배경을 가지고 자리에 오는 것이 보통이며 총리와 대통령에 의한 개입은 전반적인 의제를 부가하기 위한 것이 아니라 논쟁을 해결하기 위한 것이 보통이기 때문이다.

권위주의 국가에서의 행정부

지금까지 우리는 민주적인 환경에서의 행정부를 살펴보았고, 복잡한 제도에 영향을 미치는 다양하고 미묘한 차이를 살펴보았다. 헌법과 정치적 현실은 민주적 행정부가 무엇을 할 수 있고 무엇을 할 수 없는지를 정의해 주며, 동시에 이 양자는 정부의 구조를 결정하고 보호해 준다. 이와 대조적으로, 권위주의 국가에서의 행정부에 대한 이해는 정치적 현실에 의해 더 많은 영향을 받는다. 분명히 헌법과 규칙들이 있지만, 정책 실행 능력에 대한 제한이 상대적으로 적으며, 공직자들에 대한 공식적 보호 장치도 상대적으로 부실하다. 스볼릭(Svolik)이 지적한 바와 같이, 독재자들은 합의를 만들어 내는 데 도움이 되는 독립적인 정치적 권위의 지지를 결여하고 있을 뿐만 아니라, 공식적 정부제도의 작동을 통치하는 규칙 또한 결여하고 있다 (Svolik, 2012: 39). 그 결과, 폭력적인 갈등 해결은 항상 발생 가능하다. 줄여서 말하면, 권위주의 지도자들은 민주적 지도자들에 비해 더 많은 권력을 행사할 수 있지만, 동시에 더 커다란 개인적 위험을 직면하는 것이 보통이다.

혼합체제와 권위주의 정권에서 특징적으로 나타나는 행정부 형태는 대통령제이지만, 제4장에서 본 바와 같이 **대통령**(*president*)이라는 용어는 민주주의 국가에서와는 매우 다른 의미를 갖는다. 권위주의 환경에서 대통령제 정부는 자기 자신을 다른 모든 사람들과 분리하여 그들 위에 위치하고자 하는 지도자들에게 자연스러운 자리를 제공한다. 그러한 체제에서, 대통령은 자유민주주의 국가의 행정부 수반이 직면하는 헌법적 제약을 받지 않고 활동한다. 그 대신, 대통령은 국민들부터 받은 직접적인 위임이라고 자신이 정의한 것을 활용하여 법원과 입법부와 같은 경쟁적인 제도들에 대해 영향력을 행사한다. 그러나 가장 단순한 형태의 체제를 제외한다면, 대부분의 권위주의 체제는 이 제도들을 완전히 상징적인 지위로 축소하는 정도까지 가지 않는 것이 보통이다.

권위주의 지도자들은 권력을 제도 간에 분배하

지 않고, 권력을 자신과 자신의 지지자들에게 집중시키고자 노력한다. 권위주의 행정부의 중심적 특징은 바로 이러한 제도화의 결여이다. 잭슨과 로스버그(Jackson and Rosberg)의 **개인 통치(personal rule)**라는 개념은 원래 아프리카 정치의 맥락에서 개발된 것이지만, 비민주적 세계에 걸쳐 널리 적용될 수 있다 (Jackson and Rosberg, 1982). 정치가 정부보다 더 우선순위를 가지며, 개인적 성격이 제도보다 더 중요하다. 즉 대통령의 향연은 있지만, 대통령 체제는 발견하기 어렵다.

> **개인 통치(Personal rule)**: 권위가 공식적인 자리에 기반하기보다는 통치자, 후견자, 동료들, 피후견인, 지지자들 사이에 존재하는 개인적이고 종종 부패한 연결고리에 기반하는 통치 형태. 개인 통치는 안정적일 수도 있지만, 제도가 아니라 개인에 의존하고 있기 때문에 여전히 취약하다.

개인 통치의 결과는 종종 권력 승계를 둘러싸고 벌어지는 투쟁, 정책에 대한 불충분한 강조, 그리고 빈곤한 거버넌스이다. 특히, 계승 절차의 부재는(세습 군주제를 제외하고) 현 지도자의 퇴임 이후는 물론이고 그 이전에도 잠재적 계승자들 간의 갈등을 초래할 수 있다. 권위주의적 지도자들은 자신들의 경쟁자들을 물리칠 수 있을 때까지만 자신들의 위치를 유지하는 것이다. 그들은 위협을 감시해야 하며, 너무 강력해지는 자들을 제거할 준비 태세를 갖추고 있어야 한다. 정치가 정책보다 우선하는 것이다.

게다가 패배의 대가는 크다. 정치가 삶과 죽음의 문제가 될 수도 있다. 서구 민주주의 국가의 지도자들은 퇴임하게 되면 종종 높은 강연료를 받으며 강연을 하고, 자신의 회고록을 써서 팔아 많은 돈을 벌고, 높은 연봉을 받으며 자문직에 임명되거나 혹은 좋은 일을 하기 위해 재단을 설립하는 것이 보통이다. 축출된 독재자는 보다 험한 운명을 맞이할 수도 있는데, 그것도 그들이 '퇴임(retirement)'을 할 수 있을 정도로 오래 산다는 가정 하에서 그렇다는 것이다. 일부는 부유한 망명생활을 할 수 있고, 소수는 감옥에서 괴로운 생활을 보내고, 가장 불운한 경우는 살해당하기도 한다. 따라서 비민주적 지도자의 통치 스타일이 무자비한 형태를 띠게 되는 것은 전혀 놀랍지 않다.

특히 1990년대 이전의 권위주의 시대에 과거 식민지였던 아프리카 국가들은 비민주적 환경 하에서 개인적 리더십의 중요성을 잘 보여주었다. 지도자들은 자신들의 친구를 보상해 주고 적을 처벌하기 위하여 정권의 강압적이고 재정적인 자원들을 이용하는 데 매우 능숙하였다. 예를 들어, 샌드브룩(Sandbrook)은 자이레 대통령 모부투(Mobutu Sese Seko)의 독재적 임기 동안(1965~1997년)의 상황을 다음과 같이 서술하고 있다 (Sandbrook, 1985).

> 그 어떤 잠재적인 도전자도 권력의 기반을 갖는 것이 허용되지 않는다. 모부투의 공직자들은 그들의 일자리가 전적으로 대통령의 재량에 달려 있다는 사실을 잘 알고 있다. 모부투는 자주 내각 장관들을 해임하며, 가끔은 아무 설명도 제공하지 않는다. 모두가 균형을 잃은 상태로 유지되고 있다. 모두가 그의 비호를 얻기 위해 경쟁해야 한다.

그러나 대부분의 권위주의 국가에서와 마찬가지로, 과거 식민지 아프리카 지역에서의 개인 통치가 절대적인 것은 아니었다. 헌법적 의미에서의 책임성이 불충분한 상태에서, 많은 개인 통치자들은 다른 정치 행위자들에 의해 상당한 제약을 받았는데, 이에는 군부, 인종 집단의 지도자들, 지주들, 재계 인사들, 관료, 다국적기업들, 그리고 심지어는 지도자 자신 편에 있는 파벌들도 포함된다.

생존을 위해서 지도자들은 공직에서 도출되는 여러 혜택들을 잘 분배하여 이러한 집단들로부터 경쟁력 있는 지지 연합을 유지해야 했다. 적들에게도 혜택의 일부를 허용함으로써, 그들을 매수할 수도 있지만, 그 혜택이 자신을 위협할 정도로 커져서는 안 된다. 모부투 자신의 다음과 같은 기본 규칙은 이러한 딜레마를 잘 보여준다. "훔치기를 원한다면, 기분 좋은 방법으로 조금만 훔쳐라. 하룻밤 만에 부자가 되기 위해 너무 많이 훔친다면, 잡히게 될 것이다"(Gould, 1980: 485).

중동 지역에서는, 2011년 아랍의 봄을 견디어 낸 권위주의 정권에 있어서 개인 통치가 중심적인 요소로 여전히 남아 있다. 제4장에서 논의되었던 절대 군주들은 석유가 풍부한 왕국들을 전통적인 가부장제 스타일로 계속 통치하고 있다. '지배(ruling)'가 '통치(governing)'보다 더 적절한 용어이다. 예를 들어, 사우디아라비아에서, 지배 가문 내에서의 승진은 개인의 능력보다는 보좌관, 친구, 아첨자, 그리고 경비원 등과 같은 가문의 네트워크와의 친밀도에 달려 있다. 공적인 것과 사적인 것이 분명하게 구분되지 않고 있으며, 양자 모두가 지배자의 영역을 부분적으로 구성하고 있다. 정부 공직은 좋은 행태에 근거하여 차지되는데, 여기서 좋은 행태란 지배자의 개인적 이익에 무조건 충성심을 보이는 행태에 의해 입증된다.

이러한 개인 통치 체제는 몇 백년간 유지되어 왔으며, 그로 인해 강력한 제도의 발전은 제한되어 왔다. 아랍의 봄은 이러한 체제의 약점을 드러냈는데, 몇몇 아랍 국가의 좌절한 국민들이 연로해 가는 독재자들이 수장으로 있는 부패하고, 보수적인 정권에서 기회의 부재에 저항했던 것이다. 그러나 독재에서 민주주의로의 이동이 직면하는 어려움 또한 드러났다. 이집트의 경우, 호스니 무바라크(Hosni Mubarak)는 그의 30년에 걸친 정권에 저항하는 시위 직후 2011년에 자리에서 쫓겨났으며, 2012년 처음으로 진정으로 경쟁적인 선거는 무함마드 무르시(Mohamed Morsi)의 승리를 가져왔다. 그러나 무르시는 무슬림형제단(Islamist Muslim Brotherhood) 출신이었기 때문에, 해외, 특히 미국에서 초조감이 커지게 되었다. 그리고 무르시가 권위주의의 신호를 보기 시작했을 때, 그는 2013년 7월의 군사쿠데타에 의해 제거되었다. 군사 지도자 압둘팟타흐 시시(Abdel Fattah el-Sisi)는 자신을 민간인으로 재창조하고 나서 2014년 5월 선거에서 승리하였고, 바로 반대를 관용하지 않겠다는 의지를 보였다. 짧고 희망찼던 민주주의 실험 이후, 이집트는 곧 다시 과거 방식으로 돌아갔다. 이것은 대부분의 이집트인이 원했던 것이 아니었고, 시시 정권에 대한 반대가 커지기 시작했다. 그러나 여기서의 강조점은 이집트의 다른 정치적 제도들이 너무도 취약하여 개인 통치로의 회귀를 저지할 수 없었다는 사실이다.

민주주의 국가에서 발견되는 헌법적 제약 없이 대통령이 활동하는 주제는 블라디미르 푸틴의 러시아에서 잘 예시되고 있다. 공식적으로, 러시아는 프랑스 방식을 따르는 준대통령제 정권으로, 직접선거를 통해 선출된 대통령과 대통령에 의해 지명되고 하원인 두마(Duma)에 의해 승인되는 정부 의장(즉, 총리)이 서로 공존하고 있다.

일부 사소한 측면에서, 러시아 대통령의 **지위**는 미국 대통령의 지위보다 단지 약간 더 강할 뿐이다. 양자 모두 4년 임기에 연임 제한을 받고 있지만, 러시아 지도자는 한 번 쉬고 나서 다시 출마할 수 있다. 양자 모두 탄핵을 받을 수 있지만, 러시아의 경우 탄핵 조건이 더 까다롭다. 미국은 하원에서 과반 투표만 있으면 되는데, 러시아의 경우 상하 양원에서 2/3

의 투표에다가 법원에 의한 확인이 필요하다.

그러나 현실적인 측면에서, 러시아 대통령은 미국이나 프랑스 대통령보다 더욱 쉽게 권력의 수단을 장악할 수 있다. 1993년 헌법에 따라, 대통령은 국가원수, 군 총사령관, 그리고 헌법의 수호자로서 행동한다. 마지막 역할 수행을 위해, 그는 다른 국가기구의 결정을 유보할 수 있다. 또한 그는 칙령을 선포할 수 있는데, 이것이 법률에 의해 무효화될 수 있기는 하다. 대부분의 준대통령제와는 대조적으로, 대통령은 의회의 동의 없이 장관을 해임할 수 있는 권한을 가지고 있으며, 실제로 그렇게 한다.

또한 러시아의 대통령은 "국가의 국내 및 외교 정책의 기본 방향을 결정하고, 국가 권력 기구의 조정된 기능과 협력을 보장하는" 임무를 책임지고 있다. 이러한 폭넓은 의무는 러시아의 오래된 전통인 행정부 권력을 확인시켜 주는 것인데, 이러한 전통은 공산주의 시기 전에 이미 존재하였으며 공산주의를 통해 더욱 강화되었다. 강력한 정부는 거대하고 때로는 무법적인 국가를 위해서 필요한 효과적인 리더십의 원천으로 여겨진다.

푸틴은 2008년 자신의 임기 두 번을 마친 후 대통령 자리에서 내려올 수밖에 없었지만, 취약한 드미드리 메드베데프(Dmitri Medvedev) 대통령 하에서 총리직을 다시 차지하는 방법을 통해 권력을 계속 장악했다. 대통령으로서, 메드베데프의 영향력은 자신의 전임자들에 비해 제한적인 것으로 보였으며, 그는 2012년 푸틴의 귀환을 기다리고 있는 자리지킴이 이상이라고 보기 어려웠다. 대통령 임기가 4년에서 6년으로 연장되면서, 푸틴은(건강이 허락한다면) 2024년까지 러시아를 통치할 것으로 예상할 수 있다. 그래서 크렘린(Kremlin) 궁전에 집중되어 있는 강력한 국가 제도를 가지고 있는 러시아에서조차도, 상당한 정도의 개인 통치가 국가 제도 위에 추가로 덧붙여지고 있는 것이다.

중국은 권위주의 환경에서 정치가 정부에 우위를 보이는 가장 중요한 사례이다. 중국은 준대통령제의 일부 공식적 특징과 중국공산당(CCP: Chinese Communist Party)에 의한 정치적 우위를 결합하고 있다. 이러한 체제를 이해함에 있어서 두 가지 점이 핵심적이다. 첫째, 중국의 복잡한 정부 구조(내각, 입법부, 지원 기구 네트워크 등을 포함)에도 불구하고, 이러한 기구들은 정당 지도부가 이미 결정한 것을 정당화하는 것 이상의 역할을 하지 못한다(Saich, 2004: 제4장) 둘째, 누가 권력을 잡고 있는가를 알아내는 일은 공식적 명칭과 자리의 문제라기보다는 제도들, 개인적 네트워크, 그리고 체제 내 주요 인물들의 위치 등에 걸쳐 있는 연결고리를 이해하는 문제이다. 예를 들어, 덩샤오핑(鄧小平)은 1978년부터 1997년 그의 사망까지 중국의 '최고 지도자(paramount leader)'였지만, 그가 차지했던 가장 높은 자리는 공산당 부의장과 공산당 군사위원회 위원장이었다. 1993년에 와서 그가 차지했던 유일한 자리는 중국 연결 조직의 의장직이었다. 그래서 거대한 인구를 가진 중국에서조차도, 우리는 강력한 개인 통치의 요소를 발견한다.

중국 정치가 안정화되면서, 최근의 변화들은 일부 민주주의 국가처럼 보이는 정부를 만들어냈다. 최정상에는 주석(president)이 있는데, 이 자리는 중국 입법부인 전국인민대표회의(NPC: National People's Congress)의 지도부에 의해 지명되며 최대 2번의 5년 임기로 NPC에서 선출 (혹은 확정)된다. 주석 직은 주로 의례적인 국가원수이지만, 많은 관습적인 행정 권한을 가지고 있는데, 예를 들어, 국무원(State Council, 내각의 기능을 수행함)의 모든 구성원들을 NPC의 동의를 얻어 임명할 수 있는 권한 등이 포함된다. 주석 직을 차지하고 있는 사람은 관습적으로 중국공산당과 중앙군사위원회의 수장이기도 한데, 이 두 자리는 엄청난 정치적 권력을 제공한다. 주석은 총리(premier)와 함께 일해야 하는데, 총리는 정부의 사실상 수장이며, 항상 고위 공산당원이며, 주석에 의해 임명되고 NPC에 의해 확정된다. 중국공산당은 여전히 계속해서 정부기구에 동력을 제공하고 있다.

군부 지도자들은 아마도 권위주의 행정부의 궁극적인 형태로서, 민간 제도와 군 제도에 대한 통제를 결합하고 있다. 그러나 민주주의 국가에서는 커다란 권력에는 커다란 책임이 함께 온다고 말해지는 반면에, 군사 독재에서는 커다란 권력이 커다란 위험과 함께 온다. 민주주의 국가의 행정 책임자는 여론조사에서 자신의 위치, 입법부와 협력할 수 있는 자신의 능력, 그리고 권력을 추구하는 다른 이들로부터 발생하는 자신의 리더십에 대한 위협 등에 대해서 항상 걱정해야 한다. 한편 군부 지도자들은 더 가까운데 있는 위협(통치 엘리트 내로부터 발생함), 그리고 동시에 보다 예측불가능하고 폭력적인 위협을 직면한다. 윈스턴 처칠(Winston Churchill)이 "독재자들은 호랑이 위에 타서 앞뒤로 달리는데, 그로부터 감히 내려오지 않는다"고 언급했을 때, 그는 히틀러와 무솔리니의 부상이라는 맥락에서 말했지만, 이 격언은 수많은 진영으로부터의 위협에 대해 항상 감시하고 있어야만 하는 군부 지도자들에게도 그대로 적용될 수 있다.

나이지리아 지도자들의 이야기는 이를 잘 보여준다. 1960년 독립 이래, 이 국가는 15명의 지도자를 가졌는데, 6명의 민간인 대통령(6명 중 2명은 과거 군사 지도자였다가 훗날 민간인으로 대통령이 되었음)과 9명의 군부 지도자였다. 15명 중에 3명은 군사 쿠데타를 통해 자리에서 제거되었으며 그 과정에서 죽음을 당했고, 4명은 쿠데타를 통해 자리에서 물러났지만 생존할 수 있었다. 15명 모두 군부 내 비판자들에 대해 주의깊은 관찰을 지속해야만 했는데, 왜냐하면 이들은 항상 반대세력을 조직할 준비가 되어 있었으며, 필요하면 그들을 제거하기 위한 쿠데타를 조직할 준비도 되어 있었던 것이다.

토론주제

- 국가원수 역할과 정부수반 역할을 분할하는 것의 장점과 단점은 무엇인가?
- 권력분립은 좋은 생각인가 아닌가?
- 다음의 두 경우에 있어서 대통령제와 의회제 정부 중 어느 것이 가장 적합한 체제인가? (a) 신생 민주주의 국가, (b) 분열된 사회
- 총리들이 대통령화되었는가? 그렇다면 그 원인은 무엇인가?
- "왕관을 쓴 머리란 편히 쉴 수 없다"(Shakespeare, *Henry IV* 제2부). 민주주의 국가와 권위주의 국가의 맥락에서 이를 논의하라.

핵심 개념

개인 통치(Personal rule)
국가원수(Head of state)
권력분립(Separation of powers)
내각(Cabinet)
대통령제 정부(Presidential government)

연립정부(Coalition government)
의회제 정부(Parliamentary government)
입헌군주제(Constitutional monarchy)
정부수반(Head of government)
준대통령제 정부(Semi-presidential government)

추가 읽을 거리

Elgie, Robert (2011) *Semi-Presidentialism: Sub-Types and Democratic Performance*. 상이한 형태의 준대통령제가 민주주의의 질과 내구성에 어떻게 영향을 미치는지 고찰함.

Han, Lori Cox (ed.) (2011) *New Directions in the American Presidency*. 미국 대통령제 연구에 있어서 최근의 주제들을 탐구함.

Helms, Ludger (2005) *Presidents, Prime Ministers and Chancellors: Executive Leadership in Western Democracies*. 영국, 독일, 미국의 정치적 행정부에 대한 비교.

Lijphart, Arend (ed.) (1992) *Parliamentary versus Presidential Government*. 의회제 정부와 대통령제 정부에 대한 글들을 모은 고전서.

Poguntke, Thomas and Paul Webb (eds) (2005) *The Presidentialization of Politics: A Comparative Study of Modern Democracies*. 다양한 자유민주주의 국가들에서 행정부의 작동방식이 보다 대통령제화되었는지의 여부를 탐구함.

Strøm, Kaare, Wolfgang C. Müller, and Torbjörn Bergman (eds) (2008) *Cabinets and Coalition Bargaining: The Democratic Life Cycle in Western Europe*. 내각 형성에 대한 비교정치론적 고찰.

CHAPTER

10 관료제

개관

관료제는 공공정책을 집행하는 책임을 지는 기구이며, 따라서 정부 구조의 핵심 부분이다. 관료들은 운전면허나 여권 신청, 세금 납부, 토지 매매 등의 행위를 하면서 우리 대부분이 유일하게 수시로 직접 접하는 정부 고용인들이다. 행정부나 입법부가 다양한 형태를 가지며, 복잡한 압력을 받듯이 관료제도 마찬가지이다.

베버가 20세기 초에 관심을 가지기 전까지 서구에서 관료제는 거의 공식적으로 연구되지 않았으며, 위계적이고, 절차 중심적이며, 고객의 필요에 반응하지 않는 것이 우리가 생각하는 관료제의 전형이었다. 그러나 관료제는 정부의 필수적인 요소이며, 그것의 역동성을 이해하기 위해서 우리는 관료제가 어떤 구조를 가졌는지, 정치적·직업적으로 관료들의 업무에 어떤 압력이 가해지는지, 관료제는 어떻게 변화하는지를 이해해야 한다.

이 장은 가장 큰 규모의 중앙 부처에서부터, 각 부처 내의 부서, 그리고 중앙부처 이외에도 공공서비스 제공을 위해 점점 더 많이 활용되고 있는 공공기관들에 이르기까지 관료제가 어떻게 진화했으며 어떻게 조직되어 있는지를 우선 검토한다. 그리고 우리는 관료가 어떻게 충원되고 어떻게 그들의 책무성(accountability)을 담보하는지 살펴보고, 20세기 후반 상당한 반향을 일으킨 신공공관리 접근, 그리고 오늘날 다수 선진국에서 볼 수 있는 전자정부의 등장에 대해 평가한다. 끝으로 이 장은 권위주의 통치에서의 관료제의 역할에 대해 알아본다.

차례

- 관료제: 개요 207
- 진화 207
- 조직 211
- 충원 216
- 신공공관리 219
- 전자정부 222
- 권위주의 국가의 관료제 223

핵심논제

- 베버(Max Weber)의 전통적인 관료제 모델은 여전히 근대 관료제를 이해하는 출발점이다.
- 자유민주주의 국가에서 공공부문은 중앙정부 각 부처, 부처 내의 부서, 규제기관과 같은 중앙부처 이외의 공공기관 등으로 구성된 복잡한 네트워크이다. 공공서비스 제공을 이해하는데 있어서 점점 민간에의 외부위탁이 증가하는 것은 중요한 요소이다.
- 관료제를 이해하는 데 제기되는 두 가지 질문은 어떻게 공공근로자를 가장 잘 충원할 수 있을까, 어떻게 그들의 책무성을 담보할까 하는 것이다. 충원에서 최근 대두되는 쟁점은 공공부문의 다양성 확보라는 과제이다.
- 신공공관리(New Public Management)는 공공부문에 기업적 관행을 도입하려는 시도로1980년대에 부상하였다. 이제는 그 유행의 정점을 지났으나 여전히 베버의 전통적 모델과 흥미로운 대비가 된다.
- 관료제에서 가장 최근에 관심을 받는 측면은 전자정부이다. 이것은 비교연구와 교훈 도출의 많은 기회를 제공하는 반면, 감시, 프라이버시, 정보보호에 대한 우려를 높인다.
- 관료제는 권위주의 정권에서 정치조직의 주변화 현상의 예외 중의 하나이다. 독재자들은 그들의 의지를 실현해줄 수 있는 관료들 없이는 통치할 수 없다.

관료제: 개요

관료제(bureaucracy, civil service라고도 부름)에 관한 연구는 행정부를 뒷받침해주는 중앙 부처와 공공 행정기관의 네트워크에 초점을 맞춘다. 이 네트워크는 두 가지 주된 기능이 있다. 그들은 정책이 수립되기 전에 정치인들에게 자문을 제공하고, 결정이 내려지면 그것을 집행한다. 부서의 장은 장관에게 조언을 하고, 조사관은 소득세 신고를 검사하며, 보건 담당관은 국가의 비만 대책을 집행하는데, 이들은 모두 관료제라는 복잡하게 운용되는 체제의 일부분이다. '관료제'라는 개념은 더 확장될 수도 있다. 대학, 정당, 회사와 같은 행정 직원을 가진 대규모 조직은 관료제라고 간주될 수 있으며, 그들이 속한 조직의 속성은 공공 관료제와 동일한 인센티브, 한계, 동기를 가진다.

> **관료제(Bureaucracy)**: 문자 그대로 관리들에 의한 통치. 더 엄밀하게 말하자면 임명된 공직자를 고용하여 공공행정 체제를 형성하는 조직.

전통적으로 관료제에 대한 연구는 중앙정부 부처에 고용된 직업 관리에 초점이 맞추어졌다. 이들 엘리트 관료들과 그들이 근무하는 부처는 당연히 중요하며, 관료라는 용어는 종종 이들에 한정되기도 한다. 그러나 연구의 관심은 그러한 개념의 관료제를 넘어서 반독립적인 공익기관, 지방정부, 심지어는 외부위탁을 통해 공공 프로그램 전달을 담당하는 비정부기구나 사기업까지 포함하는 더 넓은 범위에까지 미치고 있다. 우리는 여기서 모든 공공 네트워크가 관료제를 구성하는 것으로 본다. 어떤 연구자들은 그러한 광범위한 의미의 공공부문에 대한 연구라는 점을 적시하기 위해 **행정**(*public administration*) 또는 **공공관리**(*public management*)라는 용어를 쓴다.

우리가 어떤 용어를 쓰든 간에 근대국가와 관료들을 이해하려면 그 대단히 복잡한 네트워크들을 이해해야 한다.

관료제를 이해하려면 우리는 그것이 어떤 구조를 가졌고, 관료는 어떻게 충원되고 그들의 책무성이 담보되는지, 부처 간의 조정은 어떻게 이루어지는지, 시장의 작동 없이 서비스를 어떻게 효율적으로 전달할 수 있는지를 검토해봐야 한다. 가장 우수한 인재를 충원하고 그들에게, 특히 기술수준이나 급여가 상대적으로 낮은 직책에 있는 사람들에게, 사명감을 부여하고 헌신하려는 의욕을 고취하기는 쉽지 않다. 공공의료 체제 내의 의사나 간호사와 같이 핵심 공공 서비스를 제공하는 전문직 종사자들은 높은 사명감을 가지겠지만, 책상에 앉아 시간이나 때우고, **불필요한 요식행위나 절차**(red tape)를 내세워 서비스 제공을 지연시킨다는 스테레오타입은 사실인 경우가 많다.

> **불필요한 요식행위나 절차(Red tape)**: 절차와 규칙에 얽매이는 관료제의 고전적인 이미지. 16세기 유럽국가에서 행정 서류를 붉은 테이프로 묶었던 관행으로부터 파생된 용어. 불필요한 요식행위나 절차를 줄이는 것은 흔히 선거공약에 포함된다.

그러나 공공서비스 전달의 개혁 시도와 전자정부로의 이행에 영향을 받아 관료제는 지난 수십 년간 상당히 변화했다. (최소한 선진 민주주의 국가들의) 현대 관료제를 이해하는 두 가지 주요 주제는 민간 계약자에게 많은 서비스를 이양하는 외부위탁과 인터넷을 통한 정보와 서비스 제공으로의 이행이다.

진화

오늘날의 관료제를 제대로 이해하기 위해서 우리

는 먼저 그 이전에 무엇이 있었는지를 알아봐야 한다. 고대 왕국과 제국은 일정한 형태의 관료제를 가지고 있었으며, 중국은 가장 잘 알려진 예이다. 기원전 6세기 공자가 저술한 원리를 기반으로 하여 중국은 관료가 공식적인 시험을 거쳐 직책을 부여받고, 황제는 국가경영에 이들을 이용하는 최초의 **능력주의(meritocracy)**를 만들었다. 이러한 관계는 시절이 좋을 때는 잘 작동했지만, 전쟁 후와 같이 상황이 좋지 않을 때는 무너졌다. 한편 유럽의 행정 사무원들(clerical servants)은 원래 왕가에 고용되어 군주 개인의 명령에 따라 일했다. 일정한 급여, 연금, 개방적 충원 등 근대 관료제의 많은 특징은 관료가 군주 개인에게 서비스를 제공한다는 관념을 성공적으로 극복하면서 나타난 것이다.

> **능력주의(Meritocracy)**: 진급과 리더십이 능력, 자질, 업적에 근거하는 체제.

유럽 왕가의 살림살이에서 20세기 관료제로 진화한 것은 엄청난 변혁이며, 근대국가의 형성과 밀접한 관계가 있다. 오늘날 비교정치의 제도주의적 접근에서 관료조직의 속성은 당연한 것으로 생각하며, 그것에 부정적으로 반응하기도 하지만, 19세기 말과 20세기 초에 관료제는 대단히 새로운 것이었으며, 감탄과 두려움을 동시에 자아내는 현상이었다.

마르크스(Karl Marx, 1818~1883년)는 관료제를 처음으로 이론화한 사람 중의 하나인데, 관료제의 발전은 사기업의 발전과 자연스럽게 대응관계에 있으며, 이 둘은 상호의존적이라고 주장했다. 그러나 관료제에 대한 최초의 체계적인 연구는 독일의 사회학자 베버(Max Weber, 1864~1920년)에 의해 이루어졌으며, 그의 많은 주장은 서구 관료제에 대한 우리의 이해를 뒷받침한다. 베버의 모델은 공공행정이란 능력에 따라 충원·진급되고 급여를 받는 관리들이 그들 앞에 놓인 사실에 명확한 규칙을 적용하여 합리적인 결정을 내리는 규율이 있는 위계체제로 보는 전통적인 시각에 근거한다 (도표 10.1).

베버의 모델은 관료제를 기업과 같은 경영의 측면에서가 아니라 율법주의적인 전문직의 이미지로 상정한다. 그의 핵심 주장은 관료제가 근대 산업과 군대 조직의 기술을 민간 영역에 적용할 수 있도록 하여 행정을 더 효율적으로 만들었다고 하는 것이다.

기계화된 생산이 기계화되지 않은 생산과 다르듯이, 완전히 발달한 관료 조직은 비관료적 조직과 차이가 있다. 정확성, 속도, 명확성, 사안에 대

업무	관료제에서는 세밀하게 정의된 업무의 분업이 이루어진다.
결정	권위는 비인격적이며 의사결정은 주어진 상황에 규칙을 체계적으로 적용하여 내려진다.
충원	관료는 증명된 능력에 근거하여 충원된다.
경력	능력 있는 관료는 연공서열과 업적에 따라 직업의 안정, 급여, 진급을 기대할 수 있다.
구조	관료제는 하급자가 상급자의 권위에 복종해야 하는 규율이 작동하는 위계적 구조이다.

도표 10.1 베버의 관료제 모델

한 지식, 계속성, 재량, 통일성, 엄격한 복종, 마찰과 물적·인적 비용의 감축 등은 엄격한 관료제 체제에서 최적의 지점으로 끌어올려질 수 있다. (Kahlberg, 2005: 199에 인용)

베버의 생각은 유럽대륙에서 대단히 영향이 있었으나 북미에서는 그렇지 않았다. 북미에서는 관료제가 보다 실질적인 형태로 발전하였다. 유럽의 군주제와 국가 전통이 없었기 때문에 행정은 정치적 결정을 일상적으로 적용하는 것으로 간주되었다. 일례로 미국에서는 보통 사람들에 의한 통치라는 철학을 기반으로, 모든 시민들이 거의 모든 공직을 담당할 자격이 있는 것으로 전제되었다. 전문적인 관료제라는 관념은 엘리트적이고 비민주적이라고 여겨졌다.

이러한 관료제에 대한 포퓰리스트적 이론은 '승자에게 전리품(spoils)을'이라는 문구에서 파생된 **엽관제도(spoils system)**를 편리하게 뒷받침해주었다. 미국에서 엽관제도는 선거에 승리한 신임 대통령이 그 당시에는 소규모였던 연방정부 내의 공무원들을 사실상 전부 갈아치울 수 있게 해주었다. 엽관제는 펜들턴법(Pendleton Act)으로 연방공무원을 충원·관리하는 공무원조직위원회(Civil Service Commission)가 설치된 1883년까지 계속되었다. 캐나다에서는 능력주의가 1908년 도입되었고, 1918년 공무원조직법 제정으로 전면 적용되었다. 이와 같이 유럽에서는 군주제에 대응하여 능력주의가 부상하였으며, 북미에서는 능력주의가 엽관주의를 대체하였다.

> **엽관제도(Spoils system)**: 선출된 정치인이 자신을 지지한 사람들에게 정부 직책을 분배하는, 지지자에 대한 보상(patronage)의 관행.

서구의 관료제는 20세기에 정점에 달했다. 대공황과 두 차례의 세계대전은 관료제의 사회 개입을 엄청나게 확대하였다. 제2차 세계대전 이후 수십 년간 서구, 특히 북유럽국가에서 완성된 복지국가는 보조금, 수당, 연금을 배분하는 데 막대한 규모의 관료 조직을 필요로 했다. 1980년에 이르자 영국과 스칸디나비아에서는 전체 근로자 중, 비록 대부분 지방에서 증가한 것이지만, 공무원이 거의 3분의 1을 차지했다.

그러나 20세기 말에 우리는 관료제에 대한 믿음이 줄어드는 것을 목격했다. 베버는 관료제의 효율성을 찬양했으나, 비판자들은 오늘날 공무원들이 자기 부서의 예산과 인원을 늘리는 비생산적인 게임에 몰두해 있다고 판단한다 (Niskanen, 1971). 더 일반적으로 보면, 많은 자유민주주의 국가에서 정책 수립에 관여하는 행위자의 범위가 넓어졌고, 정부 서비스를 외부위탁하는 경향이 생겨서 (이 장의 후반부 참조), 중앙정부 공무원들이 정책과정에서 누렸던 독점적 지위가 감소했다. 그 대신 오늘날 관료들은 서비스 전달에 보다 초점을 맞추도록 촉구되며, 특히 3E, 즉 경제성(economy), 효율(efficiency), 효과(effectiveness)가 강조되는데(이는 덜 쓰고 더 현명하게 쓰는 것으로 요약될 수 있다), (인터넷을 이용한 공공서비스 제공을 의미하는) 전자정부의 급부상은 더 많은 중요한 변화를 예고한다.

각국의 관료제를 비교할 때는 두 가지 요소, 즉 공무원의 수와 중앙-지방 공무원의 균형을 고려해야 한다. 공무원 총수는 각국 정부의 규모, 그리고 그들이 교육, 의료보건을 공공 프로그램으로서 제공하는 범위를 보여주는 지표이다. 국제노동기구 자료는 전체근로자 중 공무원의 비율로 측정했을 때 스칸디나비아 국가들이 가장 큰 공공부문을 가지고 있으며 (도표 10.2), 관료제의 규모가 최근 수십 년간 커졌음을 보여준다. 한편 중앙-지방의 비율은 중앙집중도의 지표이다. 일반적으로 대부분의 민주국가는 대부분의 공무원을 국가 수준이 아닌 국가 하위(sub-national) 수준에서 고용하며, 캐나다, 독일, 미국 같은 연방체제는 국가 하위 수준의 공무원 비율이 높다 (도표 10.3). 스웨덴은 연방국가는 아니지만 대부분

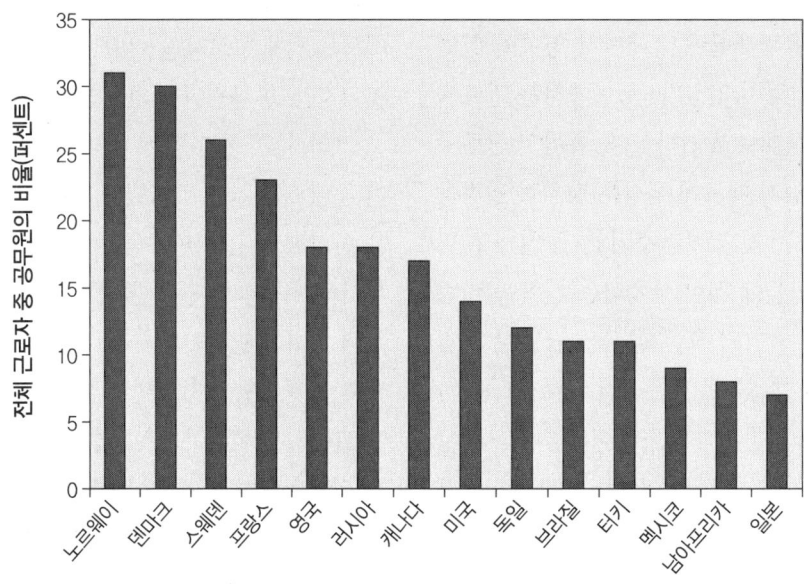

도표 10.2 관료제의 규모 비교

출처: OECD (2013: 103)에 인용된 국제노동기구 참조. 수치는 2011년.

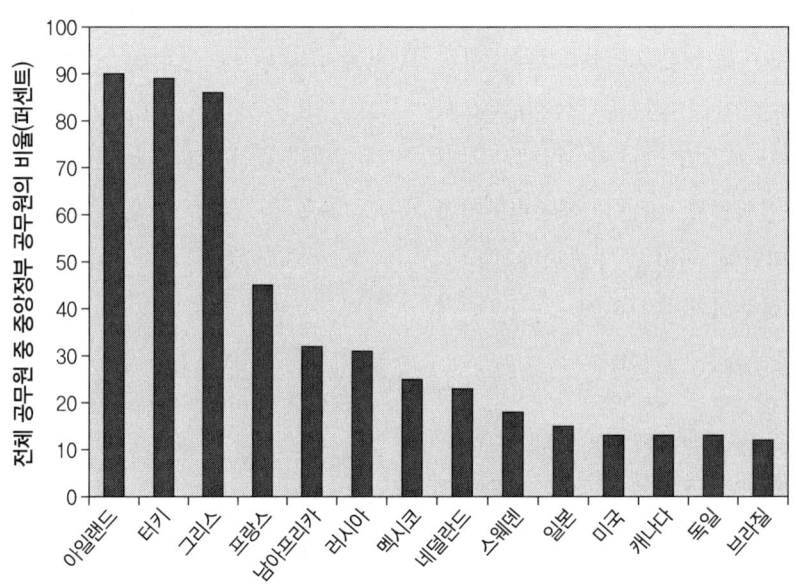

도표 10.3 중앙정부의 규모 비교

출처: OECD (2013: 105)에 인용된 국제노동기구 참조. 수치는 2011년.

의 정책집행을 지방정부에 이관하였다.

외교, 경제, 재정, 사법부처이다.

> **부처(Departments)** (또는 성): 장관이 직접 관리 통제를 행사하는 행정 단위. 대개 공식적 위계 구조를 가지고, 법률에 의해 설치되며, 일반적으로 내각 수준의 지위를 가진다.

조직

우리는 모든 국가가 입법, 사법, 행정부를 가지고 있지만, 그들은 각각 다른 형태와 권력을 가진다는 사실을 보았다. 관료제도 마찬가지로 국가마다 구조나 명칭이 다르며, 그 차이를 인식하는 것이 중요하다. 그러한 차이점들을 보면서 우리는 부처, 부서, 중앙부처 이외의 공공기관이라는 3개의 주된 조직을 구분해볼 수 있다.

부처

근대 관료제의 중심부는 일부 국가에서 **부처(departments)** 또는 성이라고 불리는 조직으로 구성된다 (영어의 department나 ministry는 경우에 따라 부[部] 또는 성[省]으로 번역할 수도 있으며, 국가에 따라 두 용어 중에 하나를 쓰고 있다. 예를 들어, 영국, 한국은 ministry, 미국, 캐나다는 department를 쓴다. 여기서는 한국의 경우를 따라 부를 주로 사용한다 – 옮긴이). 대부분의 경우 이들 부처는 중앙정부의 핵심을 구성한다. 부처의 수는 국가마다 다르지만 대체로 12개에서 24개 사이이고, 거의 모든 경우에 외교, 경제, 사법, 보건, 환경을 다루는 부처가 있으며, 중요시되는 정책이나 중앙정부의 책임영역에 따라 다른 부처가 추가된다 (도표 10.4 참조). 이들 핵심 부처는 내각의 지위를 가지는데, 그것은 부처의 장이 각료회의 구성원인 장관임을 의미하며, 그로 인해 그들은 정부에서 중심적인 역할이 주어진다. 부처 간에는 서열이 있는데, 대체로 가장 중요한 부처는

중앙부처의 행동의 범위와 조직은 각국 정부마다 다르다. 예를 들어, 대부분 국가는 에너지 부처가 하나인 반면 나이지리아는 에너지, 석유자원, 전력이 각각 다른 부처이다. 어떤 나라는 문화부가 있고 다수는 그렇지 않다. 미국은 거의 유일하게 퇴역군인부 (또는 보훈부. Department of Veterans Affairs)가 있는 나라이다. 각국은 경제정책, 재정, 투자, 금융의 책임을 배분하는 양상도 다르다. 마지막으로 부처는 주기적으로 개칭, 분할, 통합되어 전체적인 부처의 지형이 바뀐다.

대부분의 나라들은 유사한 순서로 중앙부처를 신설하였는데, 그 유형은 국가 영역의 확대를 반영한다. 가장 오래된 것들은 재정, 법과 질서, 국방, 외교와 같은 핵심 국가 기능을 담당하는 부처이다. 예를 들어, 미국에서 외교와 재무는 1789년까지 거슬러 올라간다. 그러나 다른 나라의 재무부는 더 먼 과거로, 예를 들어, 영국은 최소한 1066년 노르만 침략기까지 거슬러 올라간다. 프랑스 외무부는 최소한 16세기까지 거슬러 올라간다. 그 후에 각국은 농업, 무역, 노동 등 새로운 기능을 담당하는 부처를 추가하였다. 20세기에는 사회보장, 교육, 보건, 주거 등 복지 담당 부처가 생겨났다. 최근 추가된 주요 부처에는 1960년대부터 거의 모든 국가에 신설된 환경부가 있다. 아프가니스탄, 캄보디아, 뉴질랜드, 남아프리카, 스리랑카 등 일부 국가는 여성 문제를 다루는 부처가 있다.

베버의 원칙을 반영하여 일반적으로 부처의 내부

정책 영역	미국	영국	일본	멕시코	나이지리아
외교					
재무/재정					
국방					
보건					
내무					
농업					
교육					
법무					
무역					
환경					
기업					
지방자치					
문화					
지역 문제					
노동					
도시					
운송					
에너지					
합계	15	24	11	17	27

도표 10.4 정부부처 사례

주: 2015년 현재. 명칭, 숫자, 부처의 분포는 시간에 따라 변화함.

구조는 위계적이다 (도표 10.5 참조). 정점에는 정치적 임명직이고 정권이 교체되면 바뀌는 장관이 있다. 그 아래에 정년이 보장되는 직업공무원들이 있는데, 고위직 공무원은 이들 부처를 이끌면서 행정적 책임을 지고 정치가와 관료 사이의 중요한 연결 역할을 한다. 이론상 장관은 지시하고 공무원은 집행하지만, 행태주의적 접근으로 비교해보면 현실은 더 복잡하고 충격적이다. 정년직 직업관료들은 한시적인 정치적 임명직 장관들보다 더 오래 봉직하고, 경험과 정보가 더 많으며, 타 부처의 동료들과 더 밀접한 네트워크를 가지고 있다. 이러한 상황에서 장관들은 부처에서 효과적인 정치적 리더십을 발휘하는 데 필요한 기량을 충분히 보유하고 있지 않다.

부처를 정치적으로 통제하는 데는 두 개의 요인이 도움을 준다. 첫째, 부처 내에 장관이 임명할 수 있는 직책이 많을수록, 자신의 지시를 따르도록 하기가 쉽다. 고위관료들도 정치적인 기술이 필요하다는 사실을 인식하기 때문에 많은 자유민주주의 국가에서 중요한 부처는 정치적으로 충성하거나 동조하는 관료들을 임명한다. 독일이나 핀란드에서 오래 실행되어

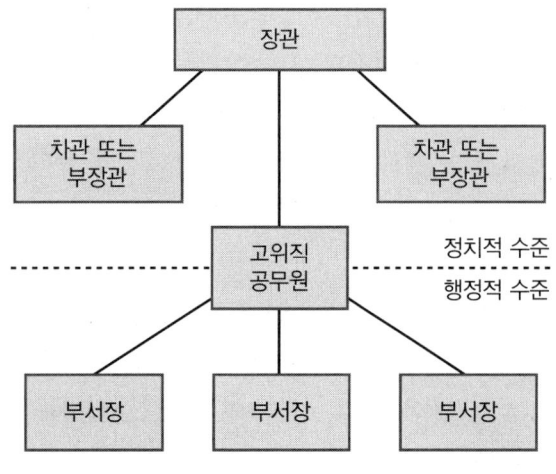

도표 10.5 정부부처의 구조

온 이 관행은 다른 서구 민주주의 국가에도 확산되었다 (Peters and Pierre, 2004). 정치적 임명자의 층을 두텁게 할수록 장관은 부처 내에 더 많은 우군을 확보할 수 있다.

둘째, 장관에게 정치적 조언을 하는 참모들을 제공함으로써 정책방향을 잡아나가는 데 도움을 줄 수 있다. 그러한 참모들은 부처의 정년직 공무원의 일부가 아니기 때문에 장관의 눈과 귀가 되어줄 수 있고, 관료제의 위계질서 속에 묻혀버릴 수 있는 이슈들을 장관에게 보고할 수 있다. 2006년에 뉴질랜드의 경우 모든 장관실에는 정치적 참모가 배치되어 있었다 (Eichbaum and Shaw, 2007). 프랑스와 같이 15~20명의 참모가 장관의 개인 내각(personal cabinet)을 구성하여 장관의 직접 통제 하에 근무하는 경우도 있다. 이 모델은 유럽연합의 주된 관료·행정기구인 유럽집행위원회에 차용되어, 각 집행위원은 다양한 EU 국가 출신이 적절히 혼합된 참모로 구성된 내각을 가진다. 관료들은 장관과 뜻이 잘 맞지 않아도 장관은 오래가지 않을 것을 알고 있고, 장관의 개인 참모들은 현직 장관을 효과적으로 지원하는 것이 그들의 임무임을 알고 있다 (관료들의 책무성을 담보하는 문제에 대해서는 초점 10.2 참조).

부서

중앙정부 부처는 보통 **국(division)**이나 과(section) 등의 부서로 구성되며, 각각은 부처의 일정 업무영역을 책임진다. 즉, 교육부는 초등, 중등, 고등교육을 각각 담당하는 별도의 국을 포함할 수 있다. 국은 부처의 작업단위이며, 국을 구성하는 과는 실제 업무를 수행한다. 그들은 정부의 중추적 단위이고, 경험을 축적하는 곳이며, 실제로 중요한 결정이 내려지는 장소이다.

> **부서, 국(Division)**: 중앙부처의 작업단위로, 장관에게 보고하지만, 종종 상당한 독자성을 가진다. 국(bureau), 과(section)라는 용어도 쓰이고, 혼란스럽지만 부처(ministry) 내에서 규모가 큰 부서를 부(department)로 지칭하는 경우도 있다.

일부 민주주의 국가에서 부서는 소속된 부처로부터 일부 독자성을 가지기 때문에 더욱 중요할 수 있다. 가장 극단적인 예는 중앙부처는 위계적으로 구성된다는 베버의 원칙에 대해 현저한 예외인 미국의 관료제이다. 공식적인 구조에서조차도 미국의 연방 부처들은 하나의 우산 아래 경쟁하는 다수의 국이나 청(agency)을 포함하는 다국적기업 같은 성격을 띤다. 부는 성격이 다른 다수의 국들이 모여서 이루어지며, 이들이 실제로 연방정부의 핵심 작업단위이다. 예를 들어, 보건복지부(Department of Health and Human Services)는 11개의 국을 포함한다 (표 10.1 참조). 부처 내의 국이 독자성을 가지는 것은 그들이 의회로부터 직접 예산을 받기 때문이며, 이것

표 10.1 미국 보건복지부 내의 부서

- 아동 및 가정 행정처
- 공동체 생활 행정처
- 보건의료 연구처
- 유독성 물질 및 질병 등록처
- 질병통제 및 예방 센터
- 의료보험 및 의료서비스 센터
- 식품 및 의약품 행정처
- 보건 자원 및 서비스 행정처
- 인디언 보건 서비스 행정처
- 국립보건원
- 약물남용 및 정신건강 서비스처

출처: 보건복지부 웹사이트 (2015)

이 미국 대통령이 연방정부의 정책과정에 자신의 의지를 관철시키기 어려운 중요한 이유이다.

보다 위계적인 부처를 가진 나라의 정부에서도 업무의 관행이 정확히 조직도와 일치한다고 생각하는 것은 잘못이다. 정보는 행정 조직의 피라미드를 위아래로 순조롭게 움직이는 경우가 드물다. 일례로 독일의 14개 부처에 존재하는 다수의 부서들은 상부에서 제안한 개혁을 저지하거나 최소한 우회할 수 있는 집중된 전문성을 보유하고 있다. 지식의 독점은 변화를 무력화할 수 있는 잠재력을 만든다. 대부분의 자유민주주의 국가에서 국이나 과는 그들의 담당분야에서 오랜 경험을 통해 형성된 기질이나 풍토를 가지고 있다. 내부적으로 뿌리를 내린 그들만의 시각은 새롭게 등장하는 정치적 제안, 이니셔티브에 대해 자연스럽게 냉소적인 태도를 가지게 하며, 새로 임명된 장관이 부처를 새로운 방향으로 이끌어 가려는 시도에서 좌절을 느끼게 하는 요인이 된다. 그러나 부처나 부서 내에서의 관계의 역동성은 최근 변화하여, 다수 국가들이 정부의 업무를 민간 계약자에게 위탁하는 경향이 나타났으며, 거기에는 장점과 단점이 모두 있다 (초점 10.1 참조).

중앙부처 이외의 공공기관

중앙정부 부처와 그 내부에 있는 부서에 대해 우리는 통상 관료제와 연결 짓는다. 그러나 또 다른 형태의 공공조직, 즉 **중앙부처 이외의 공공기관(Non-departmental public bodies)**이 중요성을 더해가고 있다. 이들은 정부부처에 대해 공식적으로 최소한 준독립적인 관계 하에서, 별도로 운영되는 주체이다. 많은 민주주의 국가에서 이들 공공기관의 수는 증가하여, 학자들의 연구뿐 아니라, 실무자들이 정부가 전체적으로 일관성 있게 움직이도록 하는 과제를 어렵게 만든다.

> **중앙부처 이외의 공공기관(Non-departmental public bodies)**: 정부로부터 한 단계 또는 몇 단계 분리되어 운영되며, 따라서 경영상의 유연성과 정치적 독립성이 주어진다.

이들 기관에는 (우편, 보건 서비스와 같은) 국가 소유 조직, 정부 서비스를 제공하는 계약 기관, 정부 자문기관, 공공이익이 걸려 있는 사회적 활동의 측면을 규제하는 기관 등이 있다. 이들은 정부가 설치하고 예산을 부담하지만 중앙부처의 부서와 달리 부처의 일상적인 통제로부터 자유로운 모호한 위치에 있다. 일단 임명되면 그 임직원들은 상당한 자율성을 가지고 행동한다.

이러한 기관이 만들어지고 유지되는 데는 몇 가지 이유가 있다.

- 정부부처에서 용인되는 것보다 더 유연하고 저비용으로 운영하기 위해.
- 직원들의 전문성과 자율성을 인정하기 위해.
- 어떤 문제를 해결하라는 단기적인 압력에 대응하기 위해.
- 중앙부처가 정책을 수립하는 데 더 집중할 수 있도록 하기 위해.
- 일상적 운영에 대한 정치적 관여로부터 보호하기 위해.

이들 기관 중 가장 중요한 종류가 **규제기관(regulatory agency)**이다. 규제기관은 (수도나 에너지 같은) 자연적 독점사업, 통신, 선거, 식품표준, 환경표준 등의 분야에서 정부 규제의 집행을 감독하기 위해 설치된다. 규제기관은 거의 모든 자유민주주의 국가에서 수가 증가하고 있는데, 그 이유는 부분적으로

초점 10.1 | 정부업무의 외부위탁에 대한 찬반

많은 정부들은 오래전부터 물품이나 서비스 조달을 외부 계약자에 의존했으나, 1980년대 이후 그 경향이 더 가속화해왔다. 일례로 **외부위탁(outsourcing)**은 미국에서 전체 근로자 중 연방 공무원의 비율이 1966년에 4.3퍼센트에서 2013년에 2퍼센트로 감소한 이유이며, 연방정부가 직접 고용한 사람들보다 계약으로 위탁한 사람의 수가 2배인 이유이다.

정부와 계약자들 사이에는 정해진 절차에 따라 업무를 진행하면서 무엇이 가능한지, 아닌지를 파악해가는 데 있어서 초기 단계에 많은 문제를 겪었으나, 외부위탁의 경향은 앞으로도 계속될 것이다. 더 많은 일거리와 서비스가 정부에서 민간부문으로 위탁될 것이다. 이것은 부분적으로 인터넷에 의해 촉진되는 면도 있으나, 그보다는 정부가 비용을 절감하려는 의도 때문이다. 외부위탁의 예로는 쓰레기 수거, 수도 및 오수처리, 보안 서비스, 장비 관리, 기술지원, 공립학교나 공립병원 운영, 민영 교도소(호주에서는 교도소 수감자의 5분의 1) 등이 있다. 외부위탁의 변형된 형태로는 공공과 민간 기구가 공동운영(co-sourcing)하는 경우가 있다.

찬성	반대
계약자 간의 경쟁이 비용 감축에 도움이 되며 실적 미달의 근로자는 쉽게 계약 종료할 수 있다.	조심스럽게 선택하고 감시하지 않으면 외부위탁은 서비스 질의 저하를 초래할 수 있다.
민간 계약자들은 서로 경쟁해야 함을 알고 있기 때문에 고객만족도에 더 관심을 가질 것이다.	정부부처는 특정 분야에 처음 진출하는 민간기업보다 더 많은 지식과 경험을 보유할 수 있다.
수익을 올리기 위해서 민간 계약자들은 더 효율적으로 과업을 관리할 동기가 있는 반면, 정부부처들은 생산성에 덜 민감하다.	민간 계약자는 직접적인 정치적 책무성이 약할 수 있다.
민간 계약자들은 정치적 조종이나 통제에 덜 영향을 받는다.	모든 정부 서비스가 다 외부위탁이 가능한 것은 아니다 (예: 경찰).
외부위탁을 하면 정부부처는 그들이 필요한 서비스만을, 필요한 때에만 이용할 것이다.	업무를 새로운 민간기구에 이전하는 데는 상당한 초기비용이 소요될 수도 있다.
	외부위탁은 보안과 사기에 대한 새로운 우려를 낳을 수 있다.
	하나의 계약자에 위탁하는 것은 공공 독점을 민간 독점으로 대체할 뿐이다.

외부위탁(Outsourcing): 민간 과거에 공공 관료조직이 제공하던 서비스를 민간 용역 업자가 제공하도록 외주를 주는 행위.

민간부문에 의해서는 적절히 판단될 수 없는 리스크에 대처해야 하기 때문이다. 예를 들어, 신약 출시에 있어서 그 혜택과 부작용의 위험을 적절히 판단하는 것은 자기이익에 의해 움직이는 제약회사보다는 공공이익을 고려하는 전문가의 과제이다. 특히 영국은 식품표준청, 오브컴(Ofcom. 통신산업 규제기관) 등 규제기관을 열심히 설치하여, 오늘날 140개 이상이나 되는 기관이 국가가 사회를 규제·감독하는 주된 수단으로 사용되고 있다.

> **규제기관(Regulatory agency)**: 특정 분야의 표준을 만들고 집행하는 독립된 정부 기구.

미국은 가장 발전된 독립 규제기관 체제를 가지고 있다. 최초로 만들어진 조직은 주간(Interstate)통상위원회(1887~1995)이다. 규제기관의 목록은 후에 연방통신위원회, 환경보호청, 연방통상위원회, 증권거래감독위원회 등 다수를 포함하게 되었다. 이러한 기구의 발상은 그들이 기술적이고, 비정치적인 방식으로 운영되어야 한다는 것이다. 규제를 만들고, 집행하며, 규제관련 분쟁을 해결하는 권력에도 불구하고, 위원들은 대통령의 지휘를 받지 않으며 기구 설치법에 정한 구체적인 이유가 있을 때만 대통령이 해임할 수 있다.

유럽연합에도 많은 규제가 있다. 실로 규제가 가장 주된 통치의 방식이다. 유럽연합의 법은 모든 28개 회원국에 적용되는 규제를 포함하며, 보통 회원국이 정해진 일정에 따라 의무적으로 집행해야 하는 기술표준이나 목표를 설정한다. 그 과정에서 유럽연합은 약품, 약물중독, 보건, 작업장 안전, 신약, 상표권, 해양·항공안전, 식품안전, 질병예방, 전자통신 등 분야의 정책집행을 감독하는 수많은 규제기구를 설치하였다 (McCormick, 2015: 제14장). 새로운 화학물질의 등록과 같이, 많은 경우에 EU는 세계표준을 만들었으며, 주요 무역 상대국의 규제까지 변화도록 만들었다.

일반적으로 자유민주주의 국가에서 정부부처 이외의 공공기관을 도표로 만들어보면 통치하는 것이 얼마나 복잡한지 확인할 수 있다. 특히 규제기관의 부상은 국가의 역할이 쇠퇴하고 있다는 주장이 틀렸음을 보여준다. 그것은 또 제3장에서 논의한 바와 같이 정부부처의 의사결정의 범위가 점점 더 부처 이외의 공공기관에 의해 제약을 받는 상황에서, 공공정책에 대한 전문가의 영향이 증가하고 있는지의 이슈와 연관이 된다.

충원

충원은 관료제에 대한 논의에서 핵심 주제로, 관료들이 선발되는 방법, 그리고 선발되는 사람들의 유형은 민간부문의 경우보다 더 면밀하게 연구된다. 여기서 주된 차이는 **통합적(unified) 충원**과 **부처별(departmental) 충원**인데, 전자는 관료조직 전체의 차원에서 이루어지는 것이고 후자는 기술적 능력에 따라 특정 부처 차원에서 충원되는 것이다. 영국은 통합적 접근의 예로, 비전문가 신봉의 극단적 사례이다. 행정은 지적 능력으로부터 나오며, 경험에 의해 성숙해지는 판단의 기술로 간주된다. 관료들은 전문적 지식을 추구해야 하지만, 그것을 어느 정도 회의적인 태도로 대해야 하며, 전문가들은 언제든지 이용할 수 있어야 하지만, 결정을 내리는 고위직에 있으면 안 된다. 훌륭한 행정가는 다양한 부처에서 근무해야 하며, 그렇게 함으로써 더 균형이 있는 것으로 간주된다. 이러한 철학으로 인해, 자연스럽게 관료는 특정 부처가 아니라 조직 전체를 위해 충원된다.

> **통합적 충원(Unified recruitment)**: 관료조직 내의 특정 업무가 아니라 조직 전체 차원에서 충원하는 접근으로, 행정업무는 기술적 지식이 아니라 지적 능력과 교육을 필요로 한다고 본다.
>
> **부처별 충원(Departmental recruitment)**: 특정 부처나 업무에 적절한 기술적 자격을 근거로 충원하는 접근.

통합적인 충원의 또 다른 방법은 부처의 특정 업

무 담당을 충원하는 것이 아니라 **공무원단**(*corps*)에 충원하는 것이다. 프랑스는 이러한 접근의 예이다. 경쟁적 시험을 통해 공무원을 외교공무원단, 재무공무원단 등에 충원한다. 여기서 충원은 전문화된 명칭을 가진 **공무원단**에 선발되는 것이지만, 그것은 공공과 민간부문을 포괄하는 엘리트 집단으로의 진입을 의미한다. 프랑스의 관료제 내에서도 통상 **공무원단**의 3분의 1 이상은 자신이 속한 영역이 아닌 다른 영역에서 근무하고 있다. 비록 특정 **공무원단**의 틀 내에서 전문화된 훈련을 받은 것으로 인식되기는 하지만, 최고위 수준에서 프랑스의 관료들은 분명히 일반직(generalist, 전문직[specialist]에 대비되는 개념으로 다양한 분야의 경험과 지식을 가진 사람을 의미 - 옮긴이)이다.

통합적 충원을 하는 일부 관료제들은 특히 한 분야의 기술적 전문성, 즉 법학을 강조한다. 성문법 전통을 가진 다수 유럽국가에서는 일반적으로 고위관료는 법학교육을 받은 사람들이다. (베버의 생각에 영향을 미쳤던) 독일이 좋은 예인데, 거기서는 대부분의 고위 공직자가 법률가이다.

부처별 충원 모델에서는 각각의 부처가 세분화된 전문가를 충원한다. 재무부는 경제학 전공자, 보건부는 의학 전공자를 고용한다. 충원은 엘리트 관료조직이나 **공무원단**이 아니라 특정 직책에 대해 이루어진다. 공무원이 이직하면 그들은 종종 정부 내 다른 부처가 아니라, 민간부문의 유사한 업무로 이동한다.

특정 업무나 세분화된 전문성을 강조하는 경향은 약한 국가를 가진 나라들에서 일반적으로 볼 수 있는데, 거기서는 관료제가 민주주의 이전 시대의 통치자에게 봉직하면서 수세기 동안 형성된 엘리트적인 지위가 결여되어 있다. 네덜란드, 뉴질랜드, 미국이 그 예이다. 일례로 네덜란드에서는 부처들이 각각 자기들의 충원 조건을 정하며, 통상 특정 분야의 교육이나 전문성을 요구한다. 일단 임명되면 직업적인 유동성은 제한적이며, 공무원으로 남아있는 한 같은 부처에서 전 경력을 쌓게 된다 (Andeweg and Irwin, 2009: 176). 젊고 재능 있는 졸업생들을 엘리트 관료제 또는 공무원단에 충원한다는 관념은 희박하거나 아예 없다.

능력에 따른 충원이라는 일반적 규칙에 대한 한 가지 예외는, 고위직 대부분을 주류 민족 집단, 그리고 공직의 배경이 있는 중류층 또는 상류층 집안 출신의 남성들이 차지하는 문제를 해소하기 위해 실시하는 **차별시정조치**(affirmative action)이다 (Aberbach *et al*, 1981: 80). 여기서 목표는 관료제가 일반 국민들의 성별, 인종, 교육, 경제적 배경별 분포를 더 잘 반영하도록 하는 것이다. 의회의 귀속집단 대표성(descriptive representation) 개념 (제8장 참조)과 관련이 있는 논리로, 차별시정조치에 대해서는 다양한 찬성 의견이 있다.

- 특정 집단과 직접 접촉하는 업무를 가진 공무원은 그 자신이 동일한 집단에 속할 경우 업무처리를 더 잘할 수 있다.
- 다양한 종교나 지역에서 공무원이 채용되면 분열된 사회의 안정에 도움이 된다.
- 모든 주요 사회집단이 참여하는 다양하고 대표성 있는 관료제의 의사결정은 국민 전체가 수용할 가능성이 높다.
- 공공부문에서 소수집단이 채용되면 그 효과가 민간부문까지 파급될 것이다.

차별시정조치(Affirmative action): 여성, 소수민족, 기타 소수집단의 충원을 강조함으로써 과거의 차별적 유산을 극복하기 위해 설계된 정책.

1960년대와 1970년대에 미국에서는 관료제의 구

국가개요

일본

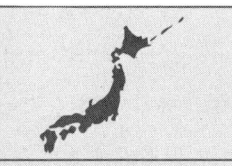

간략 소개: 일본은 서구의 자유민주주의 사상이 독특한 전통을 가진 사회에 접목된 주요사례이다. 오랜 고립의 역사, 제2차 세계대전의 패배에 이은 재건으로 잘 알려진 일본은 근대적이지만 서구적이지 않으며, 그들의 경험은 자신의 정체성을 잃지 않고도 경제적·기술적으로 사회가 발전할 수 있음을 보여준다. 일본의 가장 현대적인 면은 경제-기술발전에서 잘 나타난다. 일본은 세계 3대 경제대국이고, 중요한 자본과 금융의 원천이며, 세계 유수 기업들의 본거지이다. 그러나 일본의 정치체제는 파벌, 의리, 집단적 일체감 등 전통적 관념과 오랜 세월 동안의 자민당의 장기집권에 의해 손상되었다.

정부형태 ➡ 상징적 천황을 가진 단일정부 의회민주주의. 국가수립일은 논란의 여지가 있으며, 가장 최근 헌법은 1947년에 채택.

입법부 ➡ 양원제. 하원(정원 480명)은 연임 가능한 4년 임기로 선출. 상원(정원 242명)은 하원보다 덜 중요하다.

행정부 ➡ 의원내각제. 정부수반인 총리는 제1당의 당수 또는 최대 연립이 추대한 인물로, 내각을 통솔하며 통치한다. 국가원수는 천황이다.

사법부 ➡ 15명의 법관으로 구성된 최고재판소는 위헌심사의 권한을 가지나 적극적으로 행사하지 않는다. 통상 대법관은 내각에 의해 임명되며, 그 후 치르는 총선에서, 그 이후에는 10년에 한번 유권자의 확인을 받으며, 70세가 정년이다.

선거제도 ➡ 혼합 선거제도. 하원의 300명은 1인선거구에서 단순다수제로, 180명은 정당명부식 비례대표제로 선출. 상원은 146명이 단기비이양식 투표로, 96명은 비례대표제로 선출.

정당 ➡ 다당제. 보수정당인 자민당이 장기 집권. 민주당은 사회적으로 자유주의, 유신당은 민족주의를 표방하며, 공산당도 활동하고 있다.

성과 국민 전체의 구성이 일치하도록 하는 데 많은 노력을 하였다. 그 배경에는 모든 정부 기관이 차별 시정조치를 실시하도록 한 1965년 존슨 대통령의 명령이 있었다. 프랑스계 출신의 충원 확대에 신경을

> **일본의 관료제**
>
> 일본의 관료제는 세계 어느 나라의 관료제보다도 높이 평가된다 (Rosenbluth and Thies, 2014: 321). 관료제는 상대적으로 소규모를 유지하면서 전후 일본의 급속한 경제성장에 있어서 중요한 역할을 한 것으로 평가되고, 높은 지위를 누렸으며, 퇴직 후 민간부문이나 지방정부의 요직으로 재취업하는 혜택을 받았다. 일본의 관료제는 대단히 엄격한 충원과정을 거친다. 예를 들어, 2009년에 2만 2,000명이 고위 공무원 시험을 치렀으나 단 600명만이 선발되었다.
>
> 일본 관료제의 충원의 원칙은 부처별이 아니라 통합적이지만, 부처 간의 전직은 거의 없다. 각 부처 내에서 신입자들은 동기를 이루며, 같이 진급하지만, 각 단계마다 진급자 수는 줄어들고, 후배의 부하로는 근무하지 않는 것이 관행이다.
>
> 관료제는 틀림없이 전후 재건에서 상당한 역할을 했으며, 집권 자민당 및 재계와 밀접한 관계에 있다. 전후 고도성장기의 일본은 소규모의, 업적주의에 근거한 관료제가 주로 설득이라는 수단으로 시장의 틀 속에서 급속한 경제성장을 이룰 수 있음을 보여주는 괄목할 만한 사례이다. 그러나 1990년대 이후에는 국가가 주도한 경제침체가 지속되고, 관료들이 뇌물수수 사건에 연루되고, 스캔들로 인해 기업들이 퇴직 관료의 고용을 꺼리게 되는 상황이 되었다. 보다 근본적으로는 일본의 대기업이 전지구적 규모로 경영을 하게 되고, 외국기업이 일본에 진출하면서 관료들은 더 이상 이러한 세계화된 경제에서 산업계에 전략적 방향을 제시할 수 없게 되었다.
>
> 이러한 상황과 정책조정 기능을 강화하려는 의도를 반영하여 2001년에는 행정개혁이 단행되어 정부 부처는 22개에서 12개로 통폐합되었다. 공정거래위원회의 경쟁 강화 역할이 더 확대된 것은 고도성장기에 부상한 수출 위주의 대규모 제조업의 이익보다 소비자의 이익을 강조하겠다는 정책적 신호를 보낸 것이다.

쓴 캐나다에서도 유사한 현상이 나타났다. 그러나 유럽에서는 그러한 방법이 북미에서처럼 확산되지 않았는데, 그 이유는 아마 관료제에 부과된 헌법적 중립성 요건이 적절하지 못함을 인정해야 했기 때문일 것이다. 업적에 근거한 충원이라는 베버의 원칙이 유지되었다.

최소한 민주주의 국가에서 오늘날 여성은 전체 노동인구와 비교해서 관료제 내에서 더 높은 비율을 점하고 있다 (도표 10.6 참조). 이것은 차별시정조치뿐만 아니라 정부가 여성의 근로를 보다 쉽게 해주는 유연한 근무조건, 유급 육아휴직, 보육 지원, 기타 혜택을 제공하였기 때문이다. 불행히도 대부분의 관료제에서 여성은 아직도 비서직, 시간제, 사회 서비스직에는 과다 대표되고, 고위 관리직이나 정책결정에 영향을 미치는 수준에는 과소 대표되어 있다 (OECD, 2013: 122).

신공공관리

"정부는 문제의 해결책이 아니다. 정부가 문제다"라는 레이건(Ronald Reagan)의 선언은 잘 알려져 있다. 이러한 정서는 **신공공관리**(NPM: new public management)로 알려진 관료제에 대한 새로운, 시장지향적 접근에 영감을 주었으며, 이는 20세기의 마지막 10년 동안 영미 국가의 행정에 선풍을 일으킨 신조이다.

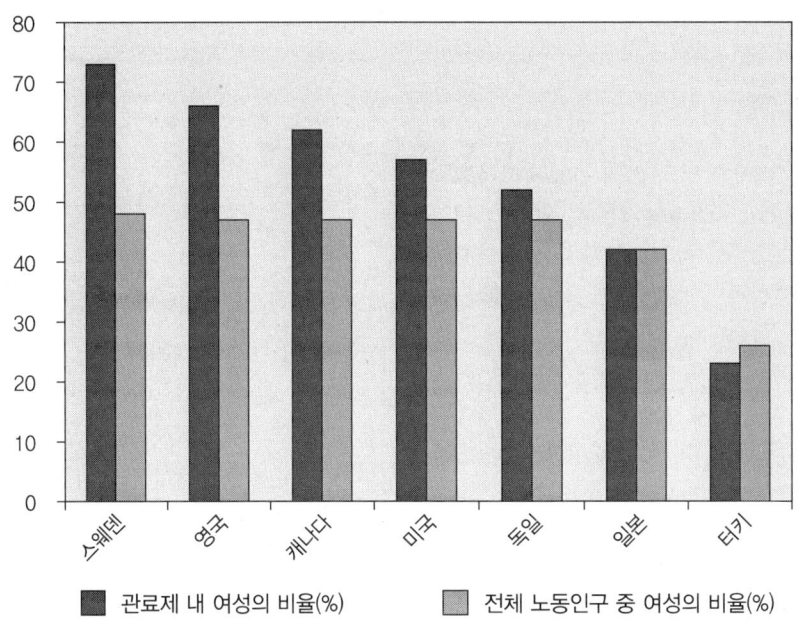

도표 10.6 노동인구 중 여성의 비율

출처: OECD (2013: 121)에 인용된 국제노동기구 자료. 수치는 2011년 현재.

> **신공공관리(New public management)**: 1980년대에 부상한 관료제에 대한 새로운 접근으로, 시장지향적 접근이 관료제를 더 효율적으로 만들 것이라는 생각.

이제는 정점을 지났지만 NPM은 여전히 관료제에 대한 베버의 생각에 대한 비판으로서 흥미롭다. NPM은 레이건과 같은 보수적 시각에 동의하지 않는 사람들의 관심도 끌었으며, OECD와 같은 국제기구로부터도 호의적인 평가를 받았다. 그것은 호주, 영국, 캐나다, 뉴질랜드의 공공부문에 급진적인 변화를 가져왔으며, 그보다는 덜 강력한 21세기에 전개된 관료제 개혁의 배경이 되었다.

NPM은 오스본과 게이블러(Osborne and Gaebler)의 1992년 저서, 『기업가 정신이 어떻게 공공부문을 변화시키고 있는가(How the Entrepreneurial Spirit Is Transforming the Public Sector)』라는 부제가 달린 『정부의 재발명(Reinventing Government)』에서 잘 요약되었다. 베버의 관료제 모델은 프러시아 군대에서 도출된 효율성의 개념에 근거하였으나, 오스본과 게이블러는 더 자유분방한 미국의 기업에서 영감을 얻었으며, 정부부처가 효율성 제고를 위해 채택할 만한 10개 원칙을 열거하였다. 거기에는 서비스 제공자 간의 경쟁 유도, 투입이 아닌 산출에 근거한 평가, 민원인을 고객으로 재정의, 권한의 분산 등이 포함된다.

NPM의 저류에 있는 테마는 공무원에게 목표관리가 가능하도록 유연성을 허용함으로써 성과를 높일 수 있다는 것이다. 이렇게 공무원에게 힘을 실어주는 것의 중요성은 이것이 관료들은 단지 정해진 규칙을 사례에 적용할 뿐이라는 베버의 견해로부터의 탈피를 의미하기 때문이다. NPM의 역할 모델은 **재판관**이 아니라 기업가이다. 지지자들의 입장에서 NPM은 21세기의 공공행정이고, 베버의 모델은 역사의

초점 10.2 관료제에 대한 책무성 확보

베버는 관료들에 대한 책무성 확보, 그들이 선출된 정부의 목표를 방해하지 못하도록 하는 데 있어서의 어려움을 경고했다. 논평자들은 관료제의 전문성, 영구성, 규모, 실행에 대한 통제는 필연적으로 관료들이 정치적 지시를 따르기만 하는 존재가 아님을 항상 인식해왔다. 따라서 민주적 정부들의 철학은 점점 더 관료들이 그들의 행위를 사전에 선제적으로 통제하려 시도하기 보다는 사후에 정당화하도록 한다. 이러한 방식으로 책무성을 확보함으로써 베버의 관료제의 권력에 대한 우려를 인식하고 그것을 완화해준다.

고위관료는 자기가 속한 부처의 장관뿐만 아니라, 수상, 재무부, 그리고 타국가나 국제기구와의 조약에서 정해진 의무에 대해 책무성이 요구된다. 최고위직에서 책무성은 자기 부처를 넘어서 외부 기구에도 확대된다. 의회는 예산을 통제하기 때문에 관료제를 통제할 수 있으며, 따라서 관료들은 의회 해당 위원회에 자신들의 업무에 대해 보고한다. 사법부는 관료제의 책무성을 물을 수 있는 또 다른 외부 기구이다. 끝으로 외부위탁은 책무성의 대상에 변화를 가져왔다. 계약을 맺거나 갱신하는 것은 계약자의 업적과 직접 연결이 되기 때문이다.

특히 유럽적인 제도이면서 그 잠재력이 충분히 활용되지 않는 것이 **고충처리위원(ombudsman)** 이다. 행정적 실책을 조사하는 공공 감시기관으로서의 옴부즈맨은 1809년에 스웨덴에서 최초로 설치되었으나, 그 아이디어는 핀란드에서는 1919년, 여타 자유민주주의 국가에서는 1945년 이후, 유럽연합에서는 1995년 등 훨씬 뒤에 다른 나라에서 채택되었다. 옴부즈맨은 오늘날 약 90개국에 설치되어 있으나 대부분 지방이나 정부부처 내 부서의 수준에서 운영된다. 국가 수준에서 옴부즈맨은 아르헨티나, 호주, 보츠와나, 감비아, 인도네시아, 뉴질랜드, 나이지리아, 페루, 대부분 유럽국가 등에 있다. 한 사람의 옴부즈맨이 공공부문 전체를 다룰 수 있으며, 아니면 관할권 중첩의 위험에도 불구하고 특정 영역에 각각 설치될 수도 있다. 지금까지 스칸디나비아 이외의 국가에서 옴부즈맨은 강력한 조사권을 가지지 못하며, 대중들이 그 존재를 널리 인식하고 있지도 못하다 (Ansell and Gingrich, 2003). 관료제의 책무성을 추구하는 데 있어서 이러한 괴리는 유감스러운 일이다.

고충처리위원(Ombudsman): 입법기관에 의해 임명되어 공공부문의 행정적 실책 혐의를 조사하는 공직자.

유물로 취급되며, 그들은 공공행정이 공공관리로 대체되었다고 주장한다.

NPM의 역사에서 뉴질랜드는 눈에 띄는 선구적 사례이다. 1980년대와 1990년대에 뉴질랜드는 '어떤 서구 민주주의 국가보다도 가장 포괄적이고 급진적인 일련의 개혁'을 실시했다 (Pollitt and Bouckaert, 2011: 302). 재계 지도자들, 정부의 경제학자들, 주요 정당의 고위 정치인들의 연합은 인기는 없지만 대단히 중요한 개혁을 밀어붙이기로 합의했다. 새 모델의 한 가지 특징은 폐기물 수집과 같이 이전에 일반적으로 지방의 서비스 제공에 민간 업자를 활용했던 수준을 훨씬 넘어서 외부위탁을 광범위하게 이용한 것이다. 채권추심과 같은 민감한 분야도 민간 계약자들에게 위탁했다. 그러한 방법으로 뉴질랜드의 공무원 수는 1988년에 8만 8,000명에서 1994년에 3만 7,000명으로 감축되었다 (비록 일부는 다른 공공부문으로 재배치되었을 뿐이지만). 또 공공부문 내에서 구매자(예를 들어, 교통부)와 제공자(뉴질랜드 고

속도로공사) 사이의 관계를 관리하는 데도 위탁 제도가 도입되었다.

뉴질랜드의 경험에서 어떤 교훈을 얻을 수 있을까? 멀건은 그것이 '정부 기능의 명확성과 공공서비스의 효율성 제고'를 가져왔으나, 또한 개혁과정에서 소비된 재원으로 인해 많은 비용이 들었으며, 공공기관의 수가 증가함으로써 조정의 문제가 생겼다고 결론 내렸다 (Mulgan, 1997: 146). 그러나 NPM 개혁의 광범위하고, 종종 분산적인 속성으로 인해 정확히 평가를 내리기 어려우며, 그 효과는 나라마다, 분야마다 다양하게 나타났다. 전반적으로 NPM의 가장 큰 공헌은 인식을 바꾼 것이며, '민영화, 시장화, 참여, 규제완화, 유연화의 비전'을 확산시켰다는 것이다 (Pollitt and Bouckaert, 2011: 156).

전자정부

신공공관리는 **전자정부**(e-government), 또는 인터넷을 이용한 공공서비스 제공이라는 새로운 형태의 관료제로 대체되고 있다. 즉, 인터넷이 정부 사이, 정부부처 사이, 시민들 사이에 새로운 의사소통의 통로를 만들었다는 생각이다. 한 가지 주의해야할 점이 있다. NPM의 효과가 과장되었던 상황을 고려하면, 전자정부의 가능성에 대해 너무 많은 기대를 하지 않도록 주의해야 한다. 우리는 또 전자정부가 시민들의 정부부처나 공공 정보에 대한 접근을 쉽게 하고, 정부의 비용을 줄이며, 디지털 산업을 활성화할 수 있으나, 정부에 대한 사이버 공격의 위험성을 높이고, 정부에 의한 시민 감시를 용이하게 한다는 점을 인식해야 한다. 그러나 외부위탁과 전자정부의 결합은 관료제의 운영방식이 혁명적 변화의 와중에 있음을 의미하며 그 궁극적인 결과는 앞으로도 수십 년이 지나야 제대로 알 수 있을 것이다.

> **전자정부**(E-government, digital era goverance): 정보통신기술을 이용하여 공공서비스를 제공하는 것.

전자정부는 확실히 통신 인프라가 가장 잘 정비된 부유한 국가에서 가장 잘 발전해 있다. 표 10.2는 UN 공공행정 네트워크(UN Public Administration Network)가 주기적으로 조사한 전자정부 준비태세 상위 10개국을 보여준다. 동전의 반대편에는 전자참여, 즉 시민들이 얼마나 온라인 서비스를 활용하는지의 문제가 있다. 전자정부는 더 이상 새로운 것은 아니지만, 항상 진화하며, 우리는 그 효과를 아직 완전히 이해하지 못하고 있다. 그러나 분명한 사실은 부국과 빈국 사이뿐만 아니라, 하나의 국가 내에서도 인터넷에 접속된 자들과 그렇지 못한 자들 사이에 정보격차가 있다는 점이다.

호주의 예를 들어보자. 호주는 1990년대 중반부터 전자정부 확산 정책을 추진한, 세계에서 가장 전자정부가 발전한 나라 중 하나이지만, 기술적 능력뿐 아니라 빈곤과 같은 사회·경제적 장벽으로 인해 그 혜택으로부터 배제된 사람들이 많다. 또 호주는 일부 소수 지역에 많은 인구가 집중되어 있는 한편,

표 10.2 전자정부 상위 10개 국

1	한국	6	일본
2	호주	7	미국
3	싱가포르	8	영국
4	프랑스	9	뉴질랜드
5	네덜란드	10	핀란드

출처: UN Public Administration Network (2015). 순위는 2014년 기준이며, 온라인 서비스 제공 여부, 통신 인프라의 질, 전반적인 교육 수준 등에 근거함.

적은 인구가 널리 분산되어 있기 때문에 접근하기 힘든 지방이 있다. 다른 많은 나라들과 마찬가지로 호주의 아이러니는 전자정부에 접근함으로써 가장 많은 혜택을 누릴 수 있는 사람들이 전자정부에 가장 접근하지 못하고 있다는 것이다 (Baum, 2014).

적어도 시민들을 상대하는 정부부처는 부처의 웹사이트를 통해 시민들과 접촉하게 되었다. 기술은 국가가 국민들에 대한 정보를 저장, 통합, 분석할 수 있는 사상 유례 없는 기회를 만들어 주었다. 다른 정치적 자원과 마찬가지로 이러한 능력은 선한 목적이나 악의적인 목적으로, 또는 양자를 다 포함하는 목적으로 이용될 수 있다.

전자정부의 발전에는 4단계가 있다고 한다 (Baum and Di Maio, 2000; Montargil, 2010). 첫째는 주로 웹사이트를 통해 공공서비스의 자세한 사항을 알리는 것과 같은 정보의 제공이다. 이것은 정부부처의 업무에 대한 정보를 찾는 사람들에게 유용하다. 둘째 단계는 서류양식을 내려 받거나, 이메일을 보내는 등의 상호작용이 일어난다. 셋째 단계는 인터넷으로 공과금을 납부하거나 신청서를 제출하는 등의 업무처리이다. 마지막 단계는 관료제에 있어서 가장 어렵고 중요한 통합이다. 원론적으로 말하자면, 통합은 운전면허증 신청부터 사업자 등록까지 모든 정부 서비스를 하나의 사이트에서 한 번의 등록이나 전자서명을 통해 접근할 수 있도록 하는 것이다. 그러한 포털사이트 또는 원스톱서비스는 다수 부처의 데이터베이스를 통합해야 하기 때문에 실현하기 어렵다. 그러한 작업은 대단히 세세하고 고도의 조정능력을 요하기 때문에 오늘날 공무원들에게 기대되는 역할을 넘어서는 것임을 인식할 필요가 있다.

통합은 공공서비스가 더욱 선제적이 될 수 있는 기회를 만들어 준다. 만약 당신의 생년월일과 주소가 부처 간에 공유된다면, 그리고 당신이 이사를 가게 되면, 교통부는 당신에게 운전면허 신청에 대한 정보를, 내무부는 유권자 등록 신청양식을, 보건부는 질병 진단 세트를 집으로 보내줄 수 있다. 마찬가지로, 아동의 학생기록부를 국가 데이터베이스에 연결해 놓으면 다른 곳으로 이사한 학생도 쉽게 찾을 수 있다. 이러한 방법으로 전자정부는 통합된 정부를 가능하게 한다.

전자정부에 대한 가장 큰 우려는 프라이버시 침해, 허가 없이 제3자에(민간기업이나 외국정부 등) 데이터를 넘겨주는 것과 같은 정치적인 오용, 증가하는 해킹의 위험성, 테러리스트에 의한 정부서비스의 방해 등이다. 안보위협에 대한 대응을 명분으로 정부가 문자, 전화, 인터넷 사용 등 개인의 전자적 기록에 접근할 수 있다는 인식으로 인해 전자정부에 대한 국민들의 의구심은 더욱 강해졌다. 유럽연합의 포괄적인 데이터 보호 지침(Directive on Data Protection, 1998)과 같은 프라이버시와 데이터 보호에 관한 법률이 있다고 충분히 안심할 수 있는 것이 아니다. 자신의 개인정보에의 접근은 정보의 정확성을 높일 수 있으나, 오남용을 방지하지는 못한다.

실제로 통합적인 전자정부의 성공은 시민들이 현재 그리고 미래의 정부를 신뢰하는 정도, 그리고 해킹이 방지될 수 있는 정도에 의해 좌우될 것이다. 냉소적인 시민들은 개인정보가 각 부처의 서류철에 보관되거나, 아예 보관되지 않는 것을 선호할지 모른다.

권위주의 국가의 관료제

우리는 민주주의 국가에서 권력과 정부의 기반을 구성하는 대부분의 제도는 권위주의 체제에서는 취약하거나 주변화되는 것을 제8장과 제9장에서 보았다. 이 일반론에는 두 가지 중요한 예외가 있다. 군부와 관료제이다. 권위주의 체제에서는 그 용어의 정의 자체가 의미하듯이 선거, 경쟁적인 정당, 자유롭게 조직된 이익단체 등 대의제의 제도들은 취약하다. 상향식보다는 하향식의 통제가 작용하기 때문이다. 한편 독재자들은 선거나 의회를 조작하거나 아예 없애버릴 수 있지만, 그들의 의지를 실행해주는 관료제 없이는 통치할 수 없다.

군부정권 하의 나이지리아는 한 예이다. 초기 군부정권(1966~1979년)은 2개의 기구를 통해 통치했다. 군최고위원회(SMC: Supreme Military Council)는 일부 고위 장교들로 구성되었고 핵심 정책결정 기구로 기능했으며, 연방집행위원회는 고위 연방관료로 구성되어 SMC의 결정을 집행하였다. 제2기 군부정권(1983~1999년) 시기에도 SMC가 군통치위원회(Armed Forces Ruling Council)로 명칭이 바뀌었을 뿐, 거의 마찬가지였다. 군사쿠데타도 상대적으로 소수의 자격과 경험을 갖춘 인재 풀에서 관료제로 충원되는 나이지리아 정치의 일관된 속성에서 벗어나지는 못했다.

관료제는 독재자를 위해 봉직하는 조직 이상의 존재가 될 수 있다. 관료제는 종종 군부와 손을 잡고, 자신들의 기술적 전문성과 대중의 압력에 저항하는 능력이 장기적인 경제성장의 유일한 길이라고 주장하면서 중요한 정치권력이 될 수 있다. 이러한 주장은 표면적으로 타당성이 있을지 모르지만 대부분의 권위주의 정권의 관료제는 결국 비대화, 과도한 정치화, 비효율의 문제로 경제성장의 방해요인이 되었다. 장기적으로 군부와 결탁한 관료주의적 정권은 문제에 대한 해결책이기보다는 문제의 일부분이 되었다.

분명히 관료제는 대부분의 권위주의 정권의 급속한 경제성장 과정에 긍정적인 역할을 해왔다. 1950년대와 1960년대에 중동과 북아프리카의 몇몇 정권에서 관료제는 경제근대화 추진에 기여했다. 아르헨티나, 브라질과 같은 남미국가에서 억압적 군부정권 하에서 관료제가 무자비하게 경제개혁을 추진한 현상을 묘사하기 위해 심지어 **관료적 권위주의(bureaucratic authoritarianism)**라는 용어도 만들어졌다 (O'Donnell, 1973). 인도네시아나 말레이시아처럼 경제 실적이 좋은 동아시아 국가들은 대규모 권위주의 정권의 경제발전에 관료제가 기여한 보다 최근의 사례가 될 수 있다.

> **관료적 권위주의(Bureaucratic authoritarianism)**: 군부의 비호를 받는 자본주의의 틀 속에서 관료제 내의 기술관료가 경제적 안정을 유지하는 정권.

그 개념은 정부가 효율적인 관료제에 의존하여 규제와 계획을 통해 경제에 적극 개입하는 국가를 의미하는 **발전국가(developmental state)**의 개념과도 중첩이 된다. 처음에는 후발 산업화의 상황에서 정부가 적극적으로 개입한 일본을 설명하기 위해 사용 되었으나 (Johnson, 1982), 이 용어는 후에 중국, 인도네시아, 말레이시아, 필리핀, 태국, 베트남 등 강력한 엘리트 관료가 경제정책을 지도·감독하는 나라들을 묘사하기 위해 더 광범위하게 사용되었다. 일본과 한국의 모델을 따라서 대부분의 이들 발전국가들은 급속한 경제성장과 민주화를 경험했으며, 따라서 이 범주에는 민주주의와 권위주의 체제가 모두 포함된다. 발전국가와 대비되는 개념은 자원을 추출하면서 그 대가로 국민들에게 별다른 보상을 제공하지 않는 소위 약탈국가이다 (Evans, 1995). 보다 넓은 관점에서 보면 한 국가가 장기적으로 경제발전을 한 단계 높이기 위해 권위주의에 가까운 방법을 사용하면,

성장의 결과 민주화로의 압력을 생성할 수도 있다.

> **발전국가(Developmental state)**: 국가가 사회를 근대화, 산업화하기 위해 적극적, 의도적인 노력을 하는 경우.

그러나 관료제가 성공적인 근대화를 추진하는 이러한 사례는 예외적이다. 그보다는 관료제는 성장을 촉진하기보다는 저해한 경우가 더 빈번하다. 20세기의 사하라사막 이남 지역의 경험은 우리에게 비관적인 사례를 제공한다. 권위주의 통치자들은 빈번히 공직임명권을 정치적 보상으로 이용하고, 정치와 행정의 예민한 구별을 무시했다. 이러한 공직임명에 대한 무신경한 접근은 과잉 노동력, 특히 새로 학교를 졸업한 사람들을 행정부로 흡수하는 데에까지 확대되었다. 공공부문의 확대는 정치적 지지를 사거나 반대자들의 등장을 방지하는 방법으로 이용되었다.

그 결과는 관료제의 통제 불가능한 성장이었다. 1990년대 초에 이르자 대부분 아프리카에서 비농업 분야에서 공공부문 근로자가 최다수를 차지하게 되었다 (Smith, 2009: 221). 한번 임명되면 공공 근로자들은 친족관계로 인해 자신의 직위를 이용해서 다른 가족이나 민족집단 구성원들에게 보상을 할 의무를 지게 되고, 공공 근로자의 수는 더욱 증가했다.

그 결과 비대해진 관료제는 발전의 효과적인 도구로 기능할 수 없게 되었다. 오히려 관료 집단은 자신들의 이익을 위해 사회의 자원을 차출하였는데, 이는 식민지의 모델을 대체한 것이 아니라 유지한 것과 같았다. 국가적 부의 주된 원천(예를 들어, 자원의 수출)이 국가 통제하에 있었기에, 공공 부문의 직책이 부의 축적의 지름길이 되었고, 관료적 자산가들을 형성하였다. 비교적 최근에 와서야 국제기구들의 압력을 받아, **행정역량(administrative capacity)** 강화를 강조하면서 공공부문 팽창에 고삐를 죄려는 시도가 나타났다 (Turner and Hulme, 1997: 90).

> **행정역량(Administrative Capacity)**: 공공정책의 효과적인 관리와 실행을 통해 사회적 문제를 해결할 수 있는 관료제의 능력.

관료주도의 발전이 성공한 나라에서도 그 모델은 유효성을 상실하고 있다. 20세기 말 몇몇 동아시아 국가들은 관료제가 소규모 서비스 기업이 확산되는 성숙한 개방경제를 관리하는 것보다는 산업능력을 형성하는 데 더 효과적이었음을 발견하였다. 예를 들어, 1990년대 말의 아시아 금융위기는 인도네시아에서 자본에의 접근이 수익률보다 정부 내의 인맥에 의존한 **정실자본주의(crony capitalism)**로 인해 투자 패턴이 얼마나 왜곡되었는지를 드러내주었다.

> **정실자본주의(Crony capitalism)**: 경제발전이 정부 관료와 재계 유력자들 사이의 긴밀한 관계에 의존하는 현상으로 특별 세금감면이나 공공사업 계약, 인허가, 보조금 제공을 통해 이익을 줌.

어떤 의미에서 공산주의 체제의 관료제는 권위주의 정권에서의 관료제의 위치와 유사했다. 그러나 한 가지 차이점은 공산주의 통치하에서의 관료제의 엄청난 규모이다. 새로운 사회 건설이라는 공산주의 이론의 사명을 달성하기 위해 공산당은 경제, 사회 등 모든 영역의 발전을 전부 국가를 통해서 통제해야 했다. 당연히 민간부문은 사라지고 경제는 국가 행정의 한 영역이 되었다. 이러한 상황에서 당은 군부를 통제하는 방법과 동일한 방법으로 모든 중요한 직책에 대한 임명권을 통해 관료제를 통제했다.

권위주의 정권을 논의하는 데 있어서 관료제는 마땅히 받아야 할 만큼 관심을 받지 못한다. 그 이유는 자명하다. 그러한 정권은 일반적으로 대통령과 국민들 사이의 개인적인 관계를 기반으로 하기 때문이다. 이러한 암묵적인 관계는 관료제를 포함하여 규칙에 의해 운용되는 제도의 강화를 방해하기 때문이다. 권위주의 정권은 관료적이기 보다는 정치적인 속성을 띤다.

더 나아가 권위주의적 통치자는 종종 자신을 관료제의 반대편에 위치시킨다. 특히 남미에서 관료들은 빈번히 과거 식민지 시대의 관료들 같은 거만한 태도를 모방했고, 부패하고 국민들의 요구에 둔감했기 때문에 대중영합적인 정치인들의 편리한 표적이 되었다. 그러한 통치자들은 적을 필요로 하며 경직된 관료제는 그러한 필요에 맞아 떨어진다. 권위주의 정권의 지배자가 석유와 같은 천연자원으로부터 경제적 이익을 확보할 수 있으면 그는 비공식적으로 지지자에 대한 보상을 통해 정치적 동맹을 유지할 수 있으며, 관료제를 더욱 약화시킬 수 있다 (제18장의 자원의 저주에 대한 논의 참조).

예를 들어, 베네수엘라에서 차베스(Hugo Chavez)는 1991년에 정치체제가 "민주적, 참여적, 분권적, 다원적이고, 국민들에게 책임을 지며, 선출직 공직자의 임기가 제한되고, 위임 받은 권위가 무효화될 수 있다"고 규정한 신헌법을 도입했다 (Alvarez, 2004: 152). 신헌법의 이러한 가식과 근본적인 불확실성은 효과적인 관료제 형성에 도움이 되지 않았으며, 관심을 정치 영역과 차베스 자신에게 집중시켰다. 그가 통제하는 지역위원회는 자원을 자신의 지지기반에 배분하여 정치적인 이득을 확보했다.

러시아의 권위주의 정권도 관료제와 양면적인 관계를 보인다. 분명히 러시아의 대통령들은 관료제를 적으로 만들기보다는 강력한 국가권력의 오랜 전통을 활용했다. 그러나 공산주의 붕괴 이후 관료제를 통제하는 것은 쉽지 않았다. 대부분의 자유민주주의 국가와 달리 러시아는 표준화된 규칙과 업적주의적 임명에 기반을 둔 통합적인 관료제를 가져본 적이 없다. 공산주의 하에서 당과 국가는 매우 밀접한 관계에 있었기 때문에 전자의 붕괴는 후자의 붕괴를 가져왔다. 그 후 수년간의 혼란기에 공공서비스 제공은 필연적으로 지역의 수준으로 이전되면서 이 광대하고 다양성이 높은 러시아는 파편화되었다.

1995년 공무원법의 제정으로 예를 들어, 엄격한 직급 구조와 같은 더 통일된 표준이 공공부문 전체에 도입되었으나 러시아 관료제의 운용은 여전히 베버의 표준에는 훨씬 못 미친다. 오늘날에도 비효율과 부패의 유산은 러시아 관료제를 자유민주주의의 그것보다 훨씬 덜 전문가적이고 덜 반응적으로 만들고 있다.

이러한 문제를 해결하기 위해 공산주의 붕괴 이후 러시아의 대통령들은 그 직속으로, 또는 대통령에게 보고하는 대규모의 감시기관을 만들었다. 2009년에 이르자 대통령실에는 주로 충성도 높고, 능력 있고, 신뢰할 수 있는 직원으로 구성된 부서가 15개나 설치되었다. 이 부서들 중에는 '연방법, 칙령, 명령, 기타 대통령의 결정이 연방 행정기구, 지역정부나 조직에 의해 실행되는지를 관리·감시'하는 통제국(Control Directorate)도 포함된다 (President of Russia, 2009). 대통령실의 빈번한 개편은 그것이 별로 성공적이지 못함을 시사한다.

그러한 노력은 상당부분 러시아 권위주의 체제의 엘리트 정치의 속성 때문에 약화된다. 대통령 주변에서 움직이는 영향력 있는 과두 엘리트들은 규칙에 기반을 둔 관료제의 필요성을 무시하고 자신들에게 사업상 유리한 결정만을 추구한다.

토론주제

- 당신은 관료들을 생각하면 가장 먼저 어떤 이미지가 떠오르는가, 그리고 그러한 이미지는 얼마나 실제를 반영한다고 생각하는가?
- 외부위탁: 좋은 생각인가 아닌가? 공공서비스 중에는 민간 계약자가 제공할 수 없거나, 제공해서는 안 되는 것이 있는가? 만약 있다면 어떤 서비스인가? 이유는 무엇인가?
- 관료제 내에 여성과 소수민족이 과소대표된 상황을 개선하는 가장 좋은 방법은 무엇인가?
- 외부위탁과 전자정부는 얼마나 관료제의 개념을 혁명적으로 변화시키고 있는가? 그러한 변화는 바람직한가, 그렇지 않은가?
- 당신의 나라에 존재하는 규제기구의 몇 가지 예를 생각해보시오. 그들의 정치적 책무성이 담보되고 있는가, 또 그래야만 하는가?
- 당신은 개인적으로 전자정부를 경험해본 적이 있는가? 그렇다면 그 경험이 관료제에 대한 당신의 시각을 어떻게 바꿔 놓았는가?

핵심 개념

고충처리위원(Ombudsman, 옴부즈맨)
관료적 권위주의(Bureaucratic authoritarianism)
관료제(Bureaucracy)
규제기관(Regulatory agency)
능력주의 또는 업적주의(Meritocracy)
발전국가(Developmental state)
부서(Division)
부처(Department)
부처별 충원(Departmental recruitment)
불필요한 요식행위나 절차(Red tape)

신공공관리(New public management)
엽관제도(Spoils system)
외부위탁(Outsourcing)
전자정부(E-government)
정실자본주의(Crony capitalism)
중앙부처 이외의 공공기관(Non-departmental public body)
차별시정조치(Affirmative action)
통합적 충원(Unified recruitment)
행정역량(Administrative capacity)

추가 읽을 거리

Hummel, Ralph P. (2014) *The Bureaucratic Experience: The Post-Modern Challenge*, 5th edn. 관료제 개혁이 논의됨에도 불구하고 그들의 조직구조는 여전히 변하지 않고 있다는 주장.

Mulgan, Richard (2003) *Holding Power to Account: Accountability in Modern Democracies*. 책무성의 개념에 대한 사려 깊은 논의.

Nixon, Paul G., Vassiliki N. Koutrakou, and Rajash Rawal (eds) (2010) *Understanding E-Government in Europe: Issues and Challenges*. 이 책의 주제별 장은 정보통신 기술이 유럽의 거버넌스에 미치는 영향에 대해 연구.

Peters, B. Guy (2016) *The Politics of Bureaucracy: An Introduction to Comparative Public Administration*, 7th edn. 관료제에 대한 비교 입문서로 널리 사용.

Peters, B. Guy and Jon Pierre (eds) (2004) *The Politicization of the Civil Service in Comparative Perspective*. 자유민주주의 국가의 관료제의 급여, 임명, 당파성 등의 문제를 각국 별 챕터에서 다룸.

Pollitt, Christopher and Geert Bouckaert (2011) *Public Management Reform – A Comparative Analysis: New Public Management, Governance, and the Neo-Weberian State*, 3rd edn. 호주, 유럽, 북미의 공공행정의 변화에 대한 세부적인 분석.

CHAPTER 11 하위국가정부

개관

정치체제의 비교는 대체로 국가 차원의 활동에 초점을 맞추지만, 보다 지역적인 차원의 활동에 초점이 맞춰지기도 하고, 지방, 시, 그리고 지역정부에 대한 비교를 포함하기도 한다. 적어도 연방체제에서 국가 차원의 행정부, 입법부, 사법부와 같은 기능이 지역수준에서도 발견된다. 국가와 지방 차원의 전체적인 그림을 보지 않고는 특정 국가의 정치와 정부를 이해하기 어렵다. 불행하게도 하위국가정치(sub-national politics)는 투표자들에게 흥미를 별로 유발시키지 못하는데, 실제로 지방정부 선거의 투표율이 국가 차원의 선거 투표율보다 훨씬 낮다. 일상생활에 즉각적으로 필요한 서비스의 대부분이 하위국가정부에서 나오고 국가의 관료보다 지방관료들이 더 접촉하기 쉽다는 점을 감안하면 지방선거의 투표율이 낮은 것은 모순적이다.

이 장은 다층 거버넌스(multilevel governance)의 개념에 대한 검토부터 시작하는데, 이 개념은 정부의 상이한 층에 존재하는 수많은 수직이고 수평적인 상호활동을 묘사한다. 특히 이 장은 국가정부의 기능적 체제의 두 가지 가장 흔한 모델인 단일체제와 연방체제에 대해서 논의한다. 대부분의 국가들은 단일체제를 채택하고 있지만, 세계의 많은 사람들이 연방정부 하에 살고 있다. 그 이유는 세계의 대부분 대국들이 연방정부를 택하고 있기 때문이다. 또한 이 장은 지방정부의 구조와 기능을 살펴보기 전에 단일체제와 연방체제를 비교하고 대조한다. 마지막으로 이 장은 대체로 중앙에 비해서 주변부가 중요하지 않은 권위주의 체제에서의 하위국가정부의 역동성에 대한 검토를 한다.

차례

- 하위국가정부: 개요   229
- 다층 거버넌스   230
- 단일체제   231
- 연방체제   234
- 단일체제와 연방체제의 비교   239
- 지방정부   241
- 권위주의 국가에서의 하위국가정부   246

핵심논제

- 다층 거버넌스는 행정부의 다른 수준(초국가적, 국가적, 지역적, 지방적)들 사이의 관계를 분석하기 위한 틀이다.
- 세계의 대부분 국가들은 단일정부체제를 택하고 있으며, 이 체제에서 지역과 지방단위는 국가정부에 대한 보조적인 역할을 한다.
- 그 이외의 국가들은 둘 또는 그 이상 수준의 정부가 독립적인 권력을 가진 연방제를 택하고 있다.
- 단일체제와 연방체제의 헌법적 구분은 명확하지만, 단일국가가 연방국가만큼의 층이 있거나 더 많은 경우도 있다. 단일국가에서 지방정부를 강화하는 것이 중요한 흐름이 되고 있다.
- 지방정부는 시민이 국가를 가장 자주 접할 수 있는 장소이다. 그러나 애석하게 별로 연구가 안되고 있지만, 그 조직과 기능은 일부 흥미로운 질문을 제기하는데, 그 중에는 선출된 시장에게 부여된 권위 같은 것이 포함된다.
- 권위주의 국가의 하위국가정부는 민주적인 정부에 비해서 덜 공식적인 권력과 독립성을 보유하지만, 때때로 권위적인 지도자들은 자신이 보유한 권력을 유지하기 위해 지역 지도자들에게 의존한다.

하위국가정부: 개요

하위국가정부와 정치는 국가 이하 수준에서 작동되는 제도와 과정을 나타낸다. 국가정부 또는 중앙정부(혼용하여 사용)는 국가 전체의 이익, 그리고 주권국가들 사이에 존재하는 관계에 집중을 하는 반면, 하위국가정부는 거의 완전하게 국내문제에 초점을 맞춘다. 하위국가정부는 일종의 중간 수준 정부(국가의 주, 도, 지역)를 포함하고, 지방정부는 도시와 구역의 단위로 형성되는데, 시, 구, 읍, 면, 동이라는 이름을 가진다 (우리나라에서는 광역지자체와 기초지자체로 구분한다 – 옮긴이).

모든 국가는 하위국가정부에 대해서 한두 가지의 방식으로 지시를 내릴 수 있는데, **단일체제(unitary system)**와 **연방체제(federal system)**로 구분된다. 단일체제의 경우 국가정부가 단독적인 주권을 가지는데, 이는 중간 수준과 지방정부가 국가정부의 뜻대로 존재하고 중앙정부가 부여하는 만큼의 권력만 보유한다는 점을 뜻한다. 연방체제의 경우 국가정부와 지방정부가 독립적으로 존재하면서 독자적인 권력을 보유한다. 국가정부와 지방정부는 상호 폐지시킬 수 없다. 단일체제와 연방체제가 운영되는 방식에 있어서는 몇 가지 차이가 존재한다. 양 체제는 다양한 형태를 보이고 있는데, 단일체제처럼 기능하는 연방체제(러시아의 사례)가 있는가 하면 연방체제처럼 기능하는 단일체제(영국과 스페인의 사례)가 있어 매우 복잡한 그림이 그려진다.

> **단일체제(Unitary system)**: 국가정부가 주권을 보유하며 지방단위는 독립적 권력을 가지지 못한 체제.
>
> **연방체제(Federal system)**: 둘 또는 그 이상 수준의 정부들이 주권을 공유하고, 각기 독립된 권력과 책임을 보유한 체제.

연방헌법을 채택하고 있는 국가는 20여 개밖에 안되지만, 여기에는 세계 대부분의 대국들(중국은 제외)이 포함되어 있기 때문에 세계인구의 많은 부분인 37퍼센트를 포함한다. 유엔 회원국들 중에 90퍼센트가 단일국가이지만 그들 중 많은 국가들은 규모가 작은 국가들이기 때문에 그들의 인구는 세계인구의 63퍼센트에 불과하다 (중국을 제외하면 단지 43퍼센트가 된다).

시민들이 정부에 대하여 생각하는 방식에 차이가 있는 바와 같이 단일체제에서 국가 내부의 관계는 연방정부의 내부관계와 차이가 있다. 단일체제에서 정치는 국가 수준에 초점을 맞추는 경향이 있다. 낮은 수준도 중요하지만 가장 중요한 정치 이슈는 국가 수준의 범위 내에 있고 시민들은 자신들이 국가 정치공동체의 일원이라는 생각을 더 많이 가지고 있다. 이에 비해 연방체제에서 다양한 지방 단위들은 보다 독립적이고 지방 단위의 의제가 보다 중요성을 가지며 정치적 계산에서 지방 단위들이 더 중요한 위상을 가진다. 이에 더하여, 연방 내의 지방정부들이 독립된 권력을 갖고 있기 때문에 그들은 단일체제의 경우 보다 국가정부에 대해 강한 지렛대를 지니고 있다.

연방체제 내에서 일부 지방정부들은 자체적으로 중요한 정치적이고 경제적인 단위들이다. 예를 들어, 미국의 캘리포니아 주는 인도, 캐나다, 멕시코, 사우디아라비아보다 거대한 경제규모를 유지하고 있다. 인도의 우타르프라데시 주의 인구는 2억 명 수준인데, 이는 브라질 인구와 같고 일본과 러시아의 인구보다 많다. 이러한 점에서 하위국가정부가 비교정치 연구의 중요한 부분이고 보다 면밀한 분석을 필요로 한다.

다층 거버넌스

다층 거버넌스(MLG: Multilevel governance)는 단일국가인지 연방국가인지에 상관 없이 자유민주주의 국가의 정책결정자들과 이익집단들이 여러 층 사이에서 대화하고 설득하고 타협을 하여, 운송과 교육 같은 특정기능 분야에서 결속된 정책을 제시하도록 추구하는 과정을 설명하는 개념이다. 기본적인 논점은 단독으로 활동하는 어떠한 한 수준의 정부가 대부분의 정책문제들을 해결할 수 없고, 따라서 다층의 정부들이 협력해야 한다는 점이다. 슈미터(Schmitter, 2004: 49)는 다층 거버넌스를 아래와 같이 설명했다.

> 영토적으로 결속된 한 지역 내의 서로 다른 수준에서 정치적으로 독립적이지만, 다른 면에서는 상호의존적이면서 다층적인 사적이고 공적 행위자들이 결정을 하는 제도이며, 지속적인 협상/숙고/이행의 과정을 거친다. 이들 중의 어떠한 수준에서도 배타적인 정책적 권한을 가지지 않으며 정치적 권위의 안정적인 위계질서를 유지한다.

다층 거버넌스(Multilevel governance): 권력이 수직적이고 수평적으로 정부의 서로 다른 수준에 배분되고 공유되는 행정체계이다. 초국가 수준으로부터 지역 수준까지 정부의 다양한 층은 상당한 정도의 상호작용을 한다.

커뮤니케이션은 동일하거나 근접한 수준에서 근무하는 관료들에게만 국한된 것은 아니다. 오히려 해당 분야의 국제적, 국가적, 지역적, 지방적 관료들이 모든 층을 넘나드는 상호관계를 가지며 자신들의 정책 네트워크를 형성한다 (유럽연합에서 MLG의 사례는 도표 11.1을 참고할 것). '정부(government)' 대신에 '거버넌스' 용어를 사용하는 것은 이러한 기관들의 단순한 조직 자체보다는 이들 사이의 관계에 대

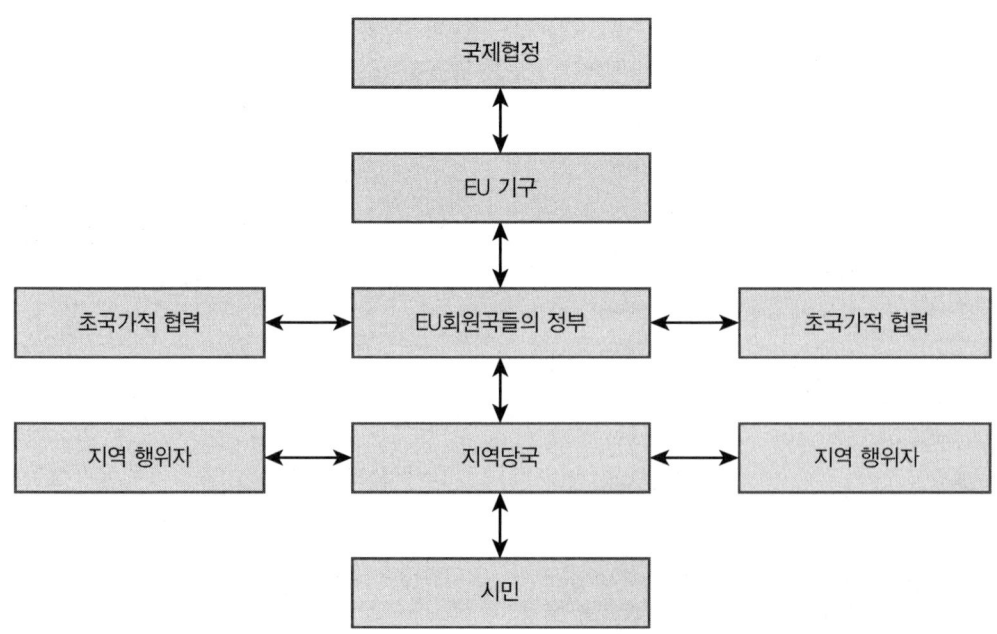

도표 11.1 유럽연합의 다층 거버넌스

하여 우리가 주목하고 있다는 점을 나타낸다.

다층 거버넌스 아이디어는 더 광범위한 함의를 가지고 있다. 다자주의와 마찬가지로 다층 거버넌스는 다양한 영역의 — 공공의, 민간의, 그리고 자발적인 — 행위자들이 사회를 규정하는 데 도움을 준다는 점을 인정한다. 예를 들어, 교육 분야에서 중앙 부처는 학교에서의 교육 성취도를 향상시키려 노력할 것이고, 목표를 달성하기 위해서는 공공영역의 보다 낮은 층(교육위원회와 같은)뿐만 아니라 학부모협회, 교사연맹, 교육연구자들과 같은 민간영역의 이해관계자들과도 협의할 필요가 있다.

다원주의와 마찬가지로 다층 거버넌스는 긍정적인 측면 또는 부정적인 측면으로 묘사될 수 있다. 긍정적인 측면에서 다층 거버넌스는 관련된 이해당사자들 간에 주고 받기를 통해 공통된 문제에 대한 해결방안을 찾는 실용적 관점을 포함한다. 부정적인 측면에서 다층 거버넌스는 민주적 통제, 그리고 비주류 성향의 단체와 사고(思考)의 침투에 내부 집단들이 저항함으로써 규칙이 복잡하고 더디게 발전하는 양상을 보인다. 다층 거버넌스는 인기를 끄는 개념일지 모르지만, 이 접근법의 대중성 때문에 이 접근법이 묘사하는 통치의 형식이 최고라는 인식을 하지 말아야 한다.

다층 거버넌스를 이해하기 위해서는 각 층의 테이블에 올려놓는 자원들을 이해할 필요가 있다. 전통적으로 국가 차원의 층은 정치적 권위, 규모가 큰 예산, 전략적 목표를 가지지만, 낮은 층의 관료들은 자신들이 고유하게 사용할 수 있는 힘의 카드들을 가지는데, 그 카드들은 문제에 대한 구체적인 지식과 제안된 치유방식의 효과를 판단할 수 있는 능력이다. 만약 낮은 층들이 열성적으로 일을 할 수 있는 자원이 확보된다면, 그들은 상황을 다르게 만들 수 있는 위상을 가지게 될 것이다. 그렇지 않다면, 그들은 흥미를 잃게 되고 정책적 목표를 달성하기 위한 중앙의 능력도 제한될 것이다.

다층 거버넌스에서 권력이 단지 설득할 수 있는 능력이라고 추론하는 것은 틀린 것이다. 커뮤니케이션은 각 층의 대표들에게 제한과 기회를 제공하는 헌법적 틀 내에서 여전히 작동된다. 만약 헌법이 교육에 대한 책임을 중앙정부에 부여했다면, 지방정부는 교육부가 재정지원을 하기 전에 새로운 학교를 설립할 수가 없다. 따라서 책임의 공식적인 배분은 다층 거버넌스를 구축하기 위한 기반이 되고 있다. 다층 거버넌스는 다층적 정부로부터 발전하지만, 그 정부를 대체하는 것은 아니다.

단일체제

세계의 대부분 국가들은 단일정부의 형태를 채택하고 있는데, 이는 그 국가가 지방정부를 보유하는지의 여부와 상관 없이 주권이 중앙정부에 배타적으로 주어져 있는 체제를 의미한다. 지방이든, 지역이든 하위 행정부들은 정책을 만들고 집행할 수 있지만, 중앙의 허락을 받아야 그렇게 할 수 있다. 그리고 하위국가정부는 법과 규칙을 제정할 수 있지만, 국가정부의 영역이 아닌 주제에 대해서만 할 수 있다. 중앙정부의 우월성을 반영하여, 대개의 단일국가들은 단원제 의회를 운영하고 있는데, 그 이유는 지방정부를 대표할 의회의 필요성이 없기 때문이다.

단일체제의 틀은 영국, 프랑스, 일본처럼 군주나 황제에 의한 지배의 역사를 가진 사회에서 자연스럽게 나타났다. 그러한 역사적 환경에서 권위가 중심이 되었다. 단일적 구조는 작은 민주주의 국가들에 있어서 정상적인 형태이며, 특히 강한 인종적 분열이 없는 나라에서 채택되어 사용된다. 라틴아메리카에서 거의 모든 작은 국가들은(아르헨티나와 브라질 등 거대국가는 예외) 단일체제를 운영하고 있다. 동유럽 국가들은 탈공산주의 헌법에 단일구조를 채택하였는데, 그 국가들은 연방주의를 러시아가 구 소련 지역을 지배한 장치로 생각하였다.

연방제의 복잡성(이 장의 후반부에서 논의)과 비교하여 단일구조는 명확하고 효과적으로 보일 수 있다. 중요한 모든 카드를 장악하고 있는 하나의 중앙정부가 있고, 다른 수준들은 중앙이 허락한 것만을 할 수 있다. 그러나 주권의 위치가 정치현실에 대한 적절한 가이드는 아닌데, 그 이유는 단일정부도 종종 분권화되어 있기 때문이다. 실제로 최근 수십 년 동안 많은 단일국가들은 낮은 수준에서 더 많은 기능을 수행하는 책임을 지도록 압력을 행사했다.

단일국가들이 중앙으로부터 권력을 분산시킬 수 있는 방법은 세 가지가 있다 (도표 11.2 참조). 첫째는 **탈집중화**(*deconcentration*)인데, 이를 통해 중앙정부의 업무가 수도로부터 국가의 다른 지역으로 분산된다. 탈집중화는 업무를 분산시켜서 일자리와 새로운 수입의 기반을 국가의 빈곤한 지역으로 이동되도록 하고, 보다 저렴한 지역으로 이전함으로써 활동하는데 필요한 경비를 절감시키며 중앙 부처는 집행보다는 정책결정에 초점을 맞추도록 한다. 예를 들어, 여권 발급과 같은 통상적인 업무는 실업률이 높지만 비용이 덜 드는 지역으로 탈집중화 될 수 있다. 탈집중화는 인터넷에 의해 더 쉽게 이루어지고 있는데, 그 이유는 많은 정부의 업무가 지리적 위치가 덜 중요하게 되는 온라인에 의하여 수행되기 때문이다.

두 번째, 그리고 정치적으로 보다 중요한, 권력을 분산하는 방안은 '위임(*delegation*)'이다. 이 방안은 권력을 중앙정부로부터 지방 권위체들과 같은 하위국가 조직에 전환시키거나 위임하는 것이다. 트라이스맨(Treisman 2007: 1)은 이러한 탈중앙화된 정부가 민주주의, 경쟁적인 시장, 법의 지배와 더불어 "정치적이고 사회적인 병폐를 치유하는 데 유용하다"고 주장한다. 그러나 비관론자들은 의문을 제기하면서, 경제운용과 같이 다양한 정책적 문제들은 국가 차원에서 통합된 방식으로 다루는 것이 더 낫다고 주장한다.

스칸디나비아가 고전적인 사례이다. 그곳에서 지

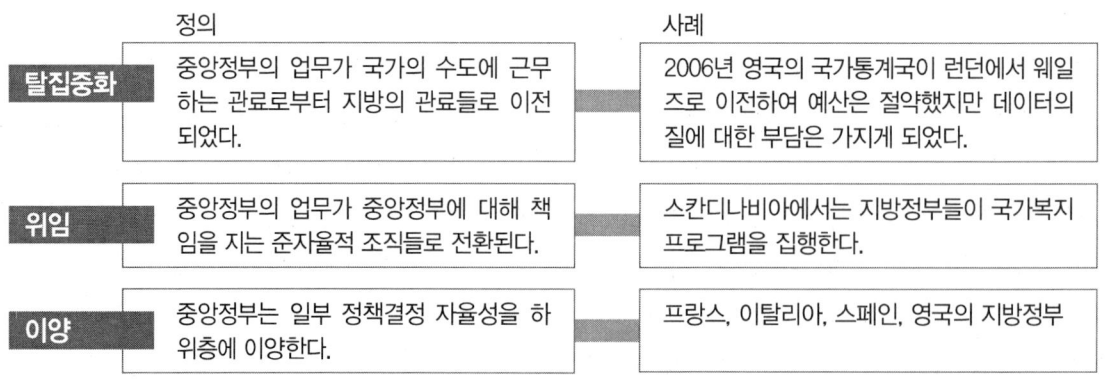

도표 11.2 단일체제에서 권력의 분산

주: 탈집중화와 탈중앙화는 단일국가에서뿐만 아니라 연방국가에서도 발생한다.

방정부는 국가차원에서 합의된 복지 프로그램들을 효율적으로 집행한다. 특히 스웨덴은 집행업무를 국가의회(Rikstag)가 지역 권위체로 위임하는 예외적인 사례를 보여 주고 있다. 지방정부는 의료보호와 교통 및 여행에 특별히 초점을 맞추고, 더 낮은 수준의 지방조직은 교육, 도시계획, 재난구호, 상하수도, 청소, 민방위를 포함한 다양한 분야에 대한 책임을 맡고 있다. 공무원들의 투명성, 책임성, 자율성과 함께 이러한 위임은 '스웨덴 모델'이라고 묘사되는 것의 한 부분을 형성하고 있다 (Levin, 2009).

세 번째는 가장 급진적인 형태의 권력분산인 '이양(devolution)'이다. 이것은 중앙정부가 의사결정의 자율성(일부 입법 권한을 포함하여)을 더 낮은 층에 부여할 때 발생한다. 스페인이 그 사례다. 한때 중앙으로부터 강하게 통제되었지만, 1975년 프랑코(Francisco Franco)가 사망하고 민주주의로의 전환이 이루어진 후에 지역들의 권한이 강화되었으며, 이후 이양이 빠르게 진행되었다. 북부의 바스크(Basque) 지역은 상당한 수준의 자치정부를 유지하고 있으며, 2006년에 동부지역의 카탈로니아(Catalonia)가 별개 민족으로서의 지위를 승인 받았다. 스페인은 종종 사실상의 연방으로 취급되지만, 이론적으로는 아직 단일국가이면서 이양이 이루어지고 있다.

영국의 경우 이양이 이루어지고 난 이후에도 연방과 비교되고 있다. 영국은 공식적으로 단일국가이다. 왜냐하면 1998년에 북아일랜드에, 1999년에 스코틀랜드와 웨일즈에 이양된 의회들이 설립되었지만, 이론적으로 그들은 통상적인 입법을 통해 런던의 국가정부에 의해 폐지될 수 있기 때문이다. 예를 들어, 북아일랜드 평화조약의 제도적 문제 때문에 2002년과 2007년 사이에 북아일랜드 의회가 잠정 폐지되었고 선거도 연기되었다. 이는 연방국가에서는 발생할 수 없는 일이다. 그러나 영국 내에서 스코틀랜드의 위상은 어려운 문제로 남아 있고, 연방이든 단일국가이든 전체 대영제국의 존재에 위협이 되고 있다. 2014년 스코틀랜드의 독립을 묻는 국민투표가 근소한 차이로 부결되었지만, 2015년 영국의 총선거에서 독립을 옹호하는 스코틀랜드 국민당이 스코틀랜드 의석 59석 중에서 56석을 차지하여 스코틀랜드 의석을 휩쓸었다. 영국(United Kingdom)의 미래가 중요한 의제로 남아 있다.

지방정부

단일국가들이 지역수준의 중간층을 설립하고 확대한 것은 중요한 흐름이 되어 오고 있다. 1950년과 2006년 사이에 42개의 부유한 국가들을 연구한 후지(Hooghe et al., 2010: 54) 등은 그 중에 29개 국가가 지역 권위체를 증가시켰고, 단지 2개국만이 축소시켰다는 점을 발견했다. 국가가 클수록 중간수준은 더 강력해지는 경향이 나타났다. 이 결과 프랑스, 이탈리아, 폴란드 등 단일국가들은 하위국가정부에 3개의 층(regional, provincial, local)을 보유하게 되었다 (표 11.1 참조). 중국은 한 걸음 더 나아가 5개의 층을 보유하고 있다. 이는 확고한 정부의 다층체제이다.

> **지방정부(Regional government)**: 단일국가에서 국가정부보다는 하위이지만 지역(local)과 군(county)보다는 상위인 중간 수준의 정부.

원래 많은 지방들은 중앙정부가 단순히 국가 내의 불평등한 수치를 해소하기 위해 만든 공간적인 단위였으며, 대개의 정책을 불평등 해소에 초점을 맞추었다. 그러나 대부분의 대규모 단일국가들에서 특정 지

표 11.1 단일국가에서의 하위국가정부

	프랑스	이탈리아	영국	폴란드	스웨덴	중국
최상층	26	20	3	16	–	33
중간층	100	103	35	314	20	2,862
최하층	36,683	8,101	434	2,478	290	41,636

출처: Loughlin et al. (2011: appendix)의 유럽통계

방조직들은 중앙정부가 독점하고 있는 계획을 분산시키기 위한 행정적 수단의 일환으로 설립되었다. 지방조직들은 경제발전과 이에 관련된 공적기반에 대해서 책임을 지는데, 특히 교통이 여기 포함된다. 이 조직들은 모두가 직선되는 것은 아니었으며, 전형적으로 그 지방의 의사보다는 중앙정부의 뜻대로 수립되는 경우가 많았다. 현재 지방정부들은 국가 전체에서는 낮은 수준이지만 소지역보다는 상위인 중간 수준의 가치 있는 관점을 제공하고 있다. 소지역 단위들을 합병하면 효율적인 결실을 얻을 수 있지만, 많은 거주자들에게 전통적인 공동체의 중요성이라는 관점에서는 중요한 정치적 대가를 치러야 할 경우가 있다.

지방조직들의 발전에 영향을 미치는 핵심 요인은 그들이 직접선거에 의하여 선출되는가의 여부이다. 선거는 선명성을 향상시키지만, 장점과 단점을 떠나서 정치적이고 파벌적인 요소들이 활동에 보다 직접적으로 개입이 된다. 프랑스는 선거에 의하여 전환된 사례이다. 1972년 프랑스에 세워진 22개의 지방정부들은 초기에는 극히 제한된 행정력만을 보유하였다. 그러나 그 지위는 직접선거를 골자로 하여 1982년에 통과된 지방분권법에 의하여 제고되었다. 첫 선거는 1986년에 실시되었다. 비록 프랑스의 지방조직들은 소규모의 예산으로 작동되지만, 그들은 보다 명확한 선명성과 권위를 보유하게 되었다.

직접선거가 가장 강한 영향력을 가지는 경우는 지방이 이미 중요한 문화적 독자성을 가지고 시민들이 정체성을 가지고 있는 경우이다. 예를 들어, 영국에서 국가정부는 스코틀랜드, 웨일즈, 북아일랜드에 독자 의회를 설치하는 데 성공하고 민족적 충성심을 고양시켰으나, 잉글랜드 내에서는 선거에 의해 선출된 지역의회를 설치하는 데 대한 공감획득에 실패했다.

유럽연합은 회원국 내에서 지역 수준에서의 발전을 고무해 오고 있다. 1975년에 설치된 유럽지역발전기금은 중앙정부를 통해서가 아니라 직접적으로 지역정부에 대한 지원을 하고 있다. 한 걸음 더 나아가 1988년에 EU는 하위국가 권위체들로 구성된 지역위원회를 설치했다. 그러나 이는 단순히 협의기구라는 점이 입증되었고, 정책과정에 있어서 지역 거버넌스 지지자들이 예상했던 것보다 국가의 행정부가 더 많은 역할을 수행하고 있다.

연방체제

권력이 국가 수준에 놓여 있는 단일정부체제와 달리 연방체제에서 국가의 주권과 권력은 다른 수준의 정부들에 의하여 공유되고 있다. 개념적으로 적어도 두 개의 수준이 있어야 하지만, 전형적으로 국가, 지방, 지역의 3개가 존재한다 (이 용어는 혼동이 될 수 있

다. 국가 또는 중앙정부는 연방정부로 알려져 있고 지방정부는 주, 도 등으로 불리고, 독일과 오스트리아는 랜더[Länder]로 부르고 있다. 표 11.2 참조). 연방주의는 크고 분열이 심한 국가에서 가장 잘 작동되고, 브라질, 인도, 러시아, 미국을 포함한 20여개 국가가 **연방**(federation)을 채택하고 있다. 규모와 다양성에도 불구하고 중국은 단일국가를 유지하고 있는데, 그 이유는 단일체제가 공산당으로 하여금 국가를 통제하기 쉽게 하기 때문이다.

> **연방**(Federation): 연방주의를 실행하는 정치체제.

연방 내부관계에 있어서의 핵심은 국가 또는 지방의 층이 서로를 폐지시킬 수 없다는 것이고, 연방체제가 단일체제와 구분되는 핵심은 지방정부가 자체적으로 보유한 권력에 상관없이 그 위상이 보호된다는 점이다. 연방제는 특정 기능들을 각 층에 할당하는데, 중앙정부는 대외관계(국방, 외교, 이민) 및 화폐와 같은 핵심적인 국내 기능에 대해서 책임을 진다. 주의 경우에는 교육, 법집행, 그리고 지역정부에 대한 책임을 지고, 나머지 권력들은 대체로 중앙정부보다는 주정부에 부여되고 있다 (표 11.3 참조). 거의 모든 연방국가에서 주정부들은 상원을 통해서 국

표 11.2 세계의 연방국가들

	연방으로 수립된 해	인구(세계순위)	영토면적(세계순위)	연방 내의 단위 숫자
인도	1947	2	7	29개의 주와 7개의 연방직할지
미국	1789	3	4	50개의 주와 1개의 수도지구
브라질	1891	5	5	26개의 주와 1개의 연방지구
나이지리아	1960	7	31	36개의 주와 1개의 연방수도지역
러시아	1991	9	1	85개의 구역: 주, 공화국, 3개의 연방도시 포함
멕시코	1810	11	13	31개의 주와 1개의 연방지구
독일	1949	16	62	16개의 주(Länder)
캐나다	1867	37	2	10개의 주와 3개의 준(準)주
호주	1901	52	6	6개의 주와 2개의 준(準)주
벨기에	1993	76	137	3개의 지방정부
스위스	1848	98	132	26개의 주(canton)

기타 연방국가들		
미크로네시아	아랍에미레이트	파키스탄
보스니아 헤르체고비나	에티오피아	팔라우
세인트키츠세비스	오스트리아	
과도적 또는 준연방		
남아프리카공화국	수단	이라크
말레이시아	스페인	코모로
베네수엘라	아르헨티나	콩고민주공화국

출처: Watts (2008)에 기초함

표 11.3 캐나다, 독일, 인도의 연방 비교

	캐나다	독일	인도
연방정부의 배타적 권한	형법, 통화정책, 국방을 포함한 29가지 기능	국방, 시민권, 이민 포함	국방, 외교, 무역, 시민권, 은행을 포함한 100가지 기능
주/지방정부의 배타적 권한	'단순히 지역적 또는 민간의 성격을 가지는 모든 사항'들에 대한 통제	주(Länder)에 명시적으로 부여된 특별한 권력은 거의 없고, '자체적 권한'을 가지고 연방법을 집행한다.	경찰, 법과 질서, 교통, 건강보험을 포함한 61가지의 기능
공유되는 권한	양 수준들은 농업과 이민을 다루는 법을 통과시킬 수 있다.	형법과 고용을 포함한다. 헌법은 농업을 포함한 공동 업무들도 열거하고 있다.	교육, 계약, 재산의 이전을 포함한 47가지 권한.
나머지 권한 – 헌법이 구체적으로 할당하지 않은 분야의 책임	연방의회가 '캐나다의 평화, 질서, 좋은 정부'를 위한 법을 제정할 수 있다.	할당되지 않은 업무는 주(Länder)가 추진한다.	공유의 또는 주의 책임으로 열거되지 않은 업무는 의회에 귀속된다.

가 정책결정에 목소리를 내고 있는데, 상원에서 각 주는 동등하거나 거의 동등한 대표권을 가진다.

연방으로 가는 길에는 두 가지 경로가 있다. 가장 공통적인 첫째 경로는 기존에 분리되어 있는 정치적 단위체들을 위하여 새로운 중앙 권위체를 수립하는 것('함께 모이기')이고, 다른 하나는 주권을 현존하는 국가정부로부터 낮은 층으로 이양시키는 것('함께 장악하기')이다. 호주, 캐나다, 나이지리아, 스위스, 미국은 첫째 경로의 사례이고, 벨기에가 두 번째 경로의 대표적 사례다. 1830년에 국가로 형성된 벨기에는 불어를 사용하는 지역과 네덜란드어를 사용하는 지역으로 분리되어 있었다. 1970년과 1980년에 있었던 헌법개정 이후 분리된 그룹들에 보다 많은 권력을 이양하였으며, 1993년에 벨기에는 마침내 세 개의 분리된 지역을 포함하는 연방국가가 되었다.

- 남부의 주로 프랑스어를 사용하는 왈로니아(Wallonia), 독일어를 사용하는 작은 공동체 포함.
- 북부의 네덜란드어를 사용하는 플랜더스(Flanders).
- 2개 언어를 사용하지만 주로 프랑스어를 사용하는 수도인 브뤼셀 지역 (지도 11.1 참조)

연방주의의 변형

단일정부체제의 고정된 형태가 없는 것과 마찬가지로 연방체제도 내부적인 역동성에 따라 다양한 형태를 보이고 있다. 기본적으로 국가 내의 지방들이 크기, 부, 영향력에 있어서 유사한 대칭적 환경을 가지

지도 11.1 벨기에의 지역

는 것이 이상적이지만, 이는 절대로 이루어지기가 힘들다. 현실적으로 문화적 상이함에 따라 일부 주들이 다른 주들보다 강하거나(크고 부유하기 때문에) 자율성을 더 보유하는 **비대칭적 연방주의**(asymmetric federalism)가 등장해 왔다. 예를 들어, 인도에서 우타르프라데시 주는 미조람 주에 비해 182배의 인구를 보유하고 있으며, 브라질에서 상파울루 주는 로레이마 주에 비해 88배가 크다. 문화적 비대칭성에 있어서 캐나다 퀘벡의 민족주의자들은 자신들의 프랑스어 사용 지역에 대한 특별한 승인을 오랜 기간 주장하면서, 캐나다가 10개의 동등한 지역의 계약으로 구성되는 것이 아니라 두 개의 '동등한' 공동체(영어 사용 지역과 프랑스어 사용 지역, 영어 사용 인구가 4배 많다)로 구성되어야 한다고 주장한다.

> **비대칭적 연방주의(Asymmetric federalism)**: 연방 내에서 크기, 부 등의 요인들로 인해 불균형적인 권력과 영향력을 가진 지방정부들의 현상.

20세기 동안 대부분의 연방국가에서 국가정부는 다음의 세 가지 주요 요인들에 의해서 권력을 지속적으로 획득하게 되었다.

- 경제와 기업의 확대로 세금 수입이 늘어나면서 돈의 흐름이 중앙정부에 보다 유리하게 되었다. 독자적인 세입을 유지하는 주들은 보다 적은 규모이면서 덜 역동적인 영업세와 재산세에 의존해야만 한다.
- 국가정부는 국가 전체의 협력을 필요로 하는 국가경제의 등장으로부터 이득을 보게 되었다.
- 전쟁과 불황은 일부 국가정부에 힘을 실어 줬고, 1945년 이후 복지국가의 확장은 유럽의 정부들을 더 발전시켰다.

그러나 1980년대 이후 이러한 경향은 덜 분명해지게 되었다. 한편, 중앙정부에 의해 추진되는 대규모 프로젝트는 중요하지 않게 되었는데, 부분적으로 그 이유는 국가정부가 재정적으로 낮은 세금수입과 금융위기에 처하게 되었기 때문이다. 다른 한편, 중앙정부는 전체적인 방향을 제시하려고 추구하고 있다.

이중적 연방주의(dual federalism)가 미국 연방제의 근본적 착상이 되었다면, 유럽(특히 독일과 오스트리아)은 이와 비교되는 **협력적 연방주의**(cooperative federalism)를 토대로 하고 있다. 미국의 연방제가 주정부들이 제한된 기능을 가지고 중앙정부를 형성하기 위해 함께 결합하는 계약에 기초한 데 반해, 유럽의 형태는 층 사이의 협력 아이디어에 기초하는데, 이는 참여주체들을 하나로 결속하여 연합된 국가를 형성하기 위한 공유된 약속을 바탕으로 하여 이루어진다. 연대가 도덕적 규범이라면 작동하는 원리는 **보충성**(subsidiarity)이다. 이 아이디어는 결정들이 가능하면 가장 낮은 층에서 이루어져야 한다는 것이다. 중앙정부는 전반적인 리더십을 제공하지만, 더 낮은 층에서 집행하도록 한다. 그것은 분리된 업무라기보다는 업무의 분할이다.

> **이중적 연방주의(Dual fedealism)**: 국가와 지방 수준의 정부가 분리된 책임을 가지면서 상호 독립적으로 기능한다.
>
> **협력적 연방주의(Cooperative federalism)**: 층들이 혼합되어 있으며, 누가 궁극적인 책임을 갖고 있는지 확인하기가 어렵다.
>
> **보충성(Subsidiarity)**: 만약 어떠한 업무를 소규모이면서 단순한 조직도 해낼 수 있다면, 보다 크고 복합적인 조직은 그 업무를 추진하지 않는 원칙이다.

1949년 등장 이후 독일연방공화국은 독립성이 아니라 상호의존에 기초하여 유지되고 있다. 모든 주(*Länder*)들은 전체의 성공을 위해 기여하도록 되어 있고, 그 대가로 그들은 중앙으로부터 존중받을 권리

> ### 초점 11.1 | 연방 수립의 동기
>
> 연방은 긍정적인 동기보다는 부정적인 동기에 의해서 수립되는 경향이 많다. 분리의 결과로 파생되는 불안감 때문에 독립을 하려는 욕망이 좌절된다. 루빈과 필리(Rubin and Feeley, 2008: 188)는 신생국가에서 '강한 세력이 약한 세력을 정복할 만큼 강하지 못하고 약한 세력이 분리된 길을 갈 만큼 강하지 못할 때' 연방주의가 해결책이 된다고 주장한다.
>
> 역사적으로 함께 하는 주요 동기는 강한 경쟁상대에 대응할 목적으로 경제와 군사적 보상을 활용하기 위한 것이다. 라이커(Riker, 1998)는 외부 위협에 대응하기 위해 연방을 수립한다고 주장하면서 군사적 요인을 강조했다. 예를 들어, 미국 건국 당시 13개의 주들은 약탈의 세계에서 위험을 벗어나기 위해 함께 뭉칠 필요성을 느꼈다. 그러나 미국과 호주의 연방주의자들은 공동시장이 경제발전을 도모할 것이라는 믿음도 가졌다.
>
> 최근 연방 수립의 동기는 인종적 연방주의이고 벨기에가 대표적 사례이다. 남부 유럽의 스위스는 26개의 주(canton), 4가지 언어(독일어, 프랑스어, 이탈리아어, 로망슈어), 그리고 2가지 종교가 안정적인 연방의 틀 안에 자리잡고 있다. 그러나 분열된 사회를 연방화 하는 과정에서 나타날 위험은 조화시키려고 시도된 노력이 오히려 분열을 강화할 수도 있다는 점이다. 두 개의 공동체가 결합할 경우 이러한 위험이 더 커지는데, 그 이유는 한 쪽의 이득이 다른 쪽에 손실이 되기 때문이다. 연방은 인종적 분열을 초월할 때(분열을 조장하지 않고), 그리고 사회적 분열을 최소화할 때(강화하지 않고) 더욱 효과적이다.
>
> 나이지리아의 사례는 매우 도전적이다. 나이지리아는 1960년 3개의 지역으로 나뉘면서 독립했고, 1963년에 1개의 지역이 추가되었으며, 1967년에는 12개의 주로 대체되었다. 이후 특정 종족에 의해 강력한 주가 등장하는 것을 막기 위해 나라를 더 많은 조각으로 나누었다. 현재 38개의 주와 연방수도지역이 있으며, 지역주의와 종족적 분열이 하나된 나이지리아를 건설하려는 노력에 장애요인이 되고 있다.

를 갖는다. 연방정부가 정책을 만들고 각 주들이 그것을 시행하며, "주는 연방법을 자체의 관점으로 시행하도록 한다"라는 행정업무 분담이 헌법 의무조항에 나타나 있다. 그러나 이러한 협력 정신은 정책결정이 점차 불확실하고 불투명해지고 있다는 비판을 받고 있다. 2006년에 끝난 헌법개정은 베를린의 국가정부와 주들 사이의 명확한 책임의 선을 긋기 위한 것이었다. 그 일례로 주들에게 교육과 환경보호에 관하여 보다 확대된 자율성을 부여했다. 이러한 종합안은 협력적 연방에서 벗어나 보다 확대된 보충성 원칙으로의 이동을 의미하였지만, 독일 정치관례에서 협의는 깊게 자리잡고 있다.

법적으로 연방국가라고 선언한 적은 없지만 지방정부로의 권력 이전이 연방화의 과정으로 귀결되고 있는 여러 국가들에 의해서 연방주의의 순수성이 흐려지고 있다. 예를 들어, 1990년대에 영국에서 스코틀랜드, 웨일즈, 북아일랜드의 지역의회가 설립되면서 이 세 지역은 영국연방(federal United Kingdom) 내의 주와 같이 되었다. 단 하나 부족한 점은 그들과 동등한 잉글랜드 지역의회가 설립되지 않았다는 점이다. 아르헨티나, 스페인, 남아프리카공화국에서도 연방의 공식적 설립이 없는 상황에서 권력이 지방정부 또는 지역공동체로 이양이 되고 있으며, 이는 사실상의 연방 또는 **준연방**(quasi-federations)으로 불리고 있다.

> **준연방(Quasi-federation)**: 공식적으로는 단일국가이지만 일부 연방의 특징을 지니고 있는 행정체제.

남아공은 준연방의 흥미로운 사례이다. 1910년에 남아프리카연방(Union of South Africa)이 수립되었는데, 이는 상이한 역사를 가진 4개의 영국 식민지역이 합쳐진 것이었으며, 이후 호주와 캐나다의 지도를 받아 연합을 형성했다. 오늘날 이 국가는 9개의 지역으로 구성되어 있는데, 그들 중 일부는 주요 소수세력과 역사적이고 문화적으로 밀접하게 연결되어 있다. 아프리카너즈(Afrikaners: 네덜란드 계통의 백인 아프리카인들)는 프리스테이트(Free State)와 연결되어 있고, 줄루족(아직 자체적인 왕을 보유)은 콰주루나탈(Kwazulu-Natal)과 연계되어 있으며, 영국 계통의 백색 남아프리카인들은 이스턴케이프와 웨스턴케이프에 연관되어 있다. 지역정부들은 자체적인 수상과 내각을 보유하고 있으며, 그들이 보건, 교육, 공공주택, 교통에 관한 권력을 보유하고 있기 때문에 여러 측면에서 연방의 주정부와 유사한 모습을 보이고 있다.

연방제의 마지막 변형은 느슨한 정치협력의 형식으로 이루어지는 **연합(confederation)**이다. 연방은 하나로 통일된 국가이면서, 권력이 국가정부와 하위국가정부 사이에 나누어지고 정부와 국민들이 직접적으로 연결되는 제도이며(국가정부가 국민들에 대해 권위를 행사하고 국민들의 요구에 직접 대응을 한다), 연합은 주권국가들의 집단이고 중앙의 권위는 구성국들로부터 나오며 국민들은 자기가 살고 있는 국가를 통하여 중앙 권위체에 연결된다. 중앙 권위체는 덜 중요한 파트너의 위상을 가지며, 자체적인 주권을 가진 구성국들의 대리인 역할을 한다.

> **연합(Confederation)**: 연방의 느슨한 형태이며, 구성국들이 더 많은 권력을 장악하는 국가들의 집단이다.

세계적으로 연방국가의 숫자는 늘어나는 반면, 역사적으로 연합의 사례는 별로 없고 지금까지 지속되는 것은 하나도 없다. 연합의 사례는 1781년부터 1789년까지 미국, 1815년부터 1845년까지 스위스, 1815년부터 1866년까지 독일이 있다. 오늘날 연합으로 불릴 수 있는 유일한 정치적 공동체는 유럽연합(EU)이다 (Lister, 1996 참조). EU는 유럽합중국(United States of Europe)이라는 연방이 아니며, 연합(confederation)이라고 공식적으로 선언을 하지 않았으며, 특정 명칭이 없는 정치적 형태를 유지하고 있다. 많은 비평가들은 특정 호칭을 부여하지 않고 있으며, 단순히 독특한 것이라고만 묘사하고 있다. EU가 연방화되었느냐 아니냐의 정도는 비교를 통해서 가장 잘 파악할 수 있다. 표 11.4는 EU를 미국과 비교하는데, 일부 유사성이 있지만 다른 점도 많다는 점을 보여 준다.

단일체제와 연방체제의 비교

대부분의 비교연구 사례와 마찬가지로 단일체제와 연방체제에 대한 검토를 하게 되면 이 둘이 모두 강점과 약점, 장점과 단점, 이익과 불이익, 그리고 각기 특이한 성격을 가지고 있다는 점을 알 수가 있다. 단일정부는 통상적으로 소규모 사회를 유지하기에 충분한 정부와 규칙을 제공하고, 시민들 모두가 자신들이 일상적인 핵심 공공 이슈에 개입되어 있다고 느끼게 하는 민족적 단일성의 감정을 고무하며, 공동의 기준과 규칙이 존재한다는 점을 확신하게 한다. 연방

표 11.4 미국과 유럽연합 비교

	미국	유럽연합
설립근거	헌법	조약
단일연방정부	있음	없음
선출된 의회	있음	있음
단일시장(사람, 돈, 상품, 서비스의 자유로운 이동)	완성	미완성
단일화폐	사용	28개국 중 18개국 사용
법적 단일시민권	있음	없음
연방세금	있음	없음
공동무역정책	있음	있음
공동외교안보정책	있음	협력은 이루어지고 있으나 공동정책은 없음
합동군	있음	없음
국제기구의 단일의석	있음	일부 단일의석이나, 유엔에서는 아님
공동의 정체성	있음	있지만, 대부분의 유럽인들은 대체로 자기 모국의 정체성을 가짐

정부는 대규모 또는 분열된 국가를 조직화하는 자연적이고 실질적인 장치를 제공하고, 영토적 차원에서 견제와 균형을 이루도록 하며, 정부의 일부 기능을 국민들과 더 가깝게 유지하도록 하는 동시에 문화적, 경제적, 인종적 차이가 표현되는 것을 허용한다.

또한 연방주의는 국가 행정부의 과중한 부담을 줄여주고, 다수의 주와 지방정부의 존재는 건전한 경쟁과 기회를 제공한다. 또한 연방정부가 약화되더라도 주들은 이와 상관없이 발전해 나갈 수 있다. 따라서 미국의 연방정부가 동성 결혼, 기후변화, 총기규제, 마리화나의 합법화를 위한 행동의 요구에 대한 대응을 지연시키고 있으나, 각 주들은 때때로 자체적으로 대응을 해 나간다. 연방체제에서 시민들과 기업들은 화려한 선택의 자유를 누리고 있다. 만약 그들이 어떠한 주의 거버넌스가 마음에 들지 않거나 제한된 고용기회를 제공한다면 그들은 쉽게 다른 주로 옮겨 갈 수 있다.

그러나 연방주의에 대한 비판적인 시각도 있다. 단일정부에 비해서 연방에서의 의사결정은 복잡하고 시간이 걸리며 망설이게 된다. 1996년 호주의 타스마니아 주에서 총격사건이 일어나 35명이 사망했을 때 연방정부는 국가 전체에 총기를 규제하는 정책을 일률적으로 추진하는 데 정치적인 문제에 직면했다. 2012년 코네티컷주의 뉴타운에서 더 심각한 사태가 발생하여 20명의 어린이와 6명의 직원이 사망했을 때 코네티컷주 외부에서는 거의 아무런 변화도 이루어지지 않았다. 그러나 1996년 스코틀랜드 던블레인의 초등학교에서 16명의 어린이와 1명의 교사가 사망하는 유사한 사건이 발생했을 때 단일정부인 영국 정부는 총기소유 금지를 빠르게 법제화했다.

연방제는 공통된 문제를 해결하는 것보다 경쟁하는 정부들의 정치적 이익에 대하여 보다 큰 관심을 가지게 한다. 재정분야가 특히 통제하기 어렵고, 이러한 이유 때문에 라틴아메리카의 많은 연방국들은 과다지출(그리고 무임승차)하는 지방정부를 통제하려는 노력을 하고 있다. 중앙정부의 지원이 중단될지도 모른다는 점을 알면서도 지방정부가 지나친 지출을 하게 되면 국가 전체의 재정능력을 약화시킬 수 있다 (Braun et al., 2003).

연방주의에 대한 어떠한 평가도 정치권력의 중앙집중화와 분권화 사이의 적절한 균형을 고려해야 한다. 단일체제에서와 마찬가지로 연방체제에서 결단력있는 행동을 위하여 권력은 한 조직에 부여되어야 하는가? 만약 우리가 이 관점을 수용한다면, 연방주의는 장애 또는 방해요인, 그리고 심지어는 반민주적

표 11.5 연방주의의 강점과 약점

강점	약점
대규모 또는 분열된 국가를 위한 실용적인 제도	안보위협 대응에 덜 효과적일 수 있음
보다 강력한 견제와 균형을 제공	정책결정이 보다 지연되고 복잡해짐
다양성을 인정	내부의 분열 조장
중앙의 과부하 감소	중앙정부의 국가 차원 업무 추진의 어려움
지자체 사이의 경쟁을 유도하고 시민들이 지자체 사이를 옮겨 다니는 것을 허용	시민들이 어디에 사느냐에 따라 대우가 달라짐
정책실험의 기회를 제공	책임성의 복잡화: 누가 책임을 져야 하는가?
경제와 군사적 성취를 위한 작은 단위들의 협력을 허용	지방의 다수가 소수를 착취하도록 허용될 수 있음
정부가 국민들에 더 가까이 다가서게 함	상원에서 지방정부의 대표권을 행사할 경우 1인 1표 원칙을 위반하는 근거가 될 수 있음

인 고안이라고 비칠 가능성이 있다. 이의 대안으로 권력은 다수에 의한 독재의 위험을 방지하기 위하여 분산되어야 하는가? 이러한 관점에서 보면, 연방주의는 자유를 위한 필수불가결한 요소로 보이게 된다.

지방정부

지방정부는 단일국가와 연방국가 어디에서도 유사하게 보편적으로 존재한다. 지방정부는 국가 안에서 선출된 지역 조직의 가장 낮은 층이지만, '일상적인 정치와 정부의 활동이 이루어지는 곳'이다 (Teune, 1995: 16). 2001년 미국, 2004년 스페인, 2005년 영국, 2008년 인도에서의 테러공격은 국가적이고 세계적인 일이었음에도, 응급 서비스를 제공해야 하는 즉각적인 업무는 뉴욕, 마드리드, 런던, 뭄바이 시가 해야 했다. 서비스를 제공한다는 측면에서 지방정부는 잊혀진 층으로 남게 되는 경향을 벗어나게 되었다. 그리고 우리는 미국 정치인인 팁 오닐의 "모든 정치는 지방에서 시작된다"라는 언급을 잊지 말아야 하는데, 그 의미는 정치인들의 성공은 지방 투표자들의 요구를 충족시켜줄 수 있는 능력에 밀접하게 관련이 된다는 점을 포함한다.

최선의 형태로서, 지방정부는 제한된 범위의 덕목들을 보여준다. 지방정부는 자연적 공동체들을 대변할 수 있고, 시민들이 접근 가능한 조직으로 남아있을 수 있으며, 지방 정체성을 강화하고, 정치에 있어서 실용적인 교육을 제공하고, 고위직을 충원하는 기반을 제공하며, 시민들이 필요로 하는 것을 충족시켜주는 첫 번째 조직이며, 또 마지막으로 시민들에게 가장 중요한 자원들을 즉각적으로 배분할 수 있다. 그러나 지방정부들은 약점도 지니고 있다. 그들은 서비스를 효율적으로 수행하기에 너무 작으며, 우선적으로 고려되는 업무를 추진할 수 있는 충분한 재원확보 능력이 부족하며, 전통적 엘리트들에 의해 지배되기 쉽다.

친밀성과 효율성 사이의 균형은 시간이 지나면서 변화한다. 20세기 후반에 지방정부들은 더 큰 단위로 발전하면서 보다 더 효율적이 되도록 요구받았다. 예를 들어, 스웨덴의 지방자치체의 숫자는 1951년

2,500개에서 1974년 274개로 줄었고 (Rose, 2005: 168), 현재는 290개이다. 효율성에 대한 관심이 가장 높은 영국에서 각 지방 권위체가 봉사하는 인구는 2007년에 142,000명 이상에 달했는데, 이는 유럽에서 가장 높은 수치이다 (Loughlin et al., 2011: appendix 1).

21세기 후반 지방선거의 투표율이 하락하는 데 대한 대응이 필요하게 되면서, 시민의 참여에 대한 관심이 재부상하는 조짐이 나타나기 시작하였다. 뉴질랜드에서 1989년에 시행된 성공적인 운영방식의 개혁은 지방정부법(Local Government Act, 2002)으로 이어졌다. 이 법은 국가의 지방권위체들이 보다 더 광범위하게 참여할 수 있는 비전을 제공했다.

이와 유사하게, 네덜란드의 지방정부는 효율성과 효과성에 대해 지대한 관심을 갖고 있었으나 1990년대에 강조점은 대중의 반응 문제로 이동되었다 (Denters and Klok, 2005: 65). 1995년 노르웨이는 "관련 지역에 사는 대다수 주민들의 기대에 반하는 통합을 더 이상 추진하지 않겠다"고 결정하였다 (Rose, 2005: 168). 효율성과 참여자들의 관심 사이의 순환은 이 둘 사이의 균형이 필요하다는 점을 제시하지만, 이와 동시에 이 둘 사이의 안정적인 균형을 이루기가 어렵다는 점도 보여 준다.

기능과 구조

지방정부는 두 가지의 광범위한 업무를 추진한다. 첫째, 공공도서관, 지역개발계획, 초등교육, 고령층을 위한 정책, 폐기물 수거, 상수도 등을 포함한 광범위하고 중요한 지역 공공서비스를 제공한다. 둘째, 지방정부는 국가복지정책을 수행한다.

지방정부 기능에 대한 정적인 묘사만으로는 1980년대 이후 지방정부의 역할이 어떻게 진화해 왔는가를, 특히 규모가 큰 지방정부가 수행하는 중요한 역할을 밝히기가 어렵다. 영어권 국가들과 스칸디나비아 국가들 (제10장 참조)에서 두드러지게 나타나는 중요한 경향은 지방의 권위체들이 영리 또는 비영리 비정부기구에 하청(outsourcing)을 함으로써 자신들의 직접적인 서비스 기능을 줄이려 한다는 점이다. 이론적으로 도서관으로부터 거리청소까지 대부분의 지방정부 서비스들은 효율성과 서비스 질의 향상을 위해 하청을 줄 수가 있다. 그러나 실제로 이러한 하청에 의한 이득이 항상 발생하는 것은 아니고 하청을 주는 과정에 위험이 따를 수 있다. 지방정부가 시민에게 제공하는 직접적인 서비스가 본질적으로 계약자가 소비자에게 직접적으로 제공한다는 측면에서 바람직한지의 여부에 대한 광범위한 문제를 제기한다.

하청을 준다는 것은 직접적으로 서비스를 제공하는 차원으로부터 다른 조직이 제공하도록 권한을 행사하는 방향으로의 진화를 의미한다. 하청을 주는 권한을 행사하는 권위체는 제공하도록 부여받은 것만큼의 서비스를 직접 제공하지 않는다. 이론적으로 이 권위체의 규모는 줄어들고 조정하는 조직이 되면서 정부조직보다는 거버넌스에 더 관심을 기울인다. 많은 수의 조직들이 하청과 더불어 지역의 정책결정에 참여하게 되며, 그들 중 많은 수는 영토적(예를 들어, 지역정부) 문제 보다는 기능적(예를 들어, 교육위원회) 문제에 관심을 더 가지게 된다. 이러한 조정적이고 전략적인 접근은 지역정부들이 경제발전, 특히 내부에 유치되는 투자에 관심을 가지도록 연계된다.

글로벌 도시(Global city): 금융, 무역, 커뮤니케이션, 제조의 자격을 가지고 글로벌 경제체제 내에서 핵심적 위치를 차지하는 도시이다. 사례로는 두바이, 런던, 모스크바, 뉴욕, 파리, 상하이, 동경 등이 있다.

| 초점 11.2 | 도시의 정부 |

현재 세계 인구의 대부분이 도회지에 살고 있으며, 도시들을 어떻게 운영해야 하는지에 대한 문제가 중요하게 부각되고 있으며, 도시와 근교지역의 상호의존을 어떻게 다루느냐가 매우 중요한 문제로 등장하고 있다. 도시와 근교지역이 하나의 수도권(metropolitan) 지역으로 다루어져야 한다는 주장은 전통적인 경계의 개념으로는 설명하기가 어렵다. 더욱이 도시들은 자체적인 사회적 다양성 때문에 독자적인 이슈들에 직면하고 있다. 제한된 구역 내에 부자와 가난한 자, 원주민과 이주민, 흑인과 백인, 동성애자와 이성애자, 유신론자와 무신론자 등이 끊임없이 변화하는 조화 속에 존재하고 있다.

호주의 사례가 보여주는 만큼 수도권 거버넌스를 성공시킨 나라는 없다 (Gleeson and Steele, 2012). 호주는 도시들로 구성된 국가이며, 애덜레이드, 브리스베인, 멜버른, 퍼스, 시드니 등 5개 주의 대규모 수도에 전체 인구의 3분의 2가 살고 있다 (지도 11.2 참조). 이러한 도시 지역은 3개의 층(국가, 주, 지방)으로 구성된 연방 내에서 부적절하게 통치되고 있다. 도시를 운영하는 데 대한 국가의 개입은 헌법에 의하여 제한되고, 주 행정부는 다른 문제들(지방의 문제들)에 직면해 있으며, 지방정부는 부속적이며 분리되어 있다. 시드니만 해도 34개의 지방 권위체들에 의해 운영이 되고 있다. 연방조직은 몇 개의 대규모 도시에 집중되어 있는 인구들과 조화되기 어려운 점이 있다.

도시의 거버넌스에 있어서 국가의 수도가 특별한 위상을 가진다. 국가 브랜드의 중심에 자리 잡기 때문에 수도의 시장들은 중앙정부와 정기적으로 소통을 하는 이점을 가진다. 수도의 국제적 연결(프랑크푸르트, 뉴욕, 홍콩, 뭄바이, 상파울루 등 수도가 아닌 주요 도시 포함)은 **글로벌 도시**(global city)라는 개념이 의미하는 바와 같이 국가의 지주와 양립할 수 있다는 점을 보여 준다. 같은 나라 안에 있지만 중앙정부와 수도의 이익은 다를 수 있다. 불가피하게 수도는 다른 도시들과 차이 나게 취급이 되며 다층 거버넌스 아이디어의 복잡성이 배가된다.

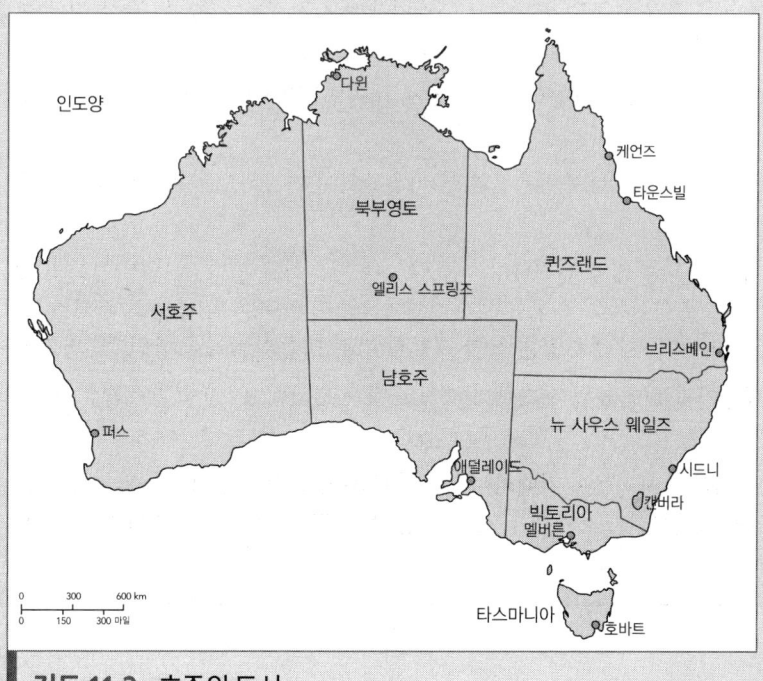

지도 11.2 호주의 도시

국가개요

프랑스

간략 소개: 프랑스는 독특한 전통을 보다 경쟁적인 세계에 적응시켜야 하는 도전에 직면한 중요한 유럽국가이다. 프랑스는 탁월한 민족정신을 창조한 1789년의 프랑스혁명의 장기적인 영향을 받고 있는 예외주의의 명성이 있는 국가이다. 혁명에 의해 건설된 미국 등 다른 국가들과 마찬가지로 프랑스는 국가건설을 위한 이상에 기반하고 있다. 미국의 이상이 다원주의에 기반하고 있는 반면, 프랑스는 자유, 평등, 박애의 혁명적 이상의 실현을 목표로 하고 있다. 1945년 이후 국가가 현대화, 도시화, 산업화되면서 프랑스의 독특함이 줄어들게 되었다. 영국과 마찬가지로 제국이 해체되면서 프랑스는 중급 세력이 되었고, 유럽연합에 새로운 기반을 틀게 되었으며, 프랑스 사회는 북아프리카로부터의 이민에 의해서 복잡하게 되었으며, 경제와 지배 엘리트들은 세계화의 도전을 받게 되었다.

인구 (6,620만 명)

국민총소득(GNI) (2조 8,060억 달러)

1인당 GNI (4만 3,460달러)

민주주의 지수 평가

측정 안됨	혼합체제	완전민주주의
	권위주의	**결손민주주의**

프리덤하우스평가

| 자유없음 | 부분적 자유 | **자유로움** |

인간개발지수 평가

측정 안됨	중간	**매우 높음**
	낮음	높음

정부형태 ➡ 준대통령제. 단일정부의 공화국. 1789년에 국가가 건설되었고, 가장 최근의 헌법(제5공화국)은 1958년에 채택되었다.

입법부 ➡ 양원제. 하원은 연임이 가능한 5년 임기로 선출(577명), 상원은 6년 임기로 지방정부에 의해 간접 선출(348명)

행정부 ➡ 준대통령제. 직선되는 대통령은 5년 임기에 중임이 가능하고, 총리는 내각을 이끌면서 의회에 책임을 진다.

사법부 ➡ 프랑스의 법은 나폴레옹 법전(1804~1811)에 기초하고 있다. 헌법위원회의 중요성이 부각되고 있으며, 2008년 이후 위헌심사의 권한을 보유하고 있다. 이 기구는 12명의 법관으로 구성되어 있으며 그들의 임기는 9년 단임이다. 이 중 3명은 전임 대통령이고, 대통령, 상원, 하원이 3명씩 임명한다.

선거제도 ➡ 대통령선거와 의회의원 선거에 결선투표제가 실시되며, 첫 투표에서 승리하기 위해서는 과반수가 필요하다.

정당 ➡ 다당제이며, 좌파는 사회당이 지배하며 녹색당과 좌익 급진당이 지원한다. 대중운동연합이 우익을 지배한다. 극우정당인 국민전선도 세력을 유지하고 있으며, 프랑스는 점차 3당 체제로 자리잡아 가고 있다.

> ### 프랑스의 단일정부
>
> 프랑스는 3개 층의 지방정부를 보유하고 있는데, 그들은 지역(regions, 22), 도(départements, 96), 시(municipalities, 거의 3만 7,000)이다. 이러한 복잡한 전체 그림에 더하여 6개의 해외 지역(regions 또는 counties)이 있으며(프랑스령 기아나와 프랑스령 폴리네시아 등), 도와 시를 연결하는 연합공동체(intercommunalities)가 있다.
>
> 도(départements)의 네트워크는 19세기 초반 나폴레옹에 의해 만들어졌고 자체적으로 완벽하고 선출된 의회에 의해서 운영된다. 완벽하다는 의미는 지방과 지역위원회들을 감시하기 보다는 협력을 해야 한다는 것이다. 완벽한 도는 아래를 향하여 지시를 하는 만큼 위를 향해서는 이익을 대변해야 한다. 프랑스의 과거 식민지였던 국가들과 냉전 이후 민주화된 많은 국가들이 이 모델을 채택하고 있다.
>
> 1972년에 도는 22개의 지역으로 묶여졌고, 각 지역에는 선출된 자체적인 의회와 더불어 자문의 역할을 하는 지역의 경제와 사회위원회들이 설치되었다.
>
> 정부의 가장 기초적인 단위는 코뮌(commune)이고 이는 의회와 시장에 의해서 통치된다. 코뮌의 크기는 수십 명으로부터 수만 명에 이르기까지 다양한데, 대부분의 코뮌은 1,500명을 넘지 않는다. 최근에 작은 코뮌은 이웃 코뮌과 병합하는 경향이 나타나고 있다. 최근 몇 년 사이에 국가의 재정적자를 축소하기 위해 프랑스 정부는 지방정부에게 예산을 줄이도록 압력을 넣고 있다. 이러한 노력에도 불구하고 모든 코뮌은 지역 시청에 시장과 의회를 보유하고 있으며 크기에 상관없이 동등한 권력을 행사한다.
>
> 프랑스에서 국가 정치가들이 자기 고향의 시장이 되는 경우가 있다. 이와 같이 다른 층의 직위를 동시에 가지는 것은 프랑스에서 직업의 축적(cumul des mandats, accumulation of offices)으로 알려져 있다. 1985년과 2000년에 규칙이 강화되었지만, 가장 흔한 축적인 지방시장직과 국회의원 겸직은 아직 허용되고 있다. 이러한 제도는 권력 분산화의 시대임에도 불구하고 프랑스 공적 권위체의 융합적 성격을 보여주는 프랑스의 전통이다.

지방정부를 조직하는 방법에는 크게 두 가지가 있다 (표 11.6 참조). 첫 번째이자 가장 전통적인 방법은 의회제도이다. 이 제도는 선출된 지방의원단에게 권위를 집중시키는 것인데, 이 지방의원단은 공식적으로 조직의 업무를 감독할 책임을 맡고 있다. 의회는 지역의 주요 서비스를 제공하는 강력한 위원회들을 통해서 작동된다. 시장은 지방의회에 의하여 또는 중앙정부에 의하여 임명되며 권한은 거의 없다. 어떤

표 11.6 지방정부의 구조

	설명	사례
의회제도	선출된 의원들은 작은 하위집단 또는 기능위원회들을 통해서 작동되는 지방의회를 구성한다. 선출되지 않는 시장은 지방의회 또는 중앙정부에 의하여 임명된다.	벨기에, 네덜란드, 스웨덴, 영국, 아일랜드, 남아공, 호주, 이집트, 인도
시장-의회제도	선출된 시장은 행정 수반으로서의 역할을 한다. 지역구에서 선출된 지방의원들은 입법과 재정적 권한을 보유한 의회를 구성한다.	브라질, 일본, 폴란드, 시카고와 뉴욕을 포함한 미국 전체 도시들의 절반

장점을 가지고 있든 간에, 이러한 형식의 집단적인 성격은 주민들과 폭넓은 세계에 불투명한 그림을 제시한다.

의회체제의 사례는 인도의 판차야트(panchayat, 5인 회의)의 역사적인 네트워크가 있고, 이웃국가들인 방글라데시, 네팔, 파키스탄에도 있다. 전통적으로 분쟁을 해결하기 위해 지역에서 선택된 존경받는 원로집단으로 구성된 인도의 판차야트는 점차 중요하게 되면서 (그리고 보다 구조적인 성격을 갖게 되면서) 행정적인 기능이 지역 수준으로 이전되었으며 규모가 큰 지역에서 판차야트는 선거에 의해 선출되었다. 현재 3개 층의 판차야트가 존재하고 있다. 첫째는 개인 마을로 인도에 60만 개 정도가 있으며, 둘째는 마을들이 무리로 뭉친 것들이며, 셋째는 29개의 주이다. 재정적인 측면에서는 한계가 있지만, 판차야트는 헌법에 의해 보호되며 인도의 문화가 마을의 자치라는 이상을 실현하도록 하는 역할을 수행하고 있다.

조직의 두 번째 방법은 시장-의회 시스템(mayor-council system)이다. 이 모델은 의원내각제보다는 대통령제에 가까우며, 선출된 시장과 선출된 의회 사이의 권력 배분에 기반하고 있다. 시장은 최고 행정 집행자이며, 의회는 입법과 예산 승인권을 보유하고 있다. 이 제도는 브라질, 일본, 그리고 많은 미국의 대규모 도시들(뉴욕과 시카고 등)에서 채택되어 사용되며, 이러한 고도로 정치적인 구조는 이 틀 내에 도시의 다양한 이익이 대표되도록 허용하고 있다. 시장은 시 전체에 걸쳐서 시행된 선거에서 선출되지만, 지방의원들은 특정구역에서 당선된다.

시장과 의회에게 주어진 권력은 다양한 모습을 보인다. '강한 시장'의 형태(뉴욕시의 사례)에서 시장은 의회의 동의 없이 부서의 장들을 임명하고 해임하는 권한을 보유하고 있는 권위와 책임의 중심인물이다. '약한 시장'의 형태(런던의 사례)에서 지방의회가 시장에 대하여 긴밀한 통제를 유지하면서 입법과 행정의 권위를 보유한다. 강약을 떠나서 선출된 시장은 적어도 그 지역의 대표성을 보유한다.

투표율이 점점 낮아지는 추세를 보이는 상황에서 (특히 부차적인 성격을 가지고 있는 지방선거에서 최악의 상태를 보이고 있다. 제16장 참조), 최근 들어 지방의 의사결정이 투표자들에게 보다 가시적으로 나타나게 하려는 시도가 이루어지고 있다. 영국, 이탈리아, 네덜란드에서 추진되는 방식은 시장을 그 구역의 공적인 최고지도자로 재포장하고 시장 직선제를 도입하는 것이다. 런던의 보리스 존슨 같은 뛰어난 시장은 구역 내에서 뿐만 아니라 똑같이 중요하게 방문객들과 투자자들에게도 런던시의 월등함을 제고시키고 있다.

권위주의 국가에서의 하위국가정부

권위주의 국가의 중앙과 주변관계에 대한 연구는 비민주주의 국가에서 제도가 상대적으로 중요하지 않다는 점을 확인시켜 준다. 권위는 상부로부터 하부로 흐르고, 따라서 상향식 대의제는 부수적이다. 국가권력이 군부나 지배정당에 의해 행사되는 경우, 이러한 조직들은 지역마다 똑같이 존재하며, 그들의 권위는 국가의 공식 관료를 압도한다. 이러한 상황에서 유약한 시장에게 필요한 중요 기술은 몸을 낮추고 실제 권력 소유자에게 도전을 피하는 것이다. 다층 거버넌스에서 주장하는 다원적 정책결정 과정은 거의 발생하지 않으며, '중앙-지방 관계'에 대한 일반적인 묘사는 보다 일방적으로 이루어지고 있다.

그러나 지방정부 모두가 그렇다고 간주하는 것은

틀린 말이다. 실제로 중앙 지도자들은 ─ 중세의 군주처럼 ─ 자신의 연약한 권력을 유지하기 위해 기존의 지방지도자들에게 종종 의지하곤 한다. 따라서 중앙-지방관계는 보다 개인적이 되고, 자유민주주의에서 보다 덜 구조화되는 경향이 있다. 특히 작은 국가에서 지역의 지도자들이 지역기관에만 의존하여 권력을 유지하는 것은 아니다. 그러한 지도자는 개인적인 방식으로 자신의 세력권에 대한 지휘를 하고, 국가 차원에서 권위주의적인 행태를 되풀이 한다. 중앙과 지방의 지도자들은 후견과 피후견 관계에 의해 통합된다. 국가지도자들은 효과적으로 지방의 주요 인사들의 지지를 받아내고, 지도자들은 지지자들에게 자원을 선별적으로 분배함으로써 자신의 지위를 유지한다. 중앙과 주변부를 함께 묶는 것은 제도가 아니라 후견이다.

많은 권위주의 체제에서 하위국가정부의 현대 제도들은 전통적인 지도자들의 지속적인 중요성을 반영하는 동시에 심지어는 현대 지도자와 구 지도자들 사이의 균형이 이루어지기도 한다. 나이지리아가 그 사례를 제공한다. 영국은 자국이 보유한 다른 식민지들의 경우와 마찬가지로 토착 지도자들을 통해 간접 통치를 하면서 그들의 지위를 강화시켜줬으며, 이 전통적 엘리트들이 영향력을 가지게 되었다. 1976년에 나이지리아의 주로 설립된 소코토가 분명한 사례인데, 소코토는 19세기 초반 이슬람의 소코토 칼리프를 기원으로 하고 있다. 새로 설립된 소코토 주는 전형적으로 군 출신인 주지사가 통치하고 있으나, 칼리프를 지배한 술탄의 지위는 계속 존재하고 있다. 실제로 술탄은 나이지리아 무슬림의 정신적 지도자로 계속 남아 있다. 이러한 방식으로 전통적인 이슬람의 리더십이 하위국가정부와 함께 공동으로 존재하고 있다.

나이지리아의 전통적인 정치단위들이 수명, 정통성, 그리고 지역문화에의 착근에 있어서 현대적이고 탈식민 정치단위들에 비해 이점을 가지고 있다(Graf, 1988: 186). 한편 선출된 입법부와 경쟁적인 정당들은 낯설고 확고한 기반을 닦는데 어려움을 겪고 있다. 나이지리아의 연방정부는 딜레마에 처하게 되었다. 연방정부가 통치범위를 확대하는 데 전통적인 지도자들을 활용하고 그들이 현대화와 민주화 프로그램(결국은 전통적 지도자들의 권위를 약하게 할 것임)을 지지하도록 해야 하는가? 전통적인 지도자들을 무시하고 그들의 권력을 축소하여 지역 이슬람 공동체를 분노하게 하고 연방정부에 대한 신뢰를 저하시키도록 하는 위험을 감수해야 하는가?

일부 불안정한 국가에서 하위국가정부의 제도들은 **군벌**(warlord)에 의하여 기회주의적이고 비공식적인 통제에 놓이게 된다. 최근에 아프가니스탄과 소말리아에서 군벌의 역할이 등장했는데, 이는 새로운 정치현상과는 거리가 멀고 정치지배의 가장 오래된 형태라 할 수 있다. 군사력에 대한 통제에 기초한 이 군벌주의는 중국, 일본, 몽고의 역사 속에서 발견이 되며 최근 들어서는 아프리카와 아시아의 여러 지역에서 나타나고 있다.

> **군벌(Warlords)**: 약한 국가에서 불안정한 중앙정부가 유지될 때 군사력과 후견의 방식을 사용하여 국가를 지배하려는 비공식적 지도자들이다.

군벌에 대한 현지연구는 당연히 위험하지만, 그들의 동기와 방식에 대한 우리들의 이해는 세계 여러 지역에서의 새로운 등장으로 점차 향상되고 있다. 라이베리아, 시에라리온, 콩고민주공화국에서 군벌들의 역할을 연구한 르노(Reno, 1997)는 군벌과 약한 국가의 관계를 다이아몬드, 코발트, 목재 등 풍부한 자원과 연결시켰다. 마텐(Marten, 2012)은 군벌이 일부 봉건 아시아와 유럽의 선조들과 같은 국가 설립자들은 아니며, 민병대에 의존하여 자원을 탈취하고 국가관리들에게 지지를 강요하고 위협을 한다고 주장한다. 국가의 공식적 제도가 국가를 발전시키지 못하거나 단순히 실패했을 경우 군벌들은 잔인한 정치적 통제수단으로 상황을 장악하는 능력을 확대시켜 나간다.

중국이나 러시아와 같은 대규모의 권위주의 국가들에서 하위국가정부는 보다 발전되어 있다. 개인적 연결이 중요하지만 제도적 차원도 무시할 수 없다. 중앙의 지속적인 권력을 확립하기 위해서 하위국가정부가 적극적으로 활용되고 있다. 예를 들어, 중국은 거대한 단일국가이며 홍콩과 티베트 같은 예외적인 지역은 베이징으로부터 제국주의적 방식으로 통치되고 있다. 중국의 하위국가정부는 22개의 성으로 구성되어 있는데, 그 중에 6개(광둥, 산둥, 허난, 쓰촨, 장쑤, 허베이)는 각각 7,000만 명 이상의 인구를 포함하고 있어 다른 나라들보다 많은 인구를 보유하고 있다. 중국의 행정구역은 성(省) 밑에 현(縣) 진(鎭)으로 나누어지며, 시(市)와 구(區)도 있다.

공산당 자체가 중앙과 주변을 통합시키는 방식을 제공한다. 특히 국가와 지방 사이의 당지도자 순환은 두 층 사이의 연결을 가능하게 하며, 중국정치가 유럽에서 말하는 '**직업의 축적(cumul des mandats)**'과 동등한 성격을 가지게 된다. 다수의 성 지도자들이 당의 중앙위원회에서 활동을 하며, 이 핵심기구의 대부분 구성원들은 일정부분 성 정부의 중요한 직책을 맡았던 경험을 갖고 있다. 이러한 정당의 연결이 베이징으로 하여금 국가 전체에 대한 지배를 유지할 수 있는 핵심적인 통로를 제공한다.

그러나 최근 들어 중앙과 지방의 균형이 변화하고 있다는 연구 결과물들이 나오고 있다. 종(Zhong, 2015)은 10여년 동안의 행정적이고 경제적인 개혁 이후 중앙정부가 많은 지방으로부터 멀어졌고 덜 중요한 역할을 하게 되었으며 중앙의 동원능력은 약화되었다고 주장한다. 점차적으로 중앙정부의 정책들은 무시되고 있으며 지방관료들은 중앙에서 지시하는 경제계획보다는 지역 또는 개별적 프로젝트에 더 많은 관심을 가지고 있다. 이러한 효율적인 분권화는 지방정부가 새로운 정책의 실험대가 되는 것이지만 동시에 중앙과 지방 사이의 불균형성을 강조하여 국가 해체의 가능성에 대한 우려가 종종 나타나기도 한다.

단일체제인 중국과 달리 러시아는 연방국이지만 대부분의 다른 연방국들과 달리 러시아의 지방은 중앙으로부터 덜 독립되어 있다. 러시아는 옐친(Boris Yeltsin, 1991~1999년 대통령) 시대에 권력이 상당히 분산되어 있었으나 푸틴(Vladimir Putin)은 권력의 재집중화를 모색하고 있다. 중앙의 지배가 약화되는 중국과 달리 푸틴은 아래의 4가지의 노력에 기반하여 성공을 거두고 있다.

- 옐친이 다수의 지역정부와 수립한 특별 타협을 제거하기 위한 획일적인 체제 수립
- 지역정부 지도자의 임명과 해임 권한 보유
- 하위 층을 감독하기 위하여 7개의 초헌법적인 **연방자치구**(okrug) 설치. 각 자치구는 6 내지 15개의 지방에 대한 책임 수행. 이러한 감독부서의 설치는 각 지역에 있는 연방정부의 지방 사무소들이 모스크바에 충성하도록 독려.
- 연방의회인 상원의 권한을 축소하고 대통령에게 의원들을 임명할 권한 부여.

이러한 방안들을 통하여 푸틴은 러시아를 통치하기 위한 중앙정부의 능력을 증대시켜 왔다. 로스(Ross, 2010: 170)는 "지금 러시아는 연방으로 가장

한 단일국가이다"라는 결론을 내렸다. 푸틴의 개혁은 자신이 명명한 러시아의 '주권 민주주의'를 창조하는 프로젝트에 확실하게 기여했다. 푸틴이 보기에 주권 민주주의는 다층 거버넌스의 불확실한 다원적 기초 위에는 수립될 수 없는 것이었다. 주권 민주주의는 러시아의 이익에 우선적인 것이며 국민들을 통제할 수 있는 중앙국가의 효율적인 능력을 포함한다. 이러한 기초 위에서 러시아는 아직도 적대적이라고 인식되는 국제환경에서 위상 강화를 추구하고 있다.

토론주제

- 어떠한 상황에서 단일체제가 더 적절한 정부형태이며, 어떠한 상황에서 연방체제가 더 적절한가?
- 왜 단일체제나 연방체제의 정확한 모형은 없으며, 이것이 중요한가?
- 지방정부는 중앙정부를 복제해야 하고 선출된 의회와 집행부 수장이 필요한가?
- 당신의 나라는 얼마나 많은 글로벌 도시를 보유하고 있는가? 만약 없다면, 이것이 국가 또는 지역 정치에 중요한 영향을 미치는가?
- 왜 지방정부는 국가정부보다 연구가 덜 되는가?
- 하위국가정부와 정치는 민주주의 국가보다 권위주의 국가에서 더 중요한가?

핵심 개념

군벌(Warlord)
글로벌 도시(Global city)
다층 거버넌스(Multilevel governance)
단일체제(Unitary system)
보충성(Subsidiarity)
비대칭적 연방주의(Asymmetric federalism)
연방(Federation)

연방체제(Federal system)
연합(Confederation)
이중적 연방주의(Dual federalism)
준연방(Quasi-federation)
지방정부(Regional government)
협력적 연방주의(Cooperative federalism)

추가 읽을 거리

Bache, Ian and Matthew Flinders (eds) (2004) *Multi-level Governance*. 다층 거버넌스를 분석하고 이 관점을 특정 정책영역에 적용시킨다.

Burgess, Michael (2006) *Comparative Federalism: Theory and Practice*. 연방주의의 의미를 조사하고 다른 사회에서 어떻게 작동되는지 비교 접근한다.

Lazin, Fred, Matt Evans, Vincent Hoffmann-Martinot, and Hellmust Wollmann (eds) (2008) *Local Government Reforms in Countries in Transition: A Global Perspective*. 중국, 콜롬비아, 이집트, 폴란드, 러시아, 남아공 같은 전환기 국가에서 지역정부가 어떻게 발전하는지 연구한다.

Loughlin, John, Frank Hendriks, and Anders Lidström (eds) (2011) *The Oxford Handbook of Local and Re-*

gional Democracy in Europe. 29개 국가의 하위국가 민주주의를 조사하고, 영국, 프랑스, 독일, 스칸디나비아의 전통을 평가한다.

Pierre, Jon (2011) *The Politics of Urban Governance*. 도시들이 직면한 도전에 대항하는 4가지의 거버넌스 모델을 분석한다.

Watts, Ronald J. (2008) *Comparing Federal Systems*, 3rd edn. 광범위한 수준의 연방의 설계와 작동에 대해서 연구한다.

CHAPTER 12 정치문화

개관

정치문화는 정부와 정치의 다양성을 이해하는 데 기본이 된다. 앞의 장들은 구조, 규칙, 제도의 성격에 대해서 살펴봤으나, 보다 효율적으로 비교하기 위해서는 정치체제들을 규정하는 신뢰, 가치, 태도, 규범들에 반영된 다양한 정치체제들의 '성격'을 이해할 필요가 있다. 국민들은 정부에 대해서 무엇을 기대하는가, 그들은 정부를 얼마나 신뢰하는가, 가치들은 시공간에 따라서 얼마나 다양한가, 그리고 태도는 민주주의 체제와 권위주의 체제에 따라 어떻게 비교되는가? 이들에 대한 답을 하기 위해서는 비판적인 질문을 제기해야 할 필요가 있다.

이 장은 핵심적인 참고사항을 제공하면서 시민문화의 아이디어에 대한 논의부터 시작하는데, 이는 국가권위의 수용과 시민참여의 신뢰에 기반한 정치문화의 특별한 형식이다. 다시 말해서 이 장은 민주주의가 어떻게 작동되어야 하는가에 대한 이상을 설명한다. 이 장은 민주주의에서 정치적 신뢰의 쇠퇴와 사회자본의 축적에 대한 함의를 논의한다. 이에 덧붙여서 이 장은 서양 정치문화의 변화를 설명하는 데 활용되는 탈물질주의에 대해서 논의를 하고, 이어서 헌팅턴(Samuel Huntington)의 저서 『문명의 충돌(Clash of Civilization)』에 의해서 제기된 논쟁을 설명한 이후, 이러한 분석이 글로벌 수준에서의 정치문화를 설명하는 점을 밝힌다. 마지막으로 이 장은 핵심적인 연구가 별로 되어 있지 않은 권위주의 체제에서의 정치문화를 이해하기 위한 특별한 도전에 대해서 살펴본다.

차례

- 정치문화: 개요　252
- 시민문화　253
- 정치적 신뢰와 사회자본　255
- 엘리트 정치문화　258
- 탈물질주의　259
- 헌팅턴의 문명의 충돌　264
- 권위주의 국가의 정치문화　267

핵심논제

- 정치문화의 개념은 매력적이지만, 잘못 활용될 수가 있다. 문화는 항상 국가와 동일하게 존재하는 것은 아니고, 우리는 '국가문화'라는 고정관념의 함정을 피해야 한다.
- 정치문화에 대한 연구의 고전적 관념은 안정적인 자유민주주의를 가장 지지하는 정치태도를 식별하는 것이었다. 시민문화, 정치적 신뢰, 사회자본, 탈물질주의와 같은 아이디어들이 사용되었고, 일부 발전적인 사례에 있어서도 이러한 목적을 항상 마음에 품고 있었다.
- 대부분의 연구는 대중문화에 집중하는 한편, 엘리트의 가치들은 직접적인 정치적 중요성을 내포하고 있다. 엘리트들은 자신들의 정치적 목표를 확대하는 데 문화를 사용한다.
- 정치문화는 때때로 정적인 속성 때문에 비판을 받지만, 탈물질주의로의 표류는 정치문화가 어떻게 변화하는지를 이해하기 위한 흥미로운 시도이다. 탈물질주의는 자기표현, 그리고 경제성장과 물질적 안보와 같은 물질적 가치에 대한 삶의 질을 강조하는 가치이다.
- 초국가적 문명들 사이에 갈등이 생긴다는 아이디어는 탈이념적 세계에 문화분석을 적용시키기 위한 논쟁적 시도이다. 이러한 시도 내에서, 서양문화와 이슬람문화 사이의 비교를 조사하는 연구는 흥미로운 관점을 제공한다.
- 권위주의 체제에서 자유와 자기표현보다는 강한 지도자들을 원한다는 근거가 많이 있다.

정치문화: 개요

유네스코에 따르면 문화는 '특정 사회 또는 사회집단이 갖고 있는 일련의 독특한 정신적 … 지적, 감정적 특성들'로 정의된다. "문화는 예술 및 문학은 물론, 생활양식, 함께 사는 방식, 가치체계, 전통, 신앙 등을 포함한다"(UNESCO, 2002). 다시 말해, 문화는 인간의 기본적 특성이며, 인간이 본질적으로 의식이 있는 사회적 존재임을 말해준다. (가끔 문화와 비교대상이 되곤 하는) 자연과 달리, 문화는 가치, 상징, 의미, 기대 등을 포함한다. 문화는 우리에게 우리가 누구인지, 무엇이 중요한지, 어떻게 행동해야 하는지 등을 말해준다.

정치문화(political culture)의 개념은 이와 같은 문화에 대한 광범위한 사고로부터 시작된다. 정치문화는 사회에서 정치체제에 대한 신뢰, 태도, 가치들의 전반적인 형식을 묘사하거나, '정치과정에 형식과 본질을 제공하는 근본적인 가치, 감정, 지식'을 나타낸다(Pye, 1995: 965). 정치문화는 여론과 같은 것이 아니다. 정치문화는 정상적이고 수용할 수 있는 것을 포함하면서 비정상적이고 수용할 수 없는 것도 포함한다. 우리는 정치문화를 정치 이데올로기와 효과적으로 비교할 수 있다. 이데올로기가 명확한 관념체계를 의미하는 반면, 정치문화는 린즈의 사고방식 개념에 가깝다. 린즈의 이 개념은 "이성적이라기보다는 오히려 감정적으로 생각하고 느끼는 방식을 의미하는데, 이는 상이한 환경에 대해 비체계적인 방식으로 반응하게 한다"(Linz, 1975: 162). 따라서 정치문화는 보다 광범위하고 분산된 것이고, 보다 넓게 적용되는 관념이다. 이데올로기가 쇠퇴하면서 정치문화가 신뢰와 태도의 정치에서의 역할을 이해하는 주요 수단이 되었다.

> **정치문화**(Political culture): 정치와 정치체제에 대한 개인의 가치들과 규범들을 합한 것이거나, 정치행위에 공통된 의미를 제공하는 집단의 문화이다.

우리는 국가정치문화에서 주요 명제들을 항상 식별할 수 있지만, 잠재적인 위험에 대해서도 인식을 해야 한다. 첫째, 아마도 가장 작은 국가들을 제외하고 거의 모든 국가들은 문화적으로 독립된 다양한 사회단체들을 포함하고 있을 것이다. 그 결과 하나 또는 그 이상의 하위문화를 보유한 국가정치문화가 등장하거나, 브라질이나 인도와 같이 다문화사회가 형성된다. 둘째, 문화는 항상 국가와 정확하게 일치하는 것이 아니라는 점을 기억해야 한다. 대부분의 종교, 종족단체, 문명은 국경에 걸쳐져 있다. 셋째, 우리는 정치문화가 시간이 지나면서 변화한다는 점을 인식해야 한다. 정치문화라는 개념은 정적인 것이 아니고, 사회가 정부와 정치에 접근하는 방식에 따른 폭넓은 변화에 영향을 미치거나 그 변화에 의한 영향을 받는다. 넷째, 우리가 다른 어떠한 것을 생각할 수 없을 때 문화적 요인에 의존하는 위험에 처할 수 있다. "그것은 문화의 한 부분일 뿐이다." 무엇보다도 우리는 정치문화를 정형화된 '국가의 특징'으로 축소시키지 않도록 조심해야 한다.

비교정치에서 정치문화는 개인의 태도를 조사하는 방법을 활용하는 행태적 관점에서 가장 많이 연구되고 있다. 이 접근법은 정치문화를 광고, 예술, 캠페인, 의식, 문학, 박물관, 매스 미디어와 같이 대중영역에서 상징이나 이야기들로 간주하는 데 대해서 별로 중요성을 부여하지 않는다(Ross 2000). 정치가 집단적 활동이라는 점에서 정치문화를 공개된 표현이라는 방향으로 연구를 하는 사례가 있는 점은 확실하다. 그러나 X라는 국가의 지도자가 "X국의 국민들이 말했다" 또는 "이것은 X국의 국민들이 원하는 것이다"라고 우리에게 여러 번 말을 해도 이러한 공개성명은 개인의견과 어울리지 않을 수가 있다. 통상적으로 그들이 실제로 하는 말은 "이것은 나를 지지하는 집단 또는 나를 지지하는 유권자들이 하는 말이다"이다. 이러한 모든 점에서 정치문화는 정치체제를 비교하는 유용한 방식이라고 할 수 있지만, 우리는 이의 단점에 대해서도 주의를 기울여야 한다.

시민문화

정치문화는 비교연구가들에게 자연히 매력적인 소재이다. 다른 나라를 처음으로 연구하거나 방문할 때 우리는 그 국가와 나의 국가와의 차이점에 대해서 관심을 가지게 된다. 그러나 문화의 비교를 정치적 차이에 대한 설명으로 사용하는 것은 쉽지만 위험한 일이다. 우선 문화는 정치게임이 어떻게 운영되는지에 영향을 미치지만, 의식(儀式), 이동, 언어는 정치의 내용에 반드시 영향을 미치지는 않는다. 예를 들어, 세속적인 성격을 가진 호주의 정치적 논쟁에는 강력한 충돌이 존재하지 않는 반면, 스웨덴 같은 구속된 정치형식을 가진 국가에는 이러한 강력한 충돌의 가능성이 존재하고 있다. 보다 모욕적인 논쟁은 국가 고위층의 정치적 논쟁에서 더 자주 발견되고 있다 (이러한 스타일의 대표적 사례로, 1991년부터 1996년까지 호주의 수상을 역임한 키팅[Paul Keating]은 야당 지도자의 토론방식을 '따뜻한 양상추로 채찍을 가하는 것'으로 표현했고, 다른 수상인 하워드[John Howard]는 '산들바람에 흔들리는 죽은 시체'로 표현했다).

문화분석을 하는 데 있어서 추가적인 위험은 지배문화를 국가문화로 착각하는 것이다. 방문자가 주로 접하게 되는 국가의 미디어에서 표현하는 지배문화는 정치엘리트 또는 국가수도의 가치만을 반영하는 경우가 많다. 통상적으로 강자(强者)들은 권력의 불평등을 합리화하려고 노력하고, 부자(富者)들은 자신들이 혜택을 받는 경제제도를 정당화하기 위해 노력한다. 이러한 지배적인 담론이 피상적인 관찰자에게는 잘 보이지 않는 상황에서 우리는 종종 냉소주의자들과 반대론자들을 발견한다. 면밀하게 조사를 해 보면 공유된 이해가 전혀 공유되지 않았다는 점이 나타나기도 한다. 초점 12.1을 참조할 것.

우리는 이러한 정치문화의 차이점들을 알몬드(Gabriel Almond)와 버바(Sidney Verba)가 1963년에 쓴 『시민문화(The Civic Culture)』를 연구함으로써 밝힐 수 있다. 그들의 조사는 정치문화에 대한 최초의 체계적인 연구였다. 자유민주주의가 발전되고 공고화되는 문화를 식별하기 위해 행한 알몬드와 버바의 노력은 막스 베버(Weber, 1905)가 현대자본주의의 문화적 자원을 발견하기 위해 행한 노력과 동등한 정치학 연구 분야가 되었다. 베버가 프로테스탄티즘의 가치로 자본주의의 정신에 초점을 맞춘 반면 알몬드와 버바는 그들이 칭한 '**시민문화(civic culture)**' 내에서 안정된 민주주의의 원천을 발견했다. 이는 대부분의 시민들이 국가의 권위를 받아들이고 시민의 참여를 추구하는 충성스런 정치문화의 특별한 형태로 인식되었다. 이 정치문화는 정부 권위체제에 의한 공정한 취급에 대한 기대, 정치에 대해서 자유롭게 말할 수 있는 능력, 반대자에 대한 관용과 포용, 시민의 협력과 신뢰를 포함한다.

> **시민문화(Civic culture)**: 대부분의 국민들이 정치에 참여하는 의무를 수용하는 동시에, 국가의 권위와 국가의 의사결정을 할 권리를 인정하는 온건한 정치문화이다.

> **초점 12.1** 일레이저(Elazar)의 세 가지 정치문화 유형

국가의 정치문화를 식별하는 어려움은 정치문화 연구의 개척자인 정치학자 일레이저(Daniel Elazar)가 주장한 내용에 표현되고 있다. 그의 연구물들은 미국에 초점을 맞추고 있지만, 그의 아이디어들은 보다 폭넓은 적용성을 지니고 있다. 그는 역사에서 발견되었고 미국의 다른 지역들과 동일시 될 수 있는 세 가지 하위문화를 제시했는데, 그들은 개인적 문화, 도덕적 문화, 전통적 문화이다 (Elazar, 1966).

개인적 문화(individualistic culture)는 정치를 이익들이 경쟁하는 시장으로 보는데, 그들의 이익은 자신들의 명분을 확대시킬 수 있는 정치제도를 만들고 공동체의 개입을 제한하는 것을 선호하는 것이다. 지도자들과 시민들은 공동선보다 자신들의 개인 관심사항들을 확대하는 데 더 이해관계를 가지고 있다. 국민들은 정부를 적대적인 것으로 간주하고, 공적생활에 대한 정부의 개입은 제한되어야 한다고 믿고 있다. 정부는 대중의 서비스 요구가 있을 경우에만 활동을 하는데, 이 시점에 정치인들은 선거에서 성공하기 위한 목적으로 새 정책을 추진한다. 후원이 정치를 추동하고, 이는 직업정치인들이 최선으로 추구해야 할 치열한 활동전선이 된다.

도덕적 문화(moralistic culture)는 정부를 공공서비스로 생각하고, 정부의 역할은 생활조건을 향상시키고 정의로운 사회를 건설하는 것이라고 믿는다. 정치적 참여도는 매우 높은데, 그 이유는 정치참여가 공공의무라 생각되기 때문이다. 정부가 개인의 문제에 개입하는 것이 일반이익을 발전시키는 것이라고 인식될 때 정부는 공공선을 향상시키는 것으로 기대된다. 정치는 고차원적인 것이며, 정치활동들은 개인의 이익보다는 공동체의 이익을 중심으로 전개되며, 정치지도자들은 즉각적인 선거결과에 영향을 미치지 않더라도 문제들을 해결하기 위한 새로운 방안을 추구한다. 개인의 생각이 지배하는 이익보다는 이슈 자체가 더 중요한 것으로 인식된다.

전통적 문화(Traditionalistic culture)는 대체로 현상유지를 선호하고 엘리트들이 권력을 보유하는 것을 지지한다. 위계질서가 존재하고, 부유한 기업가들과 토지 소유자들의 이익이 사회적 연결망에 의하여 하나로 이어지며, 공동선에 대하여 자기들 나름대로의 정의를 확립시킨다. 이러한 이익을 보유한 사람들만이 정치적으로 활동할 수 있는 기회가 제공되고 시민들이 참여할 기회는 제공되지 않으며, 특히 자신들의 정치적으로 강력한 위상이 훼손될 경우 시민들의 정치참여를 막는다.

일레이저의 분석이 아직도 미국의 하위문화를 이해하는 데 적용이 될지는 의문이다. 보다 넓은 차원에서 우리는 미국의 정치문화가 무엇인지, 또는 스웨덴의 정치문화가 무엇인지, 또는 브라질의 정치문화가 무엇인지에 대하여 의문을 가지고 질문을 하게 될 것이지만, 우리들은 사회들 내에 존재하는 것들의 차이를 살펴보는 것이 더 낫다는 결론에 접근하게 된다. 이러한 차이들은 결국 상이한 집단들이 왜 정치행태에 대해서, 가장 중요한 정치 이슈들에 대해서, 이러한 이슈들에 대한 가장 최선의 대응책에 대해서 다른 정의들을 갖고 있는지에 대해서 설명을 한다. 또한 그들은 왜 상이한 국가들이 공유된 또는 공통의 정책문제들에 대해서 상당히 다른 대응책들을 제시하는지에 대해서도 설명한다.

자유민주주의를 생각할 때 우리는 본능적으로 건강한 정치체제는 시민들이 정부의 결정에 기여하고 그 결정에 의해서 영향을 받는다고 믿는 체제라고 상상함으로써 시작된다. 그러나 알몬드와 버바가 한 연구의 핵심은 이러한 명제를 거부한다. 그 대신에 그들은 자유민주주의는 다른 문화들이 하나로 혼합되

는 사회들이 가장 안정적이라는 점을 입증하는 것이라고 하며, 이를 '시민사회'로 불렀다. 그들은 기본적인 참여 문화가 낮은 수준의 참여의 태도들과 균형이 이루어질 때 민주주의를 위한 이상적인 조건이 성숙된다고 주장했다. 수동성에 대한 측정을 하게 되면 정치체제가 어려운 시기에도 생존할 수 있는지의 여부에 대한 기초를 제공한다.

이러한 방식에 의하여, 시민문화는 민주주의 내에 발생한 대중의 통제력과 효과적인 거버넌스 사이의 긴장을 해결한다. 시민문화는 시민의 영향력을 허용하면서 정부가 융통성을 가지도록 한다. 알몬드와 버바는 자신들의 관점을 아래와 같이 요약했다 (Almond and Verba 1963: 347).

> 시민문화 내의 시민은 영향력을 보유하고 있다. 그는 지속적으로 정치에 개입되지 않고, 그는 정치적 정책결정자의 행위를 적극적으로 감시하지 않는다. 그러나 그는 필요하게 되면 활동을 할 잠재력은 보유하고 있다. 그는 적극적인 시민은 아니지만, 그는 잠재적으로 적극적인 시민이다.

이러한 이론으로 무장한 알몬드와 버바는 어떤 나라들이 시민문화의 개념에 가장 가까운 나라인지를 알아보려고 했다. 영국, 이탈리아, 멕시코, 서독에 대한 연구결과에 기초하여 그들은 영국이 자신들의 시민적 이상(civic ideal)에 가장 가깝고 미국도 어느 정도 가깝다는 점을 발견했다. 이들 두 나라의 시민들은 자신들이 정부에 영향을 미칠 수 있다고 느꼈지만, 그들은 대체로 그러한 영향력을 행사하지 않았으며, 정부가 민첩하게 결정을 내리고 실행에 옮길 수 있도록 해주었다. 그와 반대로 이탈리아, 멕시코, 서독 등의 정치문화는 연구자들이 제시한 시민문화와 다른 모습을 보여주었다.

대부분의 독창적인 연구들이 그렇듯이 알몬드와 버바의 연구는 엄청난 비판의 대상이 되었다. 특히 정치문화 개념의 한계를 집중적으로 지적하는 두 가지 비판이 제기되었다. 첫째, 비판자들은 국가의 정치문화라는 관념은 원래 모호한 것이며, 따라서 저자들은 인종과 계급에 기반을 둔 하위문화에 보다 집중했어야 한다고 주장했다. 만약 저자들이 그렇게 했다면, 정치참여자들은 교육을 받은 중산층이고, 교육을 덜 받은 노동자 계층은 공식적인 정치에 덜 참여한다는 사실을 저자들이 발견했을 것이라고 맥퍼슨은 주장한다 (Macpherson, 1977: 88).

둘째, 비판자들은 알몬드와 버바가 정치문화의 기원과 발전에 대하여 구체적인 설명을 제시하는 데 실패하였다고 지적했다. 오히려 정치문화는 주어진 것으로 인식되었고, 정치문화라는 개념은 국민성에 관한 단순한 가정을 복잡하게 말한 것에 불과하다는 의혹이 제기되었다. 아울러 저자들은 시간이 지남에 따라 변화하는 정치문화에 대하여 초기에 거의 설명하지 않았다. 비판자들은 어떤 한 나라의 정치문화를 고정적이며 바뀌지 않는 것으로 보지 말아야 하고, 오히려 적어도 부분적으로나마 정치 자체의 작용에 의해 형성되는 역동성 있는 실체로 간주해야 한다고 주장했다. 이후의 연구가 이러한 입장을 확인해 줬다.

정치적 신뢰와 사회자본

알몬드와 버바의 연구 이후 50년 뒤에 많은 자유민주주의 국가들은 어려움을 맞게 되었다. 학생 행동주의, 석유위기, 금융위기들로 성장이 일정치 않았고 불균형적인 번영이 이루어졌다. 서방의 정치문화들은 불가피하게 이 사건들에 대한 대응을 했는데, 단일 조사로 국가의 정치문화에 대한 일반적인 결론을 내리는 것의 위험성을 드러냈다. 최근의 많은 연구는 일몬드와 버바에 의하여 연구된 한 가지 특정 주제를 분석하는 데 치중했는데, 그것은 '**정치적 신뢰(political trust)**'이다. 이 개념은 정부의 체제와 기관들이 피통치자들에 대한 지도자들의 관심을 반영하는 훌륭한 결정을 하도록 한다는 믿음을 의미한다 (Hardin, 2006). 정치적 신뢰는 체제에 대한 지지를 확대시키고 좋은 거버넌스를 하도록 하는 반면, 불신은 납세 같은 분야에 있어서 정부에 대한 충성의 부족을 가져 올 수 있다.

> **정치적 신뢰(Poltical trust)**: 지도자들이 피통치자들의 이익을 충족시켜 주는 데 있어서 일반적으로 좋은 의도를 가지고 있으며 효율적이라는 믿음이다.

특히 1990년대와 2000년대의 고전적인 통념은 정치적 신뢰가 많은 서방 민주주의 국가에서 붕괴되고 있으며 큰 문제를 야기할 것이라고 예상되었다. 그러나 신뢰의 붕괴는 국가들 전체에 일관된 것은 결코 아니었으며, 신뢰의 붕괴 여부는 민주주의 원칙 자체보다는 민주적 기구들의 실행에 보다 많은 초점이 맞추어졌다. 1999년의 비교연구에서 노리스는 자신이 연구한 17개 국가에서 입법부, 행정부, 군대와 같은 기관에 대한 전체적인 대중들의 신뢰가 1981년과 1991년 사이에 하락하였다고 주장했다 (Norris, 1999: 20). 그러나 21세기의 첫 10년을 포함한 그녀의 분석은 질적으로 보다 향상되었다 (Norris, 2011: 82). 현재 그녀는 '대중의 각성이 나선형으로 하향한다는 과도하게 단순한 관점'에 대해서 도전하고, 그 대신 그녀는 선형적이거나 하향하는 경향보다는 요동치는 경우가 더 흔하다는 점을 발견하였다.

만약 여기에 지배적인 패턴이 있다면, 20세기 후반기의 신뢰 저하 추세가 21세기 들어서는 낮은 수준에서 현안에 따라 변동하는 추세로 바뀌었다는 것이다. 이는 미국의 사례에서 나타난다 (도표 12.1 참조). 1964년도에 약 4분의 3의 미국인들은 연방정부에 대한 신뢰를 고백했다. 1994년에는 오직 5분의 1만이 그렇게 했다. 이후 2001년 9월 테러공격의 결과 결집효과가 일어나 신뢰는 조금 향상되었다. 9·11테러 이후 밝혀진 정보 실패, 2003년 이라크 공격에 대한 혼합된 견해들, 2007년에 발생한 금융위기 때문에 신뢰는 다시 하락했다.

유럽연합 회원국들의 보다 단기적인 그림을 보면 국가정부에 대한 신뢰는 늦어도 2001년부터 낮은 수준이었고, 이후 점차 낮아졌다 (도표 12.2). 2014년 국가별 신뢰의 수준을 보면 핀란드, 스웨덴, 네덜란드, 독일이 가장 높았고(48~56퍼센트), 헝가리, 오스트리아, 영국이 평균수준이었으며(25~37퍼센트), 이탈리아, 프랑스, 그리스, 스페인이 제일 낮았다 (10~17퍼센트) (Eurobarometer 81, spring 2014: 63). 2004~2007년 사이에 EU의 회원권이 동유럽까지 확대되었고 2009년에 유로존 위기가 시작되었음에도 불구하고 신뢰의 수치는 별 변화없이 유지되었다.

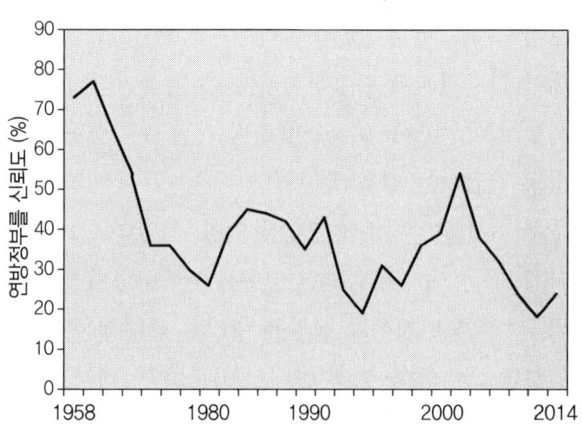

도표 12.1 미국 연방정부에 대한 신뢰

출처: 다양하며, Pew Research Center (2015)에 의하여 취합되었다.

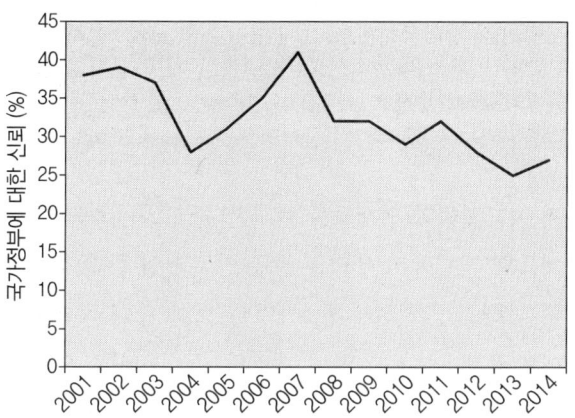

도표 12.2 국가정부에 대한 신뢰: 유럽연합

출처: Eurobarometer surveys 55 (spring 2001), 57 (spring 2002), 59 (spring 2003), 61 (spring 2004), 81 (spring 2014). 2001~2003년 데이터는 15개국을 포함했고, 2004년에는 25개국, 2007년에는 27개국, 2013년에는 28개국을 포함했다. 봄 기간의 수치만 조사되었다.

영국의 경우, 어떠한 정당이라도 정당 자체의 이익보다 국가의 필요성에 더 높은 가치를 두는 정당이 수립한 정부에 대해 신뢰를 하겠다는 국민의 비율은 40퍼센트였던 것이 1986년에 반 정도로 줄었고, 2000년에는 최저점인 16퍼센트를 기록했으며, 2010년에는 20퍼센트 수준으로 회복되었다 (British Social Attitudes, 2012). 그러나 적어도 미국과 영국의 사례를 보면, '시민'문화들은 자유민주주의 자체의 생존을 위협하지 않는 범위 내에서 보다 회의적인 태도를 향한 변화를 보여 주었다.

정치적 신뢰와 관련이 되는 중요한 개념은 '**사회자본**(social capital)'인데, 이는 국민들이 회원이 되는(의식적으로 또는 무의식적으로) 사회적 네트워크들을 의미하며, 국민들이 이 네트워크들의 회원으로써 다른 사람들에게 도움을 주고 또 그들로부터 도움을 받는 성향을 포함한다. 국민들이 더 많은 접촉의 기회를 가지게 되면, 그들이 만들어 내는 지식, 충고, 기금은 더 많아질 것이고 더 많은 국민들이 참여할 것이다 (Lin and Erickson, 2008). 사회자본은 이웃들이 서로의 가족에 대해 관심을 가질 때, 부모들이 자신의 자식들이 다니는 학교가 잘 운영되도록 도움을 줄 때, 비슷한 마음을 가진 국민들이 정부에 대해서 특정 정책을 추진하라고 하거나 하지 말라고 청원을 할 때 작동된다고 할 수 있다.

> **사회자본**(Social capital): 사회 네트워크들의 집단적 가치이며, 이 가치는 이 네트워크들 사이의 커뮤니케이션, 도움, 지원 등으로부터 추출된다.

다른 사람들에 대한 신뢰가 사회자본을 생성하는 것과 마찬가지로 정부에 대한 신뢰가 정치자본을 생성한다. 시민들과 정부의 결속이 강할수록 정부는 공통의 문제들에 대하여 효과적으로 대처하는 데 필요한 융통성을 보유하게 되고, 이는 이탈리아에는 결핍된 현상이었다. 알몬드와 버바는 이탈리아의 정치문화가 대다수의 긍정적이고 협력적인 태도가 부족한 비시민적이라고 묘사했다. 한참 뒤에 퍼트남(Robert Putnam)은 이탈리아 내의 다양성에 보다 많은 관심을 기울이는 다른 시각을 보여 주었다. 영향력 있는 연구에서 퍼트남은 이탈리아 내의 문화적 다양성이 1970년대에 새로 만들어진 20개의 지방정부의 효율성에 어떠한 영향을 미쳤는지를 보여 주었다 (Putnam, 1993). 조직과 공식적인 권한에 있어서는 유사하지만 업무추진에 있어서는 매우 많은 다양성을 보였다는 것이다. 일부 지방정부들(북부의 에밀리아-로마냐[Emilia-Romagna] 등)은 안정적이고 효과적이어서 혁신적인 정책들을 만들고 수행할 수 있다는 점을 보여주었다. 다른 지방정부들(남부에 있는 칼라브리아[Calabria] 등)은 별다른 업적을 보여주지 못하였다.

차이점은 정치문화라고 퍼트남은 결론을 내렸다.

가장 성공적인 지방들은 긍정적인 정치문화를 보유하고 있다고 퍼트남은 주장한다. 즉 신뢰와 협력의 전통은 높은 수준의 사회자본으로 귀결된다. 이와 반대로 가장 비효율적인 정부들은 협력과 평등의 전통을 결여하고 있는 지역들에서 발견된다. 이러한 환경 하에서 사회자본의 공급은 매우 낮은 수준이 되고 정부의 성취도도 매우 저하된다. 퍼트남은 이탈리아에서 사회자본의 불균등한 분배를 각 지역 역사 내에서 발생한 사건들의 탓으로 돌렸다. 북부의 보다 효율적인 정부들은 12세기로부터 시작되는 공동체적 자립 정부의 전통을 기반으로 한다. 남부의 성공하지 못한 정부들은 봉건지배, 외세지배, 관료지배, 권위주의 통치 등의 오랜 역사가 주는 부담을 떠안고 있었다. 퍼트남의 분석은 정치적 신뢰와 사회자본의 중요성을 나타내면서 지역적 다양성을 고려해야 한다고 주장하는 동시에, 정치문화는 과거가 현재에 영향을 주는 장치가 될 수 있다는 점을 보여 주고 있다.

엘리트 정치문화

정치문화는 일반 국민들뿐만 아니라 정치엘리트들에게도 적용되는 개념이다. 정치에 대한 일반국민들의 태도가 잘 발전되는 지역에서도 엘리트들의 견해가 정치적 결정에 가장 직접적인 영향을 미치기도 한다. 따라서 우리는 **엘리트 정치문화**(elite political culture)를 특별히 살펴볼 필요가 있으며, 정치권력 중심에 가장 가까이 있는 사람들이 보유한 정치에 대한 믿음, 태도, 아이디어들도 마찬가지로 중요하다. 엘리트들의 가치는 일반국민들이 보유한 것보다 명시적이고 체계적이며 중대하다 (Verba, 1987: 7).

자유민주주의 국가에서 정당들은 반대되고 대립되는 가치들과 정책들을 제시한다. 그러나 이러한 반대들의 저변에서 우리는 종종 암묵적인 합의와 공통된 이해를 발견하는데, 이것은 보다 확대된 사회의 대의정치에서 비롯되는 분열된 가치 이상의 엘리트 문화를 생성한다. 예를 들어, 역사를 들여다 보면, 인도의 독립 이후 미래가 불투명한 상황에서 민주주의 공고화를 이룰 수 있었던 중요한 요인은 정치엘리트들의 민주주의를 지향하는 가치였으며, 이는 집권 중이던 국민의회당을 통해서 실현되었다. 대부분 법학 교육을 받은 정당의 지도자들은 영국의 의회정부, 독립된 사법체계, 법의 지배 전통을 받아들였다.

> **엘리트 정치문화**(Elite political culture): 정치권력 중심에 가장 가까이 있는 사람들이 정치와 정치체제에 대해서 보유한 가치와 규범이며, 그 사람들은 선출된 정치인들, 관료들, 기업 지도자들을 포함한다.

제2차 세계대전 이후 전쟁의 참화로부터 벗어나 통일된 유럽을 건설한 유럽도 생각해 보자. 그 세대의 지도자들은 오늘날 유럽연합을 형성하는 데 기초가 된 정교한 초국가주의적이고 정부간주의적인 기구들을 설계하고 건설했다. 명확한 유럽 프로젝트를 추진하기 위한 그들의 지속적인 노력이 없었다면, 이러한 목표의 달성은 어려웠을 것이다. 이는 이익뿐만 아니라 의지의 승리라 할 수 있다 (그러나 오늘날 EU를 비판하는 사람들은 종종 EU가 엘리트들에 의해 건설되었고, 엘리트들의 이익을 증진시키기 위해 그들에 의해 운영이 되고 있다는 비판을 한다).

교육이 핵심 요인이다. 대부분의 민주국가에서 정치는 실질적으로 대학졸업자의 직업이 되고 있다. 고등교육의 경험은 인간의 본성에 대한 낙관적 견해를 양성시키고, 인도주의적인 가치를 강화하며, 사회문제들을 해결하기 위한 정치인들의 능력에 대한 확신적 믿음을 고무한다 (Farnen and Meloen, 2000).

또한 엘리트의 확신은 정치적 안정의 중요한 결실을 맺게 한다. 정치질서는 다음의 경우에 생존하게 된다. 지도층이 통치할 수 있는 자신의 권리에 대한 믿음을 가질 때이고, 집단 내의 적대감이 분열된 사회의 상이한 집단을 대표하는 지도자들 사이에 협력을 위한 의지를 가지고 있어서 억제될 때이다.

엘리트가 보유한 확신의 중요성(또는 결핍)은 권위주의 체제의 사례로 밝힐 수 있다. 1989년 동유럽에서의 혁명은 지도자들의 확신의 붕괴가 주요 정치변화를 촉진시키는데 얼마나 도움을 주는지를 보여주었다. 쇼플린(Schopflin, 1990)은 아래와 같이 지적했다.

> 권위적인 엘리트는 무력 또는 무력의 사용에 대한 위협을 통해서 권력을 유지하는 것이 아니라, 보다 중요하게 자신 스스로를 정당화할 수 있는 미래에 대한 비전이 있기 때문에 권력을 유지한다. 목표에 대한 개념을 결여한 어떠한 정치체제도 오래 존속할 수 없다.

산업화 초기에 소련과 동유럽의 공산주의 통치자들이 자신들의 계획경제가 좋은 결과를 낳을 것이라고 확신할 만한 충분한 이유가 있었다. 그러나 1980년대 말에 이르러 발전은 쇠퇴로 바뀌었다. 계획경제는 한계에 이르렀다. 일부 남아있던 지식인층의 지지조차 모두 사라지면서, 당 관료들은 자신들의 정당성에 대해 의문을 갖기 시작하였다. 공산정권의 지배자들은 자신들이 발전의 원동력이 아니라 오히려 걸림돌로 전락하였음을 깨닫게 되었다. 엘리트의 가치는 더 이상 공산주의 정부체계를 지지하지 않게 되었다.

이와 반대로 오늘날 중국의 경제는 급속하게 성장하고 있으며, 적어도 지금까지 엘리트들은 자신들의 권위에 대해 확신하고 있다. 만약 중국의 공산주의 통치가 위협을 받게 된다면, 결과는 더 나아질 수 있다. 왜냐하면 일부 엘리트들은 당의 지배가 국가와 경제의 발전에 억제요인이 될 것이라는 결론을 내리게 되고, 이는 이러한 일이 없다면 발생하지 않을 대중의 저항이 시작되게 할 것이기 때문이다. 다른 지역과 마찬가지로 중국에서 엘리트 가치의 분열은 체제변화를 일으키는 촉매제가 될 것이다.

정치문화가 기존의 엘리트들을 지원하지만, 반드시 정치문화가 항상 엘리트들에 의해 추동되지 않는 국가는 일본이다. 정치권력은 오랜 동안 충성, 복종, 위계질서를 내용으로 하는 집단의 관념에 기반해 왔으며, 이와 더불어 작은 규모의 정치적 엘리트들을 하나로 결합시키고 족벌주의와 파벌주의를 증진시키는 사회적이고 재정적인 연결망이 근본이 되었다. 이러한 독특한 문화는 노동자들이 평생직장이라 하면서 한 직장에 머무르는 방식, 정당 내에 파벌의 지속성, 정치에 미치는 영향의 빈도에 의하여 표현된다. 지위와 서열에 대한 강조는 모든 사람들이 집단 내에서 자신의 위치를 알고 있다는 것, 집단에 충성을 보이면 특혜를 받을 수 있다는 점, 아래로부터의 비판은 집단의 화합에 해를 끼치기 때문에 금지되어야 한다는 점을 의미한다 (McCargo, 2012: 70-73). 그러나 이 가치들은 점차 증대하는 비판에 직면했는데, 그 이유는 이러한 가치들이 일본의 정치 현대화에 제동을 걸 수 있고, 아이디어의 자유로운 교환을 방해할 수 있으며, 국가의 대기업들의 경영에 있어서 자기만족과 보수주의를 제공하기 때문이었다.

탈물질주의

오랜 기간 동안 측정되었으며, 초점 12.2에 소개되는 정치세대의 개념을 어떻게 적용시키는가를 표현

국가개요

독일

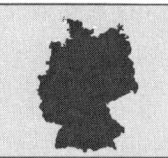

간략 소개: 독일은 비교정치의 매혹적인 사례이다. 1871년에 수립된 독일은 양차 세계대전에서 핵심적인 역할을 했고, 이후 민주국가와 공산국가로 분단되었으며, 1990년에 통일이 되었으며, 현재는 유럽연합의 지도국과 재정국으로서의 핵심적 역할을 하고 있다. 독일이 기본적으로 자체의 정부체제라는 렌즈를 통하여 유럽의 발전을 살펴보기 때문에 독일의 정치기구들은 대륙의 관점에서 중요하다. 의회제의 틀을 사용하는 독일은 독특한 형태를 지니고 있다. 총리는 국가의 지도자 입장에서 정부의 정책을 결정하고 대규모 참모단을 이끌며 의회가 후임자를 결정하게 되면 정부직에서 물러나게 된다. 독일은 유럽에서 가장 큰 규모의 경제를 운용하고, 자본집약형의 공장에서 일하는 숙련공들은 질 좋은 공산품을 만들어서 수출한다. 그러나 세계에서 독일의 군사적 영향력은 제한되어 있다.

인구 (8,100만 명)

국민총소득(GNI) (3조 7,300억 달러)

1인당 GNI (4만 7,270달러)

민주주의 지수 평가
| 측정 안됨 | 혼합체제 | **완전민주주의** |
| | 권위주의 | 결손민주주의 |

프리덤하우스평가
| 자유없음 | 부분적 자유 | **자유로움** |

인간개발지수 평가
| 측정 안됨 | 중간 | **매우 높음** |
| | 낮음 | 높음 |

정부형태 ➡ 16개 주(*Länder*)를 포함한 연방의회공화국. 현대적인 국가는 1949년에 수립되었고, 가장 최근의 헌법(기본법)은 1949년에 채택되었음 (1990년에 통일이 되었으나 서독의 동독 흡수통일이었기 때문에 1949년 제정된 서독의 헌법이 확대 적용되었음 – 옮긴이).

입법부 ➡ 양원제: 631명 정원의 하원(Bundestag)은 4년의 임기로 선출되며 재임이 가능하다. 69명의 상원(Bundesrat)은 각 주(*Länder*)의 대표들로 구성되어 있다.

행정부 ➡ 의원내각제. 총리는 18명에서 22명의 각료로 구성된 내각을 이끈다. 대통령(상원과 주 대표의 선거인단에 의해 한 번 중임이 가능한 5년 임기로 선출된다)은 의례적인 국가원수의 역할을 수행한다.

사법부 ➡ 독일은 법에 기반한 국가이다. 연방헌법재판소는 헌법에 대한 중재자로서 매우 중요한 역할을 수행하고 있다. 16명으로 구성되어 있고 두 개의 집단으로 분리되어 있으며, 12년의 임기이지만 68세가 되면 은퇴해야 한다.

선거제도 ➡ 하원은 혼합선거제도에 의하여 선출되는데, 반은 단순다수제에 의해 선출되고 나머지 반은 주 정당 명부에 의한 비례대표제도에 의해 선출된다. 상원의원은 주(*Länder*)의 추천에 의하여 충원된다.

정당 ➡ 다당제. 주도하는 정당들은 기독민주당(CDU), 기독사회당(CSU), 사회민주당(SPD)이다. 다른 주요 정당은 좌파정당과 녹색당이다.

> ### 독일의 정치문화
>
> 정치문화는 주어진 것 같이 생각되지만 그 국가의 역사에 의하여 자체적으로 형성될 수도 있다. 제2차 세계대전 이후의 분단은 특수한 경험을 가져다 줬고, 이러한 특수상황에서의 발전이 대중들의 생각에 어떠한 영향을 미치는지 측정이 가능하게 되었다.
>
> 두 가지의 주요 과정들이 관찰될 수 있다. 첫째는 전후의 경제회복이 서독 정치문화에 대해 미친 긍정적인 영향이다. 1959년과 1988년 사이에 서독인들이 자신들의 정치기구를 자랑스럽게 느끼는 비율은 7퍼센트에서 51퍼센트로 증가했다. 비슷한 시기에 다당제에 대한 지지율은 53퍼센트에서 92퍼센트로 증가했다. 이 경험은 경제발전이 정치적 정당성을 제공할 수 있고, 권위주의의 역사를 가진 전환기의 국가들로 하여금 민주주의 문화를 건설할 수 있는 희망을 제공한다는 점을 보여준다.
>
> 두 번째 과정은 통일의 충격이다. 1990년 통일 당시 동독사람들은 서독인들에 비해서 입법부, 법체계, 서로에 대해서 덜 신뢰하였다. 공산주의 체제 하에서 살아 온 경험, 특히 국민들에 대해 철저한 감시를 한 체제 하에서의 경험은 큰 의미를 지녔다 (Rainer and Siedler, 2009).
>
> 통일 이후 동부와 서부 사이의 격차가 줄어들기 시작했지만, 상당한 차이가 존재하고 있었다. 가처분소득과 젊은 이들의 비율은 서독지역에서 더 높았으며, 실업과 우익정당인 국민민주당에 대한 지지는 동독지역에서 더 높았다. 동부인들은 서부인들을 부르주아이고 거만하며 실리적이며 개인주의적이라고 생각하는 경향이 있었으며, 많은 서부인들은 동부인들을 깔보는 것처럼 보였으며, 동부인들 자신들도 그렇게 생각하는 것처럼 보였다. 아이러니하게도, 2014년 여론조사에 따르면, 75퍼센트의 동부인들은 통일이 성공적이라고 응답한 반면, 50퍼센트의 서부인들만이 그렇게 생각했다 (Noack, 2014).
>
> 동부의 생활기준이 서부의 생활기준으로 수렴하게 되면 문화적 차이는 점차로 약화될 것이라고 생각하는 것이 합리적이다. 이러한 상황에서 동부의 보다 정치적인 문화는 서독이 오랜 기간에 걸쳐서 정착시킨 탈물질적 성향을 획득할 것으로 보인다. 단합 없는 통일은 독일의 정치문화를 논하는데 있어서 공통의 주제가 되고 있다.

하는 요인은 '**탈물질주의**(post-materialism)'다. 이는 1970년대 초반에 미국의 사회과학자 잉글하트 (Robert Inglehart)에 의하여 개발된 개념으로, 환경보호, 비핵화, 양성평등, 표현의 자유 등 삶의 질에 관련된 이슈들에 대한 새로운 관심을 경제발전과 안보와 같은 소위 물질주의 이익으로부터 구분하기 위하여 제시된 개념이다. 이 아이디어는 제2차 세계대전 이후에 출생한 서방국가들의 국민들은 유례없는 번영과 상대적인 국제평화의 시기에 성장했고, 많은 사람들이 질병을 치료하고 고용을 보장하며 고령자들을 보호하는 사회안전을 제공하는 복지국가에서 살게 되었다. 초기 세대들은 위험한 안보로 생존에 위기를 맞았지만, 전후 세대들은 삶의 질에 더 많은 관심을 가지게 되었다. 이러한 탈물질적 가치들은 교육을 받은 젊은 세대들로 하여금 그들의 부모 또는 조부모 세대들과는 다른 우선순위를 가지게 했다.

> **탈물질주의(Post-materialism)**: 경제성장과 물리적 안보와 같은 물질적 가치를 뛰어 넘어 자기표현과 삶의 질을 강조하는 일단의 가치들이다.

잉글하트에 따르면 (Inglehart 1971), 이러한 풍요, 평화, 안보의 독특한 조화는 서방 정치문화에서

초점 12.2 | 정치세대

초기의 일부 정치문화 적용들은 너무 정적(靜的)이라는 비판을 받았으며, 이에 따라 후세의 연구자들은 정치문화의 변화에 많은 신경을 기울였다. **정치세대**(political generations)의 개념은 유용한 것으로 입증이 되었는데, 그 이유는 각 세대가 이전의 세대 또는 이후의 세대와 구분이 되는 정치적 관점을 개발할 수 있는 잠재력을 지니고 있기 때문이었다. 전형적으로 이러한 구분이 되는 견해는 성숙의 과정을 겪으면서 집단적인 형성의 경험을 반영한다. 예를 들어, 전쟁 또는 공황 환경에서의 성장은 평생 동안 유지되는 방식으로 정치적 태도의 색채를 칠한다. 가치도 세대가 지나면서 보다 점진적인 형태로 변화한다. 이에 따라 각기 새로운 집단들은 동성결혼 또는 환경보호와 같은 명제에 점차 동감을 느끼게 된다. 세대교체를 통하여 정치문화는 점차 변화할 수 있는데, 여기에 중요한 기술적인 문제가 있다. 정치세대를 연구하는 데 있어서 생활주기 또는 고령화 효과가 포함이 되어야 한다. 한 세대를 상징하는 연령층에서 그들의 가치는 불가피하게 적응이 되어 가고(예를 들어, 보다 보수적이 된다), 이에 따라 세대 사이의 어떠한 차이들은 동일한 인생의 단계에 있는 둘 또는 그 이상의 세대들을 비교함으로써 식별이 가능할 뿐이다. 특정 시대에 젊은이들이 노년층보다 좌익이라는 사실은 세대 간 격차를 나타내기에 충분하지 않다. 그러한 변화는 수명주기 효과를 반영할 것이다. 나이 든 보수적인 집단은 자신들을 뒤쫓아 오는 새로운 급진세력들보다 젊은 시절에 훨씬 좌익성향이었을 가능성이 있다. 도표 12.3에는 수명주기 효과를 나타내는 두 개의 하향직선이 있는데, 이는 그들 사이의 세대의 효과를 보여주는 차이이다. 교훈은 세대 간 차이를 확인하기 위해서는 동일 생애주기 간 비교를 가능케 하는 장기간의 데이터를 필요로 한다는 점이다.

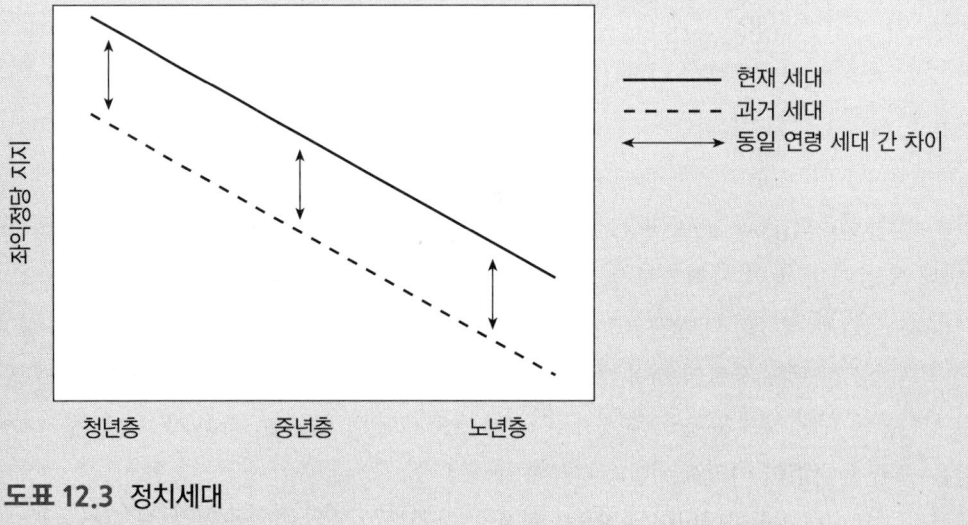

도표 12.3 정치세대

정치세대(Political generation): 생활과정을 통해 관점을 형성하는 독특한 경험과 가치를 공유하는 연령집단이다. 세대교체는 개인이 자신의 관점을 바꾸지 않고도 정치문화를 점차 변화시킨다.

'조용한 혁명'을 이끌어 냈다. 그는 경제발전이라는 우선적 목표를 달성하고 난 이후에는 삶의 질을 좀 더 강조하게 된다고 주장한다. "세계 상당 부분 나라에서 산업사회의 엄격하고, 자기부정적이고, 성과지향의 규범은 후기산업경제를 특징짓는 생활방식의 선택으로 바뀌었다"(Inglehart, 1997: 28).

광범위한 조사결과에 기반하여 잉글하트는 민주주의가 풍부할수록 국가 내 탈물질주의의 비율이 더 높아진다는 점을 보여 주었다. 예를 들어, 유럽 내에서 탈물질주의는 처음으로 가장 부유한 민주주의 국가들인 덴마크, 네덜란드, 서독에 왔고 가장 깊숙이 침투되었다. 또 다른 풍요로운 스칸디나비아 국가인 노르웨이도 이러한 가치들을 받아들일 준비가 되어 있었다. 탈물질주의는 그리스와 같이 교육 수준이 낮고 가난한 유럽의 민주주의 국가들에서는 덜 일반적이었다(Knutsen, 1996).

세대 간 효과를 가정하면, 탈물질적 가치들의 탁월성은 보다 오래 지속될 것이다. 잉글하트가 1970년대 초에 자신의 연구를 시작할 때 많은 서방국가들에 물질주의자들이 탈물질주의자들에 비하여 네 배가 많았다. 2000년이 되면서 두 집단의 크기는 거의 같게 되었는데, 이는 정치문화의 주요 변화를 나타냈다. 세계화가 탈물질주의 가치들을 더욱 광범위하게 확산시키는데 있어서 핵심적인 역할을 했는데, 이는 교육의 그치지 않는 확대와 닮았다. 실제로 고등교육의 경험(특히 예술과 사회과학에 있어서)은 탈물질주의의 전망을 내다 볼 수 있는 최고의 단일한 척도이다. 대학에서 습득하고 강화된 자유주의 가치들은 전문성을 확대시키는 직장을 통해서 유지가 되는데, 직장에서는 부 또는 경영적 권위보다는 지식이 성공의 열쇠다. 프랑스에서 2005년과 2008년 사이에 이루어진 조사에 따르면, 적어도 대학교육에 발을 붙였던 사람들 중에 56퍼센트는 탈물질주의자들이었고, 대학교육을 받지 못한 사람들 중에 탈물질주의자들은 25퍼센트 밖에 안 되는 수치와 비교되었다(Dalton, 2013: 101).

비록 탈물질주의가 통상적으로 일반 대중들 사이에서 세대 간 가치의 변화로 해석되지만, 탈물질주의의 가장 중요한 정치적 효과는 정치엘리트들을 통해서 나타날 수도 있다. 탈물질주의자들이 권력의 지위로 들어감에 따라, 그들은 자신들의 가치들이 정부의 결정에 직접적으로 영향을 미칠 수 있는 플랫폼을 획득하게 되었다. 예를 들어, 1960년대 세대들은 매력적인 공직을 차지하고서도 급진주의적인 경향을 유지하였다. 요컨대 클린턴(Bill Cliton, 1946년생, 전후시대 태어난 첫 번째 미국 대통령)은 전임 대통령 부시(George H. W. Bush, 1924년생)보다 많은 자유주의적인 의제를 미국인들에게 제시하였다. 그리고 영국의 블레어(Tony Blair, 1953년생)는 대처(Margaret Thatcher, 1925년생)를 제외한 전임자들에 비하여 전환적인 태도를 보였다. 이러한 두 쌍의 지도자들은 정당도 다르고 세대도 달랐다.

그러나 탈물질주의가 모든 것을 설명하지는 않는다. 문화가 의제에 영향을 미칠 수는 있어도 자체적으로 작동하지 않는 것은 분명하다. 탈물질적 시대에 많은 보수적인 정당들이 발전했지만, 극우정당들도 많은 유럽의 민주주의 국가들에서 등장했는데, 그 계기는 자기표현적 가치들에 대한 대응이었다. 보다 넓게 말해서, 21세기의 특별한 도전들은 테러리즘, 에너지 공급, 기후변화, 청년실업, 사회안전 등과 같은 이슈들을 포함한다. 이 문제들은 자기표현적인 것보다는 안보의 가치에 대해 새롭게 초점을 맞추도록 한다. 위와 같은 이슈들은 자체적으로 정치적 의제에 압력을 가하는데, 이러한 압력을 가하는 에너지는 단기적 차원에서 세대가 발전하면서 점차적으로 등장하는 문화적 변화의 지배를 받게 된다.

헌팅턴의 문명의 충돌

정치문화는 국가 또는 지역의 현상일 뿐만 아니라 글로벌한 측면에서도 이해될 수 있다. 글로벌 차원에서 분석한 가장 핵심적인 사례는 미국의 정치학자인 헌팅턴(Samuel Huntington)의 베스트 셀러 작품인 『문명의 충돌(*The Clash of Civilizations*)』(Huntington, 1996)이다. 이 연구는 특히 정치문화에 대한 논의를 하는데 있어서 종교 이슈를 소개하는 데 영향력을 발휘했다.

2001년 9월 뉴욕 테러공격 이전에 책을 쓴 헌팅턴은 국가들보다는 문화들이 21세기 정치갈등의 주요 요인이 될 것이라고 주장했다. 그는 냉전의 종식이 문화적 분열의 종식을 의미하는 것은 아니라고 말했다. 그 대신 초점은 이데올로기들의 투쟁으로부터 문명의 충돌로 옮겨질 것이다. 그러한 집단화들은 초국가적인 것이기 때문에 정치문화는 국가의 틀로부터 벗어나 보다 폭넓은 정체성을 포함할 수 있다고 헌팅턴은 주장했다. 문명들은 세계에서 가장 폭넓은 문화적 실체 또는 큰 규모의 문화라고 주장한다.

헌팅턴은 일곱 또는 여덟 개의 문명을 나열했다. 그들은 서양, 일본, 이슬람, 힌두, 슬라브 정교, 라틴아메리카, 중국, 그리고 (아마도) 아프리카를 포함한다. 이 문명들이 가진 상충적인 세계관들 사이에 타협을 위한 여지는 거의 없다고 그는 주장한다. 헌팅턴은 세계화가 진전될수록 세계는 미국식 규범으로 수렴될 것이라는 '맥월드(McWorld)' 명제(맥월드는 전세계 118개국에 3만 개가 넘는 점포를 가진 McDonald와 World의 합성어이다 – 옮긴이)와 반대방향으로 불화와 갈등이 심화될 것이라고 전망한다 (Barber, 1995). 이에 대해서는 제6장에서 구체적으로 살펴 봤다.

예를 들어, 헌팅턴은 1990년대에 발생한 전쟁들에서 문화적 동질성이 어느 편과 한 편이 되는가를 선택하는데 중요한 요소로 어떻게 작용했는지에 대해서 설명한다. 유고슬라비아 분쟁에서 "러시아는 세르비아를 외교적으로 지원하였는데, 그 이유는 이데올로기, 세력정치, 경제이익 등의 이유가 아니라 문화적 동질성 때문이었다"(Huntington, 1996: 28). 이와 유사하게 2006년에 러시아 국방부장관은 문화적 동질성을 강조하면서 서방에 대해 벨라루스(Belarus) 문제에 개입하지 말라고 경고하였다. 그는 "벨로루시인들과 러시아인들은 같은 민족이다"라고 언급하였다 (Shepherd, 2006: 19). 러시아의 푸틴(Vladimir Putin)이 2004년에 크림반도를 정복하고 이어서 유럽과 러시아 사이에서 고통받고 있던 동부 우크라이나를 불안정화시키려고 노력한 이유도 문화적 동질성 때문이었다. 러시아인들의 소수가 포함되어 있는 다른 구 소비에트 국가들(예를 들어, 발트 국가들)도 러시아 개입의 분명한 원인이 될 것으로 인식되고 있다.

국가는 헌팅턴의 문명과 어떠한 관계를 갖는가? 국가들은 하나 이상의 범주에 속할 수 있지만, 헌팅턴은 흥미로운 분류를 제시하고 있다 (표 12.1). 하나의 핵심국가가 문명을 이끈다. 소속 국가는 하나의 문명으로 식별된다. 고립국은 자체적인 문명을 형성하려는 시도를 하거나 자신이 세운 집단의 지도국이 되려 한다. 또한 헌팅턴은 혼합되거나 분열된 국가들에 대해서 논의한다. 그 국가들의 지도자들은 자신들의 국가를 하나의 문명에서 다른 문명으로 이동시켜야 하는 막중한 임무를 수행해야 하는데, 헌팅턴은 이에 대해서 회의적으로 봤다. 호주는 아시아 국가로 재탄생하는 데 실패했는데, 단순히 그 이유는 문화적인 측면에서 아시아 국가가 아니기 때문이었다. 이

표 12.1 국가와 문명에 대한 헌팅턴의 구조

	위상	사례
핵심국	문명의 측면에서 가장 강력하고 문화적으로 중심인 국가	인도(힌두문명)
회원국	특정 문명과 완전히 일체가 되는 국가	영국(서양문명)
고립국	다른 사회와 문화적 공통성이 없는 국가	일본(일본문명)

출처: Huntington (1996: 135-154)

와 유사하게 터키의 유럽연합 가입이 좌절되고 있는데 그 이유는 '문화적 간격' 때문이다 (Scherpereel, 2010). 1960년대 초반부터 이어져 오는 터키의 유럽 열망에 대한 긴 논의의 핵심에는 터키가 기본적으로 유럽국가이냐 또는 아시아 국가이냐에 대한 문제에 더하여 이슬람 국가(비록 세속화되었다 하더라도)가 기독교 국가들(교회 참석이 반드시 의무가 아니더라도)과 통합을 할 수 있느냐의 문제가 놓여 있다. 서양과 슬라브 정교 문명의 사이에 위치한 러시아는 영구적인 모순의 또 다른 사례를 제공한다.

헌팅턴의 명제는 상당한 비판을 불러 일으켰는데, 많은 학자들은 구분되는 문명의 아이디어를 부정하거나 적어도 그들 사이에 충돌이 발생한다는 데 대해서 의문을 제기했다 (예를 들어, Said, 2001; Berman, 2003을 참조할 것). 헌팅턴의 명제는 특히 이슬람과 서양 사이의 관계에 대한 평가 때문에 비판을 받았는데, 헌팅턴은 문명들의 영원한 대립에 대해서 아래와 같이 표현했다 (Huntington, 1996: 217).

> 서양 문명의 근본적인 문제는 이슬람 문명인데, 이슬람 문명의 사람들은 자신들 문화의 우월성에 대해서는 확신하고 있지만 자신들이 힘에 있어서는 열세에 처해 있다고 생각한다. 이슬람 문명에게 있어서 문제는 서양 문명인데, 서양 문명 사람들은 자신들 문화의 보편성을 확신하고 자신들이 우세하다는 점을 알고 있지만, 만약 쇠퇴하기 시작하는 경우, 자신들의 문화를 세계에 확산시키기 위한 임무를 수행하기 위해 힘을 사용할 것이다.

많은 비판가들은 이슬람에 내재된 특성에 대한 헌팅턴의 시각을 거부한다. 예를 들어, 스테판은 이슬람을 시간과 장소에 따라 목소리를 다양화할 수 있는 것으로 이해한다 (Stepan, 2001: 234). 비슷한 방식으로 그레고리안(Gregorian, 2004)은 이슬람을 '단일체가 아니라 모자이크된 것'으로 표현한다. 터키와 사우디아라비아를 비교해 보자. 양국은 모두가 이슬람 국가들이다. 터키는 세속화되었고 부분적으로 민주적인 데 반해, 권위주의 국가인 사우디아라비아는 이슬람이라는 철저한 형식에 의해서 지도되는 사회이다. 9·11에 대한 반응은 이슬람의 다양한 목소리를 반증하고 있다. 비행기 납치범들은 당연히 이슬람 내의 반서양 목소리를 냈지만, 대부분의 기독교인들과 같이 대부분의 무슬림들은 그 공격이 도덕적으로 정당화될 수 없다고 주장했다 (Saikal, 2003: 17).

수니와 시아 무슬림들 사이에 오랜 기간 존재해 온 긴장, 그리고 2011년 아랍의 봄 이후 중동사회에 퍼지기 시작한 이 분열의 공개적인 표현은 이슬람이 일체적이라는 아이디어를 무색하게 했다 (수니파가 무슬림 전체의 약 80퍼센트를 차지하고 무함마드의 행동강령을 따르면서 정치와 종교 권위체의 분리를 받아들였다. 반면 시아파 무슬림은 종교지도자들의 직접적인 정치적 역할을 옹호하며, 이란과 이라크의 대부분을 이루고 있다). 기독교의 일체적인 성격도 신화적이다. 수 세기 동안 유럽에서 발생한 주요 전쟁들의 주요 원인은 종교적 차이에 의한 것이었으며, 최근에도 기독교라는 광범위한 표식 하에 개신교, 가톨릭, 그리고 수 많은 다른 교리들이 존재하고 있다.

이슬람과 서양 사이의 긴장을 유발하는 정치적 원천을 기억하는 것이 중요하다. 영국과 프랑스로부터 시작하여 최근 들어서 미국에 이르기까지 서양국가들은 1세기 이전부터 중동국가들의 국내문제에 개입한 역사를 갖고 있으며, 그 계기는 전략적인 관심과 석유의 공급을 통제하고 보장받을 필요성 사이의 조화에 기반하고 있다. 정치적 중요성을 부각시켰음에도 불구하고 서양국가들은 이스라엘과 팔레스타인이 평화협정을 체결하도록 하는 데 실패했고, 무슬림 신성 지역인 사우디아라비아에 군대를 주둔시키는 공격적인 태도를 보였다.

자신의 주장에 대한 비판에도 불구하고, 분열에 대한 헌팅턴의 명제는 무슬림과 서양국가들의 문화적 차이에 대해서 연구를 해야 할 필요성을 크게 자극했지만, 두 세계의 정치적 태도에 있어서는 제한적인 차이만을 보여 주었다. 예를 들어, 1995년과 2001년 사이에 50개 이상의 국가들에 대한 연구에서 노리스와 잉글하트(Norris and Inglehart 2011: 146)는 "실제로 민주주의가 어떻게 작동되는지에 대해서, 민주적 이상을 옹호하는 데 있어서, 그리고 강력한 리더십을 지지하는 데 있어서 서양과 무슬림의 종교문화 아래에 사는 대중들 사이에 별다른 차이가 없다"는 결론을 내렸다. 그러나 이 연구는 무슬림 대중들이 종교적 권위체의 더욱 강력한 사회적 역할에 대해 더 많은 지지를 한다는 점을 발견했는데, 이 차이는 서양과 이슬람의 차이라기보다는 서양 대 다른 사회의 차이를 의미한다. 이러한 점에서 서양문명의 세속적 특징은 별로 이상한 것으로 받아들여지지 않는다. 서양이 이슬람 세계를 외계적인 타자로 생각하는 데 대하여 익숙하게 된 것과 마찬가지로 자신들의 세속적 문명을 예외적인 것으로 생각하는 것은 타당하다고 할 수 있다.

성 및 젠더와 관련된 이슈에 있어서는 더 큰 차이가 있고, 노리스와 잉글하트(Norris and Inglehart, 2011: 149)는 아래와 같은 결론을 내렸다.

> 스웨덴, 독일, 노르웨이로 대표되는 모든 서양국가들은 여성평등을 강력하게 지지하고 동성연애에 대해서 관용을 베풀고 있다. … 이에 반하여 이집트, 방글라데시, 요르단, 이란, 아제르바이잔을 포함하는 모든 무슬림 문화들은 가장 전통적인 사회적 태도들을 보여주고 있으며, 오로지 알바니아만이 조금 자유주의적인 모습을 보여주고 있다.

다른 학자들도 유사한 결론에 도달했다. 노리스 및 잉글하트와 같은 통계치를 사용한 피시(Fish, 2011: 257)는 자신이 발견한 가장 눈에 띄는 사실은 "무슬림이 별로 다르지 않다"는 것이라고 주장했다. 실제로 그는 "신의 말과 방식을 전달하는 사람들을 정치적 의사결정의 영역에서 배제해야 한다는 글로벌한 합의를 무슬림들이 지지한다"는 점을 발견했다. 그러나 그는 동시에 "무슬림이 되는 것은 동성애, 낙태, 이혼에 강력히 반대하는 입장에 서는 것을 의미한다"는 점을 발견했다.

전체적인 결론은 문화적 차이나 역사적 기록이 이슬람 세계와 서양 사이에 있어 온 문명충돌의 명제를 정당화할 수 없다는 점이다. 정치문화(이와 동의어인 '文明')는 이러한 범주 내에서 한계를 지닌다. 로이(Roy, 1994: viii)가 관찰한 바와 같이 "문화는 분열과 역사의 모든 것을 직접적으로 설명하거나 감추지 못하는데, 여기에는 새로운 형태의 국가들의 등장, 새로운 사회계층의 탄생, 새로운 이데올로기의 출현 등이 포함된다." 시간이 지나면서 정치적 논쟁 자체가 정치문화를 생성했고, 지도자들은 자신의 목표를 추구하는 데 이를 선택적으로 활용하고 있다. '정치문화와 문명' 같은 개념들은 광의의 개념으로 사용되고 있으며, 비교를 위한 쉬운 틀을 제공하는 동시에 많은 중요한 세부문제들을 간과하기도 한다.

권위주의 국가의 정치문화

알몬드와 버바가 안정적인 자유민주주의 국가들이 자기표현을 강조하는 다원적 시민문화의 지지를 받는다고 한 바와 같이, 벨첼과 잉글하트(Welzel and Inglehart, 2005; 2009)는 많은 권위주의 국가들이 국민들의 안보에 대한 문화적 강조를 강조함으로써 유지된다고 설명한다. 이러한 관점에서 비민주주의적 통치는 불만을 가진 시민들에 대한 탄압을 기반으로 하여 유지된다고 생각하는 것은 잘못된 것이다. 권위주의 체제들은 민주주의 국가들만큼 정통성을 지닐 수 있으며, 권위체 기반의 차이만 있을 뿐이다. 따라서 우리는 권위주의 체제에서 정치안정의 문화 이론을 살펴볼 것이다.

특히 벨첼과 잉글하트(Welzel and Inglehart, 2009: 131)는 저소득국가의 국민들이 "자유와 표현보다는 권위체와 강한 리더십에 우선권을 부여한다"고 주장한다. 만약 그러한 비동조적인 문화에서 민주주의가 발생한다면 불안정해질 수도 있다. "'민주주의자들 없는 민주주의'가 발생한다면 그 민주주의는 취약하게 된다." 권위주의 정부에서 국민들이 현존하는 지도자를 거부한다 해도 그 국민들은 다른 비민주적 통치자로 대치되기를 원할 것이다. 다시 말해서 독재국가에서 모든 반체제 인사들이 민주주의를 갈망한다고 해석하는 것은 그 분석가들의 희망사항일 뿐이라는 것이다. 더욱이 비민주적 정부 하에 살면서 민주주의를 선호하는 사람들은 민주주의를 자치보다는 사회질서, 국가자율성, 강력한 경제로 이해한다.

안보와 질서에 집중된 권위주의 문화의 대표적인 사례는 러시아이다. 많은 서양인은 1990년대 전체에 걸쳐서 자신들이 러시아의 자유민주주의로의 전환을 목격하였으나, 이후 푸틴시대에 권위주의로 '회귀'하는 것을 보고 놀랐다고 생각했다. 그러나 러시아의 정치문화는 민주주의 원칙에 대한 제한된 내용만을 포함하고 있다. 이에 대해 기텔만(Gitelman, 2005: 248)은 아래와 같이 기록했다.

> 러시아의 권위주의적 전통은 국민들이 민주적 행위와 가치에 익숙하지 않다는 점을 의미하는데, 민주적 행위와 가치는 사고와 행위에 다원주의를 도입하는 것, 민주적 의사결정의 비효율적 방식에 대한 반대와 지지를 허용하는 것을 포함한다. 그들은 논쟁, 토론과 불순응의 이로운 점을 쉽게 파악하지 못하고 '상위' 계층에 대한 순종에서 벗어나기 어렵게 된다.

또한 잉글하트(Inglehart, 2000)는 러시아가 예외적으로 자유민주주의가 배양될 수 없는 돌덩이의 땅이라고 주장했다. 1999년과 2000년에 조사된 통계를 활용하여 잉글하트는 러시아인들이 다른 국가들의 국민에 비해서 덜 신뢰적이고 인내심이 부족하며 행복하지 않다는 점을 발견했는데, 이러한 문화적 특징은 공산주의 통치에 의해 더욱 강화된 측면이 있다. 잉글하트의 결론은 러시아가 경쟁적인 권위주의 체제에서 자유민주주의로 전환할 가능성은 제한적이라는 것이었다.

2008년 러시아가 그루지아 문제에 개입(표면적으

로 남 오세티아 지역에서 러시아의 이익을 보호하기 위한 것이었음)한 이래 해외에서 푸틴에 대한 비판이 직접적으로 쏟아졌음에도 불구하고, 2014년에 러시아는 우크라이나 문제에 개입함으로써 보다 강력한 대외개입정책을 추구했다. 푸틴은 러시아 내부에서는 높은 수준의 지지를 받았다 (Taylor, 2014). 국가가 운영하거나 독립적인 여론조사 기관의 조사 결과 2014년 3월에 푸틴은 러시아인들의 72퍼센트 지지를 받았다 (이 시기에 미국의 오바마 대통령은 43퍼센트, 프랑스의 올랑드 대통령은 20퍼센트 이하의 지지를 받았다). 푸틴의 역대 최고 지지율은 2008년 8월의 88퍼센트였는데, 이 시기는 러시아가 그루지아에 개입한 직후였고, 우크라이나에 대한 개입 이후 다시 지지율이 상승했다. 푸틴의 높은 지지율은 러시아의 안보에 대한 위협으로 간주되는 상황과 양 지역에 있는 러시아 소수민족을 보호하기 위한 그의 강력한 대응에 의해서 이루어졌을 것이다. 그러나 분명한 것은 러시아인들이 국제법을 위반하는 것으로 보이더라도 강력하고 결정적인 리더십을 원하고 있다는 점이다.

다른 지역의 많은 비민주적 이슬람 국가들은 이슬람 문화를 최대한 활용하여 자신이 권력을 획득하는 데 도움이 되도록 하는 권위적 통치자들에 의해서 이끌어진다. 그들은 민주주의를 서양의 개념이라고 하면서, 그러한 민주주의는 자유보다는 자격증을 중시하고, 정신적 가치보다는 물질을 강조하고 사회적 조화보다는 개인적 이익을 추구하는 것이라고 주장한다. 예를 들어, 말레이시아의 총리(1981~2003)였던 마하티르(Mahathir bin Mohamad)는 서양 민주주의를 비난했는데, 그는 이러한 민주주의 하에서 "정치지도자들은 올바른 것을 하는 것에 두려움을 느끼고, 국민들과 그들의 지도자들은 자신들이 신성하다고 그렇게 큰소리로 주장하던 자유 미디어의 공포 속에서 살고 있다"고 주장했다. 이러한 주장을 통하여, 권위주의 통치는 서양의 자유주의에 반대되는 뿌리 깊은 문화의 전통을 표현하는 것이라 할 수 있다.

비민주적 체제가 정치문화에 의해 지원을 받는다는 입장에 대한 반대 주장은 그 관계가 정반대라는 것이다. 우리가 이미 언급한 바와 같이 문화는 체제의 성격을 유지시키기보다는 반영하고 있다. 러시아를 생각해 보자. 러시아에서 정치적 신뢰의 부족은 이 국가의 비민주적 역사와 현 정부의 부패 성격을 반영하는 것이다. 그러나 어떠한 방법에 의해서든 자유민주주의가 러시아에 뿌리를 내렸다면, 아마도 이 국가의 정치문화도 민주적인 방향으로 전환되었을 것이다. 다시 말해서, 오랜 기간 동안 정치문화는 체제의 성격을 반영하고, 그 반대의 현상은 거의 일어나지 않는다.

벨첼과 잉글하트(Welzel and Inglehart, 2009: 136)는 이러한 주장에 흥미로운 반박을 하고 있다. 알몬드(Gabriel Almond)가 한 세기 이전에 주장한 바와 같이 그들은 정치문화가 독립적인 힘이라는 점을 고수한다. 정치문화는 단순히 현재 정치체제의 거울이라는 견해에 반대하면서, 벨첼과 잉글하트는 "민주주의에 대한 높은 수준의 본질적인 요구는 권위주의 사회에서 민주주의로의 전환 '이전'에 등장한다"고 주장하면서 남한과 대만의 사례를 들었다. 그들은 사회가 현대화되어 가면서 보다 많은 교육을 받은 층들은 자기표현과 탈물질적 가치를 보다 강조한다고 주장한다. 이러한 문화는 민주화에 대한 압력으로 작용한다.

그러면 우리는 이집트의 최근 이야기를 어떻게 설명할 수 있는가? 첫째, 우리는 이집트 국민들이 아랍의 봄의 전위지역에 서 있는 것을 봤다. 그들은 2011년 초 대규모 대중시위를 벌여서 30년 가까이 통치한 무바라크 체제를 붕괴시켰다. 이집트인들은 2011~2012년에 경쟁적 선거를 치러 모르시(Mohamed Morsi) 정권을 수립하는 민주주의를 실시했다. 모르시는 이집트의 역사에서 첫 번째 이슬람 정부를 구성했을 뿐만 아니라 1952년 왕정을 붕괴시킨 이후 등장한 5명의 지도자들 중에 유일한 민간인이었다. 모르시가 권위주의의 징조를 보이기 시작하자 2013년 군부가 그를 제거하고 이집트 군부에서 별로 알려지지 않은 지휘관인 시시(Abdel Fattah el-Sisi)로 대체하였다.

미그라루이(Maghraoui, 2014)에게 있어서 "과거 이집트의 권위주의적 맥락에 비추어 볼 때 시시(Sisi)가 등장하는 역동성은 "하나의 신화적인 것이었다. 그는 카리스마가 없으며, 정치적 경험도 없고, 전사로서의 아우라도 없고, 이집트가 당면한 사회적이고 경제적인 문제들을 어떻게 풀어야 할지에 대한 분명한 계획도 갖고 있지 않았다." 2011년에 이집트인들은 민주적 변화를 찬성하였지만 많은 이집트인들은 강력한 리더십을 지지했다. 이는 고령층의 이집트인들 사이의 정치문화 내에 권위주의의 중심적인 연속성이 존재하고 있다는 점을 의미했다. 무바라크와 모르시에 대해 저항하던 젊은층은 권위주의에 찬성하지 않았다. 시시는 정부의 최대 정책으로 '테러와의 전쟁'을 선택했는데, 이는 많은 이집트인들로부터 지지를 받았으며 시시 자신의 지지기반을 강화하는 데 도움이 된 아이디어였다. 캄바니스(Cambanis 2015)의 견해에 따르면 시시는 "지도자의 위상을 유지하는데 충분한 권력을 필요로 하고, 시민권, 정치적 자유, 실질적인 경제발전을 원하는 이집트인들의 열망을 무시하는 데 필요한 국제적 지지를 필요로 하고 있다." 그러나 시시가 이를 얼마나 오래 유지할 것인가의 문제는 눈여겨 볼 필요가 있다.

탈식민사회의 정치문화를 이해하는 것이 복잡한 점은 토착 정치적 가치들을 식민시대에 만들어진 가치들과 구분하기가 어렵기 때문이다. 나이지리아의 경우 민주주의의 성공에 대한 주요 장벽들 중의 하나는 나이지리아라는 국가의 다종족적 성격이라는 점이다. 이에 따라 나이지리아의 종족적 분열이 지속되어 이에 분개한 나이지리아의 소설가이면서 1986년 노벨상 수상자였던 소잉카(Wole Soyinka)는 '외톨이의 환상(farcical illusion)'이라는 나이지리아 민족에 대한 아이디어를 무시하도록 했다.

이 문제들은 식민지 이전의 시대와 비교될 수 있는데, 식민지 이전의 시대에는 종족집단들이 자기들끼리 균형을 이루어서 외부의 간섭으로부터 자신들을 보호할 수 있었다. 그러나 영국의 제국주의는 나이지리아를 수립하고 각 종족집단들을 함께 살게 하면서 공통된 정부와 행정체제를 수립하도록 했다. 결국 그들은 권력과 자원을 둘러 싼 경쟁을 하면서 상호 적대감을 갖게 되었고 자신들의 정체성을 보호하기 위해 투쟁을 했다. 국가의 전통을 경험하지 못한 나리지리아인들은 정부 관료들을 불신하고 자신들의 공동체를 통한 안정을 모색했으며, 그들은 공동체에 대한 충성이 최고의 덕목이라고 믿게 되었다.

이러한 상황의 결과들 중의 하나는 체계적인 부패가 전통이 된 것이며, 많은 지방에서 이를 '나이지리아 특징'이라고 부를 정도로 일반화되었다. 제4장에서 논의한 명백하고 표준적인 모든 특징들을 반영하는 동시에 나이지리아의 브랜드는 나이지리아에서 서양으로 보낸 다수의 이메일에 의해서 국제화되었는데, 이 이메일들은 후계자 없이 사망하는 사람들의 문제를 해결해 주면 수백만 달러를 제공하겠다는 내용으로 개인정보를 빼가는 사기를 치는 내용을 포함하고 있다. 사기와 관련된 형사법전의 조항번호를 따 '419사기(419scams)'라는 이름이 붙여진 이 사기행위는 나이지리아 외화수입 중에서 석유수입 다음으로 두 번째를 차지할 정도로 성공하고 있다 (Smith, 2007).

나이지리아가 경험한 정치문화는 진실로 얼마나 나이지리아의 것이고, 국가의 통합을 이루는 데 있어서 나이지리아가 어느 정도로 겪는 어려움인가? 현대화는 그러한 환경을 바꿔줄 수 있는가? 나이지리아는 나이지리아의 사회에 뿌리를 두고 있는 독창적인 정치문화의 추세를 보유하고 있는가, 아니면 보다 오랫동안 상대적으로 안정적인 국가의 정체성을 가진 민주적인 서양국가들에서 발견되는 압력과 영향과 같은 독창적인 정치문화의 추세를 보유하고 있는가? 아니면 권위주의 체제의 정치문화에 대해서 이것이 존재하지만, 본질적으로 부정적이라고 말하는 것이 최선인가?

토론주제

- 당신 국가의 정치문화의 주요 특징들은 어떠한 것들인가?
- 오늘날 민주주의 국가들에서의 시민문화는 얼마나 건강한가?
- 정치적 신뢰의 쇠퇴를 반전시키기 위해서는 어떻게 해야 하는가?
- 서양에서 정치문화를 이해하는 방식으로 탈물질주의가 아직도 적절한가?
- 무슬림과 서양세계 사이에는 문명의 충돌이 있는가?
- 서양의 정치문화라는 것이 존재하는가? 만약 그렇다면 그 특징은 무엇인가?

핵심 개념

사회자본(Social capital)
시민문화(Civic culture)
엘리트 정치문화(Elite political culture)
정치문화(Political culture)

정치세대(Political generation)
정치적 신뢰(Political trust)
탈물질주의(Post-materialism)

추가 읽을 거리

Calvert, Peter and Susan Calvert (2007) *Politics and Society in the Developing World*, 3rd edn. 개발도상국 또는 권위주의 국가들의 정치문화에 대한 연구는 별로 이루어지지 않았으나, 이 책은 이에 대하여 도움이 되는 통찰력을 제공한다.

Chabal, Patrick and Jean-Pascal Daloz (2006) *Culture Troubles: Politics and the Interpretation of Meaning.* 정치문화에 대한 해석적 관점은 정치분석이 관련된 행위자들의 기초가 되는 것에 기반해야 한다는 점을 제시하고 있다.

Huntington, Samuel (1996) *The Clash of Civilizations and the Making of World Order*. 문명의 충돌은 세계 평화에 위협이 되는 동시에 문명에 기반한 세계질서가 전쟁에 대항하는 안전장치라는 점을 부각한 논쟁적인 서적이다.

Inglehart, Ronald and Christian Welzel (2005) *Modernization, Cultural Change and Democracy: The Human Development Sequence*. 현대화가 문화의 변화를 이끌고 문화의 변화가 민주주의를 이끄는 것으로 보이도록 하는 광범위한 지적 틀을 제공한다.

Norris, Pippa (2011) *Democratic Deficit: Critical Citizens Revisited*. 광범위한 조사분석에 기초한 이 책은 1970년대 초반 자유민주주의 국가들이 지속적인 대중의 불만을 경험하게 되었다는 주장에 도전하고 있다.

Putnam, Robert D. (ed.) (2002) *Democracies in Flux: The Evolution of Social Capital in Contemporary Society*. 일단의 학자들이 8개 자유민주주의 국가들이 보유한 사회자본의 상태에 대해서 분석하고 있다.

CHAPTER 13 정치참여

개관

어떤 민주주의자에게 있어서도, 통치의 질은 시민들이 통치 과정에 참여하는 정도 혹은 참여할 수 있도록 허용되는 정도에 크게 달려 있다. 이번 장에서 우리는 사람들이 정부에 참여하는 많은 경로를 검토하는데, 이에는 관습적 참여부터 비관습적 참여까지 다양한 경로가 포함된다. 두 가지 논점이 곧 분명해질 것이다. 첫째, 참여의 양과 질은 단지 정권 유형 간에만 다른 것이 아니라, 개별 국가 내에서 시간에 걸쳐 그리고 사회 집단 간에도 달라진다. 민주주의 국가에서조차도 참여는 전혀 평등하지 않다. 둘째, 여론조사에 따르면 많은 수의 사람들이 당면한 쟁점에 대해 정보를 제대로 가지고 있지 않거나 아니면 자신의 의견을 표현하지 않기로 결정하고 있다. 물론 권위주의 체제에서는 사람들의 견해와 의견이 애초부터 별로 중시되지 않는 것이 보통이다.

이번 장은 누가 왜 참여하는가에 대한 평가부터 시작하는데, 특히 정치적 배제의 문제를 살펴보고 관습적, 비관습적, 그리고 불법적 참여의 형태를 검토한다. 다음으로는 참여를 여론과 연결하여 어떻게 여론이 측정되는지 설명하고, 정치적 사건들에 대한 다양한 수준의 지식이 가지는 함의를 논의한다. 이번 장은 다음으로 정치에서 여성이 차지하는 위치를 고려하는데, 여성 참여의 장애 요인을 살펴보고 왜 정부가 여전히 남성에 의해 지배되고 있는가를 묻는다. 이번 장은 권위주의 국가에서 어떻게 참여가 관리되고 제한되고 있는가에 대한 논의로 끝을 내는데, 예상했던 것보다 종종 참여의 수준이 높다는 사실을 지적하고 있다.

차례

- 정치참여: 개요   273
- 누가 왜 참여하는가?   274
- 여론   279
- 여성과 정치참여   284
- 권위주의 국가에서의 참여   289

핵심논제

- 참여는 전적으로 민주주의에 이로운 것으로 보이지만, 과도한 참여가 정치체제의 부담을 나타낼 수도 있다.
- 참여에 대한 접근법은 다양한데, 시민의 의무를 강조하는 학파에서부터 사람들은 본래 정치적 동물이 아니라는 생각까지 범위가 넓다.
- 자유민주주의 국가의 참여에 대한 연구는 누가, 어느 정도까지, 그리고 어떤 경로를 통해 참여하는가의 문제에 초점을 맞추고 있다. 결과적으로 참여의 편향성은 특권적 사회 집단에게 유리한 방향으로 나타나고 있으며, 이는 자원과 관심의 불평등을 반영하는 것이다.
- 참여는 정부와 정치에 대한 공중의 지식 수준과 밀접하게 연결되어 있으며, 서로가 서로에게 영향을 미친다. 일부 저자들은 여론이 자유민주주의 국가에서 대표의 핵심 기제가 되었다고 주장한다.
- 비록 여성 참여가 특히 민주주의 국가에서 상당히 증가해 왔지만, 참여에 있어서 남녀 간 불평등은 여전히 골치 아픈 문제를 제기하고 있다.
- 권위주의 정권에서의 정치참여는 공허한 개념이라고 종종 주장되고 있지만, 그럼에도 불구하고 동원된 참여와 후견주의(clientelism)는 중요한 현상이며, 사회운동은 가끔 의미 있는 특징이었으며, 또한 여론을 평가하는 일은 첫 인상에 비해 중요하다.

정치참여: 개요

정치참여(political participation)는 국민들이 정부의 구성이나 정책에 대해 영향력을 행사하기 위해 노력하는 다양한 방법들을 가리킨다. **관습적**(conventional) 유형의 참여에는 자신들의 의원을 접촉하는 시민들, 그리고 자신들이 선호하는 후보를 위해 선거운동을 하는 활동가들이 포함된다. 그러나 참여는 청원서에 서명하거나, 시위에 참여하는 것과 같은 **비관습적**(unconventional) 유형을 띠기도 하며, 심지어 국가를 상대로 한 테러행위의 경우에서와 같이 법률을 어기거나 폭력에 의존하는 것을 포함하기도 한다.

> **정치참여**(Political participation): 누가 통치하는가의 문제, 혹은 통치자들이 내리는 결정에 공식적으로 영향을 미치려는 의도를 가지고 개인들이 하는 행동.
>
> **관습적 참여**(Conventional participation): 이는 공식적인 정치와 법률 내에서 발생한다.
>
> **비관습적 참여**(Unconventional participation): 이는 공식적 정치 밖에서 혹은 심지어 법률 밖에서 발생한다.

자유민주주의 국가에서, 국민들은 정치에 관여할 것인지, 그리고 한다면 어느 정도로, 어떤 경로를 통해서 할 것인지를 선택할 수 있다. 권위주의 정권에서도 일종의 참여가 발견되지만, 그것은 단지 참여의 겉모습을 만들어 내기 위한 것으로 현 통치자를 위협하기보다는 지지하는 형태로 조작되는 것이 보통이다. 참여의 형태와 비용이 다소 다른 것이다.

참여에 대한 연구에 있어서 어떤 기대를 할 수 있을까? 고대 그리스에서부터 유래하는 한 가지 관점은 집단적 의사결정에의 참여가 공동체에 대한 개인의 의무이자 동시에 개인적 발전을 위한 훈련으로, 개인의 시야를 넓혀주고 집단적 교육을 위한 수단으로 작동한다는 것이다. 이러한 관점에서 보면, 참여는 공동체와 개인 양자 모두에게 혜택을 주며, 비참여자는 다른 사람들의 노력에 무임승차하는 자이다. 이러한 접근법은 시민의 의무(단지 권리만이 아니라)를 강조하는 최근의 저작에서도 다시 발견된다(Bellamy, 2008).

두 번째 관점은 높은 이상보다는 실용적 현실에 기반한 것으로, 참여에 대해 보다 낮은 기준을 설정한다. 이 관점은 사람들이 자연발생적으로 정치적 동물이 아니라고 상정하며, 오히려 광범위한 참여를 정치 체제 내의 해결되지 않은 긴장의 표시로 해석해야 한다고 생각한다. 대중 시위, 저항, 그리고 심지어 높은 투표참여율은 정치 체제가 강건한 상태에 있기보다는 과열되고 있음을 보여주는 지표일 수 있다. 정상적인 시기의 제한적인 참여는 정치 체제가 대중의 요구를 만족시키는 데 성공하여 시민들로 하여금 정치보다 더 많은 충족감을 주는 활동을 할 수 있는 여유를 주고 있다는 지표일 수 있다.

이 두 번째 이러한 관점에서 보면, 자유민주주의에서 중요한 것은 시민들이 정치적 사건을 살펴보면서 필요한 경우 참여할 수 있는 것이며, 참여의 경로가 항상 사용되기보다는 열려 있으면 충분하다. 자신들이 원할 경우에 참여할 수 있는 현실적 능력을 갖는 것이다. 슈드슨(Schudson, 1998: 311)에 따르면, 시민들이 수동적으로 보일 경우에도 필요할 땐 행동할 준비가 되어 있는데, 이는 마치 부모들이 수영장에서 놀고 있는 아이들을 보고 있는 것과 마찬가지이다. 특히 일부 관습적 형태의 참여가 퇴조하고 있는 시기에 있어서는, 그러한 감시(surveillance)가 민주주의의 핵심적 기제로 이해될 수도 있다. 로잔

발론(Rosanvallon, 2008: 33)은 "감시하고, 깨어 있고, 경계하고 있음은 시민이 갖추어야 할 본질적인 속성이다"고 제안하며, 감시(monitoring)는 참여의 한 가지 유형으로 이해되어야 하며, 경계(vigilance)는 '행동의 유형'으로 이해되어야 한다고 주장한다.

세 번째 관점은 비참여자 중 다수가 참여하지 않는 이유는 그들이 주변화되었거나 혹은 소외되었다고 생각하기 때문이라고 주장한다. 그들은 자신들의 참여가 아무런 차이를 만들지 않는다고 생각하거나 혹은 정부란 엘리트에 의해 지배되는 제도라고 해석한다는 것이다. 인간들은 정치적 동물이 아닐 지도 모르나, 일상적으로 비용-편익 계산을 하고 있으며, 그들 중 일부는 참여에 자신의 시간과 수고를 바칠 가치가 없다는 합리적 계산을 하고 있다는 것이다. 혹은 보다 걱정스럽게도, 그들은 자신의 의견을 관철하는 유일한 방법이 극단주의와 폭력이라고 믿고 있는 것이다.

누가 왜 참여하는가?

비록 얼마나 많은 참여가 바람직한가에 대한 논쟁이 사실보다는 판단의 문제를 제기하고 있지만, 그럼에도 불구하고 경험적 숫자는 의미가 있다. 예를 들어, 낮은 사회계층 사람들은 정치에 잘 참여하지 않는다는 사실을 우리가 발견하게 된다면, 참여의 결여가 정치에 대한 만족보다는 정치적 냉소주의를 반영하고 있다고 결론지을 수 있을 것이다. 교수 연구실에서 바라본 무관심의 긍정적 기능이 빈민촌(ghetto)에서는 덜 나타날 수도 있는 것이다.

민주주의 국가의 참여에 대한 연구의 가장 놀라운 결과는 투표 외에 다른 유형의 참여에 있어서 대부분의 사람들이 얼마나 적게 관여하고 있는가이다. 밀브래스와 고엘은 미국에서의 참여에 대한 자신들의 영향력 있는 비교분석에서, 고대 로마로부터의 비유를 사용하여 미국 인구를 매우 작은 크기의 적극적 검투사(gladiators) 집단, 커다란 규모의 관중(spectators) 집단, 그리고 중간 규모의 무관심자(apathetics) 집단, 이렇게 세 집단으로 구분하였다 (Milbrath and Goel, 1977: 11) (도표 13.1을 보라). 이 분류는 그 이후 다른 자유민주주의 국가의 참여에도 그대로 적용되었다.

또 다른 영향력 있는 연구에서, 버바와 그의 동료들은 사람들이 전문화하는 경향이 있음을 발견하였는데, 그에 따라 참여란 일정 정도 '얼마나 많이(how much)'의 문제일 뿐만 아니라 '어떤 방법으로(how)'의 문제라는 것이다 (Verba et al., 1978). 달리 표현하면, 참여하는 사람들은 상이한 방식으로 참여하고 있다는 것이다. 이 연구는 다음의 네 가지 유형의 참여자를 구분하고 있다.

- 투표자들, 예를 들면, 전국적 그리고 지방 선거에 참여하는 사람들
- 선거운동가들, 예를 들면, 선거유세에 참여하는 사람들
- 공동체 활동가들, 예를 들면, 특정 이슈와 관련된 조직에 참여하는 사람들
- 접촉자들, 예를 들면, 개인적 문제에 대해 공직자와 의사소통하는 사람들

밀브래스와 고엘의 연구에서 검투사들이 작은 비율을 차지한다는 것이 놀라운 현상은 아니다. 그러나 비록 그들이 정치적 영향력을 행사할 가능성이 높지만, 그들은 사회의 다양한 계층을 포함하지 않고 있다. 대부분의 민주국가에서, 교육 수준이 높고 소득이 많은 백인들 사이에서 참여율이 가장 높다. 또한

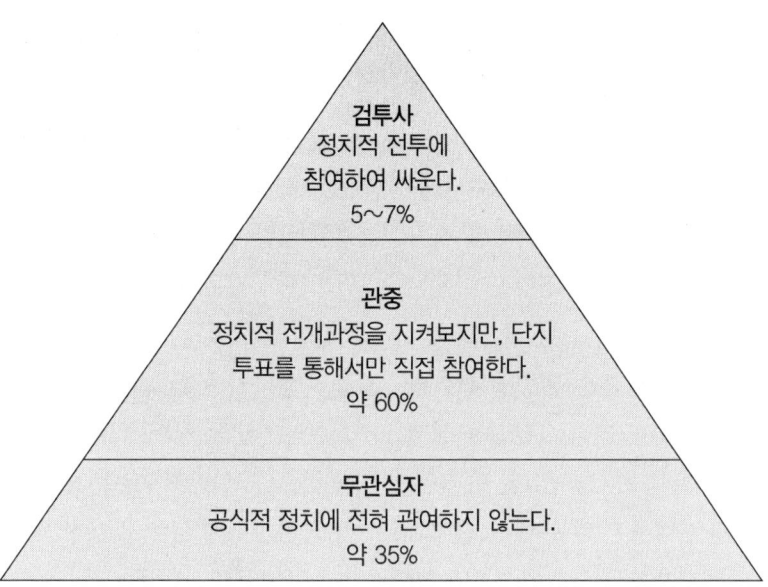

도표 13.1 자유민주주의 국가에서의 정치참여

저항 행동(이것은 주로 젊은 층에서 발견됨)을 제외하고 모든 참여 유형에 있어서, 중년층에서 참여율이 가장 높다. 더 나아가, 정치적 참여의 가장 상층부에서 이러한 비대칭성이 가장 크게 나타난다. 퍼트남은 다음과 같이 말하고 있다 (Putnam, 1976: 33).

> '불균형 증가의 법칙'이 거의 모든 정치체제에 적용되는 것으로 보인다. 정치적 그리고 사회적 지위를 어떻게 측정하든 간에, 정치적 권위의 수준이 높을수록 지위가 높은 사회적 집단의 대표성이 높게 나타나고 있다.

이처럼 상층 사회집단에 유리한 참여의 편향성은 결국 정치적 무관심이 현재의 정치질서에 대한 만족을 표시하는 것이 아니라는 것을 시사한다는 점에서 의미를 갖는다. 만약 그랬다면 (즉, 무관심이 정치에 대한 만족의 표시라면 – 옮긴이), 여유 있는 사람들은 상대적으로 불만거리가 적을 테니까 정치에 대해 덜 관여할 것으로 기대할 수 있을 것이다. 그런데 이것은 발견되는 유형과 정반대인 것이다.

그러면 사회적 계층이 올라가면 정치참여도 증가하는 이유는 무엇인가? 버바(Verba)와 그의 동료(Verba et al., 1995)에 따르면, 두 가지 요인이 영향력을 미친다. 첫째, 자원이 중요하다. 높은 지위 집단에 있는 사람들은 교육, 돈, 지위, 의사소통 기술 등과 같은 정치적 자산을 갖추고 있다. 교육은 정보에 대한 접근성을 제공하며, 정보에 대한 해석 능력을 강화한다. 돈은 정치적 활동을 위한 시간을 할애할 수 있는 사치를 제공한다. 높은 사회적 지위는 남들이 자신들의 얘기를 존중하여 들을 수 있는 기회를 제공해 준다. 그리고 의사소통 기술은 자신의 견해를 설득력 있게 제시하는 데 도움이 된다. 이러한 자원들이 합쳐지면 효과적인 정치적 개입을 위한 유용한 수단을 제공한다. 그리고 이러한 자원의 불평등한 분배는 불리한 여건에 놓여있는 사회적 집단의 상대적으로 저조한 참여를 설명하는 데 도움이 된다.

둘째, 정치적 관심이 중요하다. 높은 지위에 있는 사람들은 공식적 정치에 관여할 확률이 높은데, 그들은 관여하는 데 필요한 수단뿐만 아니라 동기도 소유하고 있기 때문이다. 더 이상 삶의 일상적인 투쟁에 사로잡혀 있을 필요가 없기 때문에, 그들은 집단적 행동에 대한 관여로부터 만족감을 취할 수 있다(Inglehart and Welzel, 2010). 또한 부자들은 정치가 어떻게 자신들의 부와 부의 전망에 영향을 미치는지에 대해서 이해할 가능성이 높다. 것이다. 그래서 사회적으로 높은 지위의 사회 집단은 정치에 대한 관심과 이해관계를 가지고 있으며, 이러한 관심을 실제 행동으로 옮길 수 있는 여유도 가지고 있다. 반대로, 사회적으로 낮은 계층의 사람들은 먼 곳에서 진행되는 전국적 정치보다는 일상생활의 투쟁에 초점을 맞추고 있는 가정과 공동체 출신일 확률이 높다.

밀브래스와 고엘의 연구에서 관중들의 경우 그들의 특징을 정확히 잡아내기는 쉽지 않지만, 정보의 접근성 증가와 함께 그들의 역할이 변화해 왔다. 인터넷과 소셜 미디어(social media)의 부상은 40년 전에는 불가능했을 정도로 상세한 수준에서의 정보 수집을 가능하게 만들어 주었다. 만약 꼭 말하지 않으면서 보기만 하는 것도 참여의 한 형태라고 한다면, 우리가 관중이 되어 지켜볼 수 있는 수단은 엄청나게 증가하였고 그에 따라 정치적 구경이 이제 중요하고 매우 영향력 있는 참여의 형태가 되었다고 말할 수 있을 것이다. 그린의 주장에 따르면, 지금과 같은 관중과 관객의 시대에 있어서는 사람들의 훈련된 응시, 즉 사람들의 목소리보다는 사람들의 눈이 권력의 원천이 되었다 (Green, 2010a).

비록 정치참여 연구의 초점이 관중으로부터 검투사를 구분하는 것이 무엇인가에 맞추어져 있으나, 전혀 정치에 참여하지 않는 무관심자를 무시해서는 안 될 것이다. 이 집단은 **정치적 배제(political exclusion)**의 문제를 제기한다. 버바와 그의 동료들이 기술한 바와 같이, 무관심자들은 일반 시민들이 자신들의 사회를 만들어 가기 위해 사용하는 정상적인 수단으로부터 자신들을 제외시키거나 혹은 때로는 의도적으로 제외된다 (Verba et al., 1995). 전형적인 비참여자는 자격을 갖추지 못한 청년 실업자로 범죄율이 높은 도심 지역에서 살고 있으며, 소수 문화를 가지고 있을 가능성이 높으며 심지어 주된 언어를 사용하지 못할 수도 있다. 이러한 사회적 배경은 소수의 사람들 사이에서 급진적인 활동을 유도할 수도 있으나, 일반적으로는 일상생활에 사로잡혀 공식적 정치참여에 있어서 제한적이거나 완전히 배제될 가능성이 높다.

> **정치적 배제(Political exclusion)**: 사회에서 주변적인 위치를 차지하고 있기 때문에 일부 사람들이 집단적인 의사결정 과정에의 참여로부터 실질적으로 배제 당하고 있는 현상을 가리킨다. 배제된 집단의 사례로는 빈곤층과 실업자 등이 포함된다.

대부분의 자유 민주주의 국가에서 참여가 요구 사항이기보다는 선택이기 때문에 (그러나 제16장에서의 의무 투표에 대한 논의를 보라), 평등을 달성할 가능성은 많지 않다. 그리고 참여의 불평등은 자원과 관심에서의 사회적 차이에 깊이 뿌리를 내리고 있기 때문에, 적극적인 소수가 소극적인 다수에 대해 사회학적으로 대표성을 갖지 못하는 현상은 지속될 것이다. 그러나 참여에 대한 우리의 이해는 정치적 무관심 뒤의 동기를 이해하지 못한다면 항상 불완전할 것이다. 보편적 참여와 정치적 평등이라는 목표는 제한적이고 불평등한 관여라는 사실 옆에 공존하고 있다.

누가 정치에 참여하는가의 문제를 질문하고 나면, 그들이 참여하는 이유는 무엇인가에 대해서도 간략하게 질문을 던지는 것도 의미가 있다. 이 질문에 대한 자명한 대답은 정부 정책을 형성하는 데 역할을 수행하고자 하는 욕구이지만, 이러한 계산에는 다양한 요인이 존재한다.

- **이상주의.** 사람들은 특정한 사상을 신봉하며, 그에 상응하는 변화를 가져오기 바란다.
- **책임.** 적어도 일부 시민들은 참여가 시민의 의무라고 느끼며, 투표할 권리 그리고 자유롭게 의견을 표현할 수 있는 권리를 획득하기 위해 수백년 동안에 흘린 피의 양에 대해서 생각할 것이다.
- **우려.** 일부 사람들은 사회가 직면하고 있는 문제들에 대해 우려하고 있으며, 잠재적인 해결책의 부분으로 여겨지기 바라거나 혹은 이러한 문제들을 해결할 의지와 능력을 가지고 있다고 자신들이 믿는 정당과 정치인을 돕고 싶기 때문에 참여할 것이다.
- **자기 이익.** 일부 사람들은 개인적 이득과 혜택을 가져다주는 쟁점과 목적을 촉진하려고 노력하기 때문에 참여할 것이다.
- **즐거움.** 다른 사람들은 참여가 즐겁기 때문에 참여할 것인데, 그 즐거움은 사회적 이유일 수도 있고, 공동체에 대한 관여, 혹은 경쟁이 주는 스릴일 수도 있다.

투표 외에 관습적 형태의 참여에는 선출직 공무원, 정당, 혹은 이익집단과의 접촉 혹은 이들에 대한 지지와 관련된 그 무엇도 포함된다 (표 13.1을 보라). 그러나 최근의 증거는 단지 투표에서만이 아니라 (제17장을 보라) 다른 형태의 관습적 참여에서도 감소가 있음을 보여주고 있는데, 이는 정부 그리고 '평소와 같은 정치(politics as usual)'에 대한 환멸의 증가를 나타내는 추세이다. 이는 특히 젊은 시민들에게 있어서 사실인데, 이들은 정치에 무관심하기보다는 관습적 참여 경로를 거부하고 참여의 다양화를 향한 변화를 이끌고 있는 것이다. 이들은 소셜 미디어를 활용하여 더 폭넓은 네트워크를 구축하고 있으며, 다수가 소비자 정치에 관여하고 있다 (초점 13.1을

표 13.1 정치참여의 형태

관습적	선거에서 투표하기 정당에 가입하거나 기부하기 이익집단에 가입, 지지 혹은 기부하기 선출직 대표를 접촉하기 정치적 캠페인에 자원봉사하거나 선거 운영하기 공동체 캠페인을 조직하기 정치적 집회나 모임에 참석하기
덜 관습적/ 비관습적	평화적 시위나 저항에 참여하기 사회적 미디어를 통해 의견을 표현하거나 동원하기 온라인 뉴스 스토리에 논평을 달기 청원서에 서명하기 소비자 보이콧을 조직하거나 참여하기 대중매체에 편지 쓰기
불법적	시민 불복종 건물이나 공공장소를 점거하기 정당, 후보, 선출직 공무원의 노력을 방해하기 정치적 동기를 가진 범죄 행위 테러리즘과 암살 등을 포함하는 정치적 폭력

보라). 한편 가장 주변화된 사람들 혹은 정치 불신자들의 경우, 변화의 방향은 관습적인 참여로부터 기존 정치에 반대하는 정당, 극단주의, 그리고 심지어 정치적 폭력에 대한 지지로 나타나고 있다.

우리는 정치가 계속 평화롭게 남기를 항상 희망할 수 있지만, 정치는 가끔 대결과 폭력으로 번지곤 한다. 물론 이것은 역사 전체를 통해서 현실이었으며, 이러한 사례는 다양한 시대에 그리고 수많은 다양한 사회에서 발견된다. 그러나 인류 역사의 그 어떤 시기에서도 오늘날과 같이 많은 사람들이 잠재적으로 폭력의 목표가 된 적은 없었다. 사용되는 수단이 확장되었고, 목표가 넓어졌고, 근본적 메시지를 확산하는 데 활용할 수 있는 경로가 증가하였다. 비록 이러한 대부분의 경우에 부상이나 죽음을 초래하겠다

> **초점 13.1** | **정치참여자로서 소비자**
>
> 많은 사람들이 관여하고 있음에도 불구하고 대부분의 선택지에 잘 등장하지 않는 정치참여의 한 형태는 **소비자 정치**(consumer politics)이다. 이것은 정치적 이유로 재화나 서비스를 구매하거나 혹은 보이콧하는 결정을 포함한다. 이것은 전혀 새로운 것이 아니며, 아주 작은 비용으로 자신의 주장을 전개하거나 혹은 목표를 달성하는 데 있어서 매우 효과적인 방법이다. 이러한 보이콧 행위는 인권으로부터 소비자 안전, 동물의 권리, 보건에 대한 우려, 그리고 환경에 대한 우려에 이르기까지 다양한 문제에 대한 의견을 표현하기 위해 오랜 동안 사용되어 왔다.
>
> 소비자 정치가 작동했던 가장 유명한 사례 중의 하나는 미국의 독립전쟁의 시작이었는데, 이 전쟁은 영국이 추구하던 교역 정책에 대한 미국 식민지에서의 저항에 의해 촉발되었다. 두 가지 다른 사례로는 19세기 말 유럽의 특정 지역에서 등장했던 "유대인 제품을 사지 말자(Don't Buy Jewish)" 캠페인, 그리고 독일 나치(Nazis)에 의해 강요되었던 유대인 소유 기업에 대한 보이콧을 들 수 있다.
>
> 보다 최근의 사례에는 탄소발자국(carbon footprint, 온실 효과를 유발하는 이산화탄소의 배출량을 의미함 – 옮긴이)을 제한하기 위해 소비자들이 자신들의 에너지 소비 혹은 특정 회사의 에너지 소비를 감축하려고 노력한 것, 원산지 생산자에게 보다 높은 가격 혹은 보장된 가격을 제공하는 공정무역 제품을 구매하는 것, 그리고 저임금노동(sweatshop labor)을 착취하는 소매 체인점을 보이콧하는 것 등이 포함된다.
>
> 다른 한편으로 소비자들은 반보이콧(anti-boycotts), 즉 바이콧(buycotts)을 조직하기도 했는데, 보이콧을 통해 정치적 항의를 표현하려는 노력에 대항하여 의도적으로 구매를 위해 노력하는 것이다. 예를 들어서, 2005년 덴마크에서 출간되었던 예언자 무함마드(prophet Muhammad)를 묘사하는 만화에 항의하기 위해 중동 지역에서 보이콧을 활용하는 캠페인이 시작되었을 때, 이에 대항하는 항의가 덴마크 제품 사기(Buy Danish) 캠페인이라는 형태로 조직되어 중동의 보이콧 효과를 상쇄하고자 하였다.

소비자 정치(Consumer politics): 정치적 혹은 윤리적 이유로 재화나 서비스를 구매하거나 혹은 보이콧하는 행위.

는 고의적인 노력이 반드시 존재한다고 할 수 없지만, 두 가지 다른 형태의 정치적 표현, 즉 암살과 테러는 예외이다.

암살(assassination)은 오래 전부터 정치적 풍경의 한 부분이었다. 원래 'Assassins(*Hashshashin*, 즉 대마 먹는 사람이라는 의미)'는 12세기 무슬림의 한 종파였는데, 이 구성원들은 기독교인들을 살해하는 것이 자신들의 의무라고 믿었다. 정치적 살해는 잠재적으로 가장 영향력 있는 정치참여의 한 형태로 남아 있다. 한 개인에 의한 단 한 번의 총기 발사 혹은 칼 휘두름이 정부의 교체를 가져오거나 전쟁을 촉발할 수 있으며, 그에 따라 역사의 흐름을 바꿀 수 있다. 이러한 행위의 영향을 측정하거나 그 원인을 이해하기는 어려운데, 그 이유는 부분적으로 이것이 지하에서 발생하는 행위이기 때문이며, 부분적으로 조심스럽게 계획된 것이 아니라 기회주의적인 행위이기 때문이며, 또한 부분적으로 정치지도자를 살해하려는 너무도 많은 시도들이 실패했기 때문이다. 민족주의가 번성했던 20세기에는 많은 정치적 살해가 극단적인 민족주의 이념에서 유래한 것으로 보였지만, 다른 경우에는 암살자가 단순히 정신적으로 불안정하거나 혹은 동기가 알려지지 않았다 (표 13.2를 보라). 그렇다고 하더라도, 우리는 정치참여의 한 형태로서 암살을 경시할 수 없다.

> **암살(Assassination)**: 정치적 이유로 유망한 공적 인물을 살해하는 행위.

테러리즘(terrorism)은 전혀 다른 종류의 참여의 형태인데, 왜냐하면 이것은 보통 민간인을 대상으로 하며, 많은 사람들에게 공포를 불러일으킴으로써 정책을 바꾸겠다는 구체적인 목표를 가지고 실행되기 때문이다. 이것 또한 가장 오래된 정치참여의 한 형태이지만, 최근 들어 이것이 전세계적인 현상으로 되면서 새로운 중요성을 띠게 되었다. 한때는 테러가 국내 정책 변화를 주요 목표로 삼았다면(예를 들어, 영국에서의 아일랜드 공화국주의, 스페인 바스크[Basque] 지역에서의 독립운동, 독일과 이탈리아에서의 자본주의에 대한 저항운동 등), 테러 기술의 발전 및 세련화가 세계적 차원에서 정보에 대한 즉각적인 접근성과 결합하면서, 테러리스트들은 전세계적인 관중에게 다가갈 수 있게 되었다. 안보 우려에 대한 경각심이 높아진 환경에서는 테러리스트들이 실제 행동할 필요조차도 없다. 믿음을 줄 수 있을 정도의 행동의 위협 그 자체만으로도 공포를 불러일으켜 정책을 변화시키기에 충분할 수 있는 것이다.

> **테러리즘(Terrorism)**: 정치적 변화를 이루겠다는 목적을 가지고 공포를 불러일으키기 위해 민간인을 대상으로 폭력을 사용하는 행위.

여론

앞에서 주장한 바와 같이, 참여는 정치적 사건을 감시하는 형태를 띨 수도 있다. 비록 이러한 감시가 참여 행동을 가져오지 않는다고 하더라도 감시 행동 자체가 참여라고 할 수 있는 것이다. 이러한 폭넓은 접근법을 채택한다면, 우리는 **여론**(public opinion)을 정치참여의 장으로 해석할 수 있다. 사람들이 당시의 쟁점을 논의하여 그것이 여론을 형성한다면, 그들은 단지 정치에 참여하는 것일 뿐만 아니라, 민주적인 정치에 참여하고 있는 것이다.

표 13.2 유명한(악명 높은) 암살 사례들

	희생자	주요 원인
1914	프란츠 페르디난트(Franz Ferdinand), 오스트리아 대공	보스니아 민족주의
1948	마하트마 간디(Mahatma Gandhi), 인도 민족주의 지도자	힌두 민족주의
1963	존 F. 케네디(John F. Kennedy), 미국 대통령	알려지지 않음
1966	헨드릭 페르부르트(Hendrik Verwoerd), 남아프리카공화국 총리	암살자는 정신병자로 판명됨
1981	안와르 사다트(Anwar Sadat), 이집트 대통령	이스라엘과 협력을 반대하는 이슬람 테러리스트
1984	인디라 간디(Indira Gandhi), 인도 총리	시크교(Sikh) 극단주의
1995	이츠하크 라빈(Yitzhak Rabin), 이스라엘 총리	이스라엘 초민족주의
2007	베나지르 부토(Benazir Bhutto), 파키스탄 전 총리	불분명함

> **여론(Public opinion)**: 공적 관심을 받는 한 쟁점에 대해서 그로부터 영향을 받는 공동체 구성원들이 가지고 있는 다양한 의견들.

여론은 특히 민주주의 국가에서 중요하지만, 단지 민주주의 국가에서만 중요한 것은 아니다. 여론조사자들은 설문조사를 통해 여론을 측정하고, 인터넷 조사 회사들은 트위터(Twitter) 경향을 감시하고, 정치적 계급들은 '공중(public)'이 특정 쟁점에 대해 무엇을 생각하고 있는가에 대해서 계속적으로 논쟁하고 있다. 이들이 이러한 행동을 하는 이유는 정치인들이 주의를 기울이고 있다는 사실을 알고 있기 때문이다. 여론은 특정 쟁점에 대해서 계속적으로 측정된다는 점을 감안할 때, 여론이 선거보다 정치적 결정에 대해 더 강력한 영향력을 행사한다는 주장도 할 수 있다. 프랑스혁명 당시에 적용되었던 것이 오늘날에도 여전히 우리에게 말하고 있다.

> 여론은 어떤 특정한 장소에서 대표되거나 제도화되지 않은 채 항상 어디에서든 자신을 드러냈던 권력이었다. 그래서 여론은 능동적이고 영구적인 존재로서 사람들을 발현하는 도구가 되었다.
> (Rosanvallon, 2008: 31)

비록 우리는 여론을 주어진 이슈에 대하여 국민(population)이 생각하는 그 어떤 것이든 포함한다고 정의하고 또한 그것이 여론조사를 사용하여 측정될 수 있다고 가정할 수 있지만, 이러한 단순한 정의는 대부분의 정치인이 '여론'이라고 이해하는 것을 포착하지 못하고 있다. 정치인들의 생각은 대중매체를 통해서 혹은 여론주도층에 의해서 표현되는 구조화되고 조직된 의견에 민감하다. 이처럼 보다 정치적인 관점은 '공중(public)'이라는 생각을 기본적인 정치적 원칙을 공유하고 있는 지식 공동체에 연결하는 것이다.

여론이 어떻게 측정되는가의 문제에 대해서는 (최소한 자유민주주의 국가에서라면) 몇 가지 선택이 가능하다. 그 중 가장 중요한 것은 **여론조사(opinion polls)**와 **표본 설문조사(sample surveys)**인데, 이들은 사람들이 믿는다고 고백하는 것을 찾아내는 데 있어서 가장 정확한 방법들이다. 비록 공중 자신은 표본 설문조사에 대해 여전히 단호하게 회의적이지만, 이러한 조사의 정확성은 이제 잘 증명되었으며, 특히 조사자들이 숫자를 해석하는 방법을 알고 있는 국가에서의 선거 결과를 예측하는 데 있어서만큼은 더욱 그러하다. 예를 들어, 현대 미국의 대통령선거에서 승자에 대한 예상 득표수와 최종 결과 사이의 차이는 거의 3퍼센트를 넘지 않는다. 한 여론조사자, 즉 『뉴욕타임스(New York Times)』의 네이트 실버(Nate Silver)는 2008년 선거에서 50개 주 중 49개 주에서 승자를 정확히 예측했으며, 2012년 선거에서는 50개 주 모두에서 예측에 성공했다.

> **여론조사(Opinion poll)**: 여론을 측정하려는 목적을 가지고 인구의 체계적인 표본에게 표준적인 방법으로 던지는 일련의 질문들.
>
> **표본 설문조사(Sample survey)**: 여론조사와 유사하나 보다 상세한 설문을 포함하고 있음. 이러한 조사는 종종 정부나 학문적 연구자들에 의해 실행된다.

그러나 선거에서 투표율이 감소하고 설문조사에 대한 응답률이 떨어지고 있는 현재의 시기에, 여론조사자들이 점점 더 심각한 기술적 도전을 직면하고 있는 것은 사실이다. 예를 들어, 2015년 영국 총선에서 조사자들은 보수당이 획득할 의석 수를 크게 과소평가하였다. 이러한 오류가 발생하는 데 있어서 한 가지 요인은 특히 노동당 지지자들이 자신의 투표 확률을 과장하는 경향이 있다는 것으로 보인다. 보다 폭넓은 해석은 가치와 선택 간의 차이를 구분한다. 유권자들은 특정 정당(예를 들어, 보수당)의 가치를 좋아하지 않을지라도 여전히 그 정당에 투표할 수 있다. 왜냐하면 그 정당이 다른 정당보다 보다 효과적으로 통치할 수 있다고 판단하기 때문인데, 특히 경제 문제에 대해서 그러하다 (Booth, 2015).

직관에 어긋나는 것처럼 보이겠지만, 하나의 여론조사를 위해 주의 깊게 선택된 1,000 명의 사람들이 전체 국민을 정확히 대표할 수 있다. 여기서 핵심 표현은 '주의 깊게 선택된(carefully selected)'이다. 이 절차는 체계적이어야 하며, 표본은 전체 국민에 대해 알려진 수치들과 비교되어야 하고, 차이가 있는 경우 조정('가중치[weighting]'라고 알려짐)이 필요하다. 표본이 스스로 선택된 때에는 가중치가 특히 중요한데, 예를 들어, 인터넷을 통해 진행되는 여론조사에 스스로 참여하기로 동의하는 사람들의 경우가 이에 해당한다. 가중치를 이용하던 이용하지 않던 상관없이, 일부 자발적으로 선택된 표본, 예를 들어, 자신들의 선호하는 주제에 대해 의원들을 접촉하는 소수의 유권자 집단의 경우는 여론을 측정하는 타당한 근거로 간주되어서는 안 된다. 적어도 여론을 전체 성인 인구의 의견과 동일시할 경우라면 그러한 표본은 적절치 않다.

표본이 체계적으로 선택된 때라고 할지라도, 응답자 개인의 의견을 측정하는 데 있어서 여론조사의 신뢰성을 과장하는 것은 옳지 않을 것이다. 여론조사는 보통 정당이나 대중매체에 의해 실시되며, 질문에 응답하는 보통 사람들이 진행하는 것이 아니다. 그 결과 사람들은 어떤 주제에 대한 질문에 응답해 달라는 요청을 받기 전 그 주제에 대해 한 번도 생각해 본 적이 없을 수도 있다 (Althaus, 2003). 그들은 의견이 없을 때도 의견을 제시할 수 있으며, 혹은 주어진 명제에 대해 동의하는 것이 가장 쉽거나 ('예라고 답하기') 사회적으로 바람직하기 때문에 그냥 동의할 수도 있다. 분명하게도 여론조사의 한 가지 위험은 여론을 단순히 측정한다고 주장하고 있지만 사실은 여론을 구축하는 데 도움을 주고 있다는 사실이다.

초점 집단(focus group)은 연구자로 하여금 공통의 특성을 가진 작은 집단의 사람들(보통 8~10명)을 모을 수 있게 해 줌으로써 여론조사의 어려움들을 일부 극복한다. 예를 들어, 그들은 투표에 참여하지 않는 사람들이거나 혹은 특정 정당에 기부하는 사람들일 수 있다. 이러한 방법은 참여자들이 특정 쟁점을 바라보는 관점을 개방적인 방식으로 탐색하는 것을 목적으로 한다. 여론조사와 달리, 의제가 적어도 부분적으로는 참여자들에 의해 주도될 수 있다. 초점 집단은 질적 연구방법으로, 여론조사보다 규모가 작으며 종종 자발적으로 선택된다. 그러나 대부분의 양적 설문조사에서 사용되는 미리 코딩된 대답에서 가능한 것보다 더 심도 있는 이해를 추구한다는 장점을 가지고 있다.

> **초점 집단(Focus group)**: 특정 이슈에 대해 작은 집단의 응답자들 사이에서 이루어지는 토론을 감독 및 관리하는 것으로, 사람들의 태도 뒤에 있는 생각과 감정을 탐색하기 위해 사용된다.

여론조사는 응답자들에게 자신의 견해를 표현하기 전에 쟁점에 대해 논의할 기회를 부여하지 않기 때문에, 공중의 역할에 대해 보다 야심찬 해석을 선호하는 이들은 조사 결과에 대해 비판적이다. 공중의 능력에 대한 보다 관대한 견해에 기반하여 일부 학자들은 **공론조사(deliberative opinion poll)** 혹은 **시민배심원단(citizen's jury)**을 발전시켜 왔다 (Fishkin, 2011). 이러한 방법은 작은 유권자 집단을 선택된 주제에 대한 다양한 견해에 노출시키는데, 이는 보통

전문가와 정치인에 의한 설명을 통해 이루어진다. 문제에 대한 배경 지식이 갖추어지고 나면, 이 집단은 토론과 판단 단계로 나아간다. 쟁점이 철저하게 논의된 때에만 의견이 측정된다. 피시킨(Fishkin)이 설명하는 바와 같이, 여론조사는 '공중이 별로 아는 것이 없는 상태에서 그들이 생각하는 것을 모델링' 하는 반면, 공론조사는 '공중이 주어진 문제에 대해 생각할 보다 충분한 기회를 가졌더라면 생각했을 것을 모델링'한다 (Fishkin, 1911: 1).

> **공론조사**(Deliberative opinion poll) 혹은 **시민 배심원단**(Citizen's jury): 주어진 주제에 대해 사람들이 전문가와 정치인에 의해 설명을 듣고 질문을 할 수 있게 한 후에 사람들의 의견을 측정하는 방법.

따라서 공론조사는 새로운 쟁점에 대해서 의견이 어떻게 발전될 것인가를 예상하는 데 사용될 수 있다. 또한 이 방법은 커다란 기술적 내용을 가진 쟁점들, 예를 들어, 지구 온난화 현상이나 유전자 검사 등에도 유용하다. 이러한 분야들에서는 의견의 표현 전에 전문가의 설명이 유용할 수 있다. 비록 폭넓게 사용되지는 않지만, 시민 배심원단은 관습적인 여론조사를 괴롭히는 문제, 즉 사전 지식 없는 응답의 문제를 극복하려는 기발한 시도이다.

여론의 영향력에 관해서 말하자면, 여론은 어떤 면에 있어서 모든 정책결정에 스며들어 있다. 여론은 정치인이 일하는 환경을 구성하며, 비록 구성원으로 기록되지는 않지만 많은 정부 회의에 자리를 차지하고 있는 셈이다. 그러한 논의에 있어서 여론은 보통 둘 중 하나의 역할을 수행하는데, 바로 촉진제 아니면 거부권으로 작용하는 것이다. "여론이 교통 혼잡에 대해서 우리가 무엇인가 할 것을 요구한다"는 전자의 사례이며, "여론이 자동차 사용에 대한 제약을 절대 수용하지 않을 것이다"는 후자의 사례이다. 그래서 퀄터(Qualter)가 주장하는 바와 같이, "비록 여론이 통치하는 것은 아니지만, 여론은 정부가 하는 일에 대한 범위를 정해준다"(Qualter, 1991: 511).

그러나 여론이 전능한 것은 절대 아니며, 이는 자유민주주의 국가에서도 마찬가지이다. 여론은 정책보다는 의제에 영향을 미치며, 다음의 네 가지 한계를 유의할 필요가 있다.

- 여론이 상세한 정책 처방을 제공하는 것은 드문 일이다. 소수의 중요한 목표들이 공중의 관심을 사로잡을 수는 있지만 대부분의 정책들은 일상적이며 논란이 되지 않는다. 구체적인 정책결정에 있어서는 전문가와 조직된 의견이 여론보다 더 중요하다.
- 공중 전체는 종종 무지한데, 특히 외교정책 분야에서 무지가 두드러지지만 다른 분야에서도 그러하다 (초점 13.2를 보라). 2003년 이라크 침공이 있기 전에, "9·11 납치범 중 얼마나 많은 사람이 이라크 시민이었는가?"라는 질문을 받았을 때 미국인의 7퍼센트만이 정답(0명이었음)을 주었다 (Pryor, 2003).
- 여론은 상충효과(trade-off)를 피할 수 있지만, 정부는 비록 가끔 이를 피하려고 시도하지만 결국 피할 수 없다. 공중은 더 낮은 세금, 더 많은 정부 지출, 그리고 더 낮은 재정 적자를 원할 수 있지만 정치지도자들은 이러한 양립 불가능한 목표들 사이에서 선택해야만 한다. 더 나아가, 정책과 연관된 위험요인들이 공중에 의해 피상적으로 평가되지만, 정책결정자들은 이러한 요인들에 면밀한 주의를 기울일 필요가 있다 (Weissberg, 2002).
- 여론에 대한 정치인들의 인식은 종종 부정확한데, 그 이유는 정치인들은 개인적으로 만나는 사람들에 의해 영향을 받으며 또한 자신들의 견해를 광범위한 유권자들에게 투영하는 자연적인 경향에 의해서도 영향을 받기 때문이다 (Herbst, 1998).

여론이 가장 영향력을 발휘하는 것은 그것이 변화

초점 13.2 | 정보가 부족한 시민의 문제

정치참여의 질과 양은 부분적으로 시민의 지식에 의해 결정된다. 공적 문제를 잘 알고 있으며 그에 대해 의견을 가지고 있는 사람들은 그렇지 않은 사람들보다 참여할 가능성이 높다. 그러나 참여하는 사람들조차도 당면한 쟁점에 대해서 정말 잘 알고 있다는 보장은 없다. 실제로 대부분 사람들은 대부분의 공적 쟁점에 대해 대부분의 경우 정보가 부족하거나 혹은 선택적인 정보만을 가지고 있다. 이는 정보가 부족한 시민이라는 골치 아픈 문제를 제기하며, 이러한 낮은 지식수준이 정부와 정치에 어떤 영향을 미치는가라는 문제를 제기한다.

이것은 전혀 새로운 문제가 아니다. 자신의 저작 『국가(The Republic)』에서, 플라톤(Plato)은 지식이 많은 전문가가 정보가 없는 대부분 사람들의 영향력으로부터 벗어나서 정부를 운영하는 것이 최선이라고 주장하였다. 자신의 저작 『리바이어던(Leviathan)』에서, 홉스(Hobbes)는 공중의 역할이 정부의 구성을 넘어서 확대되어서는 안 된다고 주장하였다. 알렉산더 해밀턴(Alexander Hamilton)은 '민주주의의 경솔함(imprudence of democracy)', 그리고 '올바르게 판단하거나 결정하는 일이 별로 없는' 일반 대중의 '소란스럽고 변덕스러운(turbulent and changing)' 속성에 대해서 언급하였다 (Morris, 1966: 154). 마키아벨리, 흄, 헤겔 등과 같은 다른 이들은 비록 시민의 정부에 대한 관여가 중요하지만 그것이 필요악(necessary evil)이상은 아니라는 사실을 인정하였다. 밀(John Stuart Mill)은 여론이란 '집합적 평범(collective mediocrity)'의 견해를 대표한다고 보았으며, 정치적으로 보다 유능하다는 사실을 근거로 대학 졸업생들에게 더 많은 표를 주는 가중투표 제도를 선호하였다 (John Stuart Mill, 1861: 268).

그러나 많은 정치학자들은 보다 미묘한 접근법을 선호한다. 그들은 투표자들이 정당 라벨, 전문가 보증, 선거운동 신호 등과 같은 효과적인 지름길(shortcuts)을 사용하여 지적인 선택을 하는 데 도움을 얻는다고 주장한다 (Somin, 2004). 다운스(Downs, 1957)는 유권자가 후보들의 정당 소속으로부터 그들의 정책 입장을 추론해 낼 수 있다고 주장했다. 그리고 팝킨(Popkin, 1994)은 유권자들이 정치에 대해 학습하는 대부분의 정보는 일상생활의 한 부분으로 추구하는 활동의 부산물로서 획득된다고 주장한다. 그에 따르면, 대중매체는 정치지도자와 정당의 행동, 그리고 그러한 행동이 유권자에게 어떤 연관성을 가지는지 설명해 줌으로서 도움이 되며, 선거운동은 그러한 쟁점들을 명확하게 해 주는 데 도움이 된다. 루피아의 주장에 따르면, 특정한 경우에 지름길의 사용은 정보가 부족한 유권자들이 비교적 정보가 많은 유권자의 행동을 모방할 수 있도록 해 준다 (Lupia, 1994). 정보가 부족한 유권자가 지적이지 못한 것은 절대 아닌 것으로 보인다.

하는 것으로 보일 때이다. 오직 고집불통의 정치인들만이 여론의 전반적 분위기 변화 과정을 무시할 것이며, 많은 정치인들은 전국적 무드의 변화에 민감하다 (Stimson, 2004). 그래서 동성 결혼이 어떤 해에는 별로 중요하지 않지만, 다음 해에는 모든 사람들이 얘기하는 주제가 될 수 있다. 능숙한 정치인이라면 그러한 의제 변화를 알아채고 그에 반응할 수 있다. 이것이 우리에게 말해 주는 것은 여론의 수준만큼 여론의 변화가 중요하다는 사실이다. 그러나 제8장에서 본 바와 같이, 정확히 어디까지 지도자들이 공중의 분위기를 따라가야 하고, 어디까지 그들이 지도력을 발휘해야 하는가는 또 다른 문제이다.

여성과 정치참여

여성의 참여는 정치참여라는 넓은 분야 내에서 흥미로운 소분야이다. 이것은 자유민주주의 국가 내에서 의미 있는 경향이 분명히 나타나는 분야이며, 일부 국가에서는 여성 의원의 비율 증대를 목표로 하는 정책에 의해 이러한 경향이 더욱 강화되고 있다. 그러나 여성은 여전히 정부의 상층부에서 과소대표되고 있으며, 종종 그 정도가 심하다. 그에 따라 심지어 공개적인 편견이 줄어들고 있는 현 시대에서도 여전히 유리 천장(glass ceiling)이 여성의 발전을 제한하고 있는 것은 아닌가라는 의문을 제기한다.

많은 자유민주주의 국가에서 여성이 이제 최소한 남성만큼 투표할 확률이 높으며 종종 남성보다 더 많이 투표한다. 여성이 투표권을 획득한 직후인 1920년대와 1930년대에는 서유럽과 북미에서의 연구들은 남성이 여성보다 투표할 확률이 높다는 사실을 발견하였다 (Norris, 2009: 728). 대부분의 민주주의 국가에서 이러한 균형은 뒤집어졌다. 예를 들어, 미국에서 투표 등록이 되어 있는 사람들 가운데 1980년과 2012년 사이 실시된 모든 대통령선거에서 남성보다 더 높은 비율의 여성이 투표에 참여하였다. 2012년의 경우, 이러한 성차는 거의 4퍼센트 포인트에 달했다 (Center for American Women and Politics, 2014). 다른 민주주의 국가에서도(프랑스, 독일, 그리고 스칸디나비아 국가들을 포함) 여성 투표자가 남성 투표자보다 많다 (Stevens, 2007: 49). 노년층에서는 여전히 남성의 투표율이 더 높지만, 세대 교체가 진행됨에 따라 그것도 변할 가능성이 높다.

그러나 투표를 제외한 대부분의 다른 유형의 공식적인 정치참여에 있어서 남성은 여전히 앞서고 있다. 남성은 정당활동, 정치인과 관료와의 직접 접촉, 그리고 저항 활동 등에 있어서 우세를 점하고 있다 (Adman, 2009: 315). 그리고 적어도 미국과 영국에서 남성은 여전히 여성보다 정치에 대해서 관심도 많고 지식도 많다 (Norris, 2009: 728; Hansard Society, 2012: 66). 정치적 공직 차지에 있어서 여성은 전국적 수준보다는 지방 수준에서 훨씬 더 높은 비율을 차지하고 있으며 (Stokes, 2005: pt V), 높은 자리일수록 남성이 차지할 확률이 더 높다. 의원으로 당선된 여성 수는 분명히 증가하고 있지만, 고위 정치는 여전히 남성이 지배하고 있다. 이에는 몇 가지 설명이 가능하다.

- 정치적 경력의 발판이 되는 직업군, 특히 법조계에서 여성은 남성보다 발견하기 어렵다 (Darcy et al., 1994).
- 자신감이 여전히 문제일 수 있다. 토마스의 주장에 따르면, 비슷한 수준의 경험과 성과를 가신 사람들 사이에서도 많은 여성들은 여전히 자신들이 남성보다 자격이 부족하다고 인식하는 경향이 있다 (Thomas, 2005: 12).
- 입법부는 여전히 **특정 성을 위한 제도(gendered institution)**로 남아 있거나 혹은 최소한 많은 여성이 그렇게 생각하고 있다. 즉 여성보다는 남성에게 더 유리한데, 예를 들어, 가정에서 많은 책임을 가진 여성들에게 불리한 노동 시간을 가지고 있다는 것이다 (Kittilson and Schwindt-Bayer, 2012). 그 결과 여성은 의원으로 당선된다고 하더라도 여전히 원내에서 외부인으로 남아있게 된다 (Duerst-Lahti, 2002: 22).

> **특정 성을 위한 제도(Gendered institution)**: 종종 비의도적으로 여성보다는 남성에게 유리한 공식 규칙과 비공식 관습을 가지고 작동하는 기구.

많은 국가들이 여성 의원 수를 증대시키기 위한 공식적 수단을 채택해 왔지만, 이것은 비교적 최근에

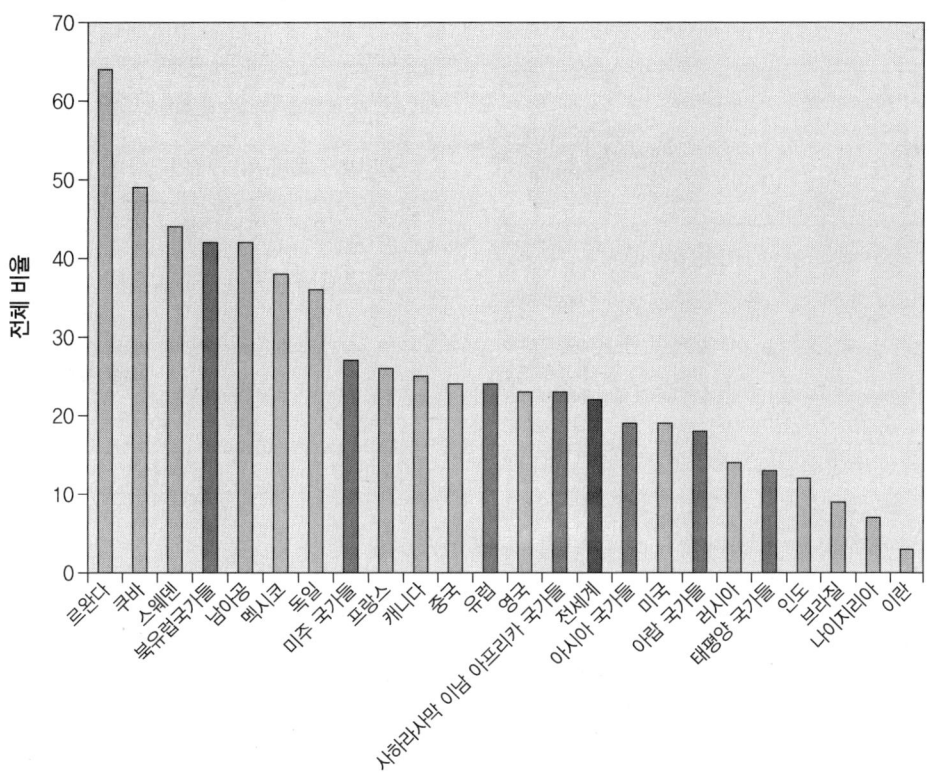

도표 13.2 입법부 내의 여성

출처: Inter-Parliamentary Union (2015). 양원제 국가의 경우 하원만을 고려함. 유럽은 북유럽국가(스칸디나비아와 아이슬란드)를 제외한 유럽 안전 보장 협력 기구(OSCE: Organization for Security and Cooperation in Europe) 회원국임.

이루어진 것으로 1995년 UN이 후원한 베이징 행동 강령(Beijing Platform for Action)이 새로운 계기를 제공하였다. 세 가지의 주요 방법이 사용되고 있다.

- **전용 의석**. 이것은 가장 오래되었지만 가장 드물게 사용되는 방법인데, 정당은 자신이 획득한 득표에 비례하여 부여되는 특별 의석에 여성을 선택한다. 정당은 총선에서 더 많은 의석을 차지할수록, 더 많은 여성 전용 의석을 할당 받는다. 이러한 방식이 잘 정립된 파키스탄의 경우, 전국적 의회에 60개의 특별 의석이 여성을 위해 할당되어 있다. 이 방법은 르완다에서도 사용되고 있는데, 르완다는 세계에서 가장 높은 여성 의원 비율을 가지고 있다. 그 곳에서는 하원 80석 중 24석이 여성 전용 의석이며, 다른 여성 후보들은 직접 선출된다.

- **정당 할당**. 유럽에서 소개되고 널리 사용되고 있는 방법으로 가장 흔히 사용되는 방법인데, 한 정당이 여성 후보를 위해 할당(보통 25~50퍼센트)을 정하면(혹은 보다 중립적으로, 여성과 남성 각각에 대한 할당을 정하기도 함), 다른 정당들이 시대에 뒤떨어지는 것처럼 보이지 않기 위해 이를 따라가는 방식으로 이루어지는 것이 일반적이다. 실질적인 효과 없는 상징적인 정당 노력을 방지하기 위해, 추가적인 규정을 통해 일부 여성이 정당 명부 상부에 위치하거나(명부제의 경우) 혹은 승리 가능한 지역구에 공천을 받도록(다수제의 경우) 요구하기도 한다 (제16장을 보라).

- **입법부 할당**. 이것은 가장 최근에 소개된 방법이

국가개요

러시아

인구 (1억 4,100만 명)

국민총소득(GNI) (21억 달러)

1인당 GNI (1만 3,850 달러)

민주주의 지수 평가

측정 안됨	혼합체체	완전민주주의
	권위주의	결손민주주의

프리덤하우스평가

| **자유없음** | 부분적 자유 | 자유로움 |

인간개발지수 평가

측정 안됨	중간	매우 높음
	낮음	**높음**

간략 소개: 러시아는 최근에 극적인 변화를 경험하였다. 거의 70년 동안, 러시아는 대부분의 서구인들이 두려워했고, 믿지 못했고, 오해했던 소비에트사회주의공화국연방(USSR)의 지배적 회원국이었다. USSR은 1991년 붕괴되었지만, 연방의 국가사회주의 정치경제체제는 여전히 현대 러시아에 그림자를 드리우고 있다. 도전적인 과제는 민주주의에 익숙하지 않고 동정적이지 않은 문화 안에서 다당제 민주주의를 구축하는 것이었다. 러시아의 지도자들은 강력한 행정부 권위라는 국가적 전통을 망각한 적이 없으며, 오늘날의 러시아를 이해하는 데 있어서 푸틴 대통령과 주변 인물들의 행동과 동기를 평가하는 것은 러시아의 통치제도를 이해하는 것만큼 중요하다. 푸틴은 2000년과 2008년 사이에 대통령직을 두 번 지냈으며, 헌법이 요구하는 바에 따라 자리에서 물러났다가 2012년 다시 재선에 성공했다. 활기가 없는 경제와 인구에도 불구하고, 푸틴은 본인이 생각하는 러시아의 권리, 즉 주도적인 국제 강국으로서의 러시아의 지위를 되찾고자 노력하고 있다.

정부형태 ➡ 연방 반대통령제 공화국으로 83개의 구성체로 이루어져 있는데, 이에는 공화국(republic), 주(province), 그리고 속령(territory) 등이 포함된다. 현대 국가는 1991년에 형성되었으며, 가장 최근의 헌법은 1993년에 채택되었다.

입법부 ➡ 양원제 연방의회: 450명으로 구성된 국가 두마(State Duma)의 경우 5년 임기로 선출되며, 상대적으로 약한 166명으로 구성된 연방 위원회(Federation Council)의 경우 대통령이 각 연방 구성체로부터 2명을 임명한다.

행정부 ➡ 반대통령제. 대통령은 직접선거를 통해 선출되며 6년 임기를 두 번 연속할 수 있다. 총리는 대통령에 의해 임명되고 두마에 의해 확정되며, 내각위원회(Council of Ministers)을 이끌고 필요시 대통령직을 승계한다 (부통령 없음).

사법부 ➡ 시민법과 1993년 헌법에 기초한다. 19명으로 구성된 헌법재판소(재판관은 12년 임기로 대통령에 의해 지명, 연방위원회에 의해 확정)가 사법부를 이끌며, 민법과 행정 판결은 대법원이 주도한다.

선거제도 ➡ 대통령은 직접선거를 실시하며, 1차 투표에서 누구도 과반 득표를 못하면 2차 투표가 가능하다. 국가 두마의 경우 정당명부식 비례대표제가 사용된다.

정당 → 다당제이나, 정당들은 약하고 불안정하다. 그에 따라 정당은 권력을 형성하기보다는 반영한다. 제1당인 통합러시아(United Russia)는 블라디미르 푸틴에 의한 권위주의 통치의 기반을 제공한다.

러시아의 정치참여

러시아는 권위주의 정권에서의 정치참여의 한계를 명확히 보여주는 사례이다. 한편으로 러시아는 강렬하게 정치적인 사회로서, 교육 받은 국민들은 특히 TV를 통해 정보를 수집하여 전국적 정치에 대해 잘 알고 있다. 다른 한편으로 정치참여는 피상적인데, 일반 사람이 변화를 가져올 수 있는 능력에 대해 만연한 냉소주의가 참여를 제약하고 있다. 과거와 현재의 권위주의가 정치적 태도에 만연하고 있어, 수동적인 다수를 가진 국가를 만들어냈다. 2012년 설문조사에 따르면, 러시아인의 57퍼센트가 강력한 지도자가 민주주의보다 더 중요하다고 느꼈으며(32퍼센트가 민주주의를 선택했음), 75퍼센트가 강한 경제가 좋은 민주주의보다 더 중요하다고 느꼈다(21퍼센트가 민주주의를 선택했음) (Pew Research Center, 2012).

조직에 대한 의심은 러시아 고유의 특성으로, 심지어 가장 높은 평가를 받는 제도들(군대와 교회)에 대해서도 신뢰하는 사람보다 불신하는 사람이 더 많다. 러시아인들은 친구와 가족과 같은 개인적 네트워크에 가장 많은 신뢰를 보이고 있다. 정당은 신뢰 명부에서 거의 바닥에 머물러 있는데, 정당은 주로 정치인들과 대통령의 피조물이며, 불확실한 사회적 기반을 가진 불안정한 조직임이 판명되었기 때문이다.

자발적 공적 조직에 속한 사람의 수는 매우 적으며, 노동조합에 가입한 사람 수도 낮으며, 정기적으로 교회에 나가는 사람도 보기 드물다. 오랜 기간 지속되거나 대규모의 회원을 가진 사회 조직은 별로 없으며, 일부 사회 조직들은 정권에 흡수되었고, 해외 연결망을 가진 조직들은 푸틴 행정부에 의해 스파이 활동에 관여되어 있다고 고소되고 있다. 시민과 국가 사이에 존재하는 조직이 별로 없는 가운데, 대중의 정치참여는 전국적 선거에 집중되어 있으며, 러시아는 여전히 비시민적(uncivil) 사회로 남아 있다. 러시아인들은 우선적으로 피지배자이고, 그 다음으로 참여자인 것이다.

푸틴에 의한 2011년 의회 선거와 2012년 대통령 선거 조작에 반대하는 러시아 내에서의 공적 저항은 중요한 발전을 의미했다. 모스크바를 비롯한 대도시의 젊고 잘 교육 받은 사람들이 자기 조국에서 벌어지는 고도로 조작된 정치에 대한 불만을 표출했던 것이다. 그러나 적어도 단기적으로 볼 때, 저항이 가져 온 가장 구체적인 결과물은 그러한 저항을 제한하는(금지하는 것은 아님) 새로운 법률이었다.

다. 이 방법은 특히 라틴아메리카에서 자주 사용되고 있는데, 정당 할당제와 유사하게 작동하지만 유일하게 다른 점은 법률에 의해 강제로 규정되며 모든 정당에게 적용된다는 사실이다. 이러한 규칙이 애매모호하여 원치 않는 정당들에게 우회할 수 있는 여지를 남길 수도 있지만, 이는 정부로 하여금 양성 평등에 대한 의지를 대외적으로 과시할 수 있도록 해 준다.

할당제가 만병통치약은 아닌데, 가장 중요한 이유는 그것이 불평등한 대표의 근본적인 원인을 해결하지 못하는 구제법으로 보일 수 있기 때문이다. 또한 이 제도가 항상 제대로 작동하는 것은 아닌데, 이러한 문제점은 대부분 국가에서 입법부 내의 여성 비율이 정당 할당 혹은 심지어 의회 할당이 정한 수치보다 여전히 낮다는 사실에서 드러난다. 예를 들어, 프랑스는 2000년에 야심찬 동등법(parity law)을 통과시켰으나, 2012년에 와서 전국적 의회 내 여성 비율은 단지 26퍼센트까지만 증가했다. 이러한 격차의 한 가지 이유는 실행 실패이다. 즉 모든 정당들이 약속한 할당을 지키는 것은 아니다. 휴스(Hughes, 2011: 604)에 따르면, 할당정책이 "국가 의회 내에서 남성들의 과반수 지배에 도전하는 경우는 거의 없다." 그럼에도 불구하고, 할당제는 참여의 유형에 영향을 미치기 위해 폭넓게 사용되는 도구이며, 빠른 시간 내에 전세계적 표준이 되었다 (Dahlerup, 2006; Krook, 2009).

유리천장(glass ceiling)의 문제에도 불구하고, 최고위 행정부 자리에 선출되는 여성의 수는 증가해 왔는데, 그에 따라 여성이 대통령이나 총리로 선출되는 것이 과거보다 훨씬 덜 뉴스거리가 되고 있다. 실제로 입법부 할당을 주장하는 한 가지 근거는 입법부 내 여성 수가 행정부 내 여성 수에 영향을 미치는 것으로 보인다는 것이다. 1960년 7월 시리마보 반다라나이케(Sirimavo Bandaranaike)가 실론(Ceylon, 현재의 스리랑카)의 총리가 된 이래, 48개 이상의 국가에서 여성을 대통령이나 총리로 선출해 왔다 (몇몇 사례로서 표 13.3을 보라).

전세계적으로 장관직을 차지하고 있는 여성 수 또한 증가해 왔는데, 일부 국가들은(핀란드, 프랑스, 아이슬란드, 노르웨이, 스페인, 남아공, 스웨덴, 스

표 13.3 여성 행정부 수장(선택된 일부임)

	국가	봉직 기간
시리마보 반다라나이케[1](Sirimavo Bandaranaike)	스리랑카	1960~1965, 1970~1977, 1994~2000
인디라 간디[2](Indira Gandhi)	인도	1966~1977, 1980~1984
골다 메이어(Golda Meir)	이스라엘	1969~1974
마가렛 대처(Margaret Thatcher)	영국	1979~1990
유지니아 찰스(Eugenia Charles)	도미니카	1980~1995
그로 할렘 브룬틀란(Gro Harlem Brundtland)	노르웨이	1981, 1986~1989, 1990~1996
코라손 아키노(Corazon Aquino)	필리핀	1986~1992
베나지르 부토(Benazir Bhutto)	파키스탄	1988~1990, 1993~1996
제니 클락(Jenny Clark)	뉴질랜드	1999~2008
메가와티 수카르노푸트리(Megawati Sukarnoputri)	인도네시아	2001~2004
루이자 디오구(Luisa Diogo)	모잠비크	2004~2010
앙겔라 메르켈(Angela Merkel)	독일	2005~
엘런 존슨 설리프(Ellen Johnson Sirleaf)	라이베리아	2006~
요한나 시귀르다르도티르[3](Johanna Siguroardottir)	아이슬란드	2009~2013
줄리아 길러드(Julia Gillard)	호주	2010~2013
지우마 호세프(Dilma Rousseff)	브라질	2011~

주: 1) 근대 시기 첫 번째 여성 행정부 수장.
   2) 암살당함.
   3) 세계 최초 공개적으로 동성연애자 행정부 수장.

위스 등을 포함) 내각 내에서 남성과 동수의 여성 장관을 달성하거나 혹은 달성 직전에 와 있다. 비록 여전히 많은 여성 장관들이 교육과 사회 정책과 같은 '연성(soft)' 분야에서 발견되고 있지만, 일부는 국방, 재정, 외교 정책과 같은 보다 강력한 분야로 진출하기도 했다 (Bauer and Tremblay, 2011). 이러한 진전에도 불구하고 참여의 유리잔은 반 이상 비어 있다는 사실을 기억할 필요가 있다. 절반이 훨씬 넘은 많은 국가에서 대부분의 장관과 의원들은 (대부분의 기업 최고경영자들이 그러하듯이) 여전히 남성이다.

권위주의 국가에서의 참여

적어도 자유민주주의 국가에서 이해되는 정치참여가 비민주적인 환경에서는 공허한 개념이라고 가끔 주장된다. 결국 권위주의 정권은 그 성격상 자신들의 생존과 권력 유지를 보장하기 위해서 대중의 행동을 통제해야만 한다는 것이다.

그러나 경험적 증거에 따르면, 자유민주주의 세계를 넘어서 많은 국가에서도 상당한 참여가 존재하고 있다 (도표 13.3을 보라). 다만 참여의 성격이 종종 독특한 것은 사실이다. 예를 들어, 알브레트는 아랍에서의 봉기가 있기 전에 쓴 글에서 '참여의 개념이 중동과 북아프리카의 권위주의 국가들에서 적용 가능할 뿐만 아니라 이 지역의 국가-사회 관계를 종합적으로 이해하는 데 매우 중요함'을 주장하였다 (Albrecht, 2008: 16). 예를 들어, 우리가 종종 발견하는 것은 **동원된 참여**(mobilized participation)이다. 자유민주주의 국가에서 발견되는 자율적인 참여, 즉 시민들이 자신들이 원하는 바대로 선택을 하는 참여 방식과는 대조적으로, 동원된 참여는 관리되

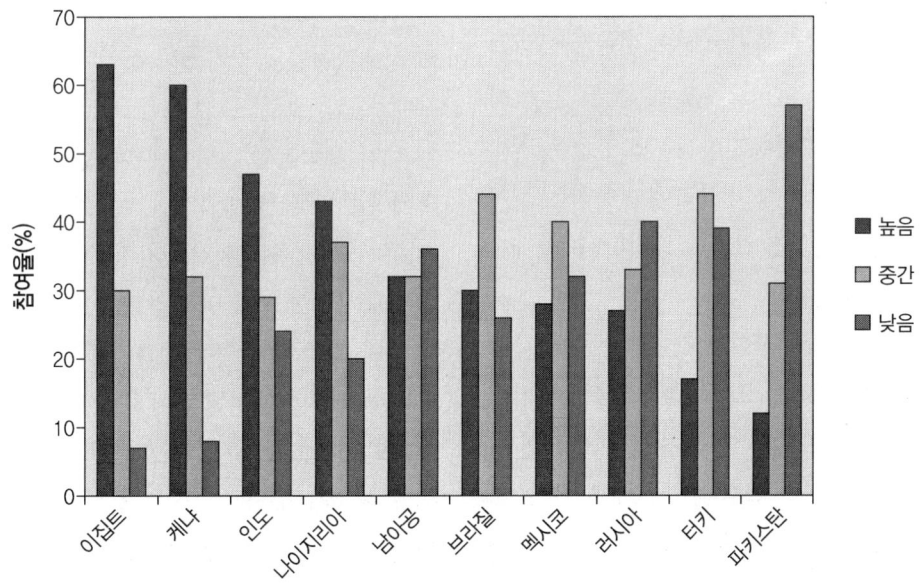

도표 13.3 개발도상국에서의 정치참여

출처: Pew Research Center (2014). 참여는 투표, 항의 참여, 청원 서명, 그리고 다른 형태의 관여의 빈도에 의해 측정된다.

며 의무적이다. 사람들은 음식이나 여흥과 같은 보상을 대가로 정치 집회에 참여하도록 유도되거나, 혹은 위협에 의해 참여할 수도 있다. 참여는 정당과 같은 공식적 경로를 통하기보다는 인종 집단과 같은 비공식적 부분을 통해 작동하는 것이 일반적이며, 혜택이 따른다. 브래튼(Bratton)과 동료들의 주장에 따르면, "시민들은 종종 실행을 통해 배울 수 있으며, 실천적 경험의 결과물로서 새로운 태도를 점진적으로 채택하게 된다"(Bratton et al., 2005: 310).

> **동원된 참여**(Mobilized participation): 엘리트에 의해 통제되는 정치참여로서 정권에 대한 대중의 지지를 표현하기 위해 고안된 것이다.

권위주의 정권에서는 참여의 한계와 성격이 종종 암묵적인 대화의 대상이 되는데, 활동가들이 수용 가능한 참여의 경계를 시험해 보는 것이다. 권위주의적 통치자들은 핵심 지도부를 직접 위협하지 않는 지방 정치와 같은 영역에서는 자유로운 공간을 허용할 수도 있다. 그들은 TV 방송에 대해서는 검열을 하면서도 인터넷을 통한 의견 표현은 허용할 수도 있다. 더 나아가, 사회가 점점 복잡해지면서 지도자들은 민감하지 않은 쟁점에 대한 대중의 압력에 반응하는 것이 반대파를 제한하고 정치적 안정을 증진할 수 있다는 사실을 종종 깨닫게 된다.

공산주의 정권에서의 참여는 자유민주주의 국가에서보다 보다 광범위하며 또한 보다 조직화되어 있다. 일반 사람들이 동료 법정에 참여하고, 선거를 집행하고, 유사(para) 경찰 조직에 가담하고, 지방 문제를 다루는 인민위원회에서 봉직하는 것이다. 그러나 참여의 질은 그 양에 미치지 못한다. 대중 참여가 항상 공산당을 강화하는 방향으로 이루어지도록 보장하기 위해서, 공산당원들은 정치적 표현의 모든 방법을 지도한다. 의사소통은 위에서 아래로 일방적으로만 내려간다. 그래서 사람들은 처치된 방식으로 행동한다. 능동적이기보다는 수동적으로 행동한다. 불만을 표현할 실질적 경로가 존재하지 않기 때문에, 사람들은 다음의 두 가지 선택만을 가지게 된다. 입을 닫고 삶은 계속 유지해 가거나, 아니면 체제 밖에서 불만을 표출하는 것이다.

오랜 권위주의 역사의 배경에 반하여, 중국 공산당은 보증된 집단들이 상대적 자유를 가지고 활동할 수 있는 약간의 사회적 공간을 개방하였다. 예를 들어, 2007년에 15만 개 이상의 시민 단체들이 등록되었는데, 이는 교육과 환경과 같은 분야에서 공산당의 감시 하에 시민 상호 간의 의사소통 기회를 제공하였다(Guo, 2007). 그러나 공산당에 대한 명시적인 반대는 여전히 금지되어 있다. 이 주제가 언급되지 않은 채 지나가겠지만, 1989년 톈안먼 광장 학살(Tiananmen Square massacre)에 대한 기억은 남아 있는데, 당시 군 탱크가 베이징의 친(pro) 민주주의 시위자들을 공격하였던 것이다. 지방 수준에서는 부패, 실업, 오염, 불법 세금, 임금이나 연금 체불 등에 대한 폭력적인 저항이 때때로 지속된다. 소수 민족에 의한 시위를 제외하면, 이러한 지방에서의 저항은 공산당 지배를 위협하지 않으며, 국가적 정책의 실행에 실패한 지방 당국을 향한 것이다.

다른 곳에서, 권위주의 국가에서의 참여의 경로가 되면서 동시에 참여를 통제하는 일반적인 기술은 **후견주의**(clientelism) 혹은 후원자-고객 관계(patron-client relationship)이다. 이것은 전통적인 비공식적 위계질서로서, 고위 후원자와 하위 고객 간에 이루어지는 교환에 의해 유지된다. 일상적인 표현인 '큰 어른/작은 소년(big man/small boy)'이 이러한 상호작용의 성격을 잘 전달한다. 후원자는 지주, 고용주,

정당 지도자, 정부 장관, 민족 지도자, 혹은 자원에 대한 통제권을 가진 그 어떤 사람이며, 그 주변에 자기 소유의 자원을 결여하고 있는 고객들이 보호와 안전을 위해 모여드는 것이다.

> **후견주의(Clientelism)**: 후원자-고객 관계에 본질적으로 기초하고 있는 정치. 강력한 한 인물(후원자)은 수많은 하위 고객들에게 보호를 제공하고, 고객들은 그 대가로 무조건적인 충성과 지지를 제공한다.

비록 후원자-고객 관계는 자유민주주의 국가를 포함한 모든 정치체제에서 어느 정도 발견되지만, 권위주의 정권에서 가장 커다란 정치적 의미를 갖는다. 특히 저소득 국가, 불평등 사회, 약한 통치 제도가 결합된 경우에는 후원자와 고객이라는 개인적 네트워크가 일반 사람들을 공식 정치에 불러오는 주요 수단이 될 수 있으며, 종종 정치 자체를 조직하는 중심적 구조이기도 하다 (도표 13.4). 이러한 네트워크는, 그 비공식적인 성격에도 불구하고, 정당과 같은 보다 공식적인 참여의 경로를 떠받치고 있으며, 종종 이를 압도하기도 한다.

정치적 후원자는 자신의 고객들의 투표를 통제하며, 그들로 하여금 집회에 참석하고 조직에 가입하고, 혹은 단순히 공손한 태도로 후원자 뒤를 따라다니도록 설득한다. 이러한 공적인(무대 위에서의) 지지의 확인은 정치적으로 의미가 있다. 비록 이것이 고객들의 사적인(무대 밖에서의) 의견을 반영하지 않는 경우가 종종 있지만, 그럼에도 불구하고 의미가 있다 (Scott, 1985). 고객들의 참여는 통제되고 동원된 것이지만, 후원자-고객 관계는 정당이나 혹은 공유하는 정치적 관점보다는 개인적 교환에 근거한 것이다.

후원자의 권력, 그리고 그것이 민주주의를 억제하

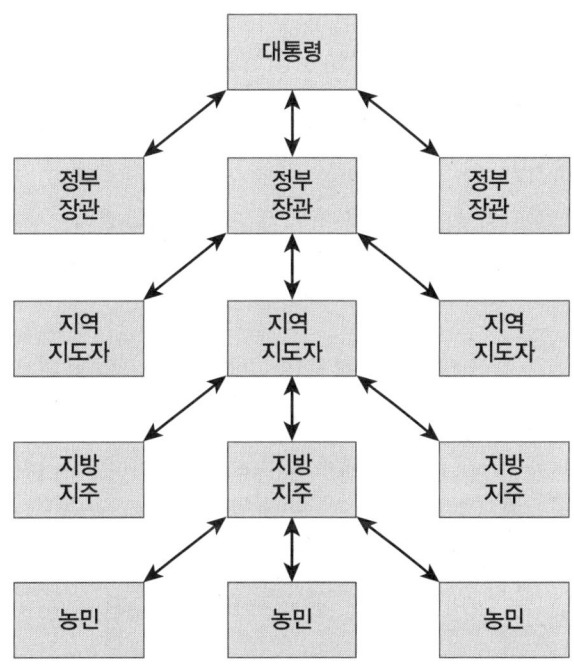

자원은 아래로 이동하고, 지지는 위로 이동한다.

도표 13.4 중심과 주변을 연결하는 후원 네트워크

는 효과는 이집트 대통령 압둘 나세르(Abdul Nasser)가 자신이 여전히 개혁 지도자였던 1957년에 실시된 인터뷰에서 했던 다음의 논평에서 잘 드러나 있다 (Owen, 1993).

> 우리는 1923년과 1953년 사이 기간 동안 민주 체제를 가진 것으로 되어 있다. 그러나 이러한 민주주의가 우리 국민에게 무슨 이득을 주었는가? 여러분은 지주들이 농민들을 투표소로 데려가는 것을 목격하였다. 거기서 농민들은 자기 주인들의 지시에 따라 투표했을 것이다. 나는 농민들이 '예'와 '아니오'를 말할 수 있으며, 그것이 자신들의 삶과 생계에 영향을 미치지 않기를 원한다. 내 관점에서 볼 때는 이것이야말로 자유와 민주주의의 기반이다.

권위주의 환경에서 후원을 통한 참여가 매력을 가

지는 이유는 그것이 불평등의 맥락에서 엘리트와 대중, 그리고 중심과 주변을 연결해 주기 때문이다. 비록 불평등이 후원 네트워크가 번성하는 토양을 제공하지만, 이러한 관계는 여전히 정치적 접착제로서 역할하면서 최상위 층과 최하위 층을 연결해 준다.

여러 사회적 수준에 있는 사람들을 연결해 줌으로써, 후원자-고객 관계는 예를 들어, 농민과 같은 동일한 계급에 있는 사람들 사이에서 연대감의 표현을 제한한다. 엘리트에게 있어서, 이러한 관계는 분할 지배(divide and rule)의 유용한 전술이다. 이러한 위계적인 종속 네트워크의 퇴조는 보다 근대적인 사회로의 이행을 의미할 수 있는데, 이러한 근대 사회에서는 사람들이 자율적인 방식으로 참여할 수 있을 정도로 충분한 자원을 확보하게 될 것이다. 거칠게 말하면, 안전 보장은 사람들이 더 이상 자신의 투표를 거래할 필요가 없음을 의미한다. 가난과 권위주의 통치는 후원자-고객 관계가 번성하는 환경을 제공해 준다. 풍요와 민주주의는 이러한 관계가 퇴조하는 환경을 만들어 준다.

비록 사회 운동은 더 강력한 반대를 직면하고 참여자들의 삶과 복지에 더 많은 위험을 가져오지만, 이러한 운동이 때때로 많은 권위주의 정권의 중요한 특징이었다. 사회 운동은 빈곤층과 주변 층을 동원하는 경향이 있는데, 일상생활에서 심각한 문제를 직면하고 사람들이 적대적인 정치적 환경에서 자신들의 삶의 조건을 향상시키기 위해 협력하는 것이다. 도시 빈곤층이 무료 급식 시설을 조직하는 행위, 판자촌 거주자들이 토지 개혁을 위해 로비하는 행위, 엄마 집단이 군부 통치 하에서 '실종된' 자신의 아들들에 대한 정보를 요구하는 행위 등은 모두 이러한 대중적 정치 활동이 번성하는 사례들이다. 이러한 운동은 정치적 배제에 대한 반응이었다.

개발도상국의 많은 권위주의 정권에서의 참여를 이해하는 데 있어서 하나의 문제는 그러한 국가에서 여론을 측정하는 어려움으로부터 유래한다.

- 사람들이 일상에서의 생존에 초점을 맞추고 있고, 교육과 의사소통이 제한되어 있는 빈곤한 국가에서는 지방의 문제를 넘어서는 그 어떤 것에서 대해서도 여론이라는 것이 존재하지 않을 수 있다.
- 대표성을 가진 표본을 어떻게 정의할지 불분명한 경우에는 표본 설문조사를 수행하기 어렵다.
- 도시 엘리트들은 가장 접근이 용이하기 때문에 가장 자주 설문에 응답하는 사람들이 되겠지만, 그들의 이익(그리고 참여와 관여의 수준)은 농촌의 빈곤층과는 다를 것이다.
- 사람들은 자유민주주의 국가에서 사용되는 공식적인 인터뷰 기술에 익숙하지 않으며 불편할 수도 있다. 보다 적절한 형식은 덜 체계적일 수 있다. 권위주의 국가에서는 사람들이 당연히 여론조사원을 의심할 것이며, 따라서 자신들의 진정한 감정을 표현하는 것을 꺼릴 것이다.
- 여론조사가 허용되지 않거나, 혹은 심하게 통제될 수 있다. 예를 들어, 멕시코에서는 여당인 제도혁명당(Institutional Revolutionary Party)이 1980년대 후반이 될 때까지 독립적인 여론조사를 허용하지 않았다 (Romero, 2004: 485).

권위주의 지도자들은 시민들의 생각에 별로 관심이 없다고 추정하는 것이 자연스러울 수 있지만, 반드시 그렇지는 않다. 실제로 로메로의 주장에 따르면, 민주주의 지도자들이 선거 승리나 정책 목표 달성을 위해 거대한 시민집단을 한데 묶기를 원하는 반면, 권위주의 지도자들은 자신들의 생존에 대한 위협을 감시하기 위해 이러한 집단들에 대한 정보를 원할 것이다 (Romero, 2004: 487).

토론주제

- 정치과정에의 참여는 시민의 의무인가?
- 당신의 나라에서 어떤 집단들이 정치에 상대적으로 덜 참여하고 있으며, 그에 속한 사람들을 참여하도록 만들기 위해 무엇을 할 수 있는가?
- 사람들이 정보 요약도구(information short cuts)를 활용하여 지적인 결정을 내리는 데 도움을 받을 수 있다는 주장에 대해서 어떻게 생각하는가?
- 소셜 미디어가 당신이나 당신의 지인들이 정치에 참여하는 방식에 어떠한 변화를 가져왔는가?
- 인간의 본성을 고려할 때, 후견주의는 피할 수 있는 것인가?

핵심 개념

공론조사(Deliberative opinion poll)
관습적 참여(Conventional participation)
동원된 참여(Mobilized participation)
비관습적 참여(Unconventional participation)
소비자 정치(Consumer politics)
암살(Assassination)
여론(Public opinion)
여론조사(Opinion poll)

정치적 배제(Political exclusion)
정치참여(Political participation)
초점 집단(Focus group)
테러리즘(Terrorism)
특정 성을 위한 제도(Gendered institution)
표본 설문조사(Sample survey)
후견주의(Clientelism)

추가 읽을 거리

Bishop, George F. (2005) *The Illusion of Public Opinion: Fact and Artefact in American Public Opinion Polls*. 여론조사에 대한 비판서로 공중의 무지와 정보가 부족한 의견으로부터 발생하는 문제들을 다루고 있다.

Dalton, Russell J. (2013) *Citizen Politics: Public Opinion and Political Parties in Advanced Industrial Democracies*, 5th edn. 이 비교정치 참고서는 자유 민주주의 국가에서의 정치적 태도와 행태에 대해 폭넓은 검토를 제공한다.

Kittilson, Mike and Leslie Schwindt-Bayer (2012) *The Gendered Effects of Electoral Institutions: Political Engagement and Participation*.

Krook, Mona Lena (2009) *Quotas for Women in Politics: Gender and Candidate Selection Reform Worldwide*. 입법부 성 할당에 대해 전세계적으로 분석한 최초의 연구 중 하나이다.

Lust-Okar, Ellen and Saloua Zerhouni (eds) (2008) *Political Participation in the Middle East*. 아랍의 봄 이전에 쓰여진 이 책은 자유민주주의 세계 외 다른 지역의 참여에 대한 몇 안 되는 연구로서, 7개의 중동 국가를 연구하고 있다.

Norris, Pippa (2002) *Democratic Phoenix: Reinventing Political Activism*. 폭넓게 인용되는 연구로서, 새로운 형태의 정치참여가 등장하여 전통적 방식을 대체하고 있다고 주장한다.

CHAPTER 14 정치커뮤니케이션

개관

정치커뮤니케이션은 정치토론의 핵심이다. 정치커뮤니케이션은 정부와 시민에게 정보를 제공하고, 표현의 한계를 정하고(권위주의 국가보다 민주국가에서는 드물다), 우리가 직접 경험하지 못한 정치세계에 대한 '정신적 지도(mental map)'를 우리에게 제공해준다. 지난 100년 동안 대중 정치커뮤니케이션 기술은 크게 변화하였는데, 신문이 지배하던 시대로부터 방송(처음에는 라디오, 나중에는 텔레비전)이 지배하는 시대로 바뀌었고, 오늘날 온라인에 접속하고 있는 전세계 가정의 절반에 이르는 수많은 정보원으로부터 엄청나게 많은 양의 즉각적인 정보가 쏟아져 나오는 인터넷시대로 바뀌었다. 기술이 바뀌면, 그에 따라 정치커뮤니케이션의 동학 역시 바뀐다. '뉴스'거리를 정하는데 있어서 소비자가 결정적 역할을 하게 되면서, 갈수록 점점 더 뉴스를 주고받는 활동은 쌍방향적이 되었다.

본장은 맨 먼저 대중매체와 정치커뮤니케이션에 관하여 간략하게 소개하고, 이어서 아직 완전하게 이해되지 않고 있는 소셜미디어의 영향에 대해 평가한다. 대중매체의 정치적 영향력이 어떠한지 살펴볼 것이며, 강화, 의제설정, 틀짓기(프레임 구성), 점화 등과 같은 커뮤니케이션의 주요 영향 메커니즘에 대해 검토한다. 정치커뮤니케이션의 최근 동향(상업화, 파편화, 세계화, 쌍방향성)에 대해 살펴본 후 서로 다른 언론매체를 비교하고, 권위주의 국가의 정치커뮤니케이션에 관한 평가로 끝을 맺는다. 비록 일반적으로 인터넷, 특히 소셜미디어가 일부 시민들 간 자유로운 의사소통의 공간을 창출하고 있지만, 권위주의 국가에 있어서 '아이디어의 장터'는 보다 더 철저하게 통제되고 있다.

차례

- 정치커뮤니케이션: 개요   295
- 미디어의 발달   296
- 미디어의 영향   300
- 정치커뮤니케이션의 최근 동향   304
- 언론매체 비교   309
- 권위주의 국가의 미디어   313

핵심논제

- 커뮤니케이션은 핵심적인 정치행위이며, 이에 대한 연구는 정치분석의 주요부분을 차지한다. 실질적으로 커뮤니케이션의 자유로운 흐름은 자유민주주의와 권위주의 정권을 구분하는 하나의 주요 기준이 된다.

- 대중매체의 기술은 지난 한 세기 동안 급속한 변화를 경험하였으며, 무엇보다 가장 중요한 변화는 인터넷의 등장이다. 그러나 인터넷의 정치적 영향력은 여전히 검증되지 않은 추측으로 남아있다. 특히 인터넷 접속 수준은 천차만별이고, 전세계 절반 정도의 가정이 인터넷에 연결되어있지 않다.

- 연구자들은 4가지 종류의 미디어 효과를 구별한다. 즉, 강화, 의제설정, 틀짓기(프레임 구성), 점화 등이 그것이다. 그러나 미디어 효과에 대한 우리의 이해는 대부분의 경우 단일 국가에 대한 연구에 기반하고 있으며, 미디어의 정치적 효과에 관한 비교연구결과는 거의 부재하다.

- 너무도 흔히 대중매체 보도의 영향력이 지대한 것으로 가정되지만, 이를 뒷받침 해주는 구체적인 증거는 없다. 포괄적인 관점은 미디어가 단지 우리들의 세계관에 영향을 미치는 것이 아니라 구조를 제공한다고 주장한다.

- 갈수록 더욱더 상업적이고, 파편화되고, 지구적이고, 쌍방향적인 미디어로의 변화를 포함하는 정치커뮤니케이션의 최근 동향으로 인해 오늘날 정치커뮤니케이션 환경이 새롭게 변화하고 있다. 이러한 변화가 정치인과 유권자, 그리고 그들 간의 상호작용(예: 선거운동)에 영향을 미치고 있다.

- 비록 인터넷 시대 검열이 결코 완전할 수 없음에도 불구하고, 권위주의 체제에서 지도자들은 독립적인 언론기관들을 제약하기 위해 다양한 수단을 사용하고 있으며 종종 교묘한 수단을 사용하고 있다.

정치커뮤니케이션: 개요

사회는, 그리고 그와 함께 정부와 정치는, 커뮤니케이션을 통해 형성되고, 유지되며, 수정된다. 정보, 의견, 가치 등의 지속적인 교환 없이는 사회가 존립할 수 없으며, 의미 있는 정치참여 또한 불가능하다. 국민의 요구를 잘 반영하는 효율적인 정부는 이러한 교환에 의존한다. 정보, 의견, 가치 등의 교환이 없다면 지도자는 시민들이 무엇을 필요로 하는지 알지 못할 것이며, 시민들은 정부가 무엇을 하는지(하지 않는지) 알지 못할 것이다. 대중커뮤니케이션은 또한 통제의 기술이다. 즉, 에콰도르의 대통령직을 다섯 차례 수행한 호세 마리아 벨라스코(Jose Maria Velasco) 대통령은 "나에게 발코니를 달라, 그러면 나는 대통령이 될 것이다"라고 말했다. 간단히 말해, 커뮤니케이션은 정치활동의 핵심이다. 커뮤니케이션을 통해 의미가 형성되고, 요구가 전달되고, 권위가 행사된다.

정치체제의 유형 분류 작업에서는 **정치커뮤니케이션**(political communication)의 질적 수준에 대한 평가가 핵심적 역할을 한다. 민주주의는 열려있는 다양한 수단을 통한 정보의 자유로운 소통을 특징으로 한다. 달(Robert Dahl)은 자유민주주의 국가라면 반드시 그가 '계몽된 이해'라고 지칭했던 것을 얻을 수 있는 기회를 제공해야 한다고 주장했다. 즉, "주어진 시점에서 [정치 결사체의] 각 구성원은 일정 범위 내에서 누구나 공평하고 실질적으로 적절한 정책적 대안과 그 정책이 가져올 결과에 대해 배우는 기회를 가져야만 한다"(Dahl, 1998: 37). 그와 반대로 혼합체제의 정치지도자는 잠재적 경쟁자의 힘이 커지는 것을 억누르기 위한 수단으로 주요 대중매체를 장악한다. 전형적으로 권위주의 정치체제는 정부에 대한 노골적 반대를 일절 허용하지 않는다. 언론매체는 통제당하고 조작되며, 그 결과 시민들은 더욱더 빈번하게 정치적 뉴스를 얻는 데 인터넷 등 비공식적 수단에 의존해야만 한다.

> **정치커뮤니케이션**(Political communication): 정치정보가 생산되고 전파되는 방법이며, 그 결과 정보가 정치과정에 영향을 미친다.

최근의 정치커뮤니케이션 연구가 메시지 자체 및 메시지에 담긴 의미에 초점을 맞추고 있음에도 불구하고, 우리가 뒤에서 살펴보듯이, 전달모델(transmission model)은 여전히 대중매체를 통한 커뮤니케이션의 폭넓은 전체과정을 이해하는 방법으로 유용하다. 전달모델은 메시지를 보내는 발신자, 메시지 자체의 본질, 사용 매체, 사용자, 메시지의 영향 등도 함께 고려할 수 있게 해준다. 오로지 내용에만 초점을 두는 경우 우리는 수신자에 대해 알지 못하게 되며, 심지어 커뮤니케이션이 수신자에게 어떤 영향을 미치는지의 여부에 대해서도 알지 못하는 위험에 빠질 수 있다. 다른 사람들이 우리가 세상을 보듯이 세상을 보지 못하는 것에 대한 이유로 미디어 편향을 탓하고 싶은 유혹에 빠지지만 이는 일반적으로 피상적이고 잘못된 생각이다.

존스(Jones, 2005: 17)는 민주주의 국가에서 미디어의 중요성에 대해 추호도 의심하지 않는다. 그는 미디어 소비가 오늘날 정치참여의 중요한 형태로 여겨지는 것이 확실하다고 평가했다.

미디어는 우리가 정치에 접근하는 주요 접촉점이다. 오늘날 대부분 사람들의 정치가 주로 이뤄지는 공간이며, 그리고 이후의 물리적 참여(만약 일어난다면)에 앞서 일어나고, 물리적 참여를 형성하고, 때로는 결정하는 정치적 조우의 장소이다

… 그러한 조우는 정치에 관한 '정보'를 제공하는 데 그치지 않는다. 그러한 조우는 우리의 직접적인 경험 밖의 정치세계에 관한 우리의 정신적 지도의 형성에 영향을 미친다. 그러한 조우는 우리가 정치를 이해하는 데 사용하는 이미지와 목소리, 영웅과 악당, 구호와 슬로건, 사실과 관념을 풍부히 제공한다.

정치와 정부는 부분적으로 효과적 제도의 창출과 효과적 정책의 개발과 관련이 있다. 즉, 이는 또한 설득 및 정보와 관련이 있다. 이것이 아이디어의 자유시장에서 발생했는지의 여부 또는 정치적 목적을 위해 조작되었는지의 여부와 관련이 있다.

러나 우리가 오늘날 대중매체로 여기는 것들 대부분은 19세기 및 20세기 새로운 기술의 발달과 함께 등장했으며, 진정한 대중커뮤니케이션을 가능케 해주었다. 즉, 이것이 공통의 국민정체성의 출현과 국가의 성장을 촉진하였다. 처음으로 정치커뮤니케이션은 널리 흩어져 사는 사람들이 서로 경험을 공유할 수 있게 해주었으며, 시민들을 하나의 커다란 정치단위로 결속시키는 접착제 역할을 수행했다.

> **대중매체(Mass media)**: 많은 수의 사람들과 동시에 접촉할 수 있는 커뮤니케이션 수단을 일컫는다. 텔레비전, 라디오, 웹사이트 등이 그 예이다. 소셜미디어가 출현하기 이전까지 대중매체는 일대다수(one-to-many)였고 쌍방향이 아니었다.

미디어의 발달

미디어의 정치적 중요성은 두 명의 영국 정치인 에드먼드 버크 또는 토마스 맥컬리가 말했다는(사용된 출처에 따라 달라진다) 유명한 명언에 잘 요약되어 있다. 3개의 정치적 '계급(estate)'의 존재(군주, 귀족, 하원)에 대해 주목하면서 버크 또는 맥컬리는 하원 방청석에 앉아있는 기자들을 **제4계급(fourth estate)**이라고 지칭하였으며, 그 후 이 용어는 언론인의 정치적 중요성을 의미하는 데 사용되고 있다.

> **제4계급(Fourth estate)**: 언론인의 정치적 역할을 묘사하는 데 사용되는 용어이다.

비록 오늘날 우리는 다양한 **대중매체(mass media)**에의 접근을 당연시 여기지만, 대중매체는 비교적 최근에 발달되었으며, 시간적으로 200년도 채 안 된다(도표 14.1 참조). 686년 중국에서 처음으로 책이 인쇄되었고, 1453년 구텐베르크가 처음으로 활자인쇄를 사용하였으며, 1605년 신문이 처음 등장했다. 그

신문

공용어에 대한 문자해독률의 증가는 서유럽국가에 대중적 신문의 등장을 가능케 했는데, 이는 19세기 및 20세기 초 정치커뮤니케이션에 있어서 중요한 변화발전이었다 (Dooley and Barton, 2001). 인쇄술의 발달과 배급능력의 향상으로 인해 소수의 사람들에게만 배포되던 정당의 기관지가 광고를 통해 자금을 조달하는 대중신문 및 상업신문으로 그 성격이 바뀌었다. 정당기관지의 성격에서 탈피하게 되면서 일반대중으로부터 더 많은 인기를 얻게 되었으며 역설적으로 정치에 있어서 신문의 중요성이 더욱 커지게 되었다.

영국이나 일본처럼 국토가 광대하지 않아 신문이 전국적으로 배포되었던 나라의 경우 신문 발행부수가 엄청나게 증가했다. 신문사 사주는 막강한 힘을 가진 정계인사가 되었다. 예를 들어, 양차 세계대전의 전간기 영국의 비버부르크 경(Lord Beeverbrook), 로더미어(Rothermere), 캄로즈(Camrose), 켐슬리

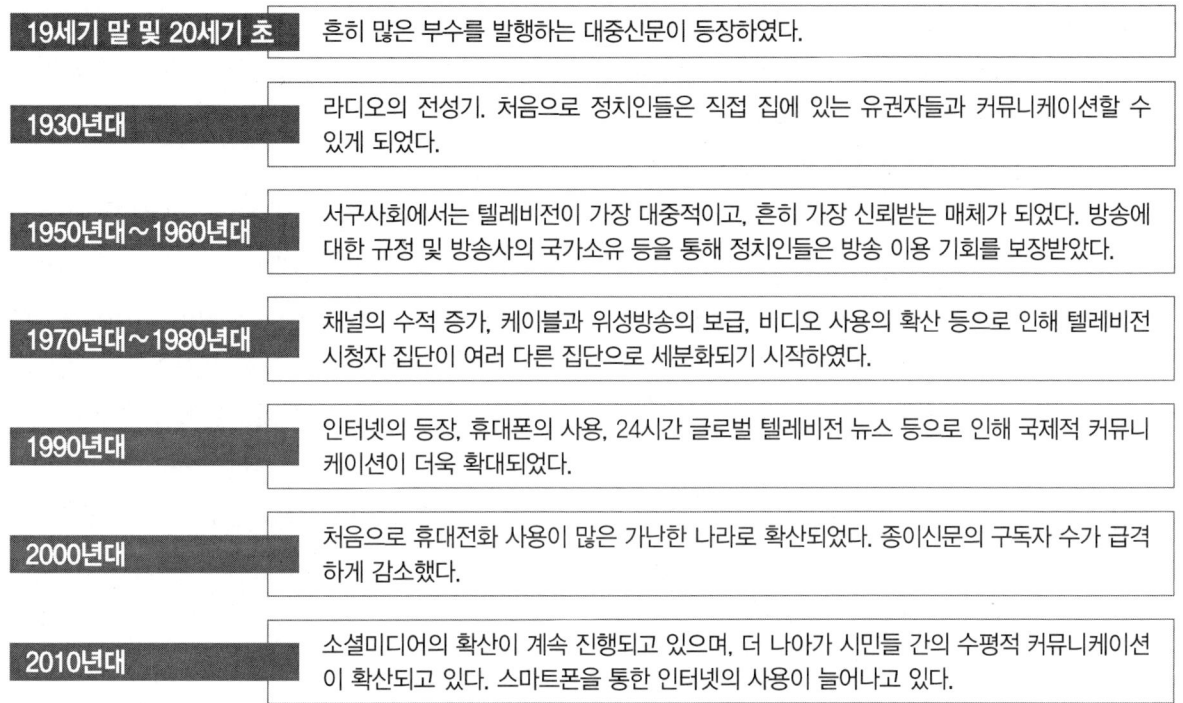

도표 14.1 대중매체의 진화

(Kemsley) 등 4명의 신문왕이 발행한 신문부수는 도합 1,300만 부에 이르렀는데, 이는 당시 영국 일간신문 전체 판매부수의 절반에 해당하는 수치였다. 당시 영국 총리 볼드윈(Stanley Baldwin)은 "어느 시대이든 매춘부가 누리는 특권인 책임 없는 권력을 추구하는" 사람들이라는 유명한 말로 이들 신문사 사주들을 묘사했다 (Curran and Seaton, 2003: 64).

방송

정치커뮤니케이션에 있어서 신문은 여전히 중요한 전달매체이지만, 확실히 20세기에 걸쳐 방송이 신문이 차지하던 역할을 대신하게 되었다. 뉴스영화, 라디오, 그리고 마침내 텔레비전의 등장으로 인해 대중은 새로운 방식으로 커뮤니케이션을 할 수 있게 되었다. 즉, 글보다 말, 추상적이기보다 직접적이고, 때로는 사후 보도가 아니라 실시간으로 상황을 전달하는 새로운 방식의 등장이었다. 또한 커뮤니케이션이 국제적으로 확대되었는데, 이는 1920년대 영국과 네덜란드가 자국의 식민지제국 전역에 방송하는 데 사용한 단파라디오가 개발되면서 시작되었다. 나치 독일과 미국, 소련, 다른 서유럽국가들이 그 뒤를 따랐다. 단파라디오가 냉전 당시 및 냉전 이후 줄곧 많은 국가들로 하여금 계속해서 큰 비용을 들이지 않고 외부세계와 손쉽게 연결될 수 있게 해준다.

국내적으로 서구 자유민주주의 국가에 있어서 방송의 영향은 비교적 긍정적이었다. 제2차 세계대전 이후 대부분의 나라에 있어서 적은 수의 전국 텔레비전 방송채널이 기본적으로 공중파 방송을 지배하였으며, 국가적 사건부터 대중오락까지 이 모든 것을 모든 국민이 똑같이 공유할 수 있게 해주었다. 전후 처음 몇십 년 동안 이 새로운 미디어는 계급과 종교로 줄곧 심각하게 갈라져 있던 사회에 공통기반을 제공해주는 역할을 함으로써 기본적으로 국민통합의 촉진에 기여하였다.

더욱 극적인 변화는 방송이 정치인들에게 미친 영향이었다. 청중들을 대상으로 현장에서 직접 행하는 대중연설에서는 장황한 어휘와 극적인 몸짓이 권장되었지만, 방송국 스튜디오에서 각 가정의 거실로 직접 전달되는 연설에서는 좀 더 차분한 목소리가 요구되었다. 특정 장소에 모인 눈에 보이는 청중을 대상으로 연설하는 것이 아니라 눈에 보이지 않는 청취자 및 시청자들과 대화해야 하는 일이었다. 여기서 요구되는 기술은 수백만 명의 사람들에게 얘기하면서도 마치 사람들 개개인과 개별적으로 따로 대화하듯이 얘기하는 기술이었다.

이러한 새로운 방식의 대표적 예가 1930년대 라디오를 통해 생방송되었던 루즈벨트(Franklin Roosevelt) 대통령의 '난롯가의 대화(fireside chats, 노변정담)'이었다. 당시 루즈벨트 대통령이 사용한 다소 서민적인 표현이 가졌던 긍정적 효과에 대해 누구도 부인하지 못한다. 루즈벨트 대통령은 미국시민 전체에게 말하기보다는 시민 한 사람 한 사람과 대화를 나누듯 얘기했고, 그 결과 시민들은 루즈벨트 행정부를 더욱 신뢰하게 되었다. 이런 식으로 방송은, 보다 구체적으로는 라디오 방송은, 정치커뮤니케이션의 범위뿐만 아니라 커뮤니케이션 양식에도 큰 변화를 가져왔다 (Barber, 1992).

대부분의 가난한 나라에서도 방송은 정치커뮤니케이션에 크게 기여하였다. 하지만 그 이유는 다르다. 개발도상국에 있어서 방송(라디오 또는 텔레비전)은 인쇄매체에 비해 상대적으로 두 가지 유리한 점을 갖고 있다. 첫째, 방송은 개별 사용자에게로의 물리적 배달을 필요로 하지 않는다. 둘째, 방송은 세계 전체 인구 5명 중 1명꼴로 존재하는 문맹자들과도 접촉할 수 있다.

가난한 나라에서는 이들 요인이 기본적으로 라디오의 보급을 촉진시켰다. 마을사람들이 한 곳에 모여 지방의 농산물 가격뿐만 아니라 다양한 최신 뉴스를 함께 청취하였다. 오늘날 또한 세계의 많은 가난한 사람들이 위성텔레비전과 휴대폰을 사용하고 있으며, 이는 일반시민들에게 엘리트로부터의 하향식 커뮤니케이션 기회를 확대해줄 뿐만 아니라 일반 시민들 간의 수평적 커뮤니케이션 기회를 확대해준다. 예를 들면, 케냐에서 인터넷은 정부가 이동전화 시장을 개방하기 몇 년 전만 해도 비싸고 느렸다. 이는 통신회사 간의 시장점유율을 높이기 위한 격렬한 전쟁을 촉발하였으며, 이는 가격인하와 함께 선택기회의 확대로 이어졌다. 사파리콤(Safaricom)이 국내통신회사로 성공하였으며, 많은 케냐사람들은 오늘날 엠-페사(M-Pesa)를 사용하는데, 이는 이동 중에 인터넷을 통해 요금을 지불하고 투자도 할 수 있는 모바일 뱅크 플랫폼이다. 이러한 극적인 커뮤니케이션 혁명이 케냐 정치 및 케냐의 변화를 뒤따르고 있는 다른 개도국의 정치에 어떤 영향을 미칠지는 아직 좀 더 지켜보아야 할 것이다.

일부 개발도상국들이 유선통신망 건설비용을 아끼기 위해 곧장 이동전화통신으로 전환하고 있듯이, 많은 가난한 나라들은 대량 부수 발행 신문의 발전단계를 건너뛰어 대규모 방송네트워크를 구축했다. 혼합체제 및 권위주의 국가에서는 라디오와 텔레비전 네트워크를 통해 가난한 농촌인구에게 메시지를 전달할 수 있는 정치인들의 능력이 중요한 통치요소로 남아있다.

소셜미디어

인터넷의 등장과 **소셜미디어**(social media)의 사용 증가 (표 14.1 참조)는 아마도 대중커뮤니케이션 역사상 가장 급속하면서도 가장 광범위한 변화를 초래했다. 인터넷 덕분에 엄청나게 많은(비록 질적으로는 천차만별이지만) 새로운 정보를 얻을 수 있게 되었으며, 소셜미디어는 정부와 시민 간의 커뮤니케이션 방식을 근본적으로 뒤바꿔 놓았고, 소셜미디어를 이용하여 시민들은 다른 동료 시민들과 커뮤니케이션 할 수 있게 되었다.

> **소셜미디어(Social media)**: 특정 수신자와의 쌍방향 온라인 플랫폼이며, 이것은 사용자가 생산한 내용의 교환을 목적으로 하는 집단적 또는 개별적 커뮤니케이션을 촉진한다. 소셜미디어는 대중커뮤니케이션과 개인의 사적 커뮤니케이션을 하나로 연결시켜준다.

인터넷은 만약 인터넷이 없었다면 서로 소통할 수 없었던 사람들을 서로 연결시켜주며, 잠재적으로 사회의 다양한 부문에 속한 사람들 간의 정치커뮤니케이션 및 토론을 촉진한다. 비록 소셜미디어를 활발하게 사용하는 사람의 경우 이미 정치적으로 활발한 사람들이었고 소셜미디어에 올린 글의 상당수가 정파적이지만, 정치지도자와 정당은 소셜미디어를 통해 시민들과 좀 더 빈번하게 직접 소통할 수 있다. 연구결과에 따르면 인터넷이 전통적 대중매체에 비해 좀 더 다양한 시각을 가질 수 있게 해주지만, 인터넷은 또한 보다 극단적인 시각의 영향력을 크게 하며, 사용자는 허구로부터 사실을 구별해야 하는 새로운 문제에 직면하게 된다 (Pew Research Center, 2011).

또한 인터넷 접근이 전혀 평등하지 않다는 점에 대해서도 주목할 필요가 있다. 많은 사람들이 인터넷에 전혀 접근하지 못하고 있고(전기, 컴퓨터, 스마트폰, 인터넷망 등이 없기 때문이다), 중국이나 이란과 같은 권위주의 국가는 여전히 인터넷을 검열하고 있으며, 심지어 잘사는 나라에서조차 많은 나이든 사람들이 온라인에 접속하지 못하고 있고, 많은 사람들이 뉴스를 보는데 인터넷을 사용하지 않고 있거나 아주 제한적으로 사용하고 있다. 그리고 싱가포르(민주주의 지수에서 결손민주주의 국가 명단에 포함되어 있다)의 경우에서 볼 수 있듯이 인터넷에 접속한다

표 14.1 소셜미디어의 형태

	특징	예
소셜네트워킹 (social networking)	사람들을 다른 사람들과 서로 연결시켜주며 정보와 아이디어를 공유할 수 있다.	Facebook(2004년 설립)이 가장 유명하지만, 그 외에도 LinkedIn, MySpace, Academic, Google+ 등이 있다.
미디어 공유 (Media sharing)	경우에 따라서는 '컨텐츠 공동체'로 알려져 있다. 사용자가 사진, 동영상, 따른 미디어를 사이트에 올릴 수 있다.	YouTube(2005년 설립), Reddit, Pinterest
공동제작 사이트 (Collaborative sites)	사용자가 컨텐츠를 사이트에 올릴 수 있다.	2001년 처음 만들어진 Wikipedia가 가장 유명하다.
블로그 및 미니블로그 (Blogs and microblogs)	사용자가 공동의 관심사에 대해 온라인에서 대화하고 생각을 공유할 수 있다.	여러 소셜네트워킹이 미니블로그 옵션을 포함하고 있기는 하지만, Twitter(2006년 설립)가 가장 유명한 미니블로그이다.

고 하더라도 이것이 곧 정치적 목적으로 인터넷을 사용하는 것을 의미하지는 않는다. 부유한 섬나라 싱가포르는 세계에서 가장 높은 비율의 인터넷 사용률을 갖고 있지만, 싱가포르 정부가 엄격한 통제와 규제를 실시하고 있기 때문에 싱가포르 국민들 상당수는 여전히 인터넷을 이용한 정치정보의 교환에 대해 불편하게 생각한다 (Lee and Willnat, 2009). 또한 싱가포르는 정치커뮤니케이션에 관한 연구를 제한하고 있다. 즉, 기술은 앞서있지만, 기술의 영향력에 대한 이해는 무척 뒤쳐져 있다.

2015년 기준으로 전세계 가정의 약간 절반을 넘는 가정들이 인터넷에 접속하지 못하고 있다. 인터넷 사용비율은 유럽은 82퍼센트, 아메리카는 82퍼센트, 아시아 태평양 지역은 39퍼센트, 아프리카는 11퍼센트 등 다양하다 (도표 14.2 참조). 이는 또한, 비록 오늘날 중국의 상응하는 것들이 서구의 우위에 맞서고 있기는 하지만, 역사적으로 소셜미디어와 검색엔진 등과 같은 플랫폼에 대한 서구지배가 새로운 형태의 '정보제국주의'를 건설하고 있음을 암시하는지도 모른다 (Jin, 2015). 또한 오늘날 온라인에서 접할 수 있는 엄청나게 다양한 의견이 생각의 동질화를 방해하는지도 모르며, 실제로 반대효과를 초래하고 있는지도 모른다.

미디어의 영향

우리는 대중매체의 정치적 영향을 이해하기 위한 안내지침으로 **전달모델**(transmission model)을 활용할 수 있다. 전달모델은 모든 정치커뮤니케이션 행위를 다섯 가지 구성요소로 나눈다. 즉, 누가, 누구에게, 무엇을, 어떤 매체를 통해, 어떤 효과를 등의 5가지 구성요소로 나누어 설명한다 (도표 14.3 참조). 이러한 구성요소를 살펴보면, 미디어는 많은 사람들이 정치적 삶을 살아가고 있는 구조인 것이 명확해진다. 결국 4가지의 잠재적 영향기제가 존재한다. 즉, 강화(reinforcement), 의제설정(agenda-setting), 틀짓기(framing, 프레임 구성), 점화(priming) 등이 그것이다 (도표 14.4). 4가지 기제 각각은 우리가 미디어 영향에 대해 어떤 식으로 접근해야하는지에 관한 학자들의 생각에 도움을 주었으며, 4가지 기제가 모두 결합하여 미디어의 좀 더 명백한 효과를 분석하는데 유용한 레퍼토리를 제공한다.

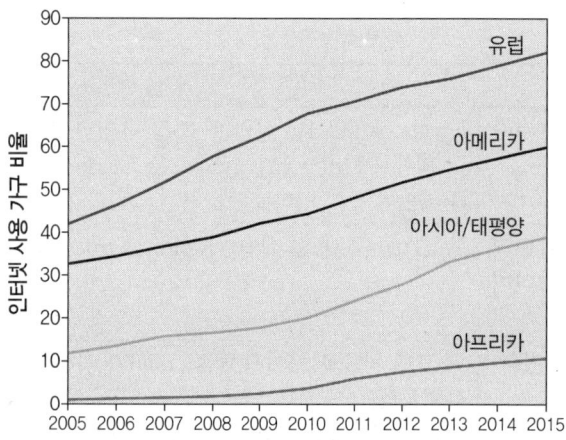

도표 14.2 글로벌 인터넷 사용

출처: International Telecommunication Union (2015)

> **전달모델**(Transmission model): 모든 커뮤니케이션은 효과(effects)를 얻기 위해 하나 이상의 매체(channel)를 통해 수신자(receiver)에게 메시지(message)를 보내는 발신자(sender)로 구성된다고 해석하는 모델이다.

1950년대 텔레비전이 지배적 매체가 되기 이전에는 최소효과 모델로도 알려진 **강화가설**이 큰 지지를 얻었다 (Klapper, 1960). 강화이론이 주장하는 바는 주로 가족을 통해 전수되는 정당충성심이 사람들을

도표 14.3 정치커뮤니케이션 전달모델

미디어의 영향으로부터 차단하는 정치적 햇빛가리개 역할을 한다는 것이다. 사람들은 자신들이 보고 싶은 것을 보고, 기억하고 싶은 것을 기억한다.

예를 들어, 각각의 전국지마다 뚜렷한 정파적 입장을 갖고 있는 영국에서 노동당을 지지하는 가정에서 성장한 노동자계급은 성인이 되어서도 계속해서 노동당 지지 성향의 신문을 구독한다. 신문의 당파성과 그 신문을 읽는 구독자 간의 상관관계는 언론의 선전효과보다는 신문구독자에 의한 **자기선택**(self-selection)을 보여준다. 강한 자기선택이 존재하는 상황에서 언론이 할 수 있는 일은 대부분 신문구독자가 이미 갖고 있는 성향을 강화시키는 데 있으며, 언론은 신문구독자들로 하여금 이미 갖고 있는 정치적 입장을 그대로 유지하도록 하고 선거당일 투표장에

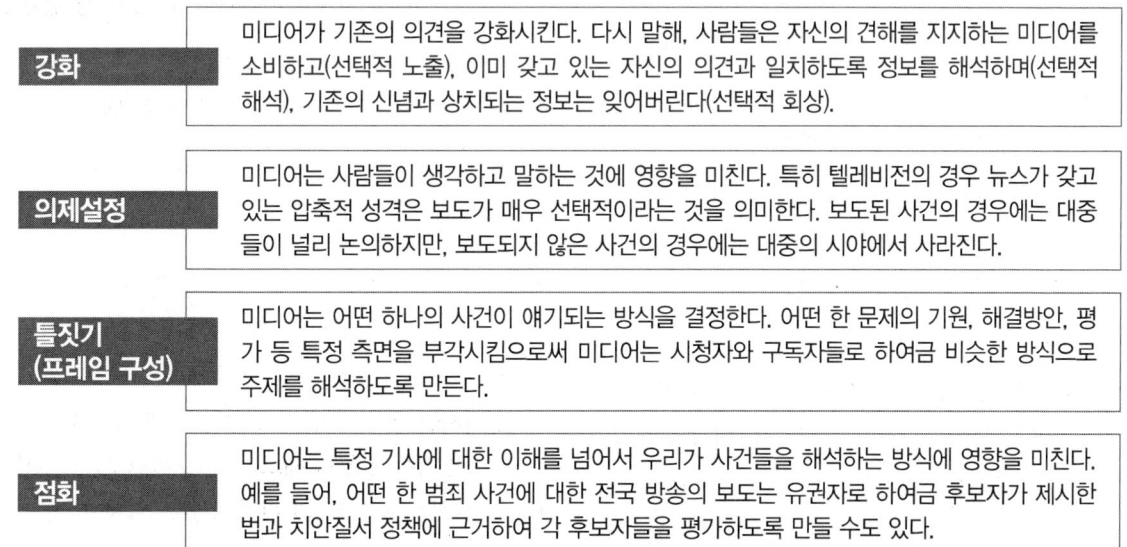

도표 14.4 미디어의 효과 기제

가도록 부추기는 역할을 한다. 그러한 효과가 중요할 수 있지만, 미디어의 힘에 관한 좀 더 극단적인 주장들을 전혀 증명하지 못한다.

> **자기선택(Self-selection)**: 각 개인이 미디어 정보원을 편향적으로 선택하는 것을 의미한다. 예를 들면, 이미 인종차별주의자인 사람들은 인종차별주의자 인터넷 사이트의 방문을 선택할지도 모르며, 이는 이들 사이트가 사람들에 미치는 영향에 대한 평가 활동을 복잡하게 만든다.

강화이론은 여전히 유용하다. 예를 들어, 언론매체가 어느 정도 양극화되어 있는 미국의 상황을 생각해보자. 전형적인 폭스뉴스 시청자와 『월스트리트저널』 구독자는 이들 매체의 뉴스보도를 보고 난 후 그 결과 자유주의에서 보수주의자로 전환한 사람이기보다는 이들 매체에 마음이 끌린 원래 보수주의자일 가능성이 높다. 적어도 일정부분 폭스뉴스와 『월스트리트저널』은 이미 어떤 특정 생각을 가지고 있는 사람에게 그 생각을 설명한다.

이번에는 인터넷을 생각해보자. 인터넷 사이트는 유권자로 하여금 이미 공감하는 여러 색채의 의견을 찾아보고 그렇게 함으로써 기존 의견을 강화하도록 해주는데, 유권자는 제6장에서 논의하였던 일종의 확인(confirmation)을 경험하게 된다. 대체적으로 적대적인 사람들이 어떤 생각을 하는지 알고자 하는 매우 소수의 사람들의 경우를 제외하고는 반대자들은 자신의 의견과 정반대되는 입장을 가진 사이트에 접속하려 하지 않는다. 여기에서도 마찬가지로 자기선택 효과가 강화를 촉진하며 전환을 제한한다.

그렇지만 강화이론으로 오늘날 미디어 효과에 대해 설명하는 데에는 너무 큰 한계가 존재한다. 인터넷 시대 우리는 더 이상 일반 유권자들이 전적으로 한 가지 정치적 시각이 지배하는 '정보의 저장고' 속에 갇혀서 살고 있다고 상정할 수는 없다. 이는 이미 오래전 1970년대와 1980년대 미디어의 의제설정 역할이 좀 더 관심을 얻게 되었던 시절부터 인식되었다. 이러한 시각은 미디어(특히 텔레비전)가 비록 우리가 꼭 생각하는 것이 아닐지라도 우리가 생각하는 바에 영향을 미친다고 주장한다. 미디어는 어떤 특정 기사거리를 찾아내어 의제로 설정하며, 그렇게 함으로써 다른 쟁점들이 대중의 관심으로부터 멀어지도록 만든다. 요컨대, 미디어의 영향은 미디어가 말하는 것뿐만 아니라 미디어가 말하지 않는 것으로부터도 발생한다 (Lazarsfeld and Merton, 1948).

예를 들어, 선거운동에서 텔레비전은 우리로 하여금 주요 후보자 및 승부에 관심을 쏟게 만든다. 그리고 반면에 군소후보 및 쟁점들은 흔히 부차적인 관심의 대상에 머물게 한다. 널리 인용되고 있는 월터 리프만(Lippman, 1922)의 신문에 관한 견해가 의제설정에 대해 잘 설명해준다. "미디어는 끊임없이 움직이는 탐조등의 불빛과 같다. 하나의 에피소드, 그리고 또 다른 에피소드를 어둠 속으로부터 끄집어내어 우리의 시각에 들어오게 한다." 하루 분량의 세상 뉴스를 저녁뉴스(광고 포함)의 30분 이내로 어떻게 압축할지를 결정하는 과정에서 뉴스프로그램 편집자는 스스로 아래와 같은 질문을 던지면서 의제를 설정하고 영향력을 행사한다.

- 이 기사는 시청자에게 큰 영향을 줄까?
- 이 기사는 폭력을 담고 있나? (만약 피를 흘리는 보도면, 보도순서가 앞에 가도록 한다.)
- 이 기사는 현재 유행하고 있는 것에 관한 기사인가 아니면 기존에 없던 새로운 것에 관한 기사인가?
- 이 기사는 유명인사와 관련이 있는 기사인가?

뉴스프로그램은 예외적인 사건에 초점을 맞추고

있기 때문에 뉴스프로그램의 내용은 전체 모든 사건들을 대표하는 대표성 있는 표본은 결코 아니다. 정책실패가 정책성공보다 더 많은 이목을 끈다. 마찬가지로 부패는 기사거리가 되지만 정직은 그렇지 못하다. 진부한 주제의 새로운 진전사항보다 새로운 이야기가 더 빈번하게 보도된다. 그 결과 의제설정은 세상에 대한 왜곡된 이미지를 만든다.

그러나 우리는 의제설정 시각이 갖고 있는 두 가지 한계에 대해 반드시 인식해야만 한다. 첫째, 편집자는 즉흥적으로 기사를 선택하지 않는다. 그 대신 편집자는 시청자의 규모와 평가 측면에서 각기 다른 기사거리가 갖는 잠재적 효과에 대해 무척 민감하며, 편집자는 자신의 뛰어난 뉴스감각을 보여줌으로써 봉급을 받는다. 만약 계속해서 제대로 된 뉴스감각을 보여주지 못하면 편집자 자리에서 쫓겨난다. 그러므로 단순히 편집자가 텔레비전 화면에 무엇을 내보내고 신문의 첫 면에 무엇을 실을 것인지를 결정하기 때문에 광범위한 의제설정 권력이 편집자에게 주어져 있다고 생각하는 것은 순진한 생각이다. 편집자 역시 의제를 반영한다.

미디어는 여론을 생성하는 것이 아니라 퍼트린다고 하는 약간 미묘하게 다른 견해가 뉴튼(Newton, 2006: 215)의 언론인과 사회의 관계에 관한 언급 속에 함축되어있다.

미디어가 사회에 미치는 영향에 관한 많은 언급이 암시하고 있는 것은 어느 정도 미디어가 확실히 사회로부터 분리되어 있으며, 일정 거리 떨어져서 독화살을 쏜다는 생각이다. 사실은 그렇지 않다. 미디어는 사회의 일부이다. 즉, 기자와 편집자는 화성과 목성으로부터 지구에 온 외계인이 아니다. 그들 역시 우리와 마찬가지로 사회의 일부이다.

둘째, 디지털시대 채널수의 폭발적 증가는 더 이상 텔레비전 방송의 황금시대의 경우처럼 의제통제가 치밀하게 이뤄지지는 않는다는 사실을 암시한다. 심지어 사람들은 여전히 강화를 추구하며, 만약 원한다면 사람들은 일부 언론사를 통해 가장 높은 수준의 전문적인 정치적 관심사항을 충족하려고 한다. 미디어가 더욱 다원적이 되면서, 소비자들은 자신의 생각에 따라 행동하고 자기 고유의 의제를 정하게 되었다.

보도가 어떤 하나의 사건에 대해 이야기를 구성하는 방식을 의미하는 기사의 틀짓기(framing, 프레임 구성)는 미디어의 영향을 이해하려는 보다 최근의 시도이다. 이는 정치를 이해하는 해석학적 접근법의 대표적 사례에 해당하며, "이야기를 말하는 사람이 사회를 지배한다"는 플라톤의 관찰을 반영한다. 언론인의 말은, 그리고 카메라의 영상이, 기사의 프레임 구성에 도움을 주며 시청자로 하여금 특정 반응을 일으키도록 자극하는 이야기를 제공한다.

예를 들어, 이민자들이 경제를 활성화시키는 존재로 소개되는가? 아니면 사회를 위협하는 존재로 소개되는가? 특히 유럽국가의 언론매체는 유럽연합 회원국들을 비판적으로 묘사하는가? 아니면 긍정적으로 묘사하는가? 사형선고를 받은 어떤 특정 범죄자는 응분의 처벌을 받은 것인가? 아니면 유달리 잔인한 처벌을 받은 것인가? 기사를 의미하는 용어 'story'의 개념이 암시하듯이, 언론인은 다루는 사건을 시청자 및 독자가 공감할 수 있는 짜임새 있는 이야기로 옮겨야 한다. 보도가 짧으면 짧을수록 제미슨과 왈드맨(Jamieson and Waldman, 2003)이 '합의 프레임(consensus frames)'이라고 명명한 서로 공유하는 전제(presupposition)에 더욱더 의존한다.

마지막으로, 미디어는 점화(priming) 효과를 발휘할 수도 있는데, 이는 사람들로 하여금 어느 한 기사에 내재하는 기준을 새로운 정보와 새로운 주제에 적용하도록 부추긴다. 예를 들면, 미디어가 외교문제에 대해 더욱 빈번하게 보도하면 할수록, 유권자들은 정당이나 후보자가 내세운 외교분야 정책을 기준으로 정당이나 후보자를 평가하고, 심지어 어쩌면 그에 따라 투표할 가능성이 더욱 더 높아진다. 또 다른 예를 들면, 인종차별주의자들의 테러행위에 대한 언론의 보도가 일부 사람들로 하여금 자신의 동네에서 그런 기회에 직면하는 경우 유사한 테러행위를 저지르도록 만들 가능성이 있다.

정치커뮤니케이션의 최근 동향

잘사는 선진국에서 정치커뮤니케이션은 4가지의 광범위한 변화를 겪고 있으며, 이러한 4가지 변화의 효과가 결합하여 뉴스의 본질과 소비자의 선택 기회를 바꾸고 있다. 미디어가 더욱 더 상업화되고, 파편화되고, 세계화되고, 쌍방향적이 되면서 과거 한때 대중매체가 국민통합의 기능을 하였던 것과 달리 오늘날 새롭게 등장한 영향으로 인해 전통적인 전국 시청자들이 수많은 하위집단으로 쪼개지고 있다.

상업화

대중매체의 상업화는 공영방송의 쇠퇴를 의미하며 사용자를 시민이 아니라 소비자로 대하는 영리방송의 등장을 의미한다. 또한 대중매체의 상업화는 다국적 방송네트워크의 건설을 통해 19세기 신문왕들이 일국적 차원에서 이룩했던 절대적 지배권을 세계적 차원에서 실현한 머독(Rupert Murdoch)과 같은 새로운 언론재벌의 등장을 가능케 해주었다.

이러한 변화는 기존의 정당과 방송사 간의 편한 관계를 위태롭게 하였다. 정당들은 더 이상 자신들에 관해 방송해달라고 요구할 수 없게 되었으며, 정치가 방송시간을 할당받기 위해서는 합당한 근거를 찾아내야만 했다. 이와 같이 상업화가 더욱 심해지고 있는 상황에서, 공영방송은 "무덤 밖의 시체"에 불과하게 되었다고 트레시(Tracy, 1998)는 주장했다. 비슷한 맥락으로 맥체스니(McChesney, 1999)는 상업화로 인해 정치쟁점이 논의되는 영역인 공공영역이 축소되었다고 주장했다. 이윤추구에 매달리고 있는 방송사들은 진지한 정치문제에 관한 논의를 줄이고, 그 대신 소프트뉴스(soft news) 또는 "여러분이 이용할 수 있는 뉴스"를 다룬다. 확실히 이윤추구 대중매체들은 똑똑한 시민, 높은 투표참여율 등과 같이 전통적으로 공영방송들이 관심을 쏟았던 공공재(public goods)의 제공에는 흥미가 없다.

이러한 의견에 맞서, 상업방송들은 실질적으로는 원래 공공문제에 관심을 갖고 있는 소수의 사람들만이 시청하는 지루한 정치프로그램을 광범하게 방송하기보다는 제한적이지만 흥미를 불러일으키는 정치뉴스를 대중들에게 전달하는 것이 보다 더 바람직하다고 반박한다 (Norris, 2000). 전문적인 정치프로그램이 정치 마니아들을 위해 계속 방송되고 있기는 하지만, 더 이상 원하지 않는 시청자들을 억지로 시청하도록 만들 수는 없다.

파편화

채널이 늘어나고 프로그램을 즉시 내려 받고 소비할 수 있는 능력이 강화됨에 따라 소비자는 점점 갈수록 자신이 원하는 것을 자신이 원할 때 자신이 원하는 방식으로 보고, 듣고, 읽을 수 있게 되었다. 시청자가 몇 안 되는 주요 방송사나 네트워크에 한정하여 시청하는 그런 시대는 이미 지나간 지 오래되었으며, 많은 나라의 젊은 사람들은 오늘날 전통적인 텔레비전 수상기가 아니라 인터넷을 통해 텔레비전 방송을 시청한다 (Murrie, 2006). 케이블방송, 위성방송, 인터넷, 이동장치 등에 의한 프로그램의 전송으로 인해 시청자들은 보다 다양한 범위의 프로그램을 시청할 수 있게 되었으며, DVR과 언제든지 원할 때 시청할 수 있는 서비스를 통해 시청자는 프로그램을 저장할 수도 있으며, 개인의 취향과 시간계획에 맞춰 시청할 프로그램을 정할 수도 있다.

미국에서 이러한 변화는 3대 방송사(ABC, CBS, NBC)의 저녁뉴스 시청률의 감소로 나타나고 있다. 저녁뉴스 시청률이 1980년 전체 성인의 42퍼센트에서 2012년 16퍼센트로 감소하였다 (Pew Research Center, 2013). 선진국가의 신문 발행 부수 역시 급격하게 감소하였다. 2006년에서 2015년 사이 일간신문 발행부수는 미국의 경우 23퍼센트, 서유럽의 경우 16퍼센트 감소하였다 (World Association of Newspapers, 2015). 많은 지방지와 석간신문들이 폐간하였고(비록 일부는 온라인 신문으로 탈바꿈하였지만), 일부는 정치적 성격이 강하지 않은 무료신문으로 전환하였다.

이러한 방송(放送, broadcasting)에서 협송(狹送, narrowcasting)으로의 전환이 정치에 미친 영향은 지대하다. 시청자들이 온라인이나 리모컨을 통해 간단하게 채널을 다른 곳으로 돌리기 때문에 정부와 정당, 상업 광고주는 다수의 대중에게 접근하는 것이 더욱 어렵게 되었다. 앞선 세대 사람들은 텔레비전 화면에 나오는 아무 것이나 그저 피동적으로 시청하였던 것에 비하여, 인터넷은 본질적으로 사용자 중심의 매체이며, TV 역시 빠르게 사용자 중심의 매체로 탈바꿈하고 있다. 즉, 사람들이 스스로 무엇을 볼 것인지 결정한다.

전체적으로 유권자(특히 젊은 유권자)에게 접근하기가 더욱 어렵게 되면서 유권자가 정치정보에 노출될 가능성도 낮아졌다. 그에 대한 대응으로 정당은 우편, 이메일, 소셜네트워크, 전화통화 등과 같이 높은 비용을 수반하는 개인지향적 기법의 사용을 포함하여 보다 다양한 고도의 시장전략을 도입할 수밖에 없었다. 오바마는 2008년과 2012년 승리한 자신의 선거운동을 위해 후원금과 자원봉사자를 확보하는 데 이와 같은 다양한 기법을 무척 훌륭하게 활용했다 (Kreiss, 2012).

이와 같이 보다 파편화된 환경 속에서 정치인은 지속적으로 텔레비전 뉴스에서 시청률이 높은 토크쇼로 옮겨 타야 하며, 정치와 헐리우드가 만나는 '폴리우드 존(Pollywood zone)'의 확대 속에서 정치인과 유명인사의 구분이 사라지고 있다 (Street, 2011: ch. 9). 정치인은 페이스북과 트위터의 팔로워를 놓고 스포츠 선수, 영화배우 등과 경쟁하고 있으며, 심지어 최근에는 리얼리티 쇼와 경쟁하고 있다. 정치인이 짧은 인터뷰나 심지어 더 짧은 상업광고를 통해 자신의 의제를 정확하게 전달하는 방법을 습득하게 되면서, 그동안에도 항상 중요하였던 사운드바이트(sound bite, 정치인의 연설, 인터뷰, 토론 등에 있어서 짧은 인상적인 발언 – 옮긴이)가 더욱더 중요하게 되었다.

미디어 산업의 무게중심이 공공서비스에서 사적 이윤으로 이동한 것과 마찬가지로 파편화로 인해 정치커뮤니케이션의 강조점이 정당으로부터 유권자로 이동하였다. 정치인은 20세기 방송의 등장에 무척 성공적으로 편승하였던 반면, 파편화된 대중매체를 특징으로 하는 21세기에는 갈수록 점점 더 어려운

국가개요

베네수엘라

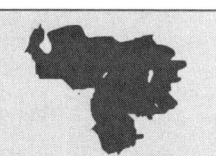

인구 (3,080만 명)

국민총소득(GNI) (5,100억 달러)

1인당 GNI (1만 2,820 달러)

민주주의 지수 평가

측정 안됨	**혼합체제**	완전민주주의
	권위주의	결손민주주의

프리덤하우스평가

자유없음	**부분적 자유**	자유로움

인간개발지수 평가

측정 안됨	중간	매우 높음
	낮음	**높음**

간략 소개: 베네수엘라는 틀림없이 중남미의 성공한 나라에 해당한다. 그러나 정치적 경제적 곤경이 복합적으로 작용하면서 민주주의 지수에서 혼합체제로 분류되는 베네수엘라는 점차 활력을 잃어가고 있다. 베네수엘라는 원유매장량(또한 석탄, 철광, 보크사이트, 여타 광물들 역시)이 풍부하지만 국민 대다수는 가난하다. 유럽산 자동차, 잘 가꾼 근교지역, 외부와 격리된 울타리 쳐진 동네 등에서 볼 수 있는 부유층의 부가 대다수 일반 국민들의 빈곤과 공존하고 있다. 실패의 가장 큰 책임은 좌파 인기영합주의 정책을 바탕으로 1998년 대통령에 당선된 차베스(Hugo Chavez)에게 있다. 차비스타스(*Chavistas*)로 알려진 차베스 대통령의 지지자들은 그의 경제 국영화 및 복지확대 정책이 빈곤층에 도움이 된다고 주장했지만, 차베스를 비판하는 사람들은 차베스의 정책이 물가상승과 실업을 야기했다고 주장했다. 2013년에 차베스가 서거하였지만, 차베스의 후계자 마두로(Nicolas Maduro)는 차베스의 유산을 발판으로 삼고 있으며, 계속해서 베네수엘라 경제를 왜곡하고, 반대자들을 악마로 묘사하고, 베네수엘라의 문화를 지나치게 정치화 하고 있다.

정부형태 ➡ 23개 주와 수도로 구성된 대통령중심제 연방공화국. 1811년 건국되었으며, 가장 최근 헌법은 1999년에 채택되었다.

입법부 ➡ 5년 임기로 선출되고 재임이 허용되는 165명의 의원들로 구성된 단원제 국회.

행정부 ➡ 대통령중심제. 6년 임기로 연임제한 없이 선출되며, 한 명의 부통령과 내각을 구성하는 장관들의 도움을 받는 한 명의 대통령.

사법부 ➡ 국회가 선출하는 임기 12년의 32명의 재판관으로 구성되는 최고재판소(Supreme Tribunal of Justice).

선거제도 ➡ 대통령은 다수제를 사용하는 전국선거를 통해 선출된다. 국회의원은 혼합형 선거제도를 통해 선출된다. 국회의원의 60퍼센트는 단순다수제에 의해 선출되고, 나머지는 비례대표제에 의해 선출된다.

정당 ➡ 다당제. 최근 베네수엘라 정당체제를 구성하는 정당들이 바뀌고 있으며, 베네수엘라연합사회당(PSUV)이 정당체제를 지배하고 있다.

베네수엘라의 정치커뮤니케이션

민주주의 지수에서 베네수엘라가 낮은 등급을 받고 있는 이유 중 하나는 언론자유에 있어서 형편없는 성적 때문이다. 중남미의 다른 나라와 마찬가지로 언론사는 민간소유이지만 언론사의 그러한 특성이 정부의 만성적 개입을 차단하지는 못하고 있다. 프리덤하우스는 『언론자유보고서』에서 베네수엘라를 자유가 없는 국가로 평가하였으며, 국경 없는 기자회(언론의 자유를 촉진하기 위해 활동하는 프랑스에 본부를 둔 단체)가 발간하는 연례보고서는 베네수엘라 정부가 독립적인 언론기관에 압력을 행사하고 있다고 비판했다. 이에 사용되는 수단으로는 편집자 및 언론사 간부들의 여행 금지, 언론인이 연루된 재판사건에 대한 공정치 못한 판결, 신문용지 확보 제한, 심지어 언론인에 대한 살해 위협 등을 들 수 있다.

베네수엘라의 1999년 개정헌법이 표현의 자유를 보장하고 있지만, 2004년 제정된 법률은 표현의 자유를 제한하는 조항을 담고 있다. 예를 들어, 베네수엘라 시민의 '증오를 부추기거나 분노'를 조장하는 뉴스는 금지될 수 있고, 마찬가지로 언론보도가 '권위를 무시하는지' 검토될 수 있다. 또한 언론규제는 대통령으로 하여금 카데나스(cadenas)로 알려진 것, 즉 반대자에 대한 공격을 포함하는 공식 생방송을 내보내기 위해 텔레비전 정규방송 프로그램을 중단하는 행위를 허용한다.

또한 베네수엘라 헌법이 공공정보에 접근할 수 있는 시민의 권리를 보장하고 있지만, 언론인들은 이러한 권리를 실현하는 것이 어렵다는 사실을 깨닫고 있다. 정부는 정부정책을 비난하는 내용의 정보에 대한 접근을 적극적으로 금지한다. 예를 들어, 어떤 한 언론이 베네수엘라 해안지역에서 모기에 의해 전염되는 질병의 발생 가능성에 관한 뉴스를 보도한다면, 마두로 대통령은 대중에게 전염병 조심을 경고하길 원했던 그 언론인을 '테러행위'를 자행하였다고 고발하고, 그 언론인에 대한 처벌을 지시한다.

전 대통령 차베스의 정치스타일은 자신의 정치적 지지기반인 빈곤층 유권자들에게 영향을 미치기 위해 방송매체를 이용하는 인기영합주의 지도자의 좋은 예이다. 일요일 아침 장시간 진행되는 차베스의 방송 쇼, 〈안녕하세요, 대통령님(Alo, Presidente)〉에 전화를 거는 많은 사람들은 일반적으로 과거 정권이 많은 사람들의 고통에 대해 냉담했다고 언급하면서 일자리와 사회복지수당 문제에 대해 도와달라고 청원했다. 차베스 대통령은 이러한 문제의 처리를 담당하는 정부부처를 별도로 설치했다. 이러한 차베스의 통치스타일로부터 우리는 혼합체제의 지도자들이 수많은 언론인들의 반발에도 불구하고 미디어를 이용하여 자신의 권위를 어떤 식으로 강화하고 있는지 알 수 있다.

상황에 부딪치고 있다. 마졸레니(Mazzoleni, 1987)가 지적하였듯이, 정당과 미디어 간의 힘의 균형은 '정당 논리'에서 '미디어 논리'로 이동하였다.

세계화

1776년 미국의 독립선언에 대한 영국의 반응이 다시 미국에 전달되기까지는 약 50일이 소요되었다. 그러나 2003년 영국과 미국의 시청자들은 이라크전쟁에 관한 보도를 실시간으로 시청할 수 있었다. 오늘날 우리는 세계 곳곳에서 발생한 뉴스가치가 있는 사건들이 거의 즉각적으로 방송되는 것을 당연시 여기게 되었고, 권위주의 정부조차 자국 국민을 국제사회의 변화로부터 격리시키는 일이 그 어느 때보다 무척 어렵게 되었다. 심지어 인터넷이 등장하기 이전에도 공산주의 국가들은 자국 국민들을 향하여 방송되는 외국 라디오방송의 전파를 차단하는 데 무척 애를 먹었다. 공산국가의 붕괴에 대한 논의에서 에벌리(Eberle, 1990: 194-195)는 "동유럽과 소련의 변화는 공산주의의 실패만큼이나 커뮤니케이션의 승리에 따른 결과였다"고 주장한다. 오늘날 중국정부의 철통같은 검열을 어렵지 않게 피할 수 있다. 오늘날 중국인들은 중국 내 최근 변화에 관해 많은 자료를 올려놓은 해외 블로그와 사이트에 접속하는 약간의 수고로 중국정부의 철통같은 언론통제를 쉽게 우회하여 피할 수 있다.

또한 최근의 기술 발전은 권위주의 정권에 대한 반정부저항운동을 촉발하고 있다. 오늘날 인터넷에 접속할 수 있는 작은 단체는 민완기자에게 자료를 제공하여 독재정권의 학정(虐政)에 대해 전세계의 이목을 집중시킬 수 있다. 비록 이란과 사우디아라비아 정부 모두 끄떡없이 여전히 권력을 유지하고 있지만, 외부세계의 단체가 이런 방식으로 이란과 사우디아라비아 정부에 타격을 입혔다. 또한 작은 단체는 유익하지 않은 메시지를 전달하는 데 인터넷을 사용할 수 있다. 알카에다와 소위 이슬람국가(ISIS) 둘 다 인터넷에 접속할 수 있는 사람 누구나 볼 수 있도록 온라인에 이미지를 올리는 방식을 채택하고 있다. 지지자를 독려하고 적에게 두려움을 주기 위해 선전, 경고, 폭력장면 등을 올리고 있다.

세계화의 또 다른 증거를 글로벌 24시간 뉴스방송사의 등장에서 찾아 볼 수 있다. 이의 기원은 1980년 미국에서 방송을 시작했던 CNN과 같은 전국 종합뉴스 방송사로 거슬러 올라간다. 이어서 1985년 CNN 인터내셔널이 뒤를 이었고, 그 후 BBC월드(1995년), 독일의 도이체벨레(Deutsche Welle, 1992년), 카타르의 알-자지라(1996년), 일본의 NHK월드(1998년), 러시아의 RT(2005년), 프랑스24(2006년) 등이 생겨났다. 이들 방송사들은 수익성이 항상 좋은 것은 아닌 것으로 드러났고, 필요한 케이블TV와 위성방송을 사용하는 시청자들만 이 방송사의 방송을 볼 수 있지만, 글로벌 TV에 접근가능하게 되면서 정치정보 정보원의 선택폭이 확대되었다.

쌍방향성

의심할 여지없이 정치커뮤니케이션에 있어서 가장 중요한 발전은 쌍방향성의 증가이다. 라디오의 청취자 전화참여프로그램(phone-ins)은 일반인들로 하여금 정치인을 거치지 않고 직접적으로 다른 일반인들이 현안쟁점에 대해 논의하는 것을 들을 수 있게 한다. 사이버공간에서는 블로그가 똑같은 기능을 한다. 문자메시지(messaging system)와 소셜미디어는 본질적으로 쌍방향성을 특징으로 하며, 이러한 매체들은 개인과 개인 간(peer-to-peer)의 정보교환을 가능케 하며, 이러한 쌍방향 정보교환 방식이 정치인으로부터 유권자로의 하향식 커뮤니케이션을 대체하고 있다.

쌍방향성 플랫폼의 성장이 대의민주주의 국가의 대부분의 유권자들에게 기대되는 어느 정도 피동적인 역할과 병존하기는 어려운 점이 있다. 쌍방향 매체에 익숙한 젊은 세대는 아직 정치인들이 적절한 답을 내놓지 못하고 있는 한 가지 중요한 질문을 정치인들에게 암묵적으로 제기하고 있다. 즉, 공동의 관심사를 가진 같은 나이 또래의 다른 사람들과 인터넷을 통해 접촉할 수 있는 상황에서 우리가 정치인이 하는 얘기를 들어야 하는 이유는 무엇인가?

소수의 인터넷 거물이 정치적, 경제적, 사회적 의

제를 지배하는 경우부터 촉진자 역할로 제한되는 정부와 함께 창업과 협력 관계가 지배하는 세계의 경우까지 여러 대안을 제시하고 있는 네덜란드 언론재단이 마련한 일련의 시나리오에서 쌍방향성은 미래 정치커뮤니케이션을 예측하는 데 있어서 반드시 다루어야 하는 중요한 주제이다 (Kasem et al., 2015). 네덜란드 언론재단 사무총장 잔텐(René van Zanten)의 결론이 특히 흥미롭다.

> 출현하고 있는 일 중 가장 중요한 것은 사용자가 이 과정에서 수행하는 새롭고 매우 중요한 역할인 것 같다 … 뉴스는 더 이상 언론인과 편집자가 중요하다고 생각하는 뉴스가 아니다. 사람들이 이에 대해 의견을 갖는다. 그들은 마우스를 클릭하고 웹페이지를 스크롤함으로써 자신들의 세계로 가는 길을 여러분에게 보여준다. 미디어는 이것을 진지하게 받아들여야 하며, 새로운 발표 방식을 준비할 뿐만 아니라 뉴스를 정의하는 새로운 방식에 대해서도 준비해야 한다.

언론매체 비교

대중매체에 관한 논의에 있어서 한 가지 위험성은 다양한 전달매체(channel)를 동일한 것으로 간주하는 것이다. 즉, 마치 책, 영화, 잡지, 신문, 라디오, 텔레비전, 인터넷 사이트 등이 당파성과 효과 측면에 있어서 엇비슷한 것으로 생각하는 것은 위험하다. 실제로 갈수록 동일한 컨텐츠를 여러 다양한 미디어를 통해 접할 수도 있다. 예를 들면, 신문과 텔레비전 둘 다 모두 인터넷을 통해 볼 수 있다. 그러므로 우리는 플랫폼의 중요성을 과도하게 주장해서는 안 된다. "그러나 미디어가 메시지이다"는 맥루한의 유명한 주장이다 (McLuhn, 1964). 맥루한은 사용되는 매체가 메시지를 수신하는 방식에 영향을 미친다고 주장했다. 소셜미디어의 시대에 있어서조차 대중매체 시대 가장 중요한 두 가지 매체인 텔레비전 방송과 신문의 영향력에 대한 비교는 여전히 유용하다.

전성기 때조차 텔레비전 방송은 전지전능하지 않았다. 1980년대에 이르러 텔레비전은 확실히 모든 자유민주주의 국가에 있어서 지배적인 대중매체가 되었으며, 심지어 오늘날에도 텔레비전은 시각적이고, 신뢰가 가며, 쉽게 이해할 수 있는 형태를 유지하고 있어서 여전히 거의 모든 가정에 정보를 전달하고 있다. 선거운동을 그 예로 살펴보자. 선거운동에서는 텔레비전 스튜디오가 주요 전쟁터가 되었다. 정당의 논객들이 인터뷰와 토론회, 토크쇼 등에 출연함으로써 전투에 참여한다. 단지 텔레비전에 출연하는 것만으로도 후보자는 일정한 위상과 인지도를 갖고 있음을 입증한다. 일반 유권자들은, 이것이 전부는 아니지만, 텔레비전, 컴퓨터 화면, 스마트폰 등을 통해 동영상을 시청하는 방식으로 선거에 참여한다.

텔레비전 스튜디오가 선거운동이 벌어지는 전쟁터라고 말하는 것과 텔레비전이 선거결과를 결정한다고 말하는 것은 확실히 별개의 다른 이야기이다. 실제로 텔레비전의 보도와 유권자의 반응 간의 긴밀한 관계를 입증하기는 쉽지 않다. 예를 들면, 텔레비전이 유권자에 미치는 영향에 관한 빈번하게 이뤄진 연구결과는 텔레비전이 유권자로 하여금 무엇보다 특히 정당지도자의 개인 성격 등 후보자의 개인적 특성에 근거하여 투표선택을 하도록 유도한다는 것이다. 그러나 "언제와 비교해서 그렇다는 것인가?" 텔레비전의 도래에 앞서 오늘날에는 우리의 기억에서 사라진 미디어인 라디오가 있었으며, 일부 국가에서는 영화가 있었다. 방송매체가 유권자로 하여금 후보자의 개인적 특성에 근거하여 투표결정을 하도록 영향을 미치고 있다는 주장은 심지어 방송이 등장하기 이전 시대에 있어서조차 정당에 관한 신문보도가 인물 중심이었다는 사실을 간과하고 있다.

확실히 일부 연구는 최근 수십 년 동안 정당의 지도자에 초점을 두는 미디어의 선거보도가 어느 정도 늘어났음을 보여준다 (Mughan, 2000). 그러나 이러한 사실이 정당지도자의 개인적 특성에 근거하여 투표를 하는 유권자가 늘어났음을 의미하는 것은 아니며, 심지어 그러한 증가가 텔레비전 때문인지는 더욱더 확실치 않다. 분명히 기존의 연구결과는 텔레비전으로 인해 지도자의 이미지가 유권자 선택에 결정적 영향을 미치게 되었다는 주장을 입증하는 데 실패했다.

텔레비전이 어쩌면 우선적으로 광범하게 큰 영향을 미치고 있는 부분은 유권자 정당편성의 해체(partisan dealignment)이다. 이는 유권자의 정당에 대한 충성심 약화를 의미한다 (제17장 참조). 텔레비전 방송이 등장한 후 처음 수십 년 동안에는 제한된 수의 방송사만이 존재했기 때문에 정부는 방송사에게 정치기사를 균형 있게 중립적으로 다룰 것을 요구하였다. 그 결과 많은 나라의 전국 신문들에게 허용되었던 정파적 보도와는 정반대의 덜 공격적인 형식이 등장했다. 예를 들어, 네덜란드에서는 텔레비전이 1950년대 네덜란드 사회를 갈라놓았던 두 개의 축을 파괴하는 데 도움을 주었다. 텔레비전은 하나밖에 없던 전국채널을 시청하는 모든 국민들로 하여금 새롭게 서로의 공통점을 인식하도록 하였다. 즉, 천주교 신자들은 사회주의자들이 그동안 경고했던 위험한 무신론자들이 아니라는 점을 발견하였다면, 자유주의자들은 정통 개신교 신자들이 그동안 생각하였듯이 편협한 사람들이 아니라고 결론짓지 않을 수 없었다 (Wigbold, 1979: 201).

텔레비전이 월등하게 큰 영향력을 가졌지만, 그럼에도 불구하고 제2의 대중매체인 신문의 정치적 영향력을 과소평가하는 것은 잘못이다. 발간부수가 감소하고 있음에도 불구하고, 고급 신문은 오랜 발간 전통에 기인하는 권위를 갖고 있다. 거의 모든 민주주의 국가에 있어서 신문은 방송에 비해 자유롭게 논평을 내보낸다. 즉각적인 뉴스 제공에 있어서 방송이 우위를 점하고 있는 시대에 있어서 신문의 보다 느긋한 발행일정 덕분에 신문칼럼을 쓰는 사람들은 자신의 기사에 보다 많은 해석과 평가를 포함시킬 수 있다.

텔레비전은 시청자들에게 무슨 일이 일어났는지를 언급하지만, 신문은 사건을 맥락에 맞춰 해석한다. 방송뉴스는 한 번에 하나의 기사를 보도하지만, 신문의 경우 독자는 관심 있는 기사를 찾아볼 수 있으며, 편한 시간에 읽을 수 있다. 신문은 독자들로 하여금 텔레비전이 거의 주지 못하는 호사를 누리게 해준다. 즉, 생각할 여지를 준다. 이러한 이유로 고급 신문은 정치분야의 전문지로서 생존하고 있으며, 정치인들은 이러한 신문을 열심히 읽고 있다. 전통적으로 신문이 중요한 역할을 했던 나라에서 신문은 단순히 발행부수가 타나내는 것 이상의 정치적 중요성을 여전히 유지하고 있다.

또한 신문은 텔레비전 방송이 다루는 의제에 영향을 미친다. 즉, TV의 저녁 뉴스에서 다루는 기사는 흔히 그날 아침 조간신문에서 보도된 내용이다. 이렇듯 의제에 영향을 미치는 신문의 역할은 신문의 발행부수에 달려있지 않다는 점에 주목할 필요가 있다. 뿐만 아니라 유권자가 신문과 텔레비전 양쪽에 둘 다 보도된 기사를 보는 경우 이 두 매체가 함께 합쳐져서 미치는 영향은 각 매체가 개별적으로 미치는 영향보다 훨씬 크다 (Miller, 1991).

인터넷 신문의 구독자가 증가하고 있는 상황에서

초점 14.1 | 미디어 구조 비교

대중매체가 발달하는 방식과 대중매체의 발달이 전국정치에 결합되는 방식은 나라마다 다르며, 그로 인해 각 나라마다 독특한 **미디어 구조(media structures)**를 갖게 되었다. 자유민주주의 국가의 미디어 구조에 관한 한 선구적 연구는 다음과 같이 3가지 유형을 구분했다 (Hallin and Mancini, 2004).

영미형: 이 모델에서는 시장메커니즘이 지배적이며, 주로 민간매체가 상업적 이해관계에 민감하게 반응한다. 대중의 문자해독률이 일찍감치 높아진 것을 반영하듯이, 여전히 신문발행부수는 상당히 많은 편이다. 언론은 뉴스거리를 수집하는 직업이라는 생각이 깊숙이 자리 잡고 있으며, 미디어와 정치세계는 별개의 영역으로 전자는 후자를 감시하는 감시자로 행동한다. 이러한 자유주의적 모델은 적어도 미국을 비롯한 자유민주주의 국가에 있어서 미디어와 정치 간의 적절한 관계가 어떠해야 하는가에 관한 많은 직관적인 사고들을 뒷받침해준다.

북유럽형: 여기에서 미디어는 일반적으로 사회에 공헌하고, 보다 구체적으로는 정치적 안정에 기여하는 책임 있는 사회적 행위자로 간주된다. 신문은 물론 심지어 텔레비전 방송조차 특정 집단(예를 들면, 종교단체, 노동조합, 정당 등)을 대표하고 있으며, 개입지향적인 국가가 지배적 영향력을 발휘하고 있는 미디어 환경에서도 그렇다. 예를 들어, 공영방송이 중요하며, 정부는 정보전달 기능과 대표 기능을 지원하기 위해 민영매체에 대해 정부보조금을 지원한다. 또한 예를 들어, 사생활 보호권과 반론보도권 등과 같이 매체의 보도행위를 관리하는 규제의 범위가 영미형 구조에 비해 무척 광범위하다. 언론의 전문성이 철저하게 보호되고 있지만, 정치 및 사회에 대한 단순한 관찰자가 아니라 행위자로서 미디어가 갖는 역할로 인해 전문성이 약화된다.

남부유럽형: 그리스, 포르투갈, 스페인 등의 권위주의 정권은 기본적으로 모든 국민의 문자해독능력, 대중의 신문구독, 활동적인 시민사회 등의 발전을 가로막았다. 심지어 1970년대 민주주의 국가로 이행한 이후 아직까지도 집권여당은 공영방송에 대하여 강력한 영향력을 행사하고 있으며, 신문 및 다른 텔레비전 방송국들은 여러 정당들의 정치적 영향력 아래 놓여있다. 텔레비전은 대중연예오락을 전달하는 수단이 되었지만, 신문구독률은 여전히 낮은 편이며, 언론인은 자신을 스스로 하드뉴스(hard news, 정부의 정책, 국제관계 등에 관한 뉴스로, 문화나 일상생활을 소개하는 소프트뉴스와 대비된다 – 옮긴이) 보다는 이념적 논평을 제공하는 사람으로 생각하고 있다. 이와 같이 정당이 지배하는 남부유럽형 구조에서 미디어는, 비록 북부유럽과 비교하면 상대적으로 덜 뚜렷할지라도, 여전히 확실한 정치적 입장을 표명하고 있다. 이러한 형태의 요소들은 많은 비서구 국가에서 발견될 수 있다 (Hallin and Mancini, 2012).

예를 들어, 언론인이 해야 하는 일과 관련하여 3가지 모델은 서로 다른 주장을 얘기한다. 영미세계에서 언론인은 뉴스를 모으는 전문가이며, 권력에 대항하여 진실을 말하고 정부와 긴장관계를 유지한다. 북유럽의 언론인은 덜 대립적이다. 즉, 언론인들은 국가이익과 정치적 안정에 민감할 것이 요구되며, 신문 및 그 신문과 관련 있는 사회집단에 대한 전망에 민감할 것이 요구된다. 남부유럽의 언론은 정보에 상대적으로 덜 중점을 두고 있으며, 이념적 관점에서의 논평에 더 큰 비중을 두고 있다.

핼린과 맨시니의 분류가 갖는 유용성은 본장의 앞부분에서 논의한 오늘날의 미디어 변화동향으로 인해 크게 약화되었다. 그러한 경향은 서구 자유민주주의 국가들 중 영미형 모델에서 더욱 두드러진다. 특히 언론인이 해야 하는 일에 대한 인식과 관련하여 그렇다. 그래도 저자들은 서양세계의 미디어가 어디로 가고 있는지에 관해서는 아닐지라도 서양세계의 미디어가 어디에서 왔는지에 관한 통찰을 제공한다.

	영미형 구조	북유럽형 구조	남부유럽형 구조
신문구독률	높음	높음	낮음
언론의 직업주의	높음	높음	낮음
미디어와 정치의 연계	낮음	높음	높음
국가의 개입	낮음	높음	높음
예	미국, 아일랜드, 영국, 캐나다	노르웨이, 덴마크, 스웨덴, 핀란드	그리스, 스페인, 포르투갈

도표 14.5 자유민주주의 국가의 미디어 구조

출처: Hallin and Mancini(2004)에서 인용. 또한 이 저자들은 영미형 구조를 '자유주의', 북유럽형 구조를 '민주적 조합주의', 남부유럽형 구조를 '분극적 다원주의'로 지칭하였다.

> **미디어 구조(Media structures)**: 역사적으로 안정된 미디어 사용의 양상을 의미하며, 특히 대중매체와 국가와 경제 간의 관계를 의미한다. 구조를 이루는 요소로는 신문 발행 부수의 규모, 공영방송의 범위, 언론의 당파성, 인터넷 접속 등을 들 수 있다.

종이신문 발행부수의 급격한 감소는 여전히 유지되고 있는 신문의 중요성을 제대로 인식하지 못하게 한다. 즉, 신문독자의 인터넷으로의 이동으로 인해, 비록 상업적 이득은 별로 없지만, 주요 신문사는 새로운 해외독자를 끌어들이려고 한다.

그래도 신문 구독자와 텔레비전 시청자의 감소는 정치커뮤니케이션의 질적 수준을 위협하며, 그 결과 정치과정 자체의 질적 수준을 위협한다. 전통적으로 고급신문(전국지뿐만 아니라 지방지) 및 주요 방송사는 사회에 국내 및 세계에 관한 뉴스를 제공하는 수단이다. 그러나 전통적 매체의 광고수입이 감소하고 있기 때문에 뉴스를 모으고, 보도하고, 해석하기 위해 비용이 많이 드는 비싼 전문 언론인 네트워크를 유지하는 일이 더욱 어려워졌다. 저비용 미디어가 독자 및 다른 사람들로부터 비용이 안 드는 컨텐츠를 찾고 있기 때문에 비전문적인 사람들이 언론인의 자리를 몽땅 차지하게 될 위험성이 존재한다.

우리는 '정보 풍요'의 시대에 살고 있는지 모르지만, 더 많은 정보가 항상 더 좋은 것은 아니다. 실제로 많은 전통적인 언론사들이 직접 취재하거나 또는 다른 통신사와 계약을 통해 얻은 하드뉴스(hard news)는 대부분이 그저 오프라인에서 나온 기사에 대한 반응인 블로그의 '의견 풍요, 사실 빈약, 분석 부실'을 특징으로 하는 보도에 비해 낫다 (McCargo, 2012). "오늘날 그는 2년 동안 자신의 아파트를 떠나지 않은 비니라고 불리는 남자와의 경쟁에 직면하고 있다"는 윌리엄스(Brian Williams, 전 NBC 저녁뉴스 앵커)의 말 속에 진실이 담겨있다 (Fox and Ramos, 2012에서 재인용). 폭스와 라모스는 중요한 요점을 지적했다.

전통적인 언론매체가 위축되고 블로그 및 다른 인터넷 매체가 훨씬 중요하게 되면서 시민들은 갈수록 점점 더 걸러지지 않은 뉴스와 정보를 경험하고 있다. 발행을 중단시킬 수 있는 권한을 갖고 있는 편집장이 기자에게 책임성과 정확성을 요구할 수 있는 전통적인 언론사 위계구조를 수많은 블로그에서는 찾아볼 수 없다.

만약 이러한 상황이 지속된다면, 전문적인 뉴스 수집과 해석(인쇄매체 또는 방송매체에서 수행하는)을 공공재로 재해석할 필요가 있는지도 모르며, 그러므로 정부 보조금을 지원해야하는지도 모른다. 아무튼 인터넷 시대 텔레비전 방송과 신문의 쇠퇴는 정치커뮤니케이션의 질에 커다란 문제를 던지고 있다.

권위주의 국가의 미디어

민주주의 국가가 정보의 자유로운 흐름을 바탕으로 발전하듯이, 권위주의 국가의 지배자들은 표현의 자유를 제한하여 정권을 유지하며, 이는 정권에 복종하고 흔히 정권에 영합하는 언론보도를 초래한다. 또한 이로 인해 권위주의 체제에서 정치커뮤니케이션의 역동성에 관한 연구가 상대적으로 드물다. 정부의 어두운 측면에 대해 불을 밝히는 제4권력으로서 행동하기는커녕 권위주의 국가의 미디어는 정치권력에 순응한다. 언론부문의 재원 부족은 종종 미디어가 정부의 압력으로부터 더욱 취약하도록 만든다. 비판적인 언론인들이 탄압을 당하는 동안 공식 텔레비전 방송국과 보조금을 지원받는 신문들은 정권의 입장을 대변하여 주고, 언론계 전체는 살아남고자 하는 본능에 따라 자체검열을 시행한다.

그 결과는 부적절한 정보가 위로 흐르는 것이며, 이는 더욱 심하게 국가와 사회를 단절시키고, 궁극적으로는 잘못된 결정을 야기한다. 영리한 독재자는 미디어가 지방수준에서 불법행위를 보도하도록 유도하는 방식으로, 즉 중앙에서 떨어진 곳에서의 거버넌스에 대해 견제토록 하는 방식으로, 이 문제에 대응한다. 그러나 권위주의의 역설에서 벗어날 수는 없다. 정보에 대한 통제를 통해 지배자는 단기적으로 권력을 튼튼하게 유지할 수 있지만, 이는 또한 거버넌스의 질을 떨어뜨려, 장기적으로는 권위주의 정권의 생존을 위협한다. 국가가 발전하면 할수록 상층부의 정보결핍이 초래하는 피해는 더욱 심해진다.

권위주의 국가의 지배자는 어떤 식으로 언론의 독립을 제한하는가? 통제방식은 다양하며, 노골적인 언론검열보다는 흔히 포착하기 어려운 형태를 띤다. 이러한 통제방식에 대한 이해는 권위주의 정부를 평가하는데 유용하다. 1990년대 민주화의 물결이 일어나기 전에 사하라사막 이남의 아프리카 지역에 대한 연구에서 부르고(Bourgault, 1995: 180)는 여러 가지의 전형적인 언론통제 수단들을 구별하여 정리했다. 이에는 다음과 같은 것들이 포함되어 있다.

- 공식적으로 언론의 자유를 제약하는 장기비상사태의 선포.
- 선별적으로 적용이 가능한 포괄적인 명예훼손법의 제정.
- 정부광고의 취소 협박.
- 신문인쇄에 대한 선별적 제약.
- 출판사 및 언론인의 허가제.
- 인쇄장비에 대한 무거운 세금 부과.
- 새로운 출판물의 출판에 앞서 정부에 보증금 예치 의무화.

우리가 제4장에서 살펴보았듯이, 물론 권위주의 국가는 대부분의 경우 가난한 나라이며, 의심할 여지없이 자원의 결핍으로 인해 미디어가 제대로 발달하지 못한 상태에 있다. 통제수단들로 인해 언론인의 독창성은 제한되고, 언론인은 더욱 취약한 입장에 처하게 되고 있다. 때때로 빈곤에 처한 언론인들은 돈에 매수되어 정부에 우호적인 기사를 싣는다 (또는 정부는 비판적 기사를 쓰지 못하도록 위협한다). 권위주의 국가의 기성 미디어는 진지한 정치뉴스를 다루기보다는 정부의 **선전(propaganda)** 도구가 된다.

> **선전(Propaganda):** 대중여론을 바꾸고자 하는 생각에서 특정 정치적 대의와 이념을 촉진하는 데 사용되는 정보.

중앙아시아의 탈공산주의 국가들 대부분의 경우 여전히 국가가 언론을 소유하고 있는데, 이는 언론을 직접적으로 통제할 수 있는 수단을 정부가 손아귀에 쥐고 있는 셈이다. 또한 전형적으로 국가가 주요 텔레비전 방송을 소유하고 있다. 그 결과는 방송의 정치권력과의 영합이다.

> 카자흐스탄으로부터 키르기스스탄에 이르기까지, 벨라루스로부터 우크라이나에 이르기까지 그 상황은 참담하다. 즉, 조세관련 법률이 언론사에 대한 재정압박 수단으로 악용되고, 고위인사에 대한 비방은 법으로 금지되어 있으며, 언론사는 흔히 의무적으로 반드시 등록해야 한다. 벨라루스에서와 마찬가지로 아제르바이잔에서는 일인독재체제가 언론의 자유를 전혀 허용하지 않고 있다. (Foley, 1999: 45)

언론의 자유에 대한 제한은 전형적으로 사회의 안정이나 국가의 형성, 혹은 경제발전 등과 같은 우선적인 국가적 필요에 근거하여 정당화된다. 그 밑바닥에 담겨 있는 의미는 우리가 서양세계를 따라잡을 때까지는, 그리고 설령 우리가 서양세계를 따라잡는다고 하더라도, 우리는 서양세계가 될 수 없다는 것이다. 예를 들면, 이집트 정부는 "언론이 나라의 안보를 지탱하고, 경제발전을 촉진하고, 사회적 규범을 지지해야 한다"고 요구한다 (Lesch, 2004: 610). 경쟁적 정당체제와 마찬가지로 자유언론은 말다툼과 불협화음을 조장하는 것으로 비추어진다.

비록 언론통제에 대한 이러한 정당화가 단지 독재정치를 변명하기 위한 것이지만, 서양세계의 자유언론 사상이 세계 어느 나라에서나 통용될 수 있는 보편적인 매력을 갖고 있다고 가정해서는 안 된다. 특히 이슬람 국가들은 종교적 가치와 사회적 규범을 강화하는데 있어서 미디어의 역할을 강조하고 있다. 자유언론은 방종을 위한 구실로 여겨진다. 즉, 만약 자유사상을 도입한 결과가 그저 포르노의 범람뿐이라면, 우리가 특히 미국을 비롯한 서양사회의 자유사상을 도입해야 할 이유가 무엇인가라는 질문에 봉착하게 된다. 이슬람 사회이든 아니든 사회가 무엇보다 소중한 도덕적 규범의 표현으로 생각되는 경우 표현의 자유라는 서구의 전통은 이질적이고 비윤리적인 것으로도 여겨진다.

명목상으로 공산주의 체제가 유지되고 있는 국가들 역시 대중커뮤니케이션 수단을 철저하게 통제하고 있다. 전통적으로 중국에서 정보에 대한 접근은 반드시 필요한 경우에만 허용되었다. 비록 오늘날 중국의 지배자는 '신문, 잡지, 텔레비전 방송, 인터넷 뉴스 사이트가 독자 및 시청자와 광고수입을 놓고 치열하게 경쟁하는 것을' 허용하고 있지만, 이 나라의 통치자는 여전히 반정부 목소리를 억누르는 데 큰 관심을 보이고 있다 (Shirk, 2011: 2). 2011년 중국 공산당은 심지어 4억 명의 청중으로부터 뽑는 텔레비전 탤런트 쇼인 〈슈퍼걸〉의 방송허가를 취소하였는데, 이는 청중으로 하여금 자신이 선호하는 행동에 투표하도록 허용하는 것이 수반하는 파괴적 효과가 두려웠기 때문이다.

중국 정부가 전자상거래의 활성화에 큰 관심을 갖고 있음에도 불구하고 민주주의나 티베트 독립 등과 같은 '부적절한' 주제를 검색하는 인터넷 사용자는 검색이 차단되고 검색엔진의 접속이 거부된다. 정부는 심지어 친정부 메시지를 인터넷에 올리는 소수의 선발된 시민들에게 돈을 지급하고 있다 (Fox and

> ### 초점 14.2 온라인 소통과 아랍의 봄
>
> 시민들의 소통을 위한 온라인 플랫폼 사용이 일부 권위주의 국가의 정치통제를 약화시키고 있는데, '아랍의 봄' 사례가 이를 잘 보여준다. 표 14.2에서 볼 수 있듯이 21세기 처음 10년 동안 중동과 북아프리카 지역에서 인터넷 사용이 급격하게 늘어났고, 이는 이란의 블로기스탄(Blogistan)처럼 소외된 도시 젊은이들끼리 피어 투 피어(P2P) 커뮤니케이션을 가능케 해주었다 (Sreberny and Khiabany, 2010). 인터넷 사용자 증가는 2011년 정권교체를 경험한 나라들에 국한된 현상은 아니었지만, 대표적으로 이집트와 튀니지의 경우처럼 일부 독재정권의 전복에 있어서 인터넷이 주요 요인이었다.
>
> 온라인 시설은 최근 시위 현장에 관한 뉴스의 급속한 유통을 가능케 할 뿐만 아니라, 예를 들어, 성별이 다른 사람들 사이의 사회적 상호작용을 위한 매우 드문 자유공간을 창출한다 (Bayat, 2010). 저자거리의 말보다 트위터의 말을 검열하는 것이 더 어려운 것으로 드러났다. 이런 방식으로 소셜미디어는 그 어느 때보다 화석화된 아랍세계의 권위주의 정치체제에 반하는 자유롭고 신나는 민주사회 모델을 창출했다. 페이스북은 자유포럼이 되었고, 이는 린치(Lynch, 2011: 301)로 하여금 대담하게 "새로운 종류의 공공영역의 장기적 발달이 즉각적인 정치적 결과보다 더 중요하다"고 주장하게 만들었다. 휠러와 민츠(Wheeler and Mintz, 2012: 260-261)는 비슷한 주장을 하였다. "사람들이 반대의사를 표명하고 삶의 개선을 추구하는 자신의 존재를 주장할 수 있는 새로운 공간을 발견하고 창출하는데 새로운 미디어 수단을 사용할 수 있는 사람들에 의해 독재상황으로부터 중요한 정치적 변화의 기틀이 마련될 수 있다."
>
> **표 14.2** 인터넷과 아랍의 봄
>
> | | 인터넷 사용자 (명) | | 인터넷을 사용하는 인구(%) | 2011년 체제 전복은? |
> |---|---|---|---|---|
> | | 2000 | 2009 | 2009 | |
> | 이란 | 25만 | 3,220만 | 48 | 없다 |
> | 모로코 | 10만 | 1,010만 | 33 | 없다 |
> | 사우디아라비아 | 20만 | 770만 | 27 | 없다 |
> | 튀니지 | 10만 | 280만 | 27 | 있다 |
> | 이집트 | 45만 | 1,260만 | 16 | 있다 |
> | 알제리 | 5만 | 410만 | 12 | 없다 |
> | 리비아 | 1만 | 32만 3,000 | 5 | 있다 |
> | 예멘 | 1만 5,000 | 37만 | 2 | 있다 |
>
> 출처: Wheeler and Mintz (2012: table 10.1)에서 재인용.

Ramos, 2012: 8). 물론 수준 높은 사용자는 당국의 인터넷 검열을 피할 수 있는 방법을 찾아내고 필적하는 유사한 커뮤니케이션 시스템을 구축하였는데, 이는 향후 정치적으로 변화시키는 힘을 가진 것으로 판명될지도 모르지만 지금 당장은 중국의 '만리장성 방화벽(Great Firewall)'이 유지되고 있다.

헤(He, 2009)는 중국의 정치커뮤니케이션이 별개의 두 군데 '논의 영역(discourse universe)'에서 이뤄지고 있다고 묘사했다. 하나는 공식영역으로 공공장소를 차지한다. 다른 하나는 민간영역으로 주로 말과 일대일 커뮤니케이션이다. 그는 서양의 정치커뮤니케이션 이론이 민주적인 자유선거를 전제하고 있기 때문에 서양이론을 그대로 중국에 적용하기는 어렵다고 주장한다. 중국 공산당이 중국에서의 정치커뮤니케이션을 거의 통제하고 있고, 선전의 형태를 띠고 있기 때문에 서양세계에서와는 달리 중국에서는 정치커뮤니케이션을 전문적으로 연구하는 학문분야가 그다지 중요치 않다.

권위주의 국가에서의 경우에 비해 혼합체제에서의 언론통제는 훨씬 느슨하다. 흔히 크게 간섭받지 않는 신문과 인터넷은 토론의 마당을 제공하는데, 어쩌면 통치자의 입장에서는 이러한 토론마당이 가치가 있을 뿐만 아니라 위험할 수도 있다. 그러나 또한 명시적 또는 암묵적 검열이 사라졌음에도 불구하고, 아직도 정치적 주도세력이 방송보도를 절대적으로 지배하고 있다. 어느 정도 이러한 강조는 정치현실을 반영한다. 즉, 시청자들은 본능적으로 자신들의 삶에 가장 큰 영향력을 행사하는 사람들에 대해 가장 큰 관심을 갖기 마련이다.

남미지역이 좋은 예이다. 남미대륙의 많은 나라들에 존재하는 개인독재 및 인기영합주의 통치의 전통으로 인해 '자신'의 지도자로부터 구원을 얻고자 하는 글을 읽을 줄 모르는 많은 가난한 사람들도 시청이 가능한 방송매체를 통한 의사전달이 융성하고 있다. 파워래커(Foweraker et al., 2003: 105) 등은 이러한 전통의 기원을 '남미의 인기영합주의 지배자들이 신문과 특히 라디오 등의 대중매체를 통해 대중들로부터 인기를 얻었던' 때인 20세기에서 찾고 있다. 저자들은 오늘날에는 라디오가 아니라 텔레비전을 통해서 이러한 일이 이뤄지고 있지만, 오늘날의 남미의 인기영합주의는 과거 남미의 인기영합주의 현상과 기본적으로 동일한 특성을 갖고 있다고 주장한다.

러시아에서는 여전히 정계 실력자는 물론 재계 실력자들의 미디어에 대한 압박이 심한 편이다. 이러한 압력은 텔레비전이 정치커뮤니케이션의 중심을 차지하고 있다는 사실에 기인한다. 남미에서와 마찬가지로 텔레비전은 넓은 영토를 가진 러시아가 널리 흩어져 살고 있는 자국 국민들과 접촉할 수 있는 주요 방법이다. 러시아 국민들 입장에서는 돈을 내야 하는 신문보다 무료인 텔레비전이 상대적으로 좀 더 매력적이다. 2008년 여론조사에서 82퍼센트의 러시아 국민들이 매일 텔레비전을 시청한다고 대답하였으며, 반면에 오직 22퍼센트만이 매일 신문을 읽고 있다고 대답했다 (Oates, 2014: 134). 매일 저녁뉴스 프로그램을 시청하는 러시아 사람들의 수는 엄청나다. 엄청난 시청자 수와 높은 시청률 측면에서 텔레비전 뉴스는 다른 나라의 인기연속극에 비교될 수 있다. 특히 텔레비전은 선거운동 기간에 정부가 이룩한 성과 및 선호하는 후보에 대해 보도한다. 야당후보에 대한 보도는 눈에 띄게 덜 우호적이고 재미없는 내용이다.

미디어의 활동에 관한 100개가 넘는 법률들과 때때로 모르는 암살자에 의해 살해된 언론인의 발견 등으로 인해 언론인 스스로의 자체검열이 만연하고 있다. 즉 "이러한 기사를 싣는 위험을 내가 감수해야 하는가"라고 물어보는 목소리가 여전히 편집자의 머릿속에서 맴돌고 있다. 언론인들 스스로가 자신의 이익을 위해 어떻게 해야 하는지를 잘 알고 있기 때문에 정치인들은 노골적인 검열지시에 따른 정치적 위험부담을 감수하지 않아도 된다. 이와 같은 자체검열 덕분에 러시아 대통령은 여전히 언론검열의 존재를 부인할 수 있다. "검열이요? 무슨 검열을 얘기하는 지요?"라고 러시아 대통령은 입가에 미소를 지으면서 대답할 수 있다.

텔레비전과 비교하여 러시아의 인터넷과 신문은 덜 명시적으로 통제되고 있는데, 이는 공산주의 시대 철저한 검열에 비하면 중요한 변화이다. 특히 인터넷 접속은 도시지역 젊은 사람들에게 푸틴 대통령의 권위주의적 통치스타일에 대한 조직적 반대를 표출할 수 있게 해준다. 경쟁적 권위주의 체제에 걸맞게 주요 미디어에 대한 지배가 철저한 검열을 의미하지는 않는다.

토론주제

- 얼마나 매체가 메시지에 영향을 미치는가?
- 다음 중 어느 것이 사람들의 정치적 가치에 가장 많은 영향을 미치는가? (1) 인터넷, (2) 텔레비전 방송, (3) 친구와 가족.
- 어느 측면에서 소셜미디어는 의견 강화이론을 보강하는가? 또는 약화시키는가?
- 미디어는 대중여론을 주도하는가? 아니면 반영하는가?
- 신문과 텔레비전 방송의 쇠퇴로 인해 예상되는 영향은 무엇인가? 그리고 정치뉴스의 출처로서 인터넷의 성장으로 인해 예상되는 영향은 무엇인가?
- 민주주의 국가에 비해 권위주의 국가에서 선전의 문제가 더 심각한가? 또는 대중의 생각에 영향을 미치려는 시도가 단순히 다르게 표현되는가?

핵심 개념

대중매체(Mass media)
미디어 구조(Media structure)
선전(Propaganda)
소셜미디어(Social media)

자기선택(Self-selection)
전달모델(Transmission model)
정치커뮤니케이션(Political communication)
제4계급(Fourth estate)

추가 읽을 거리

Ekström, Mats and Andrew Tolson (eds) (2013) *Media Talk and Political Elections in Europe and America*. 미디어와 선거 간의 관계에 관하여 분석한 책이다. 정치 인터뷰, 정치토론, 유권자와 접촉하기 위한 인터넷의 사용 등에 관한 장을 포함하고 있다.

Hallin, Daniel C. and Paolo Mancini (2004) *Comparing Media Systems: Three Models of Media and Politics*. 이 영향력 있는 책은 미디어 시스템에 관한 최초의 분류를 제시하고 있다.

Hallin, Daniel C. and Paolo Mancini (eds) (2012) *Comparing Media Systems Beyond the Western World*. 이 책은 *Comparing Media Systems: Three Models of Media and Politics*의 분류를 더욱 많은 범위의 나라들에 적용하고 있다.

Reinemann, Carsten (ed.) (2014) *Political Communication*. 정치커뮤니케이션에 관한 이해의 현황에 관한 논문을 모아놓은 편집서이다. 정치의 여러 측면에서 커뮤니케이션의 역할에 관한 장을 포함하고 있다.

Robertson, Alexa (2015) *Media and Politics in a Globalization World*. 세계화와 기술이 미디어와 정치 간의 관계에 미치는 영향에 대해 평가하고 있는 책이다.

Semetko, Holli A. and Margaret Scammell (eds)(2012) *The Sage Handbook of Political Communication*. 파편화된 다학제적 분야의 주제들을 하나로 결합하는 데 유용한 편집서이다.

Street, John (2011) *Mass Media, Politics and Democracy*, 2nd edn. 변화하고 있는 미디어와 정치의 관계에 관해 개괄하고 있는 책이다. 미디어 편향, 미디어 통제, 언론정치에 관한 장을 포함하고 있다.

CHAPTER 15 정당

개관

민주주의 국가의 대다수 시민들이 가장 흔히 정부 및 정치와 관계를 맺는 통로가 정당이다. 정당은 시민들에게 경쟁적 정책대안을 제시하고, 시민들로 하여금 정치과정에서 일정한 역할을 하도록 촉진하며, 통치할 사람을 정하는 데 있어서 결정적 역할을 한다. 정치에 있어서 정당이 매우 중요하지만 시민들이 정당에 대해 제대로 인식하지 못하고 있는 현실은 무척 아이러니하다. 정당은 갈수록 점점 더 시민의 정치참여 도구로 여겨지지 않고 있으며, 정치인 자신들의 이익을 촉진하는 정치인들만의 통로로 여겨지고 있다. 그 결과 사람들은 다른 정치적 표출 수단으로 옮겨가고 있으며, 사람들의 정당에 대한 지지는 감소하고 있다. 권위주의 국가에서는 이런 얘기가 덜 적합할 수 있다. 즉, 엘리트들이 일상적으로 대중여론을 조작하는 데 정당이 앞장서고 있으며, 따라서 정당은 권력을 보호해주는 방패이자 동시에 권력의 도구이다.

이 장은 제일 먼저 정당의 기원 및 역할의 변화에 관해 간략하게 개괄하고, 이어서 정당이 전혀 허용되지 않는 나라의 무정당제부터 일당제, 일당우위 정당제, 양당제, 그리고 대다수 민주주의 국가에서 발견되는 다당제까지 전세계 국가에서 찾아볼 수 있는 다양한 정당체제에 관하여 살펴본다. 각각의 정당체제에서 발견되는 무척 상이한 개별정당들의 역동성에 관하여 살펴본다. 그 다음 정당이 어떤 식으로 조직되는지 그리고 정당의 지도자와 후보자들이 어떤 식으로 충원되는지에 관하여 살펴본다. 변화하고 있는 당원의 중요성에 대해 검토한 후 정당이 자금을 조달하는 방식에 대해 살펴보며, 끝으로 권위주의 국가의 정당들이 갖고 있는 또 다른 역할에 대해 검토한다.

차례

- 정당: 개요   320
- 기원과 역할   321
- 정당체제   322
- 정당의 조직   328
- 당원   333
- 정당의 자금   334
- 권위주의 국가의 정당   336

핵심논제

- 정당은 여전히 자유민주주의 국가에서 없어서는 안 되는 기구이지만, 그럼에도 불구하고 정당이 대중들로부터 형편없는 평가를 받고 있다는 것이 오늘날 정당이 직면하고 있는 딜레마이다.
- 주요 정당은 사회의 대리자(특정 집단이나 계급을 대표)로서 출발하였으며 그 후 국가의 대리자가 되었다 (그러므로 정당에 대한 국고보조금은 무척 정상적인 것이 되었다). 이러한 변화가 가져온 결과는 중요하다.
- 정당의 역할에 관해 이해하려면 개별정당이 아니라 정당체제를 살펴보아야 한다. 여기서 핵심 논지는 일당우위 정당제와 양당제가 감소하고 다당제가 늘어나고 있다는 점이다.
- 정당의 지도자 및 공직후보자의 선출과정이 변화하고 있으며, 후보의 자질을 둘러싼 인과관계는 분명치 않다.
- 당원의 감소와 동시에 정당에 대한 국고보조금의 증가로 인해 정당의 토대가 바뀌었다.
- 권위주의 체제의 정당들은 민주주의 국가의 정당들과 다른 역할을 한다. 정부 형성의 기초를 제공하는 대신에 권위주의 체제의 정당들은 시민을 통제하고, 엘리트의 권력을 비호하고, 지지자에게 특혜를 나눠주는 수단이다.

정당: 개요

정당(political parties) 없이 정치체계가 작동하는 것은 상상하기조차 어렵지만, 그러나 정당의 역사는 대부분의 사람들이 생각하는 것보다 그다지 오래되지 않았다. 19세기 러시아출신 정치사상가 오스트로고르스키(M. Ostrogorski)는 현대정치에서 정당의 중요성이 갈수록 점점 더 커지고 있음을 처음으로 인식한 사람 중 한 명이었다. 그가 말했듯이 영국과 미국의 정당에 관한 그의 연구는 정치형태가 아니라 정치세력에 관심이 있었다. 즉, "이렇듯 정당이 발달된 나라 어느 곳에서나, 정당은 시민들의 정치적 감성과 적극적 의지에 초점을 맞추고 있다"(Ostrogorski, 1902: 7). 향후 갈수록 점점 더 정당이 중요해질 것이라고 했던 오스트로고스키의 주장은 사실로 판명되었다. 서유럽에서는 대중정당들이 서로 늘어난 유권자의 표를 얻기 위해 경쟁하였다. 공산주의 국가 및 파시스트 국가의 집권당은 사회를 재건설하기 위해 권력을 독점하였다. 개발도상국가들의 민족주의 정당은 식민주의 통치자를 제국주의 본국으로 몰아내기 위한 수단이 되었다.

> **정당(Political parties)**: 공식명칭과 이념에 의해 구별되는 집단이다. 선거에서 승리하여 정권을 장악하려는 목적으로 공직선거에 후보자를 낸다.

20세기에 정당은 역사상 처음으로 수백만의 국민을 전국적 차원의 정치과정에 끌어들이는 핵심적인 동원기제이었다. 정당들은 공공의 이익을 탈취하거나 심지어 악용하는 도당이라는 본래의 이미지에서 벗어났다. 정당은 그 대신 자유민주주의의 핵심 대의기구로 여겨지게 되었다. 정당이 갖게 된 새로운 위상에 따라 정당은 헌법에 명시적으로 언급되기 시작하였으며, 몇몇 국가들의 경우 국회의원 선거에 있어서 무소속 후보의 출마를 금지하였으며, 일단 당선된 이후에는 소속정당을 바꾸는 것을 금지하였다(Reilly, 2007). 그러한 규제는 정당에 기반하는 선거를 정착시키기 위한 불가피한 결정이었다. 20세기 말에 이르러서는 대부분의 자유민주주의 국가들이 정당활동을 지원하기 위해 정당에 약간이나마 국가보조금을 제공하게 되었다. 정당은 정치체계의 일부가 되었으며, 정당은 정부를 구성하는 기능으로부터 이익을 결집하고, 유권자를 동원하고, 공직후보자를 충원하는 기능까지 수행한다.

거기에 문제가 있다. 이제 더 이상 정당은 국가로 하여금 정당 지지자들의 이익을 따르게 만들려고 노력하는 열정적인 사회의 대리자는 아닌 것 같다. 오히려 정당은 국가 자체에 포획될 위험에 처한 것으로 보인다. 또한 각 정당은 흔히 자신의 당파적 이익을 도모하고 당파적 이익을 위해 권력경쟁을 벌이는 데 관심이 많으며 상대적으로 유권자에게 대안을 제시하는 것에는 관심이 없다. 정당은 이제 더 이상 정치에 참여하는 사람들이 찾는 정치참여의 본거지가 아니다. 즉, 사람들은 정당보다는 사회운동과 시민단체, 소셜미디어로 옮겨가고 있다. 서양사회의 대중들은 여전히 민주주의의 원리에 대해 찬성하고 있지만, 갈수록 서로 경쟁하는 정당들을 통해 민주주의 원리를 실현한다는 환상으로부터 벗어나고 있다. 오늘날 많은 정당들이 자신들의 당파적 이익을 도모하고 부패에 물들어 있기 때문에 마이어(Mair, 2008: 230)는 오스트로고르스키와 정반대로 정당은 정치를 추동하는 엔진 역할을 더 이상 하지 못하는 위험에 처하게 될지도 모른다고 예견하였다.

권위주의 국가에는 정당이 아예 존재하지 않거나 (소수의 사례) 또는 공식적으로 단 하나의 정당이 홀로 지배한다. 경쟁 정당의 개념은 중앙통제의 개념에 부합하지 않으며, 독재자가 권력을 행사하는 도구로서 정당은 집단이나 이해관계를 대변하는 기구가 아니다. 공산주의 국가의 엄청난 권력을 가진 집권공산당을 제외하고 권위주의 체제의 정당들은 주로 허약하며, 국가지도자의 영향력 밑에서 자유롭지 못하며, 엘리트의 사회지배를 강화시켜준다. 가난하고 인종적으로 분열된 나라의 정당들에서는 전형적으로 자유민주주의 국가 대부분의 정당체제의 근간인 이념적 차별성을 찾아볼 수 없다.

기원과 역할

우리의 일반적인 생각과 달리 정당은 그다지 오래되지도 않았으며, 우리가 어쩌면 생각할 수 있듯이 정부의 핵심기구도 아니다. 정당이 민주정치에서 활력소 역할을 하고 있지만, 여전히 정부와 국가는 잠재적으로 정당이 국민통합에 미칠 수 있는 악영향을 우려하고 있다. 이 점이 바로 다른 정부기관과 다르게 초창기 헌법들에 정당이 명시적으로 언급되지 않았던 이유이다. 정당의 기원에 대한 검토에 있어서 우리는 두 가지 다른 종류의 정당을 구분할 수 있다. 즉, 원내에서 처음 출발하였던 간부정당과 노동계급과 같은 특정 사회집단의 의회진출을 촉진하기 위해 창당된 대중정당으로 대별할 수 있다.

간부정당(또는 엘리트 정당)은 의회의 의원들에 의해 만들어졌다. 이들은 처음에는 자신들의 공동 관심사를 다루기 위해 모였으며 나중에는 수가 늘어난 유권자들을 대상으로 효율적인 선거운동을 벌이기 위해 힘을 합쳤다. 19세기 초 정당들이 바로 이와 같은 간부정당이었다. 즉, 영국, 캐나다, 스칸디나비아 국가의 보수정당들이 이에 해당한다. 최초의 미국 정당들, 즉 연방주의자들(Federalists)과 제퍼슨주의자들(Jeffersonians) 역시 느슨한 간부정당이었다. 간부정당은 때때로 코커스(caucus) 정당이라고 불리는데, '코커스'는 원내 소속의원들의 폐쇄적 모임을 지칭한다. 간부정당은 여전히 당대표의 권위를 무척 존중하며, 일반 당원들은 조연 역할을 수행한다.

이와 정반대로 그 이후에 등장한 대중정당은 원외에 그 기원을 두고 있다. 즉, 대중정당은 자신들의 정책 목적을 실현하기 위해 원내 진출을 추구하는 사회집단에서 출발하였다. 20세기로 접어들 무렵 유럽 전역으로 확산된 노동계급을 대표하는 사회주의 정당들이 원외에서 만들어진 외생적 정당의 전형적 예이다. 사회주의 대중정당들은 20세기 유럽정당체제에 엄청나게 큰 영향을 미쳤으며, 간부정당으로 하여금 대중정당을 모방하여 원외에 전국조직을 만들도록 자극하였다. 대중정당은 지구당 조직에 소속된 대규모의 당원을 갖고 있었다. 간부정당과 다르게 대중정당은 소속 의원들을 엄격히 규율하였다. 대중정당은 교육자금을 제공하고, 워크숍을 열고, 당보를 발행하는 등 교육 및 정치사회화에 있어서 중요한 역할을 수행하였다. 이 모든 것이 당원과 정당 간의 긴밀한 관계 형성을 위해 추진되었다.

간부정당과 대중정당은 시간이 흐르면서 포괄정당으로 발전하는 경향이 있다 (Kircheimer, 2006). 포괄정당은 당원을 통해서가 아니라 대중매체를 통해 유권자들과 소통하는 동원 정치체제에 대응하기 위해 등장하였다. 정치지도자들은 당원을 통해서가 아니라 텔레비전을 통해서 유권자들과 의사소통한다. 포괄정당은 특정 사회집단의 이익을 대표하기보다는 국민 전체의 이익을 위해 통치하려고 한다. "과반수 의석을 차지할 만큼 큰 정당은 너무나 포괄적이기에 특정 이념적 정책노선을 추구하기 어렵다"

(Kirchheimer, Krouwel, 2003: 29에서 재인용). 포괄정당은 모든 사회집단으로부터 표를 얻으려고 한다. 포괄정당의 목표는 특정집단의 이익을 대표하는 데 있지 않고 국가를 통치하는 데 있다.

종교를 수호하는 정당으로부터 보다 폭넓은 중도우파 정당으로 기독민주당의 확대는 포괄정당으로 탈바꿈한 고전적 사례에 해당한다. 스페인과 영국에서처럼 대중정당이었던 사회주의 정당이 소수의 정당 지도부가 당권을 장악한 사회민주주의 정당으로 전환한 것 역시 포괄정당으로 변화한 또 다른 사례이다. 오늘날 대부분의 주요 정당들이 포괄정당이지만, 정당이 원내에서 시작하였는지 또는 원외에서 시작하였는지의 여부가 여전히 정당의 모양, 정치지도자의 자율성, 일반 당원의 지위 등에 영향을 미치고 있다.

현대정당들은 여러 가지 주요한 기능을 수행하고 있는데 그 중 정부의 구성 및 선거참여가 가장 핵심적인 기능에 해당한다. 정당의 여러 기능 중 가장 주요한 기능은 정부를 구성하는 기능이다. 정당은 또한 (적어도 이상적으로는) 유권자가 서로 다른 정책대안 중에서 선택할 수 있도록 유권자에게 가이드라인을 제시하며, 서로 비슷한 생각을 가진 유권자들이 서로 결집하도록 도와주고, 유권자의 정치참여를 촉진하고, 정부가 유지될 수 있도록 공직후보자를 충원한다 (도표 15.1 참조).

정당체제

마치 국제체제가 국제체제를 구성하는 개별국가들 그 이상을 의미하듯이, **정당체제(party system)**는 정당체제를 구성하는 개별정당들 그 이상을 의미한다. 정당체제라는 용어는 정당체제를 구성하는 정당들과 그 정당들 간의 상호작용, 정당들의 행동을 지배하는 규칙 등이 만들어내는 전반적인 양상을 의미한다. 정당들은 서로 모방하고, 배우고, 경쟁하는데, 그 과정에서 조직, 자금모집, 선거운동 방식 등 관련하여 어떤 한 정당의 혁신이 정당체제 전반으로 확산된다. 정당들 사이의 관계에 주안점을 둠으로써, 정당체제는 개별정당 자체 그 이상이 되며, 우리로 하여금 정당들이 다른 정당들과 상호작용하는 방식과 정당들 간의 상호작용이 해당 국가에 미치는 영향에

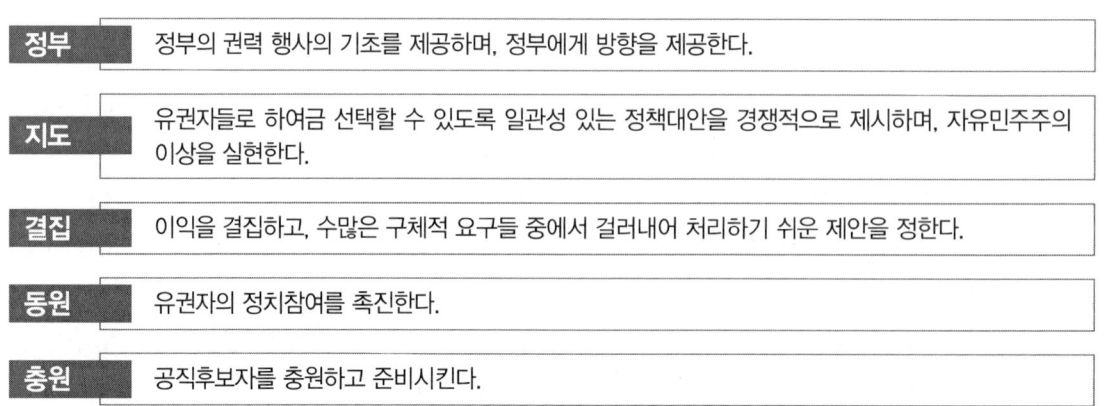

도표 15.1 정당의 다섯 가지 역할

대해 이해할 수 있게 해준다.

> **정당체제(Party system)**: 정당들의 전반적인 구성을 의미한다. 이는 정당의 수, 정당의 상대적 중요성, 정당들 간의 상호작용, 정당을 규제하는 법규 등에 근거한다.

만약 우리가 정치학자 뒤베르제가 발견한 내용을 받아들인다면, 선거제도와 그에 따른 정당체제 사이에는 긴밀한 상관관계가 존재한다. 1940년대 수행한 연구결과를 출간한 1951년 저서 『정당』에서 뒤베르제는 두 개의 원칙을 주장했다. 첫째, 단순다수선거제는 양당제를 가져오는 경향이 있고, 둘째로 결선투표제와 비례대표선거제는 다당제를 출현시키는 경향이 있다 (Duverger, 1951). 다른 사람들도 마찬가지 결과를 발견하였으며, 이는 궁극적으로 각기 **뒤베르제의 법칙(Duverger's law)** 및 뒤베르제의 명제로 알려지게 되었다 (Benoit, 2006).

정당체제는 다섯 가지 유형으로 나눠진다. 즉, 무정당제, 일당제, 일당우위 정당제, 양당제, 다당제

> **뒤베르제의 법칙(Duverger's law)**: 보편적 법칙이라기보다는 가설이라고 할 수 있다. 이는 "1인 1표 단순다수제는 양당제를 촉진한다"는 주장이다.

등이 그것이다 (도표 15.2 참조). 민주주의 국가에서 일당우위 정당제와 양당제 둘 다 감소하고 있으며, 이는 다당제가 민주주의 국가의 가장 일반적인 정당체제가 되었음을 의미한다.

무정당제

정당의 설립과 활동을 금지하거나 또는 정당이 존재하지 않는 약간의 권위주의 국가들이 주로 중동에 존재한다. 오만과 사우디아라비아의 경우 입법부가 없고, 만약 허용된다면 정당으로 발전할 수 있을 여러 정치운동이 있지만, 정당의 창당이 금지되고 있으며, 사우디아라비아의 이슬람교도들은 정당의 창당을 허용해 달라는 거의 상징적인 요청을 2011년 왕에게 제안했다. 바레인에는 정당에 관한 공식적인 법

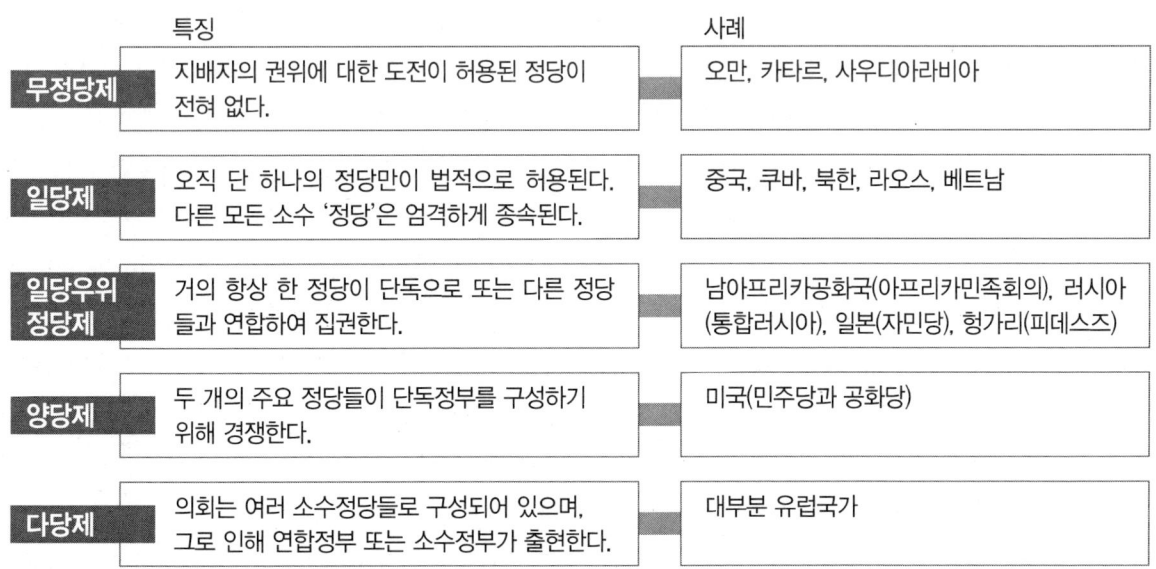

도표 15.2 정당체제 비교

적 틀이 전혀 없지만, 선거에서 경쟁하고 정당에 상응하는 기능을 수행하는 적극적인 '정치단체'가 존재한다.

일당제

일당제(single-party system)는 한때 공산권과 대부분의 아프리카 국가 및 아랍국가에서 일반적으로 볼 수 있었던 정당체제이다. 대부분 공산당에 의해 만들어진 논쟁은 대안적 이데올로기는 고려할 가치도 없이, 공산주의가 모든 필요에 대한 해답이며, 레닌이 언급한 공산당 내부의 '민주적 집중제(democratic centralism)' 현상 속에서 민주주의를 찾아볼 수 있다고 주장한다. 민주적 집중제는 위계적 구조에서 각 수준은 바로 아래 하위수준에 의해 선출되며 바로 아래 하위수준에 대해 반드시 책임을 져야 하지만(민주적 부분), 상위 수준에서 내린 결정을 하위수준은 무조건 수용하여 실행에 옮겨야 한다(집중제 부분)는 생각이다. 사실 공산당은 전혀 민주적이지 않으며, 오히려 무척 엘리트적이다. 서로 경쟁하는 다수의 정당 간의 민주주의가 아니라 단일정당 내에서의 민주주의에 대한 주장에 기초한다. 아울러 소수만이 공산당 당원이 될 수 있으며, 공산당 당원자격은 정치적 영향력과 경제적 특권을 누릴 수 있게 해주는 관문 역할을 하며, 동시에 공산당 당원이 아닌 사람들은 하찮은 존재가 되며 그로 인해 분노한다.

중국에서는 공산당이 모든 정치권력의 원천이며, 다른 모든 정치조직을 통제하고, 사실상 선거결과를 좌지우지하며, 국가와 정부 둘 다를 절대적으로 지배한다. 정책의 변화는 선거에서 정당의 변화나 많은 공공토론을 통해 이뤄지지 않으며, 그 대신 공산당 지도층 내부의 세력균형의 변화에 의해 발생한다.

마을, 공장, 군대조직, 기타 지방공동체에 존재하는 맨 밑의 350만 개의 기초 정당조직으로부터 자주 회의를 열지 않고 370명으로 구성된 중앙위원회에 권한을 위임하는 전국인민대표대회로, 이어서 25명으로 구성된 정치국으로, 그리고 세계에서 가장 큰 인구를 가진 이 나라 전체에 엄청난 영향력을 행사하고 있는 7명으로 구성된 정치국 상무위원회에까지 이르는 정교한 위계구조를 통해 중국공산당은 움직인다.

일당우위 정당제

일당우위 정당제(dominant party system, 일당우위제, 지배정당제 혹은 패권정당제로도 번역되고 있다 – 옮긴이)에서는 하나의 정당이, 비록 이따금씩 열세의 위치에 있는 다른 정당과 연합하기도 하지만, 다른 모든 정당들에 비해 압도적으로 우월한 위치에 있으며, 자연히 집권여당의 자리를 독차지한다. 우위정당은 자신이 이룬 성공의 제물이 될 수도 있다. 우위정당의 막강한 힘은 당내에 분파세력이 형성된다는 것을 의미하며, 이는 내부지향적인 시각과 정책에 대한 무관심, 과도한 출세주의, 부패의 증가 등으로 이어진다. 이는 일당우위 정당제가 본질적으로 부패하고 비민주적이라고 주장하는 것은 아니다. 한때 우위정당이었지만 권력의 공유를 배워야만 했던 우위정당의 사례가 여럿 존재한다. 즉, 멕시코의 제도혁명당, 일본의 자민당, 스웨덴의 사회민주당(1932년 이후 단지 16년 동안의 기간만 제외하고 줄곧 집권여당이었다), 이탈리아의 기독민주당 등이 우위정당에 해당한다.

일본의 자민당(LDP)은 1993~1996년과 2009~2012년 잠깐 동안의 기간을 제외하고 1955년 이래 줄곧 집권여당의 자리를 유지해왔다. 흔히 일본 자민당은 하나로 통합된 단일정당으로 간주되지만, 사실 일본 자민당은 여러 파벌로 이뤄진 정당이다. 각 파벌에는 파벌을 주도하는 지도자가 존재하며, 이 파벌들이 일종의 당내경쟁을 촉발한다. 자민당이 집권하고 있는 동안 총리는 반드시 자민당 당대표일 필요는 없으며, 최대 파벌의 지도자일 필요도 없다. 심지어 어떤 파벌이든 파벌의 지도자가 아니어도 무관하다. 그 대신 여러 경쟁 파벌들로부터 가장 많은 지지를 얻어 정부를 구성할 수 있는 사람이면 누구든지 상관없다. 자민당이 정권을 계속 유지할 수 있는 이유는 여러 가지이다. 일본의 전후 경제부흥에 있어서 자민당의 역할, 풀뿌리 지지 집단의 엄청난 네트워크, 자민당 선거구 주민들에의 특혜 배분, 효과적인 반대세력의 모습을 보이지 못하고 있는 야당의 무기력함 등이 그러한 이유에 해당한다.

흔히 의회당(Congress Party)으로 알려진 인도국민회의(Indian National Congress)는 쇠퇴하는 '우위' 정당의 전형적인 예이다. 간디(Mahatma Gandhi)의 지도 아래 영국 식민주의 통치에 대한 저항에 있어서 중심 역할을 하였던 의회당은 1947년 인도가 영국으로부터 독립한 이후 줄곧 인도정치를 주도하였었다. 집권여당의 자리를 유지하기 위해 의회당은 계급과 카스트 동맹의 후견 피라미드에 의존하였으며, 종교적으로 갈라지고 분열된 이 나라에서 전국적 조직을 유지하였다. 집권당이 갖는 이점을 누릴 수 없었던 다른 정당들은 회의당의 절대적 우위에 대해 제대로 도전할 수 없었다. 하지만 국가비상사태 시기(1975~1977년) 인디라 간디(Indira Gandhi)의 권위주의적 통치로 인해 의회당은 엄청난 대가를 지불해야만 했다. 인도 의회당은 1977년 총선에서 역사상 처음으로 패배를 경험하였다. 의회당은 일시적으로 지지를 회복하였지만, 힌두 민족주의 바라티야 자나타당(Bharatiys Janata party. 인도 인민당)으로 인도 국민들의 지지가 쏠리는 것을 막을 수 없었다. 2014년 총선에서 의회당은 단지 19퍼센트의 지지를 얻는 데 그치면서 역사상 가장 심각한 참패를 경험하였다.

오늘날 여전히 패권적 지위를 유지하고 있는 우위 정당의 예로 남아프리카공화국의 아프리카민족회의(African National Congress)를 들 수 있다. 아프리카민족회의는 여러 측면에서 유리한 입장에 있는데, 야당의 과거 인종차별정책(apartheid)에 대한 문화적 기억과 흑인 유권자 다수의 강력한 지지뿐만 아니라 자신의 지지자들에 대한 보상에 정부여당으로서 갖는 권한을 적극 활용하고 있기 때문이다. 1994년 아파르트헤이트 정권이 끝난 이후 남아공에서는 5차례의 총선이 있었는데, 아프리카민족회의는 매번 62퍼센트 이상의 압도적인 놀라운 득표율로 총선에 승리하였다. 그러나 파벌과 부패 문제가 갈수록 심화되고 있으며, 이는 궁극적으로 아프리카민족회의의 패권적 지위를 위협하는 요인이 될 수 있다.

양당제

양당제(two-party system)에서는 서로 비슷한 크기의 두 개의 거대정당들이 선거승리를 다투며, 이것이 정치경쟁의 기본 틀을 형성한다. 그 외 나머지 정당들은 존재한다고 하더라도 정부의 구성과 정책에 영향력을 거의 행사하지 못한다. 양대정당만이 번갈아 집권하며, 두 정당 중 한 정당은 항상 단독으로 다수의석을 차지한다. 하지만 일당우위 정당제와 마찬가지로 양당제는 전세계적으로 찾아보기 힘들며, 갈수록 더욱더 드물어지고 있다.

1860년 이래 공화당과 민주당 두 정당이 지배하고 있는 미국이 가장 뚜렷한 양당제의 사례에 해당한다. 이 두 정당은 부분적으로 단순다수 선거제도 때문에 (제16장 참조), 그리고 부분적으로는 미국 거의 모든 주에서 두 정당이 선거구를 획정하여 자신들이 선거에 승리할 수 있도록 선거구를 조정할 수 있는 권한을 보유하고 있기 때문에 거대정당의 위치를 유지할 수 있다. 특히 대통령선거에서 승리는 높디높은 정치적 산(山)에 비유될 수 있는데, 전국적으로 광범하게 연합세력을 모을 수 있고 대선 선거운동을 시작하는 데 필요한 막대한 선거자금을 모금할 수 있는 주요 정당만이 그 산의 정상에 오를 수 있다. 또한 두 정당은 급격하게 부상하는 제3정당의 정책이나 지지자들을 흡수하기 위해 좌나 우로 이동할 수 있다. 자유시장경제의 성지인 이 나라에서는 양대정당이 강력한 복점체제(duopoly, 2개의 기업이 전체 시장을 석권하는 2사 체제를 의미하는 경제학 용어 – 옮긴이)를 형성하고 있다.

호주는 또 하나의 양당제 사례에 해당한다. 호주의 경우 역시 비례대표선거제도가 아닌 선거제도로 인해 양당제가 강화되어왔다. 제2차 세계대전 이후 계속해서 자유당과 노동당 두 정당은 의회선거에서 둘이 합쳐 전체 의석의 80~90퍼센트를 나눠가지면서 거대정당의 위치를 유지하였다. 이는 농촌에 지지기반을 둔 훨씬 소규모 군소정당인 국민당이 미국식의 복점체제를 무너뜨리면서 비로소 끝났다. 오늘날 호주는 노동당이 단독으로 집권하거나 자유당이 국민당과 연합정부를 형성하여 집권한다.

그 어떤 나라보다 영국은 전형적인 양당제 국가로 여겨졌지만, 최근의 영국정치는 양당제의 기준을 제대로 충족하지 못하고 있다. 거대정당이 득표에 비해 더 많은 의석을 차지하게 해주는 단순다수 선거제도 덕분에 여전히 보수당과 노동당 두 당이 번갈아 집권하고 있지만, 제3의 정당들이 세력을 확대해왔다. 중도성향의 정당인 자유민주당(Liberal Democrats)은 2005년 선거에서 의회 전체 의석 646석 중 62석을 차지하였으며, 선거 결과 어느 한 정당도 의회 과반수 의석을 차지하지 못하게 되자 자유민주당은 보수당과의 연정에 참여하였다. 그러나 자유민주당이 내부적으로 분열하고 노동당이 신뢰할 수 있는 대안야당의 모습을 보여주는데 실패하면서 2015년 총선에서 보수당은 의회 과반수 의석을 근소하게 넘는 의석을 단독으로 확보할 수 있었다.

다당제

다당제(multi-party system) 하에서는 흔히 최소한 5~6개의 많은 정당들이 의회에 진출하며, 각 정당들은 서로 연립정부 구성에 참여하기 위해 경쟁한다. 이러한 다당제의 기저에 깔린 철학은 각각의 정당들이 역사적으로 분열된 사회의 특정 사회집단들(또는 환경주의자들과 같은 여론집단)을 각기 대표한다는 것이다. 따라서 흔히 사소한 정치적 균형의 변화에 따라 형성되거나 해산되는 연립정부와 함께 의회는 타협과 협상의 마당이 된다. 유럽이 전형적으로 그와 같은 양상을 보여준다. 유럽 대부분의 나라에는 비록 9개 주요 정당군 (표 15.1 참조) 전부는 아니지만 몇몇 정당군에 속하는 정당들이 존재한다.

덴마크가 좋은 예이다. 단원제 국가인 덴마크에서는 1909년 이후 어떤 정당도 포케팅(Foketing, 인민 의회)에서 단독으로 과반수 의석을 차지하지 못했다. 덴마크의 복잡한 정당체제는 신중한 합의도출의 모색을 통해 유지될 수 있었지만, 이러한 방식은 새로운 정당들의 등장으로 인해 다소 어렵게 되었다.

표 15.1 유럽의 주요 정당군(party family)

	사례
극좌	좌파전선(프랑스), 좌파당(스웨덴)
녹색	연대 90/녹색당(독일), 녹색연합(핀란드), 녹색당(스웨덴)
사민주의	사회민주당(덴마크, 핀란드, 스웨덴), 민주당(이탈리아), 노동당(영국)
기독민주주의	기독교민주연합(독일), 통일아일랜드당(Fine Gael, 아일랜드), 인민당(스페인)
보수	보수당(영국, 노르웨이)
중도	중도당(핀란드, 노르웨이, 스웨덴)
자유주의	인민당(네덜란드), 벤스트레(덴마크), 자유민주당(영국)
극우	플레미시동맹(벨기에), 국민전선(프랑스), 자유당(네덜란드), 스웨덴민주당
지역	스코틀랜드민족당, 기독사회연합(바이에른), 신플레미시동맹(벨기에)

격동의 1973년 선거에서 새로운 신생정당 3개가 의회진출에 성공했으며, 그 후로 최소 7개의 정당들이 의회의 의석을 나눠 갖게 되었다. 2015년 선거 직후 5개 정당들이 중도-우파 '블루' 연합을 형성하여 '레드' 야당연합보다 겨우 5석 더 많은 90석으로 집권하였다.

브라질에서는 1985년 군부독재가 끝나고 민간정부가 수립된 이후 무척 다양한 색깔의 정당들로 이루어진 다당제가 발전하였다. 2014년 하원선거 결과 적어도 28개 이상의 정당들이 의회에 진출하는 데 성공하였다. 이 정당들은 다양한 여론집단과 이익집단을 대표하였으며, 하나의 친정부 연합, 두 개의 야당연합, 일군의 독자적인 정당들을 형성하였다. 이들 정당 중 12개 정당의 경우에는 각 정당이 10개 미만의 의석을 갖고 있고, 친정부연합에 참여한 9개 정당들은 모두 합쳐서 59퍼센트의 의석을 차지하고 있다. 널리 퍼져있는 우파정당에 대한 혐오(군부독재 시절의 유산에 기인), 많은 군소정당 내부의 정당규율의 미약, 주지사 등 다른 행위자들의 강력한 역할 등으로 인해 브라질의 상황은 더욱 복잡하게 되었다. 그 결과 의회에서 법안통과를 위해서는 대규모의 불안정한 연합에 의존할 수밖에 없는 브라질 대통령을 묘사하는 소위 '연합형 대통령제(coalition presidentialism)'라고 하는 정치체제가 등장했다 (Gomez Bruera, 2013: 94-5).

여러 나라의 다당제가 갖고 있는 한 가지 중요한 특징은 지역차원(또는 연방국가의 경우 주차원)에서만 활동하는 정당들의 존재이다. 예를 들면, 영국에는 스코틀랜드, 웨일즈, 북아일랜드 지역의 이익을 대변하는 정당들이 각기 존재하고, 독일의 기독민주당은 오직 바이에른 주에서만 활동하는 기독사회당과 지속적으로 기사-기민연합을 유지하고 있다. 인도는 그 어떤 나라보다 훨씬 다양한 지역정당을 갖고 있는데, 오늘날 이들 정당들은 자신들의 역할을 전국적 차원으로 확대하고 있다. 예를 들면, 의회당 주도의 통합진보동맹(United Progeressive Alliance)은 2009년 선거 이후 웨스트벵갈 주, 타밀나두 주, 마하라쉬트라 주 등의 지역정당들에 크게 의존하고 있다. 2014년 선거결과 바라티야 자나타당(Bharatiya Janata Party, 인도 인민당)이 과반수의

석보다 11석 더 많은 의석수를 차지했지만, 이 당은 1998년 처음으로 형성된 연합을 그대로 유지했다. 이 연합 하에서 이 당은 인도의 하원에 해당하는 로크사바(Lok Sabha)에서 거의 60석을 차지하고 있는 30개 지역정당들과 협력하고 있다.

정당의 조직

정당은 공통의 정체성 및 때로는 공동 목적에 의해 다양한 층이 하나로 통합된 복잡한 다단계 조직이다. 주요 정당의 조직은 전국 차원, 지역 차원, 지방 차원 및 범유럽연방을 형성하는 정당들의 경우처럼 좀 더 넓은 차원에서 활동하는 당직자와 자원봉사자를 포함하고 있다. 이러한 복잡성은 모든 거대정당들이 분권화 될 수밖에 없음을 의미한다. 정당을 단일 조직으로 언급하는 것을 피할 수 없지만, 그렇게 말하는 것은 무척 심하게 파편화 되어있는 현실을 지나치게 단순화하는 것이다. 볼리어(Bolleyer, 2012: 316)가 말했듯이 "정당은 단일구조가 아니다."

정당 '조직'은 때로는 너무 거창한 표현이다. 중앙당 아래 차원에서 그리고 특히 정당이 선거 열세인 지역에서 정당조직은 그저 속이 텅 빈 조개껍데기 정도에 불과할 수 있다. 그리고 서로 다른 수준의 정당조직 간의 협력은 흔히 잘 이뤄지지 않는다. 일부 저자들은 심지어 맥도날드와 같은 가맹점 조직과 정당 조직을 비교한다 (Carty, 2004). 가맹점 구조에서 본부는 브랜드를 관리하고, 마케팅 활동을 펼치고, 운영조직들을 지원하며, 가맹점에게는 상당한 자율성이 보장된다. 당대표가 정책 우선순위를 정하고, 조직의 이미지를 개선하고, 선거운동에 필요한 자원을 공급한다. 그러나 지구당이 핵심 업무의 수행을 담당한다. 예를 들어, 후보자의 선출 또는 지구당 차원에서의 선거전략을 집행하는 임무를 맡는다.

실제로 정당 내부 어디에 권력이 존재하는지에 관한 문제와 관련하여 의견이 바뀌고 있다. 독일 학자 로베르토 미헬스(Roberto Michels, 1875~1936년)가 제시한 주장이 오랜 세월 동안 압도적으로 이에 관한 생각을 지배하였다. 『정당(*Political Parties*)』에서 미헬스는 민주적인 성향을 가진 것으로 생각되는 조직들조차 소수의 지도자 및 관리자에 의해 지배된다고 주장하였다. 결정적 사례로 독일 사회민주당(SPD)을 예로 들어, 미헬스는 지도자들이 조직 관리 기술, 전문가적 지식, 자신의 권력 유지에 대한 관심 등을 갖게 된다고 주장하였다. 자신들의 부족한 지식과 비전문가적 위상을 깨닫고 있는 일반 당원들은 자신들의 종속적 지위를 당연한 것으로 받아들인다. 정당과 같은 조직 내에서 민주주의의 실현 가능성에 대해 부정적으로 생각한 미헬스(Michels)의 비관주의는 그의 유명한 **과두제의 철칙**(iron law of oligarchy)에 담겨있다. 즉, "조직에 대해 언급하는 것은 과두제적 경향에 대해 언급하는 것이다" (종종 "조직을 말하는 사람은 과두제를 말한다"로 언급된다).

> **과두제의 철칙**(Iron law of oligarchy): 로버트 미헬스가 자세히 설명한 과두제의 철칙은 공식적으로 민주주의를 지향하는 정당조차 소수 엘리트에 의해 지배된다고 설명한다.

엘리트 충원은 여전히 정당의 매우 중요한 기능이다. 즉, 다른 방면에서 정당이 쇠퇴하고 있음에도 불구하고, 민주주의 국가에서 정당은 여전히 정치지도자 대부분을 뽑는 의회선거를 주도한다. **안전한 텃밭 선거구**(safe district)에 공천을 받거나 정당의 후보자 명부 상위 순위에 이름을 올린 후보자들은 사실상 의석을 보장받은 셈이라는 것을 생각할 때, 후보자에

초점 15.1 | 틈새정당의 등장

최근 한 가지 새로운 현상은 많은 유럽국가들에서 일부 작은 집단의 유권자에게 지지를 호소하는 **틈새정당**(niche parties)의 출현이다. 극우정당, 민족주의정당, 지역정당, 녹색정당 등이 이에 해당하는데, 이 정당들은 기존의 주요 정당들과 달리 정당의 입장을 중도로 이동하는 대신에 자신들의 지지집단에 대한 집중적인 호소를 통해 성공할 수 있었다 (Meguid, 2008). 독일의 녹색당, 오스트리아의 자유당, 스위스의 인민당 등을 비롯하여 이와 같은 여러 정당들이 연립정부에 참여하였으며, 또 다른 정당(예를 들어, 스코틀랜드 민족당)은 주류 정당들의 의제형성에 영향을 미치는 데 성공하였다.

극우 틈새정당에 대해 특별한 관심을 가질 필요가 있다. 이 정당들은 명확하게 정의된 사회적 이해관계를 대표하기 위해 정당이 등장한다는 이론적 주장에 반하는 경우에 해당한다. 경험적 자료는 주로 극우정당들이 흔히 교육받지 못한 실업청년들로부터 한시적 지지를 얻는다는 사실을 보여준다. 정통 민주주의에 대한 환멸 및 기성 우파정당들의 중도로의 이동에 대해 환멸을 느낀 이들 유권자들은 모든 범죄뿐만 아니라 변화하는 세계에서 자신들의 불안한 처지(경제적 불안뿐 아니라 문화적 불안)에 이르기까지 모든 것을 이민자와 난민, 다른 소수자한테 책임을 돌리는 정당들에게 매력을 느낀다 (Kitschelt, 2007).

여기에서 새로운 균열을 확인하고 싶어진다. 즉, 오늘날 노동시장에 있어서 승자와 패자 간의 균열이다. 승자의 울타리 안에는 잘 교육받은 풍요로운 전문가들이 위치하며, 자랑스럽게 관용적인 탈물질적 자유주의를 표방한다. 그러나 우리는 비숙련 정규직 일자리가 생산단가가 낮은 생산자에게로 수출되고 있는 경제체제에서 능력이 부족하고, 직업이 없고, 일말의 가능성도 전혀 찾아볼 수 없는 사람들을 사회의 어두운 곳에서 발견한다. 이러한 상황에서 특히 피부색깔이 다른 이민자의 경제적 성공은 흔히 분노를 동반한다.

이와 같은 분석은 그럴 듯하다. 하지만 우리는 노동시장에서 승자와 패자의 구분은 전통적 의미에서 사회적 균열이 아니라는 점에 주목해야만 한다. 전통적 산업노동자 계급은 노조와 사회주의 정당의 조직적 기반으로부터 지지를 받는다. 그러나 극우정당은 사회적 정치적 제도가 아니라 소외된 개인으로부터 지지를 받는다. 그러므로 극우정당에 대한 분석에 있어서 새로운 균열을 언급하기 보다는 어쩌면 오히려 베츠(Betz, 1994: 169)가 "사회적 분열의 시대에 있어서 정치적 갈등"이라고 지칭한 탈균열 분석을 언급하는 것이 더 나을 수 있다.

우리는 자제력을 잃고 흥분해서는 안 된다. 많은 우파세력들은 연립정부에 참여하기에는 역량이 부족한 것으로 드러난 의심스러운 경력을 가진 미숙한 지도자들로 인해 미래가 불투명한 일시적인 단명 정당들로 판명되었다 (Akkerman, 2012). 만약 틈새정당이 여당이 되는 경우 많은 저항적 성격의 투표자들은 이들 정당에게 더 이상 투표하지 않을지도 모른다. 요컨대, 틈새정당들은 자연스럽게 자신들이 얻을 수 있는 지지의 최대한계치를 갖고 있다. 심지어 연립정부에 참여하는 것조차 틈새정당의 아웃사이더 이미지를 약화시킨다. 즉, 이러한 점에서 이 정당들이 잠재적으로 좀 더 안정적이고 전통적인 사회적 균열에 기반하는 정당으로 변모할 가능성은 거의 없다 (McDonnell and Newell, 2011).

틈새정당(Niche parties): 특정 소수의 유권자들에게 지지를 호소하는 정당들이다. 틈새정당은 보통 중도적 입장으로부터 멀리 떨어져있으며, 하나의 특정 이슈에 집중한다.

게 권력기관인 의회로 들어가는 문을 열어주는 사람은 유권자가 아니라 '선택에 앞서 선택을 하는' **공천권자(selectorate)**이다 (Rahat, 2007). 동시에 당대표 및 공직후보자의 선출에 있어서 일반 당원들의 역할이 늘어나고 있다는 경험적 증거가 존재한다. 이러한 발견은 정당들이 많은 당원을 확보하기 위해 여전히 정당활동에 대해 자신의 목소리를 제대로 내지 못하고 있는 당원들에게 좀 더 큰 목소리를 낼 수 있게 해주고 있으며 그에 따라 미헬스의 '철칙'이 무너지고 있음을 말해준다 (Cross and Katz, 2013). 만약 정당이 더욱 민주적이 된다면, 그 민주주의는 직접민주주의라기보다는 대의민주주의이다.

> **안전한 텃밭 선거구(Safe district)**: 어떤 한 정당이 강력한 지지를 얻고 있어서 그 정당 후보자(들)의 당선이 확실시 되는 선거구이다.
>
> **공천권자(Selectorate)**: 선거에 나가는 당의 공직후보자를 공천하는 사람들이다.

당대표

당대표의 선출 방법에 대해 지금보다 좀 더 많은 관심을 가질 필요가 있다 (Pilet and Cross, 2014). 왜냐하면 대부분의 의원내각제에서 당대표는 총리가 될 가능성이 있기 때문이다. 유럽 대륙의 많은 국가들을 포함하여 일부 나라에서는 당대표가 반드시 정부의 수반 자리를 차지하지는 않는다 (Cross and Blais, 2001a: 5). 예를 들면, 독일에서 정당의 총리 후보는 정당의 대표직과 별개로 따로 선출되며, 반드시 동일한 사람이 아니어도 된다. 미국에서도 역시 대통령 후보와 정당의 전국위원회 의장은 동일한 사람이 아니다. 즉, 흔히 전자가 후자를 선택한다. 아무튼 당대표의 선출 방식 및 결과에 대한 검토는 중요하다.

많은 정당들이 공직후보자의 선출에 있어서 일반 당원들에게 갈수록 좀 더 많은 권한을 부여하고 있듯이, 당대표의 선출절차 역시 갈수록 더욱 더 일반 당원을 포함하는 방향으로 변화하고 있는 것이 일반적 추세이다. 마이어(Mair, 1994)가 지적했듯이 "더욱 더 많은 정당들이 일반 당원들에게 당대표를 선출할 수 있는 권한을 허용할 자세가 되어 있는 것으로 보인다." 이러한 경향이 나타나게 된 한 가지 이유는 갈수록 미디어가 주도하는 선거운동에서 줄어들고 있는 당원의 역할을 만회하고자 하기 때문이다. 즉, 무엇보다 정당의 당직자와 다르게 정당의 자원봉사자는 자신들에게 흥미로운 할 일이 아무것도 주어지지 않는 경우 당을 떠날 것이다. 흔히 선거에 패

표 15.2 자유민주주의 국가에서 당대표의 선출

	나라	해당 방식을 사용하는 정당의 수
정당회의 또는 전당대회	핀란드, 노르웨이, 스웨덴	37
일반 당원	벨기에	19
원내정당의 구성원	네덜란드, 뉴질랜드	17
정당 위원회	이탈리아	8

주: 16개 민주주의 국가들에 기초한 분석.
출처: Hazan(2002: 124)에서 발췌.

하거나 혹은 일반 당원들의 역할을 보장하는 정당으로 인식되고 싶다는 생각으로 인해 개혁이 촉발된다 (Cross and Blais, 2012b).

당대표를 선출하는 전통적인 방법은 입법부의 소속 의원들에 의한 선거이다. 이 방식은 호주, 덴마크, 뉴질랜드 등 여러 의원내각제 국가에서 여전히 사용되고 있다. 흥미롭게도 여러 정당들이 특별회의 또는 2단계 투표 둘 중 하나의 방식을 통해 소속의원과 일반 당원 양측 모두에게 목소리를 낼 수 있게 해준다. 예를 들면, 영국 보수당은 원내에서 선출된 두 명의 후보자 가운데 한 명을 일반 당원들이 선택하도록 하고 있다. 이러한 방식이 좀 더 민주적인 것으로 보이지만, 지구당 풀뿌리 당원들이 중앙당과 조화를 이루지 못하는 경우 문제를 야기할 수 있으며, 지역이익이 국가이익을 압도하는 결과를 초래한다.

소속 의원들에 의한 투표에서는 당연히 선거권자의 수가 무척 제한적이다. 그리고 당대표 후보가 같은 당 소속 동료의원들을 확신시키는 능력과 TV와 소셜미디어를 통해 싸움을 벌이는 총선에서 승리를 불러올 수 있는 능력은 완전히 다르다. 설사 그렇다고 해도, 의회 내 같은 당 소속 동료의원들은 당대표 후보의 능력에 대해 상세하게 알고 있을 것이다. 즉, 동료 의원들은 정당뿐만 아니라 보다 더 중요하게는 국가를 이끌어나갈 능력을 당대표 후보가 갖고 있는지 제대로 판단할 수 있는 전문적 능력을 갖춘 선거권자이다. 의원들은 일반유권자들보다 경험의 영향을 크게 받는다. 어쩌면 이것이 많은 정당들이, 오늘날 당대표의 선출과정에 갈수록 더욱더 많은 여러 다른 집단들이 참여하고 있음에도 불구하고, 여전히 당대표를 쫓아낼 수 있는 권한을 원내의 의원들에게 부여하고 있는 이유인지도 모른다 (Cross and Blais, 2012a).

갈수록 점점 더 인기를 얻고 있는 또 다른 당대표 선출 방식은 당원투표이다. 종종 일당원 일표(OMOV: one member, one vote) 경쟁으로 묘사되는 당원투표에 의한 선거는 일반사람들에게 정당에 가입하고자 하는 동기를 부여하며, 또한 정당 내부에 존재하는 파벌세력들의 힘을 제약하는 데 사용될 수 있다. 예를 들면, 벨기에의 모든 주요 정당들은 당대표를 뽑는 데 이 방식을 사용하고 있다. 캐나다 역시 모든 주요 정당(자유당 제외)이 당 지도부 선출에 일당원 일표 당원투표 방식을 채택하고 있다.

후보자

국회의원 후보 공천 방식은 배타적(지도자에 의한 선출) 방식으로부터 포괄적(전체 유권자에 의한 개방적 투표) 방식에 이르기까지 그 종류가 다양하다 (도표 15.3). 정당조직이 갖는 복잡성을 반영하여 후보자 공천과정은 일반적으로 분권화되어 있다. 중앙당 지도부에게 공천권을 부여하고 있는 정당은 드물며, 그런 정당조차도 대개의 경우 당 지도부가 지구당에서 작성하여 중앙당에 올린 후보자명부를 바탕으로 후보자를 선정하고 있다. 하지만, 보다 흔하게는 지구당이 독자적으로 결정하거나 또는 중앙당으로부터 후보공천을 승인 받는 등 지구당이 적극적인 역할을 한다. 군소정당 및 극진적인 정당들은 흔히 가장 분권화된 공천과정을 갖고 있다.

정치체제의 세 가지 일반적인 특징이 후보 공천작업을 제약한다.

- **선거제도**: 단순다수제 하에서 개별 선거구의 후보자 공천 작업은 정당명부제 하에서 하나의 전국명부를 준비하는 일보다 좀 더 분권적이다.
- **현직**: 현직의원은 거의 모든 점에서 유리하며, 대

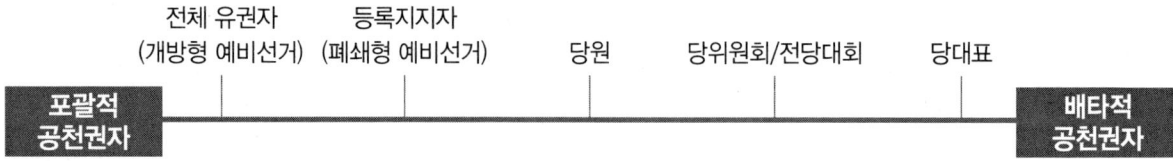

도표 15.3 누가 국회의원선거 후보자를 선출하는가?

출처: Hazan and Rahat (2010: figure 3.1)을 개작하였음.

개의 경우 별다른 수고 없이 다시 재공천 받는다. 흔히 오직 현역의원이 물러나는 경우에만 공직후보자가 진정으로 '선택'된다.
- **규칙:** 많은 정당들이 정당후보자 공천에 있어서 성별 할당을 강제하고 있으며, 거의 모든 국가들은 시민권 등과 같은 조건을 의원 자격 요건으로 요구하고 있다.

선거제도가 어떤 식으로 후보공천과정에 영향을 미치는지 살펴보자. 정당명부식 비례대표제 하에서 정당은 후보자들의 순위가 정해진 명부를 작성하여 유권자에게 제시해야 한다. 지역에서 후보자를 제안한 경우에도, 명부작성 작업은 반드시 중앙당의 조정 절차를 거치도록 되어있다. 예를 들면, 네덜란드의 정당들은 전국구 후보자 명부를 준비해야 한다. 주요 정당들은 지구당을 통해 받거나 또는 개인들로부터 직접 받은 공천신청서를 공천심사위원회가 검토하는 방식을 사용한다. 그 후에 당의 최고위원회가 후보자의 최종 순위를 정한다.

여전히 단순다수제 방식을 사용하고 있는 몇 안 되는 국가들의 경우 전형적으로 공천과정이 좀 더 분권화되어 있다. 비록 종종 후보자가 중앙당의 공천후보자 명부에 포함되어 미리 후보자격을 획득하기도 하지만, 후보자들은 특정 지역구의 지구당 공천경쟁에서 승리해야 한다. 그로 인해 지구당 및 개별 선거구의 이익이 중앙당 및 유권자 전체의 이익보다 우선

시 될 수 있다.

미국은 후보선출과정의 개방에 있어서 가장 앞서 있다. 미국의 **예비선거**(primary election)는 정당 지지자들이 대통령과 같이 최고 높은 고위공직 후보자까지 직접 선출할 수 있게 해준다. 전통적으로 정식 당원이 많지 않기에, 대부분의 주에서 '지지자'는 미리 특정 정당에 대해 소속감을 표명함으로써 폐쇄형 예비선거에 참여할 수 있게 된 사람들로 느슨하게 정의된다. 개방형 예비선거(open primary)는 모든 등록 유권자들이 후보공천과정에 참여할 수 있도록 후보공천권자의 범위를 더욱 확대하고 있다.

> **예비선거(Primary election):** 정당의 지지자들이 다가오는 총선에 나갈 당 후보를 선출하거나(직접 예비선거) 또는 대통령 후보지명대회에 참석할 대의원을 선출하는 선거이다 (대통령 예비선거). 폐쇄형 예비선거는 미리 등록한 정당 지지자들에게만 참여를 허용한다.

갈수록 많은 국가들이 혼합형 선거제도를 사용하고 있으며, 이 선거제도 하에서 유권자들은 정당명부의 비례대표 후보와 지역구 후보 둘 다에게 각각 투표한다. 이러한 상황에서 개별 정치인들 역시 선택을 해야 한다. 즉, 그들은 정당명부를 통해 선거에 참여해야 하는가? 또는 지역구 출마를 통해 선거에 참여해야 하는가? 많은 중진인사들은 두 가지 투표용지 모두에 이름을 올리며, 지역구에서의 불안한 상황에

대비하기 위한 보험수단으로 정당명부의 상위순번을 사용한다.

당원

당원가입은 한 때 정치참여의 주요 통로이었지만, 이제는 더 이상 그렇지 않다. 즉, 대부분의 주요 유럽 국가들은 1960년대부터 1990년대 사이에 당원 수의 현저한 감소를 경험하였다 (표 15.3 참조). 예를 들어, 덴마크에서 정당에 가입한 사람들의 수는 1960년대에 다섯 명 가운데 한 명의 비율에서 1990년대에 스무 명 가운데 한 명의 비율로 감소했다. 이러한 당원감소 현상은 2000년대에도 계속되고 있는 것으로 보인다. 스웨덴의 사민당 당원 수는 1999년부터 2005년 사이에만 무려 70퍼센트 감소하였다 (Möller, 2007: 36). 네덜란드에 관한 저서에서 보에르만과 반쉬르(Voerman and van Schurr, 2011)는 "정당의 시대는 끝났다"라고 결론을 내렸다. 전세계적으로 민주주의 국가의 수백만 명의 일반 당원들이 정당을 탈퇴했다.

더 나아가 새로운 당원들 다수는 해마다 당비를 납부하는 것 이외에 여타 다른 정당활동에 일절 참여하지 않고 있다. 특히 이들 '신용카드 지지자들'은 정당의 상황이 좋을 때에만 그 정당을 지지하는 경향이 있으며, 그로 인해 다른 정당으로 당적을 바꾸는 사람이 늘어나는 추세이다. 이들 당원들이 정당에 대해 느끼는 소속감은 이들이 기부금을 내고 있는 다른 단체에 대해 느끼는 소속감과 별반 다를 바 없다. 청년 당원들의 지속적인 유입이 없는 관계로 당원의 평균 연령이 증가하고 있다. 갈수록 점점 더 정당 가입이 중년층 및 노년층의 여가활동이 되고 있다 (Scarrow and Gezgor, 2011).

하지만 우리는 최근의 당원감소 추세를 보다 장기적 시각에서 살펴보아야 한다. 만약 20세기 전체에 걸친 통계자료가 있었더라면 아마도 20세기 대부분의 기간 동안에 걸쳐 당원 수의 증가를, 그리고 마지막 25년 기간 동안 당원 수의 감소를 볼 수 있었을 것이다. 최근의 감소는 많은 나라들이 1970년대에 정점에 도달한 이후 나타난 현상이다. 다시 말해, 주장하건대 설명이 필요한 현상은 나중 시기에 발생한 당원감소 현상이 아니라 제2차 세계대전 직후 나타

표 15.3 유럽의 당원감소

	유권자대비 당원의 비율			
	1960년대 초	1980년대 초	1990년대 말	증감 +/−
덴마크	21	8	5	−16
핀란드	19	13	10	−9
노르웨이	16	14	7	−9
이탈리아	13	10	4	−9
오스트리아	26	22	18	−8
영국	9	3	2	−7
네덜란드	9	3	3	−6

출처: Mair (1994, table 1.1), Mair and van Biezen (2001, table1), Sundberg (2002, table 7.10), Miller (2005, table 1.1)를 수정하였음.

난 당원증가 현상이다.

당원 수의 감소는 유권자 정당편성의 해체(dealignment, 정당을 지지하는 유권자의 감소, 무당층 성향의 유권자 증가 – 옮긴이)와 함께 발생하였으며 (제17장 참조), 당연히 이 현상의 발생원인과 유사한 원인에 그 이유가 있다. 그러한 원인으로 다음을 들 수 있다.

- 계급이나 종교와 같은 전통적인 사회적 균열의 약화.
- 노조와 사회주의 정당 간 유대의 약화.
- 미디어 중심의 선거운동 시대에 지역 선거운동의 쇠퇴.
- 사회운동 및 소셜미디어에 대한 더 큰 관심.
- 흔히 부패사건 등으로 인한 정당의 위상 약화.
- 정당이 국가와 함께 확고한 단일 권위구조를 형성한다는 인식 (Whiteley, 2011).

우리가 정치참여에 관하여 논의할 때 보았듯이 (제13장) 우리는 기계적으로 당원 수가 적은 것이 나쁘다고 가정해서는 안 된다. 구체적으로 말해, 당원 수의 감소는 정부에서 정당이 차지하는 중요성의 감소보다는 정당의 성격 변화를 나타내는 것인지도 모른다. 크로티(Crotty, 2006: 499)는 "사회적 요구가 어떻게 변화하는지, 그리고 그러한 사회적 요구의 변화에 맞춰 정당이 어떻게 변화하는지"에 주목했다. 스카로우와 게즈고(Scarrow and Gezgor, 2010) 역시 당원의 수가 감소하고 있지만 유럽국가의 일부 정당들은 후보자 선출, 당대표 선출, 정당의 정책결정 등에 있어서 당원의 힘이 더욱 커지고 있다고 주장한다. 이것은 "오늘날 수적으로는 감소했지만 더욱 힘이 커진 당원들이 여전히 정당과 더 광범위하게 많은 유권자들을 연결시키는 데 일조할 수 있는 잠재능력을 갖고 있음을 암시한다"고 그들은 주장한다. 사회적·정치적 변화는 오늘날 수백만 명의 당원과 노조와 교회 등 튼튼한 지지기반을 가진 대규모 당원 정당의 부활을 기대하는 것이 비현실적임을 의미한다. 그 대신 우리는 여러 신생민주주의 국가에서 현대적 정당 형태를 발견한다. 즉, 지도자들이 방송매체와 인터넷을 통해 소통하는 비대하지 않은 군살 없는 유연한 형태의 정당을 발견한다. 새로운 형태의 정당들은 상비군 성격의 대규모 당원이라는 시대착오적인 생각에 매달리기보다는 선거운동 등과 같은 특정임무 및 단기과제의 수행에 자원봉사자들을 동원한다.

정당의 자금

정당의 지출이 계속 증가하고 있는(특히 적어도 선거캠페인 때문에) 시대적 상황 속에서 당원의 감소는 정당수입의 감소를 의미한다. 그러므로 정당의 자금지원 문제가 매우 중요하게 되었다. 당원, 후원자, 국가 등은 정당활동에 대해 금전적으로 도와주어야 하나? 정당에 대한 민간후원금을 권장해야 하는가 (자금을 늘리고 참여를 장려하기 위해) 아니면 제한해야 하는가(공정성을 지키고 스캔들을 감소시키기 위해)? 정당의 후원금 모집 및 사용을 제한하는 조치는 표현의 자유를 침해하는 행위인가? 어떤 경우이든 상존하는 부패의 위험을 최소화하면서 정당에 자금을 조달하는 방식이 존재한다.

대체적으로 정당은 국가보조금을 둘러싼 싸움에서 승리를 거두었다. 중앙당에 대한 국가의 재정지원은 이제 자유민주주의 국가에서 보편적으로 찾아볼 수 있다. 글로벌 차원에서 스웨덴의 '민주주의 및 선거지원 국제연구원(IDEA)'은 2011년 기준으로 세계 180여개 국가 중 2/3 이상의 나라들이 정당에 대한 국가의 재정지원을 법률로 규정하고 있음을 발견했다. 이와 엇비슷한 비율의 국가들은 정당으로 하여금 대중매체를 무료로 사용하거나 또는 정부의 보조금을 받아 사용할 수 있도록 하고 있다 (IDEA, 2014). 피셔와 아이젠슈타트(Fisher and Eisenstadt, 2004: 621)가 일찌감치 지적하였듯이 "정치자금의 기본적 형태였던 민간후원금을 국가보조금이 대체하였다." 국가보조금 제도는 정당의 공식 당원수가 서유럽보다 훨씬 적은 동유럽의 신생민주주의 국가들 사이에서 보다 빠르게 발전해왔다.

전형적으로 국가보조금은 원내교섭단체에게 주어지거나 또는 선거운동에 대해 주어지며, 또는 두 가지 모두에 대해 제공된다. 또한 선거운동에 대한 국가보조금은 정당이나 후보에게 제공되며, 또는 양자 모두에게 제공될 수도 있다. 국가에 대한 재정적 의존을 줄이기 위한 목적으로 당원들이 내는 당비를 비롯한 다른 방법을 통해 정당이 모은 자금 액수와 매칭시키는 방식으로 국가보조금 지원을 제한할 수 있다. 어느 경우이든 대부분의 국가보조금 제도는 정당의 전체 지출 중 일정 비율만 환급해주고 있다.

많은 정치쟁점과 마찬가지로 정당에 대한 국가의 재정지원 문제에는 비용과 이득이 공존한다 (초점 15.2 참조). 가장 큰 우려는 공적 지원에 있어서 기존 거대정당이 신생 군소정당에 비해 유리하다는 점이다. 몇몇 저자들은 이 점을 더욱 발전시켜, 국가보조금을 지원하는 방향으로 전환한 결과 국가와 주요 정당들이 하나의 단일 지배체제로 결합하게 되었고 주장하였다. 집권여당은 사실상 자신에 대한 국가보조금 지원을 자신이 승인한다. 이는 카츠와 마이어(Katz and Mair, 1995)의 **카르텔정당(cartel parties)** 개념에 포착된 과정이다. "음모에 가담한 정당들이 국가의 대변자가 되고, 그들 자신의 생존을 보장하는데 국가의 자원을 이용한다." 카르텔정당이 갖는 위험성은 이들 정당들이 정치적 기득권층의 일부가 되며, 역사적으로 특정 사회집단의 대변자라는 정당의 역할이 약화되고, 정치시장에서 신생정당의 성장이 저해된다는 점이다.

> **카르텔정당(Cartel parties)**: 정치시장에서 자신의 지배력을 이용하여, 국가보조금 지원 등과 같이 자신의 강력한 위상을 더욱 강화시키는 방향으로 게임의 규칙을 만들려고 하는 주요 정당들을 의미한다.

정당의 존립을 허용하고 있는 권위주의 정권을 포함하여 전세계적으로 오늘날 거의 모든 나라들이 정당에 대한 기부행위를 일정 부분 규제하고 있다. 거의 대부분의 나라들이 정당이나 후보자에 대한 정부나 정부기관의 기부행위(공식적인 국가보조금은 제외하고)를 금지하고 있다. 또한 대부분의 나라들은 해외 정당과 후보자로부터의 기부행위를 허용하지 않는다. 그러나 현재 오직 소수의 국가만이 기부금의 규모를 제한하고 있고, 다섯 나라 중 한 나라만이 기업의 기부행위를 금지하고 있다. IDEA가 지적했듯이 심지어 이러한 제한조차 효과가 없다. 왜냐하면 재정보고가 제대로 검토되지 않고 있기 때문이거나, 또는 후보자에 대한 직접적 지원을 통해 정당에 대한 규제를 피해가기 때문이거나, 또는 규제 자체를 무시하기 때문이다.

이러한 논의에 있어서 대표적 예외 사례가 미국이다. 미국의 선거운동은 무척 돈이 많이 들며, 선거자금 출처에 대한 규제가 거의 없다. 워싱턴에 본부를 둔 감시기구인 책임정치연구소(Center for Responsive Politics, 2015)에 따르면, 미국 선거운동 비용은 2000년도 30억 달러에서 2012년도 거의 63억 달러로 크게 늘어났다. 이러한 엄청난 규모는 타의 추종을 불허하며, 기부금에 대한 구체적인 규제

초점 15.2 | 정당의 국가보조금에 대한 찬성과 반대

정당이 집단의 이해관계를 대표하기 위해 처음 만들어졌기 때문에 과거에는 이들 집단들이 당비나 후원금의 형태로 정당을 지원하였다. 그러나 당원이 감소하자 정당들은 다른 자금원을 찾게 되었으며, 정당들은 갈수록 점점 더 국가보조금에 치중하게 되었다. 즉, 납세자가 정당을 돕게 되었다. 국가보조금의 증가는 좋은 점과 나쁜 점을 동시에 수반한다.

찬성	반대
정당들은 지도자와 후보자, 정책 등을 공급하는 공적 기능을 수행한다.	국가보조금으로 인해 당원을 모집하고자 하는 정당의 동기가 약화된다.
정당들은 전문가 수준으로 자금이 공급되어야 하며, 보잘 것 없어 보여서는 안 된다. 마케팅은 민간부문의 일반적 수준과 비슷해야 한다.	국가보조금은 현상유지를 강화한다. 왜냐하면 신생 정당이 아니라 기존의 거대정당들에 유리한 방향으로 배분되기 때문이다.
국가보조금은 제 정당들이 평등한 조건에서 활동할 수 있게 해준다.	국가보조금은 점진적인 국유화라고 할 수 있으며, 정당들이 사회가 아니라 국가에 대해 봉사하게 만든다.
국가보조금 지원이 없다면, 친기업 정당이 다른 정당에 비해 보다 많은 자금을 모으는 데 유리할 것이다.	국가보조금은 기존의 거대 정당들에 유리하며, 카르텔을 촉진한다.
국가보조금에 의지하게 되면서 부패의 가능성이 줄어든다.	정당 간 평등한 활동조건을 유지하기 위해서는 지출에 대해 보조할 것이 아니라 정당의 지출 상한선이 정해져야 한다.
	왜 납세자들이 자신들의 의사에 반하는 정당들에 자금을 제공해야 하는가? 자발적인 기부에 대한 세금 감면이 바람직한 절충안이다.
	부패는 국가보조금 지원 제도를 채택하기보다는 익명의 기부행위를 금함으로써 감소될 수 있다.

가 효과 없음을 증명한다. 즉, 선거자금의 지출한도가 없고(공적 보조금을 지원받을 정도로 현명하지 못한 대통령후보자는 제외하고), 선거운동 비용은 계속 치솟고 있으며, 미연방대법원은 기부금에 대한 제한을 표현의 자유에 근거하여 위헌이라고 결정하였다. 후보자와 관련이 없는 독립적인 단체에 의한 선거광고 역시 규제의 대상이 아니다.

권위주의 국가의 정당

구공산주의 국가인 카자흐스탄의 대통령 나자르바에프(Nazarbaef)는 "그래요, 우리나라에는 많은 정당들이 있습니다. 내가 그 정당들을 모두 창당했습니다"라고 말한 적이 있다 (Cummings, 2005: 104에서 재인용). 나자르바에프의 말은 대부분의 비민주적 상황에서 정당들이 주변적인 성격을 갖고 있을 뿐임을 보여준다. 정당은 통치수단일 뿐이며, 정당은 권력의 원천도 아니고 선거에서 승패를 다투는 수단도 아니다. 로손(Lawson, 2001: 673)은 독재체제의 정당들에 대해서 "정당은 권력의 방패이며 도구이다. 정당의 기능은 보다 힘센 권력을 가진 다른 기관들(군부 또는 선동가와 그 측근들)로부터 지시를 받는 정부의 업무를 수행하는데 있다"라고 하였다. 그렇게 함으로써 정당은 반제국주의, 국민통합, 경제발전 등과 같은 핵심 주제에 의거한 국가의제를 추구하는 모습을 보여주었지만, 이러한 메시지는 종종 실질적인 노력이라기보다는 권력을 정당화하는 수단이었다.

게디스(Geddes, 2005)는 권위주의 정권이 정당활동과 선거를 허용함으로써 잠재적 위험에 직면할 수 있음에도 불구하고 독재자들로 하여금 정당의 유용성을 인정하게 하는 정당의 역할이 있다고 주장한다.

- 독재정권을 흔들거나 종말로 인도할 수 있는 정권 내부 갈등을 해결하는 데 도움을 주거나 또는 엘리트 타협을 강제한다.
- 집권여당은 무엇보다 군부를 비롯한 다른 잠재적 위협을 상쇄한다.
- 선거는 권력에 도전하는 잠재적 경쟁자를 파악하고 제거하도록 도와준다.
- 우위정당은 선거를 감시하고, 유권자에게 뇌물을 나눠주고, 충성스러운 당원들에게 보상하는 수단을 제공한다.
- 집권여당과 선거운동은 정부로부터 민간인들에게 그리고 통상적으로 민간인들로부터 정부로 정보를 전달하는 유용한 통로를 제공한다.
- 전국정당은 전국적으로 지지자 네트워크를 구축해야만 하며, 그렇게 함으로써 정부는 멀리 떨어진 동네까지 접촉 범위를 확대한다.
- 집권여당은 정권의 이념 및 경제전략을 지지하도록 당원들을 교육하고 사회화한다. 선거운동은 마찬가지 활동을 일반대중을 대상으로 실시한다.

장기적으로 정당은 권위주의 정권을 위협하는 대신에 게디스가 '지지 정당'이라고 언급한 것이 개인 정치도자뿐만 아니라 정권자체의 정치적 수명을 연장하는 결과를 낳을 수 있다. 물론 이러한 기능 중 상당수는 민주주의 국가의 정당들도 기능하고 있는 것이지만, 민주주의 국가의 정당들은 또 다른 가치가 있다. 민주주의 국가의 정당들은 흔히 사회적 균열의 결과로서, 오늘날에도 여전히 경제적·사회적 쟁점에 관하여 서로 경합하는 관점들에 기반하여 유권자 집단들로부터 지지를 얻고 있다. 수많은 좀 더 가난한 권위주의 체제에서 정치는 정책적 차이가 아니라 정체성 및 이해관계의 차이에 의해 움직인다. 정책적 선호보다 종족, 인종, 종교, 지역정체성 등이 더욱 중요하다.

나이지리아는 이 점을 잘 보여준다. 나이지리아는 오랜 정당활동의 역사를 갖고 있는데, 1960년 나이지리아가 영국으로부터 독립하기 이전으로까지 거슬러 올라간다. 나이지리아 최초의 정당인 나이지리아 민족회의(National Council of Nigeria)는 1944년에 나이지리아 민족주의 정강정책에 기초하여 창당되었고, 곧바로 나이지리아 서부와 북부에 각각 기반을 둔 행동집단(Action Group) 및 북부인민회의(Northern People's Congress)와 합당했다 (각각 1948년과 1949년에 합당). 인종집단 간 갈등에 따른 정당들의 분열이 1966년과 1983년 두 차례 민간정부의 몰락을 초래하였고, 1987년 사회민주당(Social Democratic Party)과 민족공화회의(National Republican Convention)라는 이름을 가진 정당 두 개를 창당하려는 군사정부의 헛된 노력이 있었다. 무척 지역적인 나라에서 정당들이 다른 인종집단과 일체감을 갖는 방향으로 바뀔 것이라는 우려가 존재한다. 그러나 2015년 평화적인 선거는 역사상 처음으

국가개요

멕시코

인구 (1억 2,400만 명)

국민총소득(GNI) (1조 2,600억 달러)

1인당 GNI (9,940달러)

민주주의 지수 평가

측정 안됨	혼합체제	완전민주주의
	권위주의	**결손민주주의**

프리덤하우스평가

자유없음	부분적 자유	**자유로움**

인간개발지수 평가

측정 안됨	중간	매우 높음
	낮음	**높음**

간략 소개: 브라질이 남미의 주요 신흥강대국으로 널리 인식되고 있지만, 좀 더 북쪽 멕시코에서는 중요한 발전이 있었다. 1990년대 이후 민주화 프로그램은 너무나 성공적이어서 1929년 이후 계속해서 집권여당의 자리를 유지하였던 제도혁명당이 2000년 대선에서 패하였다. 거의 똑같이 중요한 것은 멕시코의 경제개혁이었다. 경제개혁은 커다란 멕시코 시장에 더 큰 자유를 가져왔으며 세계 최대 석유생산국 중 하나인 멕시코의 경제적 기반을 확대하였다. 그러나 마약, 폭력, 부패가 뒤얽힌 문제가 여전히 남아있고, 정치학자들은 멕시코를 가장 잘 묘사하는 방법을 놓고 의견이 갈라진다. 즉, 분석에는 관료적, 엘리트적, 세습적 등의 용어가 빈번하게 나온다. 그리고 멕시코 경제는 세계에서 15번째로 큰 경제이지만, 멕시코 국민 다수는 여전히 가난하고 실업에 처해있다. 두 개의 멕시코에 대한 얘기를 듣는 것이 일반적이다. 즉, 하나의 멕시코는 부유하고, 도시적이고, 현대적이며, 제대로 교육을 받고 있고, 또 하나의 멕시코는 가난하고, 농촌적이고, 전통적이며, 제대로 교육을 받지 못하고 있다.

정부형태 → 31개의 주와 멕시코시티 연방관할구로 이루어진 대통령제 연방공화국. 1821년 건국하였으며, 가장 최근의 헌법은 1917년 제정되었다.

입법부 → 양원제 국민의회. 하원의원(500명)은 3년 임기로 선출되며, 상원(128명)은 6년 임기로 선출된다. 의원들은 연임이 금지된다.

행정부 → 대통령제. 대통령은 6년 단임으로 선출되며, 부통령은 없다.

사법부 → 11명의 대법원 판사들은 15년 단임으로 대통령이 지명하고 상원이 인준한다.

선거제도 → 단순다수 투표로 대통령을 선출하고, 혼합 다수제로 하원의원 및 상원의원을 선출한다. 즉, 하원의원 300명은 단순다수제로 선출하고 200명은 비례대표제로 선출하며, 상원의원은 단순다수제, 차등득표제, 전국단위 비례대표제 등의 혼합 방식으로 선출된다.

정당 → 다당제. 멕시코는 오랜 세월 일당제를 유지했지만, 1990년대 이후 민주개혁은 정당제를 확대하였으며, 오늘날에는 일군의 군소정당들과 함께 3개의 주요정당들이 중앙정치 차원 및 지방정치 차원에서 경쟁하고 있다.

멕시코의 정당

멕시코는 최근 수십 년간 일당우위 정당제가 3개의 주요 정당이 집권 가능성을 갖고 있는 진정으로 경쟁적인 다당제로 바뀌는 엄청난 변화를 경험하였다. 즉, 멕시코의 북쪽 이웃국가 미국의 국민보다 멕시코의 국민은 정당 선택의 폭이 더 넓다.

1929년부터 2000년까지 전적으로 제도혁명당(PRI)만이 홀로 집권하였다. 제도혁명당은 모든 대통령선거에서 승리했고, 상원과 하원에서 다수의석을 차지하였으며, 거의 모든 지방선거에서 승리했다. 제도혁명당은 지지자들에게 정치적 보상을 제공하고, 멕시코의 주요 사회 및 경제부문을 조직의 일원으로 받아들이고, 경쟁 엘리트를 흡수하고, 선거에서 유권자를 동원하고, 선거과정을 감시하는 등 여러 가지 수단을 이용하여 권력을 확실하게 장악했다. 제도혁명당은 확실한 이념을 갖고 있지 않았으며, 정치적 흐름 및 지도자의 선호가 바뀌면 그에 따라 정당의 노선을 바꿨다. 1970년대에 그리고 1990년대에 다시 경제문제가 멕시코를 휩쓸기 시작하였을 때 제도혁명당은 그에 대한 책임을 회피하기 위해 야당만을 탓할 수는 없었다. 멕시코 국민들은 이제 보다 더 교육을 잘 받고, 보다 더 부유하게 되었으며, 자국의 정치체제에서 더 많은 선택을 가능케 해달라는 요구가 증가했다. 제도혁명당은 야당이 선거에서 승리가 가능하도록 선거제도를 바꾸었으며, 이러한 제도개혁이 멕시코 국민들의 변화 요구를 누그러뜨릴 수 있기를 희망했다. 그러나 그 대신 제도혁명당은 1997년 의회선거에서 사상 최초로 제1당의 자리를 내주었고, 2000년 대선에서 보다 더 보수적인 민족행동당(PAN)에게 처음으로 패하였다. 1997년 좌파정당인 민주혁명당(PRD)이 멕시코에서 두 번째로 강력한 행정 권력인 멕시코시티 시장선거에서 승리했다.

선거의 공정성에 대한 문제제기가 여전히 계속 있지만, 오늘날 멕시코 유권자는 정치적 스펙트럼을 가로지르는 무척 다양한 정당들을 대상으로 투표권을 행사할 수 있다. 즉, 녹색당과 좌파성향의 노동당을 포함하는 다수의 군소정당들과 함께 민족행동당이 오른쪽에, 제도혁명당이 중간에, 민주혁명당이 왼쪽에 위치하고 있다. 2012년 대통령선거에서 니에토(Enrique Pena Nieto)가 승리하면서 제도혁명당이 다시 집권하게 되었으며, 민주혁명당과 군소정당들이 균형을 잡는 역할을 하는 상황에서 제도혁명당과 민족행동당이 멕시코 하원의 양대 정당으로 활동하고 있다.

로 현역 대통령이 재선에 실패하는 경우를 보여주었으며, 이는 나이지리아 정당체제의 발전 및 보다 민주적인 질서로의 전환을 의미한다.

비슷해 보이는 많은 나라들이 무척 다른 역사를 가지고 있기 때문에 아프리카 정당들을 이해하기는 쉽지 않다. 1950년대와 1960년대 독립 이후 민족주의 독립 영웅은 정당경쟁을 중지시켰으며, 일당제가 확립되었다. 비록 공식정당은 오로지 지도자의 개인적 통치수단으로서 기능하였지만, 공식정당은 국민통합의 실현을 위해 필요하다는 측면에서 정당화되었다. 자이르(이제는 콩고민주공화국)의 모부투(Mobutu)와 같은 독재자들은 일당독재를 옹호하는 데 자애로운 족장제의 전통을 교묘하게 이용하였다.

> 우리의 아프리카 전통에서는 결코 두 명의 족장이 없었다. 족장직의 자연 승계자가 이따금 있었지만, 어느 누가 두 명의 족장이 있는 마을을 알고 있다고 나에게 말해줄 수 있나? 그것이 바로 우리 아프리카 대륙의 전통을 따르기 위해 우리 콩고사람들이 단일 민족정당의 깃발 아래에 우리 시민들의 모든 에너지를 결집하기로 결정한 이유

이다. (Meredith, 2006: 295에서 인용)

하지만 대부분의 단일정당은 허약하였으며, 국가지도자의 간섭으로부터 자유롭지 못했고, 국민통합을 실현하기보다는 그저 엘리트의 통제를 확고히 하였다. 정부와 마찬가지로 정당은 도시에 치중하였고, 시골지역에서 활동하지 않았으며, 정책에 대해 관심을 보이지 않았다. 사실 정당은 몇 안 되는 전국적 차원의 조직이었으며, 지지자를 공직에 충원하는 데 유용하다는 것을 입증하였다. 하지만 그러한 기능에도 불구하고 정당은 응집력, 방향, 조직 등의 결여를 감출 수는 없었다. 실제로 정당을 창당한 지도자가 정계를 떠나는 경우 그가 창당한 정당이 이따금 그 지도자와 함께 사라지곤 했다. 예를 들면, 이런 일이 잠비아의 통합민족독립당(United National Independent Party)에게 일어났다. 1959년 창당한 통합민족독립당은 1964년 신생독립국 잠비아의 초대정부를 구성했으며, 잠비아 대통령 카운다(Kenneth Kaunda)와 함께 1990년까지 줄곧 집권여당의 자리를 차지했다. 그 해 폭동과 쿠데타 시도가 있은 후 자유선거가 실시되었으며 이 선거에서 카운다가 패했다. 카운다는 정계를 은퇴했고, 통합민족독립당은 세상에서 사라졌다.

최근의 경제성장에도 불구하고 많은 아프리카 국가들은 여전히 민주주의를 심각하게 가로막는 것으로 보이는 빈곤, 문화적 이질성, 중앙집권적 정치체제 등을 경험하고 있다. 그럼에도 불구하고 라이들(Reidl, 2014)은 거의 20개에 달하는 아프리카 국가들이 1990년대 초 이후 민주적 경쟁을 실현하였다는 사실을 발견하였다. 남아프리카, 보츠와나, 가나, 탄자니아, 모잠비크 등이 그에 해당한다. 그녀는 민주주의 이행의 성격이 민주주의 이행의 성공여부를 결정한다고 주장한다 (제3장 참조). 직관에 반하는 결론에서 그녀는 현재 권위주의 독재자가 힘이 센 경우 독재자는 민주주의 이행과정을 철저하게 통제하며, 그 결과 강한 정당제를 낳는다고 주장한다. 집권정당이 허약한 경우 집권당은 민주주의 이행과정을 제대로 통제하지 못하며, 약한 정당제의 출현으로 귀결된다.

비록 매우 드문 경우지만 한 가지 흥미로운 권위주의 국가의 정당유형은 절대적 권력을 가진 개인이 아니라 정당이 권력의 진정한 원천인 경우이다. 싱가포르가 그 예이다. 싱가포르에서는 온건한 수준의 반대가 그리고 아마도 갈수록 점점 더 강력한 반대가 허용되었음에도 불구하고 민중행동당(PAP: People's Action Party)이 싱가포르를 거의 절대적으로 지배하였다. 따라서 1959년 이후 1990년까지 섬 나라 싱가포르의 수상이었던 리콴유(Lee Kuan Yew)는 자신의 권위의 진정한 원천이 자신의 행정부가 아니라 민중행동당임을 인정하였다. "내가 해야 할 일은 그저 민중행동당의 서기장직을 유지하는 것이다. 나는 대통령이 될 필요가 없다"(Tremewan, 1994: 184). 트레메완은 한발 더 나아가 'PAP-국가'에 대해 언급하였다. 이러한 PAP-국가에서 민중행동당은 공적자원에 대한 통제를 이용하여 시민들로 하여금 확실히 침묵하도록 만든다.

> 절대적 권력자이며 때로는 위협을 사용하는 한 인물이 이끄는 비밀스럽고 무책임한 정당지도부와 함께 당-국가가 싱가포르인들의 주택, 부동산 가치, 연금, 보육, 건강, 미디어, 학교 교육, 선거 과정을 지배한다. (Tremewan, 1994: 186)

권위주의 체제의 정당의 좀 더 전형적인 모습을 보여주는 사례는 러시아이다. 언뜻 보기에 러시아에는 러시아 유권자가 선택할 수 있는 광범위하고 다양한 정당이 존재하지만, 계속 생존하고 실질적인 영향력을 발휘하는 정당은 거의 없다. 사실 1990년대 민주화 초기 새로운 정당들이 무척 많이 창당되었으며, 이들 정당들은(자동차가 주변을 선회하다가 가끔씩 오래된 당원을 내려주고 새로운 당원을 태우는) '택시정당(taxi-cab party)'이거나 또는 (너무나 소규모여서 모든 당원들이 조그만 가구 하나에 모두 함께 앉을 수 있는) '긴 소파 정당(divan party)'으로 폄하되었다. 분명히, 어떤 한 정당이 한 선거에서 다음 선거까지 생존하지 못한다면, 그러한 정당이 책임정치를 실현한다는 것은 어불성설이다. 놀랍지도 않게, 불신이 가득한 이 나라에서 정당은 가장 신뢰할 수 없는 공공조직이다 (White, 2007: 27).

미국 대통령선거에서의 경우보다 훨씬 더 러시아의 대통령선거에서 유권자들은 정당이 아니라 후보를 중심으로 투표를 한다. 정당은 운전자가 아니라 자동차이다. 오늘날 러시아에서 가장 큰 정당은 통합러시아(United Russia)이지만, 2000년 대선과 2004년 대선에서 푸틴은 오직 통합러시아(그리고 전신인 통일당)와 비공식적으로 동맹하였다. 메드베데프(Dmitry Medvedev) 총리에게 권력이 넘어간 이후 2008~2012년 총리로서 푸틴은 이 당의 대표가 되었으며, 2012년 대선에서 이 당의 대선후보가 되었다. 통합러시아는 러시아 사람들이 '권력 정당(party of power)'이라고 부르는데, 이는 힘 있는 장관들과 지역 주지사들, 거대 기업들로부터 지지를 보장받기 위해 크렘린이 위협과 권력을 사용한다는 것을 의미한다.

러시아 정당들의 약한 위상을 고려한다면, 러시아 정당들이 형편없이 조직되었으며, 소규모 당원만을 갖고 있고, 거대하고 다양한 국가를 통합할 수 있는 최소한의 능력만을 갖고 있다는 사실은 놀랄 일도 아니다. 경쟁적 권위주의 국가들의 전형적인 모습으로 정당의 등록, 후보공천, 국가보조금 지원 등에 관한 법령들은 주로 거대정당에 유리하게 되어있다. 군소정당은 덫에 걸려있다. 군소정당들은 보다 더 중요하게 되기 전까지는 거대정당이 될 수 없지만, 군소정당이 거대정당이 되기 전까지는 군소정당의 중요성은 커지지 않는다 (Kulik, 2007: 201).

민주주의 지수를 기준으로 또 하나의 권위주의정권으로 분류되는 아이티에서 우리는 허약한 정당의 또 다른 유형을 찾아볼 수 있다. 자연적 재해만큼 정치적 문제로 피해를 입은 나라인 아이티는 1804년 독립 이후 현재 23번째 개정헌법을 사용하고 있다. 이와 같은 불안정성은 아이티의 정치적 난국의 원인이자 결과이며, 아이티 정당들은 아이티의 공식적 정치기구들보다도 더욱 무기력한 모습을 보여준다. 아이티는 선거를 실시하지만, 선거는 공정하지도 않고 효율적이지도 못하다. 아이티는 정당활동의 오랜 역사를 갖고 있지만, 확고한 사회적 뿌리를 가진 튼튼한 정당을 발전시키는데 단 한 번도 성공하지 못했다. 주요 후보자의 선거운동을 위해 새로운 정당이 등장하는 대선과정에서 정당활동이 가장 활발하게 벌어진다. 정당들은 아이티 민족주의로부터 농민과 청년의 이익, 공산주의, 노동자의 권리, 현 정부에 대한 반대에 이르는 광범위한 범위의 쟁점들을 얘기한다. 그러나 소속 정치지도자의 공직 임기가 끝난 이후까지 존속하는 아이티 정당은 거의 없으며, 그러므로 아이티 정치에서 정당은 오직 주변적 역할에 머물고 있다.

토론주제

- 정당이 필요한가? 만약 그렇다면, 정당의 가장 중요한 기능은 무엇인가?
- 다당제와 양당제 중 어떤 것이 더 나은가?
- 한국의 정당체제는 어떤 정당체제인가? 한국의 정당체제는 사회적 균열, 유권자 선호, 통치구조 또는 다른 어떤 것을 반영하는가?
- 정당이 자체적으로 지도자 및 공직후보자를 선출하는 것이 좀 더 민주적이고 효율적인가, 아니면 지도자 및 공직후보자의 선출을 유권자의 손에 맡기는 것이 좀 더 민주적이고 효율적인가?
- 정당 자금 및 선거운동 자금의 조달을 가장 공정하고 민주적으로 하는 방법은 무엇인가?
- 정당은 이미 죽었나? 죽어가고 있나? 아니면 단지 좀 더 나은 방향으로 개혁되고 있나?

핵심 개념

공천권자(Selectorate)
과두제의 철칙(Iron law of oligarchy)
뒤베르제의 법칙(Duverger's law)
안전한 텃밭 선거구(Safe district)
예비선거(Primary election)
정당(Political party)
정당체제, 정당제(Party system)
카르텔정당(Cartel party)
틈새정당(Niche party)

추가 읽을 거리

Brooker, Paul (2013) *Non-Democratic Regimes: Theory, Government and Politics*, 3rd edn. 독재정치에 관하여 광범위하게 검토하고 있는 이 책은 일당제에 관한 장을 포함하고 있다.

Cross, William P. and Richard S. Katz (eds) (2013) *The Challenges of IntraParty Democracy*. 이 책은 정당과 국가는 당내 민주화의 확대를 추진하는 데 적극 앞장서야 한다는 근본적 쟁점을 다루고 있다.

Gallagher, Michael, Michael Laver, and Peter Mair (2011) *Representative Government in Modern Europe*, 5th edn. 정당에 관한 광범위한 자료를 비롯하여 유럽정치에 관한 많은 내용을 담고 있다.

Hazan, Reuven Y. and Gideon Rahat (2010) *Democracy within Parties: Candidate Selection Methods and Their Political Consequences*. 후보선출방식에 관한 비교연구.

Riedl, Rachel Beatty (2014) *Authoritarian Origins of Democratic Party Systems in Africa*. 권위주의에서 경쟁적 정당체제로의 도전적 전환에 대해 검토하고 있는 아프리카 국가의 정당에 관한 연구서.

Scarrow, Susan E. (ed.) (2002) *Perspectives on Political Parties: Classic Readings*. 여러 다양한 나라의 기본 자료를 모아놓은 흥미로우면서도 흔치 않은 책으로 19세기 정당에 대한 이해의 변화를 보여준다.

CHAPTER 16 선거

개관

선거는 대의민주주의의 중심에 놓여 있다. 선거는 대부분의 유권자들이 정부와 연결하는 주요 수단이며, 정치인과 정당이 감독자라기보다 애원자가 되는 짧은 순간을 제공한다. 자유 민주주의 국가의 수가 증가함에 따라, 선거는 더욱 널리 보급되었으며 그에 따라 전세계에서 던져지는 표의 수 또한 증가하였다.

선거의 핵심 기능은 공직에 대한 경쟁을 제공하고 정부에 대해 책임을 물을 수 있는 수단을 제공하는 데 있다. 그러나 선거운동은 유권자와 정당 간 대화를 허용하기도 하며, 이는 곧 사회와 국가 간 대화를 의미하기도 한다. 윈스턴 처칠(Winston Churchill)은 "정치인에 대한 교육 중에서 선거에서의 싸움만큼 소중한 부분은 없다"라고 주장하였다. 경쟁적 선거는 공직자에게 권위를 부여하며(이는 결국 공직자들이 자신의 의무를 보다 효과적으로 수행하는 데 도움을 줌), 선택, 책임, 대화, 정통성 등을 증진시키는 기능을 한다.

선거의 틀을 마련함에 있어서, 정부는 투표를 의석으로 전환하는 방식에서 많은 다양한 선택지를 가지고 있다. 이러한 선거제도들은 대표와 민주주의 그 자체에 대해 서로 대조되는 생각들을 반영하는데, 그 주요 이유는 사용되는 방법에 따라 결과가 달라지기 때문이다. 이번 장은 단순다수제에서 과반수제, 그리고 비례제에 이르기까지 이러한 다양한 선택지들에 대한 평가로부터 시작하며, 입법부 선거와 대통령선거를 차례로 살펴본다. 그 다음으로 선거운동의 동학을 살펴보고, 국민투표, 발의, 소환 등의 특정한 효과를 살펴본다. 이번 장은 권위주의 국가에서 선거의 역할에 대한 논의로 끝나게 되는데, 권위주의 국가에서도 선거 결과에 대한 적극적인 조작에도 불구하고 선거는 여전히 정치적 기능을 수행한다.

차례

- 선거: 개요 344
- 의회선거 345
- 대통령선거 352
- 선거운동 355
- 국민투표, 발의, 소환 358
- 권위주의 국가에서의 선거 361

핵심논제

- 선거는 민주정치 과정의 중심에 놓여 있으며, 투표를 의석으로 전환하는 데 있어서 사용되는 다양한 선거제도에 대한 이해는 서로 상충되는 대표의 생각들을 이해하는 데 도움이 된다.
- 비록 누가 투표할 수 있는가의 문제는 이미 해결된 것으로 간주되고 있지만, 약간의 흥미로운 질문이 남아 있다. 16세와 17세 유권자들? 시민권이 없는 거주자들? 죄수들?
- 입법부 선거와 행정부 선거는 그 역학에 있어서 그리고 그 함의에 있어서 서로 다르다. 다수로 구성된 입법부에 투표하는 일은 1인의 행정부 수반을 선출하는 것과는 다른 규칙을 요구한다.
- 선거운동에 바쳐지는 많은 소란에도 불구하고, 선거운동은 생각보다 결과에 큰 영향을 미치지 않는데, 왜냐하면 정당들의 노력은 종종 상쇄되며 심지어 오늘날에도 많은 유권자들은 선거운동이 최종 국면에 접어들기 전에 이미 마음을 결정하기 때문이다. 선거운동은 그것이 만들어내는 결과보다는 학습의 기회라는 역할 때문에 더욱 중요하다.
- 선거의 정치적 영향력은 그 결과가 들어온 뒤 선거에 대해 확립된 해석에 달려 있는데, 종종 과장된 해석이 현시대의 풍조이다.
- 권위주의 정권에서는 수많은 통제가 선거에 부과되지만, 그 효과는 정치적 선택을 공식적으로 제거하기보다는 제약하는 것이 보통이다.

선거: 개요

선거는 대의민주주의라는 개념에 근본적으로 필요하다. 대표의 질은 선거의 질, 규칙성, 그리고 산술과 직접적으로 연관이 있다. 민주주의 체제와 권위주의 체제를 구분하는 핵심적인 차이의 하나는 전자에서의 선거가 일반적으로 자유롭고 공정한 데 반해 후자에서의 선거는 그렇지 않다는 사실이다.

선거의 민주적인 목적은 유권자의 바람과 선호가 입법부와 정부의 구성에 반영되도록 보장하는 것이다. 선거제도 자체가 근원적인 사회적 갈등을 해결해 줄 것으로 기대될 수 없다. 그러나 만약 선거제도가 폭넓게 수용되며 장기간 동안 안정적이고, 승리자가 자신의 이득을 위해 제도 수정을 시도하지 않고, 패자가 자신의 패배를 선거 규칙 탓으로 돌리지 않는다면, 선거제도는 그 기능을 수행하고 있다고 간주될 수 있다.

선거의 역학에 있어서, 입법부에서 투표가 의석으로 전환되는 방식은 다양한데, 주요 대안은 단순다수제, 과반수제, 비례제, 그리고 혼합제이다. 어떤 방식이든 유권자 선호가 입법부의 구성에 정확히 반영되는 경우는 드물지만, 이러한 편향성의 정도는 크게 다르며 그것이 선거제도를 판단하는 유일한 시험은 절대 아니다.

선거는 그 중요도와 효과에 있어서도 다양한데, **일차적 선거**(first-order elections)는 지도자나 정부의 변화 전망이 걸려 있는 국가 차원의 선거를 포함하며, **부차적 선거**(second-order elections)는 이보다 덜 중요한 중간선거와 지방선거를 포함한다. 예를 들어, 유럽국가들에서 총선은 지방선거와 유럽의회선거에 비해 훨씬 더 많은 관심을 불러일으키며 그에 따라 훨씬 더 높은 투표율을 가져온다. 정부의 변화가 달려있기 때문에, 총선은 분명히 일차적 선거이다. 한편 통상적으로 총선과 다른 시점에 실시되는 지방선거는 상대적으로 적은 관심과 투표참여를 가져오며, 유권자들은 지방선거를 전국적 정부를 평가하는 데 이용한다. 지방선거는 분명히 부차적 선거이다.

> **일차적 선거(First-order elections)**: 이해관계가 가장 많은 선거로서, 보통 국가 차원의 지도자 혹은 정부의 변화 전망이 포함된다.
>
> **부차적 선거(Second-order elections)**: 이해관계가 상대적으로 적은 선거로서, 예를 들어, 지방선거 혹은 중간선거가 해당되며, 많은 유권자들이 국가 정부에 대한 판단을 표현하기 위해 이러한 선거를 이용한다.

비록 부차적 선거가 국가 정부의 변화를 초래하는 것은 아니지만, 부차적 선거의 결과는 전국정당의 인기를 반영하는 경향을 가진다. 이러한 선거는 공직자의 업무 수행과 유권자의 반응 간의 연계를 약화시키게 되는데, 그에 따라 유능한 지방정부가 단지 자신이 속한 정당이 전국차원에서 인기가 없다는 이유만으로 선거에서 져서 자리에서 물러날 수 있다.

선거를 이해함에 있어서, 우리는 그 범위 또한 고려할 필요가 있다. 미국은 전체적으로 50만 개 이상의 선출직을 갖고 있는데 반해(이러한 수치는 강한 지방자치의 전통을 반영하는 것임), 유럽의 유권자들은 전통적으로 전국차원의 입법부와 지방정부에만 선거를 실시하여 왔으며, 최근에 와서 지역 선거와 유럽연합 선거가 추가되었다. 이러한 차이를 설명하기 위해, 달튼과 그레이는 1995년과 2000년 사이에 영국의 옥스퍼드(Oxford) 주민이 4번 투표할 수 있었는데 반해, 미국 캘리포니아 주 어바인(Irvine) 주민은 2000년 한 해 동안에만 50번 이상 투표할 수 있었다고 지적하고 있다 (Dalton and Gray, 2003: 38).

지나치게 많은 선거에는 위험도 따르다. 그중 중요한 위험은 유권자 피로인데, 이는 선거에 대한 관심, 투표참여율, 그리고 선택의 질에 있어서 저하를 초래할 수 있다. 미국에서의 추정에 따르면, 5년에 걸친 기간 동안 투표를 추가적으로 5번 더 하는 경우 같은 기간 동안 약 4퍼센트의 투표율 저하가 초래될 수 있다고 한다(Dalton and Gray, 2003: 39).

의회선거

선거제도(electoral system)와 관련한 논의의 핵심은 투표를 의석으로 전환하는 최선의 방법이 무엇인가 하는 질문이다. 이번 절에서는 의회선거에서 투표를 의석으로 전환하는 규칙을 고찰하며 (표 16.1), 다음 절에서 대통령선거에 대해 논의한다. 선거공식(electoral formula)의 핵심 특징은 한 정당의 의석수가 그 정당이 선거에서 얻은 표수에 직접적으로 비례하는가의 여부이다. 비례대표제(PR: Proportional Representation)란 이러한 비례성의 목표를 달성하기 위한 기제가 의석 배정 과정에 내재되어 있음을 의미한다. 이와는 대조적으로, 비(非)비례적 선거제도에서는 정당들이 자신들의 득표에 비례하는 만큼의 의석을 보상받지 못하며 이는 왜곡된 대표를 초래하는 것이 보통이다.

> **선거제도(Electoral system)**: 선거를 관할하는 규칙을 의미하는 일반적인 용어로서, 이는 표의 구조(structure of the ballot)(예를 들어, 정당별로 몇 명의 후보가 올라가 있는가), **선거공식(electoral formua)**(표가 어떻게 의석으로 전환되는가), 그리고 선거구 획정(districting)(영토를 다수의 분리된 선거구로 분할하는 일) 등을 포함한다.

단순다수제

소선거구 **단순다수제**(SMP: single-member plurality)는 FPTP(first-past-the-post) 혹은 승자독식제라고도 불리는데, 여기서는 영토가 의원 한 명이 대표하는 지역구(혹은 선거구)로 분할된다. 각 선거구에서 다수의 후보가 경쟁하며, 가장 많은 득표를 한 후보가 단순다수이든 과반 득표이든 상관없이 승자가 된다. 이 제도의 오래된 역사성에도 불구하고, 단순다수제는 점점 사라지고 있으며, 주로 영국과 영국의 영향을 받은 국가들에서만 아직 유지되고 있다. 그러나 몇몇 국가들(예를 들어, 인도, 미국, 나이지리아)이 워낙 인구가 많기 때문에, 민주적 통치 아래에서 살고 있는 전세계 사람들의 절반 이상이 이 제도를 사용하여 투표하고 있는 셈이다.

> **소선거구 단순다수제(Single-member plurality)**: 각 선거구는 1명의 대표를 가지며, 각 선거구에서 과반일 필요 없이 최다 득표를 한 후보가 승자가 되는 선거제도.

소선거구 단순다수제는 균형이 깨진 결과를 초래할 수 있는 단순한 제도이다. 모든 선거구에서 '붉은정당'과 '파란정당' 두 개 정당만이 모든 선거구에서 경쟁하고 각 선거구에서 붉은정당이 한 표 차이로 승리하는 극단적인 경우를 가정해 보자. 득표 면에서 보면 이보다 더 치열한 경쟁이 없지만, 붉은정당이 모든 의석을 독차지하고 파란정당은 한 석도 갖지 못하게 된다. 또한 다음과 같은 실제의 사례도 고려해 보라.

- 영국에서 1945년부터 2015년 사이에 실시된 19번의 총선 중 17번 모두 하원 내 단일정당에 의한 과반수 차지라는 결과가 도출되었는데, 실제 득표에서는 그 어느 정당도 과반수 득표를 한 경우가 한 번도 없었다.

표 16.1 의회선거제도 비교

	절차	사례
단순다수제		
소선거구 단순다수제(SMP: Single-member plurality)	각각의 1인 선거구에서 한 번만 투표하여 최다득표(과반수 이상일 필요 없음) 후보자를 당선자로 한다.	나이지리아, 말레이시아, 미국, 방글라데시, 영국, 인도, 캐나다
절대다수제		
2차투표제(Two-round system)	첫 번째 투표에서 아무도 과반수 득표를 하지 못하면, 선두에 있는 후보들(대개 1위와 2위 두 명)을 대상으로 2차 결선투표를 실시한다. 대통령선거에서 더 자주 사용된다.	베트남, 벨라루스, 아이티, 이란, 프랑스
대안 투표제(AV: alternative vote) 혹은 즉시 결선제(instant runoff)	유권자는 후보자에 대한 선호 순위를 정하고, 필요에 따라 한 명의 후보가 과반 득표를 할 때까지 표를 다시 분배하는 복잡한 제도이다.	파푸아뉴기니, 호주
비례제		
명부제	유권자는 정당의 후보 명부에 투표하며, 각 선거구에서 정당의 득표율에 비례하여 정당 간에 의석이 나누어진다.	대부분 유럽국가와 남아공, 라틴아메리카, 러시아
단기이양식(STV: Single transferable Vote)	대안투표제와 유사하나, 과반 득표 후보가 아니라 비례성 달성을 목표로 함	몰타, 아일랜드, 인도(상원)
혼합제		
병렬제(Parallel) 혹은 다수제적 혼합제(MMM: Mixed member majoritarian)	일부 의석은 비례제에 의해 결정되고, 다른 의석은 소선거구 단순다수제나 2차투표제에 의해 결정된다. 실질적으로 두 개의 분리된 선거이다.	우크라이나, 이집트, 일본, 필리핀, 한국
비례제적 혼합제(MMP: Mixed member proportional)	다수제적 혼합제와 유사하나, 비례제 의석이 의석 총수를 결정하는 데 사용된다는 점이 다르다.	뉴질랜드, 독일, 루마니아, 멕시코, 헝가리

- 캐나다의 대부분 연방선거에서도 이와 비슷한 유형이 발견된다. 예를 들어, 2011년 선거에서 보수당은 40퍼센트 이하의 득표율을 가지고 과반 의석을 차지하였고, 나머지 정당들은 합쳐서 거의 60퍼센트의 득표를 했지만 단지 45퍼센트의 의석만을 차지했다 (도표 16.1).
- 거의 동일한 현상이 2014년 인도에서 발생하였는데, 인도인민당(Bharatiya Janata Party)은 단지 31퍼센트의 득표율을 가지고 전국 의회 의석 중 거의 52퍼센트를 차지하였다.

이 제도는 전국에 걸쳐 폭넓은 지지 기반을 가진 주요 정당에게 유리하며, 지리적으로 고른 지지를 가진 약한 정당에게는 불리하게 작용하는 경향이 있다. 이러한 소수 정당들은 여러 선거구에서 표를 모아놓고도 어떤 선거구에서도 1등을 하지 못할 수 있다. 한편 양당제가 퇴조하고 주요 정당들이 지역 기반을 공고하게 다진 소선거구 단순다수제 하에서는 주요 정당들이 그리 많은 혜택을 보지 못했다. 요약하자면, 단순다수제가 의회 내에서 1당이 과반 의석을 차지하는 현상을 초래할 가능성이 과거보다 줄어들었

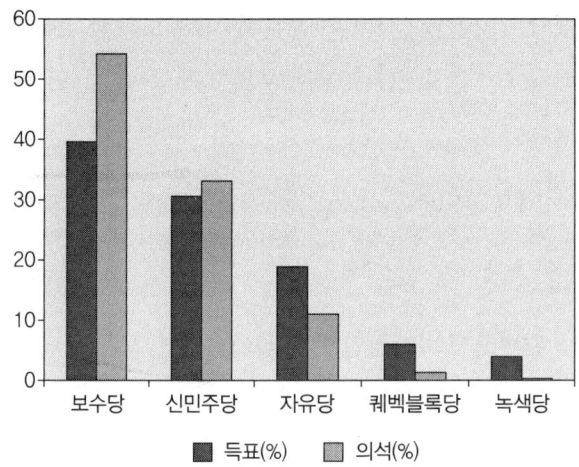

도표 16.1 캐나다 연방선거, 2011년

절대다수제

이름이 암시하는 바와 같이, 절대다수제는 승리하는 후보에게 과반수 이상의 득표를 요구하는데, 대부분의 유권자의 지지를 받지 못한 후보가 당선되어서는 안 된다는 민주주의 주장에 근거하고 있다. 이러한 결과를 달성하는 두 가지의 방법이 있는데, 하나는 2차투표제(혹은 결선제[runoff election]라고도 알려져 있음)이며, 다른 하나는 드물게 사용되고 있지만 매우 복잡한 대안투표제(alternative vote arrangement)이다.

첫 번째 방법의 경우, 모든 후보들이 한 지역구에서 서로 경쟁하고, 만약 어떤 후보가 50퍼센트 이상의 득표를 하면 그 후보는 당선자로 선포된다. 그러나 어떤 후보도 50퍼센트 지점을 통과하지 못하면, 1차 투표에서 상위 두 명의 후보만이 곧 이어 실시되는 2차 투표에서 경쟁하고 그에 따라 둘 중 한 명이 과반 득표를 하도록 보장하는 것이다. (프랑스에서는 1차 투표에서 12.5퍼센트 이상의 득표를 한 모든 후보들이 2차 투표에도 출마할 수 있는데, 다만 다득표 후보자들만이 2차 투표에서 경쟁할 수 있도록 길을 열어주기 위해 후보들 간에 거래가 종종 이루어진다.) 많은 서유럽국가들은 20세기 초반 비례대표제로 전환하기 이전에 2차 투표 절대다수제를 사용했다. 의회 선거에 있어서, 이 제도는 이제 프랑스와 프랑스의 이전 식민지 국가들에서만 의미 있는 제도로 남아 있다. 그리고 미국에서는 일부 예비선거와 루이지애나 주 상원선거 등과 같은 소수의 선거에서 사용되고 있다. 이 제도는 여러 국가의 대통령선거에서 사용되고 있으며, 그에 따라 이 장의 뒷부분에서 보다 상세히 다루어질 것이다.

대안투표제(AV: alternative vote) 혹은 즉시 결선투표제는 문제를 더욱 더 복잡하게 만들며, 유권자들로부터 더 많은 생각을 요구한다. 유권자들은 모든 후보들에 대해 선호 순서를 정해야 하고, 만약 한 후보가 첫 번째 선호에서 과반을 얻게 되면 당선된다. 그러나 어떤 후보도 과반 득표를 하지 못하면, 최하위 후보는 탈락되고 그에게 던져진 표가 재분배되는데, 이러한 과정은 한 후보가 과반 득표를 할 때까지 계속된다. 호주와 파푸아뉴기니 두 국가만이 이 제도를 전국적 의회 선거에서 사용하고 있지만, 영국, 뉴질랜드, 미국의 일부 지방선거에서도 사용되고 있다. 영국 총선에 대안투표제를 도입하려고 했던 시도는 2011년 국민투표에서 큰 차이로 부결되었다.

비례대표제

유럽과 라틴아메리카에서 가장 흔하게 발견되는 선거제도는 **비례대표제**(PR: proportional representation)인데, 이 제도에서는 입법부 의석이 정당의 득표수에 비례하여 배정되며 유권자들은 후보 개인보다는 정당에 근거하여 투표 선택을 한다. 단일의 정당이 과반 의석을 차지하는 일은 드물기 때문에, 통상적인 결과는 연립정부(coalition government)이다. 그리고 비례대표제 하에서는 어떤 정당이 다음 정부를 구성할 것인가에 대한 협상이 선거 이후에 진행되는 것이 통상적이기 때문에, 이 제도는 정부보다는 입법부를 선출하는 수단으로서 해석되는 것이 적절하다.

> **비례대표제(Proportional representation)**: 경쟁하는 정당들의 의석수가 각 정당이 얻은 득표수에 비례하여 정해지는 선거제도.

완벽하게 비례적인 제도 하에서라면, 모든 정당이

초점 16.1 | 누가 투표권을 가져야 하는가?

투표권(누가 투표할 수 있는가)의 문제는 선거에 대한 논의에서 놀랄 만큼 관심을 받지 못하고 있다. 투표에 대한 제약은 지난 세기에 걸쳐 꾸준히 제거되어 왔으며, 대부분 민주 국가에서 발생한 가장 최근의 변화는 1960년대와 1970년대에 투표 연령을 18세로 낮춘 것이다. 그러나 여전히 질문이 남는다. 오스트리아와 브라질에서와 같이 투표 연령이 16세로 낮추어져야 하는가? 죄수들은 투표하도록 허용되어야 하는가? 시민권을 가지지 않은 합법적 외국 거주민들에게 투표권을 허용해야 하는가?

소수 국가에서는 많은 유죄를 선고받은 죄수들이 투표권을 갖지 못하고 있는데, 미국이 대표적인 사례이다. 미국에서 투표권을 거부당한 중죄인과 과거 중죄인의 수는 5백만을 초과하는데, 흑인 7명 중 1명은 이러한 이유로 투표를 못하고 있는 것이다. 영국 또한 이 문제에 대해 강경한 입장을 취하면서, 죄수들에게도 투표권을 부여하라는 유럽인권재판소의 판결에 저항하고 있다. 심지어 데이비드 캐머런(David Cameron) 총리는 수감자들이 투표한다는 생각이 자신을 '육체적으로 역겹게' 만든다고 주장한 바 있다.

비록 윌리(Weale)의 주장에 따르면 '죄수의 투표권을 빼앗는 것에 대해서는 찬성 주장만큼 반대 주장도 많은 것이 사실이지만' (Weale, 2007: 157), 수감되는 것이 투표권 박탈을 의미해야 한다는 것에 대해서 모든 사람이 수용하는 것은 아니다. 캐나다의 최고법원은 죄수의 투표권 박탈이 "포용, 평등, 그리고 시민 참여의 원칙에 근거하여 세워진 민주주의 국가에서 설 자리가 없다"고 판결한 바 있다. 이스라엘의 대법원은 심지어 이츠하크 라빈(Yitzhak Rabin) 총리의 암살범에게도 투표권을 회복시켜주었는데, 그러면서 "우리는 그의 행동에 대한 경멸을 그의 권리에 대한 존중으로부터 분리해야만 한다"고 선언하였다 (Manza and Uggen, 2008: 232).

시민권을 가지지 않은 외국 거주민 문제 또한 남아 있다. 그들은 자신들이 시민들과 마찬가지로 살고, 일하고, 세금을 내는 국가에서 투표권을 부여받아야 하는가? 만약 그렇다면, 그들은 자신의 조국에서도 투표권을 유지해야 하는가? 이 문제에 있어서 느리게 이동하는 추세는 더 많이 포괄하는 것인데, 약 40개 국가들이 이제 시민권을 가지지 않은 거주민들에게도 일정한 형태의 투표권을 인정하고 있다 (Immigrant Voting Project, 2012). 유럽연합 내에서는, 자신이 국민이 아닌 국가에 합법적으로 살고 있는 모든 유럽연합 시민들은 지방 선거와 유럽 선거에서 투표할 수도 있고 또한 후보로 나올 수 있다. 이러한 정책은 이동성의 시대에 투표권을 유지하는 방향으로의 명백한 행보라고 할 수 있다.

득표율과 동일한 의석 점유율을 가지게 될 것이며, 그래서 40퍼센트의 득표율은 의석의 40퍼센트를 의미할 것이다. 그러나 실제에 있어서는 대부분의 비례대표제들이 이에 미치지 못하는데, 왜냐하면 실제 제도들은 가장 큰 정당들에게 약간의 보너스를 제공하는 것이 보통이며(물론 비비례적 방법에 비하면 이 보너스는 적은 편임), 가장 작은 정당들을 의석 배정에서 제외하기 때문이다. 그래서 '비례적'이라고 이름이 붙은 모든 제도가 완전하게 비례적이라고 가정하는 것은 실수이다.

비례대표제에는 두 가지 유형이 있는데, 정당명부제와 단기이양투표제(single transferable vote)이다. 명부제는 가장 흔한 것으로, 이것에도 여러 가지 형태가 있다. 선거구는 다수의 의석에 의해 대표되며(단순다수제에서 발견되었던 1석과는 대조적임), 선거에서 경쟁하는 각 정당은 후보의 명부를 제출하고(각 선거구의 의석수와 동일한 수의 명부를 제출하는 것이 보통임), 유권자들은 이러한 명부를 제공하는 정당들 중에 하나를 선택한다. 한 정당이 획득한 표의 수가 각 정당 명부에서 얼마나 많은 후보가 선출되는가를 결정하며, 후보들이 명부에 등장하는 순서(이는 정당에 의해 자체적으로 미리 결정됨)에 따라 누가 선출되는가가 결정되는 것이 보통이다.

벨기에, 남아공, 스페인과 같은 많은 국가들은 폐쇄형 정당명부제를 사용하는데, 이 제도는 유권자들에게 정당들 사이에서 일자형 선택만을 하도록 허용한다. 이러한 방식에서는 정당 지도부가 각 명부의 작성에 커다란 통제권을 행사하는데, 예를 들어, 여성과 소수민족을 명부 상단에 포함하는 것이 가능하다. 그러나 유럽의 대부분의 명부제는 개방형으로, 이 제도는 유권자들에게 후보들 중에 선택할 수 있는 일부 권한을 부여한다. 이러한 선택은 '선호 투표(preference voting)'라고 알려져 있는데, 이는 유권자들에게 정당 명부에서 한 명 혹은 다수의 후보들을 선택할 수 있도록 허용한다. 해당 명부에 던져진 총 투표수가 여전히 그 정당의 전체적인 대표를 결정하게 되지만, 후보들이 얻은 선호 투표수가 명부에 있는 어떤 후보가 선출되는가에(다양한 정도로) 영향력을 행사하는 것이다.

두 번째 그리고 덜 흔하게 사용되는 유형의 비례대표제는 단기이양투표제(STV: single transferable vote)인데, 이는 설명하기도 쉽지 않고 유권자들이 이해하기도 쉽지 않다. 이 제도는 유권자들이 한 선거구에서 출마한 모든 후보들에 대해 선호 순위를 정하도록 요구하는데, 한 후보가 제1선호에서 미리 정해진 쿼터(quota)에 도달하게 되면 당선자로 선포되고 그가 얻는 잉여 제1선호 표는 제2선호에 따라 다른 후보들에게 배정된다. 가장 적은 표를 가진 후보들은 제거된다. 모든 의석이 채워질 때까지 이러한 과정이 계속된다. 정당명부제와 달리, 이 제도는 개별 후보들에게 표를 던질 수 있도록 허용하면서, '사표' 현상을 최소화한다. 전국적 수준에서 이 제도를 사용하는 국가는 아일랜드와 몰타뿐이지만, 인도와 파키스탄에서는 상원선거에 사용되기도 하며, 호주, 영국, 뉴질랜드, 그리고 미국에서는 일부 주 선거 혹은 지방 선거에서 사용되기도 한다.

대부분의 비례대표제는 최소 봉쇄조항을 포함하는데, 그에 따라 한 정당의 득표율이 정해진 수준에 도달하지 못하면 그 정당은 의석을 배정받지 못한다. 이러한 경계점은 국가마다 다양한데, 대부분의 국가에서 3~5퍼센트인데 반해 터키의 경우 10퍼센트로 매우 높다. 명시적인 봉쇄조항은 입법부를 파편화와 극단적인 정당으로부터 보호해 주며, 혹은 꼬리가 몸통을 흔드는(군소정당이 거대 정당에게 과도한 영향을

국가개요

미국

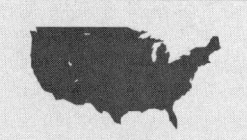

간략 소개: 세계에서 가장 중요한 경제적, 군사적 강국으로서, 미국은 지난 수십 년 동안의 지구적 변화를 초래하기도 했으며 동시에 크게 영향 받기도 하였다. 냉전 기간 동안에, 미국은 서방 동맹을 이끌며 소련과 그 위성국가들에 대항하였으며, '자유세계'의 정치, 경제, 군사적 지도국으로서 간주되었다. 오늘날 미국은 보다 복잡한 국제적 도전들을 직면하기 위해 자국의 지속적인 힘을 사용해야만 한다. 미국은 지구적 차원의 테러리즘에 대항한 투쟁에 사로잡혀 있으며, 또한 전례가 없는 수준에서의 경제적 경쟁에 직면해 있다. 국내적으로, 미국은 적자 지출과 기록적인 부채의 영향을 겪고 있으며, 깊은 인종 갈등, 노쇠해 가는 인프라, 확대되는 빈부격차, 이민에 대한 우려, 그리고 정부에 대한 신뢰 감소 등과 같은 다양한 도전들에 대응해야만 한다.

정부형태 ➡ 연방 대통령제 공화국으로 50개 주와 컬럼비아 특별구(District of Columbia)로 구성되어 있다. 국가는 1776년에 형성되었으며, 가장 최근의 헌법은 1787년에 채택되었다.

입법부 ➡ 양원제 의회: 하원(435명)은 연임 가능한 2년 임기로 선출되며, 상원(100명)은 각 주로부터 2명의 상원의원을 포함하며 연임 가능한 6년 임기로 선출된다.

행정부 ➡ 대통령제. 대통령은 최대 두 번의 4년 임기로 선출되며, 부통령, 대통령실(Executive Office of the President), 백악관 비서실, 연방 장관들의 지원을 받는다.

사법부 ➡ 연방 및 주 법원의 이원 체계를 가지고 있으며, 대통령에 의해 평생직으로 임명되고(상원에 의해 비준되는) 9명의 판사로 구성된 연방 대법원이 이를 이끌고 있다.

선거제도 ➡ 여전히 소선거구 단순다수제 방법을 채택하고 있는 소수 거대 국가의 하나이다. 공식적으로, 대통령은 선거인단을 통해 간접적으로 선출된다.

정당 ➡ 다당제이나, 온건 보수주의 공화당과 온건 자유주의 민주당 두 정당이 지배적 위치를 차지하고 있다.

➡

미치는 – 옮긴이) 주객전도의 문제로부터 보호해 준다. 너무 낮은 봉쇄조항의 영향은 이스라엘에서 가장 명백하게 나타나고 있는데, 2013년 이스라엘 선거의 경우 2퍼센트의 진입장벽에 근거하여 120석의 크네

미국의 선거

미국의 선거는 적어도 세 가지 측면에서 이례적이다 (혹은 심지어 독특하다). 첫째는 매우 많은 선출직의 수, 둘째는 선거운동에 지출되는 엄청난 양의 돈, 그리고 셋째는 많은 선거에서 매우 낮은 투표율이다.

연방 차원에서, 미국인들은 대통령과 부통령, 각 주마다 2명의 상원의원, 그리고 하원의원에게 투표할 수 있다. 주와 지방 차원에서, 다양성은 더 확장되는데, 주지사, 주 의원에서부터 감사, 판사, 교육 위원, 보안관, 재무관에 이르기까지 매우 다양하다.

선출직이 이처럼 많은 것은 한때 개척민 사회였던 거대한 사회를 통치하기 위한 실용적인 요구를 반영할 뿐만 아니라, 평등과 능력을 강조하는 문화, 그리고 행정이 실용적 문제라는 신념을 반영하기도 한다. 게다가, 독특하게 미국적인 예비선거제도는 정당 후보의 선출을 일반 국민에게 개방하고 있다(예비선거의 투표율은 낮은 것이 보통임).

비록 선거운동에 많은 돈을 지출하는 것이 선거 승리를 보장하는 것은 아니지만, 대규모의 광고 예산을 갖지 못한 채 유권자들에게 이름을 알리는 것은 거의 불가능하다. 2000년 선거(모든 공직)는 역사상 처음으로 30억 달러를 넘겼지만, 이 기록은 2008년에 50억 달러, 그리고 2012년에 거의 70억 달러라는 숫자에 의해 급속하게 교체되고 말았다. 언론의 자유라는 명목 하에, 2010년 대법원 판결은 선거운동 자금에 대한 이전의 제약을 무효로 만들었고, 종종 익명성에 의해 보호되는 집단에 의한 거의 무제한적인 지출을 허용하였다.

2000년 대통령선거는 미국 민주주의에 대해 곤란한 질문을 제기하였는데, 왜냐하면 유권자 투표에서의 승자였던 앨 고어(Al Gore)가 조지 부시 (George W. Bush)에게 선거인단 투표에서 졌는데, 그 배경에는 심각한 결함을 가진 투표 기록과 투표소 접근에 대한 규칙이 있었다. 2008년 대통령선거는 상이한 결과를 가져왔는데, 버락 오바마(Barack Obama)가 유권자 투표에서 단지 53퍼센트만을 차지했음에도 불구하고 선거인단에서 68퍼센트로 승리했던 것이다.

세트(Knesset, 이스라엘의 단원제 의회 – 옮긴이)에서 12개 정당이 의석을 차지하게 되었다. 이 정당들 중 6개는 각각 5퍼센트에 못 미치는 득표율을 기록했지만, 그들은 모두 25석을 통제하게 되었다. 한편 가장 큰 정당인 리쿠드(Likud, 이스라엘의 보수 정당 – 옮긴이)는 31석만을 가지게 되었다. 2014년 진입 장벽이 3.25퍼센트로 올라갔지만, 2015년 선거 이후 의회 내 정당 수는 단지 10개로 감소하는 데 그쳤다.

혼합 선거제도

네 번째 종류의 선거제도는 단순다수제와 비례대표제의 혼성으로, 이 두 제도 각각의 장점을 극대화하고 단점을 최소화하려고 고안된 것이다. 이 중 가장 단순한 유형은 병행투표(parallel voting) 혹은 다수제적 혼합제(MMM: mixed member majority)로, 이는 소선거구 단순다수제와 정당명부제를 연결하지 않고 사용함으로써 실질적으로 두 개의 분리된 선거운동을 갖는 것과 같다. 유권자들은 자신의 지역구를 대표하기 위해 경쟁하는 후보들 중 한 명을 선택하고, 보다 큰 지역을 대표하기 위해 정당 명부 중 하나를 선택한다. 예를 들어, 일본의 하원선거에서 300명은 소선거구 단순다수제에 의해, 그리고 180명은 비례제에 의해 선출된다. 유권자들은 2개의 표를 던지는데(하나는 후보에게 다른 하나는 정당에게 투표함), 정당들은 후보를 1석 지역구와 정당 명부 양자 모두에 배정할 수 있기 때문에 전자에서 패배한 후보도 여전히 후자에서 당선될 기회를 갖는다. 다수제적 혼합제는 비례적 결과를 확보할 수 있는 어떤 기제도 포함하지 않고 있다.

그러나 또 다른 종류의 혼합제인 비례제적 혼합제(MMP: mixed member proportional)는 가끔 '보정적 비례제(compensatory PR)'라고도 불리는데, 이것은 비례제 성격을 가지고 있다. 이 유형도 소선거구 단순다수제와 비례제의 혼성을 사용하지만 두 개의 층을 연결하고 비례제 명부 투표를 이용하여 전체적으로 비례적 결과를 가져오기 위해 의석을 '보정(top up)'한다. 독일은 이러한 제도를 도입한 최초의 국가이다. 독일의 299개 선거구의 유권자들은 소선거구 단순다수제에 근거하여 자신들의 지역구 대표를 선출하기 위해 '개인'에 표를 던지며, 동시에 비례제에 근거하여 독일의 16개 주(Länder)에서 경쟁하는 정당들 중에 선택하기 위해 '정당'에 표를 던짐으로써 추가로 299개의 의석을 채운다. 입법부 내에서 정당의 총 대표 수를 결정하는 것은 바로 이 두 번째 정당 투표이다. 지역구 경쟁에서 얻은 의석에 비해 더 큰 정당 투표 득표율을 가진 정당은 정당 명부로부터 대표를 '보정' 받고, 추가적인 '균형' 의석을 받아 전체적으로 보다 비례적인 결과를 달성한다. 결과는 투표와 의석 간의 정확한 상관관계는 아니지만 (표 16.2를 보라), 조정을 가능하게 해 준다. 이러한 비례제적 요소는 특히 좌파정당과 녹색당에게 도움을 주었는데, 이 두 정당은 단지 5개의 지역구에서 승리했음에도 불구하고 입법부 내에서 둘이 합쳐 127개 의석을 차지하였다. 독일식 제도는 내부적으로 폭넓게 수용되고 있으며 외부로부터의 관심도 끌어왔는데, 그것은 이 제도가 지역구 대표와 비례적 결과를 결합하는 데 성공했기 때문이다.

대통령선거

입법부에 사용되는 선거제도는 다양하고 종종 복잡한 데 반해, 대통령에 사용되는 선거제도는 상대적으로 간단하다. 그 이유는 1명으로 구성된 대통령직은 정당 간에 공유될 수 없기 때문이다. 이는 비례제를 선택지에서 제거하며, 그에 따라 주된 선택은 단순다수제와 절대다수제 사이에 놓인다.

단순다수제는 가장 단순한 형태인 경향이 있지만, 확실한 선거 위임을 만들어 내는 데 실패할 수 있

표 16.2 독일 연방선거, 2013년

	정당명부 득표(%)	지역구 승리 수	하원 내 의석 수	하원 내 의석점유율(%)
기독민주당/기독사회당연합	45.3	236	311	49.3
사회민주당	29.4	58	193	30.6
좌파정당	8.2	4	64	10.1
녹색당	7.3	1	63	10
기타 정당	9.8	0	0	0
합계	100	299	631	100

다. 선거에서 경쟁하는 후보자 수가 많을수록, 이러한 문제가 발생할 가능성은 더 크다. 과반 득표에 실패한 채 자리를 차지한 대통령은 신뢰성이 적을 것이며, 자신의 정책 의제를 추구할 능력도 적을 것이다. 승리한 후보가 전체 투표 중 작은 부분만을 확보한 경우에는 이 문제가 특히 심각하다. 예를 들어, 라모스(Fidel Ramos)는 1992년에 단지 24퍼센트의 득표율로 필리핀 대통령이 되었는데, 이는 승리자를 가장 높은 공직에 보내는 데 있어서 완전한 지지라고 할 수 없다. 아키노(Benigno Aquino)는 2010년에 42퍼센트의 득표율로 승리했는데, 이는 보다 낮은 결과이지만 여전히 과반은 아니었다. 멕시코에서는 1990년대의 선거 개혁 이후 승리한 후보가 42퍼센트 이상을 득표한 적이 없다. 2006년 칼데론(Felipe Calderon)이 승리할 때의 점유율은 단지 36퍼센트였다.

이러한 이유로 대부분의 대통령 선거제도는 2차 투표제를 사용함으로써 과반을 강제로 만들어낸다. 1차 투표에서는 모든 자격 있는 후보들이 경쟁하며, 한 명이 절반 이상을 득표하면, 그 후보가 승자가 된다. 그 어떤 후보도 절반 이상을 득표하지 못하면, 두 명의 상위 득표 후보들 간에 2차 투표가 실시되는데, 1차 투표 후 2주 혹은 3주 이내에 실시되는 것이 보통이다. 승리자가 투표자 과반의 지지를 받는 것을 보장하는 것은 물론이고, 2차투표제는 두 명의 결선 후보들로 하여금 1차 투표에서 실패한 후보들에게 다가가도록 유도하는데, 이는 보다 폭넓은 기반을 가진 정치를 촉진하는 데 도움이 될 수 있다. 2차투표제는 선거운동 기간과 비용을 확장시키며, 결선투표에서 투표율이 감소할 위험이 있으며, 1차 투표에서 전술적 투표의 여지를 남긴다.

프랑스는 영향력 있는 사례이다. 프랑스 유권자들은 1차 투표에서는 마음으로 투표하고 2차 투표에서는 머리로 투표한다고 전해지는데, 이는 2002년 대통령선거에서와 같이 예상치 못한 놀라운 결과가 발생할 가능성을 만들어낸다 (표 16.3을 보라). 현직 대통령이었던 시라크(Jacques Chirac)는 두 번째 임기를 위해 선거 경쟁에 나섰지만 인기를 잃은 상태였으며, 선거는 법과 질서에 대한 우려가 만연한 배경 하에서 실시되었다. 두 명의 주요 후보는 시라크와 그의 정적이었던 사회주의자 조스팽(Lionel Jospin)이 될 것으로 예상되었지만, 많은 유권자들이 1차 투표에서 소수 후보들에게 투표함으로써 시라크에 대

표 16.3 프랑스 대통령선거, 2002년

	정당	1차 투표(%)	2차 투표(%)
자크 시라크(Jacques Chirac)	공화국연합(Rally for the Republic)	19.8	82.2
장마리 르 펜(Jean-Marie Le Pen)	국민전선당(National Front)	16.8	17.7
리오넬 조스팽(Lionel Jospin)	사회당(Socialist)	16.1	–
프랑수아 바이루(François Bayrou)	프랑스민주주의연합(Union for French Democracy)	6.8	–
아를레트 라귀에(Arlette Laguiller)	노동자 투쟁당(Workers' Struggle)	5.7	–
11명의 다른 후보들		34.5	
총 투표 수		2억 8,500만	3억 1,000만
투표율(%)		71.6	79.7

한 불만을 표현하였다. 비록 시라크가 1등이 되었지만, 표 차이는 매우 적었으며, 조스팽은 우파 국민전선당(National Front) 후보 장마리 르 펜(Jean-Marie Le Pen)에게 밀려 3등으로 뒤쳐졌다. 이러한 결과에 충격을 받아, 대부분의 유권자들은 2차 투표에서 르 펜을 막아내기로 결심했고, 투표율은 거의 80퍼센트까지 올랐으며, 시라크는 82퍼센트 이상의 득표율을 기록하며 민주주의 프랑스 역사상 가장 커다란 차이로 승리한 지도자가 되었다.

흥미로운 각주의 하나로서, 세 개의 국가, 즉 인도네시아, 케냐, 그리고 나이지리아는 단순 결선을 넘어서, 승리 후보가 추가적인 **분포 요건**(distribution requirements)을 만족하여 지지의 깊이뿐만 아니라 넓이도 증명할 것을 요구하고 있다. 상당한 인종, 지역, 그리고 종교적 분열을 경험하고 있는 나이지리아의 경우, 승리한 대통령은 전국적 지지뿐만 아니라 지역적 지지도 증명해야 한다. 1차 투표에서 승리하기 위해서는 모든 투표의 과반 획득과 나이지리아의 36개 주 중 적어도 2/3에서 최소한 25퍼센트의 득표를 해야만 한다. 만약 어떤 후보도 이러한 장벽을 넘지 못하면, 동일한 조건을 가지고 2차 투표가 실시된다. 2차 투표에서도 장벽을 넘지 못하면, 상위 두 명의 후보 간에 3차 투표가 실시되고 여기서는 단순 다수에 의해 당선자가 결정된다.

> **분포 요건**(Distribution requirements): 승리 후보의 득표가 상이한 지역이나 사회 집단 간에 어떻게 분포되어야 하는가를 구체적으로 정하는 규칙

많은 국가에서 대통령 선출을 위해 간접적 선거가 여전히 사용되고 있다. 이러한 사례에는 독일과 인도와 같은 몇몇 의회제 국가가 포함되는데, 이들 국가에서는 대통령이 의미 있는 행정권을 별로 가지고 있지 못하다. 현재 미국은 행정부 대통령을 선출하는 데 선거인단을 사용한다는 점에서 매우 특이하다. 선거인단은 원래 일반 국민의 의견을 '현인(wise men)'의 모임을 통해 여과하기 위해 고안된 것이었다. 대통령 후보에게 직접 투표하는 것이 아니라, 선거인에게 표를 던졌던 것이다. 오늘날 선거인단은 단지 헌법에 의해 요구되는 절차적 유물로서 생존하고 있다. 문제를 더욱 복잡하게 만드는 것은 일부 주들이 승자독식 방식, 즉 해당 주에서 가장 많은 표를 획득한 후보가 그 주의 모든 선거인단 표를 차지하는 방식을 사용하고 있음에 반해 다른 주들은 득표율에 비례하여 표를 나누고 있으며, 또한 어떤 주들은 '신의 없는 선거인(faithless electors)'들로 하여금 득표율과 상관없이 자신이 선택한 후보에게 표를 던질 수 있도록 허용하고 있다는 사실이다. 선거인단의 한 가지 기이한 점은 2000년 선거에서 조지 W. 부시(George. W. Bush)가 보여준 바와 같이 유권자 투표에서 패하고도 선거인단에서 승리하여 대통령이 되는 것이 (비록 매우 드물지만) 가능하다는 사실이다. 그러한 결과가 가능하다는 사실 그 자체가 민주주의 시대에 있어서 간접적 선거가 가지는 약점을 증명하고 있다.

직접선거이던 간접선거이던 상관없이, 대통령선거의 세 가지 다른 특징을 유의할 필요가 있다. 첫째, 대통령 임기는 의원 임기보다 때때로 더 길지만 더 짧은 경우는 드물다. 임기가 길수록, 대통령이 재선이라는 당장의 부담으로부터 벗어나 폭넓은 시각을 채택하기가 더 쉽다. 단지 4년의 임기를 가진 아르헨티나, 브라질, 미국의 대통령 경우, 첫 번째 임기중 첫 해에는 경험을 쌓고 마지막 해에는 재선을 위한 선거운동에 바쁘기 때문에 실제 업적을 위해서는 중간의 2년만 남게 된다.

둘째, 대통령은 의원들보다 임기 제한에 해당될 가능성이 높다. 현직 대통령에게 단지 한 번 혹은 두 번만으로 임기를 제한하거나 혹은 두 번의 연속된 임기라는 상한선을 요구하는 것이 보통이다 (표 16.4를 보라). 그러한 제약이 없다면 대통령은 자신의 독특한 지위를 활용하여 끝없는 재선을 확보할 수도 있다는 우려가 있다. 그러나 임기 제한은 의도하지 않은 결과를 가져올 수 있다. 재선이 불가능한 대통령은 더 이상 유권자들에게 직접적으로 책임을 지지 않는데, 이러한 현실은 민주주의에 대한 제한을 의미한다. 또한 그러한 대통령들은 자신들의 임기가 끝나가면서 종종 정치적 영향력을 잃게 된다. 동시에, 임기 제한은 인기 있고 효과적인 대통령들이 자신들의 경험을 계속해서 활용할 기회를 막는다. 가장 엄격한 임기 제한 꾸러미 중 하나는 멕시코에서 발견되는데, 이 국가에서는 대통령과 주지사는 한 번의 임기만 봉직할 수 있으며 의원들은 연속적인 임기가 금지되고 있다.

셋째, 대통령선거의 시기가 중요하다. 대통령선거가 의원선거와 동시에 실시될 경우, 성공한 후보가 입법부 내 가장 큰 정당의 후보일 가능성이 높다. 권력분립을 위협하지 않으면서, 동시 선거(concurrent elections)는 파편화를 제한하고, 대통령과 입법부가 유사한 입장을 가질 가능성을 증대시켜 준다. 이러한 생각이 2000년에 프랑스가 대통령의 임기를 7년에서 5년으로 줄여 의원 임기와 동일하게 만들기로 결정한 배경으로 작용하였다.

선거운동

선거운동은 무시하기 어렵다. 보다 극단적인 경우에, 민주주의 국가들은 항상 선거운동 상태에 있는 것처럼 보일 수도 있다. 언론 전문가들은 가능한 선거 결과에 대해서 늘 추측하며, 선거운동 자체는 치열하게 경쟁하는 경마의 모습으로 종종 묘사되고 있으며, 여론조사는 정당과 주요 후보들의 변화하는 상태를 찾아낸다. 동시에 선거운동은 종종 그것이 가지는 제한적인 효과로도 유명하다. 선거운동이 정당 지지의 결정적인 변화, 혹은 유권자 사이에서 한 정당

표 16.4 대통령선거 비교

	방법	임기(년수)	제한
아르헨티나	2차투표제	4	두 번의 연속 임기만 가능
브라질, 콜롬비아, 이집트, 이란	2차투표제	4	중임
칠레	2차투표제	4	연속 임기 불가능
미국	선거인단	4	중임
남아공	입법부가 선출	5	중임
프랑스	2차투표제	5	중임
러시아	2차투표제	5	두 번의 연속 임기만 가능
페루	2차투표제	5	연속 임기 불가능
멕시코, 필리핀	단순다수제	6	단임
핀란드	단순다수제	6	연속 임기 불가능

에서 다른 정당으로의 대폭적인 전환을 가져오는 경우는 드물며, 정치 광고는 많은 관심과 부정적인 논조에도 불구하고 커다란 차이를 가져오지 못하는 것이 보통이다. 이러한 현상의 한 가지 이유는 많은 유권자들이 **단기 선거운동**(short campaign)이 시작하기 전에 이미 어떻게 투표할지 결정했기 때문이다. 이것은 놀랄 일이 아닌데, 왜냐하면 선거는 부분적으로 정부의 업적에 대한 평가이며 이러한 기록은 (비록 기록에 대한 해석은 그렇지 않지만) 단기 선거운동이 시작할 무렵에 이미 확정되기 때문이다.

> **단기 선거운동(Short campaign)**: 선거일이 변동 가능한 국가에서 사용되는 용어로서, 선거 발표와 선거일 사이의 기간을 의미한다.

우리는 총 효과와 순 효과 사이의 차이도 고려해야만 한다. X 정당에서 Y 정당으로 선호를 바꾸는 유권자는 Y에서 X로 이동하는 유권자들에 의해 상쇄될 수도 있는데, 이는 순 영향을 제한한다. 그리고 마지막으로 많은 선거운동 효과는 단지 단기간의 생명력을 가진다. 예를 들어, 지도자간 토론과 같은 일부 사건은 정당 지지에 있어서 이동을 가져오는데, 비록 언론은 선거운동이 장기적 영향력을 가진 것으로 묘사하지만 그 영향력은 선거일이 도달하기 전에 퇴조하는 것이 보통이다. 장기적인 효과를 가진 사건은 흔하지 않으며 (Wlezien, 2010: 111), 대부분의 사람들은 "선거의 기능은 개인들의 결정을 기록하는 것이지, 그러한 결정을 만들어 내는 것이 아니다"라는 버틀러(Butler, 1989: 116)의 의견에 동의할 것이다.

선거운동에 대한 신화와 현실을 분리하기 위한 노력의 일환으로서, 주요 정당의 지지자들 사이에서 한 선거에서 다음 선거로의 변화는 종종 발생하는 총 변화나 순 변화의 그리 중요하지 않은 원천에 불과하다는 사실을 기억할 필요가 있다. 이러한 현실을 반영하여, 정당 전략가들은 종종 다른 정당 지지자들을 전환하려고 시도하기보다는 기존의 지지자들과 새로운 유권자들을 동원하는 데 초점을 맞추곤 한다. 목표 집단에는 처음으로 투표권을 획득한 유권자들, 이전에 기권한 사람들, 이전에 다른 정당으로 배반했던 사람들, 소수정당 지지자들, 그리고 마음을 정하지 못한 사람들이 포함되는 것이 보통이다. 모두 합하면 이러한 틈새(niche) 집단들은 상당한 수가 되지만, 대부분 국가에서 그들은 전체 유권자의 소수에 불과하다.

마지막으로, 대부분의 자유민주주의 국가에서 허용되고 있는 하나의 선거운동 수단인 유상광고(paid advertising)의 영향력에 대해 의심해 볼 이유가 있다 (de Vreese, 2010). 분명히, 광고는 후보와 그의 입장에 대한 정보를 제공할 수 있으며, 적어도 뉴스 보도가 별로 없는 지역과 지방 선거에서는 더욱 그 효과가 크다. 공격 광고와 감정적 호소를 하는 광고들은 특히 기억에 남은 것처럼 보인다 (Corrigan and Brader, 2011). 그러나 선거운동에서와 마찬가지로, 후보들의 광고 자원이 대략 동등할 경우 어떤 효과도 서로 상쇄되는 경향이 있다.

이러한 논점들 중 그 어떤 것도 선거운동이 무의미하다는 뜻으로 해석되어서는 안 될 것이다. 선거운동의 긍정적인 기능 중의 하나는 국가 전체에 대해서 집중적인 정치 세미나를 제공하는 것으로, 유권자들에게 정당, 후보, 그리고 정책들을 널리 알리는 역할을 한다. 또한 선거운동은 정치인들에게 유권자에 대해 학습할 수 있는 기회를 제공하는데, 이러한 교육은 여론조사나 혹은 선거유세 도중 유권자와의 직접적인 접촉을 통해 이루어진다 (Schmitt-Beck and

초점 16.2 | 선거 메시지와 위임

선거는 결과가 발표될 때 끝나는 것이 아니다. 절대 그렇지 않다. 결과 발표 후에는 해석이 시작되는데, 이러한 해석은 선거 이후의 정치에 선거가 미치는 영향을 결정하는 데 커다란 역할을 수행한다. 선거 결과가 변화에 대한 위임이었는가? 정부에 대한 거부였는가? 경제에 대한 평가였는가? '국민'들이 정말 의사 표현을 했는가? 그들이 무슨 말을 했는가? 여기서 우리는 정치에 대한 해석적 접근법의 연관성을 볼 수 있다 (제5장을 보라). 비록 득표율이나 정부에 대한 정당 구성에 변화가 없다고 하더라도, 선거에 대한 해설은 그 이후의 정치에 영향을 미칠 수 있는 것이다.

주된 초점은 보통 승자, 혹은 놀랄 정도의 성과를 거둔 군소정당에 맞추어진다. 패자의 경우는 패배의 규모가 극적이지 않은 한 금방 잊혀지는 경향이 있다. 득표의 차이가 클수록, 그리고 그것이 예상하지 못한 것일수록, 승자의 승리에 대한 긍정적인 이유를 제공하는 해설에 대한 요구가 커진다. 정당 X가 승리한 것은 정당 Y가 인기가 없기 때문이라거나, 혹은 후보 A가 승리한 것은 후보 B가 잘못 했기 때문이라는 식의 주장은 충분하지 않다. 승리한 정당의 장점을 찾는 이러한 시도가 가지는 한 가지 이로운 효과는 그 정당이 통치를 시작할 때 권위를 더해 준다는 것이다.

선거 결과에 대한 해석은 **위임**(mandate)이라는 독특하게 불투명한 개념에 초점이 맞추어진다. 승자들은 자신의 승리가 이전 정부에 대한 거부이며 자신이 제안한 변화에 대한 승인이라고 일상적으로 주장하며, 대중 매체들은 이에 동의하도록 설득될 수 있다. 유권자 전체가 아니라 단지 개별적 유권자들만이 자신들의 결정에 대한 이유를 가지고 있다. 그럼에도 불구하고, 선거운동이 끝나고 나면 유권자 전체가 집단적 판단을 통해 무엇을 의도했는가를 설명하는 사설과 블로그가 쉽게 발견된다.

2015년 영국 총선은 하나의 사례를 제공한다. 지난 5년 동안 데이비드 캐머런(David Cameron)의 보수당은 자신보다 훨씬 작은 자유민주당과 힘겨운 연합을 통해 통치해 왔으며, 다음의 세 가지 주요 쟁점에 의해 영향을 받아 왔다. 경제, 스코틀랜드의 독립 움직임, EU 회원국으로의 잔류 여부에 대한 논쟁. 여론조사에 따르면 보수당과 노동당은 득표율 차이가 별로 없었지만, 실제 선거 결과에서는 보수당이 과반 의석을 차지하고 단일정당 정부를 구성할 수 있었다. 선거 결과는 놀라운(surprising), 기절할 만한(stunning), 믿기 힘든(astonishing) 등과 같은 용어로 받아들여졌고, 이는 보수당에게 자신의 친 시장(pro-market) 정책을 계속하라는 위임을 주는 것이며, 동시에 노동당의 보다 급진적인 접근법에 대한 거부로서 해석되었다. 그러나 보수당 과반은 단지 37퍼센트의 득표율(2010년에 비하면 미약한 0.7퍼센트 포인트 증가에 불과함)에 단지 12 석을 초과하는 것이었으며, 노동당의 패배는 아마도 노동당의 좌파 정책보다는 통치 능력에 대한 의구심을 반영하는 것이었다. 그럼에도 불구하고, 이야기가 만들어졌고, 메시지가 전파되었고, 선거 위임이 확보되었다. 이는 전적으로(혹은 주로) 여론조사가 보수당에 대한 지지를 과소평가했기 때문이었다.

위임(Mandate): 특정 분야에서 다른 사람을 대신해서 행동할 수 있는 권한 위임. 선거 위임은 정부로 하여금 특정한 진로를 따르라고 국민들이 권한을 위임하는 것이다.

Farrell, 2002). 선거운동의 최소한의 역할은 후보와 정당이 선거 공직을 차지하기 원한다면 통과해야 할 최종 시험을 제공한다는 것이다. 이러한 의미에서, 선거운동은 결정적인 역할을 할 수 있는 잠재력을 항

상 가지고 있다. 그리고 선거가 접전일 경우, 선거에 영향을 미치는 다른 어떤 요인과 마찬가지로 선거운동 또한 매우 중요하다.

아마도 가장 중요한 것은 선거운동이 엘리트 내에서 정치적 논쟁을 불러온다는 점일 것이다. 단기간 동안에 정치인, 언론인, 전문가들은 정치적 의제에 대한 공적, 경쟁적 조사에 집중적으로 참여하게 된다. 물론 정당들은 자신들이 자연적인 이점을 보유하고 있는 쟁점에 초점을 맞추려고 노력하지만, 완전한 의제 통제는 거의 불가능하다. 이러한 논쟁의 과정에서, 정치적 평판이 만들어지고 사라지며, 보다 중요하게는 정책 제안들이 위로 떠오르고, 철저히 해부되고, 수정되고, 때로는 폐기되기도 한다. 공적으로는 정당들이 서로 다른 목적을 가지고 각자 딴 소리를 할 수도 있지만, 사적으로는 모든 움직임이 긴밀하게 관찰되며 그로부터 교훈을 얻는다. 선거운동이 끝날 때쯤이면, 정부가 무엇을 해야 하고 그것을 어떻게 해야하는가에 대한 논쟁이 상당히 진전되는 경우가 많다. 어떤 측면에서 보면, 선거운동은 가속화된 정치라고 할 수 있다.

국민투표, 발의, 소환

선거는 대의제 민주정치의 수단이지만, 국민의 역할은 단지 누가 (정책을) 결정할 것인지를 결정하는 것에 불과하다. 이와 대조적으로, 국민투표(referendum)와 발의(initiative)는 유권자들을 정책결정자로 만들어 그들로 하여금 구체적인 정책 쟁점을 결정할 수 있도록 허용하며, 소환(recall)은 유권자들로 하여금 선출직 공직자를 임기 중에 해임할 수 있도록 허용해 준다. 그러나 비록 이러한 기제들이 직접민주주의의 좋은 사례이기는 하지만, 이들이 반드시 민주주의에 이로운 것인가?

국민투표

국민투표(referendum)는 직접민주주의의 가장 중요한 형태이다. 이 용어는 어떤 정치 제도(보통은 정부 혹은 입법부)가 국민에게 물어봄을 의미한다. 국민투표는 강제적(헌법 개정과 같은 지정된 주제에 대해서는 반드시 도입되어야 한다는 의미임)일 수도 있고, 선택적일 수도 있고, 혹은 과세와 공공 지출과 같은 일부 주제에 대해서는 심지어 헌법에 의해 금지될 수도 있다.

> **국민투표(Referendum)**: 헌법 개정과 같은 공공 정책의 제한적 쟁점에 대해 실시되는 유권자 전체의 투표

국민투표의 빈도는 증가하고 있다 (도표 16.2). 스위스가 이 분야에서는 단연 선두인데, 1940년과 2006년 사이에 원자력, 동성 간 동반자 관계, 이민 등과 같은 쟁점들에 대해 거의 400번의 국민투표를 실시하였다. 호주도 주 차원과 국가 차원에서 국민투표를 활용하고 있지만, 헌법의 변화와 관련해서만 사용한다. 1901년 호주 연방이 탄생한 이래 40번 이상 국민투표가 실시되었다. 이러한 투표들은 주로 경제적, 입법 쟁점과 관련된 것이었지만, 실시된 국민투표 중 1/4 이하만이 찬성 결과를 가져왔다. 가장 유명했던 사례 중 하나는 1999년 실시된 국민투표로서, 호주가 영국 왕실과 마지막 연결고리를 끊고 공화국이 되어야 하는가의 여부에 대한 것이었다. 거의 55퍼센트에 달하는 투표자들이 '아니오'라고 답했지만, 이 쟁점은 사라지지 않았다. 다른 일부 국가들이

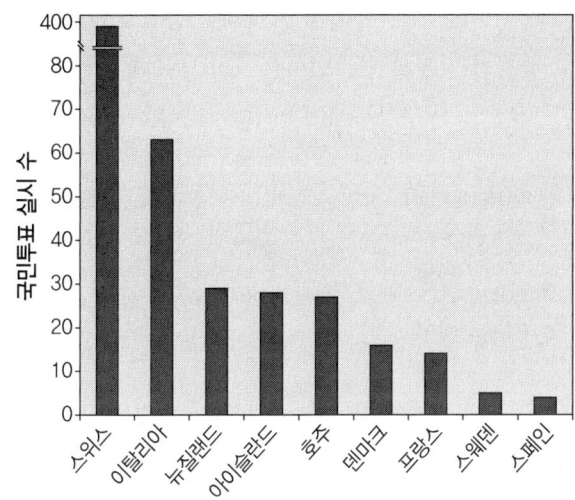

도표 16.2 국민투표의 이용

출처: Morel (2007: table 1)로부터 수정한 것임. 1940년부터 2007년 사이의 기간에 대한 자료임.

이러한 기제를 자주 사용해 왔지만, 이는 특히 EU 회원국 사이에서 특히 흔하게 발견되는데, EU나 유로화에의 가입, 새로운 EU 조약의 채택 등의 문제에 사용되어 왔던 것이다.

국민투표는 몇 가지의 이점을 제공한다. 첫째, 국민투표는 정부가 선출 공직자, 정당, 혹은 이익집단을 통해서가 아니라 유권자로부터 직접적으로 의견을 들을 수 있는 경로를 제공한다. 둘째, 국민투표가 해당 쟁점에 대한 유권자의 이해를 향상시키고, 유권자 자신의 정치적 능력에 대한 자신감, 그리고 정부의 반응성에 대한 믿음을 증대시킨다는 증거가 존재한다 (Bowler and Donovan, 2002). 셋째, 국민투표는 정치인들에게 유용한 정보를 제공할 수도 있다. 예를 들어, 2005년 유럽헌법조약(European Constitutional Treaty) 제안에 대한 프랑스와 네덜란드 유권자들의 부결은 거대한 유럽 프로젝트에 대해 일반 유권자들이 점차 피로감을 느끼고 있다는 사실을 유럽연합의 엘리트에게 분명히 알려주었다. 마지막으로, 국민투표는 하나의 안전장치를 제공하는데, 정부(특히 연합정부)가 어떤 문제에 대해 스스로 결정에 도달할 수 없는 경우에 바로 이 문제를 국민들에게 직접 물을 수 있도록 허용하는 것이다.

그러나 동시에 국민투표를 조심해야 할 이유도 존재한다.

- 국민투표는 조직하여 실시하기에 많은 비용이 들어간다.
- 해당 쟁점이 너무도 복잡하여 단순히 예/아니오 선택에 적합하지 않을 수도 있다.
- 국민투표는 논란과 분열을 조장함으로써 유권자를 양극으로 나눌 수 있다.
- 완전하게 효과적이기 위해서는, 유권자들이 조사를 해야만 한다.
- 국민투표의 실시 시기가 매우 중요할 수 있다.
- 너무 잦은 국민투표는 유권자를 피로하게 만들어, 투표율 저하를 가져올 수 있다.
- 국민투표의 결정들 간에 일관성을 보장하는 기제는 존재하지 않으며, 국민투표의 결과가 얼마나 오랫동안 결정적인 것으로 여겨져야 하는지에 대해서도 늘 분명한 것은 아니다.
- 유권자의 판단이 투표용지에 쓰여 있는 구체적인 문제보다는 보다 폭넓은 고려에 근거하여 내려지는 경우도 있을 수 있다.

많은 국민투표는 그 성격에 있어서 임시방편적이라는 추가적인 문제를 가지고 있는데, 정부가 자신들에게 정치적 혜택을 준다고 생각하는 주제만 선택하여 투표에 부친다는 것이다. 보다 노골적으로는, 통치자가 국민투표의 결과를 무시해 버릴 수도 있다. 1955년 스웨덴 국민들은 국민투표에서 계속 왼쪽으로 차량운행을 하는 방향으로 확실하게 투표하였다.

그러나 8년 후 스웨덴 의회는 오른쪽으로 차량운행을 하는 법안을 통과시켰다.

이러한 모든 어려움 외에도, 국민투표는 유권자들에게 제시될 질문의 정확한 표현에 대한 혼란에 의해서도 쉽게 신용이 떨어질 수 있다. 영국의 사례들은 이러한 논점을 확인시켜 준다. 2013~2014년 영국의 EU 회원국 유지에 대한 국민투표가 제안되었을 때, "영국이 EU의 회원국이 되어야 한다고 생각합니까?"라고 국민투표가 물어야 한다고 주장되었다. 영국 선거위원회(Electoral Commission)는 영국에는 자신의 국가가 '이미' EU 회원국임을 알지 못하는 사람이 충분히 많기 때문에 혼동을 가져올 수 있다는 점을 지적하였다.

2014년 실시된 스코틀랜드의 독립에 대한 국민투표의 경우에, 스코틀랜드 국민당(Scottish National Party)은 처음에 다음과 같은 질문을 제안하였다. "당신은 스코틀랜드가 독립국가가 되어야 한다는 사실에 동의합니까?" 이번에도 선거위원회가 개입하여, "스코틀랜드는 독립국가가 되어야 합니까?"라는 질문이 보다 중립적이라는 점을 성공적으로 주장하였다. 그러나 그 이후 이러한 표현이 친 독립(pro-independence) 운동진영을 긍정적인 'Yes' 운동으로 만들었고, 반 독립(anti-independence) 운동을 부정적인 'No' 운동으로 만들었다는 우려가 존재하였다. 이러한 구체적 표현과 어조 상의 미묘함이 관습적인 선거에서는 문제가 되지 않는다.

발의

그 이름에서 알 수 있듯이, **발의**(initiative)는 국민들이 주도적으로 특정 주제에 대해 국민투표를 요구하거나 혹은 입법부의 논의를 요구할 수 있도록 허용하는 제도이다. 국민들에게 발의권을 줌으로써, 이 제도적 장치는 정부가 승인하는 국민투표에 비해 직접민주주의의 연구자들에게 더 많은 관심을 끌고 있다.

> **발의(Initiative)**: 시민들로 하여금 주어진 문제에 대해 국민투표를 하도록 하거나(국민투표 발의, referendum initiative), 혹은 이 문제를 의회의 의제에 포함시킬 수 있도록(의제 발의, agenda initiative) 허용하는 절차

두 가지 종류의 발의가 존재한다. 첫째는 **국민투표 발의**로서, 주어진 수의 시민들로 하여금 주어진 제안에 대해 국민투표를 시작할 수 있도록 허용하는 것이다. 거의 40개 국가들이 이 선택을 허용하고 있는데, 대부분이 유럽과 라틴아메리카 국가들이다. 예를 들어, 스위스에서는 10만 명의 유권자가 주(canton) 차원에서 새로운 법률안을, 그리고 연방 차원에서 헌법 개정안을 제안할 수 있다. 정부는 투표 전에 권고의견을 제시하는데, 보통은 거부하라는 것이다. 다른 국가에서는 국민투표 발의가 보다 폭넓게 활용될 수 있는데, 새로 제안된 정책이나 기존 정책에 대해서 실시될 수 있다. 국민투표 발의는 권위주의 이후 만들어진 헌법에 흔하게 포함되어 있는데, 이는 독재로의 회귀를 방지하기 위한 시도라고 볼 수 있다. 그리고 이 제도는 미국 서부의 많은 주들, 그 중에서도 특히 캘리포니아에 의해 채택되고 있다.

두 번째 종류는 **의제 발의**로서, 이는 입법부에 대한 청원으로 기능하는 데 필요한 수 이상의 유권자 서명이 있으면 입법부로 하여금 특정 주제에 대해 논의하도록 요구하는 것이다. 이러한 제도의 한 가지 이점은 소수세력으로 하여금 자신들의 관심 이슈를 의제에 포함시킬 수 있도록 허용해 준다는 데에 있다. 이러한 기제는 제1차 세계대전 이후 몇몇 유럽국가들(예를 들어, 오스트리아와 스페인)에 도입

되었으며, 1989년 이래로 많은 다른 국가들(예를 들어, 폴란드와 태국)로 확대 적용되어 왔다 (IDEA, 2008). 의제 발의는 오스트리아에서 특히 잘 정립되어 있다. 예를 들어, 2006년에 25만 명 이상의 서명자들은 터키가 EU 회원국으로 제안될 경우 이 문제에 대한 국민투표를 요구했는데, 이 요구는 당시 오스트리아 총리에 의해 수용되었다. 영국에서는 최소한 10만 명 이상의 서명을 획득한 청원의 경우, 하원에서 최소한 한 명의 의원이 토론을 지지하는 발언을 한다면 하원에서 이를 토론 주제로 고려해야만 한다.

소환

소환(recall)은 선출직 공무원이 자신의 정상적 임기 동안에 공직에서 물러나야 하는지의 여부에 대한 투표이다. 이러한 투표는 지난번 선거에서의 총 투표수의 최소 비율(전형적으로, 약 25퍼센트)에 해당하는 유권자들의 청원으로 시작된다 (따라서 소환은 국민 발의의 한 형태이다). 탄핵(impeachment)과는 달리, 소환은 법적이 아닌 정치적인 장치이며, 과거 공적 비난(denunciation)의 현대적 형태라고 할 수 있다 (Rosanvallon, 2008: 207). 선거가 신임투표(vote of confidence)라면, 소환은 불신임투표(vote of no confidence)이다. 이 제도는 무능하거나 부패한 현직자를 정상적 임기가 끝나기 전에 제거함으로써 통치를 향상시키려는 목적을 가지고 있다.

> **소환(Recall):** 선출직 공무원이 정해진 정상적인 임기 도중에 자리에서 물러나야 하는지 여부에 대해 유권자들에게 묻는 투표

소환을 국가 차원에서 사용하고 있는 소수 국가들 중 하나는 베네수엘라(Venezuela)이다. 이 나라에서는 대통령을 포함한 모든 선출직 공직자에 대해 소환 투표를 실시할 수 있는데, 해당 선거 유권자의 20퍼센트의 요구가 있어야 한다. 미국의 15개 주 또한 모든 주 차원의 공직자에 대한 소환 선거 규정을 두고 있으며 더 많은 주들이 지방 차원의 공직자에 대한 소환을 허용하고 있다. 그러나 이 장치가 사용된 예는 극히 드물다. 2003년 당시 주지사였던 그레이 데이비스(Gray Davis)를 성공적으로 몰아낸 후 아놀드 슈워제네거(Arnold Schwarzenegger)가 캘리포니아 주지사가 되면서 국제적인 뉴스거리가 된 것은 이례적인 사건이었다.

권위주의 국가에서의 선거

대부분의 비민주적인 통치자들은 선거가 유용한 허구가 될 수 있다는 사실을 잘 알고 있다. 국제적으로, 선거는 국제 원조 제공자들을 만족시켜주는데, 이들은 단지 겉모습만 민주적이라도 기뻐하는 경우가 종종 있기 때문이다. 국내적으로, 선거는 통치 엘리트에게 친구를 만들어주는데, 왜냐하면 선거는 성공적인 후보들에게 자신의 지역구에서 지지자들에게 배분할 자원을 제공할 기회를 제공하기 때문이다 (Blaydes, 2011) 그러나 선거 결과는 이미 결정되어 있는 것이 보통이다. 이번 절에서 우리는 먼저 공산주의 국가에서의 선거를 살펴보고, 그 다음으로 다른 권위주의 정권에서 선거의 기능을 살펴보겠다.

공산주의 국가의 선거는 선택을 제공하는 듯한 위장을 별로 하지 않았다. 집권정당이 선거에서 패배하거나 선거를 통해 도전을 받을 가능성은 없었다. 예를 들어, 구 소련에서 공직 후보는 의례적인 동의를 얻기 위해 유권자에게 제시되었을 뿐이었다. 유권자

의 임무는 투표장에 나타나 정당의 선택을 확인하는 것이었다. 동유럽의 일부 공산주의 국가는 선거에 선택의 의미를 부여해 주는 제도적 장치를 결국 도입하였는데, 그 내용은 집권정당 내에서의 후보간 선택을 허용하는 것이었다. 중앙의 통치자들은 과연 지방의 당 간부들이 그들이 속한 공동체의 신임을 유지하고 있는 지의 여부를 검증하는 데 있어서 이러한 선거가 유용하다고 생각했다.

1987년 이래로 중국의 약 100만 개 농촌지역의 대다수에, 그리고 보다 최근에는 잠정적으로 일부 도시지역에, 통제된 후보 선택 선거가 점진적으로 도입된 이유 중의 하나는 바로 이러한 통제된 선거가 갖는 지방에 대한 감시 기능이다. 이처럼 선출된 지역위원회의 목표는 마을에서 부패를 제한하고 지도자와 농민 간에 존재하는 종종 폭력적인 갈등을 줄이는 것이다. 그러나 현재의 중국에서도 공산당의 정강 정책에 대한 명시적인 반대는 허용되지 않고 있다. 대부분의 농촌지역에서, 실질적 권위는 여전히 지역 공산당 간부가 가지고 있으며, 이 간부가 지역 위원회의 위원장 역할을 맡고 있을 수도 있다. 실제로, 1997년의 선거법 개정은 이러한 공산당의 감시 기능을 명시적으로 인정해 주었다.

농촌지역에서든 도시지역에서든 선거가 공산당의 지배를 위협하고 있다는 신호는 찾기 힘들다. 2012년 중국 남부 마을인 우칸(Wukan)에서 공산당의 동의 하에 실시되었던 자유 선거는 그것이 부패한 토지 수용에 대한 그 지방의 광범위한 저항 후에 실시되었다는 점에서 예외였다. 일반적으로, 선거가 달성할 수 있는 것에 대한 이처럼 견고한 제한은 원래의 개혁에 의해 높아졌던 기대를 무너뜨리고, 그에 따라 일반 대중의 좌절감을 증대시킬 수 있다. 이러한 측면에서, 조작된 선거는 선거를 아예 하지 않는 것보다 더 나쁘다고 할 수 있다.

공산주의가 아닌 권위주의 정권 하에서의 선거는 제거되기보다는 제약을 받는 것이 보통이다. 일부 야당의 승리가 허용될 수도 있지만, 이러한 승리가 전체 선거 결과에 영향을 미치기에는 그 수가 너무 적다. 독립적인 후보들은 매우 위협적인 환경에서 활동해야 한다. 비밀경찰이 그들을 뒤쫓아 다니며, 모임을 해산시키기도 한다. 자의적인 등록 규칙을 적용하여, 독립적인 정치인들의 선거 출마가 금지되기도 한다. 대중매체 통제, 선거제도, 정부의 자원들을 활용하여 집권정당에게 유리한 선거 환경이 조성된다. 선거운동을 통하여, 권위주의 정권은 선택의 환상(중요하게는 외부인들을 향해), 권력의 현실(내부 국민들을 향해) 양자 모두를 보여주는 셈이다. 개표 부정 없이도 승리를 확보하는 것이 보통이지만, 최후 수단으로서 이러한 선택, 즉 개표 부정이 여전히 남아 있기는 하다.

아랍 봉기가 있기 전까지, 이집트는 이처럼 조작된 선거의 사례를 제공해 주었다. 1976년 이래로 수많은 정당들이 국민의회(People's Assembly)라고 불리는 입법부 의석을 놓고 경쟁하였는데, 이는 매우 활기찬 다당제의 겉모습을 보여 주었다. 그러나 실제로는 호스니 무바라크(Hosni Mubrak) 대통령이 이끄는 전국민주당(National Democratic Party)이 그 기간 내내 지배적인 위치를 유지해 왔다. 공식 통계에 따르면, 입법부 선거에서의 투표율은 80퍼센트 이상이었지만, 이 숫자는 정부에 의해 부풀려진 것이 거의 확실하다. 1990년에는 대부분의 야당들이 선거과정에 대한 정부 통제에 항의하며 선거에 불참했는데, 단지 15퍼센트의 유권자만이 투표에 참여했고 단지 1개의 야당만이 국민의회에 대표되기에 충분한 표를 얻었다. 1995년 선거에서는, 투표율이 다시 48퍼센트로 올라갔지만, 단지 13명의 야당 의원만이 선출되었다. 절반 이상의 지역구에서, 야당 후보들은 선거 결과를 법정에서 도전했다. 이러한 '경쟁(contests)'은 대중의 냉소주의에 기여했고, 결국에는 2011년 정권의 전복에 기여했다.

자유 선택의 뒤에 숨어 선거를 조작하는 유사한 사례는 이란에서도 발견된다. 이란은 불완전한 정치적 대표 체제를 가지고 있다고 할 수 있다. 비록 대통령과 입법부에 대해서는 정기적인 선거가 진행되지만, 최고지도자(Supreme Leader, 라흐바르[Rahbar]라고 불리는 이란의 최고 통치자 – 옮긴이)는 선거에서 면제되며, 정당들은 너무도 철저히 통제되어 거의 존재감이 없으며, 선거는 최고지도자, 혁명헌법수호위원회(Guardian Council), 그리고 이란의 종교 엘리트들에 의해 조작되어 정권의 적들이 성공할 가능성을 줄인다. 최고지도자는 자신의 힘을 사용하여 1979년 이래 이란 정치를 지배해 왔던 보수적인 이슬람 의제를 위협할 수 있는 후보를 약화시키며, 혁명헌법수호위원회(12명의 성직자와 법리학자로 구성됨)는 모든 후보들의 자격을 점검하여 그들이 혁명의 이상을 지지하고 있음을 보장한다. 모든 후보들은 최고지도자에 대한 충성은 물론 종교적인 성직자들이 궁극적인 정치권력을 가지고 있다는 명제에 대해서도 충성을 선언하도록 요구받는다. 이러한 방식으로, 많은 수의 잠재적으로 골치 아픈 후보들은 배제된다. 또한 혁명헌법수호위원회는 모든 후보가 '종교적 혹은 정치적 인물'이어야 한다는 헌법적 요구를 자의적으로 해석하여 여성이 대통령 후보로 나오는 것을 금지하였다.

혼성(hybrid) 정권에서는, 통치자의 권위를 확인하는 데 있어서 선거가 더욱 중요한 역할을 담당한다. 실제로 선거는 민주주의로 위장하는 데 필수적이다. 선거 결과는 권력의 현실에 대한 국민들의 일상적인 수용 이상이다. 노골적인 투표 부정은 회피되고, 야당의 일부 후보들은 선거에서 승리하고, 낮은 투표율, 그리고 심지어 선거 패배의 가능성을 완전히 배제할 수 없다.

그러나 선거가 자유민주주의 국가에서와 같이 자유롭고 공정한 운동장에서 작동하지 않는다. 특히, 최고 지도자는 대중 매체의 보도를 압도적으로 받으며, TV를 활용하여 자신의 임기 동안 이루었던 종종 실제의 업적을 큰 소리로 선전한다. 권위주의 정권에서와는 대조적으로, 채찍(stick, 야당 지지자에 대한 위협)보다는 당근(carrot, 최고지도자에게 투표할 이유의 제공)에 초점이 맞추어져 있다.

혼성 정권의 현직자들은 독특한 자원을 활용할 수 있다. 그들은 유권자들에게 잘 알려져 있으며, 국가 예산을 자신들의 선거운동에 이용하며, 자신들에게 유리한 선거제도를 실행하며, 광범위한 후원 네트워크를 이끌며, 자신들의 지역구에 선물을 제공하며, 공직에 있는 동안 주도면밀하게 획득한 정치적 공적을 불러들여 선전한다. 대통령의 재선을 예상하며, 환심을 사려는 부하들은 선거운동을 기꺼이 돕고자 한다. 신망 있는 정적들은 희망 없는 싸움을 시작하기를 꺼리게 되는데, 승리가 확실한 후보를 화나게 할 이유가 무엇인가라는 질문을 던지는 것이다. 브래튼(Bratton)은 많은 아프리카 국가에서의 상황을 다음과 같이 요약하고 있다 (Bratton 1998: 65). "큰 인물(big man) 정치문화에서는 현직자의 재선이 지도자의 정당성의 확장을 의미하는지, 아니면 그의 피할 수 없는 지배에 대한 유권자의 체념을 의미하는지 불분명하다."

푸틴(Vladimir Putin) 러시아 대통령은 권위주의 정권에서의 선거 관리에 있어서 기술이 뛰어난 인물임을 입증하였다. 러시아인들은 이러한 어두운 기술에 대하여 특별한 용어를 사용하는데, 바로 정치 기술(political technology)이다. 맥폴(McFaul)은 푸틴이 2004년 선거에서 대중매체, 지역, 그리고 재계라는 세 개의 주요 영역에서 잠재적 위협을 제거하기 위해 일찍부터 어떻게 움직였는지에 대해 잘 묘사하고 있다 (McFaul, 2005). 각각의 영역에서, 일부 정치적 반대자들이 자리에서 물러나야만 했는데, 이는 자리에 남아 있는 사람들의 비굴한 복종이라는 의도했던 결과로 이어졌다. 푸틴 대통령의 전략에 대한 맥폴의 요약 설명은 다음과 같다.

> 이러한 개혁의 효과는 투표가 실제로 실시되기 오래 전에 이미 발생하였다. 대중매체, 지역 엘리트, 과두제적 사업체 내에서의 독립성의 결여는 야당이나 야당 후보의 정치적 책략의 자유를 축소시켰다. 이와 동시에, 더 커진 국가의 역할은 현직자에게 엄청난 이점을 가져다 주었는데, 이러한 이점은 전국적 TV 보도, 지역관료들로부터의 대대적 행정적 지원, 혹은 가즈프롬(Gazprom)과 같은 회사들로부터의 거대한 자금지원 등과 같은 다양한 형태를 띠었다. (McFaul, 2005: 77)

이러한 기술들은 법치주의와 시장경제, 그리고 시민사회 전반의 약점을 전제로 하고 있다. 이러한 부족함은 측정하기 쉽지 않으며, 그에 따라 효과적인 선거 감시라는 임무를 매우 어렵게 만든다. 만약 정치적 기술자들이 자신들의 임무를 완수했다면, 선거는 선거일에 즈음하여 이미 끝난 것이다.

그러나 푸틴이 한 임기 동안 자리를 비운 후 다시 대통령직을 확보했던 2012년에 와서는 그러한 부족함이 더욱 눈에 띄게 되었다. 점차 세련되어가는 도시 시민층, 그리고 푸틴 자신의 인기 및 무적이라는 느낌의 감소라는 맥락에서, 노골적인 집계 조작은 상당한 저항을 가져왔다. 선거 결과는 유지되었지만, 분위기가 변하였다. 러시아의 권위주의적 정권에서조차도, 대통령선거는 (한 해 전에 있었던 입법부 선거와 마찬가지로) 분명한 메시지를 보낸 것이다. 그래서 혼성 정권 혹은 심지어 완전하게 권위주의적인 환경에서의 선거는 항상 변화의 기폭제로 기능할 잠재력을 보유하고 있으며, 특히 기존 정권이 이미 약화되고 나면 그 잠재력이 더욱 커진다.

토론주제

- 정부의 다양한 수준에서 존재하는 선출직의 수를 고려할 때, 너무 많은 민주주의라는 것이 존재할 수 있는가?
- (a) 입법부와 (b) 대통령을 선출하는 최선의 선거제도는 무엇이며, 그 이유는 무엇인가?
- 다음 중 어떤 집단들이 국정 선거에서 투표권을 부여 받아야 하는가?: (a) 시민권이 없는 **합법적 거주민들**, (b) 죄수들, (c) 16~17세 유권자들
- 선거운동은 어떠한 기능을 수행하는가?
- 국민투표는 좋은 생각인가, 나쁜 생각인가?
- 권위주의 정권은 왜 선거를 실시하는가?

핵심 개념

국민투표(Referendum)
단기 선거운동(Short campaign)
발의(Initiative)
부차적 선거(Second-order elections)
분포 요건(Distribution requirements)
비례대표제(Proportional representation)

선거공식(Electoral formula)
선거제도(Electoral system)
소선거구 단순다수제(Single-member plurality)
소환(Recall)
위임(Mandate)
일차적 선거(First-order elections)

추가 읽을 거리

Farrell, David M. (2011) *Electoral Systems: A Comparative Introduction*, 2nd edn. 선거제도에 대하여 유용하고 접근성 있는 안내를 제공한다.

Gallagher, Michael and Paul Mitchell (eds) (2005) *The Politics of Electoral Systems*. 네 개의 일반 장과 22개의 국가별 논문을 통해, 이 책은 선거제도 연구의 주제를 특정한 자유민주주의 국가들에 적용하고자 시도한다.

LeDuc, Lawrence, Richard G. Niemi, and Pippa Norris (eds) (2014) *Comparing Democracies 4: Elections and Voting in a Changing World*. 선거와 투표에 대한 비교론적 저서로서 선거제도, 정당, 선거운동, 대중매체, 참여, 경제, 그리고 선거에서의 여성 등과 같은 장을 포함하고 있다.

Lindberg, Staffan I. (2006) *Democracy and Elections in Africa*. 이 저서는 민주화 과정에 있는 국가들이, 비록 그 선거가 종종 결함이 있다고 하더라도, 반복되는 민주적 행동을 통해 민주적으로 되는 방법을 배울 수 있다고 주장한다.

Geissel, Brigitte and Kenneth Newton (eds) (2012) *Evaluating Democratic Innovations: Curing the Democratic Malaise?* 이 비교론적 저서는 직접민주주의와 심의민주주의(deliberative democracy)의 제도적 장치들에 대해 분석하고 평가한다.

Setälä, Maija and Theo Schiller (eds) (2009) *Referendums and Representative Democracy*. 민주주의 국가에서 국민투표의 역할과 그 정치적 영향에 대한 연구이다.

CHAPTER 17 유권자

개관

민주주의 국가에서 유권자들이 선택권을 가지고 있다고 한다면, 그들은 어떤 정당을 지지할 지를 어떻게 결정하는가? 이것은 정치학에서 가장 심도 깊게 연구되는 질문이지만, 아직까지 합의된 답은 없다. 선거결과에 대한 언론의 보도는 종종 규모가 작은 단기적인 정당지지 변화에 초점을 맞추는 경향이 있는 반면에, 학술적 연구는 사회경제적 변화, 선거 안정성, 유권자가 어떻게 결정하는가의 문제 등과 같은 보다 폭넓고 장기적인 사회학적, 심리학적 질문들에 초점을 맞춘다.

이번 장은 투표선택을 결정하는 장기적 요인들, 보다 구체적으로는 정당 일체감, 그리고 정당과 유권자 간 유대가 쇠퇴하고 있음을 암시하는 경향들에 대한 논의로부터 시작한다. 다음으로는 사회 계급과 종교가 유권자의 투표행태에 미치는 영향을 살펴본다. 선거 안정성을 지탱해 주던 이러한 오래된 장기적인 기둥들이 약화되면서, 투표선택에 영향을 미치는 새로운 요인들의 입지가 커졌다. 이번 장은 이들 요인 중 세 가지를 다루는데, 바로 정치쟁점, 경제, 그리고 지도자의 개인적 성품이다.

또한 이번 장은 유권자와 정당에 대한 합리적 선택 분석도 살펴보는데, 이 주제는 우리가 제5장에서 다루었던 여러 이론적 접근법 중 하나의 사례연구에 해당한다. 다음으로는 투표참여에 대한 보다 구체적인 질문들에 대해 논의하는데, 많은 민주주의 국가들에서 최근 목격되는 투표율의 감소, 투표율이 민주주의의 질에 미치는 영향, 의무투표제의 함의 등에 대해서 다룬다. 이번 장은 권위주의 국가의 유권자와 투표에 대한 검토, 그리고 이 국가들이 유권자 집단을 제한하고, 조작하고, 강제하는 다양한 방법들에 대한 검토로 끝을 맺는다.

차례

- 유권자: 개요 　367
- 정당일체감 　368
- 유권자는 어떻게 선택하는가 　371
- 투표참여 　381
- 권위주의 국가의 유권자 　384

핵심논제

- 정당일체감은 유권자를 이해하는 접근법의 핵심이지만, 이 개념이 탄생한 미국 외의 지역에서 이 개념이 얼마나 적용되고 있는지는 의문이다. 그리고 정당일체감의 약화는 중요한 경향이지만, 이러한 경향이 언제 시작되었고 어느 정도까지 여전히 지속되고 있는가의 문제는 불분명하다.
- 투표의 사회적 기반은 1960년대 이래로 약화되었으며, 다만 일부 국가에서는 종교가 계속해서 중요한 역할을 수행하고 있다.
- 합리적 선택 접근법은 유권자와 정당을 바라보는 새로운 방법을 제공한다. 이 접근법은 흥미로운 이론적 문제들을 제기하는데, 예를 들면, 투표참여 행위의 비합리성이다.
- 투표선택에 대한 보다 단기적인 설명들, 예를 들어, 쟁점투표, 경제, 지도자의 개인적 성품 등의 요인의 영향력에 대한 증거는 가변적이다.
- 투표율의 하락은 중요한 문제이지만, 이러한 추세가 현재는 완화되고 있는 것으로 보인다. 정치학은 투표참여를 장려하는 유권자 개인의 특성 및 선거제도의 특성에 대하여 명확한 발견을 도출해 냈다.
- 권위주의 국가에서의 투표는 자유 선택의 문제(따라서 유권자 동기를 이해하는 문제)라기보다는 선택의 조작 문제(따라서 통치 정권의 동기를 이해하는 문제)에 더 가깝다.

유권자: 개요

우리가 이전 장에서 본 바와 같이 선거가 대의민주주의의 중심에 있다면, 유권자는 이러한 선거의 활력이다. 비록 대의민주주의에서 유권자의 주요 역할은 정당이 제시하는 선택 대안 중에서 결정하는 것이지만, 유권자의 가치관, 선호, 의제, 본능, 이해 등이 모두 합쳐져서 정당들이 선거운동 테이블에 어떤 선택 대안을 올려놓는가에 영향을 미친다. 여기서의 도전 과제는 유권자들이 어떻게 자신들의 마음을 결정하는가에 대해 이해하는 것인데, 이에 대해서는 몇 가지의 서로 다른 대안적 설명이 가능하다.

투표선택에 관한 설명은 사회학적 설명과 심리학적 설명 두 가지로 크게 분류될 수 있다. 전자는 유권자의 사회적, 경제적 배경에 초점을 맞추는데, 예를 들어, 좌파 정당들은 가난한 유권자들, 교육수준이 낮은 유권자들, 소수민족들, 도시 거주자들 사이에서 우세하고, 반면 우파 정당들은 부유층, 고연령층, 교육수준이 높은 유권자들, 교외 및 농촌 거주자들로부터 지지를 받는 경향이 있다는 것이다. 이와는 대조적으로, 심리학적 설명은 유권자들의 마음속에서 진행되고 있는 것에 초점을 맞추며, 유권자가 정당, 후보, 쟁점에 대해 무슨 생각을 하는가에 초점을 맞춘다. 여기서의 주장은 투표선택이 사회 계급과 같은 정적인 요인보다는 변화하는 공공의제와 같은 역동적인 요인에 점점 더 많이 의존하고 있다는 것이다.

정당에 대한 일체감은 아주 오랜 동안 이러한 두 가지 접근법을 연결해 주는 핵심요소였다. 유권자들은 '자신의' 정당에 대한 장기적인 소속감을 발전시키고, 이러한 일체감은 유권자들의 가치, 의견, 투표선택에 영향을 미친다. 이러한 심리적 애정은 유권자들의 사회적 위치에 의해서 결정되고 강화되는데, 예를 들어, 그들의 가정 배경, 그들의 또래집단, 직장 동료들이 중요하다. 그러나 유권자와 정당 간 유대가 약화되어 왔는데, 이는 사회적 분열이 완화되고, 교육이 보다 접근 가능해지고, 사람들의 이동 가능성이 높아지고, 정당들이 자신들의 지기기반을 넓히기 위해 변화하고, 일부 유권자들이 항상 같은 정치에 대해 더욱 환멸을 느끼게 되었기 때문이다.

갈수록 점점 더, 유권자의 행태를 설명하는 데 있어서 단기적 요인들이 장기적 요인들을 보완하게 되었다. 단지 어느 정당을 지지할 것인가의 문제뿐만 아니라, 투표할 것인가의 여부에 대해서도 그러하다. 사회계급과 종교의 영향력이 감소하면서, 유권자들은 자신들이 가장 관심 있는 특정 쟁점, 경제상황, 정당 지도자와 후보의 개인적 특성 등에 의해 영향받을 가능성이 더욱 커졌다. 유권자의 투표선택은 사회계급이나 종교와 같은 '압박(push)' 요인에 근거하기보다는 점점 더 단기적 요인에 민감하게 반응하는 방향으로 변하고 있다. 예를 들어, 경제와 관련해서 대부분의 유권자들은 복잡한 경제 쟁점에 대한 자신들의 이해에 근거하여 선택하기보다는 직관적으로 말이 되는 요인들, 즉 실업자 수, 새로 만들어지는 일자리 수, 생활비의 변화, 국가 경제 상태 등에 근거하여 선택하고 있다.

한편 권위주의 정권에서의 유권자 행태는 전혀 다른 요인의 영향을 받는데, 이러한 요인은 자신들의 권력을 유지하기 위해 민주주의 하에서는 수용되지 않을 방법들을 사용하는 지도자와 엘리트들에 의해 주로 추동된다. 민주적 환경에서 투표는 자율적인 행동이다. 따라서 유권자들의 의견이 다수 요인들에 의해 영향을 받기는 하지만, 어떻게 투표하는가는 여전히 전적으로 유권자 본인에게 달린 문제이다. 권위주의 정권 하의 유권자들은 선택의 제약에 의해 영향을 받을 가능성이 높은데, 이러한 제약은 선거에 참여하는 정당 수에 대한 제한, 조작과 강제, 혹은 선거 결과를 만들어내기 위한 불법적 수단의 사용을 통해 이루어진다. 심지어 민주주의 하에서도 집권 정치인들은 경기장이 자신에게 유리한 방향으로 기울어지도록 하기 위해 자신들의 특권적 지위를 활용한다는 점을 유의할 필요가 있다. 그들은 더 많은 정치자금을 조달할 수 있으며, 자신들의 인지도를 활용하고, 지역구민들에게 뇌물에 해당하는 것을 제공하며, 선거제도의 틀을 자신들에게 유리하도록 짠다. 그럼에도 불구하고, 민주주의 하의 지도자들은 권위주의 하의 지도자들에 비해 그러한 기술들을 많이 가지고 있지 못하다.

정당일체감

자유민주주의 국가에서의 투표에 대한 논의의 출발점은 『미국 유권자(*The American Voter*)』(Campbell et al., 1960)이다. 이 고전적 저서는 유권자를 연구하는 방법, 그리고 유권자가 어떻게 결정하는가에 대해 생각하는 방법을 확립했는데, 이 책은 오늘날까지도 여전히 영향력을 행사하고 있다. 이 책의 저자들은 개별 유권자를 대상으로 전국적 표본 조사를 실시하였으며, 조사에서 표출된 유권자들의 태도를 평가하였다. 이 작업은 주관적인 상태에 대한 객관적인 탐구의 하나로 평가되었는데, 행태주의적 접근법이 실제로 작동하고 있는 대표적 사례다. 다른 학문적 전통들, 특히 가정, 친구, 이웃, 직장동료, 선거구, 지역 등이 부여하는 사회적, 공간적 맥락에 개별 유권자를 위치시켜 왔던 접근법들은 위상이 약화되었다.

『미국 유권자』에서 중심적 개념은 **정당일체감(party identification)**이었는데, 이는 특정 정당에 대한 헌신을 의미하는 것으로서 이러한 일체감은 유권자들이 어떤 정당에게 투표할지를 결정하는 데 도움을 줄 뿐만 아니라 그들에게 정치라는 멀리 떨어진 세계에 대한 도로지도까지도 제공해주는 것이었다. 다른 많은 정체성과 마찬가지로, 정당 충성심은 아동기 및 초기 청소년기에 생겨나며 부모와 또래집단에 의해 영향을 받는다. 그 이후 성인기로 이동하면서 이러한 충성심이 더욱 깊어지는데, 자신이 속한 사회적 집단들에 대한 헌신에 의해 강화된다. 정당일체감은 유권자의 정치적 신념체제의 원동력이다. 최선의 지도자들은 유권자가 선호하는 정당으로부터 나오는 것으로 이해되며, 최선의 정책은 그 정당이 지지하는 정책임에 틀림없다고 믿어졌다. 유권자가 자신이 일체감을 느끼는 정당을 더 자주 선택할수록, 그러한 충성심은 더욱 강해진다.

> **정당일체감(Party identification)**: 특정 정당에 대한 장기적인 애착심으로, 이는 정치적 사건들을 이해하는 여과장치 역할을 제공한다.

정당일체감은 정당에 대한 열정적인 지지를 의미하기보다는 특정 정당을 지지하고자 하는 저변에 깔린 성향을 의미한다. 특정 브랜드의 자동차를 정기적으로 구입하는 것이 매번 구입할 때마다 자동차 공학에 대한 완전한 평가를 내릴 필요를 없애주듯이, 특정 정당에게 투표하는 것은 지속적인 기준이 되며 이는 매 선거마다 정치적 시험주행을 할 필요를 없애준다. 많은 사람들에게 있어서, 특정 정당에 투표하는 것은 실용적이고 장기적인 브랜드 선택과 같다. 가끔은 특별한 상황이 토요타(Toyota) 자동차를 사는 사람으로 하여금 포드(Ford) 차를 구입하도록 유도할 수도 있지만, 귀소 성향이 작동하여 다음번에는 원래로 돌아갈 것이다.

미국 정치의 독특한 특성들, 즉 견고한 양당제, 폐쇄형 정당 예비선거, 많은 수의 선출직 공직에 대해 정당일괄투표를 할 수 있다는 점 등이 모두 합쳐지면 정당일체감 개념이 다른 곳에서도 반드시 잘 적용되는 것이 아닐 수도 있음을 의미한다. 예를 들어, 유럽의 유권자들은 역사적으로 계급 및 종교와 일체감을 느껴왔으며, 그에 따라 이러한 소속감을 표현하는 노동조합과 교회들에 대해 일체감을 느껴왔다. 정당은 자유롭고 독립적인 존재라기보다는 그러한 네트워크의 일부를 형성했다 아울러 좌파와 우파라는 개념은 대안적인 준거점을 제공하는데, 특히 정당이 약하거나 약해진 프랑스와 이탈리아와 같은 국가들에서는 더욱 그러하다. 또한 동유럽의 신생민주주의 국가들에서 발견되는 보다 유동적인 정당체제에서도 강력한 정당 충성심의 징후는 별로 나타나지 않고 있다. 마지막으로 유럽인들은 선택할 수 있는 정당의 범위가 훨씬 더 넓으며, 이는 한 정당에서 다른 정당으로 이동할 기회가 더 많음을 의미한다.

그럼에도 불구하고, 대부분의 다른 시장과 마찬가지로 정치적 시장도 일반적으로 대부분의 자유민주주의 국가에서 안정적이다. 그 결과, 이전 선거에서 한 정당이 얻은 득표율이 다가오는 선거에서 그 정당이 얻게 될 지지율에 대한 좋은 예측을 제공하는데, 다만 주요 정치적 사건 혹은 경제적 사건이 있는 경우는 예외이다. 예를 들어, 2008년부터 2012년까지 대부분의 유럽국가에서 발생했던 경제침체는 우파 정당, 그 중에서도 극우 성향의 반(anti) 기득권 정당으로의 현저한 지지 변경을 초래했다. 그리고 개인 수준에서도 투표선택의 안정성은 여전히 상당하다. 우리는 선거 변화를 설명하기에 앞서, 먼저 이러한 지속성을 이해해야만 한다. 정당일체감, 동일한 정당에 대한 습관적 투표, 이념 라벨, 집단 충성심 등은 모두 지속성을 이해하는 데 도움이 되는데, 다만 이러한 것들 사이의 상대적 중요도는 국가마다 다르고, 시간에 따라서도 달라진다. 동시에 우리는 정당에 대한 지지의 변화도 추적할 필요가 있는데, 바로 이 지점에서 유권자 정당편성 해체가 방정식에 들어오게 된다.

유권자 정당편성 해체

유권자와 정당 간 유대의 약화, 즉 **유권자 정당편성 해체**(partisan dealignment)라고 알려진 이 현상은 민주주의 국가에서 분명하고 만연한 추세이다. 이러한 추세는 일부 신생민주주의 국가에서도 적용될 수 있으나, 이들 국가의 경우 설문조사 기법이 종종 정교하지 못하기 때문에 의미 있는 비교 가능한 자료를 찾기 어렵다 (인도에서의 여론조사에 대한 쿠마와 라이[Kumar and Rai, 2003]의 논의를 보라). 또한 신생민주주의 국가의 정당들은 기존 민주주의 국가의 정당만큼 긴 역사를 가지고 있지 않으며, 따라서 유권자를 정당에 묶어주는 끈은 물론이고 유권자 선택에 대한 설명 방식도 다소 다르다.

> **유권자 정당편성 해체(Partisan dealignment)**: 유권자와 정당 간 연합의 약화로, 이는 정당과 일체감을 느끼는 유권자 비율의 감소와 정당 충성심을 보유하고 있는 유권자들의 충성 강도의 약화 양자 모두로 나타난다.

19개 선진민주주의 국가를 대상으로 한 최근의 한 연구는 장기적인 설문조사 자료를 활용하고 있는데, 이 연구에서 17개 국가가 정당일체감을 가진 유권자 비율의 감소와 당파성 강도의 감소 둘 모두를 경험하고 있음이 발견되었다 (Dalton, 2013: 183). 영국은 두드러진 사례이다. 1964~1966년과 2010년 사이에 정당과 일체감을 느끼는 유권자 비율은 90퍼센트에서 82퍼센트로 떨어졌다. 이것이 별로 대단해 보이지 않을 수도 있으나, 동일한 기간 '매우 강한(very strong)' 정당충성심을 가진 유권자 비율이 40퍼센트에서 11퍼센트로 대폭 떨어졌다. 덴버와 그의 동료들 (Denver et al., 2012: 71)에 따르면, 이러한 결과는 보수당 및 노동당과 강력하게 일체감을 느끼는 유권자들이 '이제는 멸종 위기에 처한 것'임을 의미한다.

이와 비슷한 변화를 독일에서도 발견할 수 있는데, 달톤(Dalton, 2014)의 주장에 따르면 무당파 유권자 계층이 부상하고 있는데 이들은 "비록 정당 유대감은 없지만 정치적으로 활발하게 참여하는 보다 세련된 비당파 유권자들"이다. 도표 17.1에서 나타나는 바와 같이, 서부지역 독일 사람들 중 매우 강한 또는 강한 정당일체감을 가진 유권자의 비율은 1972년과 2009년 사이에 55퍼센트에서 32퍼센트로 떨어졌으며, 반면 약한 정당일체감을 가지거나 정당일체감이 없는 유권자 비율은 40퍼센트에서 64퍼센트로 증가하였다. 스웨덴에서는 이보다 더욱 급속한 쇠퇴가 있었는데, 1968년과 2006년 사이에 정당과 일체감을 느끼는 사람들의 비율이 반토막 났다 (도표 17.2를 보라).

무엇이 이러한 유권자 정당편성 해체의 원인이 되었는가? 비록 국내의 논평자들은 종종 국가적 영향력에 초점을 맞추지만, 국경을 넘어선 비교는 공통된 정치적, 사회적 요인들이 존재함을 시사한다 (도표 17.3을 보라). 정치적으로, 우리가 제15장에서 본 바와 같이 정당의 역할은 20세기 마지막 3분기 동안에 극적으로 변화하였다. 정당의 자금은 점점 더 당원보다는 국가로부터 나오고 있고, 정당이 연루된 스캔들과 부패는 유권자 신뢰를 떨어뜨렸으며, 선거운동은 갈수록 점점 더 지구당(지상전)과 함께 대중매체(공중전)를 포함하거나 혹은 지구당을 대신하여 대중매체가 더욱 중요해지고 있으며, 당원들은 단일쟁점 집단으로 이동해 갔으며, 주요 정당들은 자신들의 정책

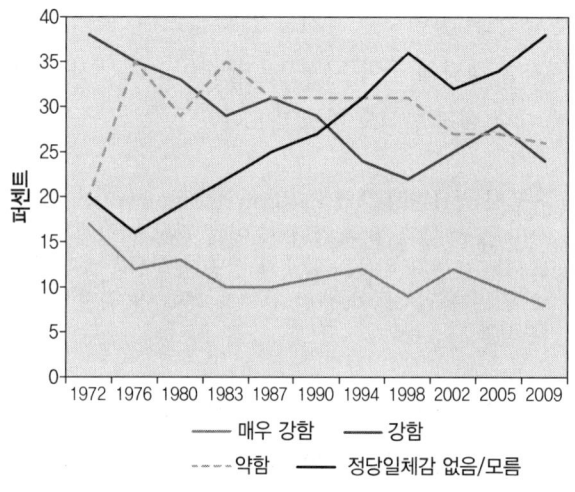

도표 17.1 독일에서의 유권자 정당편성 해체

출처: Dalton, 2014. 자료는 독일 서부지역만 해당됨.

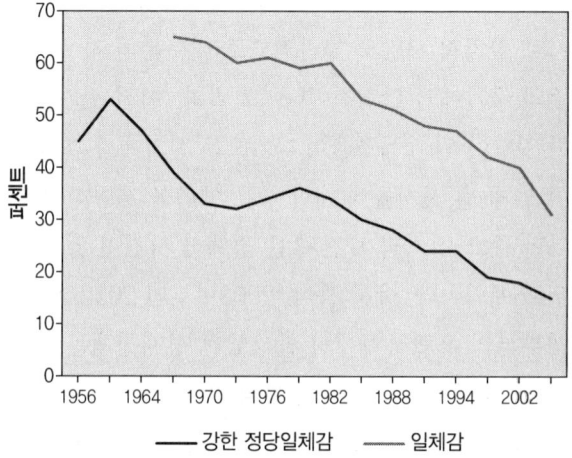

도표 17.2 스웨덴에서의 유권자 정당편성 해체

출처: Oscarsson and Holmberg (2010: 9)

과 사회적 기반에 있어서 점점 더 구분하기 어려워졌다. 오늘날 정당들은 사회적 이해관계의 표출이라기보다는 정치체제의 일부분으로 간주되고 있기 때문에, 많은 국가의 정당들은 다른 국가 기관과 마찬가지로 신뢰의 상실에 직면하고 있다.

사회적으로, 역사적인 사회적 분열의 약화와 교육의 확대는 정치적 정체성의 약화에 기여했다. 달톤(Dalton, 2013: 187-189)의 주장에 따르면, 그가 '인지적 동원(cognitive mobilization)'이라고 부르는 것이 점점 더 시민들이 정치와 연결하는 흔한 방식이 되고 있다. 이 용어가 의미하는 바는 교육수준이 높고 정치적에 관심이 높은 유권자들은 대중매체를 통해 정보를 획득하고 그 정보를 해석하는데 있어서 자신의 이해를 활용하기 때문에 이제는 유권자가 자체적으로 정치적 관점을 가질 수 있게 되었다는 것이다. 유권자 정당편성 해체의 효과는 상당했다. 쟁점투표가 증가했고, 선거 유동성이 증가했고, 투표 참여와 적극적인 선거운동 참여가 감소했으며, 어느 정당을 지지할지를 마지막 순간에 결정하는 유권자가 늘어나고 있으며, 녹색당과 극우 정당들과 같은 신생 정당들이 (적어도 유럽에서는) 정치적 기반을 마련하게 되었다.

유권자는 어떻게 선택하는가

유권자가 어떻게 선택하는가에 대한 설명을 시도함에 있어서, 몇 가지 방안이 가능하다. 장기적 요인으로는 사회 계급과 종교를 들 수 있는데, 전자는 약화되고 있지만 후자는 세속화된 것으로 추정되는 자유민주주의 국가들 상당수에서 여전히 중요한 요인으로 남아 있다. 선거운동 기간 동안 대부분의 언론 관심을 끄는 경향이 있는 단기적 요인으로는 쟁점투표, 경제상태, 정치지도자들의 개인적 속성 등이 있다.

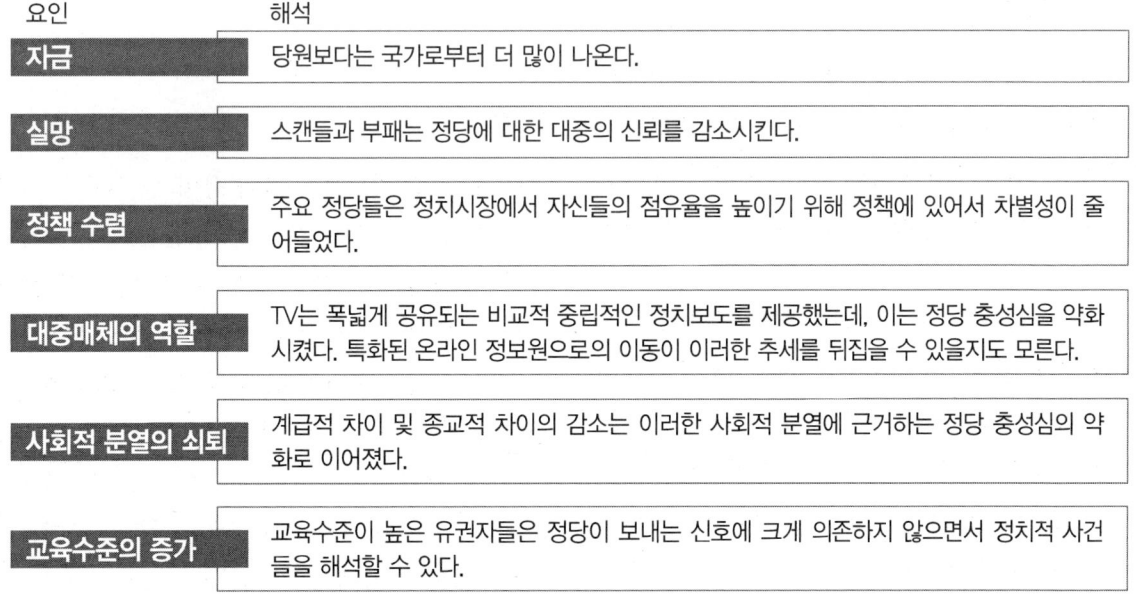

도표 17.3 유권자 정당편성 해체의 원인

사회계급

산업혁명 이래, 사회계급은 모든 자유민주주의 국가에서 투표선택에 영향을 미쳤다. 노동자 계급은 좌파 성향 정당을 지지하는 경향이 있고, 중산층은 우파 성향 정당 쪽에 기울어져 있다. 따라서 어느 정도 동네에서 선거운동을 하는 정당활동가들은 이웃집 문을 두드리기 전부터 이웃의 경제적 성격을 통해 그 이웃이 자기 편인지 반대 편인지 감지할 수 있다. 그러나 최근 몇십 년 동안의 증거는 계급투표의 감소를 시사하고 있으며, 일부 연구(예를 들어, Knutsen, 2006)는 덴마크, 네덜란드, 영국과 같은 몇몇 서유럽국가에서 계급투표가 특히 약화되었음을 발견했다. 일반적으로, 계급투표는 과거 계급투표가 가장 심했던 국가들에서 가장 많이 쇠퇴했는데, 북유럽국가들이 대표적인 사례에 해당한다.

이러한 변화에 대한 설명은 정치적 요인과 사회적 요인을 조합한 것이다. 정치적 수준에서, 사회주의의 붕괴는 많은 좌파 정당들이 중앙으로 이동하는 현상을 초래했는데, 그에 따라 전통적인 계급 논리가 강조되지 않고 있다. 따라서 크넛센(Knutsen, 2006)은 자신의 비교분석에서 "주요 좌파정당들의 정치적 전략이 일관된 유형을 보였는데, 그들의 중앙으로의 분명한 이동이 계급투표의 쇠퇴를 수반했음"을 발견하고 있다.

그러나 친숙한 사회학적 과정 또한 진행 중이다. 많은 선진국 경제에서 서비스 부문이 제조업을 대체하면서 많은 노조 조직을 가진 공장들이 높은 수준의 자격을 갖춘 직원들에게 보다 다양한 일자리를 제공하는 소규모의 서비스회사들로 대체되었다. 이러한 숙련된 피고용인들이 노동시장 내에서 힘을 가질 수 있는 원천은 개인적 차원에서의 자격, 경험, 능력이다. 동일한 업무를 수행하는 육체노동자와 달리, 이들은 집단적 결속을 추진하는 노동조합에 이끌리지 않는다. 이러한 방식으로, 계급정당들이 기초했던 사회적 기반이 침식된 것이다. 비교연구에 따르면, 한 국가에서 노동계급의 규모가 작을수록, 그리고 노동자들이 제조업에 고용되어 있는 비율이 낮을수록, 계급투표의 쇠퇴가 더 심한 것으로 나타난다 (Knutsen, 2006).

특히 미국과 영국 등 일부 자유민주주의 국가들에서 소득불평등의 증가는 이를 상쇄하는 경향을 의미할 수 있다. 2008~2009년의 금융위기 직후, 금융부문에서 최고의 대우를 받는 노동자들의 과도한 수입에 대한 분노가 증가했다 (Hacker and Pierson, 2010). 그러나 개인소득은 사람들이 어떻게 투표하는가에 대해 지배적인 영향을 미치지 않으며, 최상위 소득자들에 대한 이러한 분노가 다른 자유민주주의 국가들, 특히 불평등이 여전히 크게 심하지 않은 북유럽국가들에서는 동일한 반향을 불러일으키지 못했다.

종교

2003년 뉴스 기사는 다음과 같이 물었다. "미국인들이 다음 선거일에 어떻게 투표할 것인지 알고 싶은가?" "그들이 그 전 주말에 무엇을 하는가 살펴보아라 … 만약 그들이 정기적으로 교회 예배에 참석한다면, 그들은 아마 2대1의 차이로 공화당에 투표할 가능성이 높다. 만약 절대 참석 안한다면, 그들은 2대1 차이로 민주당에 투표할 가능성이 높다." (Green, 2010b: 433에서 인용). 정확한 수치는 차치하더라도, 미국에서 '신 격차(God Gap)'라고 알려진 것이 종교(여기서는 교회 출석으로 나타냄)와 투표행태 간의 지속적인 연관성을 잘 보여준다. 종교가 선거에 미치는 영향력은 자유민주주의 국가에서 여전하며, 이는 계급투표의 감소와는 대조를 이룬다. 그러나 종교는 단일 변수가 아니며, 세 가지의 주요 각도에서 연구될 수 있다.

- 우리는 종교적 유권자와 세속화된 유권자로 폭넓게 구분할 수 있는데, 전자는 우파 정당에게, 그리고 후자는 좌파 정당에게 투표하는 경향이 있다.
- 우리는 종교심(religiosity, 종교가 개인적으로 중요한 정도)에 따라 유권자를 구분할 수 있다. 전형적으로, 종교적으로 헌신적인 유권자와 나머지 유권자의 구분이 투표선택과 투표참여에 있어서 가장 커다란 대조를 만들어내는데, 교회출석자가 투표할 확률이 더 높다.
- 우리는 특정 종파의 영향을 검토할 수 있다. 예를 들어, 가톨릭 신자들은 우파 정당에 투표하는 경향이 있고, 유대교 신자들은 좌파 정당에 투표하는 경향이 있을 수 있다. 이러한 연구들은 이슬람과 복음주의운동(evangelical movement)과 같은 다른 종교와 종파의 선거에 대한 영향을 검토하는 데까지 확장될 수 있다.

비교조사는 선거에서 종교의 중요성을 오랫동안 인지해 왔다. 16개 서구 민주주의 국가에 대한 연구로부터 로즈와 어윈(Rose and Urwin, 1969: 12)은 "계급이 아니라 종교적 분열이 오늘날 서양 세계 정당들의 주된 사회적 기반이다"라고 결론 내렸다. 그 이후 정당보다는 유권자를 고찰하면서, 레이파트(Lijphart, 1979)는 계급과 종교 양자 모두가 정치적 역할을 수행했던 국가들에 대한 연구로부터 '종교'가 정당 선택에 더 큰 영향을 미친다고 결론 내렸다. 보다 최근에 에스머와 피터슨(Esmer and Petterson, 2007: 409)은 "대부분의 유럽국가에서 종교심이 여전히 투표선택에 중대한 영향을 미친다"는 사실을 발견하였으며, 특히 "독실하고 신앙이 독실한 유권자들은 정치적 우파와 기독민주당에 투표할 확률이 높다"고 지적하였다. 종교심이 투표에 미치는 지속적인 영향력에 대한 예외적인 사례는 영국을 비롯한 북유럽국가에서 발견되고 있다.

두 요인을 직접 비교하면, 종교가 계급보다 더 중요하며, 어떤 의미에서 종교의 영향력이 약할 때 계급이 가장 중요해진다. 따라서 스칸디나비아 국가의 전통적으로 높은 수준의 계급투표는 종교개혁에서 루터교회가 자리를 잡은 이후 그 곳에서 종교적 갈등

요인	해석
사회계급	정당의 계급기반은 약화되어 왔다.
종교	대부분의 민주주의 국가에서 여전히 중요한 요인이나, 그 중요성은 어느 정도 감소하고 있다.
쟁점	교육수준의 증가 덕분에 점점 더 중요해지고 있으나, 가장 지배적인 투표 결정 요인은 아니다.
경제	거의 항상 중요하지만, 항상 결정적인 요인은 아니다.
지도자 개인적 특성	논란의 여지가 있으며, 영향력이 쉽게 과장된다.

도표 17.4 투표선택을 설명하는 주요 요인

이 없었기 때문인 것으로 해석할 수 있다. 산업의 변화가 계급투표의 쇠퇴에 기여했듯이, **세속화(secularization)**는 종교투표의 감소를 가져올 것으로 예상할 수 있다. 사회는 근대화됨에 따라 자연스럽게 보다 세속화된다. 그리고 많은 자유민주주의 국가에서 분명히 교회 출석과 종교적 믿음이 지속적으로 감소 및 약화되고 있으며, 특히 유럽에서 (그리고 미국 젊은이들 사이에서) 두드러진다 (Esmer and Pettersson, 2007: table 25.2). 그러나 종교투표가 계급투표와 동일한 정도로 감소했다는 증거를 발견하기는 어렵다. 일부 감소는 분명해 보이지만, 전반적으로 선거행태의 종교적 기반은 상당한 지속력을 가지고 있다.

> **세속화(Secularization)**: 정치적, 사회적, 개인적 삶에 있어서 종교가 차지하는 공간이 줄어드는 현상.

쟁점투표

선거운동은 흔히 범죄, 국방, 환경, 외교문제, 교육, 공공지출, 세금 등과 같은 주제에 대한 논쟁을 일으킨다. 이들이 정당, 대중매체, 정치인들에 의해 일상적으로 논의되는 '쟁점(issues)'인데, 여기서의 함의는 이들이 투표선택의 핵심요소라는 것이다. 이것이 어느 정도까지 진실인가? 현실에 있어서는, 어떤 사람이 쟁점투표자로 묘사되기 위해서는 몇 가지 조건을 충족해야 한다. 그는 (1) 쟁점을 알아야 하고, (2) 이 쟁점에 대한 의견을 가지고 있어야 하고, (3) 정당들이 이 쟁점에 대해 서로 다른 입장이라는 사실을 믿어야 하고, (4) 자신의 입장과 가장 가까운 정당에 투표해야 한다.

여기에는 상당한 장애물이 존재한다. 정당일체감이 강했던 시기에 수행된 연구들은 단지 소수의 유권자들만이 이러한 조건 모두를 충족시켰다고 결론 내렸다. 영국에 관한 저술에서, 덴버와 동료들 (Denver et al., 2012: 96)은 유명한 영국 장애물경주(steeplechase)에 비유하면서 다음과 같이 결론 내렸다. "정당에 근거한 투표가 일상적일 때, 상대적으로 적은 수의 유권자들만이 **쟁점투표(issue voting)**의 조건을 충족시켰다. 전국장애물경주대회에서와 같이, 많은 수의 유권자가 각각의 장애물에 걸려 넘어졌다" (Denver et al., 2012: 96) 앞에서 언급했던 선거연구의 대표적인 저작인 『미국 유권자』 또한 쟁점투표에 대해 매우 회의적이었는데, 많은 수의 쟁점 각각에 대하여 미국 유권자의 1/3 정도만이 네 가지 필요조건들 중 첫 번째 세 개를 통과하는 것으로 분류되었다.

> **쟁점투표(Issue voting)**: 유권자가 선거에서 단지 사회학적 혹은 인구통계학적 요인들에만 근거하기보다는 자신이 가장 큰 관심을 갖고 있는 정책에 근거하여 투표선택을 하는 현상.

이렇게 말했지만, 보다 최근의 연구들은 구체적인 정책(그리고 보다 폭넓은 이념)에 근거한 투표선택이 증가해 왔음을 보여주고 있다. 일찍이 1992년에 프랭클린(Franklin)은 17개 자유민주주의 국가들에 대한 연구에서 쟁점투표의 증가가 사회적 지위에 근거한 투표의 감소와 대략적으로 일치한다고 결론 내렸다. 루이스-벡과 그의 동료들 (Lewis-Beck et al., 2008: 425)은 장기간에 걸쳐 비교가능한 선거정보의 입수가 가능한 미국에 대해서도 동일한 결론에 도달하고 있다.

> 미국 유권자의 교육 수준은 1950년대 이래로 급속하게 높아졌으며, 이는 보다 빈번한 쟁점투표, 대중의 쟁점 태도 구조의 명료성 증가, 대중의 정치적 사고 내에서 이념적 주제의 중요도 증가 등에 반영되고 있다.

그러나 루이스-벡과 그의 동료들은 쟁점투표가 정당일체감을 대체했다는 설명의 유혹에 너무 쉽게 빠지지 말라고 경고하며, 또한 대부분의 미국인들에게 있어서 정치가 갖는 주변적 성격이 정책투표에 높은 천장을 계속해서 만들고 있다고 경고한다. 그리고 정치적 시기의 성격 또한 제대로 조명 받지 못한 요인이다. 즉, 최초의 연구가 수행되었던 1950년대와 같은 정적인 시기로 돌아간다면, 교육수준이 계속 올라간다고 해도 쟁점투표의 감소가 초래될 수 있다. 정책 쟁점이 연관성이 없는 것은 절대 아니지만, 그것은 여전히 사람들이 투표하는 방식을 설명하는 데 있어서 단지 부분적인 요인으로만 남아 있다.

경제

정부 인기와 경제적 성과를 연관시키는 것은 새로운 생각이 아니지만, 이것은 카빌(James Carville)에 의해 가장 유명하게 표현되었다. 빌 클린턴의 1992년 대통령 선거운동의 핵심 전략가였던 카빌은 선거운동 본부에 선거의 주요 주제 목록을 게시하였는데, 그 목록은 "문제는 경제야, 이 바보야"라는 문구로 시작했다.

대부분의 자유민주주의 국가에서 경제성과와 정치적 인기에 관한 자료를 얻을 수 있기 때문에, 이것은 비교분석에 매우 적합한 주제가 되었다. 경험적 증거에 따르면, 경제는 분명히 중요하다. 경제는 단지 여론조사에 기록되는 정부 인기에만 영향을 미치는 것이 아니라, 사람들이 투표소에서 행동하는 방식에도 영향을 미친다. 동시에, 윈스턴 처칠의 민주주의에 대한 견해를 다른 말로 바꾸어, 다른 모든 설명을 제외한다면 경제는 선거 결과에 대한 최악의 설명이라고 주장하는 것도 일리가 있다 (Hellwig, 2010: 200).

정확히 어떻게 경제가 영향력을 행사하는가? 특정한 매체에 대한 구체적 언급 없이 대중매체의 영향력을 논의하는 것이 현명하지 못하듯이, 우리는 특정한 요소를 구체적으로 언급하지 않으면서 경제의 효과를 논의하는 것을 피해야 한다. 종종 중요하게 부상하는 세 가지의 변수는 실질 개인가처분소득(real disposable personal income, 즉 세금과 물가상승률 고려 이후 소득), 실업, 물가상승 등이다.

미국의 사례를 보면, 개인소득이 특히 중요한 것으로 보인다. 20세기 후반부 선거와 선거 사이 기간 동안 개인소득의 증가가 미국 대통령의 득표율을 매우 정확하게 예측했다. 한 분석에 따르면, "1인당 실질소득(대통령 임기 4년 동안의 평균치)이 1퍼센트 포인트 증가할 때마다, 현직 대통령이 속한 정당의 득표율이 46퍼센트의 상수로부터 4퍼센트 포인트씩 증가하였다"(Hibbs, Jr, 2006: 576-7). 다르게 표현하면, 자신의 첫 번째 임기 동안 매년 1퍼센트 포인트의 개인소득 성장을 달성한 현직 대통령은 50퍼센트의 득표율을 기록할 것이며, 2퍼센트 포인트 성장은 54퍼센트의 득표율을 가져온다는 것이다.

현 정부의 실제 경제 성적이 미치는 영향에 대한 연구는 경제투표에 대한 초기 연구를 주도했다. 보다 최근에는 이러한 효과가 작동하는 방식으로 관심이 이동하였다. 특히, 연구자들은 경제성과에 대한 유권자 자신의 평가에 따라 투표선택이 어떻게 변화하는지를 조사하였다. 결국 유권자들은 경제 성적을 평가하는 방식에 있어서 각자 다를 것이다. 어떤 사람들은 물가상승을 보는데, 다른 사람들은 안정적인 가격을 볼 수 있다. 이러한 의견들은 객관적인 경제가 투표에 영향을 미치는 경로를 제공한다.

연구결과는 경제투표의 존재를 강력하게 확인해

> ### 초점 17.1 　유권자는 합리적인가?
>
> 행태주의적 설명은 유권자를 이해하는 한 가지 수단을 제공한다. 다른 하나는 합리적 선택 접근법에 의해 제공되는데, 이 접근법은 유권자가 정치시장의 합리적인 참여자로서 자신의 효용을 극대화하기 위해 노력한다고 가정한다. 이러한 노선에서 지금까지 가장 영향력 있는 연구는 1957년 출간된 다운스(Anthony Downs)의 『경제이론으로 본 민주주의(An Economic Theory of Democracy)』이다. 다운스는 단지 유권자들에 대해서만 관심을 가진 것이 아니라 정당들에 대해서도 관심을 기울였고, 이 둘 간의 관계에 대해서는 더욱 많은 관심을 가졌다.
>
> 　다운스는 우리에게 정당은 권력이라는 동기만을 가지고 행동하고 있고, 유권자는 자신의 정책선호로 나타나는 자기이익을 반영해 주는 정부만을 원한다고 상상해보라고 요구한다. 또한 유권자의 정책선호가 단순한 좌-우 척도에 나타낼 수 있다고 가정하는데, 여기서 왼편 끝은 경제에 대한 정부의 완전한 통제를, 오른편 끝은 완전한 자유시장을 의미한다. 이러한 가정 하에서, 다운스는 정당들이 득표를 극대화하기 위해 어떤 정책을 채택해야하는지 질문한다.
>
> 　핵심적인 결과는 이제 '중위투표자 이론(median voter theorem)'으로 널리 알려져 있는데, 양당제 하에서 득표의 극대화를 추구하는 정당들은 이념분포의 중간점으로 수렴하며, 그에 따라 중위투표자의 입장이 결정적이라는 것이 주요 내용이다. 어떠한 정당이 극단에서 출발할 수 있으나, 곧 중앙으로 이동하게 될 것인데 그 곳에서 확보할 수 있는 유권자가 더 많기 때문이다. 중앙으로 이동함에 있어서, 정당들은 자기 편 극단에 있는 유권자들에게 계속 더 가까운 위치를 차지하면서, 동시에 이전에 경쟁 정당에 더 가까이 위치하여 있던 중도 성향 유권자들을 포섭할 수 있다. 양당이 중위투표자의 위치로 수렴하고 나면, 그들은 균형점에 도달하게 되고 자신의 입장을 바꿀 동기를 더 이상 가지지 않게 된다.
>
> 　그러나 유권자들이 단순한 좌-우 척도에서 자신들이 정책선호에 가장 가까운 정당에 투표함으로써 합리적으로 행동한다는 다운스의 가정에 대해서 우리는 어떻게 생각해야 할까? 이에 대해서는 적어도 세 가지의 반대의견이 존재한다 (Ansolabehere, 2006).
>
> - 단 한 표가 선거결과를 결정할 가능성이 낮다는 점을 고려할 때, 이기적인 유권자가 투표에 참여할 이유가 무엇인가?
> - 단 한 표가 결정적일 가능성이 없기 때문에, 유권자들이 합리적 투표를 하는 데 필요한 정보를 획득하는 수고를 감당할 이유가 무엇인가?
> - 선거가 유권자들이 서로 다른 입장을 취하고 있는 정책들에 대한 논쟁으로 가장 잘 이해된다는 가정에 우리는 의문을 제기할 수 있다. 예를 들어, 유권자들은 정당의 정책보다는 정당의 능력에 더 집중할 수도 있다.
>
> 전체적으로 다운스의 이론은 우리에게 흥미로운 역설을 제시한다. 자기이익과 합리성이라는 다운스의 개념은, 비록 그것이 합리적 선택 사고에 있어서 표준이 되고 있지만, 결과적으로 투표하지 않는 무지한 유권자와 거의 구분이 불가능한 정책적 입장을 채택하는 정당을 초래하는 것으로 보인다. 그럼에도 불구하고, 이론적 예측과 현실을 비교하는 과정 자체는 문제를 해결하는 데 있어 통찰력을 만들어 낸다.

준다. 예를 들어, 헬빅(Hellwig, 2010)은 1996년과 2002년 사이 28개 국가에서 수행된 설문조사 결과를 통합하여, 경제상태가 지난 1년간 향상되었는지, 그대로인지, 더 나빠졌는지에 대한 응답자의 인식이 선거에 미치는 영향을 고찰하였다. 표 17.1이 보여주는 바와 같이, 결과는 놀랄 정도로 분명했다. 경제가 좋아졌다고 믿었던 유권자들이 현직 대통령이나 총리가 속한 정당에게 투표할 가능성은 경제가 나빠졌다고 생각했던 유권자들에 비해 두 배였다. 물론 이미 여당을 지지하는 유권자들은 장밋빛 안경을 쓰고 경제를 보기 쉬우며, 이는 실제 경제투표 효과를 과장할 것이다. 어디에서나 그렇듯이, 여기에서도 당파성이 작용하고 있다. 그렇다고 해도, 위에서 관찰된 경제평가와 투표선택 간의 관계는 단순한 당파적 유권자의 투영 이상을 반영하는 것으로 보인다(Lewis-Beck et al., 2008: table 13.8).

부유한 국가에 살든 가난한 국가에 살든 가난한 유권자들의 행동은 흥미로운 역설을 만들어낸다. 많은 연구들은 상당한 수의 가난한 유권자가 종종 자신의 물질적 이익을 대변하지 않고 부자의 이익을 대표하는 것으로 보이는 정당에 투표하고 있음을 보여주었다. 예를 들어, 후버와 스태닉(Huber and Stanig, 2009)은 부유한 민주주의 국가의 많은 유권자가 자신에게 이득이 되는 정책인 높은 세금과 재분배 정책에 반대하는 정당을 지지하고 있다는 점을 지적하고 있다.

잘사는 민주주의 국가에 비해 훨씬 연구가 적었던 보다 가난한 민주주의 국가에서의 투표로 관심을 돌리자면, 지금까지 모인 증거는 다소 상이한 경제적 동기를 보여준다. 즉, 투표와 확실하고 구체적인 물질적 보상 간의 연결이다. 예를 들어, 타칠(Thachil, 2014)은 인도 정치, 그 중에서도 구체적으로 인도인민당(BJP: Bharatiya Janata Party, 보통 인도의 특권 계급이 일체감을 갖는 정당)이 가난한 인도인들 사이에서 거둔 놀라운 성공을 살펴보았다. 그에 따르면, 이 현상은 인도인민당이 사회적으로 어려운 유권자들의 환심을 산 방식으로 설명될 수 있는데, 이 정당은 풀뿌리 연결조직을 통해 가난한 유권자들에게 기본적인 사회서비스를 사적으로 제공하였던 것이다. 이러한 '하청(outsourcing)'은 이 정당으로 하여금 특권층의 정책 이익을 계속 대변하면서, 동시에 가난한 유권자들로부터 많은 표를 얻을 수 있도록 해준다.

이 사례는 **매표행위**(vote buying)라는 널리 만연한 현상을 잘 보여주는데, 매표행위는 선거에서의 지지를 대가로 개별 유권자에게 보상을 제공하는 것을 말한다. 이것이 민주화의 결과로 최근 몇십 년 사이에 일종의 부활을 했다. 쉐퍼(Shaffer, 2007)의 주장에 따르면, 정당 이름과 선거공약이 별로 중요하지 않은 국가들에서는 정당과 후보들이 확실한 보상을 제공함으로써 표를 얻고자 노력한다. 이러한 보상은 현금이나 일용품(쉐퍼에 따르면, 담배, 시계, 관, 미용, 쌀자루, 생일케이크, TV 등 매우 다양함)이거나 혹은 서비스의 형태를 띨 수도 있다. 만약 가난에

표 17.1 경제와 투표선택

지난 1년간 경제에 대한 인식	현직 대통령이나 총리가 속한 정당에 투표한 유권자 비율(%)
좋아졌다	46
그대로다	31
나빠졌다	23

출처: Hellwig (2010: 표 9.1)을 수정한 것임. 100퍼센트로 다시 조정하였음. 1996년과 2002년 사이 28개 국가에 기초한 것임.

처한 유권자가 이러한 방식으로 자신의 표를 거래함으로써 자기 가족에게 조금 더 많은 안전을 보장해 줄 수 있다면, 누가 이들을 비난할 수 있는가? 그러나, 이러한 현상이 가난한 국가나 공동체에만 국한된 것은 절대 아니다. 국제기구 회의에서 정부들은 합법적으로 그리고 일상적으로 다른 정부의 표를 '매수(buy)'하며 (Lockwood, 2013), 선출직 대표들이 자신이 노력해서 자기 지역구에 유치한 새로운 공장, 학교, 군사시설을 언급하며 표를 얻으려 하는 경우의 대부분도 어쩌면 일종의 매표행위로 정의될 수 있다. 인도에서의 표의 매수와 미국 선거구에서의 매수 간에 큰 차이가 있는가?

> **매표행위(Vote buying)**: 정당과 후보가 선거에서의 지지에 대한 대가로 유권자에게 물질적 혜택을 제공하는 과정.

브라질은 정치엘리트 내에서 작동하는 흥미로운 매표 사례를 제공한다. 2005년 브라질에서 중대한 스캔들이 터졌는데, 여당인 노동자당(Worker's Party)이 많은 의원들에게 자기 당이 지지하는 법안에 대한 지지의 대가로 매달 수당을 지급했다는 주장이 터져 나왔다. '멘살라웅(Mensalao, 고액의 월급)' 스캔들로 알려져 있는 이 사건은 룰라 다 실바(Lula da Silva) 대통령(2003~2010년 재임) 정부의 붕괴를 위협했다. 룰라 자신은 재선에 성공했지만, 선거 이후 재판에 기소된 38명의 피고 중 25명이 다양한 이유로 유죄 판결을 받았다. 이 재판은 브라질에서 부패라는 문제를 보여주는 사례가 되었는데, 이 문제는 보다 낮은 수준에서의 선거에서 후보들이 지지를 대가로 유권자에게 현금을 지불한 사건들에서도 찾아볼 수 있다. 야다브(Yadav, 2011: 124-5)의 주장에 따르면, 이 문제는 이전에 비해 힘이 더 센 정당들이 출현하면서 더욱 심각해졌는데, 왜냐하면 이러한 정당들은 자금의 원천으로 브라질 국가를 활용할 수 있기 때문이다.

지도자의 개인적 특성

정치지도자는 정당과 정당 정책을 재구성하는 과정에서 확실히 중요하지만, 지도자의 성격과 개성 또한 중요하다. 그러나 얼마나 많은 유권자들이 지도자의 개인적 특성을 얼마나 좋아하는지 또는 싫어하는지에 의해 흔들리는지는 의문이다.

아마도 외모, 스타일, 호감도의 중요성을 보여준 가장 유명한 사례는 1960년 미국의 대통령 후보였던 케네디(John F. Kennedy)와 닉슨(Richard Nixon) 간 있었던 최초의 TV토론일 것이다. 케네디는 편안해 보였고 TV를 잘 활용한 반면, 닉슨은 긴장하고 불편해 보였다. 여론조사에 따르면, 그 TV토론을 시청한 유권자들은 케네디가 토론에 이겼다고 생각한 반면, 라디오로 들은 유권자들은 닉슨이 이겼다고 생각했다. 훗날 영국에서 대처(Margaret Thatcher)의 자문들은 그녀에게 보다 권위적으로 들리도록 목소리 톤을 낮추라는 충고를 했다. 프랑스와 미국의 여론조사 결과에 따르면, 올랑드(François Hollande)와 오바마(Barack Obama)가 각각 2012년 대통령 선거에서 승리한 것은 적어도 일정부분 그들이 경쟁자였던 사르코지(Nicolas Sarkozy)와 롬니(Mitt Romney)보다 호감이 가게 생겼기 때문이었다.

이러한 사례들을 근거로 지도자의 특성이 선거에 결정적인 요소가 되었다고 결론 내리는 데에는 분명한 문제가 있다. 지도자에 대한 논의는 종종 선택에 있어서 편향(selection bias)을 드러내는데, 개성 없는 것은 잊어버리고 개성이 강한 것에 초점을 맞추는 경향이 있다. 그리고 투표선택에 영향을 미치는 다른 요인들과 마찬가지로, 지도자 개성의 총 효과가 크다고 해도 그 순 효과는 제한적일 수 있다. 예를 들어, 많은 유권자들이 특정 지도자의 개성에 의해 끌리는 만큼 혐오감을 느낄 수 있는데, 이는 0의 순 효과로 귀결된다.

이 주제에 대한 최초의 비교연구에서, 킹(King)은 1960년부터 2001년까지 캐나다, 프랑스, 영국, 러시아, 미국 등에서 실시된 52개 선거에서 지도자의 개성이 승리 정당을 결정했는지의 여부를 판단해보고자 시도하였다 (King, 2002). 그의 결론은 37개 선거에서 "아니오", 6개 선거에서 "아마도(possible)", 5개 선거에서 "그럴지도(probably)", 그리고 단지 4개 선거(해롤드 윌슨[Harold Wilson, 영국, 1964년과 1974년 2월], 드 골[Charles de Gaulle, 프랑스, 1965년], 트뤼도[Pierre Trudeau, 캐나다, 1968년])에서 "그렇다"였다. 킹의 종합적인 결론은 "대부분의 선거는 압도적으로 여전히 정치 경쟁이며, 정당들은 그러한 관점에서 지도자와 후보를 선출하는 게 유리하다"라는 것이었다 (King, 2002: 221).

뒤이은 많은 연구들이 킹의 견해를 재확인해 주었다. 특히 의회제 국가에서는 지도자의 개성이 만들어 내는 차이가 항상은 아니지만 대개의 경우 미미한 것으로 드러났으며, 갈수록 그 차이가 증가한다는 증거 또한 제한적이다. 예를 들어, 아츠와 그의 동료들(Aarts et al., 2011)이 편집한 통계적 연구는 9개 자유민주주의 국가를 포함하고 있는데, 이 연구는 지도자 개성이 중요하지 않음을 확인해 주고 있다. 이 연구의 일환으로 홀름버그와 오스카슨(Holmberg and Oscarsson, 2011: 51)은 지도자가 투표에 미치는 많은 영향력은 "단순히 실증되지 않는다"라고 결론 내리고 있다. 지도자 특성은 개인의 투표와 전체적인 선거결과를 결정하는 요인들 중 그저 하나이며, 그리고 많은 경우에 별로 중요하지 않은 요인에 불과하다.

지도자 특성이 영향을 미친다면, 어떤 특성이 가장 중요한가? 주요 특성은 공직에서의 업무 수행과 직접 연결된 특성으로 보인다. 외모 및 호감도와 같은 전적으로 개인적 특성은 상대적으로 중요하지 않다. 구체적으로 두 가지 주요 후보 요인은 능력(competence)과 도덕성(integrity)이다. 미국에서는 두 가지 핵심 특성에 대해 폭넓은 합의가 있다. "하나는 업무를 잘 수행할 수 있는 능력으로 이는 현직의 경우 이전의 성과 혹은 과거의 업적에 근거하고 있으며, 둘째는 정직하다는 평판이다" (Lewis-Beck et al., 2008: 55-6).

이러한 분석을 호주, 독일, 스웨덴에 적용한 오르와 오스카슨(Ohr and Oscarsson, 2011: 212)은 유사한 결론에 도달하였으며, "정치적으로 연관되고 성과와 관련된 지도자 특성이 유권자에게 중요한 기준이 된다"고 판단하고 있다. "지도자에 대한 평가와 그것이 투표에 미치는 영향은 정치적으로 '합리적인(rational)' 고려이며, 이는 대통령제이든 의회제이든 마찬가지이다"라고 그들은 결론 내렸다. 만약 개인적 특성이 중요하다면, 그것이 정부 성과와 연관이 있다고 판단되기 때문이다.

일반적으로 지도자들은 영향력보다는 가시성에서 높은 평가를 받는다. 여기서 투표행태를 공부하는 사람들에게 주는 보다 폭넓은 교훈이 있다. 키(Key, 1966: 7)가 오래 전에 지적한 바와 같이, "유권자는 바보가 아니며", 유권자를 그런 식으로 취급해서는 많은 통찰력을 얻기 어렵다. 유권자를 얼간이로 비하하기 전에, 당신도 이미 유권자이거나 혹은 곧 유권자가 될 것이라는 사실을 기억하라 (Goren, 2012).

국가개요

이란

인구 (7,850만 명)

국민총소득(GNI) (3,690억 달러)

1인당 GNI (5,780 달러)

민주주의 지수 평가

측정 안됨	혼합체제	완전민주주의
	권위주의	결손민주주의

프리덤하우스평가

| **자유없음** | 부분적 자유 | 자유로움 |

인간개발지수 평가

측정 안됨	중간	매우 높음
	낮음	**높음**

간략 소개: 이란은 오랫동안 중동에서 중요한 역할을 담당해 왔는데, 처음에는 영국이 오랜 기간 동안 얻으려고 했던 석유 자원 때문이었고, 다음에는 미국과 이란의 왕(Shah) 정권 간의 긴밀한 전략적 관계 때문이었고, 지금은 1979년 이란혁명으로 탄생한 이슬람공화국의 중요성 때문이다. 이란은 선출직 대통령과 입법부를 가지고 있지만, 선출되지 않은 최고지도자(Supreme Leader)가 권력을 조종하는데, 그는 경쟁적인 종파들에 의해 둘러싸여 있다. 공직후보자들은 면밀한 조사를 받고, 법률은 선출직인 종교사법 위원회에 의해 승인 받아야 하며, 정치적 권리는 제한되고, 여성은 주변부로 밀려나 있다. 이란은 엄청난 양의 석유와 광물을 보유한 가난한 국가이며, 사회적으로 다양하다. 비록 대부분의 이란인들이 공통된 종교에 의해 단합하고 있지만, 그들은 여전히 보수적 견해를 믿는 사람들과 개혁적 견해를 믿는 사람들로 나뉘어져 있다. 이러한 차이는 성, 세대, 그리고 교육수준에 의해 강력하게 구조화되어 있다.

정부형태 ➡ 단방제 이슬람 공화국. 국가형성 시기는 논쟁의 여지가 있으며, 가장 최근의 헌법은 1979년에 채택되었다.

입법부 ➡ 단원제 의회(Majlis). 연임 가능한 4년 임기로 선출된 290명의 의원으로 구성된다.

행정부 ➡ 대통령제. 대통령은 연임 가능한 4년 임기로 선출되는데, 전문가회의(Assembly of Experts, 실질적으로 선거인단)에 의해 임명되는 종신직 최고지도자(Supreme Leader)와 권력을 공유한다. 최고지도자는 이슬람 율법에 전문가여야 하며, 상당한 행정권을 가지고 국가원수의 역할을 한다.

사법부 ➡ 대법원은 5년 임기로 임명된 판사들로 구성된다. 이란 법체계는 이슬람 법(sharia)과 민법의 결합에 근거하고 있다.

선거제도 ➡ 입법부는 소선거구 단순다수제, 대통령은 단순다수제.

정당 ➡ 정당체제는 없다. 단지 이슬람 정당만이 합법적으로 활동할 수 있지만, 그럼에도 불구하고 정당처럼 보이는 조직들도 활동하고 있다. 그러나 통상적으로 이해되는 공식적인 정당은 아니며, 보수적, 개혁적 입장을 대변하는 느슨한 연합체로 운영된다.

이란의 유권자

이란은 비교 민주주의 등급에서 좋은 점수를 받지 못하고 있다. 1979년 혁명이 서구가 지지했던 (그리고 권위주의적이던) 이란 왕정 체제를 무너뜨리고 아야톨라(ayatollah, 시아파의 고위 성직자) 시대를 연 이래, 이란은 대부분 서구 정부의 눈으로 보면 천민 지위를 차지해 왔다. 이란은 국내에서의 억압, 레바논에서 헤즈볼라(Hezbollah)와 같은 테러조직의 지원, 핵무기를 개발하려는 비밀 계획 등으로 인해 비난을 받아왔다.

그러므로 이란에는 선거에서 제한된 선택권을 가진 유권자 상당수가 있다는 사실이 더욱 더 아이러니하다. 통치하는 종교 지도자와 군부는 여전히 상당한 권력을 휘두르고 정치적 반대편에 속한 많은 사람들이 감옥에서 괴로움을 겪고 있고, 선거에서는 정당보다는 종교에 기반한 종파들에 의해 경쟁이 이루어지고 있다. 그러나 이것이 많은 이란인들이 민주적 선택을 갈망하지 않으며, 또한 그들이 선거에서 정권에 대해 반대 의견을 내고 개혁지향적인 후보들을 지지할 의지가 없음을 의미하는 것은 아니다.

예를 들어, 2009년과 2013년 선거에서는 이란의 심각한 경제문제에 대해 각기 다른 해결책을 지지하는 후보들 사이에서 선택이 주어졌다. 공개적인 선거운동은 주요 후보들이 참여하는 토론을 포함했다. 비록 이란의 여론을 측정할 수 있는 믿을 만한 방법은 없지만, 많은 시민들, 특히 높은 실업률로부터 가장 많은 고통을 받고 있는 젊은 유권자들이 자신들의 의견을 표출할 의지가 있었음은 분명하다. 2013년의 투표율은 70퍼센트를 넘었던 것으로 추정된다. 부정 선거 혐의가 여전히 이란 선거를 둘러싸고 있지만, 중립적인 선거감시가 부재한 상태에서는 이를 검증하기 어렵다 (Addis, 2009).

높은 인구증가, 실업, 물가상승, 오염, 약물중독, 가난 등 다양한 문제로 인해 이란은 어려움에 직면하고 있는데, 1979년 이래로 권력을 잡고 있는 정권은 이러한 문제를 해결하기보다는 더욱 악화시켜 왔다. 그러나 이란의 많은 교육 받은 젊은 유권자들 사이에 존재하는 변화에 대한 상당한 열망에서 희망을 찾을 수 있으며, 모함마디(Mohammadi, 2006: 3)가 이란의 문제는 외부의 위협보다는 '내부의 적(the enemy within)'에 있으며, 이는 해결되지 않은 주요 정치적 이익들 간 갈등의 형태로 존재한다고 결론 내린 이유도 바로 여기에 있다.

투표참여

지금까지 이번 장은 투표 선택을 결정하는 요인들에 초점을 맞춰왔다. 아마 정치학에서 동등하게 중요한 것이 투표참여의 문제이며, 보다 구체적으로는 20세기 후반부에 걸쳐 많은 민주주의 국가에서 발생한 투표참여의 감소 문제일 것이다. 무엇이 투표참여 감소를 유발했는가? 이제 투표참여가 회복되기 시작했는가? 지금 발생하고 있는 회복을 강화하기 위해 무엇을 할 수 있는가? 투표참여율의 저하가 정치적 관심의 감소와 동등시되어서는 안 된다. 왜냐하면 정치참여가 감소한 것이 아니라 단순히 진화하고 있는 것인지도 모르기 때문이다 (제13장을 보라). 그럼에도 불구하고, 투표참여는 그 자체로도 중요한데, 그것이 선거결과에 미치는 영향, 그리고 선거결과 등장한 정부의 상대적 정당성에 미치는 영향 때문이다.

교육수준의 증가에도 불구하고 20세기 후반부에 대부분의 민주주의 국가에서 투표참여가 감소하였다. 19개 자유민주주의 국가에서 1950년대와 1990년대 사이에 투표참여율은 평균 10퍼센트 포인트 감소하였다 (Wattenberg, 2000). 도표 17.5는 상이한 투표참여 수준을 가진 국가들을 대조함으로써 이러한 추세를 나타내고 있는데, 투표참여 수준과 상관없이 모든 국가들에서 이 기간 동안 투표참여의 감소가 나타나고 있다. 어느 정도 감소의 이유는 국가마다 상이하다. 그러나 전반적인 감소가 민주주의 국가들에서 나타나는 보다 광범위한 추세인데, 이 국가들은 한편으로는 시민, 그리고 다른 한편으로는 정당 및 정부 양측 간에 거리가 점점 멀어지는 현상을 목도하고 있는 것이다. 정당의 쇠퇴가 가속화되고 있고, 당원 수가 감소하고, 한때 정당 충성심을 지탱했던 계급균열 및 종교균열이 약화됨에 따라 투표참여가 감소한 것은 결코 우연이 아니다.

영향력 있는 한 분석에서, 프랭클린(Franklin, 2004)은 투표참여의 감소를 선거 영향력의 감소로 연결시켰다. 그에 따르면, 많은 민주주의 국가에서 전후 시기에 복지국가와 완전고용을 유지하는 데 있어서 성공을 거둔 것이 자본과 노동 간의 오랜 기간에 걸친 갈등을 해결하였다. 계급갈등이 감소하면서, 시민들은 투표할 동기가 줄게 되었다. 프랭클린이 표현한 바에 따르면, "최근의 선거가 낮은 투표율을 보이는 것은 단순한 이유 때문인데, 바로 1950년대의 선거들에 비해 최근의 선거들이 덜 중요한 쟁점들을 결정한다는 사실이다"(Franklin, 2004: 174). 다운스가 예측했을 바대로, 얻을 것이 줄어들면 사람들은 그냥 집에 머물 확률이 높아진다.

그러나 민주 정부의 성과에 대한 만족의 저하 또한 영향을 미쳤다. 우리는 유럽과 미국에서 정부에 대한 신뢰가 어떤 식으로 감소했는지 제12장에서 이미 살펴보았다. 비록 민주주의 원칙에 대한 대중의 지지는 여전히 강력한 것으로 남아있지만, 정부성과에 대한 냉소주의의 증대가 보다 많은 사람들로 하여금 투표장으로부터 멀어지도록 만든 것은 의심의 여지가 없다. 그러나 투표율 감소에 대한 매우 실용적인 이유들 또한 존재한다. 투표의 비용 혹은 노력이 낮거나 작고 예상되는 혜택이 큰 국가들에서는 투표율이 높은 경향을 보이고 있으며, 투표참여는 유권자의 인구통계학적 특성에 의해 영향을 받기도 한다 (표 17.2를 보라).

도표 17.5가 확인해 주는 바와 같이, 투표율은 국가들마다 여전히 크게 차이가 있다. 이러한 차이에는 매우 실용적인 이유가 존재한다. 전반적으로, 투표율은 투표에 요구되는 비용 혹은 노력이 적고 인지되는 혜택이 큰 국가들에서 높은 경향을 보인다. 비용 측면에서, 미국에서와 같이 시민들이 주도적으로 나서서 유권자로 등록할 것이 요구되는 경우에 투표율은 떨어진다. 이와 대조적으로, 대부분의 유럽국가들에서 등록은 정부의 책임이다. 시민들이 직접 가서 투표해야 하고 주중에 투표해야 하는 경우에도 투표

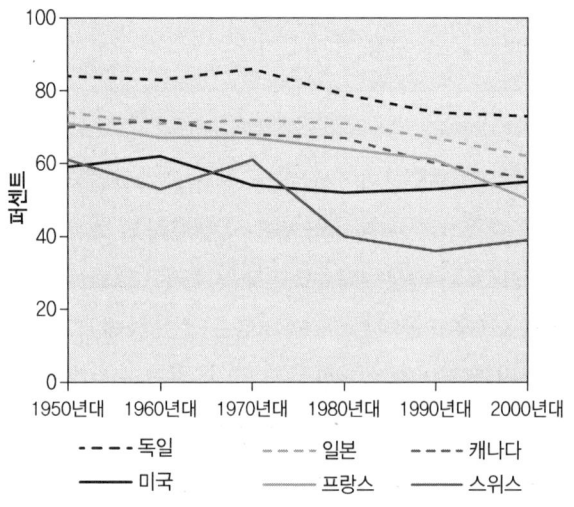

도표 17.5 의회선거에서의 투표참여

출처: Institute for Democracy and Electoral Assistance (IDEA), Voter Turnout Database at www.idea.int/vt/viewdata.cfm (검색일: 2015년 6월)

표 17.2 보다 높은 투표참여를 위한 처방

정치체제의 특성	유권자의 특성
의무 투표	중년
자동 등록	높은 교육수준
우편 투표 및 대리 투표 허용	기혼자
사전 투표 허용	고소득자
주말에 투표 실시	직업이 있는 사람
누가 통치하는가를 선거가 결정	주택 소유자
응집력 강한 정당	강한 정당 충성심
비례대표제	교회 출석
박빙의 선거 결과 예상	노조 가입자
작은 선거구	최근에 주거지를 바꾸지 않은 사람
고비용의 선거운동	이전 선거에서 투표한 사람
여러 선거를 동시에 실시	

출처: Endersby et al. (2006); Geys (2006); IDEA (2012)

율은 떨어진다. 그래서 주말투표, 대리투표, 우편투표, 전자투표, 슈퍼마켓과 같은 편리한 장소에서의 투표 허용 등을 통해 보다 높은 투표율을 유도할 수 있다 (Blais et al., 2003). 사전투표의 허용 또한 도움이 되는데, 2012년 미국 대통령선거에서 3,000만 이상의 표가 선거일 전에 던져졌다는 사실은 유의할 만하다 (United States Elections Project, 2012).

혜택 측면에서, 하나의 표가 가지는 영향력이 클수록 유권자들은 투표비용을 감당할 의사가 더 커질 것이다. 그래서 박빙의 경쟁일수록 투표율이 높다. 각각의 표가 결과에 영향을 미치기 때문에, 비례대표제는 투표율을 제고한다. 여기서의 효과는 매우 상당한데, 소선거구 단순다수제를 사용하는 국가에 비해 정당명부비례제를 사용하는 국가들의 투표율은 약 8 퍼센트 포인트 정도 높다 (IDEA, 2012).

국가 내에서 투표참여의 차이는 다른 형태의 정치참여에서 발견되는 유형을 반영하다. 투표참여의 확률은 개인의 정치적 자원과 정치적 관심에 의해 결정된다 (표 17.2의 오른 편을 보라). 투표할 가능성이 가장 높은 사람들은 교육수준이 높고, 부유하고, 결혼한 상태이고, 중년이며, 직업이 있으며, 강한 정당 충성심을 가지고 있고, 교회나 혹은 노조에 속해 있고, 동네에 오래 거주하고 있는 시민들이다. 이들은 자원과 공식 정치에 대한 관심 두 가지 모두를 가진 사람들이다. 이와 대조적으로, 자원이 부족하고 공식적인 정당정치에 헌신할 이유가 별로 없는 사람들 사이에서 기권이 가장 빈번하게 발생한다. 기권자의 원형은 젊고, 교육수준이 낮고, 독신이고, 직업이 없으며, 아무런 조직에도 속하지 않고, 정당유대감이 없고, 새로운 주소로 최근에 이사한 사람이다.

투표율을 높이려는 시도들은 정치 현실에 민감해야 한다. 비록 투표참여의 증가가 정치체제 전체에는 이득이 되겠지만, 정치체제 내의 정당들에게는 불평등한 효과를 미칠 것이다. 특히 보수성향의 정당들은 투표참여를 장려하는 계획에 대해서 신중할 것인데, 왜냐하면 기권자들은 아마도 좌파 성향의 정당들에게 더 높은 비율로 투표할 것이기 때문이다. 투표참여를 촉진하는 또 하나의 직설적이지만 효과적인 수단이 있는데, 바로 의무투표제이다. 우리는 초점 17.2에서 이러한 극단적인 해결책에 대해 논의한다.

권위주의 국가의 유권자

지금까지 이번 장에서는 민주주의 국가에서 투표선택에 영향력을 미치는 요인들, 즉 정당일체감, 정당과 유권자의 유대 약화, 사회계급, 종교, 쟁점, 경제

초점 17.2 | 의무투표제에 대한 찬반론

투표참여를 독려함에 있어서, 강제는 핵무기와 같은 대안으로 고려될 수 있다. 강제투표 혹은 의무투표는 아르헨티나, 호주, 벨기에, 브라질, 싱가포르, 터키, 그리고 몇몇 다른 국가들에서 사용되고 있는데, 다만 실제 법을 집행하고 있는 국가들(예를 들어, 호주와 브라질)과 그렇지 않은 국가들(예를 들어, 벨기에와 터키)을 구분할 필요가 있다.

의무투표제를 주장하는 논거는 고려할 만하다. 대부분의 시민들은 세금을 지불하고, 배심원의 역할을 하고, 심지어 전쟁에 참여하는 것과 같은 의무를 인정하고 있다. 그렇다면 힐(Hill, 2002)이 "가벼운 책임이며 그리 벅차지 않은 의무(light obligation and undemanding duty)"라고 부른 전국선거에서의 투표에 시민들이 반대할 이유가 무엇인가? 이러한 의무가 없다면, 기권자들은 성실한 시민들의 노력을 대가로 무임승차 하는 셈이다.

그러나 반대 주장 또한 강력하다. 강제투표는 자유민주주의의 본질적인 부분인 자유를 침해한다. 사람들에게 참여를 요구하는 것은 자유 선택보다는 권위주의를 생각나게 한다. 세금을 내고 전투에서 싸우는 일은 조금이라도 도움이 되고 숫자가 중요하다. 민주주의 국가에서 선거는 여전히 결정에 도달하는 데 충분한 수의 유권자를 투표장으로 끌어내고 있다. 높은 투표율이 정치적 선택의 질을 향상시킨다는 증거는 없다. 따라서 관심 있는 투표자와 무관심한 기권자 간의 자연스러운 분업에 계속 의존하지 않을 이유가 무엇인가?

찬성	반대
완전한 투표율(100퍼센트)은 투표자가 대표성을 갖고 있음을 의미한다.	기권할 자유는 자유민주주의의 일부이다.
정치에 참여하지 않던 집단들이 정치과정에 유입된다.	의무투표는 상대적으로 정보가 부족하고 관심이 적은 사람들에게 영향력을 부여한다.
보다 완전한 투표율에 의해 정부의 권위가 높아진다.	기권은 만족을 반영하는 것일 수 있으며, 따라서 반드시 문제라고 할 수 없다.
투표자 수의 증가는 정보가 많은 유권자의 증가로 이어질 것이다.	실제로 의무투표제 하에서도 투표율이 100퍼센트인 것은 아니다.
개인적 신조에 근거하여 투표에 반대하는 사람은 투표의 의무에서 면제될 수 있다.	투표(그리고 누구를 지지할 것인지 결정하는 일)는 시간이 걸린다.
모든 후보를 다 반대하는 사람들을 위해 백지 투표도 허용될 수 있다.	최선의 정책은 유권자들이 자발적으로 투표장에 오도록 유도하는 것이다.
정당들은 더 이상 지지자들의 투표를 촉구하기 위해 자원을 사용할 필요가 없다.	

등의 영향, 지도자의 개인적 특성 등에 초점을 맞추어 왔다. 일반적인 논점은 유권자 선택이 정말 **선택**(choice)이라는 것이었다. 즉 유권자들은 여러 대안들을 마주하고 있으며, 어느 정당 혹은 후보를 지지할 것인지, 혹은 투표할 것인지 여부를 결정함에 있어서 다수의 사항을 고려한다. 권위주의 정권으로 눈을 돌리면, 투표의 동학이 처음에는 좀 더 단순해 보일 수도 있다. 유권자들은 고개를 숙이고 지시 받는 대로 행동하면 된다. 그러나 이러한 국가들에서의 투표과정은 나름대로 특이하게 복잡한데, 이에 대해서는 민주주의 국가의 경우에 비해 훨씬 덜 연구되었으며 덜 알려져 있다. 일반적으로 말해서, 권위주의 국가에서는 유권자의 동기를 이해하기보다는 통치자의 동기를 이해하는 것이 더 중요하다.

연속선상에서 민주주의의 정반대 편에 위치한 것은 무정당제 혹은 1당 정치체제로, 여기서 유권자들에게는 선택대안이 거의 주어지지 않지만, 그럼에도 불구하고 유권자들은 투표에 참여함으로써 정권이 내세운 후보들을 승인하도록 기대된다. 공산주의 체제에서, 집권 공산당이 의미 있는 수준으로 반대되거나 패하는 것은 있을 수 없으며, 공적인 후보들은 의례적인 승인을 받기 위해 유권자들에게 제시된다. 선거 과정이나 정당 정책, 혹은 긴급한 공공 쟁점에 대해 유권자가 가지고 있는 그 어떤 의견도 투표장에서 표현될 수 없다. 의심의 여지없이, 유권자들은 그러한 의견을 가지고 있는데, 왜냐하면 권위주의 국가의 정치는 민주주의 국가의 정치에 비해 일상생활에서 더 중심적 역할을 하며, 사람들은 국가적 선전과 지방의 현실 사이를 구분하는 데 능숙하기 때문이다. 그러나 선거일에 하나의 정당에 대한 '선택'만을 가진 상태에서, 그러한 의견들은 실질적으로 억눌린다. 이러한 현상은 동원된 참여와 관련하여 제13장에서 살펴보았던 것과 관련이 있는데, 동원된 참여에서는 유권자들의 행동이 관리되고 강제적이며, 정권을 지지한다는 인상을 주기 위해 유권자들의 참여가 지도자와 엘리트에 의해 조직된다.

오늘날의 대부분 구공산권 국가들에서는, 유권자의 선택을 전혀 인정하지 않는 정권은 그리 많지 않다. 보다 흔하고 보다 흥미로운 것은 **선거권위주의**(electoral authoritarianism)라는 현상인데, 이 용어는 연속선상에서 분명한 권위주의와 민주주의 중간 어딘가에 위치하고 있다. 사회과학에서 사용하는 다른 많은 개념과 마찬가지로, 이것의 정확한 의미는 논쟁의 대상이다. 그러나 쉐들러(Schedler, 2009: 382)는 "다당제 선거 게임을 하면서도 자유와 공정성이라는 자유민주주의의 원칙을 너무도 근본적이고 체계적으로 위반하여 선거를 '민주주의의 도구'보다는 권위주의 통치의 도구로 전락시킨" 정권들을 묘사하기 위해 이 용어를 사용하고 있다. 달리 표현하면, 복수의 후보가 출마하는 정기적인 선거가 존재하지만, 선택의 요소와 의미 있는 경쟁을 실질적으로 제거하기 위해 투표가 조작되는 것이다. 선거결과(보통은 미리 알 수 있다)는 정권의 정책에 대한 지지를 의미하는 것으로 공포된다. 실제 효과에 있어서, 유권자들은 자신들의 의지와 상반되게 정권의 업무를 '승인(approve)'하는 데 이용된 것이다. 쉐들러(Schedler, 2006)는 이것이 "개발도상국 정치 정권의 가장 흔한 형태이면서, 동시에 우리가 가장 모르는 형태"라고 주장한다.

> **선거권위주의**(Electoral authoritarianism): 정권이 민주주의의 모습을 띠고 유권자에게 선택을 허용하지만 다른 한편으로 권위주의 성격을 유지하는 체제.

알제리는 권위주의 환경에서의 선거에 대한 사례

이며, 자신이 조작의 대상이 되고 있다는 사실을 알고 있는 유권자들이 나타내는 반응의 유형에 대한 통찰을 제공한다. 1991년 이슬람구국전선(Islamic Salvation Front)이 의회선거에서 승리할 것이 확실시되자 군부가 개입하여 선거를 취소해 버렸다. 이러한 군부의 개입은 알제리 내전의 불씨가 되었으며, 이 내전에서 20만 명으로 추정되는 사람들이 죽었다. 1999년 이후 몇 차례 선거가 실시되었지만, 이 선거들은 너무도 주도면밀하게 관리되어 민주적 가치를 별로 가지지 못했다. 2007년 선거 시즌은 보다 장기적인 효과를 보여주었다 (Tlemcani, 2007). 표면적으로 유권자들은 무척 광범위한 선택대안이 주어진 것처럼 보였는데, 24개 정당이 1만 2,200명 이상의 후보를 출마시켰던 것이다. 그러나 공식적인 투표율은 35.6퍼센트로 매우 낮았으며, 이 수치는 많은 수의 부정 투표에 의해 더욱 더 줄어들었고 그에 따라 단지 15퍼센트의 알제리 유권자들만이 정당한 표를 던졌다고 할 수 있다. 틀렘카니(Tlemcani)에 따르면, 문제는 알제리인들이 (정부가 주장하는 것처럼) 탈정치화된 것이라기보다는 그들이 투표불참을 자신들의 반대를 표현하는 최후의 수단으로 사용했다는 것이다. 아랍의 봄에 대한 반응으로 알제리가 민주화될 것이라는 희망이 있었지만, 아직까지는 도래하지 않고 있다.

선거권위주의라는 주제의 한 변형이 일부 국가에서 발견되는데, 이들 국가에서는 소량의 정치적 선택이 존재하지만 정부가 유권자 조작을 방치하는 방식에 의해 그 선택의 의미가 훼손되고 있다. 예를 들어, 2007년 나이지리아 선거 준비과정에서, 국제인권감시기구(Human Rights Watch, 2007)는 1999년 및 2003년 선거에서 만연했던 폭력, 위협, 뇌물, 부정투표, 부패 등을 회상했다. 이 기구는 2007년 선거운동 당시 정당 지지자들 사이에서 발생한 폭력 충돌을 지적하였는데, 이 충돌은 아마도 수백 명의 생명을 빼앗아 갔을 것이다. 정부는 범죄자들을 조사하거나 기소하려는 노력을 별로 하지 않았으며, 이는 힘 있는 정치인들로 하여금 유권자를 위협할 목적으로 폭력배 집단을 충원하고 무장하도록 유도하였다. 정부는 정확한 유권자 등록을 보장하는 데도 별로 노력을 기울이지 않았으며, 그에 따라 유권자 명부의 진실성에도 의구심이 제기되었다.

이와 같은 손상된 선거의 모습은 나이지리아와 같은 거대하고, 분열되고, 유동적인 사회가 직면하고 있는 문제들을 잘 보여준다. 나이지리아에서 유권자들은 우선적으로 자기 민족과 일체감을 느끼고 있으며, 정당들은 일상적으로 이러한 민족 분열을 반영하고 있고, 민족적, 종교적, 공동체적 갈등은 상당한 폭력을 유발해 왔다. 시민 자유와 법치를 위한 국제사회(The International Society for Civil Liberties and the Rule of Law)와 국제인권감시기구는 1999년과 2010년 사이에 그러한 폭력과정에서 사망한 나이지리아인의 수가 1만 1,000명에서 1만 3,500명에 달한다고 추정하였다 (Campbell, 2013: xvii에서 인용). 또 다른 원천으로부터의 불안정 요인, 즉 보코 하람(Boko Haram) 이슬람 무장단체의 나이지리아 동북 지역으로의 이동이 2015년 나이지리아의 대통령 및 의회선거를 6주 연기하게 된 직접적인 이유였다. 그러나 비판가들은 선거 연기의 동기가 안보보다는 정치에 있었으며, 이 연기가 현직 대통령이었던 굿럭 조나단(Goodluck Jonathan)에게 자신의 선거운동에 대한 떨어지고 있는 지지를 회복할 시간을 주려는 목적에서 시행되었다고 주장하였다. 결국, 그는 자신의 북부 지역 정적이었던 무함마두 부하리(Muhammadu Buhari)에게 패하였으며, 이는 나이지리아의 현직 대통령이 재선 경쟁에서 패배한 첫 번째 사례였다.

비록 많은 국가들이 헌팅턴(Huntington)이 논의하였던 제3의 민주화 물결에 포함되었지만 (제3장을 보라), 이 국가들의 역사적 배경은 과거 군사정권에서 과거 공산주의 국가까지 다양하였다. 그러나 이전에 민주주의 경험을 가진 국가는 별로 없었다. 하고피안(Hagopian, 2007)의 주장에 따르면, 그 결과 새로 등장한 민주주의 국가들에서 정당과 유권자의 관계는 강하지도 않고 안정적이지도 않다. 정당일체감은 종종 약하며, **선거유동성**(electoral volatility)(한 선거에서 다음 선거 사이에 정당 지지의 순 변화)은 상대적으로 높다. 그러한 유동성에 대한 최초의 측정은 모겐스 피더슨(Mogens Pedersen)에 의해 개발되었는데, 그는 0퍼센트(한 선거에서 다음 선거 사이에 정당 득표율 변화 없음)에서 100퍼센트(지난 선거에서 활동한 어느 정당도 다음 선거에서 득표를 하지 못 함)의 범위를 가진 지표를 만들어냈다 (Mogens Pedersen, 1979). 참고로, 1948년부터 1977년까지 서유럽 정당에 대한 피더슨의 최초 연구에서는 평균 8.1퍼센트의 수치가 나왔는데, 이는 낮은 유동성이다. 이와 대조적으로, 그 이후의 연구는 새로 등장한 민주주의 국가에서 이보다 훨씬 높은 수준의 유동성을 보여주었는데, 가장 높게는 동유럽과 러시아에서 발견된 45퍼센트를 넘는 수치였다 (도표 17.6을 보라).

> **선거유동성(Electoral volatility)**: 한 선거에서 다른 선거 사이에 정당 지지가 변화한 정도를 보여주는 측정치.

이러한 높은 수준의 선거유동성은 부분적으로 이들 국가에서 민주주의의 생소함, 그리고 정당체제의 변화하는 모습에 의해 설명될 수 있다. 정당들은 아직 깊은 뿌리를 내리지 못했고, 자신들을 확립하기

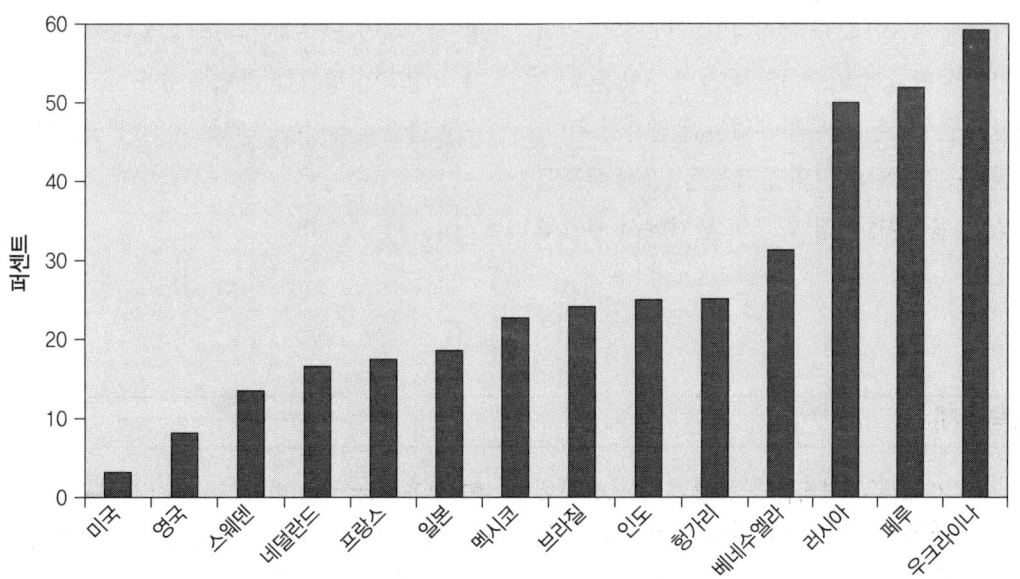

도표 17.6 선거유동성 수준의 비교

출처: Mainwaring and Torcal (2006). 1978년과 2003년 사이에 실시된 선거에서 측정된 수치이다.

위해 더 열심히 일해야 하며, 변화하는 정치적 환경에서 아직도 갈 길을 찾고 있는 유권자들과 부딪쳐야 한다. 게다가, 국가가 민주화됨에 따라, 민주주의 국가에서 정당일체감에 가장 자주 영향을 미쳐 왔던 요인들, 예를 들면, 사회 계층과 경제 상황, 또한 보다 급격하게 변화한다. 유권자들 또한 자신에게 주어진 새로운 선택지들을 신뢰하고 이해하는 것을 학습해야 한다.

권위주의 국가에서 투표참여를 측정하는 일은 어려운데, 부분적으로는 조작된 결과 때문이다. 사망한 사람들이 투표자 명부에 올라간다면, 그것도 때로는 몇 차례씩이나 중복해서 올라간다면, 투표율 수치가 과장된 것이 확실하다. 일반적으로, 공식 투표율이 높고 승리자의 득표율도 높으면, 이 숫자들은 거의 분명히 조작된 것이다 (자신이 2002년 선거[사실은 국민투표였음]에서 100퍼센트 투표율에 100퍼센트 지지로 승리했다는 사담 후세인의 주장은 특히 믿기 어렵다). 그러나 신뢰할 만한 독립적인 자료가 접근 가능하고 수치들이 보다 현실적인 곳에서는, 권위주의 국가의 투표율이 민주주의 국가의 투표율과 종종 비슷한 수준이라는 사실을 우리는 발견하게 된다. 예를 들어, 드 미구엘과 그의 동료들은 (공식 투표율이 아니라 – 옮긴이) 가장 최근의 선거에서 투표했는지를 질문한 여론조사에 근거하여 투표율을 조사했는데, 7개 아랍 국가들(알제리, 바레인, 요르단, 모로코, 레바논, 팔레스타인, 예멘)의 투표율은 51퍼센트에서 72퍼센트 사이이며, 평균 61퍼센트라는 사실을 발견하였다 (de Miguel et al., 2015).

권위주의 국가의 유권자들이 처한 상황, 즉 선거 과정에 대한 냉소주의와 엘리트의 이익으로부터의 소외 등이 결합되어 있다는 점을 고려할 때, 왜 그들은 선거에 투표하러 가는 수고를 감당하는가 묻는 것은 논리적으로 타당하다. 아랍 세계의 선거에 대한 연구에서, 드 미구엘과 그의 동료들은 이 지역에서의 선거가 완전히 후견 경쟁이라는 전형적인 해석을 거부한다 (de Miguel et al., 2015). 한편으로는 후견이 나름 역할을 수행한다는 점을 인정하면서도, 그들은 유권자들이 정책에 대해서도 관심이 있고 정권과 정권의 성과, 특히 경제적 성과에 대한 자신들의 견해를 표현하기 위해 선거를 활용하고 있다고 주장한다. 드 미구엘 등은 "경제적 성과에 대한 긍정적인 평가는 개인들로 하여금 정권에 대해 전반적으로 보다 긍정적인 평가를 하도록 유도하고, 이는 다시 투표할 확률을 높이는 효과를 가진다"고 결론 내린다.

토론주제

- 당신의 국가에서 사회계급과 종교가 투표선택에 역할을 수행하는가? 만약 그렇다면, 어떠한 역할을 수행하는가?
- 정당일체감이 쇠퇴하고 있다면, 무엇이 이것을 완전히 사라지지 않도록 방지하고 있는가?
- 투표하는 것은 비합리적인가?
- 투표선택에 대한 설명으로서 개인적 특성의 역할은 과소평가되고 있는가, 과대평가되고 있는가?
- 선거에서 얼마나 많은 유권자가 투표하는지가 중요한가?

- 이번 장에서 권위주의 국가의 투표행태를 설명하는 데 있어서 유권자의 동기보다 지도자의 동기가 더 중요하다고 주장하였다. 어느 정도까지 동일한 논리가 민주주의 국가에도 적용될 수 있는가?

핵심 개념

매표행위(Vote buying)
선거권위주의(Electoral authoritarianism)
선거유동성(Electoral volatility)
세속화(Secularization)

유권자 정당편성 해체(Partisan dealignment)
쟁점투표(Issue voting)
정당일체감(Party identification)

추가 읽을 거리

Aarts, Kees, Andre Blais, and Hermann Schmitt (eds) (2011) *Political Leaders and Democratic Elections*. 9개 민주주의 국가에서 정치 지도자의 역할을 평가하고 있는데, 지도자의 특성이 일반적 통념에 비해 덜 중요하다고 주장한다.

Caplan, Bryan (2007) *The Myth of the Rational Voter: Why Democracies Choose Bad Policies*. 유권자가 지니고 있는 오해와 편견, 그리고 이러한 것들이 유권자들로 하여금 선거에서 잘못된 선택을 하게 만드는 과정에 대한 경제학자의 연구.

Duch, Raymond M. and Randolph T. Stevenson (2008) *The Economic Vote: How Political and Economic Institutions Condition Election Results*. 자유민주주의 국가에서의 경제투표에 대한 권위적인 분석.

Eijk, Cees van der and Mark Franklin (2009) *Elections and Voters*. 유권자 성향, 여론, 유권자와 정당 등의 장을 포함하고 있는 비교정치 교과서.

Franklin, Mark (2004) *Voter Turnout and the Dynamics of Electoral Competition in Established Democracies*. 투표율과 투표율의 감소에 대한 영향력 있는 비교연구.

Schedler, Andreas (ed.) (2006) *Electoral Authoritarianism: The Dynamics of Unfree Competition*. 완전히 권위주의적이지도 않고 완전히 민주적이지도 않은 국가들에서의 투표와 선거에 대한 글을 모아놓은 편집서.

CHAPTER 18 이익집단

개관

대부분의 정부 기구는 헌법에 공식적으로 규정되어 있으나, (정당과 마찬가지로) 이익집단은 그러한 공식적 구조의 바깥에서 만들어지고 운영된다. 그들의 목적은 정부의 일부가 되지 않으면서 정책에 영향을 미치는 것이다. 그들은 몇 개의 유형이 있다. 이익보호 집단은 구성원의 물질적 이익을 위해서 활동하고, 공익촉진 집단은 보다 일반적인 성격의 아이디어나 정책을 주장하며, 정상조직은 이해를 같이 하는 다수의 집단을 연합하여 그 수의 힘을 이용하도록 하며, 싱크탱크(두뇌집단)는 연구를 통해 정책 수립에 영향을 미치는 활동을 한다. 활기 있는 이익집단들은 일반적으로 건강한 시민사회를 보여주는 것이지만, 그들은 선거를 통해 표현된 국민들의 의지를 실행에 옮기는 데 장애가 될 수 있다.

이 장은 여러 형태의 이익집단과 그들이 활동하는 방식에 대한 개관으로 시작한다. 이어서 우리는 아이디어의 자유시장과 정치과정에서 이익집단이 특권적인 역할을 하게 되는 상황을 비교하면서 다원주의의 개념에 대해 비판한다. 그 다음 이 장은 이익집단들이 이용하는 영향력의 통로들을 평가하고, 영향력의 요소를 검토하며, 무엇이 특정 집단의 설득력을 강화하는지 질문한다. 이어서 우리는 사회운동의 특징과 효과를 검토한다. 끝으로 이 장에서는 권력에 대한 위협으로 간주되거나, 아니면 정권이 사회통제를 유지하는 수단으로 간주되는 권위주의 정권 하에서의 이익집단에 대해 논의한다.

차례

- 이익집단: 개요   391
- 이익집단의 유형   391
- 이익집단의 역학관계   395
- 영향력의 통로   398
- 영향력의 요소   402
- 사회운동   405
- 권위주의 국가의 이익집단   408

핵심논제

- 이익집단은 건강한 시민사회 개념의 핵심이다. 그들이 조직화하고 정부에 영향을 미치는 능력은 자유민주주의의 특징이며, 자유민주주의가 효과적으로 기능하게 하는 조건이다.
- 이익집단들은 그들에게 영향을 미치는 공공정책의 세부사항에 광범위한 영향을 행사한다. 그러나 이익집단들이 전능한 것은 아니다. 이익집단을 이해하려면 정치적 행위자로서 그들의 한계에 대해서 인식할 필요가 있다.
- 다원주의와 그것을 둘러싼 논쟁은 이익집단의 정치적 역할에 대한 중요한 학문적 해석이다. 그러나 다원주의의 이상이 현실세계에서 집단의 활동을 정확히 묘사하는지에 대해서는 의문의 여지가 있다.
- 이익집단은 직접, 간접적인 영향력의 통로를 활용한다. 이익집단과 정부와의 연계가 특히 강한 영역에서는 특혜적인 접근이 주어지는 하위정부(sub-government)가 형성될 위험이 있다.
- 이익집단은 종종 기존의 참여통로를 넘어서는 더 광범위한 사회운동에 의해서 보완된다.
- 자유민주주의 정부는 강력한 이익집단에 의해서 과도하게 영향을 받을 가능성이 있는 반면, 권위주의 국가에서는 그 반대의 문제가 있다.

이익집단: 개요

이익집단(interest group)(혹은 압력단체)은 정부의 공식적 구조 밖에서 공공정책에 영향력을 행사하려는 조직이다. 사용자단체, 소비자단체, 전문직 종사자 협회, 노조, 단일쟁점 집단 등을 예로 들 수 있다. 전통적으로 그 용어는 로비 목적으로 설립된 단체만을 지칭하였으며, 기업, 교회, 지자체나 외국정부는 제외했었다. 그러나 단체의 주된 목적이 다른 데 있는 경우에도 로비활동을 할 수 있기 때문에 그러한 용법은 너무 제한적이다 (Scholzman, 2010). 회사도 일종의 이익집단이라고 볼 수 있다.

> **이익집단**(Interest group): 정부 밖에서 정부에 영향력을 행사하려는 단체.

정당과 마찬가지로 이익집단은, 특히 자유민주주의 국가에서, 사회와 정부 사이의 중요한 소통 채널이다. 그러나 그들은 특화된 이익을 추구하며, 정부에 참여하지 않으면서 정부에 대한 영향력 행사를 시도한다. 그들은 선거운동 조직이 아니다. 그 대신 이익집단은 상대하는 권력 구조가 어떤 형태이든 거기에 맞추어, 주어진 합법적(때로는 불법적) 통로를 이용해서, 실용적이고 눈에 띄지 않게 활동한다.

많은 이익집단은 조용히 일을 추진하지만, 도처에서 활동한다. 이익집단의 종사자들은 규제안의 세부사항에 대해 관료들과 협상하고, 의회 위원회의 청문회에서 자기들의 주장을 피력하며, 언론 홍보를 위해 기자들을 점심식사에 초대한다. 파이너가 수십 년 전에 지적했듯이 "그들의 일상적인 활동은 정책의 모든 영역에, 매일, 모든 방법으로, 정부의 모든 구석구석까지 침투한다"(Finer, 1996: 18). 의문의 여지없이 이익집단은 기능적 대표 체제의 핵심이며, 특히 정책의 세부적 쟁점에 관해서는 그러하다. 그럼에도 정치문화에 따라 이익집단과 국가의 관계를 정의하는 방식은 다르다. 이익집단은 다음과 같이 볼 수 있다.

- 국가와는 분리된 자유로운 사회의 핵심 요소.
- 적절히 규제되는 사회를 실현하기 위한 국가의 파트너.
- 정부의 업적에 대한 정보 제공자 및 감시자.
- 시민들이 정치적으로 관여할 수 있는 또 하나의 통로.
- 특정 집단에 정부에 대한 특권적 접근을 제공하여 엘리트주의를 조장.

이익집단은 건강한 **시민사회**(civil society)의 중요한 일부분이다. 자유민주주의에서 정부의 제한적인 역할은 온갖 종류의 이익집단이나 사회운동이 정부의 개입 없이 등장할 수 있는 공간을 제공한다. 풍부한 시민사회의 전통은 이익집단이 정부에 영향을 미칠 수 있는 역량을 개발할 수 있는 여건을 제공해주며, 이익집단들은 정부가 사회문제의 원인과 결과에 대한 다양한 견해를 고려할 것이라고 기대하기 때문에 활동하는 것이다. 그러나 어떤 이익집단은 너무 강력하여 정부 내부자의 지위를 가지게 되어, 평등한 접근의 원칙을 손상시킬 수 있다.

> **시민사회**(Civil society): 국가나 시장의 밖에 존재하는 영역으로, 거기서 개인들은 공유하는 이익을 위해 집단행동을 한다.

이익집단의 유형

이익집단은 규모, 지리적 범위, 목적, 방법, 영향력에 따라 다양한 형태가 있다. 다수는 정치적 행동보다는 실질적, 또는 자선을 목적으로 결성되지만, 공공정책을 수정하거나 불리한 변화를 방지하려는 활동을 시작하게 되면 정치적인 차원을 가지게 된다. 그들의 방법은 모금, 정보 생산, 회원의 동원, 대정부 직접 로비, 국회의원에 대한 자문, 언론 홍보 등이 포함된다. 그들의 목적이나 활동방법이 너무 다양하고, 상당 부분이 중첩되기 때문에, 서로 구분되는 범주로 유형을 만들기는 쉽지 않다 (도표 18.1).

그 작업을 다소 단순화하기 위해서는 이익보호 집단과 공익촉진 집단을 구분하는 것이 유용하다. **이익보호 집단**(protective group)은 아마 가장 눈에 잘 띄고 강력할 것이다. 그들은 노동자, 사용자, 전문직 종사자, 은퇴자, 퇴역군인 등 구성원의 물질적 이익을 표출한다. 종종 '부문별(sectional)' 또는 '기능적' 집단으로 알려진 이익보호 집단은 명확한 이익을 대변하고, 잘 조직화되어 있으며, 연줄이 좋고, 자원이 풍부하다. 그들은 정부에 영향력을 행사하는 데 우선순위를 두며, 목표 달성을 위해 제재를 가할 수 있다. 노동자들은 파업을 할 수 있으며, 업계단체는 정부와의 협력을 철회할 수 있다.

> **이익보호 집단**(Protective group): 구성원들에게만 한정되는 혜택을 추구하고, 관련 정부 부처에 내부자 지위를 추구하는 이익집단.

그러나 이익보호 집단은 기능적 이익이 아닌 지역적 이익을 대표할 수도 있다. 지리적 집단은 동일한 지역의 사람들이 이익을 공유할 때, 예를 들어, 새로운 고속도로나 출소자용 숙소 건설 계획으로 위협을 받는다든가 하는 경우, 형성된다. "우리 동네만 빼고 어디든 다른 곳에 만들라"고 하는 그들의 부정적인 입장 때문에 이들은 님비(NIMBY: not in my back yard)집단이라고도 알려져 있다. 님비집단이 모이면 "어느 누구의 근처이든 어디든 절대로 아무것도 만들지 말라"는 바나나(BANANA: build absolutely nothing anywhere near anyone)를 초래할 수 있다. 그러나 영속성을 가진 기능적 조직과 달리 님비집단은 특정 위협이나 대중의 관심 수준에 따라 반응

경제적	기업, 산업계, 생산자, 기술자, 노동자 등 물질적·경제적 이익이 걸린 사람들을 대표하는 집단.
공익(public)	소비자, 공중보건, 인권, 환경 등 공익을 주장.
전문직(professional)	변호사, 의사, 교수 등 특정 전문직 종사자의 이익을 주장.
단일쟁점	동물의 권리, 가정폭력 등 특화되고 협소한 쟁점에 관심.
종교	도덕적 요소를 가진, 특정 종교에 연계된 목적이나 쟁점을 주장.
정부(government)	중앙정부에 대해서 도시, 지역, 지자체 정부의 이익을 대표하는 집단.
공공조직(institutional)	이익집단이 아니지만 정부에 영향력을 행사하는 다른 공공조직들. 예를 들어, 병원, 대학교, 군 등을 포함.

도표 18.1 이익집단의 유형

하면서 종종 나타났다 사라진다.

이익보호 집단이 특히 관심을 가지는 것은 정부의 활동을 면밀히 조사하는 것이다. 예를 들어, 동종직업 단체는 그들의 관심 영역 내에서는 아무리 사소한 일이라도 지켜볼 것이다. 상품 안전에 대한 세세한 규제는 정치적으로는 중요치 않을지 모르지만, 해당 집단에게는 상업적으로 사활이 걸린 문제일 수 있다. 이익보호 집단의 활동은 대부분 이러한 기술적 문제에 관련된다.

이익보호 집단의 물질적 동기에 비해, **공익촉진 집단**(promotional group)은 아이디어, 정체성, 정책, 가치관을 주장한다. '공익(public interest)', '정책주장(advocacy)', '캠페인(campaign)', '대의명분(cause)' 집단으로도 알려진 이들은 추구하는 목적으로부터 직접적으로 이득을 기대하지 않으며, 문제가 어떻게 해결되는가에 자신들의 물질적 이해가 걸려있지 않다. 그 대신 그들은 소비자 안전, 여성의 이익, 환경, 글로벌 발전 등 관심 쟁점에 관련된 광범위한 정책의 변화를 추구한다. 이들은 단일쟁점 집단의 협소한 이익과는 구별되는 공익이다.

자유민주주의 국가에서 공익촉진 집단은 그 수도 증가했고 중요성도 높아졌으며, 1960년대 이후 이익집단 정치에서 중요한 경향이 되었다. 그러나 정당

> **공익촉진 집단(Promotional group)**: 구성원의 구체적인 이익에 초점을 맞추는 이익보호 집단과 달리, 광범위한 쟁점이나 대의명분을 주장하는 '이익'집단.

의 당원들과 마찬가지로 다수의 공익촉진 집단 회원들은 신용카드 제휴를 통해 가입한 사람들이어서, 회원으로 가입하고, 기부금을 보내고, 관련 뉴스에 관심을 갖지만 활동에 참여하지는 않는다. 물론 재정적 기여는 기부자의 의지의 표현이지만, 목적을 추구하는 활동은 단체의 리더나 직원들에게 위임한다. 이러한 이유 때문에 민주주의 교육의 장으로서의 공익촉진 집단의 효과는 과장된 것일 수 있다 (Maloney, 2009).

이익보호 집단과 공익촉진 집단의 경계는 명확히 설정되어 있지 않다 (표 18.1 참조). 예를 들어, 여성이나 동성애자 운동 단체는 여론에 영향을 미치려고 하며, 빈번히 공익촉진 집단으로 분류된다. 그러나 그들의 주된 목적은 특정 비직업집단(non-occupational)의 이익을 보호하는 것이다. 아마 그들은 공익촉진의 방법을 채택한 이익보호집단으로 간주하는 것이 적절할 것이다.

특정 산업을 대표하는 이익보호 단체는 정부에 직접 로비할 뿐 아니라 이익을 공유하는 복수의 이익단

표 18.1 이익보호 집단과 공익촉진 집단의 비교

	이익보호	공익촉진
목표	이익의 방어	대의명분의 촉진
회원	폐쇄: 가입이 제한	개방: 누구나 가입
지위	내부자: 정부가 빈번히 협의하며, 그러한 역할을 추구함.	외부자: 정부가 빈번히 협의하지 않음. 여론과 매체를 활동의 대상으로 함.
혜택	선택적: 단체의 회원만 혜택.	집단적: 혜택이 단체 회원과 비회원에게 모두 돌아감.
초점	구성원에 영향을 미치는 특정 쟁점에 관해 중앙정부에의 로비를 목표로 함.	광범위한 정책 문제에 대해 중앙정부와 국제기구에의 영향력 행사를 목표로 함.

체로 이루어진 **정상조직(peak association)**에 가입한다. 정상조직의 회원은 개인이 아니라 기업, 동종직업 단체, 노조 등 다른 단체들이다. 예를 들어, 업계 단체나 개개 기업체는 정부에 대해 기업의 이익을 대표하는 더 포괄적인 단체에, 노조도 노동자의 이익을 대표하는 더 포괄적인 단체에 가입할 수 있다. 정상조직의 예로는 미국의 제조업자전국협회(National Association of Manufacturers), 독일근로자연방단체(Federal Organization of German Employers), 영국의 영국산업연합회(Confederation of British Industry) 등이 있다. 영국산업연합회는 기업이 직접 회원으로 가입도 하고, 다른 단체를 통해 간접으로 가입도 하는데, 민간부문 근로자의 3분의 1을 고용하는 19만 개의 조직이 회원이다.

> **정상조직(Peak association)**: 정부에 대해 기업이나 노조의 광범위한 이익을 대표하는 상위 단체.

노조 가입률이나 노조의 투쟁성이 전체적으로 떨어졌음에도 불구하고 노동 관련 정상조직은 여전히 강력한 발언권을 가지고 있다. 2011년 독일노조연합(DGB: Confederation of German Trade Unions)은 8개 노조의 약 600만 명의 회원으로 구성되었다. 영국노조회의는 2015년 현재 52개 노조가 가입되어 역시 비슷한 수의 노동자를 대표하고 있다. 그러한 규모는 정책과정에 발언권을 가지기에 충분하다.

공공정책에 영향을 행사하는 데 있어서 정상조직은 대체로 성공적이다. 왜냐하면 그들은 중앙정부와의 관계에 잘 대응하고, 강력한 연구조사 역량이 있으며, 정책 논의에 익숙하기 때문이다. 예를 들어, DGB(2012)는 자신들의 임무를 아래와 같이 규정한다.

DGB는 주와 연방 정부, 정당, 사용자 단체, 여타 사회단체와의 대응에 있어서 독일 노조운동을 대표한다. DGB 자신은 단체협상에 직접 관여하지 않으며, 임금합의를 체결할 수 없다. 그러나 DGB는 더 광범위한 정치적 성격의 쟁점에 대해 특화된 전문성을 상당히 가지고 있다.

세계의 민주주의 국가에서 친시장적 사고, 국제적인 시장, 소규모 서비스 기업의 부상은 정상조직의 위상을 약화시켰다. 노조 가입률은 감소하였고 (이 장의 후반부 참조), 오늘날 업계의 목소리는 빈번히 유력 기업이 직접 표출한다. 더욱이 정부에 영향력을 행사하는 과제는 점점 더 전문화된 로비회사에 위임한다. 이러한 경향에 대응하여 정상조직은 회원들을 대신하여 정부와 교섭하는 조직이라기보다는, 정책을 중심으로 하고, 서비스를 제공하는 주체로 변화해 가고 있다 (Silvia and Schroeder, 2007).

그렇지만 더 이상 공동 의사결정은 아니더라도, 특히 스칸디나비아에서는 여전히 정상조직과 정부 사이의 긴밀한 협의는 계속되고 있다. 그리고 아일랜드, 네덜란드 등 작은 나라에서는 사회적 보호와 경제적 효율성 제고를 결합하도록 설계된 광범위한 협약이 이루어지고 있다. 그러한 협약은 아래에서 논의될 이익집단의 다원주의적 해석과는 대비가 된다.

이익집단에 대한 논의에서 종종 간과되는 또 다른 형태의 집단은 **싱크탱크(think-tank)**(두뇌집단), 혹은 정책연구소(policy institute)이다. 이들은 공론과 정치적 논의에 영향을 미치기 위한 연구 활동을 목적으로 설립된 민간단체이다. 그들은 통상 보고서 발간, 학술대회 조직, 세미나 개최 등을 하는데, 모두가 관심 쟁점에 대한 논의를 지속시키고, 정부나 의회에 직간접적으로 영향력을 행사할 목적으로 한다. 대부분 싱크탱크는 민간이 재정지원을 하지만, 일부는 정부, 정당, 기업이 지원하며, 그들은 명확한 국가적,

경제적, 이념적 의제를 가지고 있다. 그 예로는 영국의 페이비언협회(Fabian Society), 미국의 국가전략연구소(Institute for National Strategic Studies), 벨기에의 유럽정책센터(European Policy Centre), 인도의 시민사회센터(Centre for Civil Society), 스웨덴의 스톡홀름국제평화연구소(Stockholm International Peace Research Institute) 등이 있다.

> **싱크탱크(Think-tank)**: 두뇌집단. 공론조성, 정치적 변화를 목적으로 특정 정책 분야의 연구를 수행하는 민간단체.

이익집단의 역학관계

이익집단에 대한 논의는 정치의 시장에서 다양한 집단이 영향력을 겨루는 **다원주의(pluralism)**의 개념을 중심으로 오랫동안 이루어졌다. 이 모델은 이익집단 사이의 자유로운 경쟁을 민주주의의 한 형태로 본다. 이익집단이 사회의 모든 주요 부문을 대표하기 때문에 각 부문의 이익이 정치적으로 표출될 수 있다고 보는 것이다. 집단들은 정부에 영향을 행사하기 위해 경쟁하며, 정부는 일을 추진하기보다는 중재자 역할을 하며, 선수보다는 심판의 역할을 한다. 집단들은 공정한 경쟁의 장에서 경쟁하며, 국가는 집단 간에 차별을 하지 않는다. 새로운 이해관계나 정체성이 생겨나면 그들을 대표하는 집단도 생겨나서, 신속히 경쟁적인 위치를 점할 수 있다. 전반적으로 다원주의는 개방적인 정부가 경제·사회적 상황을 반영하여 정책을 수립하는 분산적인 의사결정의 건전한 과정을 상정한다.

> **다원주의(Pluralism)**: 경쟁하는 이익집단이 반응적인 정부에 영향력을 행사하는 정치체제.

이익집단의 역학관계의 현실은 이러한 이상형과는 다소 차이가 나며 (초점 18.1 참조), 많은 정치학자들은 집단과 정부 사이의 관계에 대한 초기의 다원주의 모델은 일방적이고 피상적임을 인정한다 (MaFarland, 2010). 그 비판은 다음 네 영역에 초점을 맞춘다.

- 이익집단은 공정한 장에서 경쟁하지 않는다. 기업과 같은 일부 이익집단은 강력하지만, 다른 집단들은 취약하며, 심지어는 주변적이다. 그 결과 집단은 영향력에 따라 위계를 형성하며, 그들의 가치에 대한 정부의 평가에 따라 서열이 정해진다.
- 다원주의는 어떤 이익집단에 더 호의적이고 다른 집단에 비우호적인 정치문화나 정치체제의 왜곡을 간과한다. 기존의 질서 내에서 온건한 개혁을 주장하는 집단은 급진적인 변화를 주장하는 집단보다 더 호의적인 대우를 받는다 (Walker, 1991). 어떤 이익집단은 근원적으로 다르다.
- 국가는 중립적 심판 이상의 존재이다. 어떤 집단에 귀를 기울일 것인가를 결정할 뿐 아니라, 집단의 운영을 규제하고 심지어는 국가가 중요하다고 생각하는 분야의 이익집단 형성을 촉진하는 등 이익집단 정치의 지형을 만들어 갈 수 있다.
- 다원주의적 갈등은 주류 집단의 지도자들이 동일한 계급이나 민족 집단에 속하여 이익을 공유할 수 있다는 사실로부터 주의를 분산시킨다. 1956년 밀스(C. Wright Mills)가 그의 유명한 저서 『권력 엘리트(*Power Elite*)』에서 내세운 주장, 즉 미국의 산업, 군부, 정부 지도자들은 서로 별개의 권력이 아니고 서로 맞물린 권력 엘리트를 형성한다는 주장은 여전히 일리가 있다.

정치학자 올슨(Macur Onson)은 그의 유명한 1965년 저서 『집단행동의 논리(*The Logic of Collective Action*)』에서 다원주의 이론에 대한 비판적인 시각을 제시한다. 그때까지 사람들은 모든 이익이 대체로

초점 18.1 | 다원주의의 잠식: 미국과 일본의 사례

다원주의적 사고의 약점은 서로 다른 이유로 인해 이익집단의 정부에 대한 접근이 불균형적인 미국과 일본의 대조적인 사례에서 잘 나타난다. 미국은 빈번히 다원주의의 전형이며, 존재감 있는, 조직화된, 경쟁력 있는, 자원이 풍부한, 성공적인 이익집단의 나라라고 생각된다. 한 이익집단 명부에 의하면 1981년부터 2006년 사이에 워싱턴 DC에서 2만 7천개 이상의 단체가 정치적으로 활동하면서 (Schlozman, 2010: 431), 광범위한 이익과 관련하여 연방, 주, 지방 정부에 영향력을 행사했다. 권력 분립으로 인해 이익집단들은 의회의 위원회, 행정 부처, 법원 등을 비롯한 몇몇 지점들을 통해 영향력을 행사할 수 있다.

그러나 정부는, 대마불사라고 여겨지는 금융기관들을 포함해서, 이미 부유하고 강력한 이익집단이 더 견고히 자리 잡도록 해준다고 비판자들은 주장한다. 2006년 워싱턴 DC에서 등록한 단체의 절반 이상이 기업의 이익을 대표했다 (Schlozman, 2010: 434). 일반의 이익은 특수 이익집단의 바다에 빠져버리며, 다수에 의한 독재는 피할 수 있을지 모르지만, 소수에 의한 압제가 그것을 대체한다.

일본 역시 이익집단의 정치를 강조하는 사회이며, 자연스럽게 다원주의의 생태계라고 생각될지 모른다. 실제로 많은 이익집단이 로비나 홍보와 같은 표준적인 수단을 동원해 활발히 활동한다. 그러나 재계단체들은, 예를 들어, 자신들 중에서 공직에 출마하여 이익집단과 정당의 경계를 흐리는 방식으로, 정치체제의 내부에서도 영향력을 행사한다. 일본에서는 재계와 정부, 특히 대기업과 자민당은 밀접한 관계를 맺어 왔다. 이러한 관계는 자금 조달과 투자, 그리고 일본기업이 국제 경쟁력을 확보하는 과정에서의 자국 시장 보호 등 혜택을 제공했다. 일본의 공공정책은 선거나 공공 토론에 의하기보다는 집권당(또는 연립), 관료제, 대기업의 고위층으로 구성된 **철의 삼각**(iron triangle) 내에서 협상이 이루어지는 '일본주식회사'에 의해서 만들어진다. 한편 노조는 정부에 대해 상대적으로 거의 영향력이 없다. 이러한 비다원주의적인 정책과정의 결과는 부유한 국가와 가난한 국민이라고 사람들은 말하곤 했다.

두 나라 모두 철의 삼각의 문제가 있으나, 미국의 의회 위원회가 더 중요한 역할을 한다 (도표 18.2 참조). 분배할 자원이 있는 정책 분야에서 의회의 위원회는 이익집단의 혜택을 위해 지출을 하는 정부부처에 예산을 배당하며, 그 보상으로 이익집단은 위원회 소속 의원들에게 표와 선거자금을 제공한다. 아마 가장 악명 높은 철의 삼각은 아이젠하워 대통령이 퇴임연설에서 경고한 군산복합체이다. 아이젠하워는 국방부, 의회 국방위원회, 미국에 대부분의 무기를 제공하는 거대 방위사업자 사이의 유착관계를 묘사했다. 많은 분야에서 이러한 관계는 느슨해졌지만, 군산복합체는 경쟁적 정책결정을 상정하는 다원주의 모델의 예외로 남아있다.

철의 삼각(Iron triangle): (미국에서) 정책에 영향을 행사하는 이익집단, 관료제, 의회 위원회 사이의 유착 관계. 정보, 혜택, 지지를 교환하는 3자 관계.

평등한 협상 테이블에서 확보될 수 있다고 빈번히 가정하였다. 그러나 올슨은 널리 분산된 이익을 가진 사람들은 서로를 찾아서, 모여서, 조직화하기가 어려우며, 범위가 좁고 더 잘 조직화된 이익집단과 경쟁하기 어렵다고 주장했다. 각각의 개인 소비자, 환자, 학생들은 훨씬 수가 적은 기업, 병원, 대학보다 조직화할 동기유인이 상대적으로 약하다. 이것은 왜

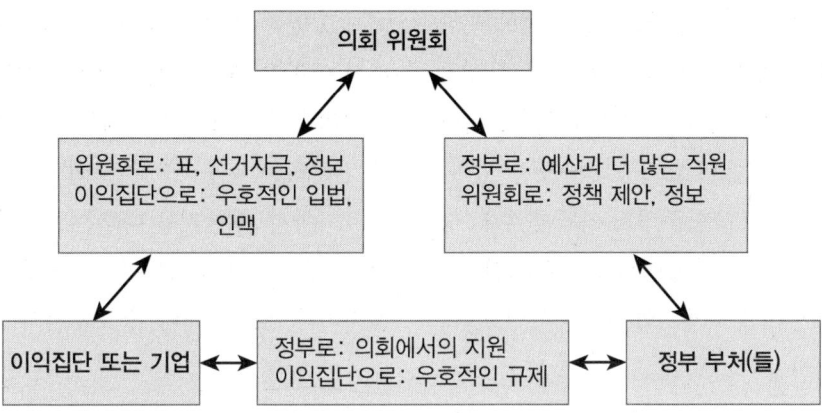

도표 18.2 철의 삼각: 미국의 예

보통의 시민들이 자금, 자원, 인맥, 기타 정책결정자에 영향을 미칠 많은 수단을 가진 거대기업과 경쟁하기가 그토록 어려운지를 설명해준다. 올슨의 분석은 시민들이 정치에 대한 정보를 습득하고 다른 시민들과 관계를 맺을 만한 충분한 동기유인이 없다고 주장하는 합리적 선택 이론과도 통한다. 확실히 다원주의에서 전제로 하는 균형 잡힌 영향력의 시장이라는 가정은 비현실적으로 보인다.

그러나 모두가 이런 분석에 동의하지는 않는다. 올슨의 시대 이후에 소비자 단체를 비롯하여 여러 분산적 이익을 대표하는 많은 집단이 등장하여 성장하고, 워싱턴 DC에서도 종종 중요한 발언권을 가지게 되었다. 트럼불(Trumbull, 2012)은 분산적 이익은 조직화가 불가능하다거나, 정책에 영향을 미치기에는 너무 약하다는 믿음은 역사를 잘못 보는 것이라고 주장한다. 그는 실제로 약한 이익집단도 종종 승리를 거둔다고 본다. 그는 조직화는 정통성 확보보다 중요하지 않다고 주장한다. 다시 말해 행동가와 규제당국의 연합은 그들의 의제를 보다 광범위한 공익과 연결시키는 '정통성 연합'을 형성할 수 있다. 따라서 그러한 연합은 유럽의 농업이나 제약 부문뿐 아니라, 일부 개도국의 다국적기업에도 제한적으로 영향력을 행사할 수 있다.

철의 삼각이 다원주의의 미국적인 예라고 한다면, **조합주의(corporatism)**는 유럽대륙에서 볼 수 있는 예외 사례이다 (철의 삼각에 대해서는 초점 18.1과 18.2 참조). 고전적인 철의 삼각은 하나의 분야에서 작동하는 반면 조합주의는 보다 광범위한 사회-경제적인 계획의 맥락에서 기업과 노동을 대표하는 정상조직들이 관여한다. 이들 집단은 정부와 '사회적 협력자(social partner)'가 되어, 임금인상, 세율, 사회보장 혜택과 같은 중요한 정치적 문제를 해결하는 3자 협의에 참여한다. '사회적 협약' 혹은 '사회적 계약'에 합의하면 정상조직들은 각자의 회원단체에 합의를 이행하도록 하며, 노사관계의 불안을 피할 수 있다.

> **조합주의(Corporatism):** 자본과 노동을 대표하는 정상조직이 정부와 협상하여 광범위한 경제, 사회적 계획을 추진하는 이론과 현실에서의 실행.

'사회조합주의'로 불리는 이 방식은 광범위하게 회원을 보유한 강력한 정상조직에 의해 중앙에서의 합의가 실행에 옮겨질 수 있는 작고, 잘 조직화된 나라에서 작동되었다. 제2차 세계대전 이후 오스트리아는 가장 명확한 사례이지만, 스칸디나비아나 네덜란드에서도 조합주의 모델의 요소를 찾아볼 수 있다. 철의 삼각과 마찬가지로 조합주의도 쇠퇴하였다. 정상조직은 약화되고, 노조 가입률은 급락했으며, 소규모 서비스 기업이 대규모 제조업을 대체하였고, 이념적 분위기가 시장을 선호하는 방향으로 변화했다. 그러나 오늘날에도 여전히 조합주의적 사고와 관행이 다원주의 모델에의 도전이 되고 있다.

사회조합주의가 쇠퇴했듯이 철의 삼각도 마찬가지이다. 그 이유는 미디어가 더 면밀히 감시를 하고, 새로운 공익단체들은 국민들이 기만당하는 걸 알아채면 크게 항의하며, 폐쇄적이거나 부패한 정책결정에 대해서 의원들이 과거보다 많이 이의를 제기하기 때문이다. 정책 쟁점이 더 복잡해짐에 따라 정책과정에 더 많은 집단이 관여하기 때문에 내부자들끼리 거래를 하기가 더 어려워졌다. 보다 개방적인 정부를 반영하는 개념이 **이슈네트워크**(issue networks)이다. 이것은 정부부처, 이익집단, 의회 위원회 등 정책결정과정에 관여하는 기존의 조직들에 외부 전문가들이 더해진 것이다. 그러나 이슈네트워크는 철의 삼각이나 조합주의보다는 더 개방적이다. 보다 광범위한 이해당사자들이 의사결정에 참여하며, 이익보호집단으로의 편향성이 감소되며, 새로운 집단도 논의에 참여할 수 있으며, 건전한 주장이 더 중요시된다.

> **이슈네트워크(Issue network)**: 상호간에 이익이 되는 정책 수립에 참여하는 느슨하고 유연한 일단의 이익집단, 정부부처, 의회의 위원회, 전문가들.

우리가 이전의 장에서 보았듯이 인터넷은 아직 우리가 완전히 이해하지 못하는 방향으로 개혁을 이끌어가고 있다. 올슨은 사람들이 서로 소통하고 조직화하기 어렵기 때문에 집단행동이 어렵다고 보았으나, 소셜미디어는 그러한 문제를 해결해주었다. 인터넷에 접근하는 누구라도 지역의 쟁점에서 국제문제에 이르기까지 모든 것을 다루는 정책주장 사이트를 만들 수 있으며, 사용자들이 "좋아요"를 달거나, 정보를 올리거나, 토론하거나, 동조자들과 교류하거나, 반대 활동에 참여하기를 기대할 수 있다. 클릭 몇 번으로 사이트를 개설하는 것은 큰 노력이 들지 않으며, 정치적 관여는 포스팅을 하거나 링크를 거는 것 이상으로 더 많은 것을 필요로 하지 않으나, 이러한 온라인 대화는 여론에 영향을 미치는 더 큰 운동으로 확대될 수 있는 소규모 비공식 공동체를 만들 수 있다.

영향력의 통로

이익집단은 정책이 어디서 만들어지는지를 알아내는 능력이 있으며, 문제가 해결되는 논의의 장을 기민하게 쫓아간다. 일반적으로 이익집단이 주로 활동하는 통로는 세 가지가 있다. 정책결정자에 직접 연결되는 통로, 정당이나 여론을 통해서 영향력을 행사하는 간접적 통로이다.

정책결정자에 직접 영향

대부분의 이익집단은 정책을 수립하고 집행하는 사람들을 궁극적인 표적으로 한다. 정부부처의 장관과 직접 대화하는 것이 이상적이며, 특정 정책이 확정되기 전에 장관과 대화하는 것은 정책의 형성 단계에 참여할 수 있는 것이기 때문에 특히 가치가 높다. 그러나 그러한 특권은 대체로 인맥이 좋은 소수의 사람들로 제한되며, 이익집단 활동의 초점은 현실적으로 대부분 관료제, 입법부, 사법부에 맞추어진다. 이 중에 집단이 압력을 행사하는 주된 지점은 관료제이다. 이익집단은 권력에 민감한데, 세부적인 결정은 일반적으로 관료조직에서 이루어진다.

예를 들어, 장관이 재생에너지를 사용하는 소비자에 보조금을 지급하는 정책을 발표하려 하고, 대부분의 이익집단은 이것을 기정사실로 받아들인다고 하자. 그러나 관료들과의 협의를 통해 결정될 이 유인책의 정확한 세부사항은 에너지 공급자의 수익성에 직접적인 영향을 미칠 것이다. 비록 장관에 대한 직접 접근이 어렵다고 해도 대부분의 민주주의 국가에서는 협의기구나 자문위원회를 통해 세부사항에 대해 이익집단들과 협의하는 관행이 있다. 많은 경우 법에 의해 그러한 숙의 절차가 의무화되어 있다. 여하튼 진정한 전문지식은 관료제보다 이익집단에 있는 경우가 많기 때문에 정부는 그러한 지식을 구하는 동기유인이 있다. 뿐만 아니라 정부의 입장에서는 모든 이익집단이 수용할 수 있는 정책이 정치적으로 안전하다.

이익집단에게 관료제는 공통적으로 중요한 활동의 장이지만, 입법부의 중요성은 그 정치적 무게에 달려있다. 미국과 캐나다를 비교하면 그 차이를 알 수 있다.

- 미국 의회(특히 위원회들)는 정책을 결정하는 기계의 핵심 톱니바퀴이다. 의원들은 끊임없이 대중의 감시 하에 있음을 알고 있으며, 특히 하원은 선거주기가 2년이기 때문에 정치인들은 이익집단의 평가를 항상 신경 써야 한다. 이익집단은 특정 후보를 공식 지지하고, 간접적으로 선거운동을 지원할 수 있기 때문에 국회의원들은 이들의 요구에 민감하며 (Cigler and Loomis, 2015), 특히 자기 선거

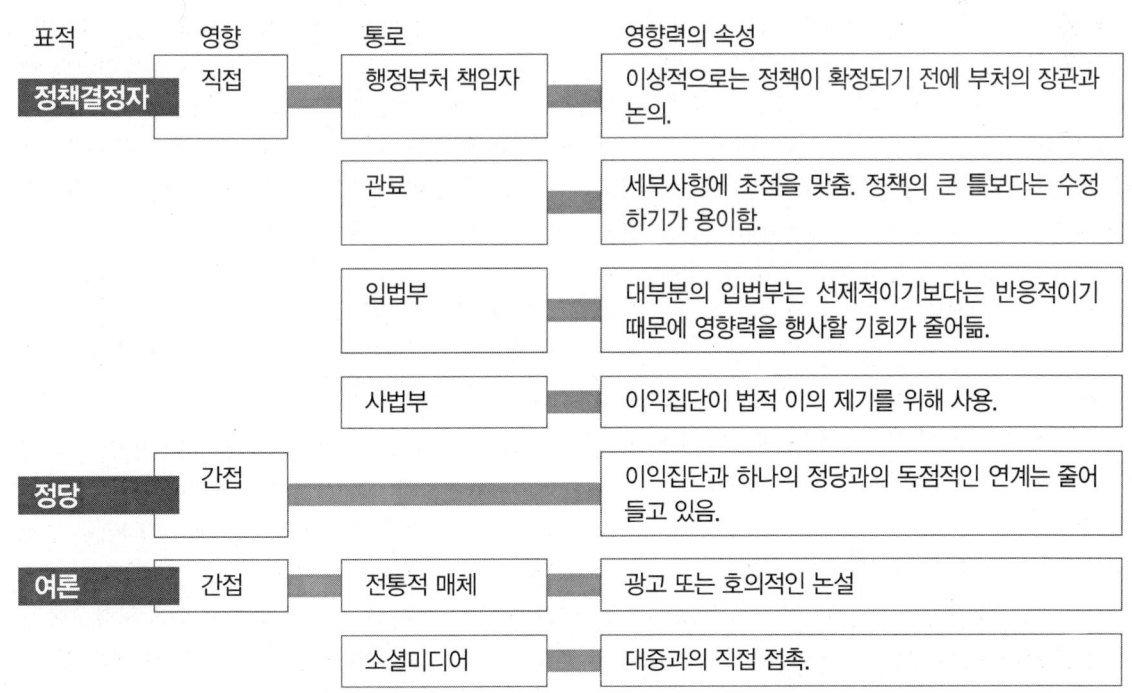

도표 18.3 이익집단의 영향력 행사 통로

- 다른 민주주의 국가와 마찬가지로 캐나다에서 의회는 선제적이기보다는 반응적이다. 그 결과 이익집단은 의원을 정책결정자라기보다는 의견 형성자(opinion-formers)로 취급한다. 의회에서는 본회의나 위원회나 공히 당파적 표결이 관행이며, 여하튼 "위원회는 법안을 최소한의 범위 이상으로 수정하는 일은 거의 없으며, 정부가 상정한 법안을 거부하는 경우는 사실상 전무하다"(Brooks, 2012: 257). 이처럼 정당의 규율이 강한 환경에서는 영향력을 행사할 수 있는 기회가 거의 없다.

로비(lobbying)는 대부분의 이익집단의 핵심 활동이며, 통상적으로 이익집단의 지도자들이 직접 행한다. 그러나 점점 더 단체의 이익을 정책결정자에게 대표해주는 로비 전문회사를 고용하는 형태가 많아지고 있다 (초점 18.2 참조). 이러한 경향은 많은 문제를 제기한다. 이제는 이익집단이나 기업이 단순히 로비회사에 비용을 지불하고 법안이나 규제가 의회에서 통과되는 것을 저지할 수 있는가? 로비는 뇌물의 그럴듯한 다른 표현에 불과한가? 전체적으로 볼 때, 그 답은 "아니요"이다. 전문 로비스트들은 상업적인 이유로 자신들의 영향을 과장하려 하지만, (일본처럼) 정부와 주요 이익집단과의 관계가 특별히 밀착된 나라를 제외하고는 대부분은 관련 정치인이나 관료들에게 접근하는 것 이상은 아니다. 보통 로비회사는 경험이 없는 고객이 권력의 내부에서 길을 잃지 않게 손을 잡아 안내해주는 역할을 할 뿐이다.

초점 18.2 | 로비

영국의 의회에서 상원과 하원 회의장 사이에는 시민들이 자신의 처지를 호소하거나 도움을 요청하기 위해 의원들에 접근할 수 있는 개방된 로비가 있었다. 이 관행으로부터 로비와 로비스트라는 용어가 생겨났다. 그 용어의 핵심은 그대로이지만 점차 고용된 중개자가 정부에 영향력을 행사하려는 조직화된 노력을 한다는 의미로 진화하였다. 로비스트들은 전문직업인이며, 통상 기업에 속해 있던가, 아니면 로비를 전문으로 하는 회사에 고용되어 활동한다. 이러한 서비스는 대정부 관계 업무 전문회사도 제공하고 법률회사나 경영자문회사의 해당 부서에서도 제공한다. 자유민주주의 국가에서 이러한 활동은 증가하고 있으며, 일부는 국제적으로 활동을 한다.

로비가 증가하는 데는 세 가지 이유가 있다.

- 정부 규제가 계속 증가하고 있다. 다수의 이익집단을 위해 일하는 전문 로비회사는 각각의 이익집단이 별개로 할 때보다 제안되는 규제를 보다 효율적으로 감시할 수 있다.
- 홍보 캠페인이 점점 더 세련되어지고 있으며, 보통 하나의 통합적인 프로젝트를 통해 이익집단의 회원, 여론, 정부에 모두 영향을 미칠 수 있다. 전문 로비회사는 고객 이익집단이 직접 추진하기에는 너무 복잡한 다면적인 캠페인을 기획, 집행한다.
- 오늘날 많은 기업들은 이익단체를 통하기보다는 정부에 직접 접근한다. 크든 작든 기업들은 정부기관이나 우호적인 의원에의 접근을 도와주는 로비회사를 이용하면 원하는 결과를 더 빨리 얻을 수 있다고 알고 있다.

로비산업의 핵심은 그것이 대단히 인간적인 속성을 가진다는 점이다. 의원은 로비스트가 과거 동료였다면 그의 전화에 답해줄 가능성이 더 높다. 로비는 누구를 아는가의 문제이다. 그러한 이유로 인해 최근 등록과 재정 공개의 규제가 엄격해졌음에도 불구하고, 로비회사는 항상 아직 따끈한 인맥을 가진 전직 의원이나 관료를 찾아 나선다.

> **로비(Lobbying)**: 정치인이나 관료가 의사결정을 하는데 있어서 개인, 집단, 조직을 대신해서 영향력을 행사하려는 노력.

전문적 로비를 부정적인 시각으로 보기보다, 우리는 그것이 효과적인 정치커뮤니케이션에 기여하는 바를 인정해야 한다. 로비는 고객의 메시지를 관련 정책결정자에 집중시킴으로써, 고객의 목소리에 귀를 기울여야 할 사람들이 목소리를 듣도록 해준다. 더욱이, 로비스트는 대부분의 시간을 해당 쟁점에 우호적인 의원과 보내기 때문에 그들이 이미 신념을 가지고 있는 쟁점을 더 열심히 추진하도록 기여할 수 있다. 브뤼셀에 본부를 둔 로비스트 크로식(Stanley Crossick)은 '성공적인 로비는 적절한 쟁점에 대해서, 적절한 메시지를, 적절한 사람에게, 적절한 형태로, 적절한 시기에 전달하는 것'이라고 말했다 (Thomas and Hrebenar, 2009: 18에 인용). 그러한 의미에서 최소한 로비는 정부의 효율성을 높여준다.

물론 로비활동의 모든 것이 그렇게 장밋빛인 것만은 아니다. 비록 고객 기업이 의사결정자에의 접근 이상으로 별로 얻는 것이 없다고 해도(그리고 그러한 접촉이 직접적인 접근으로도 가능했을지라도), 로비활동은 민주주의의 초석인 평등의 원칙을 훼손한다. 접근을 위해 비용을 지불하는 것과 영향력을 얻기 위해 비용을 지불하는 것은 일반인의 눈에는 구별되지 않으며, 로비스트가 주선한 만남은 정치과정의 정통성을 해치며, 이는 효과적인 규제의 필요성을 제기한다. 그러나 정부에 대한 호소가 의무가 아니라 권리인 이상 이익 대표 행위의 불평등성을 피하기는 어려운 일이다.

정당을 통한 간접적 영향

과거에는 빈번히 정당과 이익집단은 같은 가족의 구성원처럼 결합되어 있었으며, 많은 이익집단들이 영향력 행사의 통로로 정당을 이용했다. 예를 들어, 유럽의 사회당은 광범위한 노동계급의 이익 신장을 위해 노력하면서 노조와 밀접한 관계를 가졌다. 유사하게 환경운동은(공해, 폐기물, 야생동물 보호 등) 특정 문제를 다루는 공익촉진 집단과 녹색당을 창설했다.

이익집단과 정당 사이의 그러한 밀접한 관계는 이제 예외가 되었다. 이익집단은 그 구성원들의 특정 관심사에 더욱 집중하게 되면서 역할이 더욱 특화된 반면, 정당은 보다 넓은 의제를 가지고 있다. 예를 들어, 유럽의 종교 또는 계급 정당은 나라 전체의 보호자로 인식되기를 추구하면서 더 광범위한 유권자에게 다가가게 되었고, 녹색당은 환경운동의 뿌리에서 탈피하여 다양한 정책 문제를 다루게 된 지 오래다. 감성적인 결합은 편의를 위한 연합으로 바뀌면서 정권을 추구하는 정당과 영향력을 추구하는 이익집단의 구별은 더 명확해졌다. 그 결과 대부분의 이익집단은 특정 정당과 밀접한 관계를 구축하기보다는 여러 정당과 관계를 맺으려 한다. 이익집단과 정당 사이의 느슨하고 실용적인 연계가 일상이 되었으며, 이익보호 집단은 정당보다는 권력을 쫓는다.

여론을 통한 간접적 영향

여론은 공익촉진 집단의 중요한 표적이며, 그들은 정책의 변화를 요구하면서 정부에 압력을 가하기 위해 공공의 인식을 형성하고 관심을 동원하는 두 가지 목표로 활동한다. 이 광범위한 대중을 상대하는 데는 유료 광고를 이용하고(공익 광고), 전통적 매체의 호의적인 보도를 촉진하고(홍보), 아이디어를 확산하고, 동조자들을 모으기 위해 소셜미디어를 활용한다.

많은 공익촉진 집단은 재정이나 정책결정자에의 접근이 부족하기 때문에 여론은 필수적인 활동의 장이 된다. 전통적으로 대중매체는 더 특화되고 비밀스러운 요구를 하는 이익보호 집단에는 덜 중요했다. 어떤 식품제조사가 식품의 영양표시제에 반대하는 캠페인을 공개적으로 벌이겠는가? 이런 종류의 승산 없는 싸움을 하기에는 비밀스러운 정부 부처가 더 적절한 장이 될 것이다. 정부 내에서 자신들의 명성을 보호하기 위해 이익보호 집단은 시끄러운 것은 회피한다. 그들은 공무원들에게 테이블에 마주 앉은 믿을 수 있는 파트너로 보여지길 원한다.

그러나 이익보호 집단도 오늘날, 특히 입법부가 정책의 수립에 작용하는 나라에서, 여론의 분위기에 영향을 미치려 시도한다. 특히 이익보호 집단은 여론이 이미 자기편이라고 생각할 때, 여론과 입법부에 모두 호소하는 이중적 전략을 사용한다. 이러한 전략은 관료들과의 기존의 관계를 손상할 위험이 있다. 그러나 그러한 위험은 철의 삼각의 시대에 비하면 줄어들었다. 예를 들어, 덴마크에서 정책결정자들은 이익집단이 의사결정 과정에 그들의 입장을 밝힐 수 있는 기회를 유지하면서, 동시에 매체와 일반국민의 관심을 끌려 하는 것을 용인하는 듯하다 (Binderkrantz, 2005: 703). 서서히 그러나 조심스럽게 이익보호 집단은 관료제의 덤불로부터 언론의 환한 주목을 받으며 모습을 드러내고 있다.

영향력의 요소

의심의 여지없이 어떤 이익집단은 다른 집단에 비해 정부에 더 많은 영향력을 행사한다. 그러면 무엇이 특정 집단에 더 많은 영향력을 주는가? 그 답은 일반적인 것부터 세부적인 것에 이르는 4개의 속성, 즉 정통성, 제재, 회원, 자원에서 찾아볼 수 있다.

첫째, 어떤 집단이 정통성을 얼마나 확보하는가는 분명히 중요하다. 높은 명성을 가진 이익집단은 특정 쟁점에 관해서 자신의 목표를 관철할 가능성이 높다. 사회적으로 존경받는 회원들이 가입한 전문직 집단도 노조가 한때 그랬던 것처럼 때에 따라 전투적이고, 배타적인 관행을 가질 수 있다. 그러나 노조가 지속적으로 대중들의 미움을 받는 것과 달리 변호사나 의사들은 그것을 피할 수 있다. 비슷하게, 경제 실적에 기업이 원천적으로 중요하기 때문에 기업을 대표하는 단체는 일반적으로 정부 내에 발언권을 확보할 수 있다.

둘째, 집단의 영향력은 그 회원에 달려있다. 그것은 단순히 회원의 수뿐만 아니라, 그들의 **밀도(density)**와 열성도·헌신도(commitment)의 문제이다. 1980년과 2012년 사이에 거의 모든 자유민주주의 국가에서 특히 민간부문의 노조 가입률이 감소하면서 노조의 영향력도 줄어들었다 (도표 18.4 참조). 스칸디나비아를 제외하고 오늘날 노조 가입자는 근로자의 소수이다. 이것은 정부 및 사용자를 상대로 한 노조의 협상력을 약화시켰다. 이익집단 가입이 동일 분야에서 여러 집단으로 분산된 것도 그들의 영향력을 더욱 잠식하였다.

> **밀도(Density)**: 이익집단의 가입 자격이 되는 사람 중 실제로 가입한 사람의 비율. 밀도가 높을수록 집단의 정부에 대한 권위와 협상력이 강해진다.

회원의 헌신도 역시 중요하다. 예를 들어, 『뉴욕타임즈』가 '미국에서 가장 가공할 로비단체' (Draper, 2013)라고 묘사한 전국총기협회(NRA: National

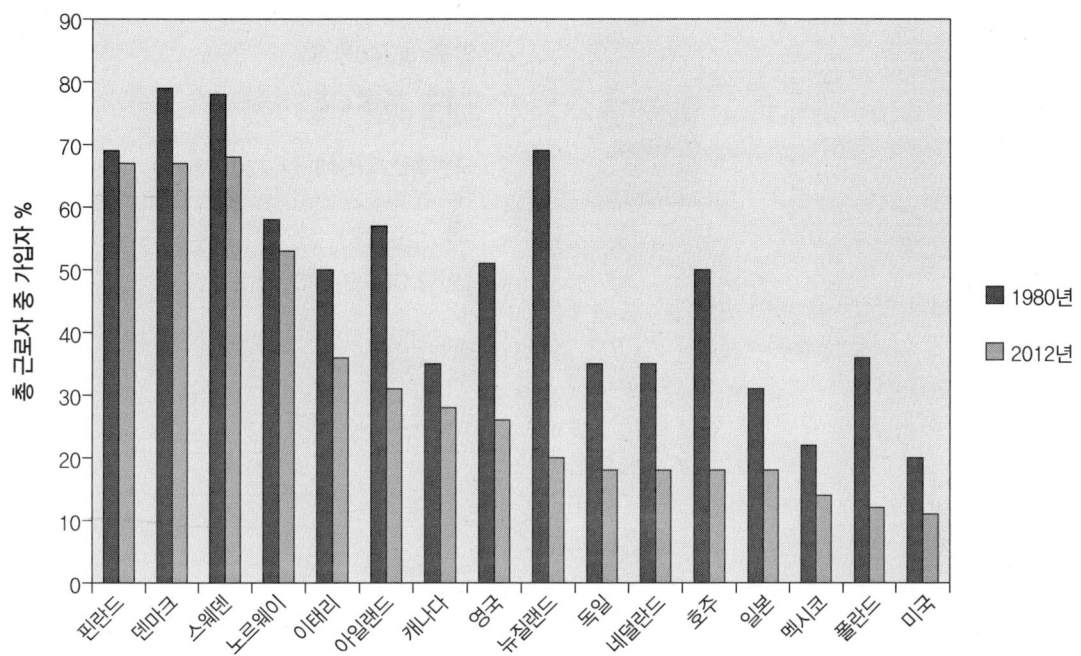

도표 18.4 노조 가입률 감소

주: 폴란드의 통계는 1990년부터, 멕시코는 1992년부터.
출처: OECD (2015)

Rifle Association)는 '법을 준수하는 모든 개인이 정당한 목적으로 총기를 구입, 소지, 사용하는 권리를 지키는' 목표를 추구하기 위해 지역구 의원을 기꺼이 접촉할 의사가 있는 다수의 회원을 가지고 있다. 클린턴 대통령의 대변인 스테파노풀로스(George Stephanopoulos)는 NRA의 잘 훈련된 행동주의를 보면서 다음과 같이 평가했다. "내가 NRA에 대해 한 가지 칭찬을 하겠다. 그들은 모범 시민이다. 그들은 자기 지역구 의원에게 전화를 한다. 그들은 편지를 쓴다. 그들은 투표한다. 그들은 헌금을 한다. 장기적으로 보면 그들은 결국 자기들이 원하는 것을 손에 넣는다"(NRA, 2012).

셋째, 이익집단이 가진 재정적 자원은 그들의 영향력을 결정한다. 예를 들어, 유럽연합에서 더 많은 결정이 EU 수준에서 결정됨에 따라 더 많은 이익집단이 주요 EU 기관들이 위치한 브뤼셀에 사무소를 열었다. 그중 가장 눈에 띄는 것이 기업의 이익을 대표하는 집단이다. 개별 기업은 직접 또는 로비 회사를 통해 영향력을 행사하며, 여러 부문이나 국가에 걸쳐서 만들어진 연합 단체가 더 광범위한 이익을 대표하기 위해서 활동한다. 후자에는(각국의 재계연합이 회원으로 가입한) 비즈니스유럽(Business Europe), 유럽소비자기구(European Consumers' Organization), 유럽노조연합회(European Trade Union Confederation), 거의 50개 유럽 기업의 CEO가 가입한 유럽경영자원탁회의(European Roundtable of Industrialists) 등이 있다.

넷째, 제재를 가할 수 있는 이익집단의 능력은 분

국가개요

이집트

간략 소개: 이집트는 아랍 민족주의의 선봉 역할 뿐만 아니라 냉전시대와 아랍-이스라엘 갈등에서의 전략적 동맹관계 덕분에 오랫동안 중동의 주요 국가였다. 또 이집트는 민주주의 시위대가 2011년 호스니 무바라크(Hosni Mubarak) 정권을 무너뜨리면서 아랍의 봄의 중심이 되었다. 2012년 민주적 선거를 통해 모하메드 모르시(Mohamed Morsi)가 집권하였으나 그 이듬해에 군사쿠데타에 의해 축출되었다. 이집트인들은 현재 문민 지도자로 변신한 군장교 압델 파타 엘시시(Abdel Fattah el-Sisi)의 통치 하에서 새로운 불확실성에 직면하고 있다. 이집트는 아랍권에서 사우디아라비아에 이어 제2의 경제를 가지고 있으나 천연자원이 부족하다. 이집트는 관광, 농업, 해외 이집트 노동자들의 송금에 크게 의존하고 있으며, 급증하는 인구를 부양하는 데 어려움을 겪고 있다.

정부형태 ➡ 준대통령제 공화국. 근대 국가는 1952년에 형성되었고 가장 최근 헌법은 2014년에 채택되었다.

입법부 ➡ 단원제. 국민의회(Majilis el-Shaab)는 정원 567명으로 연임 가능한 4년 임기로 선출되며, 27명은 대통령이 임명할 수 있다.

행정부 ➡ 준대통령제. 대통령은 중임 가능하고 4년 임기로 국민이 직접 선출하며, 국민의회에 책임을 지는 내각의 수반인 수상과 함께 통치한다. 부통령은 없다.

사법부 ➡ 이집트의 법은 영국, 이탈리아, 나폴레옹 법전이 혼합된 형태이다. 최고헌법재판소는 최근 이집트의 정치적 변화에 밀접히 관여했다. 21명의 재판관은 종신직이며 70세에 의무적으로 퇴직한다.

선거제도 ➡ 대통령선거에는 결선투표제가 사용되며, 2차 투표에서 과반수 득표가 필요하다. 국민의회 선거는 혼합선거구 다수제 선거가 사용되는데, 의석의 3분의 2는 정당명부식 비례대표제로, 의석의 3분의 1은 2개의 대선거구에서 다인선거구 단순다수제(multi-member plurality)라는 특이한 제도가 사용된다.

정당 ➡ 다당제이지만 최근의 불안정으로 인해 유동적이다. 정당들은 광범위한 입장과 이념을 대표한다.

명히 중요하다. 노조는 파업을 할 수 있고, 다국적기업은 투자를 다른 곳으로 가져갈 수 있으며, 정상조직은 정책결정에의 협력을 철회할 수 있다. 일반적으로(환경단체와 같은) 공익촉진 집단은 협상 카드로

> ### 이집트의 이익집단
>
> 우리가 제4장에서 보았듯이 개인통치에 기반을 둔 권위주의 정치체제에서 정책결정자에의 접근은 보상적 관직 임명, 인맥에 달려있으며, 무엇을 아는가보다는 누구를 아는가가 중요하다. 이집트는 전형적인 경우이다. 이집트에는 기업, 농업, 전문직, 종교 집단을 대표하는 건전하고 다양한 이익집단이 있는 것처럼 보인다. 그러나 정부는 일종의 조합주의를 통해 이익집단을 통제했다. 동시에 어떤 이익집단은 자유민주주의 국가에서나 가능할 정도의 상당한 권력과 권위를 가지고 영향력을 행사할 수 있게 되었다.
>
> 무바라크 정부 시절(1981~2011년)에 이익집단의 수와 활동범위는 급격히 팽창했다. 상공회의소나 경영자 연맹 같은 단체는 고정가격제 폐지를 포함하는 경제 자유화를 위해 로비했다. 언론인협회, 변호사협회, 엔지니어협회 등 전문직 단체의 지도자들은 정부 내의 인맥을 이용해서 혜택을 얻어냈다. 이익집단이 너무나 많아지자 무바라크 정부는 이들을 더 엄격히 통제할 필요성을 느낀 결과, 공식적 등록 의무를 부과하고, 1999년에는 정부에게 이익집단의 활동에 관여할 수 있는 상당한 권력을 부여한 법을 통과시켰다. 정부는 이사회 임원을 임명 또는 파면하거나, 이사회 결정을 취소하거나, 법원의 명령으로 단체를 해산할 수 있게 되었다. 이익집단들은 정치적 활동이 금지되었고, 회원들은 '국가 통합의 저해'와 같은 애매한 범죄를 구실로 체포될 수도 있었다. 종교조직과 연결된 단체나 인권문제를 다루는 단체는 특히 이러한 권위주의적 조치에 영향을 받았다.
>
> 2013년 쿠데타로 집권한 엘시시 정부는 계속 군부의 영향을 받고 있으며, 경제개발을 촉진하고 전투적 이슬람을 통제하려고 한다. 당분간 이집트에서 이익집단의 가치는 그들이 이러한 목표에 얼마나 부합하느냐에 의해 결정될 것이다.

쓸 수 있는 제재수단이 적기 때문에 그들의 영향력도 약하다.

사회운동

이익집단은 관료제와 같은 전통적인 통로를 통해 활동하는 재래식 정치의 일부분이다. 그들이 일부가 되고 있는 정치체제와 마찬가지로 이익집단은 점점 국민들의 불신을 받고 있다. 그렇기 때문에 사람들이 모여서 공통의 목표를 위해 비전통적인 방법으로 기존 정치질서에 도전하는 비전통적인 참여의 형태인 **사회운동**(social movements)에 의해 전통적 이익집단이 보완되고 있다는 것은 놀라운 일이 아니다. 이러한 운동은 기존의 이익집단에 의해 이루어지는 것만은 아니지만, 통상 이익집단이 그 중심에 있다. 따라서 1960년대 대부분의 산업화된 국가에서 일어난 환경운동은 이익집단에 의해 추진되었으며, 그들은 오늘날에도 환경운동에 앞장서고 있다. 사회운동은 기존의 통로와는 거리를 두는 정치 스타일을 내세우며, 정부의 결정이나 정통성에 대해 의문을 제기한다. 회원들은 시위, 농성, 보이콧, 정치적 파업 등 다양한 항의 행동을 이용한다. 일부 그러한 행위는 불법의 선을 넘어서기도 하지만 행위자들의 동기는 형사상의 문제라기보다는 정치적인 문제이다.

> **사회운동**(Social movements): 비전통적인 방법으로 비기득권적인 목표를 추구하기 위해 사회에 등장하는 운동. 그 목적은 특정 분야에 한정되기보다는 광범위하며, 기존 엘리트에 대한 아웃사이더의 도전적인 양상을 띤다.

소득불평등의 증가에 항의를 표시하기 위해 2011년 뉴욕의 주코티 공원을 점령한 시위대의 예를 보자. "우리는 99퍼센트"라는 기치를 내건 월가점령운동(Occupy Wall Street)은 전국적일 뿐 아니라, 국제적인 현상이 되었으며, 호주, 브라질, 캐나다, 프랑스, 독일, 멕시코, 뉴질랜드, 나이지리아, 남아프리카, 터키 등에 텐트촌이 등장하였다. 선거에 후보자를 세우거나 전통적인 로비활동을 하지 않고, 월가점령 시위는 소득 불평등과 기업의 무한정한 권력에 대해 일반인들의 주위를 끄는 데 성공했다.

사회운동의 성격을 이해하기 위해서는 그것을 정당이나 이익집단과 비교해보는 것이 유용하다 (표 18.2 참조). 사회운동은 더 느슨하게 조직되고, 명확한 회원자격, 기부금, 리더십이 부족하다. 그 기원이 의회 밖에 있는 정당과 마찬가지로 사회운동은 기존 정치권에 도전하기 위해 사회에서 나타난다. 그러나 사회운동은 어떤 구체적 이익을 일반적인 것으로 포장하려 하지 않고, 한 분야에서 도덕적 우위를 점하려고 시도한다.

이익집단과 마찬가지로 사회운동은 종종 반전시위나 핵군축과 같은 특정 쟁점에 초점을 맞추기도 하지만, 일반적으로 그들의 관심은 페미니즘, 환경운동, 민권운동과 같이 광범위하다. 이익집단과 같이 사회운동은 국가권력을 추구하지 않으며, 그보다는 그들의 목소리가 과거에는 무시되었음을 주장하면서 정치적 의제에 영향을 미치려 한다. 이익집단은 설정된 목표가 있는 반면, 사회운동은 분산적이며, 입법적 변화 뿐 아니라 문화적 변화를 추구한다. 예를 들어, 동성애자 운동의 경우 차별반대법이 얼마나 제정되었는지뿐만이 아니라 얼마나 많은 동성애자들이 커밍아웃을 했는지도 성공의 중요한 지표가 될 수 있다. 마찬가지로 여성운동은 여성의 의식화를 강조하기도 한다.

틸리(Tilly 2004: 33)는 18세기 말부터 19세기 초의 영국의 노예반대 운동을 오늘날 우리가 이해하는 사회운동의 효시라고 본다. 청원과 보이콧 등 이 운동이 채택한 캠페인 기술은 다른 개혁을 주장하는 집단이 모방한 시위행위의 표준이 되었다. 이어서 19세기 초와 20세기 초의 여성참정권 운동이 유럽과 미주에서 전개되어 여성이 투표권을 획득하는 데 결정적인 역할을 했다. 그 이후 사회운동의 수, 관심 사항, 중요성이 모두 확대되었다 (표 18.3 참조).

1950년대에는 '대중운동(mass movement)'이 자유민주주의에 대한 위협으로 인식되었다. 그것은 '계급을 비롯하여 어떠한 광범위한 집단에도 통합되지 못한 많은 사람들을 포함하는' 제대로 기능

표 18.2 사회운동, 정당, 이익집단의 비교

	사회운동	정당	이익집단
정부에 대해 영향력을 행사하려 하는가?	통상적으로	그렇다	그렇다
정권획득을 추구하는가?	아니다	그렇다	아니다
단일 쟁점에 초점을 맞추는가?	가끔	드물게	통상적으로
공식적으로 조직화되어 있는가?	보통 아니다	그렇다	그렇다
어떤 전술을 사용하는가?	비전통적	전통적	혼용
주 활동 수준은?	전지구적, 전국적, 지방	전국적, 지역적	전지구적, 전국적, 지방

표 18.3 사회운동의 사례

	시기와 장소	초점
동성애자 운동	1960년대부터 현재까지 비회교권 선진국에서 가장 활발	동성애자, 양성애자, 성전환자(LGBT)에 평등한 권리
칩코 운동	1960~1980년대 인도	마을과 농촌에서 벌어진 삼림파괴 반대운동
아파르트헤이트 반대운동	1960년대 중반부터 1994년까지 주로 영국	스포츠, 정치, 학문 분야 보이콧을 통해 남아프리카의 인종차별 종식
토지개혁 운동	1980년대 중반부터 현재까지 브라질	토지개혁과 빈곤한 사람들에 토지 분배
반세계화 운동	1980년대 말부터 현재까지 다수 국가	전지구적 기업자본의 권력에 대한 비판
공정무역 운동	1960년대부터 현재까지. 유럽에서 시작	개도국에서 선진국으로 수출되는 1차 상품의 가격 인상과 지속가능한 기술

하지 못하는 대중사회의 현상이라고 생각되었다 (Kornhauser, 1959: 14). 사회운동은 지식인, 실업자들, 고립된 근로자들, 소외된 중산층 등 주변적이고 단절된 집단들의 지지를 받는다고 평가되었다. 굿윈과 제스퍼는 1960년대까지 "사회운동을 연구한 대부분의 학자들은 사회운동에 대해 공포심을 가졌다"고 주장한다 (Goodwin and Jasper, 2003a: 5).

1960년대와 1970년대에는 생각이 급격히 바뀌었다. 미국의 민권운동은 다양한 경제·사회적 배경을 가진 흑인들을 동원했으며, 베트남전쟁과 징병은 일부 교육 받은 미국의 중산층이 반전운동에 가담하도록 만들었다. 지식인들이 정부에 대해 더 비판적이 되면서 사회운동에 대한 그들의 생각도 긍정적이게 되었다. 20세기 말에 이르자 델라 포르타와 디아니는 "사회운동을 더 이상 주변적, 반기득권적 현상이라는 편견을 가지고 정의할 수 없다고 결론 내렸다. 현대 사회운동에 대한 보다 더 유용한 정치적 해석이 이루어졌다" (della Porta and Diani, 2006: 10).

사회운동의 지지자들은 영향력을 행사하기 위해서 반드시 많은 자원을 필요로 하는 것은 아니다. 목적이 분명하다면 단지 규모만 가지고도 충분할 수 있다. 이것은 빈곤한 사회에서의 정치참여에 사회운동이 잘 어울린다는 것을 의미하며, 거기서는 직접적, 즉각적 정책 변화를 요구하는 많은 사람들의 참여로 사회운동이 득을 볼 수 있다. 그 좋은 예가 1977년부터 케냐에서 전개된 그린벨트운동이다. 이 운동은 삼림파괴와 토양유실을 막고, 땔감과 수입을 제공하기 위한 노력의 일환으로 농촌 여성들을 식목 사업에 동원한다. 그 운동을 처음 시작한 왕가리 마타이 (Wangari Maathai)는 아프리카 여성 최초로 2004년에 노벨평화상을 받았다.

통신의 발달이 진입장벽을 낮추었기 때문에, 통상적인 정치가 실패했다고 생각될 때 새로운 사회운동이 급속히 등장할 수 있게 해 주었다. 예를 들어, 프랑스는 (가격하락, 값싼 수입품, 환경규제 등) 농업정책에 대한 반대시위가 거리에서 벌어지는 것으로 유명하다. 그들은 고속도로에서 저속운전으로 교통을 방해하고, 엄청난 농작물이나 거름을 도시 광장에 쏟아버리거나, 공공건물 앞에서 건초더미를 불사르기도 한다. 공식적인 조직이 없어도 디지털 시대에 그러한 시위를 조직하는 것은 너무 쉽다.

대중매체는 중앙의 리더십이 전혀 없이도 전지구

적인 시위를 조직할 수 있게 해준다. 한 나라의 국민들이 다른 나라에서 계획된 것을 전해 듣고 참여를 결정할 수 있다. 그 훌륭한 예로 2003년 2월 15~16일에 벌어진 이라크 침공 반대 국제 시위를 들 수 있는데, 약 600개 도시에서 600만 명이 참여한 것으로 추산된다 (도표 18.5). 베네트는 국적과 배경이 다른 사람들에게 공통의 표식을 달아준 이 시위가 '인류역사상 가장 대규모의 다국적 시위'라고 보았다 (Bennett, 2005: 207). 그는 "커뮤니케이션 기술의 그와 같은 적용은 중앙의 조정기능이나, 지도자, 이념에 의존하지 않는 느슨하게 연결된 네트워크에는 유리하다"고 결론을 내렸다 (Bennett, 2005: 205).

권위주의 국가의 이익집단

권위주의 국가에서 정부와 이익집단의 관계는 민주주의 국가와 매우 다르다. 우리가 보았듯이 자유민주주의 국가에서 강력한 이익집단은 정부의 일부 요소를 장악할 수 있지만, 권위주의 국가에서 이익집단은 대체로 정권에 종속된다. 권위주의 통치자들은 자유롭게 조직된 이익집단을 자신의 권력에 대한 위협으로 보기 때문에 그러한 집단들을 억압하거나, 아니면 권력구조 속으로 편입하려 든다. 이익집단은 주인이 아니고 포로가 된다.

20세기 후반에 많은 권위주의 통치자들은 노조, 농민단체, 급진주의자 등 경제발전의 결과로 등장한 새로운 이익집단의 도전에 직면했다. 통치자들의 한 가지 대응은 집단을 완전히 억압하는 것이다. 시민적 자유가 약하고 이익집단이 성숙되지 않은 데서는 그러한 접근이 가능했다. 군부정권에서 지배자들은, 종종 외국기업과 담합하여, 경제로부터 자기들의 이익을 취했기 때문에 그들의 목표는 복종적, 저임금 노동력을 유지하는 것이다. 노조를 결성하려는 말썽꾼들은 신속히 제거되었다.

버마의 장기 군부정권은 강제적 착취의 한 예이다. 군부 통치자들은 1962년부터 2011년까지 지배하면서 독자적 노조, 단체협상, 파업을 불법화했고, 노조 활동가들을 투옥했으며, 언론매체에 대한 국가 통제를 유지했다. 이러한 억압적 환경에서 정권은, 특히 소수민족 집단을 강제 노동에 동원했고, 군 간부들의 재정적 혜택을 위해 암시장을 통해 수출한 목재의 경우와 같이 경제적 이득을 챙겼다. 다행히 2011년부터 정치개혁이 추진되어 버마의 군부정권은 다소 완화되었다.

언급한 경우와 달리 권위주의 정권은 발전의 결과 등장하는 새로운 이익집단을 적절히 관리하려고 할 수 있다. 다시 말해 그들은 이익집단의 조직화를 허용하지만 통제하는 것으로, 배제보다는 포섭 정책이라고 할 수 있다. 국민의 일부, 특히 근대화된 부문을 공적으로 지원하는 단체에 포섭함으로써 통치자들은 근대화를 더 가속화하려 한다. 이는 앞의 챕터에

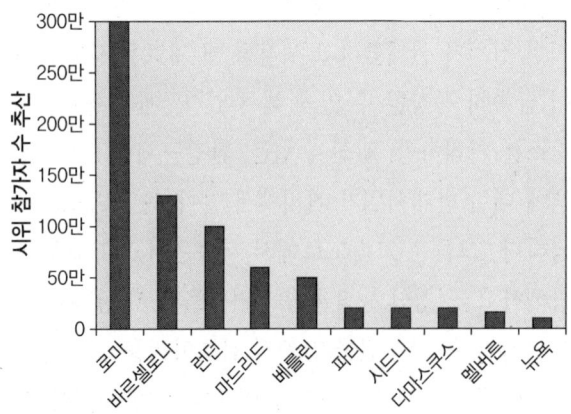

도표 18.5 2003년 이라크전쟁 반대 시위

출처: 『파이낸셜타임즈(*Financial Times*)』, 2003. 2. 17 추산.

서 논의한 사회조합주의와 유사한 개념이지만, 하향적인 정치적 조작의 형태라는 것이 차이점이다. 이것은 국가가 선호하는 집단을 허가하고, 자금을 지원하고, 독점적 대표권을 부여했던 남미에서 일반적으로 나타났던 현상으로, 식민지 시대로부터 물려받은 가톨릭교회의 전통을 반영한 것이다 (Wiarda, 2004).

1980년대와 1990년대의 민주적, 경제적 개혁 이전에 멕시코는 이러한 형태의 한 예가 된다. 멕시코의 통치체제는 제도혁명당(PRI: Institutional Revolutionary Party)이라는 강력한 지배 조직을 기초로 하여 형성되었다. PRI는 그 자체가 노동, 농민, 그리고 '민중' 부문(대부분은 공공 근로자로 구성)의 연합체였다. 정권이 선호하는 노조나 농민단체는 PRI에의 접근이 허용되었다. 정당 지도자들은 보조금, 일자리 등 국가의 자원을 제공하고, 그 대가로 포섭된 집단들로부터 (선거의 승리를 보장하는) 정치적 지지를 받았다. 이 체제는 거대한 후견인-피후견인의 네트워크였다. 이 조직된 구조에서 배제된 많은 사람들은 지극히 어려운 삶을 살았다.

그러나 멕시코의 조합주의는 쇠퇴하였다. 과도한 규제로 정부 및 PRI와 연계된 부문에 너무나 많은 권력을 주었기 때문에 기업 투자, 특히 해외로부터의 투자를 저해했다. 시장의 영향이 확산되면서, PRI 정부가 지지자들을 보상할 수 있는 자원도 감소했다. 1997년 독립적인 전국노동자연합이 결성되고 재래식의 국가통제가 무력화되었으며, 3년 뒤 PRI는 대통령선거에서 패배했다 (PRI는 2012년에 재집권하였으나, 대통령 당선자는 과거로의 회귀는 없다고 선언했다).

공산주의 국가에서 이익집단의 위치는 여타 비민주적인 정권에서보다도 더 주변적이었고, 다원주의 국가와는 극명히 대비되었다. 대부분의 공산주의 시대에 독립적인 이익집단은 없었다. 자유롭게 조직된 집단의 이익 표출은 상상할 수 없었다. 공산주의 통치자들은 모든 단체를 당의 정책을 위한 소위 '전달 벨트'로 만들고자 하였다. 노조, 언론매체, 청년단체, 전문직 단체들은 공산주의건설이라는 목표에 봉사하는 당의 지부에 지나지 않았다.

오늘날 중국에서는 여전히 이러한 전통의 요소들을 찾아볼 수 있다 (표 18.4 참조). 공산당은 계속해서 대부분의 공식적 정치활동에 있어서, 사람들의 상향적인 의사가 아니라, 당 간부 지도하에 당의 노선을 하향 전달하는 일단의 '대중 조직'을 통해 틀을 제공한다. 그러나 1980년대에 중국에서는 새로운 비정부 단체가 등장하여 국가와 사회의 연계를 강화하였다. 그 예로는 중국가족계획협회, 자연의 친구들, 민간기업협회, 산업통상연합 등이 있다. 일반적으로 한 부문에는 하나의 단체가 공식적으로 인정되는데, 이는 국가의 통제가 여전히 계속됨을 확인해 주는 것이다. 이 새로운 단체들의 제한적인 위치는 정부가 조직한 비정부단체(GONGOs: government organized non-governmental organizations)라는 그들의 명칭에도 반영이 되어 있다. 우리가 중국에서 목격하고 있는 것은 프롤릭(Frolic, 1997)이 '국가주도의 시민사회'라고 부른, 시민사회가 국가권력의 대안이 아니고 그것을 보조하는 현상이다.

혼합체제에서 이익집단의 위치는 자유민주주의 국가에서의 자율성과 권위주의 국가에서의 주변적 지위의 중간 어딘가에 있다. 공공과 민간 영역의 구분은 모호하여, 대통령과 그 동맹세력들은 자기편은 보상하고 적들은 불이익을 주기 위해 경제에 개입한다. 그러나 이러한 개입은 포괄적이기보다는 선택적이며, 종종 정상적인 기업-경제 활동의 관행을 무시하지만, 그것을 완전히 대치하려 하지는 않는다.

표 18.4 중국의 사회단체들

	유형	특징
전중국노조연합	대중단체	공산당 휘하의 전통적 전달 벨트.
전중국여성연합	대중단체	전통적으로 당이 지휘하는 단체이지만, 다소의 독자 행동의 여지가 있음.
중국가족계획협회	비정부기구	국가가족계획위원회의 지원을 받으며, 국제 및 국내 무대에서 활동함.
자연의 친구들	비정부기구	환경교육 분야에서 다소의 독자성을 가지고 활동.

출처: Saich (2015: chapter 7)에서 정리

최소한 좀 더 발전된 혼합체제에서는 일상적 사안에 관해서는 이익집단에 역할을 부여하고, 대통령과 지배엘리트에게 핵심적으로 중요한 사안에 대해서는 (지지와 보상으로 만들어진) 개인적 관계로 관리하는 이중적인 대표 체제가 작동한다. 가장 민감한 경제 분야(예를 들어, 에너지자원에 대한 통제)에서는 기업과 기업이 정치적 영향력을 위해서 경쟁을 하기 때문에 기업의 연합회가 형성될 여지가 거의 없다. 요점을 말하자면, 혼합체제는 일부 이익집단이 어느 정도 이익을 표출하도록 허용하지만, 이익집단은 자유민주주의 국가에서보다 훨씬 덜 중요하다는 점이다.

러시아는 재미있는 사례이다. 서구의 이익집단의 조직화에 있어서 핵심이라고 할 수 있는 공공과 민간 부문의 구분이 완전히 이루어지지 않았다. 특히 공산정권 붕괴 후 초기 수년간 무자비한 기업 경영자들, 부패한 공직자들, 조직폭력배들이 사실상 규제가 없는 무질서한 상황에서 거래를 하였다. 금융업자들은 정부 내의 꼭두각시들을 조종하였고, 정치는 제도적인 것이 아니고 사적인 것이 되었다. 이러한 환경에서 이해관계는 어디나 존재했지만 이익집단은 어디에도 없었다.

러시아 정치가 안정화되고 경제가 회복되면서 서구식의 기업 협회가 일부 생겨났으나 정치적 영향력은 아직 크지 않다. 일찍이 2001년에 페레구도프는 "러시아에는 기업 협회의 네트워크가 만들어졌으며 활동하고 있다"고 주장했다 (Peregudov, 2001: 268). 그는 이 네트워크가 정부에 대해 기업의 이익을 적절히 대표할 수 있다고 보았다. 그러나 이 네트워크는 푸틴(Vladimir Putin)이 대통령으로 재직하는 동안에 별다른 관심을 받지 못했다. 전략적 수준에서 그는 계속해서 자신의 기업가 친구들에게 보상을 제공하고, 종종 적들을 감옥에 보낸다. 최고위 수준의 관계는 여전히 제도가 아닌, 강력한 개인들로 구성된 집단들 사이의 관계이다.

우리는 러시아가 궁극적으로는 자유민주주의적 이익대표 체제를 형성할 것이라고 가정하지 말아야 한다. 분명히 다원주의는 러시아의 국가의제가 아니다. 에반스는 푸틴이 러시아 정치체제의 다원주의를 축소하려 하며, 시민사회가 자신이 이상으로 생각하는 버전의 러시아 건설에 전념하는 강력한 국가에 부속되기를 원한다고 보았다 (Evans, 2005: 112). 중국의 GONGO와 비슷하게, 러시아에서도 국가는 선호하는 집단과는 협력하고, 다른 집단은 무의미한 것으로 만들어버린다.

강한 민족주의적 색채를 띤 러시아 정부는, 불리한 국내적 상황 속에서 해외로부터의 지원에 의존하여 생존하는 (여성단체와 같은) 집단들에 대해 특히 비판적이다. 러시아에서 상당한 규모의 회원을 가진

공익촉진 단체는 거의 없으며, 대부분의 집단들은 교육이나 환경처럼 지역의 프로젝트를 중심으로 풀뿌리 수준에서 활동한다. 중국에서와 마찬가지로, 러시아의 강력한 국가와 취약한 시민사회는 계속해서 이익집단의 발전을 가로막고 있다.

토론주제

- 이익집단은 민주주의의 한 부분인가, 아니면 민주주의에 대한 위협인가?
- 특정 이익을 대표하는 집단들은 정치적 아이디어의 시장이 기능하는 것을 제약하는가?
- 그렇다 또는 아니다. 전문적 로비를 부정적으로 보는 대신, 우리는 그것이 효과적인 정치 커뮤니케이션에 기여함을 인정해야 한다.
- 소셜미디어의 부상은 이익집단의 조직이나 정치적 역할에 어떤 영향을 미칠 것으로 보는가?
- 당신의 나라에서 과거나 현재에 있었던 중요한 사회운동들을 찾아보라. 그들은 기득권 정치에 대한 도전이 되었는가?
- 조합주의는 민주주의와 권위주의의 환경에서 어떻게 다른가?

핵심 개념

공익촉진 집단(Promotional group)
다원주의(Pluralism)
로비(Lobbying)
밀도(Density)
사회운동(Social movement)
시민사회(Civil society)
싱크탱크/두뇌집단(Think-tank)

이슈네트워크(Issue network)
이익보호 집단(Protective group)
이익집단(Interest group)
정상조직(Peak association)
조합주의(Corporatism)
철의 삼각(Iron triangle)

추가 읽을 거리

Beyers, Jan, Rainer Eising, and William A. Maloney (eds) (2012) *Interest Group Politics in Europe: Lessons from EU Studies and Comparative Politics*. 유럽연합의 이익집단에 대한 분석.

Olson, Mancur (1965) *The Logic of Collective Action: Public Goods and the Theory of Groups*. 이익집단 형성에 대한 고전적인 연구. 일부 핵심 주장이 도전을 받아 왔지만 여전히 다원주의에 대한 그의 분석은 흥미가 있음.

Tarrow, Sidney G. (2011) *Power in Movement: Social Movements and Contentious Politics*, 3rd edn. 정치적 기회, 국가의 전략, 대중매체, 국제적 확산의 결과로 초래된 사회운동의 흥망에 초점.

Wilson, Graham K. (2003) *Business and Politics: A Comparative Introduction*, 3rd edn. 중요하지만 아직 많이 연구되지 않은 주제에 대한 명쾌한 비교 평가를 제시.

Yadav, Vineeta (2011) *Political Parties, Business Groups,*

and Corruption in Developing Countries. 개도국에서의 기업의 로비와 부패의 관계에 대한 연구.

Zetter, Lionel (2014) *Lobbying: The Art of Political Persuasion*, 3rd edn. 로비의 역학에 대한 국제적인 시각. 유럽, 미국, 아시아, 중동에 관한 챕터를 포함.

CHAPTER 19 공공정책

개관

공공정책은 이 책을 끝맺는 데 적절한 주제인데, 그 이유는 이 주제가 정치과정의 결과를 논하는 것이기 때문이다. 정부의 핵심적 목표는 사회가 필요로 하는 것들을 충족시키고 이해시키는 것이다. 이와 같이 필요한 것들을 충족시키기 위해서 정부가 선택하는 접근방식과 취하는(아니면 피하는) 행동들은 집단적으로 정부의 정책들을 구성하며, 이 책의 앞선 장들에서 분석한 정치적 과정들의 결과라 할 수 있다. 정치학이 정치라는 공장의 조직과 구조를 분석한다는 입장에서 보면, 정치분석은 정책이 형성되는 방법, 정책에 미치는 영향, 상이한 정책적 선택지의 결과들에 대해서 관찰을 하게 된다.

이 장은 정책과정의 세 가지 모델, 즉 합리적 모델, 점증적 모델, 쓰레기통 모델을 검토하면서 시작한다. 첫째 모델은 이상적인 기초를 제공하고, 둘째와 셋째 모델은 보다 현실을 반영한다. 다음으로 이 장은 실제로 복합적이고 때로는 혼란스러운 과정에 대해 일부 질서를 부여하기 위한 인위적 수단인 정책의 순환을 살펴본다. 발의, 형성, 집행, 평가, 검토 등 과정의 각 단계들이 경험하는 문제들은 왜 그렇게 많은 공공정책들이 목표들을 달성하지 못하는지에 대한 통찰력을 우리에게 제공한다. 그리고 이 장은 정책분산과 정책집중에 관련된 현상들을 살펴보고, 권위주의 체제들에서 정책결정의 역동성을 검토하면서 끝을 맺는다. 권력정치에 보다 많은 집중을 하게 되면 정책과정은 자체적으로 독특한 역동성을 가진다.

차례
- 공공정책: 개요   414
- 정책과정의 모델들   415
- 정책의 순환   419
- 정책의 확산과 수렴   428
- 권위주의 국가에서의 공공정책   431

핵심논제

- 공공정책에 대한 연구는 정치학을 연구하는 데 필요한 독특한 관점을 제공한다. 공공정책 연구는 정부가 하는 일에 대한 제도적 틀 보다는 정부가 무엇을 하는지에 보다 많은 초점을 맞춘다.
- 정책분석의 기본은 정부가 하는 것의 질과 효율성에 대한 관심을 갖는 것이다. 정책분석은 "어떻게", "왜" 보다는 "얼마나 잘?"에 대해서 질문을 한다.
- 정책결정을 정확한 목표를 가진 합리적인 과정으로 상상하는 위험이 항상 존재하고 있다. 점증적 모델과 쓰레기통 모델은 현실주의를 풍부하게 반영하고 있다. 정책은 정치에 내재되어 있다는 점을 항상 기억하는 것이 좋다. 이는 정책에 대한 발표가 실제로 활동하지 않는 것을 덮어줄 수도 있다는 점을 의미한다.
- 정책과정을 발의로부터 평가까지 구성 단계별로 분류하면 정책들을 분석하고 비교할 수 있다. 후반 단계들인 집행과 평가는 정책분석에 필수적인 상이한 관점들을 제공한다.
- 정책의 분산과 집중에 대한 연구는 다양한 국가들에서 어떻게 정책들이 유사한 방향으로 진화되는가를 설명하는데 도움을 준다.
- 권위주의 체제들의 정책은 정치에 대해서 부차적인 역할을 수행하고, 권력을 오랫동안 유지하기 위한 욕구는 부패, 불확실성, 불황을 초래한다.

공공정책: 개요

공공정책(Public policy)은 정부의 목표들과 행위들을 나타내는 집합적 개념이다. 이 개념은 결정이나 일단의 결정들 이상의 것이며, 선출된 관료들이 자신들의 조직이 필요로 하는 것을 위하여 채택하는 접근법, 그리고 그들이 공공문제들과 필요한 것들을 해결기 위하여 취하는(또는 취하지 않는) 행위들을 묘사한다. 그들의 선택들은 그들이 직면한 우선순위, 그들의 정치적 이데올로기, 경제적이고 정치적인 환경, 그들의 가용한 예산 등을 포함하는 다양한 요인들의 영향을 받는다. 정책들은 목적들(즉, 기후변화를 방지하기 위한 목적들)과 수단들(즉, 이산화탄소 배출을 줄이기 위하여 재생 에너지로 전환시키는 것)로 구성된다.

> **공공정책(Public policy)**: 사회가 필요로 하는 것들을 충족시키기 위해 정부에 의해 선택된 입장들과 취해진(또는 취해지지 않은) 행위들이다.

선거에서 정당들과 후보들이 선거운동을 할 때 그들은 자신들이 해결해야 할 이슈들에 대한 쇼핑 리스트를 지니게 되고, 그들이 선택하는 입장들은 정책이 될 것이다. 그들이 선출되거나 임명되었을 때에 그들은 통상적으로 이 정책들을 지속적으로 추구하게 되며, 이는 대중에 대한 성명, 정부 프로그램, 법, 그리고 행위의 형식으로 표현된다. 만약 정책이 이러한 공표된 목적들로 제한된다면, 이해하고 측정하는 것이 비교적 쉬울 수 있다. 그러나 정부와 거버넌스는 비공식적인 행위들, 기회주의, 정치적이고 대중적인 이익의 흐름, 그리고 그들이 스스로를 대표하는 요구와 문제들에 대한 단순한 대응에 의하여 영향을 받기도 한다.

선출된 이후 정치지도자들은 자신의 우선순위와 선호하는 대응들이 상황에 따라서 변화한다는 점을 종종 발견하게 된다. 그들은 보다 급한 다른 문제들 때문에 시각을 바꿔야 하거나, 자신들의 제안들에 대한 적절한 정치적 지지와 예산이 부족한 점을 발견하게 되거나, 예상했던 것보다 집행이 어렵다는 점을 인식하게 된다. 정책과정을 이해하는 데 있어서, 정치적 고려에 의해서 추진되는 과정에 대한 합리성 부여를 피하는 것이 중요하다. 정책들은 모순적일 수 있고, 쇼윈도의 장식일 수 있으며 (어떠한 것을 하고 있는 것처럼 보이려는 시도일 수 있으나, 목표가 달성될 것이라는 현실적인 기대가 없이 행해진다), 정책적 선언들은 이미 선언되었던 것을 반대방향으로 돌리기 위한 은폐전략일 수도 있다.

어떠한 과정을 거치든, 그리고 궁극적인 결과가 무엇이든, 정부의 행위들은(행위를 안하는 것도) 그 정부의 정책들이라고 이해된다. 이러한 정책들은 정부와 지도자의 질을 결정하고, 문제들을 해결하고 완화시키는 정책들의 기록들은 정부들과 지도자들을 평가하는 참고사항이 되며, 그들이 중임할 수 있을지의 여부를 결정하는 핵심적 요인이 될 수도 있다.

정책분석(policy analysis)의 특별 과제는 정부가 무엇을 하는지, 어떻게 하는지, 그리고 얼마나 차별성을 보이는지를 이해하는 것이다 (Dye, 2012). 따라서 정책의 과정에 미치는 영향보다는 공공정책의 내용, 도구, 효과, 평가에 초점이 맞추어진다. 이 강조는 하류와 상류로 구분되는데, 하류는 집행과 결과이고 상류는 정책의 제도적 원천이다. 분석가들은 공공정책의 질과 효율성의 개선에 관심을 갖고 있기 때문에 분석의 주제는 실용적인 측면에 치중하게 된다. 정책분석가들은 정책이 작동될지의 여부와 그 이유를 알고 싶어 하며, 그 밖의 방법으로 목표들이 추구될 수 있는지에 대해서도 알고 싶어 한다.

> **정책분석(Policy analysis)**: 공공정책의 내용과 영향에 대한 체계적인 연구이다.

정책과정의 모델들

정책이 결정되는 방법을 분석함에 있어, 학자들은 세 가지 모델을 발전시켜 왔다. 그것은 사이먼(Herbert Simon, 1983)과 연관된 합리적(rational) 모델, 린드블롬(Charles Lindblom, 1959; 1979)이 개발한 점증적(incremental) 모델 (Lindblom, 1979), 그리고 코헨(Cohen et al., 1972) 등이 이름을 붙인 쓰레기통(garbage-can) 모델이다. 이 설명들은 정책분석 전통의 중요한 부분을 구성하고 있으며, 앞의 두 가지 모델은 제1장에서 논의한 정치의 견해들을 반영한다. 이러한 관점들을 평가하고, 정책분석을 일반적인 시각으로 관찰함에 있어서, 정책이 어떻게 만들어져야 하는지에 대한 설명과 정책이 실제로 어떻게 만들어졌는지에 대한 묘사의 차이를 구분하는 것이 중요하다. 표 19.1에서 각 모델들을 통하여 순차적으로 이동하는 것은 전자(정책이 어떻게 만들어져야 하는지)로부터 후자(정책이 어떻게 만들어졌는지)로의 전환이다.

- 합리적 모델은 그 결정의 결과가 실제로 발생할 것이라는 가정을 하지 않은 채, 합리적인 정책결정을 하는 데 포함되는 것들을 설명하기 위하여 노력한다.
- 점증적 모델은 정책을 잘못 정의되거나 혹은 심지어 모순된 목표를 가진 행위자들 사이의 타협으로 본다. 이 모델은 정치가 어떻게 전개되어야 하는지(즉, 상이한 이익들이 평화적으로 타협하는)에 대한 설명, 또는 정책이 어떻게 만들어져야 하는지에 대한 묘사로 인식된다.
- 쓰레기통 모델은 많은 조직들 내에 존재하는 정책결정과정의 많은 제한사항들을 강조하며, 무엇이 되어야 하는가보다 무엇이냐에만 시각을 맞춘다.

경험상 우리는 이 모델들이 완전한 경쟁을 한다는 점보다는 이들의 상이한 기능들을 인식해야 한다.

합리적 모델

당신이 교육부장관이고 당신의 핵심적 정책목표가 학생들의 실력을 향상시키는 것이라고 가정해보자. 만약 당신이 **합리적 모델(rational model)**을 선택한다면, 당신은 우선 실력수준에 대한 완전하고 정확한

표 19.1 정책결정의 세 가지 모델

	목표와 수단	최고정책결과	분석	지침
합리적 모델	수단이 고려되기 전에 목표가 설정됨	정책들은 명시적 목표를 달성할 것임	포괄적: 모든 선택지의 모든 영향이 언급됨	이론
점증적 모델	목표와 수단이 함께 고려됨	모든 주요 행위자들은 정책들에 대한 합의를 할 것임	선택적: 분석대상은 최선의 정책이 아니라 수용 가능한 정책임	유사한 문제들과의 비교
쓰레기통 모델	조직이 취한 행위를 통하여 목표가 발견되고 별도로 지정되지 않음	언젠가 일부 문제들은 부분적으로 해결될 것임	분석이 거의 이루어지지 않음: 조직은 결정을 하지 않고 활동함	시행착오와 더불어 최근의 경험에 대한 기억

데이터를 갖고 있다는 확신을 해야 하고, 목표를 수립한 후(예를 들어, 5년 이내에 대학을 가는 학생들의 숫자를 10퍼센트 증가시키는 것) 이 목표를 달성하는 가장 효율적인 수단을 고려하고 나열해야 한다. 당신은 중고등학교 교육을 향상시키고 대학의 규모와 숫자를 증대시키고 불우한 환경 출신의 학생들에 대한 지원을 강화하며 대학 직원들의 숫자를 늘리는 동시에 이러한 접근법들의 조화를 이루도록 노력할 것이다. 당신의 접근법은 효율성에 초점이 맞추어지고, 정책결정자들이 자신들의 모든 가치들의 서열을 정하고, 특별한 대안들을 개발하고, 각 가치에 따라 선택된 각 대안의 결과를 확인하며, 가장 최선의 가치들을 달성할 수 있는 대안을 선택하도록 요구될 것이다.

> **합리적 모델(Rational model)**: 특정 목표들을 달성하는 가장 효율적인 수단에 대한 방법론을 모색하는 정책결정수립을 위한 접근법이다.

물론 이는 완전히 비현실적인 이상이다. 왜냐하면 합리적 모델은 정책결정자들로 하여금 예측할 수 없는 것을 예측하고 측정할 수 없는 것을 측정하도록 요구하기 때문이다. 따라서 합리적 모델은 실질적인 지침보다는 이론적인 기준을 제공한다. 그렇다 하더라도, **비용-편익분석(CBA: cost-benefit analysis)**과 같은 기술이 합리적 모델을 이행하기 위한 시도로 발전되어 왔으며, 그 분석방법의 결과는 적어도 정책결정자들로 하여금 정치적 관점에 의한 영향을 받지 않도록 해준다(Boardman et al., 2000).

> **비용-편익분석(Cost-benefit analysis)**: 가용한 대안들의 상대적인 비용과 혜택에 대한 체계적인 검토를 기초로 하여 결정을 하는 노력이다.

각각의 가능한 결정에 관련된 비용과 편익을 분석하는 것은 특히 적은 수의 선택지 중에 하나를 선택하고자 하는 경우에 유리하다. 특히 CBA는 내재되어 있는 가정들을 표면으로 꺼내고, CBA를 하지 않았으면 정치적 영향력을 결여했을 그러한 이익집단들에게 편익을 줄 수 있다. 신공항 활주로로부터 국가경제가 획득하는 편익은 지역의 반대에 대해 정치인들이 보이는 과잉반응을 무시하고 이를 채택하는 요인이 된다. 이에 덧붙여서, CBA는 어떠한 보다 특별한 시도 없이 관심을 불러일으키는 상징적인 정책 결정을 저지한다. 또한 CBA는 정책결정자들로 하여금 비용이 편익을 초과하는 정책에 대한 책임을 지게 함으로써 정책결정을 투명하게 하는 데 기여한다.

그러한 이유들로, CBA는 미국에서 상당한 경제적 효과를 가지는 것으로 생각되는 모든 규제 제안에 공식적으로 적용되고 있다. 또한 CBA는 영국의 위해성 기초 규제(risk-based regulation)를 발전시키는 데 있어서 역할을 담당하고 있는데, 많은 규제자들은 같은 규칙을 모두에게 기계적으로 적용시키기보다는 주요 위험에 대하여 초점을 맞추려는 노력을 한다. CBA의 기본 원칙은 위험을 가장 줄일 수 있는 곳에 지출을 해야 한다는 것이다 (Hutter, 2005).

그러나 CBA와 그것이 기반하고 있는 정책형성의 합리적 모델은 약점도 가지고 있다. CBA는 공정함과 삶의 질 같은 연성 요소는 경시한다. CBA는 비용과 편익의 총량적 분배는 계산하지만, 사회집단들 전체에 대한 분배는 무시한다. 또한 CBA는 번거롭고 비용이 많이 들며 많은 시간을 필요로 한다. CBA는 실제로 편익을 달성할 수 있을 것이라는 가능성에 대한 평가를 포함하지 않는다. 무엇이 비용을 구성하고 무엇이 편익을 구성하는지에 대한 합의가 이루어지지 않는 경우가 종종 있다.

예를 들어, 공기오염 문제에 대한 생각을 해 보자. 우리는 이 문제가 존재한다는 것을 알고, 우리는 이 문제의 원인을 알고 있으며, 우리는 이 문제를 해결하고 방지하는 방법에 대한 좋은 아이디어를 갖고 있으며, 우리는 이 문제가 인간의 삶에 잠재적으로 어떠한 영향을 미치는지도 잘 알고 있다. 공기오염이 건강문제의 원인이 되고 수명을 단축시킨다는 점은 의문의 여지가 없다. 그러나 공기오염은 사람들마다 다르게 영향을 미치는데, 그 이유는 어떤 사람들은 다른 사람들보다 오염된 환경에서 잘 살고 기능할 수 있는 능력을 보유하고 있기 때문이다. 오염과 병이나 죽음과의 정확한 관계는 때로는 불분명하고, 심각한 수준의 오염에 의해 받는 영향을 줄이기 위해서는 얼마의 보건비용을 지출해야 하는지 불확실하며, 인간의 생활에 대해서, 특히 수명을 연장시키는데 대해서 높은 가치를 부여하는 것은 쉬운 일이 아니다 (Guess and Farnham, 2011: ch. 7). 오염방지를 위한 정책을 추진하게 되면 경제발전의 상대적인 비용과 편익의 측면에서 어떠한 결과가 나올지를 계산해 내는 것도 쉬운 일이 아니다. 이러한 어려움들의 결과, 실질적인 정치세계에 있어서, CBA의 결과가 광범위하고 불분명하지만 보다 중요한 고려사항들에 의하여 무효화될 수 있다.

점증적 모델

합리적 모델은 목표와 함께 시작되지만, **점증적 모델(incremental model)**은 이익과 함께 시작된다. 교육의 성과를 향상시키는 사례를 다시 살펴 보자. 교육부장관은 교육을 점차적으로 발전시키기 위해서 교사조합, 대학행정부서, 교육연구자 등 다양한 이해집단과 협의를 한다. 모든 이해관계자들이 수용할 수 있는 합의 주제는 여분의 자원을 어떻게 배분해야 하는가의 문제가 될 것이다. 장기적인 목표는 측정되지나 심지어 구체화될 수 없을지도 모르지만, 모두에게 수용 가능한 정책은 대실패는 아닐 것이라고 가정할 것이다. 그러한 접근법은 혁명이 아닌 진화에 의한 정책결정이다. '점증'은 글자 그대로 현존하는 질서에 있어 작은 변화이다. 점증형 모델은 제6장에서 논의된 경로 의존성(path dependence)의 아이디어와 연관되어 있다 (과정의 결과는 정책을 특정한 경로로 이끄는 이전의 결정에 달려 있다).

> **점증적 모델(Incremental model)**: 정책적 진화를 그 정책과 관련된 이익들과의 협상 이후에 이루어지는 작은 변화의 형식으로 생각하는 정책결정과 관련된 접근법이다.

점증적 모델은 린드블롬에 의해 합리적 모델에 대한 대응의 일부로 개발되었다 (Lindblom, 1979). 정책결정 과정을 모든 선택지들을 통한 체계적인 저인망 또는 단일의 포괄적 계획에 대한 집중으로 보는 것이 아니라, 린드블롬은 정책이 일련의 작은 조정에 의하여 기존의 방향으로 지속적으로 재생산되는 것이며, '그럭저럭 해내기(muddling through)'의 과학으로 표현되는 과정이라고 주장하였다. 중요한 것은 관여된 사람들이 목표가 아니라 정책에 동의하는 것이다. 목표가 다르다 하더라도 특정 정책에 따르겠다는 기대감으로 합의가 이루어질 수 있다. 따라서 정책은 이해가 있는 집단들과의 협상에 앞서서 결정되는 것이 아니라 그들로부터 발생하는 것이다.

이 접근법은 큰 목표를 성취하도록 인도하지는 않지만, 한 번에 한 단계씩 밟아 나감으로써 적어도 엄청난 실수를 피할 수 있게 한다. 그러나 이 모델은 전략적 행위에 의해서만 상황이 치유될 수 있을 때에는 한계를 드러내기도 한다. 린드블롬(Lindblom, 1979; 1990) 자신이 인정하였다시피, 점증적 정책형성은 미래의 어려운 문제들을 피하기 위한 것이기보다는 현재의 문제들을 다루는 것이다. 이는 정치적으로 안전하지만 과감하지 못하다. 개선을 할 수 있지만 혁신적이지는 않다. 그러나 예를 들어, 생태파괴의 위험은 분명하게 우리가 환경에 대한 장기적이고 누적된 영향을 고려하지 않았기 때문에 등장하였다. 같은 이유들로 인해서 점증주의는 발전을 통해서 스스로의 전환을 모색하는 낮은 수입의 국가들보다는 높은 수입의 자유민주주의 국가들에 더 잘 어울린다.

쓰레기통 모델

이 모델을 이해하기 위해서 우리는 과거의 사례로 되돌아 갈 필요가 있다. **쓰레기통 모델**(garbage-can model)은 교육수준을 향상시키기 위한 정책결정을 어떻게 해석할 것인가? 그 대답은 이 모델이 그러한 분명한 목적의 중요성에 대하여 의문을 갖고 있다는 것이다. 정부의 교육관련 부서 내에서 분리된 과와 개인들은, 시간이 갈수록 다양하게 조직되는 관련 위원회들을 통하여 상호 영향을 주면서 각자의 일상적인 업무를 보고 있다는 것이 쓰레기통 모델의 관점이다. 대학의 행정부서들은 별로 변화가 없는 교육성과를 유지하는 데에만 관심을 가질 것이고, 해결책은 조직의 외부에서 찾게 될 것인데, 그 방식은 국민들이 온라인 교육을 받거나 재정지원을 늘리는 것이다. 그러나 그 해결책이 문제를 해결하는 데 적당한 것인지, 그리고 정말 해결할 수 있는 방법인지의 여부는 큰 의미가 없는데, 이는 쓰레기통에서 무작위로 채집되는 쓰레기와 같이 예측하기 어렵고 가변적인 것이다 (Cohen et al., 1972).

> **쓰레기통 모델**(Garbage-can model): 정책결정의 부분적이고 유동적이고 비조직적인 특징을 강조하여 정책결정을 이해할 수 있도록 하는 접근방식이다.

따라서 쓰레기통 모델은 의사결정에 대한 불안정한 이미지를 제공한다. 합리적 모델과 점증적 모델은 처방을 제공하는 반면, 쓰레기통 모델은 편견을 가진 현실주의의 관점을 표현한다. 코헨 등(Cohen et al.)이 묘사한 바와 같이, 쓰레기통 모델은 '문제들을 해결하기 위한 선택들의 집합이고, 결정을 하기 위한 이슈들과 감정들이며, 이슈들에 대한 답을 제공하기 위한 해결책들이며, 의사결정자들의 작업'이다. 정책결정은 불완전하고, 불안정하고, 무질서하고, 무정부적이며, 불충분한 것으로 보인다. 조직들은 분명한 선호도를 갖고 있다기보다는 아이디어들의 느슨한 집합체로 인식된다. 그들이 선호하는 것을 위하여 행동하는 것이 아니라 그들의 행동이 선호도를 나타내 준다. 문제들은 전혀 외부로 나타나지 않기 때문에, 문제들이 해결되기 위해서는 줄을 서서 차례가 되기를 기다려야 한다. 취해지는 행위는 정책 목표를 추구하기 보다는 특정 분야에서의 임기응변적 대응의 필요에 따라 이루어진다. 일부 문제들은 일정한 시기에 부분적으로 제기되는 경우도 있다. 조직 전체는 제한된 합리성만 보여 주고, 우리가 사실을 확인할 때까지 선의의 의지는 거의 나타나지 않는다 (Bendor et al., 2001).

이 모델은 받아들이기가 어려운데, 이는 우리가 정책과정에 합리성이 부여되기를 얼마나 갈구하는지를 보여 준다. 대학과 같이 크고 분산된 공공의 조직들은 아마도 가장 좋은 사례일 것이다. 대개의 대학 캠퍼스에서 정책결정은 대체로 독립적으로 활동하는 위원회들에 의하여 이루어진다. 에너지절감 집단은 어떠한 수단으로 목표를 달성할지 모를 것이며, 창의적인 도구로 가득 차 있는 기계공학과는 녹색위원회가 존재하는지도 모를 것이다. 표준위원회는 입학기준을 상향조정하려 할 것이며, 평등기회위원회는 소외집단을 위하여 입학기준을 낮추려 할 것이다. 단일 집단 내에서도 그 위상은 어떠한 부류의 사람들이 참석하느냐에 따라 달라진다.

물론 정부는 규모가 크고 분산화된 실체의 고전적인 사례이다. 정부는 단일한 조직이 아니고, 여러 부처와 기관들로 구성되어 있다. 정부의 어느 부서도 전체적인 관점을 종합적으로 다루지 않고 각 부서들이 상이한 관점의 문제들을 다룬다. 어느 부서는 오염을 줄이는 책임을 맡는가 하면, 다른 부서는 오염의 원인이 되는 공장에의 투자를 유치하려는 노력을 한다. 우리는 쓰레기통 모델을 연구하면서 "정부의 정책은 … "으로 시작되는 성명들에 대해서 왜 회의감을 가질 수밖에 없는지 알 수 있게 된다.

분명히 쓰레기통 모델은 실질적인 정책결정이 엄격한 합리성과는 동떨어져서 이루어진다고 주장한다. 소수의 핵심 이슈에 대해서도 정부 전체가 결속된 대응을 할 수 있는 강력하고 지속적인 리더십을 필요로 한다. 많은 대통령과 수상들은 합동정부를 옹호하지만 쓰레기통을 극복하는 데에 성공하는 지도자들은 몇 안된다. 때때로 정책이 합의된 이후에 합리성이라는 페인트로 광택 내는 덧칠을 한다.

정책의 순환

공공정책을 생각하는 방식 중의 하나는 단계별로 순환되는 것으로 보는 것이다. 이는 정치적 현실과는 어울리지 않는 배열을 그림으로 질서있게 그리는 것과 같은 위험이 있으나, 매우 복잡한 현상에 일부 질서를 부여한다는 긍정적인 측면도 있다. 순환을 개괄적으로 표현하는 다양한 방식들이 있는데, 그 중의 하나는 발의, 형성, 집행, 평가, 검토의 순환 방식이다 (도표 19.1). 물론 이 분류는 연대순이라기보다는 분석적이며, 이는 현실 세계에서 이들이 종종 서로 겹칠 수 있음을 뜻한다. 따라서 우리는 정치현실을 예민하게 지켜봐야 하고 복합적인 현실에 논리적인

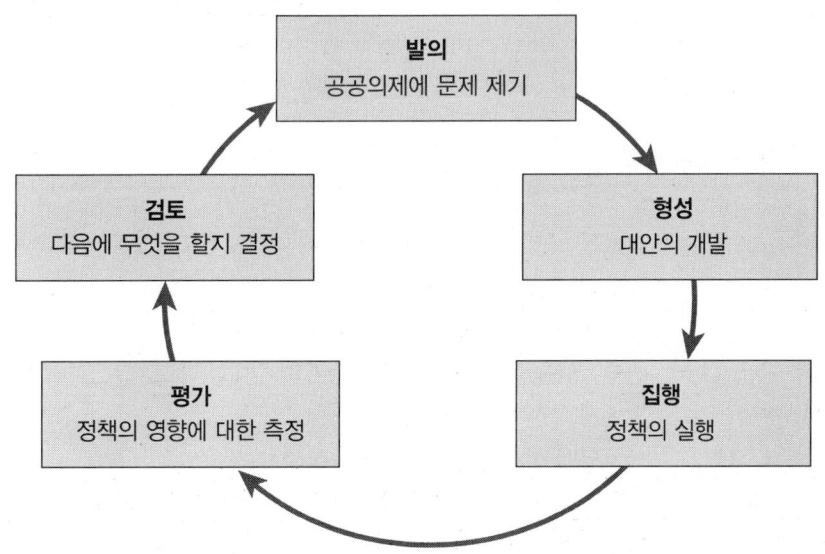

도표 19.1 정책과정의 단계

초점 19.1 | 정책도구

정책들이 어떻게 만들어지는가에 대한 이해와 더불어 정부에게 가용한 도구들을 이해하는 것도 중요하다. 요컨대, 정부는 정확하게 무엇을 통치하는가? 이에 대한 대답은 우리에게 거버넌스의 복잡성에 대한 통찰력을 제공해 준다.

예를 들어, 입법부가 복지수당의 법적권리를 수립하고, 지방정부들이 예산을 자격자에게 지출하도록 하는 것이 전부인 것처럼 보일 수도 있다. 그러나 실제로 입법과 직접 제공은 많은 정책도구들 중에 두 가지에 불과하며, 이들이 가장 공통적인 것은 아니다. 담배 소비를 줄이기 위한 노력의 사례를 생각해 보자 (표 19.2). 정책도구들은 채찍(제재), 당근(보상), 설교(정보와 설득)를 들 수 있다 (Vedung, 1998). 채찍은 흡연의 금지와 제한 등 전통적인 명령과 통제 기능을 포함한다. 당근은 니코틴 대체 제품 사용에 대해 보조금을 지급하는 재정적 동기부여를 포함한다. 설교는 관심을 기울이도록 하는 기관들을 지원하여 홍보 캠페인을 벌이도록 하는 것을 포함한다. 표에 있는 리스트들은 모두 포괄되어 있는 것은 아니다. 오스본과 개블러는 30개의 상이한 정책들을 제시했다 (Osborne and Gaebler, 1992).

이러한 전통적인 도구들에 더하여 시장기반도구(MBIs)는 정책도구 리스트에 흥미로운 추가요소로 등장했다. 예를 들어, 환경정책에서 공해배출권과 경매와 같은 프로그램들의 사용이 점차 증가하고 있다. 탄소배출의 제한량을 정해 놓고, 이 제한량에 미달되는 배출을 하는 국가 또는 기업들은 배출 제한량을 초과하는 국가들에게 배출하는 '권리'를 팔도록 한다. 이러한 방식을 통하여, 배출을 줄이게 되면 재정적 이득을 보게 되고 제한을 초과하는 배출을 하게 되면 벌금을 내는 효과를 가지게 된다. 이론적으로 시장기반도구는 규제와 시장 사이의 대립을 해결한다. 시장기반도구는 실제로는 불완전한 경우도 있지만 새로운 시장을 형성하게 하여 규제를 하도록 한다 (Huber et al., 1998).

다양한 도구들이 주어진 상황에서 정책결정자들은 어떻게 그들 중에 하나를 선택할까? 현실적으로 도구선택은 과거의 관습, 국가정책 스타일, 가시성(행해질 것으로 보이는 것)과 같은 정치적 요인들의 영향을 강하게 받는다. 또한 정책결정자들은 효과성, 효율성, 공정성, 적합성, 단순성과 같은 문제들에 대한 검토를 할 수도 있다. 대부분의 정책들은 도구들을 조합하여 사용하기 때문에 전체적인 구성에 대한 이해를 해야 한다. 도구들은 반작용을 일으켜서는 안되고, 행위에 대한 직접적인 규제 이전에 정보 캠페인 같은 순서가 이루어지도록 해야 한다 (Salamon, 2002).

표 19.2 정책도구들: 담배의 사례

	유형	내용
명령과 통제	입법	보건부로 하여금 적극적 흡연을 제한하는 조치를 취하도록 승인
	규제	식당에서 흡연금지
서비스	공공	금연을 위한 공중보건클리닉에 대한 재정지원
	민간	금연모임을 운영하기 위한 민간기관에 대한 재정지원
재정	징세	담배제조회사에 대한 세금부과
	보조금	니코틴대체상품 구입자에 대한 보조금 지급
옹호	정보	흡연이 건강에 미치는 악영향에 대한 공공 캠페인 시작
	설득	국민 개인이 금연을 실시하도록 공공 캠페인 시작
	시민사회	금연단체 조직 및 재정지원

순서를 부여하는 것은 피해야 한다. 그럼에도 불구하고 이 단계들의 검토는 정책분석의 특정 관점을 탐구하는 방식을 제공할 것인데, 여기에는 정책이 합의된 이후에 무엇이 발생하는가에 대한 관심을 포함한다.

발의와 형성

정책들이 어떠한 지점으로부터 시작되는 것은 분명한데, 그 시작점을 식별하는 것은 쉽지 않다. 우리가 말할 수 있는 것은 자유민주주의에서 많은 의제들이 아래로부터 제기되고 관료들에 의해서 즉각적인 관심을 필요로 하는 이슈의 형태로 전달된다는 점이다. 이러한 요구들은 이전 정책들의 예상치 않은 결과에 따라 수정해야 할 필요를 포함하며, 이는 정책적 관점이 그 자체의 동기를 가지게 된다는 점을 의미한다(Wildavsky, 1979: 62). 예를 들어, 고속도로가 개통되면 교통체증, 사고와 공해에 대한 파급효과에 대처하기 위한 추가적인 행동을 필요로 하게 된다.

법적인 결정들과 마찬가지로 공공정책은 시간이 지남에 따라 자연스럽게 강력해지는 경향이 있다. 업무량은 늘어나고 정부의 규제를 폐지하는 것과 같은 철회(withdrawal) 사례는 통상적인 것이 아니다. 이에 덧붙여서 연간예산과 같은 많은 정치적 사업들은 정례적으로 발생하기 때문에 일정 시기에 관심을 갖게 되는 것이다. 따라서 정책결정자들은 일상적인 사업에 항상 직면하게 되고, 대체로 그들은 자체적으로 추동되는 의제에 대한 대응을 한다.

광범위한 성격의 측면에서 미국과 유럽(그리고 다른 정당 주도국)의 자유민주주의 국가들에서 일부 차이가 나타난다. 미국정치와 같은 다원적 세계에서 제안의 성공은 새로운 정부 구성을 위한 선거에 의하여 창출된 기회와 같은 정책창(policy window)의 개방에 달려 있다. 이러한 정책창은 급진적인 변화를 기피하는 체제 내에서 혁신의 가능성을 창출한다. 킹던(Kingdon, 2010)은 **정책홍행가(policy entrepreneurs)**들이 기회를 포착하는 데 도움을 준다고 주장한다. 서핑(파도타기)을 하는 사람들처럼 정책발의자들은 정치엘리트들에게 문제의 규모뿐만 아니라 해결을 위한 정책의 시의적절성까지 확신을 시켜줌으로써 큰 파도를 타야 한다.

> **정책홍행가(Policy entrepreneurs):** 이슈에 대한 개요를 제시하고, 어떻게 논의할지 틀을 짜고, 과거의 아이디어를 적용시키는 새로운 방식을 개발함으로써 새로운 정책 또는 정책 아이디어를 발전시키는 사람이다.

이러한 관점에서 이익단체 지도자들은 자신들이 선호하는 정책들을 보다 더 확대된 담론에 연결시킴으로써 성공을 거둔다. 고래를 보호하면, 당신은 옳고 그르건 간에 당신이 환경에 관심을 가졌다는 평을 받게 될 것이다. 기술훈련을 위한 제안을 발전시키면, 당신은 경제적 경쟁력의 큰 문제를 해결하려고 노력하는 것으로 보이게 될 것이다. 그러나 정책적 개방은 곧 폐쇄될 것이다. 정치적 논쟁과 대중의 분위기가 변함에 따라서 특정 이슈에 대한 관심의 주기는 짧게 된다. 보다 구조화되어 있고 정당에 기반한 유럽의 민주주의에서 정책홍행가와 정책개방과 같은 개념들은 별다른 감응을 가져다 주지 못한다. 여기서 정치적 사안은 비록 불완전하지만 보다 확고한 통제를 받게 되고, 정당정강과 연정합의는 정부가 추진해야 할 보다 명확한 의제를 제기한다.

통상적으로 정책을 형성하는 사람들은 좁은 범위의 선택지들 안에서 작업을 하고, 그들은 현재의 광범위한 여론과 그 분야의 이전 정책들에 부합하는 해결책을 추구한다. 예를 들어, 의료정책에 대한 미국의 태도를 다른 산업화된 세계의 태도와 비교해 보자. 미국에서 보건정책의 개혁(오바마 대통령이 달성한 개혁 포함)은 개인부담에 대한 미국인들의 선호를 존중하는 차원에서 추진되었다. 이러한 개혁정책은 노동조합, 의료단체, 건강보험업계, 보수정치가들의 반대에 직면하게 되었다. 이에 반하여 다른 주요 민주주의 국가들에서 공공보건 케어가 활성화되어 있는데, 이는 공적 부담(예를 들어, 영국의 국가보건서비스[Natioal Health Service]) 또는 집단적 건강보험 계획을 통하여 이루어지고 있다. 보편적인 점은 정책형성이 이전의 결정에 경로 의존적으로 구속된다는 점이다.

집행

정책이 결정된 후에는 집행되어야 한다. 물론 이것은 당연한 주장이지만, 많은 전통적인 정치학 연구는 정책집행에서 야기되는 무수한 어려움을 무시하고 정부가 결정에 다다른 지점에서 멈춘다. 아마도 정책분석의 주요 업적은 이러한 집행의 문제점에 대해 직접 주목하도록 만든 것일 수도 있다. 집행이 '단순한 행정'이라고 한 우드로 윌슨(Woodrow Wilson)의 말과 같이 간단히 넘어갈 수 있는 것이 아니다 (Wilson, 1887). 정책은 그것이 추진될 때 정책인 것이다.

집행 관련 이슈를 모른 척하는 것은 정치적으로 편리할지 모른다. 때때로 정치적 의무는 단지 정책을 보유하는 것일 수도 있다. 그 정책이 작동하느냐의 여부는 요점에서 벗어나기도 한다. 특히 연합정부들은 무엇을 할 것인가에 대한 정당들 사이의 공들인 합의를 바탕으로 한다. 이 경전은 그 계율이 비싸고 비효율적이며 구식이라 하더라도 준수되어야 한다.

그러나 정책의 집행 실패를 그냥 방치하는 데에는 정치적 위험이 따른다. 예를 들어, 1980년대 후반에 광우병이 소에서 사람에게까지 퍼지는 것을 막지 못했던 영국 정부의 경험은 집행 실패의 고전적인 사례이다. 정부의 위원회들은 도살된 소에서 전염성 물질을 제거하도록 도살장에 지시했지만, 처음에 이러한 규제들이 세심하게 실행되고 있는지 확인할 어떤 특별 조치도 취하지 않았다. 도살장이 지시를 지키지 않은 결과로 병균이 사람의 식품 사슬로 지속적으로 들어갔으며, 이로 인해 2012년까지 170명이 사망했다 (Ncjdrsu, 2012). 이에 따라 당시 정부의 위상은 큰 타격을 받았다.

우리는 집행의 철학을 두 가지로 구분할 수 있는데, 그것들은 하향식 접근과 상향식 접근이다. **하향식(top-down)** 접근은 집행에 대한 전통적인 견해를 대표한다. 이 제한된 관점 내에서 제기된 질문은 관료정치의 고전적인 문제였다. 즉, 규칙을 준수하지 않는 공무원들에 대한 정치적 지도를 확보하는 방법이었다. 장관들은 자주 바뀌며, 그들이 이미 자체적인 프로젝트를 추진하고 있는 부서들의 충성을 확보하는 것이 어렵다는 점을 발견하게 된다. 상부로부터 지시가 없다면 양질의 정책들은 기존의 절차에 정통한 하급관리들에 의하여 탈취될 것이고, 이에 따라 새로운 정책 추진의 효과가 약화될 것이다 (Hogwood and Gunn, 1984).

> **하향식 접근법(Top-down implementation):** 정책실행은 정책결정자에 의해 구체화된 산출과 결과를 도출하도록 보장하는 것이며, 이것을 정책집행의 임무로 여긴다.

이 하향식 접근은 통제와 복종에 과도하게 초점을 맞춘다. 이 접근의 기원이 되는 정책결정의 합리적 모델과 같이, 하향식 접근은 비현실적이고 심지어는 비생산적이다. 따라서 하향식과 대조되는 **상향식**

(bottom-up) 접근이 등장하였는데, 이 접근은 정책결정자들이 정책을 집행하는 사람들을 통제하기보다는 관계를 맺어 이끌도록 노력해야 한다는 점으로부터 시작된다. 힐과 후프(Hill and Hupe, 2002)와 같이 이 접근법에 대하여 연구하는 학자들은 다음과 같은 질문을 던진다. 정책이 형성된 이후에 상황이 바뀌면 어떻게 해야 하는가? 그리고 정책 자체가 불완전하게 설계되었다면 어떻게 해야 하는가? 결국 많은 입법이 불확실한 정보에 기초하고 내용도 매우 일반적인 것이 된다. 때때로 정책의 문구 자체가 별 내용이 없기 때문에 정책 문구만이라도 따라가기 어려울 때가 있다.

> **상향식 접근법(Bottom-up implementation)**: 정책을 집행하는 사람들이 지역과 변화하는 환경에 적응하도록 장려되어야 한다고 판단한다.

현재 많은 정책분석가들은 정책을 집행하는 사람들이 격려와 자원뿐만 아니라 유연성을 가지면 목표들은 더 만족스럽게 달성될 것이라고 주장한다. 조직이 다수의 목표를 달성하기 위하여 하나의 특정한 대상을 설정하는 것은 불균형적 결과만을 도출할 수 있다. 측정한대로만 얻게 되는 것이다.

더욱이 길거리 수준 ─ 정책이 전달되는 지점 ─ 에서, 정책은 지방관료들과 이 정책의 영향을 받는 집단 간의 상호작용으로부터 발생한다. 이러한 최종 지점에서 목표는 종종 현지 상황에 맞춤으로써 가장 잘 달성될 수 있다. 예를 들어, 교육, 의료, 치안 정책들은 교외지역과 도심지역 사이에 확실히 차이가 있다. 만약 단일한 국가정책이 수정되지 않은 채로 남겨진다면, 그 운명은 중국 속담에 나오는 것과 같이 이웃 뱀에 맞수가 되지 못하는 거대한 용의 운명이 될 것이다.

게다가 지역 집행자들만이 정책들이 어떻게 상호작용하고 있는지에 대하여 완전히 알고 있을 것이다. 그들은 두 개의 정책이 상호 모순된 목표를 추구할 때 무언가가 양보되어야 한다는 것을 알게 될 것이다. 그들은 정책집행에 관련된 영리추구와 자원봉사 분야의 점증하는 기관들이 포함된 지역의 중요한 행위자들을 알 것이다. 정책집행은 그 분야에서 활동하는 조직들 간의 관계를 구축하는 문제이고, 기본적인 매뉴얼에는 나와 있지 않은 기술이다. 제11장에서 인용된 바와 같이, 모든 정치는 지역적이라는 아이디어는 정책실행에 매우 잘 적용된다.

따라서 상향식 접근법은 집행을 다른 수단에 의한 정책결정으로 간주하는 정책결정의 점증적 견해를 반영한다. 이 접근법은 정책과정에 관계된 많은 이해관계자들에 중점을 두는 동시에, 현 시대가 거버넌스를 중요하게 여긴다는 점을 보여준다. 여기서 파생되는 도전은 지방 연합체들이 정책에 반기를 드는 음모를 형성하는 것이 아니라 정책을 위하여 활동을 하도록 보장하는 것이다.

평가

정책분석이 정책집행의 중요성에 대한 인식을 제고시킨 것처럼 평가에 대한 우리의 초점도 예리하게 만들어 주었다. 정책평가 작업은 정책이 그 목표를 달성했는지, 그렇다면 얼마나 효율적이고 효과적으로 이루었는지의 여부를 철저히 논하는 것이다.

공공정책들, 그리고 그 정책들을 집행하기 위하여 만들어진 기구들은 민간영역에서 사용되는 수익성이라는 명확한 척도를 결여하고 있다. 만약 전쟁이 없고 따라서 승리와 패배의 기록이 없다면 어떻게 국방부를 평가할 수 있을까? 해결한 범죄가 가장 많은 경찰과 해결해야 할 범죄가 별로 없는 경찰 중 어느 쪽이 더 성공적이라 할 수 있는가?

실패할 가능성이 있는 정책을 집행 도중에 성공하는 정책으로 전환시키면서 목표가 다르게 변경되는 경우가 종종 있기 때문에 평가는 더 복잡하게 된다. 케틀이 사용한 문구인 '목표의 모호함'은 정책결정자들의 의도가 종종 평가를 위한 빈약한 척도가 된다는 것을 뜻한다 (Kettl, 2011: 287). 유럽경제를 빠르게 성장시키려고 유럽연합이 시도한 사례를 살펴 보자. 2000년에 리스본전략을 시작했는데, 그 목표는 EU를 "10년 이내에 세계에서 가장 역동적이고 경쟁력 있는 지식기반경제로 만드는 것"이었다. 그러나 얼마 지나지 않아서 회원국들은 필요한 변화(규제를 줄이고 시장을 개방하는 것)를 이룩하는 데 실패했다는 점을 확인했고, 리스본전략은 유럽2020 전략으로 전환되었으며, 목적을 수정하는 동시에 목표년도를 10년 늘렸다.

평가의 문제는 종종 정부에 의해서 무시된다. 스웨덴이 전형적인 예이다. 전후시기에 계속 집권한 사회민주당 정부는 팽창하는 관료주의에 의해 제공되는 서비스의 효율성과 효과를 평가할 필요성은 생각하지도 않은 채 보편적 복지국가를 건설하는 데 집중했다. 프랑스와 독일, 그리고 기타 유럽의 대륙국가들에서 관료의 임무는 법적인 틀에서 해석되고, 이에 따라 정책을 평가하는 이슈는 거의 드러나지 않는데, 이는 시민들에게 장기간에 걸쳐 손해를 입힌다.

그러나 정부는 정책에 대한 평가 없이 경험에 의한 교훈을 배울 수 없다. 미국에서 카터(Jimmy Carter, 1977~1981년) 대통령은 어떠한 사업이라도 이에 할당된 재원 중 적어도 1퍼센트는 평가에 할당되어야 한다고 강력히 주장했다. 그는 정책이 성취한 것에 보다 많은 초점을 맞추기를 원했다. 1990년대에 들어서면서 평가가 다시 전면으로 부각되기 시작하였다. 예를 들어, 1997년에 선출된 영국의 노동당 정부는 증거에 기반을 둔 정책에 대한 새로운 실용주의적 관심을 주장했다. 중요한 것은 효과가 있는지의 여부였다. 몇몇 다른 민주주의 국가에서도, 공무원들은 자신들이 추진하는 정책이 그 목표를 달성하고 있는지 여부와 어느 정도의 비용이 들어가는지에 대해 처음으로 생각하기 시작했다.

평가연구는 **정책산출**(policy outputs)과 **정책결과**(policy outcomes) 사이를 구분한다. 산출은 활동의 정량적 척도를 가지고 쉽게 측정할 수 있는데, 그 척도는 방문, 여행, 처리, 조사 등을 포함한다. 산출이 목표로 전환되는 위험이 있다. 무엇을 달성하였는가보다 무엇을 하였는가에 초점이 맞춰질 수가 있다는 것이다. 따라서 산출보다 실질적인 결과가 평가의 보다 중요한 요소가 되어야 한다. 결과는 측정하는 것보다 정의하는 것이 더 쉽다는 것이 문제다. 결과는 변화에 대하여 극도로 저항적이고, 이에 따라 단위당 효과의 비용은 매우 높으며 획득하는 것은 단지 일시적일 경우가 있다. 더욱이 결과는 자신들의 실적을 최고 수준으로 나타내고 싶어하는 기관들에 의해 조작될 수 있다. 그들은 우선추진, 삭제, 재분류를 포함한 다양한 일탈적 수단을 보유하고 있다 (표 19.3 참조).

> **정책산출**(Policy outputs): 상대적으로 쉽게 식별이 되고 측정이 가능한 정부의 행위이다.
>
> **정책결과**(Policy outcomes): 정부가 달성하는 것으로 확인하고 측정하기가 보다 어렵다.

사회프로그램의 경우 우선추진 과정 때문에 영향력이 희석되는 경우가 있다. 예를 들어, 중독치료센터는 마약을 극복할 가능성이 가장 큰 중독자들을 가

표 19.3 정책결과 조작

	정의	고용 서비스를 활용한 사례
우선추진	가장 쉬운 고객에게 가장 큰 도움 제공	고용이 가장 가능하면서 실업중인 고객에 초점을 맞춤
삭제	어려운 사례들을 계속 미루거나 제거	정신질환을 갖고 있는 실업자들을 상대하지 않거나 리스트에서 제거
재분류	범주를 변경	실업자들을 취업불가능자 또는 장애인으로 분류하여 노동시장에서 제거

출처: Rein (2006)에서 인용

장 쉬운 대상으로 간주할 것이다. 이 센터는 별로 차별적인 노력을 기울이지 않고도 성공한 사례로 기록되기를 원할 것이다. 그동안 가장 어려운 사례는 별로 관심사항이 되지 않는다. 통상적으로 규제를 받는 기업들은 규제자들보다 상위의 위상을 유지하려 하듯이, 공공기관들도 자기들의 정책영역에서 특별한 지식을 사용하여 결과를 유리한 방향으로 이끌려고 한다.

이러한 사회현실의 경직성 때문에 '인간 삶의 질에 있어서 결함'을 치료하려는 시도가 완전한 성공을 거둘 수는 없다. 오히려 그들은 때때로 완전한 실패가 될 수도 있다 (Rossi et al., 2003: 6). 만약 정책결과에 대한 윤리의 기대가 보다 현실적이면, 우리는 제한적인 결과에 대하여 덜 실망할지도 모른다. 이에 따라 왜 자신들의 프로그램을 평가하는 기관들이 종종 제한된 결과보다 명백한 산출을 표현하는 것을 선호하는지 우리는 이해할 수 있다.

하향식 모델에 따른 정책집행이 비현실적인 것과 같이, 특정 목적에 따라 정책 효율성을 판단하는 것은 평가에 대한 받아들이기 어려운 과학적 접근이다. 따라서 평가에 대한 보다 상향식의 점증적 접근이 등장하게 되었다. 이 접근법의 목표는 보다 적절한 것이다. 이 관점에 따르면, 평가는 산출에 기초한 통계의 공세보다 질적 분석을 하면서, 정책에 의해 영향을 받는 모든 이해관계자들의 의견을 반영해야 한다는 것이다. 파슨즈는 이 접근을 다음과 같이 묘사하였다 (Parsons, 1995: 567). "평가는 기금제공자, 집행자, 수혜자를 포함한 모든 사업 이해관계자들의 광범위하고 완전한 협동에 근거하여 이루어져야 한다."

이러한 평가에서 서로 다른 이익집단들의 다양한 목적이 환영받는다. 그 목적들은 정책의 객관적이고 면밀한 조사에 대한 장애물이라 하여 폐기되지는 않는다. 의도하지 않은 효과가 보고서에 기록될 수 있고, 그들이 원래의 목표달성과 관련이 없다고 해서 배제되지 않는다. 이것이야말로 보다 실용적이고 다원적이고 점증적인 접근이다. 이해관계자들이 판단기준에 대해서는 합의할 수 없더라도 정책의 성공에는 합의할 수도 있기 때문이다. 상향식 평가의 목적은 프로젝트의 성공에 대한 불확실한 판단을 하는 것이 아니라 단순히 프로젝트로부터 배우는 것이 될 수도 있다.

그러나 그러한 평가들은 조작, 비난, 주장의 게임이 될 수 있다. 모든 곳에 정치가 개입되어 가장 힘이 있는 이해당사자가 가장 유리한 평가를 획득하게 된다. 프로젝트에 대한 평가가 지속적인 재정지원을 신청하는 자료로 전락하는 것을 방지하기 위하여, 평가

국가개요

스웨덴

간략 소개: 스웨덴은 민주주의, 정치안정, 경제발전, 교육, 사회평등에 초점을 맞춘 국제성적표에서 상위등급을 차지하고 있다. 이러한 점에서 스웨덴은 이 책에서 소개하고 있는 국가들 중에 가장 성공한 국가들 중의 하나다. 1917년 이래 사회민주당이 의회에서 과반수를 점하고 있으며, 전통적으로 스웨덴에는 계층 이외에 다른 심각한 내부분열이 존재하지 않고 있다. 그러나 최근 들어 이민자들과 망명자들이 유입됨에 따라 인구비율 6명 중에 1명이 해외출생자들(특히 시리아)이며, 이에 따라 통합의 문제가 대두되고 있다. 그렇지만 스웨덴은 수입의 동등한 분배와 결합되어 높은 수준의 생활이 유지되고 있으며, 다른 스칸디나비아 국가들과 마찬가지로 풍요로움과 제한된 불평등이 조화를 이루고 있다. 스웨덴은 국제사회에서 중립을 유지하고 있으며, NATO에는 가입을 하지 않고 있지만 1995년에 유럽연합에 가입했다.

정부형태 ➡ 단원제 의회. 입헌군주국. 국가형성 시기는 논쟁이 있으나, 가장 오래된 헌법은 1810년에 제정.

입법부 ➡ 단원제 의회(Riksdag, '국가회의[meeting of the realm]')는 349명의 의원으로 구성되어 있으며 의원은 중임이 가능하다.

행정부 ➡ 의원내각제. 행정부의 장은 수상이며, 과반수 정당 또는 정당연합의 수장으로 내각과 더불어 국가를 통치한다. 국가의 원수는 군주이다.

사법부 ➡ 헌법은 4개의 주요 법으로 구성되어 있는데, 그들은 정부구성법, 왕위계승법, 언론자유법과 표현자유에 대한 기본법이다. 전통적으로 대법원은 제한을 받는다 (대법관의 정년은 67세이며 16명으로 유지된다).

선거제도 ➡ 의회(Riksdag) 의원은 정당명부식 비례대표제에 의하여 선출되며, 비례성을 높이기 위하여 비례대표 선출제도의 상위 추가 층을 만들어 활용하고 있다. 각 정당이 의석을 가지기 위한 최소조건은 전국 투표수의 4퍼센트를 획득하는 것이다.

정당 ➡ 다당제이다. 역사적으로 사회민주당이 주축정당이 되어 왔고, 좌파정당(The Left Party) 및 녹색당(The Green)과 더불어 좌파의 위상을 공유해 왔다. 그러나 최근 들어 중도-우익연합(중도당, 기독교민주당, 자유당을 포함한 온건 보수 세력이 이끄는)이 입지를 강화하고 있다.

> ### 스웨덴의 공공정책
>
> 스웨덴의 정책결정은 "개방적이고 합리적이고 협의적이고 특별히 신중하다"고 묘사되고 있다 (Anton, 1969: 94). 나중에 리처드슨 등(Richardson et al. 1982)은 스웨덴의 정책 스타일을 선구적이며 협의추구형이라고 규정했다. 이 두 가지 해석이 오늘날의 스웨덴을 어떻게 나타내고 있을까?
>
> 비교적인 관점에서 이 둘은 기본적으로 옳다. 단원제 의회를 바탕으로 한 주권을 보유한 소규모의 단일국가이면서도 스웨덴은 권력집중을 피하면서 문화적이고 제도적으로 확립된 정교한 협상민주주의를 발전시키고 있다.
>
> 스웨덴의 독특한 정책과정을 유지시키는 요인은 중앙정부에 있는 12개 부처의 소규모 집단화와 정책적 집중이며, 이 정부부처들에 5,000명 이내의 공무원이 근무하고 있다. 그들의 핵심 임무는 '정책결정의 기초로 사용될 배경자료를 제공하고 국내외 문제에 적절하게 대응할 수 있도록 정부를 지원하는 것'이다 (Regeringskansliet, 2009). 대부분의 기술적인 이슈들, 그리고 복지국가가 확대됨으로써 제공되는 서비스 등은 300개 이상의 공공기관들이나 지방정부에 하청으로 내보낸다. 이러한 임무의 분할은 공공기관들 사이의 포괄적인 협력을 필요로 하고 높은 수준의 투명성과 신뢰에 의하여 유지된다.
>
> 조사위원회(committee of enquiry, commission으로도 불림)는 정책결정을 위한 핵심기구이다. 전통적으로 정부는 하나의 주제에 대하여 연구하고 권고안을 제출하도록 위원회를 구성한다. 통상적으로 위원회는 위원장과 자문위원들을 임명하지만 의회의 야당의원들을 포함할 수도 있다. 일부 조사는 한 개인이 수행하기도 한다. 조사위원회는 관련되는 이익집단 및 정당들과 협의하고, 권고안들이 논의되고 발간되며, 관련 부처는 보고서를 검토하고, 필요하다고 판단되면 정부의 법안이 작성된다 (입법안은 제시된 논평의 요약과 함께 제시된다). 그리고 그 입법안은 의회에서 토의되고, 법령집에 기록되기 전에 수정되기도 한다. 이와 같이 절차는 매우 느리지만, 매우 합리적(정보가 수집되고 분석되는 것)이고, 점증적(제안을 반대하는 세력에게 자신들의 관심사를 제시할 수 있는 충분한 기회를 준다는 점)이다.
>
> 확대된 심의는 정책을 무미건조하게 하고, 정책형성에 강한 강조를 하게 되면 정책이행의 희생을 초래할 수도 있는 단점이 있지만, 이 스타일은 스웨덴의 독특한 방식이다. 이는 다른 자유민주주의 국가들의 덜 정교한 정책결정 스타일과 비교할 수 있는 유용한 척도를 제공한다.

연구에는 항상 외부인들이 포함되어야 한다.

검토

일단 정책이 평가되면, 혹은 그렇지 않다 하더라도, 그 정책을 지속하거나, 수정하거나 혹은 종료하는 등 세 가지 가능성이 존재한다. 대부분의 정책들, 혹은 적어도 그와 연관된 기능들은 작은 부분의 수정을 거쳐 지속된다. 일단 정부의 역할이 확립되면, 이는 지속되는 경향이 있다. 그 이유는 하나의 업무가 둘 또는 그 이상의 기관으로 분리되기 때문이거나 이전에는 분리되었던 기능들이 하나의 기구로 결합되기 때문이다 (Bauer et al., 2012). 따라서 임시적인 정부조직도 영구적이라는 관찰은 잘못된 것으로 보인다.

그러나 기관이 놀라울 정도로 흔하게 폐쇄된다고 하더라도, 흥미로운 문제가 남는다. 정책 종료는 왜 그와 같이 흔하게 발생하지 않는가? 왜 정부들은 전체적으로 오래된 기능을 버리기보다 새로운 기능을 받아들이는 것을 좋아하는 것으로 보이는가? 바다흐는 정책 종료의 어려움에 대한 다섯 가지 이유를 다음과 같이 제시한다 (Bardach, 1976).

- 정책은 미래의 이득에 대한 기대를 창출하면서 오랫동안 존속하도록 만들어진다.
- 정책 종료는 심각한 갈등을 야기한다.
- 어느 누구도 그 정책이 좋지 않은 생각이었다는 것을 인정하기를 원하지 않는다.
- 정책 종료는 다른 프로그램과 이익에 영향을 끼칠지 모른다.
- 정치는 말끔한 살림살이보다는 혁신에 보상을 해준다.

정책의 확산과 수렴

도로에 속도제한이 없고 안전벨트 착용 규정이 없고 식품에 영양가 표기가 없고 담배광고 제한이 없고 정당후보에 대한 성별 할당제가 없고 정당에 대한 국가의 보조금이 없던 시절이 있었다. 그러나 지금은 이러한 것들이 있다. 많은 민주주의 국가들은 이들 및 다른 분야에서 광범위하게 유사한 정책들을 거의 비슷한 시기에 도입하고 있다. 그러면 이들이 어떻게 해서 비슷하게 이 방향으로 나아가게 되었을까? 이는 **정책확산(policy diffusion)** (Dolowitz and Marsh, 1996; Rose, 2005)과 **정책수렴(policy convergence)**의 조합으로 대답할 수 있다. 정책확산은 한 국가로부터 다른 국가로 퍼져 나가는 정책프로그램의 현상을 나타내며, 심각한 경쟁보다는 정책전환과 정책학습과 같이 관련된 개념들에 중점을 둔다. 정책수렴은 국가들 사이에 보다 유사한 정책을 추진하는 경향에 초점을 맞추며, 상이한 국가들이 공동의 문제들(예를 들어, 인구고령화)에 대해서 유사한 방식(예를 들어, 은퇴연령의 연장)의 해결을 모색할 경우 정책확산이 없이도 발생하는 현상이다. 확산과 수렴은 공공정책 분석에 있어서 비교적 관점을 유용하게 설명한다.

> **정책확산(Policy diffusion)**: 정책 프로그램이 국가들 사이에 퍼져 나가는 추세다.
>
> **정책수렴(Policy convergence)**: 상이한 국가들에서 유사한 정책들이 수립되는 추세다.

정책확산이 국내정책에 대한 국제적 영향의 사례로 관심을 끌고 있지만, 외부로부터 이루어지는 혁신을 두고 경쟁하는 국가들의 사례는 별로 많지 않다. 이론적으로 전세계가 혁신을 위한 정책을 시험하는 실험실이 될 수가 있다. 현실에서 대개의 정책결정은 아직도 국가의 틀 내에서 이루어지고 있다. 그러면 명백한 경쟁이 없이 정책수렴이 발생하는 데 대해서 우리는 어떻게 설명할 수 있는가? 다시 말해서, 왜 민주주의 국가들은 해외로부터의 학습도 없이 광범위하게 유사한 정책들을 같은 시기에 채택을 하게 되는 것일까?

로저스(Rogers, 2003)가 유용한 출발점을 제공했는데, 그의 분석은 몇 명의 혁신가들과 조기적응자(early adopters)들, 대다수 일반인들(적응시기에 따라 두 개의 집단으로 분리), 일부 늦게 적응하는 사람들 사이의 차이를 구분했고, 비적응자들은 제외했다 (도표 19.2 참조). 국가 사이의 정책확산을 염두에 두고 분석된 것은 아니지만, 이 분석은 우리들이 특정 정책의 확산을 해석하게 하고 왜 일부 국가들은 특정한 경우 또는 일반적으로 혁신적으로 되는지 질문을 던지게 한다. 혁신은 고소득 국가들에서 가장 빈번하게 발생하는데, 특히 (a) 갑작스럽게 징후가

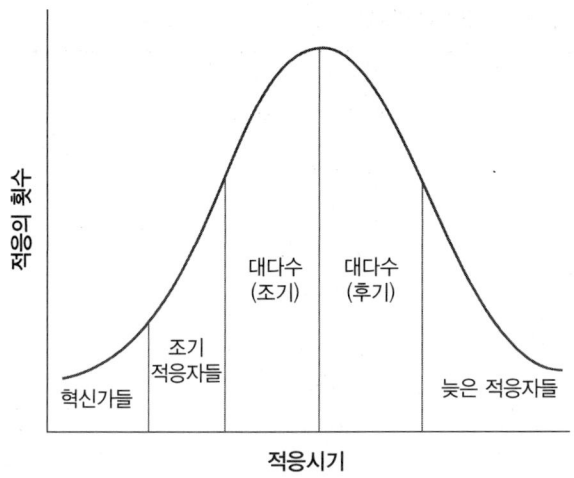

도표 19.2 혁신의 확산

출처: Rogers (1962)에서 인용

나타나는 특정 문제, (b) 새로운 정책에 투입될 자원들, (c) 승인하고 공급할 거버넌스 능력을 가진 국가들에서 나타난다. 신선한 아이디어가 있고 성과를 내려는 새로운 정부는 효과적인 기폭제이다.

닐과 토선(Knill and Tosun, 2012: 275)은 정책수렴을 고무하는 일련의 요인들을 식별했다 (표 19.4). 이들 중에서 '독립적 문제해결'이 보다 중요한 것들 중의 하나다. 국가들이 현대화되면서 정책적 대응을 필요로 하는 유사한 문제들을 발전시킨다. 예를 들어, 발전의 초기 단계에서 도시의 위생문제, 부적절한 교육, 사회안전정책의 필요성의 이슈들이 의제에 포함된다. 발전의 후기 단계에서 발생하는 문제들도 있다. 그 사례로는 비만의 확산, 고령자 케어에 소요되는 사회비용의 증가 등이 있다. 이러한 문제들에 대한 국내적인 대응은 통상적으로 확산보다는 유사성을 가진 정책결정이 이루어진다. 한 국가의 대응이 다른 지역의 정책적 혁신으로부터 영향을 받는다 하더라도 각국은 나름대로 정책화할 필요가 있는 국내적인 문제들을 안고 있다.

정책수렴은 과거에 확대된 다양한 '국제협정'들의 결과일 수 있다. 핵원자로의 설계부터 죄수의 인권문제까지 모든 이슈들을 다루는 국제협정들은 각국의 정부들이 합의한 것들이고 정부간 기구들에 의해 감시를 받고 있다. 이러한 협정들에 서명하는 것은 자발적이고 그 내용은 강대국들에 의해 형성(기준에 적

표 19.4 정책수렴을 위한 제도적 장치

	효과	사례
독립적 문제해결	국가들이 발전하면서 유사한 문제들이 등장하고 유사한 정책으로 귀결되는 경우가 있음	산업화 과정에서 규제가 미흡하면 공기와 수질의 오염이 발생함.
국제협정	국가들이 국제법, 규칙, 기준을 준수하려 할 때 국가정책들은 수렴됨	세계무역기구는 가입국들에게 공통된 규칙을 부과함
국제경쟁	경제적 또는 정치적 이익을 가져다 주는 정책들은 다른 나라에서 복제될 것임	국가 소유 기업들의 민영화는 선진국 전체에 확산되고, 뉴질랜드와 영국이 혁신국들에 속함
정책학습	실질적인 이득이 발생하지 않더라도 분명한 학습교과가 나타남	다른 국가들의 사례를 볼 때 사형이 범죄발생율에 크게 영향을 미치지 않기 때문에 사형제도를 폐지함
강압과 조건제시	한 국가가 다른 국가에 정책적 요구를 하는데, 그 사례로는 원조에 대한 대가 제시가 있음	그리스의 외채위기 시 금융지원의 대가로 2010년 그리스의 개혁을 요구

출처: Knill and Tosun (2012: table 11.5)에서 인용

용되는 주체들이 아니라 기준을 만드는 주체들)되지만, 국제규범은 정책수렴을 고무하는 강력한 요인이 되고 있다.

공식적인 국제법규를 뛰어 넘어서 '국제경쟁'은 성공적인 정책들을 만드는 데 압력의 요인이 된다. 국제기구에 의해 작성된 순위표의 제공 확대는 작성자가 선호하는 방향으로 정부를 유도하는 효과를 가질 수 있는 기준을 제공한다. 그들 중의 하나는 세계은행기업활동지수(World Bank's Doing Business Index)인데, 이 지수는 국가들의 창업, 재산등록, 전력 수급 안정성과 같은 범주에 기초하여 국가들의 순위를 매긴다. 표 19.5는 2014년도 상위 10개국과 더불어 이 책에서 다룬 다른 국가들의 서열을 기록하고 있으며, 최하위는 에리트레아(Eritrea)이다.

예를 들어, 해외직접투자자를 위한 경쟁에 있어서 어떤 정부가 세계은행 발표 지수의 하위권에 위치하기를 원하겠는가? 그런데 해외직접투자자를 유치하는 방법은 다양하다. 어떤 국가는 노동력의 질(순위 상승 요인)을 강조하고, 또 다른 국가는 낮은 노동임금(순위 하락 요인)을 강조한다. 경쟁은 유사한 압력을 가하지만 동일한 정책을 탄생시키지는 않는다. 경쟁은 수렴을 발생시키기보다는 자연적인 이점을 활용하게 됨에 따라 분열적인 상황을 조장한다.

정책수렴을 발생시키는 네 번째 제도적 장치는 직접적인 '정책학습'이다. 정부들은 대안들의 완벽한 리스트에서 정책을 선택하는 것이 아니라 국가내부의 토론과 과거 결정의 맥락에서 정책을 결정한다. 따라서 전체적인 복제보다는 약간 수정하여 정책을 형성한다. 그리고 아래와 같은 세 가지 조건들이 적용된다.

- 국내적 의제가 문제를 해결할 수 없을 것으로 보

표 19.5 기업활동지수

	국가
1	싱가포르
2	뉴질랜드
3	홍콩*
4	덴마크
5	한국
6	노르웨이
7	미국
8	영국
9	핀란드
10	호주
14	독일
16	캐나다
29	일본
31	프랑스
39	멕시코
43	남아공
62	러시아
90	중국
112	이집트
120	브라질
130	이란
142	인도
170	나이지리아
189	에리트레아

* 홍콩은 독립국가가 아니라 중국의 특별행정구역이지만 이러한 순위표에 등장하는 경우가 가끔 있다.

출처: Doing Business (2015). 2014년의 수치이다.

일 때에만 외국의 모델들이 심각하게 고려되는 경향이 있다. 그 경우에도 글로벌 차원에서 탐색하지 않고, 오랫동안 우호적인 관계를 맺어 온 유사국 또는 이웃국가의 경우에 초점이 맞춰진다.
- 정책들 자체가 확산의 과정에 놓이는 경우가 많다.

정책들은 그대로 이동되기보다는 해석되어 적용된다. 어떠한 정부가 외국의 사례들을 인용한다 하더라도, 이는 국내정치적 이유로 채택하는 정책을 정당화하기 위한 것일 수도 있다. 일반적으로 정부들은 개인들보다 학습하기가 어렵다는 점을 발견하게 된다.

- 학습효과는 부정적일수도 있고 긍정적일 수도 있는데, 그 이유는 피하려는 모델들이 보다 명확하게 보이기 때문이다. 1820년대 독일의 초인플레이션과 1990년대와 2000년대 일본의 잃어버린 20년은 선진세계의 경제정책결정에 영향을 미치는 경고를 했으며, 거대한 국가산업을 통해 의료 케어를 제공하는 영국의 국가보건서비스를 모방하려는 국가도 거의 없다.

닐과 토선(Knill and Tosun)은 자신들의 리스트에 이를 포함하지 않았지만, '강압'과 한 국가가 다른 국가에 부과하는 조건들은 정책수렴에 있어서 중요한 요소이다. 극단적인 사례에 있어서 전쟁에서 승리한 국가는 패배한 국가들에 대하여 자국의 비전을 강요하는 경우가 있는데, 예를 들어, 제2차 세계대전 이후 승전국들은 독일과 일본에 민주주의의 건설을 강요했다. 보다 보편적으로 경제적 취약성은 약한 국가들로 하여금 보다 강력한 국가들과 국제기구에 양보를 하는 이외의 다른 선택을 할 수 없게 한다. 예를 들어, 개도국들이 서양 은행에 많은 부채를 지게 된 이후 1990년대에 원조를 위한 조건의 실행이 국제정치에서 중요한 과제가 되었다. 이와 유사하게 2010년에 국제통화기금(IMF)을 비롯한 국제채권기구들은 그리스의 심각한 부채를 줄여주는 대신 대대적인 개혁을 하도록 요구했다. 정책형성의 수단으로 강압을 사용하는 데 따른 어려움은 개혁의 실질적인 수행이 결핍되어 결국은 장기적으로 실패로 돌아갈 가능성이 높다는 점이다.

한 가지 결론은 우리가 정책들보다는 아이디어들을 확산하는 차원에서 생각을 해야 한다는 것이다. 정책들은 국가의 범주 내에서 이루어지는 것이지만, 특히 강한 국가에서 아이디어들은 경계가 없다. 광범위한 의제들(우리가 정책을 필요로 하는 것)과 틀(이 분야에 대해서 생각하는 방식)은 초국가적이고 국제기구에서의 논의에 의하여 다듬는 경우가 가끔 있다. 아이디어들은 국가의 정책결정자들이 그 영향력을 알든 모르든 국가정책이 수립되는 분위기를 제공한다. 일반적인 정치와 마찬가지로 공공정책에 있어서, 아이디어들의 영향은 사례에 기초한 것 이상의 분석을 하기는 어렵더라도 그 아이디어들은 중요한 것이다.

권위주의 국가에서의 공공정책

많은 비민주주의 체제들에서 정책과정의 중심 명제는 정치에 대한 정책의 종속이다. 때때로 선출되지 않은 통치자들의 핵심 임무는 국내정치세력을 서로 충돌하게 하여 어부지리를 얻는 것인데, 이는 자신의 통치기간을 지속하려는 목적에서 추구된다. 자신이 장기간 통치를 할 수 있을지 불확실한 권위주의 통치자들은 자신들이 국가의 자원을 통제할 수 있는 동안 자신, 자신의 가족, 자신의 종종이 부유해질 수 있도록 노력한다. 정치적 생존과 개인적인 부의 축적이라는 임무는 질서 있는 정책발전에는 거의 도움이 되지 않는다. 허쉬버그는 다음과 같이 언급하였다(Hershberg, 2006: 151).

성공하기 위해서 정책들은 집행을 책임지고 있는 기구와 개인들의 능력을 반영해야 하는데, 그 능력은 전문성, 자원, 권위를 포함한다. 그 능력은 정책을 결정하고 상이한 이익을 조화하기 위하여 예측 가능하고, 투명하고, 효율적인 절차가 요구되는 환경에서의 효과적인 실천력으로 나타날 가능성이 있다.

그러나 '예측 가능하고, 투명하고 효율적인 절차'는 권위주의 국가들이 제공할 수 없는 것들이다. 불투명한 후견만이 주요 정치통화(political currency)이다. 정치적 부채를 생성하고 이로부터 이득을 취하는 오래된 게임은 명료한 절차에 반하는 방향으로 작동된다. 그 결과는 기존의 게임의 규칙을 선호하는 보수적인 방향으로 나아가게 되는 것인데, 이는 정책에 대한 무관심과 국가발전에 대한 관심 결여를 의미한다. 체이전 등(Chazan, et al., 1999: 171)이 아프리카에 대하여 언급하였다시피, "가부장적 규칙은 보수화되는 경향이 있다. 기존의 질서를 옹호하고 변화를 거의 모색하지 않는다. 보수적인 규칙은 통제를 유지하기 위하여 모든 에너지를 쏟아 붓는다."

이에 더하여, 통치자들은 결속된 정책을 추진할 능력도 부족할 수도 있다. 전반적으로 권위주의 지도자들은 자유민주주의 지도자들보다 교육이 부족한 편이다. 특히 이 약점은 지도자들이 공식적 교육을 받지 못하였고 관리능력이 없는 군사정권에서 더욱 흔하게 나타난다. 군장성들은 공공정책 결정을 향상시키겠다는 진솔한 마음으로 정권을 잡지만, 좋은 거버넌스를 위해서는 자신들이 보유하지 못한 통치술을 필요로 한다는 점을 발견하게 된다.

따라서 정책적 무기력은 권위주의 통치에서 자주 나타나는 현상이다. 많은 대규모 비민주주의 국가에서 나타나는 경기침체 현상은 통치자들이 자신들 수입의 주요 원천으로서 석유 또는 희귀자원과 같은 자연자원에 대한 통제권을 활용하여 **지대추구(rent-seeking)**를 하는 경우 더욱 강화된다. 예를 들어, 정부관료들은 뇌물을 받고 기업에 허가를 내주고 시민들에게 신분증을 제공함으로써 양측 모두에게 이익이 되는 것 같이 보이지만, 경제와 사회에 숨겨진 세금을 부과하는 것과 마찬가지가 된다. 이러한 상황에서 정부는 세금을 징수하기 위하여 사회에 침투할 필요가 없고, 경제를 팽창시킬 필요가 없고, 인적자본의 개발을 위하여 노력할 필요도 없다. 이 사회에서는 통치자와 피통치자 사이에 불신감이 생기고, 이에 따라 많은 자유민주주의 국가에서 발견되는 복잡한 정책발의와는 동떨어진 분위기가 조성된다. 국가 차원의 효율적인 사회정책이 없는 상황에서 빈곤, 복지, 의료 문제는 지역 차원에서나 이루어지고 있다.

> **지대추구(rent-seeking)**: 실질적인 부가가치를 고려하지 않고 희귀자원을 판매하여 수입을 추구하는 것이다.

권위주의 국가에서 자발적인 조직들과 이익단체들로 구성되는 광범위한 네트워크의 부재는 효율적인 정책결정과 이행에 필요한 국가와 사회 사이의 긴밀한 협력을 방해한다. 여기서의 장애가 되는 제도적 장치는 피통치자뿐만 아니라 통치자들 사이에도 우려가 되고 있다. 사이치(Saich, 2015: 199)는 중국 정당 엘리트들이 갖게 되는 불안을 다음과 같이 표현했다.

> 비록 공공담론(public discourse)이 정당국가에 의하여 만들어진 법전과 어구에서 자유롭게 벗어나고 있지만, 시민사회를 형성하는 어떠한 일관된 대안적 비전도 나타나기 힘들다는 점이 분명해졌다. 정당의 관점에서 볼 때, 표현의 자유를 허용하도록 개방하는 것에 달려들려고 그림자 뒤에 숨어서 기다리는 것은 신앙 부흥운동, 종교, 언어적 분열, 지역과 비한(漢)족 충성 등이다.

초점 19.2 자원의 저주

다수의 권위주의 국가들에서 정책을 왜곡하는 특별한 문제는 소위 말하는 **자원의 저주(resource curse)**이다 (Auty, 1993; Collier and Bannon, 2003). 이 문제는 국가가 경제발전에 기초가 될 수 있는 특별히 풍부한 자원을 보유하고 있지만, 경제발전이 기대한 만큼 이루어지지 않아서 경제와 정치의 균형이 변화할 때 발생한다. 나이지리아, 앙골라, 적도 기니, 콩고공화국, 가봉, 차드, 수단 등 사하라 이남의 아프리카 국가들에게 있어서 석유자원이 이러한 문제의 근원이다. 구리 또는 우라늄과 같은 쉽게 활용이 가능한 광물, 또는 다이아몬드와 같은 고가의 보석도 자원의 저주의 원인이 되고 있다. '저주'의 정책적 요인은 아래와 같은 4가지 주요 요소로부터 발생한다.

- 통상적으로 이 자원들은 상대적으로 사용하기 쉽고 빠르게 이익이 남는 결과를 가져오기 때문에, 국가는 다른 영역에는 거의 투자를 하지 않고 이 영역에서의 발전에 초점을 맞춘다. 소위 '네덜란드 병(Dutch disease)'은 1970년대 네덜란드 근해의 북해에서 발견된 천연가스의 발견이 가져다 준 부작용이었다 (Humphreys et al., 2007). 그 결과 경제는 불균형하게 되고 국제시장 가격의 파동에 영향을 받게 되는 생산에 의존하게 될 것으로 예상되었다.
- 정부가 주요 천연자원에 대한 세금징수만으로 국가수입을 충당할 경우, 그 정부는 국민들의 기술을 향상시켜서 경제실적을 향상시킬 수 있는 동기를 결여하게 되고, 장기적인 발전에 해를 미칠 수 있다.
- 이러한 원자재로 획득되는 이익은 도둑질과 부패를 조장하며, 이익은 공동체를 위한 재투자에 사용되지 않고 부자와 강력한 권력을 가진 사람들의 은행계좌로 흘러들어가게 된다.
- 국가 내의 빈곤한 지역의 국민들이 국가의 다른 지역에 비해서 자원에 의한 이득을 균형적으로 혜택받지 못한다고 느낄 때 저주의 효과로 인한 내부적인 갈등이 조장된다. 극단적인 경우 무력투쟁과 내전으로 발전된다.

자원의 저주(Resource curse): 한 국가가 특정 천연자원이 풍부하거나 희귀 자원을 보유하고 있으나 낮은 경제발전을 경험하고 있는 상태이다. 불균형적인 정책, 광범위한 부패, 내부 갈등이 자원의 저주를 조장하고 있다.

그러나 항상 그렇듯이, 권위주의 정부의 여러 가지 다른 유형을 구분하는 것은 중요하다. 한 쪽 끝에 많은 군사 및 개인 독재자들이 자신들의 번영에 대한 지대한 관심을 과시하고 있지만 국가를 위해서는 취약한 정책만을 구사하고 있다. 다른 쪽 끝에서 지배 엘리트들이 공공재에 대한 분명한 의식을 갖고 안정된 권력을 장악한 현대화된 체제들은 경제발전을 비롯한 장기정책을 모색하고 있다. 이라한 국가들은 관성에 의해서보다는 중대한 정책적 변화를 통해서 국가를 운영하는 것이 더 쉽다는 점을 알고 있다. 왜냐하면 그들은 보다 개방된 정치체제에서 등장하는 단기적인 요구들을 제어할 수 있기 때문이다.

중국은 후자의 사례를 보여주고 있다. 중국은 빠른 경제성장 정책을 펼친 것이 부분적인 이유가 되어 권위주의 체제를 유지할 수 있었다. 중국 공산당 지도자들이 세계에서 가장 인구가 많은 국가의 알관된 정책을 형성하고 집행할 수 있는 능력을 보유하고 있어서 놀랄만한 목표를 달성할 수 있게 하였다. 이는 정치적 유연성, 중국 자체의 권위주의적 전통, 그리고 경제성장에 따른 체제의 정통성 유지에 기인한다. 중국에서 대중의 관심사에 대한 리더십의 민감성은 권위주의 체제에서는 흔하지 않은 것인데, 이는 경제발전의 성취에서뿐만 아니라 불평등을 해소하려는 노력에서 나타났다. 예를 들어, 공산당의 2006년 프로그램인 화개사회(和諧社會, Harmonious Society) 건설은 소득 불평등을 줄이고, 지방 거주자와 도시 이주자들에 대한 의료혜택을 확대하고, 사회 안전망을 늘이고 산업화에 따른 환경피해를 줄이기 위한 노력이었다 (Saich, 2015).

러시아의 이야기는 조금 다르다. 공산주의로부터의 혼란스러운 전환의 초기단계 이후 러시아의 지도자들은 상당 수준의 정책적 성공을 거두었다. 기업투자를 위한 보다 예측가능한 환경이 조성되었고, 권력의 재집중화는 새로 제정된 법체계의 보다 일률적인 적용을 고무했고, 징수정책이 개선되었으며, 사회정책은 소비에트 시대의 특권(주거, 교통, 의료비의 면제 또는 보조금 지급)들을 배제하고 동등한 현금지불을 원칙으로 하는 논쟁적인 2005년의 개혁과 함께 보다 결속되었다 (Twigg, 2005: 219).

그러나 정책결정은 지배 엘리트의 정치적 요구에 의해 이루어진다. 푸틴 대통령에게 정치적 위협이 되는 산업가들은 많은 법칙과 규칙들이 자신들에게 선택적으로 행사된다는 점을 인식하고 있다. 국가는 많은 기업들을 폐업시켰으나 지대추구는 지속되고 있다. 정부는 석유와 가스 산업에 대한 통제를 강화하고 있다. 정치와 경제 권력은 강하게 결속되어 있으며, 러시아의 엘리트들은 수출상품에 대한 통제를 통하여 러시아 국민들과의 밀접한 연계의 발전에 해가 되더라도 자신들의 위상을 유지한다. 그동안 빈곤, 알코올중독, 폭력범죄, 농촌의 인구감소와 같은 사회 이슈들은 근본적인 문제가 되고 있다.

다른 빈곤한 국가들과 마찬가지로 러시아에서 공평한 정책집행은 불가능한데, 그 이유는 관료들의 봉급이 적어서 부패가 목적을 이루는 기본적인 수단이 되고 있기 때문이다. 햇빛이 가장 좋은 살균제이지만, 부패와 지대추구로부터 탈피하여 이루는 향상된 정책과정은 단순히 투명성을 확대함으로써 이룰 수 있는 것은 아니다. 투명성은 광범위한 경제발전으로부터 자연스럽게 흘러나오는 것이지만, 그러한 경제 발전을 이루기 위해서는 부패의 축소를 필요로 한다는 딜레마가 있다.

토론주제

- 정책과정에 대한 세 가지 모델 중에서 어느 것이 가장 통찰력이 있는 것이며, 다양한 정책 이슈에 따라 어떻게 사용되는가?
- (a) 비만, (b) 약물중독, (c) 운전 중 문자 보내기, (d) 기후변화를 가장 효율적으로 줄일 수 있는 정책도구에는 어떠한 것이 있는가?
- 정책순환에 추가할 단계가 있다면 어떠한 것이 있는가?
- 정책결정의 불확실성의 측면에서, 왜 정치인들은 비현실적인 약속들을 하고, 왜 투표자들은 그 약속들을 받아들이는 것일까?
- 왜 정책은 목표를 달성하는 데 종종 실패할까?
- 당신 국가의 공공정책이 다른 국가들의 정책을 (a) 개조한, (b) 영향을 받은 것이라는 식별을 할 수 있는가?

핵심 개념

공공정책(Public policy)
비용-편익분석(Cost-benefit analysis)
상향식 접근법(Bottom-up implementation)
쓰레기통 모델(Garbage-can model)
자원의 저주(Resource curse)
점증적 모델(Incremental model)
정책결과(Policy outcomes)
정책분석(Policy analysis)

정책산출(Policy outputs)
정책수렴(Policy convergence)
정책확산(Policy diffusion)
정책홍행가(Policy entrepreneurs)
지대추구(Rent-seeking)
하향식 접근법(Top-down implementation)
합리적 모델(Rational model)

추가 읽을 거리

Birkland, Thomas A. (2010) *An Introduction to the Policy Process: Theories, Concepts and Models of Public Making*, 3rd edn. 정책단계에 특별히 초점을 맞춘 공공정책에 대한 주제별 소개이다.

Dodds, Anneliese (2013) *Comparative Public Policy*. 공공정책을 비교 조사하며, 경제, 복지, 환경정책과 같은 특정 이슈들에 대한 장들을 포함한다.

Eliadis, Pearl, Margaret M. Hill, and Michael Howlett (eds) (2005) *Designing Government: From Instruments to Governance*. 이 책은 정책도구에 대한 구체적인 분석을 제공한다.

Knill, Christoph and Jale Tosun (2012) *Public Policy: A New Introduction*. 공공정책에 대한 주제별 개관이며 이론과 개념을 강조한다.

Rose, Richard (2005) *Learning from Comparative Public Policy: A Practical Guide*. 국가들이 정책발의의 성공과 실패에 대하여 다른 국가들로부터 어떻게 배우는지를 영향력 있게 분석한 책이다.

Sabatier, Paul A. and Christopher M. Weible (eds) (2014) *Theories of the Policy Process*, 3rd edn. 정책과정에 대한 이론적 접근방식들을 조사하고 비교한 책이다.

참고문헌

A

Aarts, Kees, André Blais, and Hermann Schmitt (eds) (2011) *Political Leaders and Democratic Elections* (Oxford: Oxford University Press).

Aberbach, Joel, Robert Putnam, and Bert Rockman (1981) *Bureaucrats and Politicians in Western Democracies* (Cambridge, MA: Harvard University Press).

Addis, Casey L. (2009) *Iran's 2009 Presidential Elections* (Washington, DC: Congressional Research Service).

Adman, Per (2009) 'The Puzzle of Gender-Equal Political Participation in Sweden: The Importance of Norms and Mobilization', in *Scandinavian Political Studies* 32:3, September, pp. 315–36.

Akkerman, Tjitske (2012) 'Comparing Radical Right Parties in Government: Immigration and Integration Policies in Nine Countries, 1966–2010', in *West European Politics* 35:3, May, pp. 511–29.

Albrecht, Holger (2008) 'The Nature of Political Participation', in Ellen Lust-Okar and Saloua Zerhouni (eds) *Political Participation in the Middle East* (Boulder, CO: Lynne Rienner), pp. 15–32.

Almond, Gabriel A. (1966) 'Political Theory and Political Science', in *American Political Science Review* 60:4, December, pp. 869–79.

Almond, Gabriel A, and Sidney Verba (1963) *The Civic Culture* (Princeton, NJ: Princeton University Press).

Althaus, Scott L. (2003) *Collective Preferences in Democratic Politics: Opinion Surveys and the Will of the People* (New York: Cambridge University Press).

Alvarez, Angel E. (2004) 'State Reform Before and After Chávez's Election', in Steve Ellner and Daniel Hellinger (eds) *Venezuelan Politics in the Chávez Era: Class, Polarization and Conflict* (Boulder, CO: Lynne Rienner), pp. 147–60.

Anderson, Benedict (1983) *Imagined Communities: Reflections on the Origins and Spread of Nationalism* (London: Verso).

Andeweg, Rudy B., and Galen A. Irwin (2009) *Governance and Politics of the Netherlands*, 3rd edn (Basingstoke: Palgrave Macmillan).

Ansell, Christopher and Jane Gingrich (2003) 'Reforming the Administrative State', in Bruce E. Cain, Russell J. Dalton and Susan E. Scarrow (eds) *Democracy Transformed? Expanding Political Opportunities in Advanced Industrial Democracies* (New York: Oxford University Press), pp. 164–91.

Ansolabehere, Stephen (2006) 'Voters, Candidates and Parties', in Barry R. Weingast and Donald A. Wittman (eds) *The Oxford Handbook of Political Economy* (Oxford: Oxford University Press), pp. 29–49.

Anton, Thomas J. (1969) 'Policy-Making and Political Culture in Sweden', in *Scandinavian Political Studies* 4:A4, January, pp. 82–102.

Apter, David E. (1965) *The Politics of Modernization* (Chicago: University of Chicago Press).

Aristotle (1962 edn) *The Politics*, trans. T. A. Sinclair (Harmondsworth: Penguin).

Armitage, David (2005) 'The Contagion of Sovereignty: Declarations of Independence since 1776', *South African Historical Journal* 52:1, pp. 1–18.

Auty, Richard M. (1993) *Sustaining Development in Mineral Economies: The Resource Curse Thesis* (London: Routledge).

B

Bachrach, Peter and Morton S. Baratz (1962) 'The Two Faces of Power', in *American Political Science Review* 56:4, December, pp. 941–52.

Bagehot, Walter (1867) [1963 edn] *The English Constitution* (London: Fontana).

Barber, Benjamin R. (1995) *Jihad vs. McWorld: Terrorism's Challenge to Democracy* (New York: Ballantine Books).

Barber, James David (1992) *The Pulse of Politics: Electing Presidents in the Media Age* (New Brunswick, NY: Transaction Books).

Bardach, Eugene (1976) 'Policy Termination as a Political Process', in *Policy Sciences* 7:2, June, pp. 123–31.

Bardes, Barbara, Mack C. Shelley, and Steffen W. Schmidt (2014) *American Government and Politics Today*, 2013–14 edn (Boston, MA: Wadsworth).

Bates, Robert H., Avner Greif, Margaret Levi, Jean-Laurent Rosenthal, and Barry R. Weingast (eds) (1998) *Analytic Narratives* (Princeton, NJ: Princeton University Press).

Bauer, Gretchen and Manon Tremblay (eds) (2011) *Women in Executive Power: A Global Overview* (Abingdon: Routledge).

Bauer, Michael W., Andrew Jordan, Christoffer Green-Pedersen, and Adrienne Héritier (eds) (2012) *Dismantling Public Policy: Preferences, Strategies, and Effects* (Oxford: Oxford University Press).

Baum, Christopher H. and Andrea Di Maio (2000) *Gartner's Four Phases of E-Government* (Stanford, CA: Gartner).

Baum, Scott (2014) 'Australia.gov.au: Development, Access, and Use of E-government', in Scott Baum and Arun Mahizhnan (eds) *E-Governance and Social Inclusion: Concepts and Cases* (Hershey, PA: IGI Global), pp. 183–98.

Bayat, Asef (2010) *Life as Politics: How Ordinary People Change the Middle East* (Stanford, CA: Stanford University Press).

BBC News (2009) *Obama Speaks of Hopes for Africa*, www.news.bbc.co.uk. 11 July. Accessed May 2015.

Beetham, David (2004) 'Freedom as the Foundation', in *Journal of Democracy* 15:4, October, pp. 61–75.

Bellamy, Richard (2008) *Citizenship: A Very Short Introduction* (Oxford: Oxford University Press).

Bendor, Jonathan, Terry M. Moe, and Kenneth W. Shotts (2001) 'Recycling the Garbage Can: An Assessment of the Research Program', in *American Political Science Review* 95:1, March, pp. 169–90.

Bennett, W. Lance (2005) 'Social Movements beyond Borders: Understanding Two Eras of Transnational Activism', in Donatella della Porta and Sidney Tarrow (eds) *Transnational Protest and Global Activism* (Lanham, MD: Rowman & Littlefield), pp. 203–26.

Benoit, Kenneth (2006) 'Duverger's Law and the Study of Electoral Systems' in *French Politics* 4:1, April, pp. 69–83.

Bergman, Torbjörn (2000) 'Sweden: When Minority Cabinets Are the Rule and Majority Coalitions the Exception', in Wolfgang C. Müller and Kaare Strøm (eds) *Coalition Governments in Western Europe* (New York: Oxford University Press), pp. 192–230.

Berman, Paul (2003) *Terror and Liberalism* (New York: Norton).

Berry, William D., Michael B. Berkman, and Stuart Schneiderman (2000) 'Legislative Professionalism and Incumbent Reelection: The Development of Institutional Boundaries', in *American Political Science Review* 94:4, December, pp. 859–74.

Betz, Hans-Georg (1994) *Radical Right-Wing Populism in Western Europe* (Basingstoke: Macmillan).

Beyme, Klaus von (2011) 'The evolution of comparative politics', in Daniele Caramani (ed.) *Comparative Politics*, 2nd edn (Oxford: Oxford University Press), pp. 23–36.

Bhagwati, Jagdish (2007) *In Defense of Globalization: With a New Afterword* (Oxford and New York: Oxford University Press).

Binderkrantz, Anne (2005) 'Interest Group Strategies: Navigating Between Privileged Access and Strategies of Pressure', in *Political Studies* 53:4, December, pp. 694–715.

Blackstone, William (1765–9) [1832 edn] *Commentaries on the Laws of England*, 4 books (New York: W. E. Dean).

Blais, André, Louis Massicotte, and Agnieszka Dobrzynska (2003) *Why Is Turnout Higher in Some Countries than in Others?* (Ottawa, Ontario: Elections Canada).

Blaydes, Lisa (2011) *Elections and Distributive Politics in Mubarak's Egypt* (New York: Cambridge University Press).

Boardman, Anthony F., David H. Greenburg, Aidan R. Vining, and David J. Weimer (2010) *Cost-Benefit Analysis: Concepts and Practice*, 4th edn (Upper Saddle River, NJ: Prentice Hall).

Boix, Carles (2003) *Democracy and Redistribution* (Cambridge: Cambridge University Press).

Boix, Carles (2011) 'Democracy, Development and the International System', in *American Political Science Review* 105:4, November, pp. 809–28.

Bolleyer, Nicole (2012) 'New Party Organization in Western Europe: Of Party Hierarchies, Stratarchies and Federations', in *Party Politics* 18:3, May, pp. 315–36.

Booth, Robert (2015) 'Why did the election pollsters get it so wrong?', in *The Guardian* at www.theguardian.com (posted 14 May).

Borchert, Jens and Jürgen Zeiss (2003) *The Political Class in Advanced Democracies: A Comparative Handbook* (Oxford: Oxford University Press).

Bourgault, Louise M. (1995) *Mass Media in Sub-Saharan Africa* (Bloomington, IN: Indiana University Press).

Boston, Jonathan, John Martin, June Pallot, and Pat Walsh (eds) (1995) *Reshaping the State: New Zealand's Bureaucratic Revolution* (Oxford: Oxford University Press).

Bratton, Michael (1998) 'Second Elections in Africa', in *Journal of Democracy* 9:3, July, pp. 51–66.

Bratton, Michael, Robert Mattes, and E. Gyimah-Boadi (2005) *Public Opinion, Democracy and Market Reform in Africa* (Cambridge: Cambridge University Press).

Braun, Dietmar, Sonja Wälti, Anne-Béatrice Bullinger, and Robert Ayrton (2003) *Fiscal Policies in Federal States* (Burlington, VT: Ashgate).

Bräutigam, Deborah, Odd-Helge Fjeldstad, and Mick Moore (2008) *Taxation and State-Building in Developing Countries: Capacity and Consent* (Cambridge: Cambridge University Press).

British Social Attitudes (2012) *Information System*, at www.britsocat.com. Accessed May 2012.

Brooker, Paul (2009) *Non-Democratic Regimes: Theory, Government and Politics*, 2nd edn (Basingstoke: Palgrave Macmillan).

Brooks, Stephen (2012) *Canadian Democracy: An Introduction*, 7th edn (Don Mills, Ontario: Oxford University Press).

Bryce, James (1921) *Modern Democracies*, Vol. 2 (New York: Macmillan).

Budge, Ian (2006) 'Identifying Dimensions and Locating Parties: Methodological and Conceptual Problems', in Richard S. Katz and William Crotty (eds) *Handbook of Party Politics* (Thousand Oaks, CA: Sage), pp. 422–34.

Burke, Edmund (1774) [1975 edn] 'Speech to the Electors of Bristol', in B. Hill (ed.) *Edmund Burke on Government, Politics and Society* (London: Fontana), pp. 156–8.

Burke, John P. (2010) 'The Institutional Presidency', in Michael Nelson (ed.) *The Presidency and the Political System*, 9th edn (Washington, DC: CQ Press), pp. 341–66.

Butler, David (1989) *British General Elections Since 1945* (Oxford: Blackwell).

C

Calhoun, Craig J. (1997) *Nationalism* (Buckingham: Open University Press).

Calhoun, John C. (1851) [2007 edn] in H. Lee Cheek (ed.) *Disquisition on Government* (South Bend, IN: St Augustine's Press).

Cambanis, Thanassis (2015) 'Egypt's Sisi Is Getting Pretty Good … at Being a Dictator', on *Foreign Policy* at http://foreignpolicy.com (posted 22 May).

Camilleri, Joseph A., and Jim Falk (1992) *The End of Sovereignty?* (Aldershot: Edward Elgar).

Campbell, Angus, Philip E. Converse, Warren E. Miller, and Donald E. Stokes (1960) *The American Voter* (New York: Wiley).

Campbell, John (2013) *Nigeria: Dancing on the Brink* (Lanham, MD: Rowman & Littlefield).

Carty, R. Kenneth (2004) 'Parties as Franchise Organizations: The Stratarchical Organizational Imperative', in *Party Politics* 10:1, January, pp. 5–24.

Case, William F. (1996) 'Can the "Halfway House" Stand? Semi-Democracy and Elite Theory in Three Southeast Asian Countries', in *Comparative Politics* 28:4, July, pp. 437–64.

Center for American Women and Politics (2014) *Gender Differences in Voter Turnout*, at www.cawp.rutgers.edu. Accessed May 2015.

Center for Responsive Politics (2015) *The Money behind the Elections*, at www.opensecrets.org/bigpicture. Accessed May 2015.

Chazan, Naomi, Peter Lewis, Robert Mortimer, Donald Rothchild, and Stephen John Stedman (1999) *Politics and Society in Contemporary Africa*, 3rd edn (Boulder, CO: Lynne Rienner).

Cheibub, José Antonio (2002) 'Minority Governments, Deadlock Situations and the Survival of Presidential Democracies', in *Comparative Political Studies* 35:3, April, pp. 284–312.

Cigler, Allan J. and Burdett A. Loomis (eds) (2012) *Interest Group Politics*, 8th edn (Washington: CQ Press).

CIRI Human Rights Dataset 2011, at www.humanrightsdata.com. Accessed July 2015.

Clayton, Cornell and Gillman, Howard (1999) 'Introduction', in Howard Gillman and Cornell Clayton (eds) *The Supreme Court in American Politics: New Institutionalist Approaches* (Lawrence, KS: University Press of Kansas), pp. 1–12.

Coase, R. H. (1960) 'The Problem of Social Cost', in *Journal of Law and Economics* 3, pp. 1–44.

Cohen, Daniel (2007) *Globalization and Its Enemies* (Cambridge, MA: MIT Press).

Cohen, Michael D., James G. March, and Johan P. Olsen (1972) 'A Garbage Can Model of Organizational Choice', in *Administrative Science Quarterly* 17:1, March, pp. 1–25.

Collier, Paul (2007) *The Bottom Billion: Why the Poorest Countries are Failing and What Can Be Done About It* (New York: Oxford University Press).

Collier, Paul, and Ian Bannon (eds) (2003) *Natural Resources and Violent Conflict: Options and Actions* (Washington, DC: World Bank).

Comparative Constitutions Project (2015), at http://comparativeconstitutionsproject.org. Accessed June 2015.

Conradt, David P. (2008) *The German Polity*, 9th edn (New York: Longman).

Corrigan, Bryce and Ted Brader (2011) 'Campaign Advertising: Reassessing the Impact of Campaign Ads on Political Behavior', in Stephen K. Medvic (ed.) *New Directions in Campaigns and Elections* (New York: Routledge), pp. 79–97.

Crawford, James (2007) *The Creation of States in International Law* (Oxford University Press).

Creveld, Martin van (1999) *The Rise and Decline of the State* (Cambridge: Cambridge University Press).

Crick, Bernard (2005) *In Defence of Politics*, 5th edn (London: Continuum).

Cross, William and André Blais (2012a) *Politics at the Centre: The Selection and Removal of Party Leaders in the Anglo Parliamentary Democracies* (Oxford: Oxford University Press).

Cross, William and André Blais (2012b) 'Who Selects the Party Leader?' in *Party Politics* 18:2, March, pp. 127–50.

Cross, William P. and Richard S. Katz (eds) (2013) *The Challenges of Intra-Party Democracy* (Oxford: Oxford University Press).

Crotty, William (2006) 'Party Transformations: The United States and Western Europe', in Richard S. Katz and William Crotty (eds) *Handbook of Party Politics* (Thousand Oaks, CA: Sage), pp. 499–514.

Cummings, Sally (2005) *Kazakhstan: Power and the Elite* (London: I. B. Tauris).

Curran, James and Jean Seaton (2009) *Power without Responsibility: The Press and Broadcasting in Britain*, 7th edn (London: Methuen).

D

Dahl, Robert A. (1961a) *Who Governs? Democracy and Power in an American City* (New Haven, CT: Yale University Press).

Dahl, Robert A. (1961b) 'The Behavioral Approach in Political Science: Epitaph for a Monument to a Successful Protest', in *American Political Science Review* 55:4, December, pp. 763–72.

Dahl, Robert A. (1998) *On Democracy* (New Haven, CT: Yale University Press).

Dahlerup, Drude (ed.) (2006) *Women, Quotas, and Politics* (New York: Routledge).

Dallmayr, Fred (ed.) (1999) *Border Crossings: Toward a Comparative Political Theory* (Lanham, MD: Lexington Books).

Dalton, Russell J. (2013) *Citizen Politics: Public Opinion and Political Parties in Advanced Industrial Democracies*, 6th edn (Washington, DC: CQ Press).

Dalton, Russell J. (2014) 'Interpreting Partisan Dealignment in Germany' in *German Politics* 23:1–2, pp. 134–44.

Dalton, Russell J. and Mark Gray (2003) 'Expanding the Electoral Marketplace', in Bruce E. Cain, Russell J. Dalton and Susan E. Scarrow (eds) *Democracy Transformed? Expanding Political Opportunities in Advanced Industrial Democracies* (New York: Oxford University Press), pp. 23–44.

Dalton, Russell J. and Hans-Dieter Klingemann (2007) 'Preface', in Russell J. Dalton and Hans-Dieter Klingemann (eds) *The Oxford Handbook of Political Behaviour*, (Oxford: Oxford University Press), pp. vii–viii.

Darcy, R., Welch, Susan, and Janet Clark (1994) *Women, Elections and Representation*, 2nd edn (Lincoln, NE: University of Nebraska Press).

Denters, Bas and Pieter-Jon Klok (2005) 'The Netherlands: In Search of Responsiveness', in Bas Denters and Lawrence Rose (eds) *Comparing Local Governance:*

Trends and Developments (Basingstoke: Palgrave Macmillan), pp. 65–82.

Denver, David, Christopher Carman, and Robert Johns (2012) Elections and Voters in Britain, 3rd edn (Basingstoke: Palgrave Macmillan).

Dershowitz, Alan (2001) Supreme Injustice: How the High Court Hijacked Election 2000, (New York: Oxford University Press).

DGB (Confederation of German Trade Unions) (2012) Structure and Tasks, at www.dgb.de. Accessed October 2012.

Dicey, A. V. (1885) [1959 edn] Introduction to the Study of the Law of the Constitution, 10th edn (London: Macmillan).

Dickson, Bruce J. (2007) 'Integrating Wealth and Power in China: The Communist Party's Embrace of the Market Sector', in China Quarterly 192, December, pp. 827–54.

Dogan, Mattei and Dominique Pelassy (1990) How to Compare Nations (Chatham, NJ: Chatham House).

Doing Business (World Bank) (2015) Measuring Business Regulations, at www.doingbusiness.org. Accessed May 2015.

Dolowitz, David and David Marsh (1996) 'A Review of the Policy Transfer Literature', in Policy Studies 44:2, June, pp. 343–57.

Donaldson, Robert H. (2004) 'Russia', in Journal of Legislative Studies 10:2–3, pp. 230–49.

Dooley, Brendan and Sabrina Alcorn Baron (eds) (2001) The Politics of Information in Early Modern Europe (New York: Longman).

Doorenspleet, Renske (2000) 'Reassessing the Three Waves of Democratization', in World Politics 52:3, April, pp. 384–406.

Downs, Anthony (1957) An Economic Theory of Democracy (New York: Harper).

Draper, Robert (2013) 'Inside the Power of the NRA', in New York Times Magazine, 12 December.

Duerst-Lahti, Georgia (2002) 'Knowing Congress as a Gendered Institution: Manliness and the Implications of Women in Congress', in Cindy Simon Rosenthal (ed.) Women Transforming Congress (Norman, OK: University of Oklahoma Press), pp. 20–49.

Duverger, Maurice (1951) [1959 English edn] Political Parties (London: Methuen).

Duverger, Maurice (1980) 'A New Political System Model: Semi-Presidential Government', in European Journal of Political Research 8:2, June, pp. 165–87.

Dye, Thomas R. (2012) Understanding Public Policy, 14th edn (Englewood Cliffs, NJ: Prentice-Hall).

E

Easton, David (1965) A Systems Analysis of Political Life (New York: Wiley).

Eberle, James (1990) 'Understanding the Revolutions in Eastern Europe', in Gwyn Prins (ed.) Spring in Winter: The 1989 Revolutions, (Manchester: Manchester University Press), pp. 193–209.

Eichbaum, Chris and Richard Shaw (2007) 'Ministerial Advisers, Politicization and the Retreat from Westminster:
The Case of New Zealand', in Public Administration 85:3, September, pp. 569–87.

Elazar, Daniel J. (1966) American Federalism: A View from the States (New York: Thomas Y. Crowell).

Eley, Geoff and Ronald Grigor Suny (1996) 'From the Moment of Social History to the Work of Cultural Representation', in Geoff Eley and Ronald Grigor Suny (eds) Becoming National: A Reader (New York: Oxford University Press), pp. 3–37.

Elkit, Jorgen, Palle Svensson, and Lise Togeby (2005) 'Why is Voter Turnout in Denmark Not Declining?' Paper prepared for delivery at the Annual Meeting of the American Political Science Association, Washington, DC.

Endersby, James W., John R. Petrocik, and Daron R. Shaw (2006) 'Electoral Mobilization in the United States', in Richard S. Katz and William Crotty (eds) Handbook of Party Politics (Thousand Oaks, CA: Sage), pp. 316–36.

Esmer, Yilmaz and Thorleif Pettersson (2007) 'The Effects of Religion and Religiosity on Voting Behavior', in Russell J. Dalton and Hans-Dieter Klingemann (eds) The Oxford Handbook of Political Behavior (Oxford: Oxford University Press), pp. 481–503.

Eurobarometer (2001) Eurobarometer 55, spring.

Eurobarometer (2002) Eurobarometer 57, spring.

Eurobarometer (2003) Eurobarometer 59, spring.

Eurobarometer (2004) Eurobarometer 61, spring.

Eurobarometer (2014) Eurobarometer 81, spring.

Evans, Alfred B. (2005) 'A Russian Civil Society?', in Stephen White, Zvi Gitelman and Richard Sakwa (eds) Developments in Russian Politics 6 (Basingstoke: Palgrave Macmillan), pp. 96–113.

Evans, Peter (1995) Embedded Autonomy: States and Industrial Transformation (Princeton: Princeton University Press).

F

Falconer, Lord (2003) Foreword to 'Constitutional Reform: A New Way of Appointing Judges'. Consultation paper for Department of Constitutional Affairs, UK, July.

Farnen, Russell J. and Jos D. Meloen (eds) (2000) Democracy, Authoritarianism and Education (Basingstoke: Macmillan).

Fiers, Stefaan and André Krouwel (2005) 'The Low Countries: From "Prime Minister" to President-Minister', in Thomas Poguntke and Paul Webb (eds) The Presidentialization of Politics: A Comparative Study of Modern Democracies (Oxford: Oxford University Press), pp. 128–58.

Figgis, J. N. and R. V. Laurence (eds) (1907) Historical Essays and Studies (London: Macmillan).

Finer, S. E. (1966) Anonymous Empire: A Study of the Lobby in Great Britain (London: Pall Mall).

Finer, S. E. (1997) The History of Government from the Earliest Times, 3 vols (Oxford: Oxford University Press).

Finnemore, Martha (1996) National Interests in International Society (Ithaca, NY: Cornell University Press).

Fish, M. Steven (2011) Are Muslims Distinctive? A Look at the Evidence (New York: Oxford University Press).

Fisher, Justin and Todd A. Eisenstadt (2004) 'Introduction: Comparative Party Finance: What Is To Be Done?', in *Party Politics* 10:6, November, pp. 619–26.

Fishkin, James F. (1991) *Democracy and Deliberation: New Directions for Democratic Reform* (New Haven, CT: Yale University Press).

Fishkin, James F. (2011) *When the People Speak: Deliberative Democracy and Public Consultation* (New York: Oxford University Press).

Flammang, Janet A., Dennis R. Gordon, Timothy J. Lukes, and K. Smorsten (1990) *American Politics in a Changing World* (Pacific Grove, CA: Brooks/Cole).

Foley, M. (1999) 'In Kiev They Fine a Journalist $1m and Cut Off All the Phones', in *The Times*, 2 April, p. 45.

Foweraker, Joe, Todd Landman, and Neil Harvey (2003) *Governing Latin America* (Cambridge: Polity).

Fox, Richard L. and Jennifer M. Ramos (2012) 'Politics in the New Media Era', in Richard L. Fox and Jennifer M. Ramos (eds) *iPolitics: Citizens, Elections and Governing in the New Media Era* (New York: Cambridge University Press), pp. 1–21.

Franklin, Mark (1992) 'The Decline of Cleavage Politics', in Mark Franklin, Thomas Mackie and Henry Valen (eds) *Electoral Change: Responses to Evolving Social and Attitudinal Structures in Western Countries* (Cambridge: Cambridge University Press), pp. 383–405.

Franklin, Mark (2004) *Voter Turnout and the Dynamics of Electoral Competition in Established Democracies* (Cambridge: Cambridge University Press).

Friedrich, Carl (1937) *Constitutional Government and Politics* (New York: Harper).

Frolic, B. Michael (1997) 'State-Led Civil Society', in Timothy Brook and B. Michael Frolic (eds) *Civil Society in China* (Armonk, NY: M. E. Sharpe), pp. 46–67.

Fukuyama, Francis (1989) 'The End of History?' in *The National Interest*, Summer.

Fuller, Lon L. (1969) *The Morality of Law* (New Haven, CT: Yale University Press).

G

Gandhi, Jennifer (2008) *Political Institutions under Dictatorship* (New York: Cambridge University Press).

Geddes, Barbara (2003) *Paradigms and Sand Castles: Theory Building and Research Design in Comparative Politics* (Ann Arbor, MI: University of Michigan Press).

Geddes, Barbara (2006) 'Why Parties and Elections in Authoritarian Regimes?' Revised version of paper prepared for presentation at the annual meeting of the American Political Science Association, Washington DC, 2005.

Geddes, Barbara (2007) 'What Causes Democratization?', in Carles Boix and Susan C. Stokes (eds) *The Oxford Handbook of Comparative Politics* (Oxford: Oxford University Press).

Geertz, Clifford (1973) [1993 edn] 'Thick Description: Toward an Interpretative Theory of Culture', in Clifford Geertz (ed.) *Interpretation of Cultures* (London: Fontana), pp. 1–33.

Gerring, John and Joshua Yesnowitz (2006) 'A Normative Turn in Political Science?', in *Polity* 38:1, January, pp. 101–13.

Gerth, Hans H. and C. Wright Mills (1948) *From Max Weber: Essays in Sociology* (London: Routledge & Kegan Paul).

Geys, Benny (2006) 'Explaining Voter Turnout: A Review of Aggregate-Level Research', in *Electoral Studies* 25:4, December, pp. 637–63.

Gheissari, Ali (ed.) (2009) *Contemporary Iran: Economy, Society, Politics* (New York: Oxford University Press).

Giese, Karim (2012) 'The Austrian Agenda Initiative: An Instrument Dominated by Political Parties', in Maija Setälä and Theo Schiller (eds) *Citizens' Initiatives in Europe: Procedures and Consequences of Agenda-Setting by Citizens* (Basingstoke: Palgrave Macmillan), pp. 175–92.

Gilens, Martin and Benjamin I. Page (2014) 'Testing Theories of American Politics: Elites, Interest Groups, and Average Citizens', in *Perspectives on Politics* 12:3, September, pp. 564–581.

Gill, Graeme (2003) *The Nature and Development of the Modern State* (Basingstoke: Palgrave Macmillan).

Gitelman, Zvi (2005) 'The Democratization of Russia in Comparative Perspective', in Stephen White, Zvi Gitelman and Richard Sakwa (eds) *Developments in Russian Politics 6* (Basingstoke: Palgrave Macmillan), pp. 241–56.

Gleeson, Brendan and Wendy Steele (2012) 'Cities', in Rodney Smith, Ariadne Vromen and Ian Cook (eds) *Contemporary Politics in Australia: Theories, Practices and Issues* (Melbourne: Cambridge University Press), pp. 320–31.

Goklany, Indur M. (2007) *The Improving State of the World: Why We're Living Longer, Healthier, More Comfortable Lives on a Cleaner Planet* (Washington, DC: Cato Institute).

Gómez Bruera, Hernán F. (2013) *Lula, the Workers' Party and the Governability Dilemma in Brazil* (New York: Routledge).

Goode, J. Paul (2010) 'Redefining Russia: Hybrid Regimes, Fieldwork, and Russian Politics', in *Perspectives on Politics* 8:4, December, pp. 1055–75.

Goodwin, Barbara (2007) 'Totalitarianism', in Barbara Goodwin, *Using Political Ideas* (Chichester: John Wiley), pp. 177–97.

Goodwin, Jeff and James M. Jasper (2003) 'Editors' Introduction', in Jeff Goodwin and James M. Jasper (eds) *The Social Movements Reader: Cases and Concepts* (Oxford: Blackwell), pp. 3–7.

Goren, Paul (2012) *On Voter Competence* (New York: Oxford University Press).

Gould, David J. (1980) 'Patrons and Clients: The Role of the Military in Zaire Politics', in Isaac James Mowoe (ed.) *The Performance of Soldiers as Governors* (Washington, DC: University Press of America), pp. 473–92.

Green, Daniel M. (ed.) (2002) *Constructivism and Comparative Politics* (Armonk, NY: M.E. Sharpe).

Green, Jeffrey Edward (2010a) *The Eyes of the People: Democracy in an Age of Spectatorship* (New York: Oxford University Press).

Green, John C. (2010b) 'Gauging the God Gap: Religion and Voting in US Presidential Elections', in Jan E. Leighley (ed.) *The Oxford Handbook of American Elections and Political Behavior* (Oxford: Oxford University Press), pp. 433–49.

Gregorian, Vartan (2004) *Islam: A Mosaic, Not a Monolith* (Washington, DC: Brookings Institution Press).

Guarnieri, Carlo (2003) 'Courts as an Instrument of Horizontal Accountability: The Case of Latin Europe', in José Maria Maravall and Adam Przeworski (eds) *Democracy and the Rule of Law* (New York: Cambridge University Press), pp. 223–41.

Guess, George M. and Paul G. Farnham (2011) *Cases in Public Policy Analysis*, 3rd edn (Washington, DC: Georgetown University Press).

Guo, Gang (2007) 'Organizational Involvement and Political Participation in China', in *Comparative Political Studies* 40:4, April, pp. 457–82.

H

Hacker, Jacob S. and Paul Pierson (2010) *Winner-Take-All Politics: How Washington Made the Rich Richer – And Turned Its Back on the Middle Class* (New York: Simon & Schuster).

Hagopian, Frances (2007) 'Parties and Voters in Emerging Democracies', in Carles Boix and Susan C. Stokes (eds) *The Oxford Handbook of Comparative Politics* (Oxford: Oxford University Press), pp. 582–603.

Hallaq, Wael B. (2007) *An Introduction to Islamic Law* (Cambridge: Cambridge University Press).

Hallin, Daniel C. and Paolo Mancini (2004) *Comparing Media Systems: Three Models of Media and Politics* (Cambridge: Cambridge University Press).

Hallin, Daniel C. and Paolo Mancini (eds) (2012) *Comparing Media Systems Beyond the Western World* (Cambridge: Cambridge University Press).

Hamilton, Alexander (1788a) [1987 edn] *The Federalist*, No. 84, ed. Isaac Kramnick (London: Penguin), pp. 436–45.

Hamilton, Alexander (1788b) [1987 edn] *The Federalist*, No. 51, ed. Isaac Kramnick (London: Penguin), pp. 263–7.

Hamilton, Alexander (1788c) [1987 edn] *The Federalist*, No. 62, ed. Isaac Kramnick (London: Penguin), pp. 314–20.

Hammerstad, Anne (2010) 'Population Movement and Its Impact on World Politics', in Mark Beeson and Nick Bisley (eds) *Issues in 21st Century World Politics* (Basingstoke: Palgrave Macmillan), pp. 238–50.

Hansard Society (2012) *Audit of Political Engagement 9: The 2012 Report*, at www.hansardsociety.org.uk. Accessed May 2012.

Hansen, Mogens Herman (1999) *The Athenian Democracy in the Age of Demosthenes* (Norman, OK: University of Oklahoma Press).

Hansen, Randall and Patrick Weil (eds) (2002) *Dual Nationality, Social Rights and Federal Citizenship in the U.S. and Europe* (New York: Berghahn).

Hardin, Russell (2006) *Trust* (Cambridge: Polity).

Hay, Colin, Michael Lister, and David Marsh (2006) 'The Transformation of the State', in Colin Hay, Michael Lister and David Marsh (eds) *The State: Theories and Issues* (Basingstoke: Palgrave Macmillan), pp. 190–208.

Hazan, Reuven Y. (2002) 'Candidate Selection', in Lawrence LeDuc, Richard G. Niemi and Pippa Norris (eds) *Comparing Democracies 3: Elections and Voting in the 21st Century* (Thousand Oaks, CA: Sage), pp. 108–26.

Hazan, Reuven Y. and Gideon Rahat, G. (2010) *Democracy within Parties: Candidate Selection Methods and Their Political Consequences* (Oxford: Oxford University Press).

He, Zhou (2009) 'Political Communication Dual Discourse Universes: The Chinese Experience', in Lars Willnat and Annette Aw (eds) *Political Communication in Asia* (New York: Routledge), pp. 43–71.

Heater, Derek (1999) *What is Citizenship?* (Cambridge: Polity).

Held, David and Anthony McGrew (2007) *Globalization/Anti-Globalization: Beyond the Great Divide*, 2nd edn (Cambridge: Polity Press).

Hellinger, Daniel (2003) 'Political Overview: The Breakdown of *Puntofijismo* and the Rise of *Chavismo*', in Steve Ellner and Daniel Hellinger (eds) *Venezuelan Politics in the Chávez Era: Class, Polarization and Conflict* (Boulder, CO: Lynne Rienner), pp. 27–54.

Hellwig, Timothy (2010) 'Elections and the Economy', in Lawrence LeDuc, Richard G. Niemi and Pippa Norris (eds) *Comparing Democracies 3: Elections and Voting in the 21st Century* (Thousand Oaks, CA: Sage), pp. 184–201.

Herb, Michael (2005) 'Princes, Parliaments, and the Prospects for Democracy in the Gulf', in Marsha Pripstein Posusney and Michele Penner Angrist (eds) *Authoritarianism in the Middle East* (Boulder, CO: Lynne Rienner), pp. 169–92.

Herbst, Jeffrey (2001) 'Review: Political Liberalization in Africa after Ten Years', in *Comparative Politics* 33:3, April, pp. 357–75.

Herbst, Susan (1998) *Reading Public Opinion: How Political Actors View The Political Process* (Chicago: University of Chicago Press).

Hershberg, Eric (2006) 'Technocrats, Citizens and Second-Generation Reforms: Colombia's Andean Malaise', in Paul W. Drake and Eric Hershberg (eds) *State and Society in Conflict: Comparative Perspectives on the Andean Crisis* (Pittsburgh, PA: University of Pittsburgh Press), pp. 134–56.

Hibbs, Douglas A. (2006) 'Voting and the Macroeconomy', in Barry R. Weingast and Donald A. Wittman (eds) *The Oxford Handbook of Political Economy* (Oxford: Oxford University Press), pp. 565–86.

Hill, Lisa (2002) 'On the Reasonableness of Compelling Citizens to "Vote": The Australian Case', in *Political Studies* 50:1, March, pp. 80–101.

Hill, Michael and Peter Hupe (2002) *Implementing Public Policy: Governance in Theory and Practice* (Thousand Oaks, CA: Sage).

Hindmoor, Andrew (2010) 'Rational Choice', in David Marsh and Gerry Stoker (eds) *Theory and Methods in Political Science*, 3rd edn (Basingstoke: Palgrave Macmillan), pp. 42–59.

Hirschl, Ran (2008) 'The Judicialization of Politics', in Keith E. Whittington, R. Daniel Kelemen, and Gregory A. Caldeira (eds) *The Oxford Handbook of Law and Politics* (Oxford: Oxford University Press), pp. 119–41.

Hogwood, Brian W. and Lewis A. Gunn (1984) *Policy Analysis for the Real World* (Oxford: Oxford University Press).

Holmberg, Sören and Henrik Oscarsson (2011) 'Party Leader Effects on the Vote', in Kees Aarts, André Blais, and Hermann Schmitt (eds) *Political Leaders and Democratic Elections* (Oxford: Oxford University Press), pp. 35–51.

Holmes, Leslie (1997) *Post-Communism: An Introduction* (Cambridge: Polity).

Hood, Christopher (1996) 'Exploring Variations in Public Management Reform in the 1990s', in Hans A. Bekke, James L. Perry and Theo A. Toonen (eds) *Civil Service Systems in Comparative Perspective* (Bloomington, IN: Indiana University Press), pp. 268–87.

Hooghe, Liesbet, Gary Marks, and Arjan H. Schakel (2010) *The Rise of Regional Authority: A Comparative Study of 42 Democracies* (Abingdon: Routledge).

Horowitz, Donald L. (2002) 'Constitutional Design: Proposals versus Processes', in Andrew Reynolds (ed.) *The Architecture of Democracy: Constitutional Design, Conflict Management and Democracy* (New York: Oxford University Press), pp. 15–36.

Horowitz, Donald L. (2006) 'Constitutional Courts: Primer for Decision-Makers', in *Journal of Democracy* 17:4, October, pp. 125–37.

House of Commons Procedure Committee (2009) *Written Parliamentary Questions,* at www.publications.parliament.uk. Accessed December 2012.

Huber, Richard M., Jack Ruitenbeek, and Ronaldo Serôa de Motta (1998) *Market-Based Instruments for Environmental Policymaking in Latin America and the Caribbean: Lessons from Eleven Countries* (Washington, DC: World Bank).

Huber, John D. and Piero Stanig (2009) 'Individual income and voting for redistribution across democracies'. Unpublished working paper, Columbia University, New York.

Hughes, Melanie M. (2011) 'Intersectionality, Quotas, and Minority Women's Political Representation Worldwide', in *American Political Science Review* 105:3, August, pp. 604–20.

Human Rights Watch (2007) 'Election or "Selection"? Human Rights Abuses and Threats to Free and Fair Elections in Nigeria', Report 1, April.

Humphreys, Macarten, Jeffrey D. Sachs, and Joseph E. Stiglitz (2007) *Escaping the Resource Curse* (New York: Columbia University Press).

Huntington, Samuel P. (1991) *The Third Wave: Democratization in the Late Twentieth Century* (Norman, OK: University of Oklahoma Press).

Huntington, Samuel P. (1996) *The Clash of Civilizations and the Making of World Order* (New York: Simon & Schuster).

Hutter, Bridget (2005) 'Risk Management and Governance', in Pearl Eliadis, Margaret M. Hill and Michael Patrick Howlett (eds) *Designing Government: From Instruments to Governance* (Montreal: McGill-Queen's University Press), pp. 303–21.

I

Ignazi, Piero (2006) *Extreme Right Parties in Western Europe* (Oxford: Oxford University Press).

Immigrant Voting Project (2012) *Current Immigrant Voting Rights,* at www.immigrantvoting.org. Accessed July 2012.

Inglehart, Ronald (1971) 'The Silent Revolution in Europe: Intergenerational Change in Post-Industrial Societies', in *American Political Science Review* 65:4, December, pp. 991–1017.

Inglehart, Ronald (2000) 'Political Culture and Democratic Institutions', paper prepared for the *Annual Conference of the American Political Science Association,* Washington, DC.

Inglehart, Ronald and Christian Welzel (2010) 'Changing Mass Priorities: The Link between Modernization and Democracy', in *Perspectives on Politics* 8:2, June, pp. 551–67.

Inter-Parliamentary Union (2015) *Parline Database on National Parliaments,* at www.ipu.org. Accessed May 2015.

International Institute for Democracy and Electoral Assistance (IDEA) (2008) *Direct Democracy,* at www.idea.int. Accessed April 2009.

International Institute for Democracy and Electoral Assistance (2012) *Political Finance Regulations Around the World: An Overview of the International IDEA Database,* at www.idea.int. Accessed September 2012.

International Telecommunication Union (2015) *ICT Facts and Figures: The World in 2015,* at www.itu.int/en/ITU-D/statistics. Accessed June 2015.

Iyengar, Shanto, Mark D. Peters, and Donald R. Kinder (1982) 'Experimental Demonstrations of the "Not-So-Minimal" Consequences of Television News Programs', in *American Political Science Review* 76:4, December, pp. 848–58.

J

Jackson, Keith (1994) 'Stability and Renewal: Incumbency and Parliamentary Composition', in Albert Somit, Rudolf Wildenmann and Bernard Boll (eds) *The Victorious Incumbent: A Threat to Democracy?* (Aldershot: Dartmouth), pp. 251–77.

Jackson, Robert H. (1990) *Quasi-states: Sovereignty, International Relations and the Third World* (Cambridge: Cambridge University Press).

Jackson, Robert H., and Carl G. Rosberg (1982) *Personal Rule in Black Africa: Prince, Autocrat, Prophet, Tyrant* (Berkeley, CA: University of California Press).

Jamieson, Kathleen Hall, and Paul Waldman (2003) *The Press Effect: Politicians, Journalists and the Stories that Shape the Political World* (New York: Oxford University Press).

Jayal, Niraja Gopal (2007) 'Situating Indian Democracy', in Niraja Gopal Jayal (ed.) *Democracy in India* (New Delhi: Oxford University Press), pp. 1–50.

Jin, Dal Yong (2015) *Digital Platforms, Imperialism, and Political Culture* (Abingdon: Routledge).

John, Peter (2010) 'Quantitative Methods', in David Marsh and Gerry Stoker (eds) *Theory and Methods in Political Science*, 3rd edn (Basingstoke: Macmillan), pp. 267–284.

Johnson, Burke and Larry Christensen (2014) *Educational Research: Quantitative, Qualitative and Mixed Approaches*, 5th edn (Thousand Oaks, CA: Sage).

Johnson, Chalmers (1982) *MITI and the Japanese Miracle: The Growth of Industry Policy 1925–1975* (Stanford, CA: Stanford University Press).

Jones, Jeffrey P. (2005) *Entertaining Politics: New Political Television and Civic Culture* (Lanham, MD: Rowman & Littlefield).

K

Kalberg, Stephen (ed.) (2005) *Max Weber: Readings and Commentary on Modernity* (Oxford: Blackwell).

Kasem, A., M. J. F. van Waes, and K. C. M. E. Wannet, *What's New(s)? Scenarios for the Future of Journalism*, at www.journalism2025.com. Accessed July 2015.

Katz, Richard S. and Peter Mair (1995) 'Changing Models of Party Organization and Party Democracy: The Emergence of the Cartel Party', in *Party Politics* 1:1, January, pp. 5–28.

Kelso, Alexandra (2011) 'Changing Parliamentary Landscapes', in Richard Heffernan, Philip Cowley and Colin Hay (eds) *Developments in British Politics 9* (Basingstoke: Palgrave Macmillan), pp. 51–69.

Kerrouche, Eric (2006) 'The French *Assemblée Nationale*: The Case of a Weak Legislature', in *Journal of Legislative Studies* 12:3–4, September–December, pp. 336–65.

Kettl, Donald F. (2011) *The Politics of the Administrative Process*, 5th edn (Washington, DC: CQ Press).

Key, V. O. (1966) *The Responsible Electorate* (Cambridge, MA: Harvard University Press).

King, Anthony (1994) 'Ministerial Autonomy in Britain', in Michael Laver and Kenneth A. Shepsle (eds) *Cabinet Ministers and Parliamentary Government* (Cambridge: Cambridge University Press) pp. 203–25.

King, Anthony (ed.) (2002) *Leaders' Personalities and the Outcomes of Democratic Elections* (Oxford: Oxford University Press).

King, Gary, Robert O. Keohane, and Sidney Verba (1994) *Designing Social Inquiry: Scientific Inference in Qualitative Research* (Princeton, NJ: Princeton University Press).

Kingdon, John W. (2010) *Agendas, Alternatives and Public Policy*, updated 2nd edn (New York: Longman).

Kirchheimer, Otto (1966) 'The Transformation of the Western European Party Systems', in Joseph LaPalombara and Myron Weiner (eds) *Political Parties and Political Development* (Princeton, NJ: Princeton University Press), pp. 177–200.

Kitschelt, Herbert (2007) 'Growth and Persistence of the Radical Right in Post-Industrial Democracies: Advances and Challenges in Comparative Research', in *West European Politics* 30:5, November, pp. 1176–1206.

Kittilson, Miki Caul and Leslie A. Schwindt-Bayer (2012) *The Gendered Effect of Electoral Institutions: Political Engagement and Participation* (New York: Oxford University Press).

Klapper, Joseph T. (1960) *The Effects of Mass Communication* (New York: Free Press).

Knapp, Andrew and Vincent Wright (2006) *The Government and Politics of France*, 5th edn (London: Routledge).

Knill, Christopher and Jale Tosun (2012) *Public Policy: A New Introduction* (Basingstoke: Palgrave Macmillan).

Knutsen, Oddbjørn (1996) 'Value Orientations and Party Choice: A Comparative Study of the Relationship between Five Value Orientations and Voting Intention in Thirteen West European Democracies', in Oscar W. Gabriel and Jürgen W. Falter (eds) *Wahlen und Politische Einstellungen in Westlichen Demokratien* (Frankfurt: Peter Lang), pp. 247–319.

Knutsen, Oddbjørn (2006) *Class Voting in Western Europe: A Comparative Longitudinal Study* (Lanham, MD: Lexington).

Kommers, Donald P. (2006) 'The Federal Constitutional Court: Guardian of German Democracy', in *Annals of the American Academy of Political and Social Science* 603, January, pp. 111–28.

Kornhauser, William (1959) *The Politics of Mass Society* (Glencoe, IL: Free Press).

Kreiss, Daniel (2012) *Taking Our Country Back: The Crafting of Networked Politics from Howard Dean to Barack Obama* (New York: Oxford University Press).

Krook, Mona Lena (2009) *Quotas for Women in Politics: Gender and Candidate Selection Reform Worldwide* (New York: Oxford University Press).

Krouwel, A. (2003) 'Otto Kirchheimer and the Catch-All Party', in *West European Politics* 26:2, April, pp. 23–40.

Kulik, Anatoly (2007) 'Russia's Political Parties: Deep in the Shadow of the President', in Kay Lawson and Peter H. Merkl (eds) *When Parties Prosper: The Uses of Electoral Success* (Boulder, CO: Lynne Rienner), pp. 27–42.

Kumar, Sanjay and Praveen Rai (2013) *Measuring Voting Behaviour in India* (New Delhi: Sage).

L

Landman, Todd (2008) *Issues and Methods in Comparative Politics: An Introduction*, 3rd edn (London and New York: Routledge).

Langman, Lauren (2006) 'The Social Psychology of Nationalism', in Gerard Delanty and Krishan Kumar (eds) *The Sage Handbook of Nations and Nationalism* (London: Sage), pp. 71–83.

Lankov, Andrei (2013) *The Real North Korea: Life and Politics in the Failed Stalinist Utopia* (Oxford: Oxford University Press).

Lasswell, Harold D. (1936) *Politics: Who Gets What, When, How?* (New York: McGraw-Hill).

Lasswell, Harold D. (1968) 'The Future of the Comparative Method', in *Comparative Politics* 1:1, October, pp. 3–18.

Laver, Michael (1983) *Invitation to Politics* (Oxford: Martin Robertson).

Lawson, Kay (2001) 'Political Parties and Party Competition', in Joel Krieger (ed.) *The Oxford Companion to Politics of*

the World, 2nd edn (New York: Oxford University Press), pp. 670–3.
Lazarsfeld, Paul F. and Robert K. Merton (1948) [2000 edn] 'Mass Communication, Popular Taste and Organized Social Action', in Paul Marris and Sue Thornham (eds) *Media Studies: A Reader*, 2nd edn (Edinburgh: Edinburgh University Press), pp. 14–24.
Le Cheminant, Wayne and John M. Parrish (eds) (2011) *Manipulating Democracy: Democratic Theory, Political Psychology and Mass Media* (New York: Routledge).
Lee, Terence and Lars Wilnat (2009) 'Media Management and Political Communication in Singapore', in Lars Willnat and Annette Aw (eds) *Political Communication in Asia* (New York: Routledge), pp. 93–111.
Lesch, Ann Mosley (2004) 'Politics in Egypt', in Gabriel A. Almond, G. Bingham Powell, Kaare Strøm and Russell J. Dalton *Comparative Politics Today: A World View*, 8th edn (New York: Longman), pp. 581–632.
Levin, Paul T. (2009) The Swedish Model of Public Administration: Separation of Powers – The Swedish Style', in *Journal of Administration & Governance* 4:1, July, pp. 38–46.
Levitsky, Steven and Lucan A. Way (2010) *Competitive Authoritarianism: Hybrid Regimes after the Cold War* (New York: Cambridge University Press).
Lewis-Beck, Michael S., Helmut Norpoth, William G. Jacoby, and Herbert F. Weisberg (2008) *The American Voter Revisited* (Ann Arbor, MI: University of Michigan Press).
Lichbach, Mark Irving and Alan S. Zuckerman (1997) *Comparative Politics: Rationality, Culture and Structure* (Cambridge: Cambridge University Press).
Lieberman, Evan S. (2005) 'Nested Analysis as Mixed-Method Strategy for Comparative Research', in *American Political Science Review* 99:3, August, pp. 435–52.
Lijphart, Arend (1971) 'Comparative Politics and the Comparative Method', in *American Political Science Review* 65:3, September, pp. 682–693.
Lijphart, Arend (1979) 'Religious vs Linguistic vs Class Voting: The Crucial Experiment of Comparing Belgium, Canada, South Africa and Switzerland', in *American Political Science Review* 73:2, June, pp. 442–58.
Lin, Nan and Bonnie Erickson (eds) (2008) *Social Capital: An International Research Program* (New York: Oxford University Press).
Lim, Timothy C. (2010) *Doing Comparative Politics: An Introduction to Approaches and Issues*, 2nd edn (Boulder, CO: Lynne Rienner).
Lindblom, Charles E. (1959) 'The Science of Muddling Through', in *Public Administration* 19:2, spring, pp. 78–88.
Lindblom, Charles E. (1979) 'Still Muddling, Not Yet Through', in *Public Administration Review* 39:6, November–December, pp. 517–26.
Linz, Juan J. (1975) [2000 edn] *Totalitarian and Authoritarian Regimes* (Boulder, CO: Lynne Rienner).
Linz, Juan J and Alfred Stepan (1996) *Problems of Democratic Transition and Consolidation: Southern Europe, South America, and Post-Communist Europe* (Baltimore, MD: Johns Hopkins University Press).

Lippman, Walter (1922) *Public Opinion* (London: Allen & Unwin).
Lipset, Seymour Martin (1959) 'Some Social Requisites of Democracy: Economic Development and Political Legitimacy', in *American Political Science Review* 53:1, March, pp. 69–105.
Lipset, Seymour Martin (1990) *Continental Divide: The Values and Institutions of the United States and Canada* (New York: Routledge).
Lister, Frederick K. (1996) *The European Union, the United Nations, and the Revival of Confederal Governance* (Westport, CT: Greenwood).
Lively, Jack (1991) 'Sièyes, Emmanuel Joseph', in David Miller (ed.) *The Blackwell Encyclopaedia of Political Thought* (Oxford: Blackwell), pp. 475–6.
Locke, John (1690) [1993 edn] in Mark Goldie (ed.) *Two Treatises of Government* (London: J M Dent).
Lockwood, Natalie J. (2013) 'International Vote Buying', in *Harvard International Law Journal* 54:1, Winter, pp. 97–157.
Loughlin, John, Frank Hendriks, and Anders Lidström (eds) (2011) *The Oxford Handbook of Local and Regional Democracy in Europe* (Oxford: Oxford University Press).
Lukes, Steven (2005) *Power: A Radical View* 2nd edn (London: Macmillan).
Lupia, Arthur (1994) 'Shortcuts versus encyclopedias: Information and voting behavior in California insurance reform elections', in *American Political Science Review* 88:1, March, pp. 63–76.
Lutz, Donald S. (2007) *Principles of Constitutional Design* (New York: Cambridge University Press).
Lynch, Marc (2011) 'After Egypt: The Limits and Promise of Online Challenges to the Authoritarian Arab State', *Perspectives on Politics* 9:2, June, pp. 301–10.

M

McAllister, Ian (2003) 'Australia: Party Politicians as a Political Class', in Jens Borchert and Jürgen Zeiss (eds) *The Political Class in Advanced Democracies* (Oxford: Oxford University Press), pp. 26–44.
McCargo, Duncan (2012) *Contemporary Japan*, 3rd edn (Basingstoke: Palgrave Macmillan).
McChesney, Robert W. (1999) *Rich Media, Poor Democracies* (Urbana, IL: University of Illinois Press).
McCormick, John (2015) *European Union Politics*, 2nd edn (London: Palgrave Macmillan).
McDonnell, Duncan and James L. Newell (2011) 'Outsider Parties in Government in Western Europe', in *Party Politics* 17:4, July, pp. 443–52.
McFarland, Andrew (2010) 'Interest Group Theory', in L. Sandy Maisel and Jeffrey M. Berry (eds) *The Oxford Handbook of American Political Parties and Interest Groups* (Oxford: Oxford University Press), pp. 37–56.
McFaul, Michael (2005) 'The Electoral System', in Stephen White, Zvi Gitelman and Richard Sakwa (eds) *Developments in Russian Politics 6* (Basingstoke: Palgrave Macmillan), pp. 61–79.
McGregor, Richard (2010) *The Party: The Secret World of China's Communist Rulers* (London: Allen Lane).

McLuhan, Marshall (1964) *Understanding Media: The Extensions of Man* (London: Routledge and Kegan).

Macpherson, C. B. (1977) *The Life and Times of Liberal Democracy* (Oxford: Oxford University Press).

Macridis, Roy (1955) *The Study of Comparative Government* (New York: Random House).

Madhukar, S. and Boppan Nagarjuna (2011) 'Inflation and Growth Rates in India and China: A Perspective of Transition Economies', in *International Proceedings of Economics Development & Research* 4, pp. 489–92.

Maghraoui, Abdeslam (2014) 'Egypt's Failed Transition to Democracy: Was Political Culture a Major Factor?' on *E-International Relations* website at www.e-ir.info (posted April 29).

Mahler, Gregory S. (2007) *Comparative Politics: An Institutional and Cross-National Approach*, 5th edn (Upper Saddle River, NJ: Pearson).

Mahoney, James (2003) 'Knowledge Accumulation in Comparative Historical Research: The Case of Democracy and Authoritarianism', in James Mahoney and Dietrich Rueschmeyer (eds) *Comparative Historical Analysis in the Social Sciences* (New York: Cambridge University Press), pp. 337–72.

Mahoney, James and Kathleen Thelen (2010) 'A Theory of Gradual Institutional Change', in James Mahoney and Kathleen Thelen (eds) *Explaining Institutional Change: Ambiguity, Agency and Power* (New York: Cambridge University Press), pp. 1–37.

Mainwaring, Scott and Mariano Torcal (2006) 'Party System Institutionalization and Party System Theory after the Third Wave of Democratization', in Richard S. Katz and William Crotty (eds) *Handbook of Party Politics* (London: Sage), pp. 204–27.

Mair, Peter (1994) 'Party Organizations: From Civil Society to the State', in Richard S. Katz and Peter Mair (eds) *How Parties Organize: Change and Adaptation in Party Organizations in Western Democracies* (Thousand Oaks, CA: Sage), pp. 1–22.

Mair, Peter (2008) 'The Challenge to Party Government', in *West European Politics* 31:1–2, January–March, pp. 211–34.

Mair, Peter (2009) 'Left-Right Orientations', in Russell J. Dalton and Hans-Dieter Klingemann (eds) *The Oxford Handbook of Political Behavior* (Oxford: Oxford University Press), pp. 206–22.

Mair, Peter and I. van Biezen (2001) 'Party Membership in Twenty European Democracies, 1980–2000', in *Party Politics* 7:1, January, pp. 5–22.

Maloney, William A. (2009) 'Interest Groups and the Revitalization of Democracy', in *Representation* 45:3, pp. 277–88.

Mandelbaum, Michael (2007) *Democracy's Good Name: The Rise and Risks of the World's Most Popular Form of Government* (New York: PublicAffairs).

Manza, Jeff and Christopher Uggen (2008) *Locked Out: Felon Disenfranchisement and American Democracy* (New York: Oxford University Press).

March, James G. and Johan P. Olsen, J. (1984) 'The New Institutionalism: Organizational Factors in Political Life', in *American Political Science Review* 78:3, September, pp. 734–49.

Marsh, David and R. A. W. Rhodes (eds) (1992) *Policy Networks in British Government* (Oxford: Oxford University Press).

Marsh, David and Gerry Stoker (2010) 'Introduction' to David Marsh and Gerry Stoker (eds) *Theory and Methods in Political Science*, 3rd edn (Basingstoke: Palgrave Macmillan), pp. 1–12.

Marshall, Monty G. and Benjamin R. Cole (2014) *Global Report 2014: Conflict, Governance and State Fragility* (Vienna, VA: Center for Systemic Peace).

Marten, Kimberly (2012) *Warlords: Strong-arm Brokers in Weak States* (Ithaca, NY: Cornell University Press).

Martin, Sherry L. and Gill Steel (eds) (2008) *Democratic Reform in Japan: Assessing the Impact* (Boulder, CO: Lynne Rienner).

Mazzoleni, Gianpietro (1987) 'Media Logic and Party Logic in Campaign Coverage: The Italian General Election of 1983', in *European Journal of Communication* 2:1, March, pp. 81–103.

Meguid, Bonnie M. (2008) *Party Competition between Unequals: Strategies and Electoral Fortunes in Western Europe* (New York: Cambridge University Press).

Melleuish, Gregory (2002) 'The State in World History: Perspectives and Problems', *Australian Journal of Politics and History* 48:3, September, 322–35.

Meredith, Martin (2006) *The Fate of Africa: From the Hopes of Freedom to the Heart of Despair* (New York: Public Affairs).

Mesquita, Bruce Bueno de and George W. Downs (2004) 'Why Gun-Barrel Democracy Doesn't Work', in *Hoover Digest* 2, spring.

Michels, Robert (1911) [1962 edn] *Political Parties* (New York: Free Press).

Miguel, Carolina de, Amaney Jamal, and Mark Tessler (2015) 'Elections in the Arab World: Why Do Citizens Turn Out?', in *Comparative Political Studies* 48:5, April, pp. 687–701.

Milbrath, Lester W. and M. L. Goel (1977) *Political Participation: How and Why Do People Get Involved in Politics*, 2nd edn (Chicago, IL: Rand McNally).

Mill, John Stuart (1859) [1982 edn] *On Liberty* (Harmondsworth: Penguin).

Mill, John Stuart (1861) [1977 edn] 'Considerations on Representative Government', in J. M. Robson (ed.) *Collected Works of John Stuart Mill*, Vol. 19 (Toronto: University of Toronto Press) pp. 371–577.

Miller, Raymond (2005) *Party Politics in New Zealand* (South Melbourne, Victoria: Oxford University Press).

Miller, William L. (1991) *Media and Voters: Audience, Content and Influence of Press and Television at the 1987 General Election* (Oxford: Clarendon Press).

Mills, C. Wright (1956) *The Power Elite* (New York: Oxford University Press).

Mitra, Subrata K. (2014) 'Politics in India', in G. Bingham Powell, Russell J. Dalton and Kaare Strøm (eds) *Comparative Politics Today*, 11th edn (New York: Pearson Longman), pp. 568–615.

Mohammadi, Ali (ed.) (2006) *Iran Encountering Globalization: Problems and Prospects* (Abingdon: Routledge).

Möller, Tommy (2007) 'Sweden: Still a Stable Party System?', in Kay Lawson and Peter H. Merkl (eds) *When Parties Prosper: The Uses of Electoral Success* (Boulder, CO: Lynne Rienner), pp. 27–42.

Monroe, Kristen Renwick (ed.) (2005) *Perestroika! The Raucous Rebellion in Political Science* (New Haven, CT: Yale University Press).

Montargil, Filipe (2010) 'E-Government and Government Transformation: Technical Interactivity, Political Influence and Citizen Return', in Paul G. Nixon, Vassiliki N. Koutrakou and Rajash Rawal (eds) *Understanding E-Government in Europe: Issues and Challenges* (Abingdon: Routledge), pp. 61–77.

Moran, Michael (2011) *Politics and Governance in the UK*, 2nd edn (Basingstoke: Palgrave Macmillan).

Morel, Laurence (2007) 'The Rise of "Politically Obligatory" Referendums: The 2005 French Referendum in Comparative Perspective', in *West European Politics* 30:5, pp. 1041–67.

Morlino, Leonardo (2012) *Changes for Democracy: Actors, Structures, Processes* (Oxford: Oxford University Press).

Morris, Richard B. (ed.) (1966) *Alexander Hamilton and the Founding of the Nation* (New York: Dial).

Mosca, Gaetano (1896) [1939 edn] *The Ruling Class* (New York: McGraw-Hill).

Mughan, Anthony (2000) *Media and the Presidentialization of Parliamentary Elections* (Basingstoke: Palgrave).

Mulgan, Richard (1997) *Politics in New Zealand*, 2nd edn (Auckland: Auckland University Press).

Munck, Gerardo L. (1994) 'Review Article: Democratic Transitions in Comparative Perspective', in *Comparative Politics* 26:3, April, pp. 355–75.

Munck, Gerardo L. (2007) 'The Past and Present of Comparative Politics', in Gerardo L. Munck and Richard Snyder, *Passion, Craft, and Method in Comparative Politics* (Baltimore, MD: Johns Hopkins University Press).

Munck, Gerardo L. and Richard Snyder (2007), 'Debating the Direction of Comparative Politics: An Analysis of Leading Journals', in *Comparative Political Studies* 40:1, January, pp. 5–31.

Munro, William Bennett (1925) *The Governments of Europe* (New York: Macmillan).

Murrie, Michael (2006) 'Broadcasters Getting Online, Staying On Air', in *Global Issues: Media Emerging*, March, pp. 11–14.

N

National Rifle Association (2012) *A Brief History of the NRA*, at www.nra.org. Accessed September 2012.

Ncjdrsu (National CJD Research and Surveillance Unit) (2012) *Creutzfeldt–Jakob Disease in the UK*, at www.cjd.ed.ac.uk. Accessed December 2012.

Newton, Kenneth (2006) 'May the Weak Force be With You: The Power of the Mass Media in Modern Politics', in *European Journal of Political Research* 45:2, March, pp. 209–34.

Nicholson, Peter P. (2004) 'Politics and the Exercise of Force', in Adrian Leftwich (ed.) *What Is Politics?* (Cambridge: Polity), pp. 41–52.

Niskanen, William A. (1971) *Bureaucracy and Representative Government* (Chicago: Aldine, Atherton).

Noack, Rick (2014) 'The Berlin Wall fell 25 years ago, but Germany is still divided', in *Washington Post*, 31 October.

Norris, Pippa (1999) 'The Growth of Critical Citizens and Its Consequences', in Pippa Norris (ed.) *Critical Citizens: Global Support for Democratic Governance* (New York: Oxford University Press), pp. 257–72.

Norris, Pippa (2000) *A Virtuous Circle: Political Communication in Postindustrial Societies* (Cambridge: Cambridge University Press).

Norris, Pippa (2009) 'New Feminist Challenges to the Study of Political Engagement', in Russell J. Dalton and Hans-Dieter Klingemann (eds) *The Oxford Handbook of Political Behavior* (Oxford: Oxford University Press), pp. 724–41.

Norris, Pippa (2011) *Democratic Deficit: Critical Citizens Revisited* (Cambridge: Cambridge University Press).

Norris, Pippa and Ronald Inglehart (2011) *Sacred and Secular: Religion and Politics Worldwide*, 2nd edn (Cambridge: Cambridge University Press).

O

Oates, Sarah (2014) 'Russia's Media and Political Communication in the Digital Age', in Stephen White, Richard Sakwa, and Henry E. Hale (eds) *Developments in Russian Politics 8* (Basingstoke: Palgrave Macmillan), pp. 130–44.

O'Donnell, Guillermo (1973) *Modernization and Bureaucratic Authoritarianism: Studies in South American Politics* (Berkeley, CA: California University Press).

O'Donnell, Guillermo (1994) 'Delegative Democracy', in *Journal of Democracy* 5:1, January, pp. 55–69.

O'Donnell, Guillermo, and Philippe C. Schmitter (1986) *Transitions from Authoritarian Rule, Vol 4: Tentative Conclusions about Uncertain Democracies* (Baltimore, MD: Johns Hopkins University Press).

O'Donnell, Guillermo, Philippe C. Schmitter, and Laurence Whitehead (eds) (1986) *Transitions from Authoritarian Rule: Comparative Perspectives* (Baltimore, MD: Johns Hopkins University Press).

Ohmae, Kenichi (2005) *The Next Global Stage: Challenges and Opportunities in our Borderless World* (Upper Saddle River, NJ: Wharton School Publishing).

Ohr, Dieter and Henrik Oscarsson (2011) 'Leader Traits, Leader Image, and Vote Choice', in Kees Aarts, André Blais, and Hermann Schmitt (eds) *Political Leaders and Democratic Elections* (Oxford: Oxford University Press), pp. 187–219.

Olsen, Johan P. (1980) 'Governing Norway: Segmentation, Anticipation and Consensus Formation', in Richard Rose and Ezra N. Suleiman (eds) *Presidents and Prime Ministers* (Washington, DC: American Enterprise Institute), pp. 203–55.

Olson, David M. (1994) *Democratic Legislative Institutions: A Comparative View* (New York: M.E. Sharpe).

Olson, Mancur (1965) *The Logic of Collective Action: Public Goods and the Theory of Groups* (Cambridge, MA: Harvard University Press).

O'Neill, Jim (2001) 'Building Better Global Economic BRICs'. *Global Economics Paper No. 66*. 30 November, Goldman Sachs, New York.

Onuf, Nicholas Greenwood (1989) *World of Our Making: Rules and Rule in Social Theory and International Relations* (Columbia, SC: University of South Carolina Press).

Organisation for Economic Cooperation and Development (2011) *50th Anniversary Vision Statement*, www.oecd.org. Accessed October 2011.

Organisation for Economic Co-operation and Development (2015) *Trade Union Density* at https://stats.oecd.org. Accessed June 2015.

Organization for Economic Co-operation and Development (OECD) (2013) *Government at a Glance 2013* (Paris: OECD Publishing).

Orren, Karen and Stephen Skowronek (1995) 'Order and Time in Institutional Study: A Brief for the Historical Approach', in James Farr, John S. Dryzek and Stephen T. Leonard (eds) *Political Science in History: Research Programs and Political Traditions* (New York: Cambridge University Press), pp. 296–317.

Osborne, David and Ted Gaebler (1992) *Reinventing Government: How the Entrepreneurial Spirit Is Transforming the Public Sector* (London: Penguin).

Oscarsson, Henrik and Soren Hölmberg (2010) *Swedish Voting Behavior*. Report by Swedish Election Studies Program, Department of Political Science, University of Gothenburg, at www.valforskning.pol.gu.se.

Ostrogorski, M. (1902) *Democracy and the Organisation of Political Parties* (London: Macmillan).

Owen, Roger (1993) 'The Practice of Electoral Democracy in the Arab East and North Africa: Some Lessons from Nearly a Century's Experience', in Ellis Goldberg, Resat Kasaba, and Joel S. Migdal (eds) *Rules and Rights in the Middle East* (Seattle, WA: University of Washington Press), pp. 17–40.

P

Paine, Thomas (1791/2) [1984 edn] *Rights of Man* (Harmondsworth: Penguin).

Parel, Anthony J. (1992) 'The Comparative Study of Political Philosophy', in Anthony J. Parel and Ronald C. Keith (eds) *Comparative Political Philosophy: Studies Under the Upas Tree* (New Delhi: Sage Publications).

Parsons, Wayne (1995) *Public Policy: An Introduction to the Theory and Practice of Policy Analysis* (Aldershot: Edward Elgar).

Parsons, Craig (2010) 'Constructivism and Interpretive Theory', in David Marsh and Gerry Stoker (eds) *Theory and Methods in Political Science*, 3rd edn (Basingstoke: Palgrave Macmillan), pp. 80–98.

Pateman, Carole (2012) 'Participatory Democracy Revisited', in *Perspectives on Politics* 10:1, March, pp. 7–19.

Pedersen, Mogens (1979) 'The Dynamics of European Party Systems: Changing Patterns of Electoral Volatility', in *European Journal of Political Research* 7:1, March, pp. 1–26.

Pegg, Scott (1998) *International Society and the De Facto State* (Aldershot, Ashgate).

Pei, Minxin (2003) 'Lessons From the Past: The American Record on Nation-Building', Carnegie Endowment Policy Brief No. 24, April.

Pennings, Paul, Hans Keman, and Jan Kleinnijenhuis (2006) *Doing Research in Political Science: An Introduction to Comparative Methods and Statistics*, 2nd edn (London: Sage).

Peregudov, Sergei (2001) 'The Oligarchical Model of Russian Capitalism', in Archie Brown (ed.) *Contemporary Russian Politics: A Reader* (Oxford and New York: Oxford University Press), pp. 259–68.

Peretti, Terri Jennings (2001) *In Defense of a Political Court* (Princeton, NJ: Princeton University Press).

Peters, B. Guy (1998) *Comparative Politics: Theory and Methods* (New York: New York University Press).

Peters, B. Guy (1999) *Institutional Theory in Political Science: The 'New Institutionalism'* (London: Pinter).

Peters, B. Guy and Jon Pierre (eds) (2004) *The Politicization of the Civil Service in Comparative Perspective: A Quest for Control* (London: Routledge).

Pew Research Center (2011) 'Internet Gains on Television as Public's Main News Source', at www.people-press.org/2011. Accessed November 2012.

Pew Research Center (2012) 'Views of Leaders', at www.pewglobal.org/2012. Accessed November 2012.

Pew Research Center (2013) The State of the News Media, at www.stateofthemedia.org. Accessed July 2015.

Pew Research Center (2014) 'Public Trust in Government: 1958-2014', at www.people-press.org/2014/11/13/public-trust-in-government. Accessed June 2015.

Pew Research Center (2015) at www.people-press.org. Accessed April 2015.

Phillips, Anne (1995) *The Politics of Presence* (Oxford: Oxford University Press).

Pierson, Paul (2004) *Politics in Time: History, Institutions and Social Analysis* (Princeton, NJ: Princeton University Press).

Pilet, Jean-Benoit and William Cross (eds) (2014) *The Selection of Political Party Leaders in Contemporary Parliamentary Democracies: A Comparative Study* (Abingdon: Routledge).

Pitkin, Hanna Fenichel (1967) *The Concept of Representation* (Berkeley: University of California Press).

Pollitt, Christopher and Geert Bouckaert (2011) *Public Management Reform: A Comparative Analysis*, 3rd edn (Oxford: Oxford University Press).

Popkin, Samuel L. (1994) *The Reasoning Voter: Communication and Persuasion in Presidential Campaigns* (Chicago: University Of Chicago Press).

Popper, Karl R. (1959) [2000 edition] *The Logic of Scientific Enquiry* (London: Routledge).

Porta, Donnatella Della and Mario Diani (2006) *Social Movements: An Introduction*, 2nd edn (Oxford: Blackwell).

Powell, G. Bingham, Russell J. Dalton, and Kaare Strøm (2014) *Comparative Politics: A Theoretical Framework*, 11th edn (New York: Pearson Longman).

Powell, Jonathan M. and Clayton L. Thyne (2011) 'Global instances of coups from 1950 to 2010: A new dataset', in *Journal of Peace Research* 48:2, March, pp. 249–259.

President of Russia (2009) *President of Russia*, at www.kremlin.ru. Accessed November 2009.

Preston, Julia and Samuel Dillon (2004) *Opening Mexico: The Making of a Democracy* (New York: Farrar, Straus and Giroux).

Pryor, Kane (2003) *A National State of Confusion*, at www.salon.com (posted 6 February).

Przeworski, Adam and Henry Teune (1970) *The Logic of Comparative Social Enquiry* (New York: Wiley-Interscience).

Przeworski, Adam (1991) *Democracy and the Market: Political and Economic Reforms in Eastern Europe and Latin America* (New York: Cambridge University Press).

Przeworski, Adam, Michael E. Alvarez, José Antonio Cheibub, and Fernando Limongi (2000) *Democracy and Development: Political Institutions and Well-Being in the World, 1950–1990* (New York: Cambridge University Press).

Putnam, Robert D. (1976) *The Comparative Study of Political Elites* (Englewood Cliffs, NJ: Prentice-Hall).

Putnam, Robert D. (1993) *Making Democracy Work: Civic Traditions in Modern Italy* (Princeton, NJ: Princeton University Press).

Pye, Lucien (1995) 'Political Culture', in Seymour Martin Lipset (ed.) *The Encyclopaedia of Democracy* (London: Routledge), pp. 965–9.

Q

Qualter, T. (1991) 'Public Opinion', in Vernon Bogdanor (ed.) *The Blackwell Encyclopaedia of Political Science* (Oxford: Blackwell), p. 511.

R

Rahat, Gideon (2007) 'Candidate Selection: The Choice before the Choice', in *Journal of Democracy* 18:1, January, pp. 157–71.

Rainer, Helmut and Thomas Siedler (2009) 'Does Democracy Foster Trust?', in *Journal of Comparative Economics* 37:2, June, pp. 251–69.

Regeringskansliet (Government Offices of Sweden) (2015) *How the Government and Government Offices Function*, at www.government.se/sb/d/2856. Accessed May 2015.

Riedl, Rachel Beatty (2014) *Authoritarian Origins of Democratic Party Systems in Africa* (New York: Cambridge University Press).

Reilly, Benjamin (2007) 'Electoral Systems and Party Systems', in *Journal of East Asian Studies* 7:2, May–August, pp. 185–202.

Rein, Martin (2006) 'Reforming Problematic Policies', in Michael Moran, Martin Rein and Robert E. Goodin (eds) *The Oxford Handbook of Public Policy* (Oxford: Oxford University Press), pp. 389–405.

Remington, Thomas F. (2014) 'Parliamentary Politics in Russia', in Stephen White, Richard Sakwa and Henry E. Hale (eds) *Developments in Russian Politics 8* (Basingstoke: Palgrave Macmillan), pp. 42–59.

Renan, Ernest (1882) [1990 edn] 'What is a Nation?', in Geoff Eley and Ronald Grigor Suny (eds) *Becoming National: A Reader* (New York: Oxford University Press), pp. 42–55.

Reno, William (1997) *Warlord Politics and African States* (Boulder, CO: Lynne Rienner).

Richardson, Jeremy, Gunnel Gustafsson, and Grant Jordan (1982) 'The Concept of Policy Style', in Jeremy Richardson (ed.) *Policy Styles in Western Europe* (London: Allen & Unwin), pp. 1–16.

Rifkin, Jeremy (2004) *The European Dream: How Europe's Vision of the Future is Quietly Eclipsing the American Dream* (New York: Jeremy Tarcher/Penguin).

Riker, William H. (1996) 'European Federalism: The Lessons of Past Experience', in Joachim Hans Hesse and Vincent Wright (eds) *Federalizing Europe? The Costs, Benefits and Preconditions of Federal Political Systems* (Oxford: Oxford University Press), pp. 9–24.

Ritzer, George (2011) *The McDonaldization of Society*, 6th edn (Thousand Oaks, CA: Pine Forge Press).

Rogers, Everett M. (2003) *Diffusion of Innovations*, 5th edn (New York: Free Press).

Romero, Vidal F. (2004) 'Developing Countries', in John G. Geer (ed.) *Public Opinion and Polling Around the World: A Historical Encyclopaedia* (Santa Barbara, CA: ABC-CLIO), pp. 485–91.

Rosanvallon, Pierre (2008) *Counter-Democracy: Politics in an Age of Distrust* (Cambridge: Cambridge University Press).

Rose, Richard (1991) 'Comparing Forms of Comparative Analysis', in *Political Studies* 39:3, September, pp. 446–62.

Rose, Richard (2005) *Learning from Comparative Public Policy: A Practical Guide* (Abingdon: Routledge).

Rose, Richard and Derek Urwin (1969) 'Social Cohesion, Political Parties and Strains in Regimes', in *Comparative Political Studies* 2:1, April, pp. 7–67.

Rosenbluth, Frances and Michael F. Thies (2014) 'Politics in Japan', in G. Bingham Powell, Russell J. Dalton, and Kaare Strøm (eds) *Comparative Politics Today: A World View*, 11th edn (New York: Pearson Longman), pp. 294–333.

Ross, Cameron (2010) 'Reforming the Federation', in Stephen White, Richard Sakwa and Henry E. Hale (eds) *Developments in Russian Politics 7* (Basingstoke: Palgrave Macmillan), pp. 152–70.

Ross, Marc Howard (2009) 'Culture and Identity in Comparative Political Analysis', in Mark Irving Lichbach and Alan S. Zuckerman (eds) *Comparative Politics: Rationality, Culture and Structure* (New York: Cambridge University Press), pp. 42–80.

Rossi, Peter H., Mark W. Lipsey, and Howard E. Freeman (2003) *Evaluation: A Systematic Approach*, 7th edn (Thousand Oaks, CA: Sage Publications).

Rotberg, Robert I. (2004) 'The Failure and Collapse of Nation-States: Breakdown, Prevention and Repair', in Robert I. Rotberg (ed.) *When States Fail: Causes and Consequences* (Princeton, NJ: Princeton University Press), pp. 1–50.

Rothstein, Bo (1996) 'Political Institutions: An Overview', in Robert E. Goodin and Hans-Dieter Klingemann (eds) *A New Handbook of Political Science* (Oxford: Oxford University Press), pp. 205–22.

Rothstein, Bo (2002) 'Sweden: Social Capital in the Social Democratic State', in Robert D. Putnam (ed.) *Democracies in Flux: The Evolution of Social Capital in Contemporary Society* (New York: Oxford University Press), pp. 289–332.

Rousseau, Jean-Jacques (1762) [1968 edn] *The Social Contract* (London: Penguin).

Roy, Olivier (1994) *The Failure of Political Islam* (London: I. B. Tauris).

Rubin, Edward L. and Malcolm M. Feeley (2008) 'Federalism and Interpretation', in *Publius* 38:2, spring, pp. 167–91.

Russell, Bertrand (1938) *Power: A New Social Analysis* (London: Allen & Unwin).

S

Saich, Tony (2015) *Governance and Politics of China*, 4th edn (Basingstoke: Palgrave Macmillan).

Said, Edward (2001) 'The Clash of Ignorance', in *The Nation*, 4 October.

Saikal, Amin (2003) *Islam and the West: Conflict or Cooperation?* (Basingstoke: Palgrave Macmillan).

Sait, Edward McChesney (1938) *Political Institutions: A Preface* (New York: Appleton-Century).

Salamon, Lester M. (2002) 'The New Governance and the Tools of Public Action: An Introduction', in Lester M. Salamon (ed.) *The Tools of Government: A Guide to the New Governance* (New York: Oxford University Press), pp. 1–47.

Sandbrook, Richard (1985) *The Politics of Africa's Economic Stagnation* (Cambridge: Cambridge University Press).

Sartori, Giovanni (1994) *Comparative Constitutional Engineering: An Inquiry into Structures, Incentives and Outcomes* (London: Macmillan).

Savoie, Donald (1999) *Governing from the Centre: The Concentration of Power in Canadian Politics* (Toronto: University of Toronto Press).

Scarrow, Susan E., and Burcu Gezgor (2010) 'Declining memberships, changing members? European political party members in a new era', in *Party Politics* 16:6, November, pp. 823–43.

Schaffer, Frederic Charles (ed.) (2007) *Elections for Sale: The Causes And Consequences of Vote Buying* (Boulder, CO: Lynne Rienner).

Schattschneider, E.E. (1960) *The Semi-sovereign People* (New York: Holt, Rinehart, Winston).

Schedler, Andreas (ed.) (2006) *Electoral Authoritarianism: The Dynamics of Unfree Competition* (Boulder, CO: Lynne Rienner).

Schedler, Andreas (2009) 'Electoral Authoritarianism', in Todd Landman and Neil Robinson (eds) *The Sage Handbook of Comparative Politics* (London: Sage), pp. 381–93.

Scherpereel, John A. (2010) 'European Culture and the European Union's "Turkey Question"', in *West European Politics* 33:4, July, pp. 810–29.

Schlozman, Kay L. (2010) 'Who Sings in the Heavenly Chorus? The Shape of the Organized Interest System', in L. Sandy Maisel and Jeffrey M. Berry (eds) *The Oxford Handbook of American Political Parties and Interest Groups* (Oxford: Oxford University Press), pp. 425–50.

Schmidt, Vivien A. (2002) *The Futures of European Capitalism* (New York: Oxford University Press).

Schmitt-Beck, Rüdiger and David M. Farrell (2002) 'Do Political Campaigns Matter? Yes, but It Depends', in David M. Farrell and Rüdiger Schmitt-Beck (eds) *Do Political Campaigns Matter? Campaign Effects in Elections and Referendums* (London: Routledge), pp. 183–93.

Schmitter, Philippe (2004) 'Neo-functionalism', in Antje Wiener and Thomas Diez (eds) *European Integration Theory* (Oxford: Oxford University Press) pp. 45–74.

Schöpflin, George (1990) 'The End of Communism in Eastern Europe', in *International Affairs* 66:1, January, pp. 3–17.

Schudson, Michael (1998) *The Good Citizen: A History of American Civic Life* (Cambridge, MA: Harvard University Press).

Schuler, Paul, and Edmund J. Malesky (2014) 'Authoritarian Legislatures', in Shane Martin, Thomas Saalfeld, and Kaare W. Strøm (eds) *The Oxford Handbook of Legislative Studies* (Oxford: Oxford University Press), pp. 676–95.

Schumpeter, Joseph (1943) *Capitalism, Socialism and Democracy* (London: Allen & Unwin).

Scott, James C. (1985) *Weapons of the Weak: Everyday Forms of Peasant Resistance* (New Haven, CT: Yale University Press).

Sharlet, Robert (2005) 'In Search of the Rule of Law', in Stephen White, Zvi Gitelman and Richard Sakwa (eds) *Developments in Russian Politics 6* (Basingstoke: Palgrave Macmillan), pp. 130–47.

Shepherd, Robin (2006) 'The Denim Revolt that Can Rid Europe of Tyranny', in *Financial Times*, 17 March, p. 19.

Shirk, Susan (ed.) (2011) *Changing Media, Changing China* (New York: Oxford University Press).

Shepsle, Kenneth A. (2006) 'Rational Choice Institutionalism', in Sarah A. Binder, R. A. W. Rhodes, and Bert A. Rockman (eds) *The Oxford Handbook of Political Institutions* (Oxford: Oxford University Press), pp. 23–38.

Shugart, Matthew Soberg and John M. Carey (1992) *Presidents and Assemblies: Constitutional Design and Electoral Dynamics* (New York: Cambridge University Press).

Silvia, Stephen J. and Wolfgang Schroeder (2007) 'Why Are German Employers' Associations Declining? Arguments and Evidence', in *Comparative Political Studies* 40:12, December, pp. 1433–59.

Simon, Herbert A. (1983) *Reason in Human Affairs* (Oxford: Blackwell).

Skocpol, Theda (1979) *States and Social Revolutions: A Comparative Analysis of France, Russia and China* (New York: Cambridge University Press).

Smith, Anthony D. (2009) *Ethno-symbolism and Nationalism: A Cultural Approach* (London: Routledge).

Smith, Anthony D. (2010) *Nationalism*, 2nd edn (Cambridge: Polity).

Smith, B. C. (2009) *Understanding Third World Politics*, 3rd edn (Basingstoke: Palgrave Macmillan).

Smith, Daniel Jordan (2007) *A Culture of Corruption: Everyday Deception and Popular Discontent in Nigeria* (Princeton, NJ: Princeton University Press).

Solomon, Peter H. (2007) 'Courts and Judges in Authoritarian Regimes', in *World Politics* 60:1, October, pp. 122–45.

Sørensen, Georg (2004) *The Transformation of the State: Beyond the Myth of Retreat* (Basingstoke: Palgrave Macmillan).

Spilchal, Slavko (2002) *Principles of Publicity and Press Freedom* (Lanham, MD: Rowman and Littlefield).

Sreberny, Annabelle and Gholam Khiabany (2010) *Blogistan: The Internet and Politics in Iran* (London: I.B. Tauris).

Steinberger, Peter J. (2004) *The Idea of the State* (Cambridge: Cambridge University Press).

Steinmo, Sven (2003) 'The Evolution of Policy Ideas: Tax Policy in the Twentieth Century', in *British Journal of Politics and International Relations* 5:2, May, pp. 206–36.

Stepan, Alfred (2001) *Arguing Comparative Politics* (Oxford: Oxford University Press).

Stevens, Anne (2007) *Women, Power and Politics* (Basingstoke: Palgrave Macmillan).

Stevens, Jacqueline (2012) 'Political scientists are lousy forecasters', in *New York Times*, 23 June.

Stimson, James A. (2004) *Tides of Consent: How Public Opinion Shapes American Politics* (New York: Oxford University Press).

Stokes, Wendy (2005) *Women in Contemporary Politics* (Cambridge: Polity).

Stone Sweet, Alec (2000) *Governing with Judges: Constitutional Politics in Europe* (Oxford: Oxford University Press).

Strange, Susan (1996) *The Retreat of the State: The Diffusion of Power in the World Economy* (Cambridge: Cambridge University Press).

Street, John (2011) *Mass Media, Politics and Democracy*, 2nd edn (Basingstoke: Palgrave Macmillan).

Strøm, Kaare and Benjamin Nyblade (2007) 'Coalition Theory and Government Formation', in Carles Boix and Susan C. Stokes (eds) *The Oxford Handbook of Comparative Politics* (Oxford: Oxford University Press), pp. 782–804.

Sundberg, Jan (2002) 'The Scandinavian Party Model at the Crossroads', in Paul Webb, David Farrell and Ian Holliday (eds) *Political Parties in Advanced Industrial Democracies* (Oxford: Oxford University Press), pp. 181–216.

Svolik, Milan W. (2008) 'Authoritarian Reversals and Democratic Consolidation', in *American Political Science Review* 102:2, May, pp. 153–68.

Svolik, Milan W. (2012) *The Politics of Authoritarian Rule* (New York: Cambridge University Press).

T

Talbot, Strobe (1992) 'America Abroad: The Birth of the Global Nation', in *Time*, July 20.

Taylor, Adam (2014) 'We treat him like he's mad, but Vladimir Putin's popularity has just hit a 3-year high', in *The Washington Post*, 13 March.

Tetlock, Philip E. (2005) *Expert Political Judgment: How Good Is It? How Can We Know?* (Princeton, NJ: Princeton University Press).

Tetlock, Philip E. and Aaron Belkin (eds) (1996) *Counterfactual Thought Experiments in World Politics* (Princeton, NJ: Princeton University Press).

Teune, Henry (1995) 'Local Government and Democratic Political Development', *Annals of the American Academy of Political and Social Sciences* 540, July, pp. 11–23.

Teune, Henry (2010) 'The Challenge of Globalization to Comparative Research', in *Journal of Comparative Politics* 3:2, July, pp. 4–19.

Thachil, Tariq (2014) *Elite Parties, Poor Voters: How Social Services Win Votes in India* (Cambridge: Cambridge University Press).

Thomas, Clive S. and Ronald J. Hrebenar (2009) 'Comparing Lobbying Across Liberal Democracies: Problems, Approaches and Initial Findings', in *Journal of Comparative Politics* 2:1, March, pp. 131–42.

Thomas, Sue (2005) 'Introduction', in Sue Thomas and Clyde Wilcox (eds) *Women and Elective Office*, 2nd edn (New York: Oxford University Press), pp. 3–25.

Tilly, Charles (1975) 'Reflections on the History of European State-Making', in Charles Tilly (ed.) *The Formation of National States in Western Europe* (Princeton, NJ: Princeton University Press), pp. 3–83.

Tilly, Charles (1997) 'Means and Ends of Comparison in Macrosociology', in *Comparative Social Research* 16, pp. 43–53.

Tilly, Charles (2004) *Social Movements, 1768–2004* (Boulder, CO: Paradigm Publishers).

Tlemcani, Rachid (2007) 'Electoral Authoritarianism', in *Al-Ahram Weekly*, 29 May, reproduced by Carnegie Endowment for International Peace at http://carnegieendowment.org.

Tocqueville, Alexis de (1835) [1966 edn] *Democracy in America* (New York: Vintage Books).

Tracey, Michael (1998) *The Decline and Fall of Public Service Broadcasting* (Oxford: Oxford University Press).

Tremewan, Christopher (1994) *The Political Economy of Social Control in Singapore* (Basingstoke: Palgrave Macmillan).

Trumbull, Gunnar (2012) *Strength in Numbers: The Political Power of Weak Interests* (Cambridge, MA: Harvard University Press).

Turner, Mark and David Hulme (1997) *Governance, Administration and Development* (London: Macmillan).

Twigg, Judy (2005) 'Social Policy in Post-Soviet Russia', in Stephen White, Zvi Gitelman and Richard Sakwa (eds) *Developments in Russian Politics 6* (Basingstoke: Palgrave Macmillan), pp. 204–20.

U

UNESCO (United Nations Educational, Scientific and Cultural Organization) (2002) *Universal Declaration on Cultural Diversity*, at www.unesco.org. Accessed April 2006.

UNHCR (United Nations High Commission for Human Rights) (1966) *United Nations Covenant on Civil and Political Rights,* at www.unhcr.ch. Accessed February 2006.

United Nations Population Fund (2015), at www.unfpa.org/migration#sthash.KQcRM22Q.dpuf. Accessed June 2015.

UN Public Administration Network (2015) at www.unpan.org. Accessed June 2015.

United States Elections Project (2012) *2012 Early Voting Statistics,* at http://elections.gmu.edu. Accessed November 2012.

V

Valentino, Benjamin (2004) *Final Solutions: Mass Killing and Genocide in the 20th Century* (Ithaca, NY: Cornell University Press).

Vanhanen, Tatu (1997) *Prospects of Democracy: A Study of 172 Countries* (London: Routledge).

Vedung, Evert Oskar (1998) 'Policy Instruments: Typologies and Theories', in Marie-Louise Bemelmans-Videc, Ray C. Rist and Evert Oskar Vedung (eds) *Carrots, Sticks, and Sermons: Policy Instruments and Their Evaluation* (New Brunswick, NJ: Transaction), pp. 21–52.

Verba, Sidney (1987) *Elites and the Idea of Equality: A Comparison of Japan, Sweden and the United States* (Cambridge, MA: Harvard University Press).

Verba, Sidney (1991) 'Comparative Politics: Where Have We Been, Where Are We Going?', in Howard J. Wiarda (ed.) *New Directions in Comparative Politics* (Boulder, CO: Westview Press).

Verba, Sidney, Norman H. Nie, and Jae-on Kim (1978) *Participation and Political Equality: A Seven-Nation Comparison* (New York: Cambridge University Press).

Verba, Sidney, Kay Lehman Schlozman, and Henry E. Brady (1995) *Voice and Equality: Civic Voluntarism in American Politics* (Cambridge, MA: Harvard University Press), pp.26–38.

Vincent, Andrew (1987) *Theories of the State* (Oxford: Blackwell).

Voerman, Gerrit, and Wijbrandt H. van Schurr (2011) 'Dutch Political Parties and their Members', in Emilie van Haute (ed.) *Party Membership in Europe: Exploration into the Anthills of Party Politics* (Brussels: Editions de l'Université de Bruxelles) pp. 57–94.

Vreese, Claes de (2010) 'Campaign Communication and Media', in Lawrence LeDuc, Richard G. Niemi and Pippa Norris (eds) *Comparing Democracies 3: Elections and Voting in the 21st Century* (Thousand Oaks, CA: Sage), pp. 118–40.

W

Waldron, Jeremy (2007) *Law and Disagreement* (Oxford: Oxford University Press).

Walker, Jack L. (1991) *Mobilizing Interest Groups in America: Patrons, Professionals and Social Movements* (Ann Arbor, MI: University of Michigan Press).

Waterbury, John (1983) *The Egypt of Nasser and Sadat: The Political Economy of Two Regimes* (Princeton, NJ: Princeton University Press).

Wattenberg, Martin P. (2000) 'The Decline of Party Mobilization', in Russell J. Dalton and Martin P. Wattenberg (eds) *Parties without Partisans* (New York: Oxford University Press), pp. 64–76.

Watts, Ronald J. (2008) *Comparing Federal Systems,* 3rd edn (Montreal: Institute of Intergovernmental Relations).

Way, Lucan (2011) 'Comparing the Arab Revolts: The Lessons of 1989', in *Journal of Democracy* 22:4, October, pp. 17–27.

Weale, Albert (2007) *Democracy,* 2nd edn (Basingstoke: Palgrave Macmillan).

Weaver, R. Kent and Bert A. Rockman (eds) (1993) *Do Institutions Matter? Government Capabilities in the United States and Abroad* (Washington, DC: Brookings Institution).

Weber, Max (1905) [1930 edn] *The Protestant Ethic and the Spirit of Capitalism* (London: Allen & Unwin).

Weber, Max (1922) [1957 edn] *The Theory of Economic and Social Organization* (Berkeley, CA: University of California Press).

Wehner, Joachim (2006) 'Assessing the Power of the Purse: An Index of Legislative Budget Institutions', in *Political Studies* 54:4, December, pp. 767–85.

Weissberg, Robert (2002) *Polling, Policy and Public Opinion: The Case Against Heeding 'The Voice of the People'* (Basingstoke: Palgrave Macmillan).

Welzel, Christian and Ronald Inglehart (2005) *Modernization, Cultural Change, and Democracy: The Human Development Sequence* (New York: Cambridge University Press).

Welzel, Christian and Ronald Inglehart (2009) 'Political Culture, Mass Beliefs, and Value Change', in Christian W. Haerpfer, Patrick Bernhagen, Ronald Inglehart and Christian Welzel (eds) *Democratization* (Oxford: Oxford University Press) pp. 127–44.

Wendt, Alexander (1999) *Social Theory of International Politics* (Cambridge: Cambridge University Press).

Wheeler, Deborah L. and Lauren Mintz (2012) 'New Media and Political Change: Lessons from Internet Users in Jordan, Egypt, and Kuwait', in Richard L. Fox and Jennifer M. Ramos (eds) *iPolitics: Citizens, Elections and Governing in the New Media Era* (New York: Cambridge University Press), pp. 259–87.

White, Stephen (2007) 'Russia's Client Party System', in Paul Webb and Stephen White (eds) *Party Politics in New Democracies* (Oxford: Oxford University Press), pp. 21–52.

Whiteley, Paul F. (2011) 'Is the Party Over? The Decline of Party Activism and Membership Across the Democratic World', in *Party Politics* 17:1, January, pp. 21–44.

Wiarda, Howard J. (1991) 'Comparative Politics Past and Present', in Howard J. Wiarda (ed.) *New Directions in Comparative Politics* (Boulder, CO: Westview Press).

Wiarda, Howard J. (ed.) (2004) *Authoritarianism and Corporatism in Latin America – Revisited* (Gainesville, FL: University Press of Florida).

Wigbold, Herman (1979) 'Holland: The Shaky Pillars of Hilversum', in Anthony Smith (ed.) *Television and Political Life: Studies in Six European Countries* (London: Macmillan), pp. 191–231.

Wildavsky, Aaron (1979) *The Art and Craft of Policy Analysis* (Boston, MA: Little, Brown).

Wilson, Woodrow (1885) *Congressional Government* (Boston, MA: Houghton Mifflin).

Wilson, Woodrow (1887) 'The Study of Administration', in *Political Science Quarterly* 2:2, June, pp. 197–222.

Wlezien, Christopher (2010) 'Election Campaigns', in Lawrence LeDuc, Richard G. Niemi and Pippa Norris (eds) *Comparing Democracies 3: Elections and Voting in the 21st Century* (Thousand Oaks, CA: Sage), pp. 98–117.

Wood, Gordon S. (1993) 'Democracy and the American Revolution', in John Dunn (ed.) *Democracy: The Unfinished Journey, 508 BC to AD 1993* (Oxford: Oxford University Press), pp. 91–106.

World Bank (1997) *World Development Report: The State in a Changing World* (Oxford: Oxford University Press).

World Bank (2015) open data at http://data.worldbank.org. Accessed June 2015.

World Association of Newspapers and News Publishers (2015) *World Press Trends*, www.wan-press.org. Accessed July 2015.

Y

Yadav, Vineeta (2011) *Political Parties, Business Groups, and Corruption in Developing Countries* (New York: Oxford University Press).

Yin, Robert K. (2013) *Case Study Research: Design and Methods*, 5th edn (Thousand Oaks, CA: Sage).

Z

Zakaria, Fareed (2003) *The Future of Freedom: Illiberal Democracy at Home and Abroad* (New York: Norton).

Zhong, Yang (2015) *Local Government and Politics in China: Challenges from Below* (Abingdon: Routledge).

Zijderveld, Anton C. (2000) *The Institutional Imperative: The Interface of Institutions and Networks* (Amsterdam: Amsterdam University Press).

찾아보기

ㄱ

가란티스모(garantismo) 139
가설(hypothesis) 114-115, 118, 121, 125, 323
가치편향(value bias) 124, 127
강화이론 300, 302
개인 통치(personal rule) 201
개인숭배(cult of personality) 79
거대이론(grand theory) 93
거버넌스(governance) 1, 3, 5, 25, 29, 35, 56, 139, 142, 152, 176, 201, 255, 313, 414, 420, 429
게리맨더링(gerrymandering) 97
결손민주주의 55-58, 63, 66-67, 86, 299
경로 의존성(path dependence) 131-132, 417
경제협력개발기구(OECD) 35-36, 220
공론조사(deliberative opinion poll) 281-282
공익(public interest) 393; 공익촉진집단 390, 393, 401-402, 404
공천권 331; 공천권자(selectorate) 330
과다변수 116, 120, 124
과두제의 철칙(iron law of oligarchy) 328
과소사례 116, 120, 124
관료제(bureaucracy) 29, 206-209, 214, 217, 220-221, 224-225, 399, 402, 405
구조주의 102-103
국가원수(head of state) 78, 86, 99, 186-190, 196-197, 203
국가주도 시민사회 409
국민총소득(GNI: gross national income) 21, 34
국민투표(referendum) 37, 54, 138-139, 141, 199, 233, 358-361; 국민투표 발의권 198
국제투명성기구(Transparency International) 87
군부정권 65, 224
군산복합체 396
권리장전 138
권위주의 4, 64, 66, 69-70, 225-226, 408; 경쟁적 권위주의 71; 관료적 권위주의(bureaucratic authoritarianism) 224
규제기관(regulatory agency) 214, 216

ㄴ

나세르(Gamel Nasser) 154
능력주의(meritocracy) 208-209
님비(NIMBY: not in my back yard) 392

ㄷ

다국적기업 40, 42, 104, 119, 201
다당제 80, 100, 200, 323, 326-327, 385
다민족국가(multinational state) 39
다수사례연구 113-115
다운스(Anthony Downs) 64, 106, 283, 376, 382
다원주의(pluralism) 73-74, 94, 152, 231, 267, 390, 394-398, 409-410
다층 거버넌스 228, 230-232, 243, 246, 249
단순다수제 52, 111, 119, 193, 323, 326, 331-332, 344-346, 349, 351-352, 383
단원제 167-168, 326
단일정당 62, 80, 193-194, 231-232, 234, 239-240, 324, 340, 345
달(Robert Dahl) 10-11, 295
당대표 330-331; 당대표 선출 330-331
당원 80, 106, 193, 321-322, 330-337, 341, 370, 393; 당원투표 331
대의민주주의(representative democracy) 46, 49, 51-53, 56-57, 60, 308, 330, 367
대중매체 296-297; 대중매체의 상업화 304
대중운동(mass movement) 406
대중정당 320-322
대통령제(presidential) 79, 117, 129, 186-193, 199, 246
독립변수(independent variable) 118, 122
동원기제 320
동원된 참여(mobilized participation) 289-290
두마(Duma) 181, 202, 286
뒤베르제(Maurice Duverger) 93, 198, 323; 뒤베르제의 법칙(Duverger's law) 323
디아스포라(diaspora) 38

ㄹ

라스웰(Harold Lasswell) 9
러셀(Bertrand Russell) 9
레닌(Vladimir Il'Ich Lenin) 324
레이건(Ronald Reagan) 93, 114, 219
레이파트(Arend Lijphart) 114, 124, 373
로비(lobbying) 400-401; 로비스트 400-401
로크(John Locke) 29, 54, 160
루소(Jean-Jacques Rousseau) 51

루즈벨트(Franklin Roosevelt) 298
루크스(Steven Lukes) 10
루터(Martin Luther) 29
립셋(Seymour Martin Lipset) 57, 59-60, 93

ㅁ

마르크스(Karl Marx) 63, 92, 100, 208
마르크스주의(Marxism) 14, 79-80, 85, 108, 132-133; 신마르크스주의 55
마오쩌둥(毛澤東) 9
마이크로국가(microstates) 34
마키아벨리(Niccolò Machiavelli) 100
마타이(Wangari Maathai) 407
매디슨(James Madison) 160
매표행위(vote buying) 377
맥루한(Marshall McLuhn) 309
머독(Rupert Murdoch) 304
모하레베 156
몽테스키외(Baron de Montesquieu) 18
무가베(Robert Mugabe) 79, 154
무바라크(Hosni Mubarak) 269
무어(Barrington Moore, Jr.) 104
무함마드(Muhammad) 55, 265, 278
문명의 충돌(The Clash of Civilizations) 264
문화분석 253
문화혁명 155
미국혁명 30, 32
미디어 296, 298, 302; 미디어 구조 311-312; 미디어의 효과 기제 301
미헬스(Robert Michels) 52, 328, 330
민간후원금 335
민권운동 407
민족국가(nation-state) 38-39
민족정체성 38
민족주의(nationalism) 38
민주주의 지수(Democracy Index) 19-20, 55, 63, 67, 69, 71, 74
민주주의(democracy) 2-5, 12, 14, 16, 19, 25, 27, 30, 35, 46-47, 49, 104, 111, 117, 150, 155, 160, 200-204, 253, 256, 284, 314, 323; 민주주의로의 이행 65, 69, 340; 민주주의의 공고화 66-67; 민주주의의 심화 66
민주화 47, 57, 62-63, 65, 78, 80, 94, 118, 153, 224, 377; 민주화의 물결(waves of democratization) 60-62, 313, 387
밀(John Stuart Mill) 38, 54, 92, 163
밀스(C. Wright Mills) 395

ㅂ

바라츠(Morton S. Baratz) 10-11
바흐라크(Peter Bachrach) 10-11
발렌티노(Benjamin Valentino) 110
발의(initiative) 160, 163-165, 358, 360
발전국가(developmental state) 224-225
버크(Edmund Burke) 162
법률제정권 163
법전화되지 않은(uncodified) 헌법 137, 140
법전화된(codified) 헌법 137, 142
법치주의 54, 59, 71, 136, 138, 142, 149
베를루스코니(Silvio Berlusconi) 166
베버(Max Weber) 12, 26, 206, 208, 211, 220-221
베스트팔렌체제(Westphalian system) 29
보댕(Jean Bodin) 27, 29
보안국가(security state) 42
보충성(subsidiarity) 237; 보충성 원칙 238
보통법(common law) 151-152
복지국가(welfare state) 31, 209, 382, 424
봉건제 29
부패인식지수(Corruption Perceptions Index) 87
분석단위(unit of analysis) 101-102, 114
분석수준(level of analysis) 101, 114
분석적 서술 130
분점정부(divided government) 165
분포 요건(distribution requirements) 354
불문헌법 137
불신임결의 167
비교분석 129, 372, 375
비교역사분석 121
비대칭적 연방주의(asymmetric federalism) 237
비례대표제(PR: proportional representation) 16, 100, 123-124, 194, 323, 326, 345, 347-349, 383
비용-편익분석(CBA: cost-benefit analysis) 416
비정부기구(NGOs) 42, 87

ㅅ

사례분석 116, 122
사례연구방법(case study method) 115
사법부의 독립 148-149
사법소극주의 145, 147
사법심사 143, 148
사실상국가(de facto states) 35
사회운동(social movements) 405-407
사회자본(social capital) 257-258; 사회자본의 불균등한 분배 258
사회조합주의 397, 409
사후추정(counterfactual) 125
상원 164-165, 168-173, 177, 181, 189; 상원선거 67; 상원의 선출 171-172
상임위원회 173
생존편향(survivorship bias) 126
샤리아법(sharia law) 151, 153
샤츠슈나이더(E. E. Schattschneider) 11
선거권위주의(electoral authoritarianism) 385

선거유동성(electoral volatility) 387
선거제도(Electoral system) 56, 67, 72, 100-101, 121, 125, 177, 323, 332, 345
선택편향(selection bias) 125-126
성문법(statute law) 152, 137-138
세계은행기업활동지수(World Bank's Doing Business Index) 430
세계자유 지수(Freedom in the World Index) 19
세계화(globalization) 40, 43, 128, 307
세속화(secularization) 374
소비자 정치(consumer politics) 277-278
소셜미디어 299, 308
소수사례연구 113-115
소수정부 193-195
쉐볼스키(Adam Przeworski) 76
슘페터(Joseph Schumpeter) 53, 56
스카치폴(Theda Skocpol) 103, 121
스탈린(Joseph Stalin) 85
시민 배심원단(citizen's jury) 281
시민문화(Civic Culture) 253, 255, 267
시민법(civil law) 151-152
시민사회(civil society) 72, 74, 255, 311, 391, 409-410
신공공관리(NPM: new public management) 206, 219-220, 222
신정정치(theocracy) 69, 76, 84
신제도주의(new institutionalism) 98-99
실패국가(failing state) 42-43; 실패국가지수 43
싱크탱크(think-tank) 390, 394
쓰레기통 모델(garbage-can model) 415, 418-419

ㅇ

아랍의 봄 64-65, 70, 73, 75, 315
아리스토텔레스(Aristotle) 8, 17, 49
아테네 민회(Ekklesia) 49
아파르트헤이트 325
아프리카민족회의(ANC) 146, 323, 325
앤더슨(Benedict Anderson) 36
약탈정권(lootocrats) 76
양당제 111, 118, 323, 325-326, 346, 369
양원제 163-165, 168-169, 171, 173, 181; 강한 양원제(strong bicameralism) 139, 171; 약한 양원제(weak bicameralism) 170
양적 방법(quantitative method) 115, 122
언론: 언론의 자유 314; 언론통제 75, 314, 316
엘리트 정당 321
여론조사(opinion polls) 63, 261, 280-282, 292, 316, 355-357, 375, 378, 388
역사의 종언(end of history) 63
연립정부(coalition government) 16, 56, 116-117, 124, 190, 192-195, 326, 329, 348
연방국가 27, 169, 171, 230, 233, 235-241, 248, 327
연방자치구(okrug) 248
연성헌법 141
엽관제도(spoils system) 209
예비선거(primary election) 67, 332, 347, 351; 개방형 예비선거 332; 폐쇄형 예비선거 332, 369
오도넬(Guilermo O'Donnell) 71
오렌지혁명 72
오스트로고르스키(M. Ostrogorski) 320
올슨(Macur Onson) 395-397
완전민주주의 19, 56, 87
외부위탁(outsourcing) 207, 215
외톨이의 환상(farcical illusion) 269
월가점령운동(Occupy Wall Street) 406
위헌심사 143, 150
의제 발의 360-361
이데올로기 2, 9, 13-14, 16, 252, 264, 267

이슈네트워크(issue networks) 398
이스턴(David Easton) 8
이익집단(interest group) 390-391, 395, 398-399, 401, 405-410
이중적 연방주의(dual federalism) 237
인간개발지수(Human Development Index) 21, 73
인기영합주의 316
인종차별정책(apartheid) 325 ☞ 아파르트헤이트 참조
인종학살 110
일당 지배(ruling parties) 69, 76, 79
일차적 선거(first-order elections) 344
입헌군주제(constitutional monarchy) 76, 196-197

ㅈ

자결권(self-determinnation) 37
자연권(natural rights) 29-30, 54, 120
자원의 저주(resource curse) 433
자유민주주의 5, 46, 54-55, 59-60, 63-64, 104, 156-157, 161, 163, 200, 209, 212, 214, 216, 253-254, 282, 284, 309, 311, 320-322, 391
쟁점투표(issue voting) 374
저항권 30
전달모델 295, 300-301
전면전(total war) 31
전자민주주의(e-democracy) 46, 51
전자정부(e-government) 206-207, 222-223
전체주의(totalitarianism) 79-80, 85
절대군주제(absolute monarchy) 69, 76-77
점증적 모델(incremental model) 415, 417
정당군(party family) 326-327
정당명부식 비례대표제 177, 332
정당명부제 331, 349, 351
정당일체감(party identification) 368
정보제국주의 300

정부가 조직한 비정부단체(GONGOs: government organized non-governmental organizations) 409
정부간기구(intergovernmental organization) 41, 258
정부수반(head of government) 186, 190, 198
정책 네트워크 230
정책수렴(policy convergence) 428-430
정책흥행가(policy entrepreneurs) 421
정치커뮤니케이션 294-295
정통성 2, 12-13, 26, 28, 35, 85, 161, 179, 267, 397, 402
제도주의(institutionalism) 95-98
제도화(institutionalization) 95-96
제한정부(limited government) 54
조합주의(corporatism) 397-398, 409
종교개혁 29
종속변수(dependent variable) 118
주민발의 50
주민투표 50
준국가(quasi-states) 35
준대통령제 186, 193, 197-200, 202-203
준연방(quasi-federations) 238
지대추구(rent-seeking) 432, 434
지배적 대통령(ruling presidents) 69, 76, 78-79
지역통합(regional integration) 41
직접민주주의(direct democracy) 2, 46, 49-51, 57, 330
질적 방법(qualitative method) 115, 119

ㅊ

차베스(Hugo Chavez) 226, 306-307
차별시정조치(affirmative action) 217
차이의 방법론 92
처칠(Winston Churchill) 49
철의 삼각(iron triangle) 396-397, 402

초점 집단(focus group) 281
최대상이체계(MDS: the most different system) 92, 120-121, 125, 130
최대유사체계(MSS: the most similar system) 92, 120, 125
추상적 규범통제 143

ㅋ

카데나스(cadenas) 307
카르텔정당 335
카운다(Kenneth Kaunda) 340
칼훈(John C. Calhoun) 105
케인즈(John Maynard Keynes) 31
코커스(caucus) 정당 321
쿠데타 65, 83, 202, 224, 340
크릭(Bernard Crick) 8
클라우제비츠(Carl von Clausewitz) 9

ㅌ

탈물질주의(Post-materialism) 261, 263
탈식민화 25
탈아파르트헤이트 139
탈집중화(deconcentration) 232
테러리즘(terrorism) 263, 279; 국제테러리즘 42, 44
테러와의 전쟁 269
토크빌(Alexis de Tocqueville) 117
통계분석 115-116, 122-123, 129
통합적(unified) 충원 216-217
틀짓기(framing, 프레임 구성) 108, 300, 303
틈새정당(niche parties) 329
틸리(Charles Tilly) 29

ㅍ

페인(Thomas Paine) 52
포괄정당 321-322
포퍼(Karl Popper) 17
폭정(despotism) 56, 73-74, 160
폴리스(polis, 도시 공동체) 49-50, 54-55
표본 설문조사(sample surveys) 280
푸틴(Vladimir Putin) 118, 131, 181, 202-203, 248, 264, 267-268, 341, 363-364, 410, 434
프랑스대혁명 13, 30, 38
프레임 구성 300, 303
프리드리히(Carl Friedrich) 138
플라톤(Platon) 4

ㅎ

하이에크(Friedrich Hayek) 138
합리적 모델(rational model) 415
합리적 선택 104-107; 합리적 선택이론 397; 합리적 선택 접근법 90, 93, 104-107, 366, 397,
해석주의 접근법 93, 107, 109-111, 303
행정역량(administrative capacity) 225
행태주의(behaviourism) 101-102
헌팅턴(Samuel Huntington) 46, 61, 71-72
협력적 연방주의(cooperative federalism) 237
호메이니(Ayatollah Khomeini) 85
혼합체제(hybrid regimes) 69, 71-74, 86, 409-410
홉스(Thomas Hobbes) 3-4
화개사회(和諧社會, Harmonious Society) 434
후견과 피후견(patron-client) 75, 247, 409
후견주의(clientelism) 290
후쿠야마(Francis Fukuyama) 63

역자소개

김계동 _ kipoxon@hanmail.net (제11, 12, 19장 번역)

연세대학교 정치외교학과 졸업
영국 옥스퍼드대학교 정치학 박사

현 건국대학교 안보·재난관리학과 초빙교수/국립외교원 명예교수

연세대학교 국가관리연구원 교수
국가정보대학원 교수(교수실장)
한국국방연구원 연구위원
한국전쟁학회 회장/한국정치학회 부회장/국가정보학회 부회장/
국제정치학회 이사
국가안보회의(NSC)/민주평통 자문회의/국군기무사 자문위원
연세대, 고려대, 경희대, 성신여대, 국민대, 숭실대, 숙명여대, 통일교육원, 강사 역임

주요논저
Foreign Intervention in Korea (Dartmouth Publishing Company)
『한국전쟁: 불가피한 선택이었나』(명인문화사)
『북한의 외교정책과 대외관계: 협상과 도전의 전략적 선택』(명인문화사)
『남북한 체제통합론: 이론·역사·정책·경험』(명인문화사)
『한반도 분단, 누구의 책임인가?』(명인문화사)
『현대유럽정치론: 정치의 통합과 통합의 정치』(서울대 출판부)
『국제관계와 세계정치』(역서, 명인문화사)
『동북아정치: 변화와 지속』(역서, 명인문화사)
『국가정보: 비밀에서 정책까지』(역서, 명인문화사)
『현대 유럽의 이해』(역서, 명인문화사) 외 다수

김 욱 _ wkim@pcu.ac.kr (제9, 13, 16, 17장 번역)

연세대학교 정치외교학과 졸업
미국 아이오와대학교 정치학 박사

현 배재대학교 정치언론안보학과 교수
    한국지방정치학회 회장
    한국사회과학데이터센터 부소장

스웨덴 남스톡홀름대학교 교환교수
한국선거학회 회장 역임

주요논저
『정치참여와 탈물질주의』(집문당)
『민주주의국가이론』(역서, 명인문화사)
『미국정치와 정부』(역서, 명인문화사)
『다문화주의와 페미니즘』(공저, 한울)
『한국의 사회변동과 탈물질주의』(공저, 오름)

민병오 _ mbo1996@hanmail.net (제5, 7, 8, 14, 15장 번역)

연세대학교 사회과학대 정치외교학과 졸업
미국 켄터키대학교 정치학과 정치학 석사
영국 글라스고대학교 정치학과 정치학 박사

현 건국대학교 글로컬캠퍼스 초빙교수

민주당 민주정책연구원 상근부원장 / 국회정책연구위원 / 민주당 정책위원회 정책실장
연세대 국가관리연구원 연구교수 / 연세대 통일연구원 전문연구원
켄터키대 정치학과, 연세대, 숙명여대 정외과, 인하대학교 아태물류학부 강사 역임

주요논저
『현대 미국의 이해』(역서, 명인문화사)
『국제안보』(역서, 명인문화사)
『정치학방법론』(공역, 명인문화사)
『세계화와 글로벌 이슈』(공역, 명인문화사)
『국제정치경제』(공역, 명인문화사) 외 다수

윤진표 _ jpyoon@sungshin.ac.kr (제1, 2, 6장 번역)

연세대학교 정치외교학과 졸업

연세대학교 경제학 석사
미국 사우스 캐롤라이나대학교 정치학 박사

현 성신여자대학교 정치외교학과 교수

국제경제연구원, 한국산업연구원, 한국국방연구원 근무
사단법인 한국동남아연구소 소장, 한국동남아학회 회장 역임

주요논저
『현대 동남아의 이해』(명인문화사)
『현대외교정책론』(공저, 명인문화사)
『동남아의 헌정체제와 민주주의』(공저, 명인문화사)
『한국 속 동남아현상: 인간과 문화의 이동』(공저, 명인문화사)
『동남아시아의 최근 정치외교에 대한 전략적 평가: 태국, 베트남, 인도네시아, 필리핀을 중심으로』(공저, 대외경제정책연구원)
『동남아의 초국가적 이슈와 지역 거버넌스』(편저, 명인문화사)
『동남아의 한국에 대한 인식』(편저, 명인문화사)
『한국의 신아시아 구상과 협력방안』(편저, 커뮤니티)

이유진 _ eglee@sm.ac.kr (제3, 4, 10, 18장 번역)

연세대학교 정치외교학과 학사
토론토대학교 정치학 석사
토론토대학교 정치학 박사

현 숙명여자대학교 정치외교학과 교수, 한일미래포럼 이사

통일연구원 책임연구원, 한국캐나다학회 회장 역임

주요논저
The Integrity Gap: Canada's Environmental Policy and Institutions, UBC Press (편저).
『글로벌 환경정치와 정책』(역서, 명인문화사)
『거버넌스』(역서, 도서출판 오름)
『환경정치학』(역서, 한울아카데미)
"후쿠시마 사고 이후 일본의 원자력 관련 제도 변화에 대한 연구" (일본연구논총)
"일본의 세습정치인에 대한 연구" (비교일본학)

명인문화사 정치학 관련 서적

정치학 분야

정치학의 이해 Roskin 외 지음 / 김계동 옮김
정치학개론: 권력과 선택, 제15판 Shively 지음 / 김계동, 민병오, 윤진표, 이유진, 최동주 옮김
정치학방법론 Burnham 외 지음 / 김계동 외 옮김
정치이론 Heywood 지음 / 권만학 옮김
정치 이데올로기: 이론과 실제 Baradat 지음 / 권만학 옮김
민주주의국가이론 Dryzek, Dunleavy 지음 / 김욱 옮김
신자유주의 Cahill, Konings 지음 / 최영미 옮김
정치사회학 Clemens 지음 / 박기덕 옮김
복지국가: 이론, 사례, 정책 정진화 지음
시민사회, 제3판 Edwards 지음 / 서유경 옮김
포커스그룹: 응용조사 실행방법 Krueger, Casey 지음 / 민병오, 조대현 옮김
문화로 읽는 세계 Gannon, Pillai 지음 / 남경희, 변하나 옮김
거버넌스의 정치학: 한국정치의 새로운 패러다임 모색 김의영 지음
한국현대사의 재조명 한국전쟁학회 편
성공하는 리더십의 조건 Keohane 지음 / 심양섭, 이면우 옮김
여성, 권력과 정치 Stevens 지음 / 김영신 옮김

국제관계 분야

국제관계와 세계정치 Heywood 지음 / 김계동 옮김
국제정치경제 Balaam, Dillman 지음 / 민병오 외 옮김
국제개발: 사회경제이론, 유산, 전략 Lanoszka 지음 / 김태균, 문경연, 송영훈 외 옮김
국제관계이론 Daddow 지음 / 이상현 옮김
국제기구의 이해: 글로벌 거버넌스의 정치와 과정, 제3판 Karns, Mingst, Stiles 지음 / 김계동, 김현욱 외 옮김
현대외교정책론, 제3판 김계동, 김태효, 유진석 외 지음
외교: 원리와 실제 Berridge 지음 / 심양섭 옮김
세계화와 글로벌 이슈, 제6판 Snarr 외 지음 / 김계동, 민병오, 박영호, 차재권, 최영미 옮김
세계화의 논쟁: 국제관계 접근에서의 찬성과 반대논리, 제2판 Haas, Hird 엮음 / 이상현 옮김
현대 한미관계의 이해 김계동, 김준형, 박태균 외 지음
현대 북러관계의 이해 박종수 지음
글로벌 환경정치와 정책 Chasek 외 지음 / 이유진 옮김
핵무기의 정치 Futter 지음 / 고봉준 옮김
비핵화의 정치 전봉근 지음
비정부기구(NGO)의 이해, 제2판 Lewis & Kanji & Themudo 지음 / 이유진 옮김
세계지역의 이슈: 갈등과 협력 김정규, 김명수, 윤성환, 이동훈 외 지음
한국의 중견국 외교 손열, 김상배, 이승주 외 지음
자본주의 Coates 지음 / 심양섭 옮김

지역정치 분야

동아시아 국제관계 McDougall 지음 / 박기덕 옮김
동북아 정치: 변화와 지속 Lim 지음 / 김계동 옮김
일본정치론 이가라시 아키오 지음 / 김두승 옮김
현대 중국의 이해, 제3판 Brown 지음 / 김흥규 옮김
현대 미국의 이해 Duncan, Goddard 지음 / 민병오 옮김
현대 러시아의 이해 Bacan 지음 / 김진영 외 옮김
현대 일본의 이해 McCargo 지음 / 이승주, 한의석 옮김
현대 유럽의 이해 Outhwaite 지음 / 김계동 옮김
현대 동남아의 이해, 제2판 윤진표 지음
현대 아프리카의 이해 Graham 지음 / 김성수 옮김
현대동아시아의 이해 Kaup 편 / 민병오, 김영신 외 옮김
미국외교는 도덕적인가: 루스벨트부터 트럼프까지 Nye 지음 / 황재호 옮김
미국정치와 정부 Bowles, McMahon 지음 / 김욱 옮김
한국정치와 정부 김계동, 김욱, 박명호, 박재욱 외 지음
중국의 외교정책과 대외관계 Shambaugh 편저 / 김지용, 서윤정 옮김
미국외교정책: 강대국의 패러독스 Hook 지음 / 이상현 옮김
세계질서의 미래 Acharya 지음 / 마상윤 옮김
알자지라 효과 Seib 지음 / 서정민 옮김
일대일로의 국제정치 이승주 편
중일관계 Pugliese & Insisa 지음 / 최은봉 옮김

북한, 남북한 관계 분야

북한의 외교정책과 대외관계: 협상과 도전의 전략적 선택 김계동 지음
북한의 체제와 정책: 김정은시대의 변화와 지속 체제통합연구회 편
북한의 통치체제: 지배구조와 사회통제 안희창 지음
남북한 체제통합론: 이론·역사·경험·정책, 제2판 김계동 지음
한반도 평화: 분단과 통일의 현실 이해 김학성 지음
한국전쟁, 불가피한 선택이었나 김계동 지음
한반도 분단, 누구의 책임인가? 김계동 지음
한류, 통일의 바람 강동완, 박정란 지음

안보, 정보 분야

국가정보학개론: 제도, 활동, 분석 Acuff 외 지음 / 김계동 옮김
국제안보의 이해: 이론과 실제 Hough, Malik, Moran, Pilbeam 지음 / 고봉준, 김지용 외 옮김
전쟁과 평화 Barash, Webel 지음 / 송승종, 유재현 옮김
국제안보: 쟁점과 해결 Morgan 지음 / 민병오 옮김
전쟁: 목적과 수단 Codevilla 외 지음 / 김양명 옮김
국가정보: 비밀에서 정책까지 Lowenthal 지음 / 김계동 옮김
국가정보의 이해: 소리없는 전쟁 Shulsky, Schmitt 지음 / 신유섭 옮김
테러리즘: 개념과 쟁점 Martin 지음 / 김계동 외 옮김